엉뚱한 체육 교과서

엉뚱한 체육 교과서

2021. 5. 18. 1판 1쇄 발행
2021. 12. 20. 1판 2쇄 발행
2024. 2. 7. 1판 3쇄 발행

지은이 | 조종현, 김정섭
펴낸이 | 이종춘
펴낸곳 | BM (주)도서출판 성안당

주소 | 04032 서울시 마포구 양화로 127 첨단빌딩 3층(출판기획 R&D 센터)
10881 경기도 파주시 문발로 112 파주 출판 문화도시(제작 및 물류)
전화 | 02) 3142-0036
031) 950-6300
팩스 | 031) 955-0510

등록 | 1973. 2. 1. 제406-2005-000046호
출판사 홈페이지 | www.cyber.co.kr
ISBN | 978-89-315-5733-6 (03690)
정가 | 42,000원

이 책을 만든 사람들
책임 | 최옥현
진행 | 안종군
교정 · 교열 | 안종군
일러스트 | 윤병철
본문 · 표지 디자인 | 이플디자인, 박원석
홍보 | 김계향, 유미나, 정단비, 김주승
국제부 | 이선민, 조혜란
마케팅 | 구본철, 차정욱, 오영일, 나진호, 강호묵
마케팅 지원 | 장상범
제작 | 김유석

■ 도서 A/S 안내

성안당에서 발행하는 모든 도서는 저자와 출판사, 그리고 독자가 함께 만들어 나갑니다.
좋은 책을 펴내기 위해 많은 노력을 기울이고 있습니다. 혹시라도 내용상의 오류나 오탈자 등이 발견되면 **"좋은 책은 나라의 보배"**로서 우리 모두가 함께 만들어 간다는 마음으로 연락주시기 바랍니다. 수정 보완하여 더 나은 책이 되도록 최선을 다하겠습니다.
성안당은 늘 독자 여러분들의 소중한 의견을 기다리고 있습니다. 좋은 의견을 보내주시는 분께는 성안당 쇼핑몰의 포인트(3,000포인트)를 적립해 드립니다.

잘못 만들어진 책이나 부록 등이 파손된 경우에는 교환해 드립니다.

101가지
수업 철학으로
토핑한
학교체육
생생 레시피

초·중·고 및 예비 교사를 위한

엉뚱한 체육 교과서

조종현 · 김정섭 지음

BM (주)도서출판 성안당

머리말

정년퇴임이 얼마 남지 않았습니다. 제 나이도 어느덧 '불혹'을 넘어 '지천명'을 바라보고 있습니다. 저는 누군가에게 기억되는 교사가 되고 싶은 생각이 없고, 체육 교육계에 한 획을 그은 교사였다고 인정받고 싶지도 않으며, 학교 수업이 변하는 데 기여한 사람으로 회자되고 싶은 생각도 없습니다. 다만 제가 원하는 것은 열심히 현장을 개선하고 계시는 우리 체육 교육 가족 선생님들의 '자존감'이 높아지는 것입니다.

수업을 의미 있고 재미있게 만드는 일은 생각보다 쉽지 않습니다. 수업이 잘 바뀌지 않는 이유는 바로 이 때문입니다. 누구나 할 수 있는 수업이 아닌, 진짜 수업 전문가가 되기 위해 함께 노력했으면 합니다.

퇴임 후에 "나는 이래서, 저래서, 그래서 못했는데…."라고 말하는 것은 '넋두리'에 지나지 않습니다. 지금이 중요합니다. 오늘이 중요하고, 내일이 중요합니다. 오늘 배워 내일 써먹어야 합니다. '내가 갖고 있는 아이디어가 효과적일지', '학생들의 반응은 어떨지'를 고민해야 합니다. 수업은 절대 한 사람의 노력으로 개선할 수 없습니다. 4차 산업 혁명 시대의 융합, 통합, 융섭, 커넥팅, 전문적 학습 공동체가 주목받고 있는 이유는 바로 이 때문입니다.

교직 후배 선생님들에게 "나도 그땐 그랬는데 어쩔 수 없었어."라는 말을 하려니 너무 창피합니다. 나에게 주어진 임무는 수업 개선 방안을 연구해 훗날 다른 교직 후배 선생님들에게 그 성과를 넘겨주는 것이라 생각합니다. '우공이산(愚公移山)'이라는 말처럼 노력해서 안 되는 일은 없습니다. 일단 되는 데까지 만들어본 후에 "내가 이룬 것은 여기까지이니 뒷마무리를 잘 부탁합니다."라며 넘겨줘야겠지요. 학생들에게 "포기하지 말고 도전하라!"라는 말을 수없이 반복하면서도 정작 우리들은 쉽게 포기하며 살고 있지 않은지 돌아봤으면 합니다. 작은 것에 만족하지 말고 큰 산을 바라보며 함께 걸어갔으면 합니다. 문화는 하루아침에 바뀌지 않으니까요.

우직하게 돌 하나씩 옮기다 보니 산이 옮겨졌다고 말하면서 시원한 물 한 모금씩 나눠 마시며 동료들의 이마에 맺힌 땀을 닦아줄 수 있는 사람이 진짜 선배이자 교직 동료라고 생각합니다. 현장을 먼발치에서 바라보며 학교와 학생들의 이야기를 귀동냥으로 전해 들은 사람과 최일선에 있는 우리 교사들은 다릅니다. 우리 주변에는 탁상공론을 하는 사람들이 많습니다. 내일 당장 학생들 앞에 서야 하는 선생님의 의견이 중요합니다. 한 사람 한 사람의 의견이 모이면 꽃이 피기 시작하고 언젠가는 온통 꽃밭이 될 것입니다. 그 꽃밭을 바라볼 생각을 하니 상상만 해도 기분이 좋아집니다.

이 책은 잘한 것만을 기록해 누군가를 주눅들게 하기보다는 '함께 연결'이라는 4차 산업혁명의 철학과 마인드를 바탕으로 계획하고 준비했습니다. 이 책이 모든 선생님에게 작은 울림이 됐으면 합니다. 우리는 할 수 있습니다. 망설이지 마시고 지금 당장 내일 어떤 수업을 할 것인지 고민해보십시오. 고민은 준비를 하게 만듭니다. 세상에 그냥 이뤄지는 것은 없습니다.

많은 시행착오를 거치면서 얻어낸, 저희들의 엉뚱하지만 엉뚱하지 않았던 수업 운영 사례들이 여러분에게 많은 도움이 되길 바랍니다. 수업 개선을 꿈꾸는 모든 분의 열정이 시원한 바람을 타고 대한민국 전역으로 퍼져나가길 간절히 바랍니다. 선생님들을 끝까지 응원하겠습니다!

2021. 5.

저자 일동

차례

수업은 철학이다

PART 2 수업은 준비다

PART 3 수업은 실천이다

Chapter 1 건강

Chapter 2 도전

Chapter 3 경쟁

Chapter 4 표현

Chapter 5 안전

함께 걷고 싶은 길

조종현

하찮다
대충 해라
별것도 없다
괜한 고생 마라
잘해야 본전이다

내가 보고 싶었고
함께 걷고 싶었던
사람의(人) 근본을(本) 키우는(育)
참 좋은 그 길은
이렇게 포장되어 있었다

의미 있고
소중하고
사랑한다며
푸대접하고 있는
우리들의 모습들
그로 인해 소외되는
그 길을 바라볼 때면
너무도 아쉽고 안타깝다

늘 보던 것을
새롭게 볼 수 있는
의미 있는 시선
늘 생각하던 것을
힘 있게 실천할 수 있는
아름다운 용기가 보고 싶다
시간이 없었다
동료가 이렇다
학교가 그렇다
시설이 저렇다
분위기가 어떻다

강처럼 흘러가도
바람처럼 스쳐가도
우리를 바라보는
아이들의 시선을
잊지말자, 그리고 잃지말자

아무리 늦었어도
빠른 것은 시작이고
아무리 빨랐어도
늦은 것은 후회이니
우직한 노력으로
모든 것에 감사하고
된다는 생각이
놀라운 결과를 만든다

아이들과 함께 하고 싶은
벗들과 함께 걷고 싶은 그 길
보인다고 보이는 것이 아니고
안 보인다고 보이지 않는 것이 아님을
작은 꿈이 있다는 것에
오늘도 커다란 행복을 느낀다.

함께 있지만, 다른 곳에 있는

김정섭

함께 있지만, 공간은 다른 곳에

같은 곳을 바라보고 있지만, 생각은 다르게

함께 있지만, 몸은 다른 곳에

마음은 다르지만, 목표는 같은 곳을

손은 모았지만, 발은 다른 곳에

머리는 모았지만, 결론은 각자의 나름대로

생각과 방법이 다를 뿐 가고자 하는 곳은

항상 그곳으로!

'Good Teaching Philosophy'

PART

수업은 철학이다

1년 농사를 위해 가득 채워야 하는 수업 냉장고

배워서 남주자! 자투리 시간과 방학을 이용해 좋은 연수 듣기

이것을 Why

최고의 수업 요리를 하고 싶습니다. 손님 모두가 만족하는, 맛있는 요리를 제공하고 싶습니다. 학생들은 교사들에게 '호갱'이 아닌 '고객'이죠. 모든 학생이 즐거워하는 멋진 수업(명작)을 하고 싶습니다. 단 한 명의 학생도 소외되지 않는, 학생들 모두가 참여하는 새롭고 신나는 수업을 하고 싶습니다. 학생들의 입에서 입으로 전달되는 정말 재미있는 수업을 하고 싶습니다. 스테이션별 활동, 프로젝트를 완성해 나가는 과정, 구글을 활용한 실시간 쌍방향 수업, 인문적 체육 교육을 적용한 수업의 재구성 등을 활용해 색다르게 준비하고 싶습니다. 서프라이즈한 방식을 사용해 평가하고 싶습니다. 이를 위해 우리 교사들이 꼭 해야만 하고, 반드시 실천해야 하는 일은 바로 배워야 한다는 것입니다.

배움에 둔감해서는 안 됩니다. 왜냐하면 우리들은 '사람을 가르치는 사람'이기 때문입니다. 배움이라는 오감의 촉수를 활짝 열어 사방으로 펼쳐둬야 합니다. 남이 차려놓은 수업, 누군가가 참고하라고 전해준 자료집은 '내 것'이 아닌 '남의 것'입니다. 이것이 바로 수업 개선 연수에 많은 교사가 참여하는 이유입니다. 교사가 직접 해봐야만 그 느낌을 자신의 것으로 만들어 학생들에게 전달해줄 수 있습니다.

준비는 Simple

(1) 잘 배워서 많은 학생에게 나눠주려는 자세

(2) '수업에서 제일 만나고 싶은 선생님'이 되고 싶은 강한 의지

(3) 직접 참여해 오육칠감으로 다양한 수업 방법을 전수받고자 하는 용기

(4) 수업에 작은 '잽'이 아닌 힘 있는 '어퍼컷'을 날리고 싶은 도전 정신

무엇을 How

채워야 합니다. 준비해야 합니다. 빈 수레가 요란한 법입니다. 잘 준비돼 있지 않으면 학생들에게 화를 내게 됩니다. 남의 탓으로, 시설 탓으로, 학교 탓으로, 학생 탓으로 돌리게 됩니다. 평가는 피교육자가 하는 것이지, 수업을 준비하는 교육자가 하는 것이 아닙니다. 이를 위해서는 학생들의 입맛에 잘 맞춰야 합니다. 우리들이 학교에서 학생들에게 드러내는 수업은 '어두운(단

힌) 공간'이 아니라 '밝은(열린) 공간'입니다. 절대로 숨길 수 없습니다. 우리는 글로, 시선으로, 느낌으로 평가받고 있습니다. 교사가 준비하고 선보이는 모든 아이디어가 수업이라는 광장에 올라가는 것입니다.

학생들도 세상의 변화 속도에 맞춰 변하고 있습니다. 우리 모두의 변화를 요구하고 있습니다. 그렇기 때문에 교육과정의 재구성이 필요합니다. 학교의 상황과 분위기를 잘 고려해 학생들에게 잘 차려진 밥상을 제공해야 합니다. 학생들이 숟가락을 들고 '무엇을 먼저 먹을까?'를 고민할 정도로 의미 있는 밥상을 준비해야 합니다. 제철 과일이 제일 맛있습니다. 예전 스타일의 단무지 수업은 이제 그만했으면 합니다.

전국 방방곡곡에서 펼쳐지는 다양한 수업 종목과 방식을 찾아보고, 연구하고, 고민하고, 배워야 합니다. '배워야 할 것'과 '해야 할 것'이 너무 많습니다. 집합 연수도 좋고, 원격 연수도 좋습니다. '수업을 1월에 준비하면 일류 교사, 2월에 준비하면 이류 교사, 3월에 준비하면 삼류 교사'라는 말이 있습니다. 나를 도와줄 사람은 없습니다. 놀 것 다 놀고, 할 것 다 하고, 즐길 것 다 즐긴 후에 학교 현장으로 돌아와 학생들에게 빈 냉장고를 보여주면 1년 농사를 망치는 것입니다. 배우면 분명 달라집니다. 잘 배워서 의미 있게 적용하면 바뀝니다. 수업도, 학생도, 교사도, 학교도, 대한민국도!

좋았던 Point

모든 문제는 어설프게 배웠기 때문에 발생합니다. "배우려고 했는데 ○○○ 때문에 배우지 못했다."라고 말하는 것은 '변명'이고 '열정 부족'입니다. 지금 당장 시작해야 합니다. 새롭게 찾아올 다음 학기의 수업을 위해 자투리 시간을 잘 활용할 방법을 연구하고, 다가올 방학 기간을 의미 있게 준비하는 멋진 대한민국 교사가 되시길 바랍니다. 투자 없이 얻는 것은 없습니다.

준비를 하지 않으면 우리의 수업에 방문할 손님들에게 썰렁한 밥상을 제공하게 됩니다. 학생들은 배워서 남주려는 선생님의 노력을 단번에 알아봅니다. 학생들에게 평가받기 위해서가 아니라 정체되지 않기 위한 처절한 몸부림이라고 생각하면 편합니다. 학생들은 수업 전문가입니다. 수업으로 장난치면 바로 눈치챕니다.

선생님들도 과거에는 학생이었습니다. 열정을 갖고 다양한 수업 방식으로 우리를 만나셨던 선생님이 오랫동안 기억되는 법입니다. 그 선생님은 학생들의 질문을 즐겁게 받아주시고, 모르고 있는 교과 이론이나 운동 기능에 쉽게 접근하는 방법을 차근차근 자세히 알려주셨던, 우리들과 함께 고민하고 이야기 나눠주셨던 분이었습니다. 쉬는 시간에 질문하면 “난 언제 쉬니?”, “알아서 창작해라!”, “하다 보면 알게 된다!”, “아직 이것도 모르니?”, “이런 것은 몰라도 된다!”, “할 줄 아는 애들만 나와봐라!”, “여학생들은 움직이면 다치니까 앉아서 좀 쉬다 들어가고!”라는 식으로 학생들에게 상처를 주시는 선생님은 이제 더이상 없었으면 합니다.

실제로 見견물생심

여(女+餘)학생을 화나게 하는 열 가지 노하우

여학생들을 환하게 웃게 해주고 싶다면
반대로! ♡Just do it♡

1. "이런 기본적인 스포츠 지식을 아직도 모르고 있니?"라며 '상처' 주기

여학생들에게 스포츠 종목에 대한 기초 지식을 가르쳐주기는 어렵습니다. 지금까지 뭘 배웠는지 모르겠지만 말입니다. 그냥 간단히 무시해버리는 것이 편합니다. 이것저것 설명하려고 하니 시간도 부족하고 남학생들이 운동 경기를 하자고 조릅니다. 그 학생들의 의견도 소중한 것 아닌가요? 여학생들은 헤어스타일 등에만 관심이 있을 뿐, 땀을 흘리며 운동하는 것을 싫어한다고 합리화해버리세요. 그래야 속이 편합니다. 학생들은 수년간 서라면 서고, 뛰라면 뛰는 수동적인 움직임에 익숙해져 있으니 여학생들은 이런 상황을 잘 알아채지 못할 것입니다. 그렇게 믿어버리세요. 지필 평가도 물 건너간 지 오래죠? "선생님, 체육 교과서가 도대체 왜 필요한 거죠?"라고 질문할 수도 있으니 가끔은 교실 수업을 빙자해 그간 한 번도 들춰보지 않았던 교과서에 밑줄 그어주고, 중요한 부분만 알려주세요. 큰 문젯거리를 만들지 않기 위한 저만의 노하우입니다. 교육 연구부의 메시지에서 우리 체육 교과는 아주 자유롭습니다. 너무 기쁘죠! 수행평가 100%의 카드도 우리가 쥐고 있으니 학교에서의 시간을 여유롭게 즐길 수 있습니다. 학생들에게 상처를 줬다면 종종 불러서 위로해주시고 격려해주세요. 그러면 치유될 겁니다.

2. 체육(협력)부장? "당연히 운동을 사랑하는 남학생들의 자리지!"라고 선 긋기

요즘 각 학교의 체육부장으로 활동하는 학생들은 시범을 보이거나 선생님을 돕는 일을 담당하고 있지 않습니다. 하지만 여학생을 체육부장에 임명하려고 하니 걱정이 많으시죠? 대충 넘어가도 되는데 복잡한 잣대와 기준들을 마구 들이대며 여학생들의 권리다 뭐다 운운하면 과거의 행복했던 상태로 회귀하기가 결코 쉽지 않기 때문입니다. 그냥 맘 편하게 나의 말 한마디에 움직이는, 내가 심복처럼 부릴 수 있는 남학생들이 제일 편한 것이 사실입니다. 남학생들은 "사나이", "의리"라는 말로 두리뭉술 넘어가도 되는데, 여학생들은 선생님의 판단과 생각에 제동을 걸어옵니다. 귀찮습니다. 운동도 못하는 학생들이 항상 일을 만들죠. 남녀가 함께 있는 혼성 학급이 대부분인 요즘 분위기에서 여학생들에게 이런 기회를 주며 머리 아파할 필요가 있을까요? 그렇게 하지 마세요. 제발 부탁입니다. 옛날부터 체육(협력)부장은 원래 남학생들이 담당하지 않았나요? 운동 잘하는 남학생이 하는 분위기로 슬쩍 몰아가면 됩니다. 혹시 모 여학생이 '선생님! 제가 하고 싶습니다!'라며 손을 번쩍 드는 예상치 못한 상황이 발생하면, 체육부장의 역할과 그에 적절한 실제 사례들을 열 가지 정도 들어가며 설득시키면 됩니다. 인사가 만사입니다.

제목 [일반] 2017 고잔고 여학생 체육 활성화 프로젝트(여고부 농구)

이름 조종현 작성일 2017-09-13

고잔고에서는 여학생 체육 활성화를 위해 여고부 농구(자율동아리), 여고부 배구, 여고부 배드민턴반을 지속적으로 운영하고 있으며, 안산시 학교스포츠클럽대회와 경기도 학교스포츠클럽 축제에 참가하고 있습니다. 스포츠에 참여하는 여학생들을 힘차게 응원합니다!

3. '스탠드에 앉아 수다 떠는 것을 더 좋아하지?'라고 반복적으로 말하기

여학생들을 체육 수업에 참여시키려면 여러 가지 사항을 고민해야 하고 수업 준비에도 신경 써야 하기 때문에 귀찮은 일들이 많이 발생합니다. 지나가는 고객을, 그동안 우리 물건에 관심이 없었던 손님들의 발걸음을 가게로 돌려세우는 데는 많은 노력과 시간이 필요합니다. 남들이 하지 않는 것이기도 하고, 해도 그만, 안 해도 그만인데 무리할 필요가 있겠습니까? 남학생들은 운동장이나 체육관에서 뛰어놀게 하고(남학생들은 관리만 잘해주면 끝), 여학생들은 스탠드에서 수다를 떨게 하면 됩니다. 선생님은 멋진 선글라스로 가려진 포커페이스 상태로 한 시간을 버티면 다음 시간으로 넘어가죠! 하루는 금방 지나갑니다. 학원, 수업, 수행평가 때문에 못 나눴던 이야기를 나눌 수 있는 기회를 준다고 생각하면 됩니다. 세상에 이렇게 자상한 선생님이 또 있을까요? 이것도 능력입니다. 체육 선생님은 원래 학생들에게 인기가 많습니다. 준비된 수업으로 학생들을 귀찮게만 하지 않아도 좋은 평가를 받습니다. 단, 체육복은 꼭 입고 스탠드에 앉아 있어야 합니다. 누군가가 내 수업을 관찰하고 있을지 모르니 말입니다. "체육시간에 공 하나 던져주고 자유 시간을 갖도록 하는 것은 예나 지금이나 똑같더라."라는 얘기가 나오면 뭐라 딱히

항변할 말이 없으니 나름대로 비빌 언덕을 만들어 놓아야 합니다.

"스포츠에 대해 자세히 알지도 못하면서 그런 말을 합니까? 절대 자유 시간이 아닙니다. 교사가 학생들을 방치하는 공만 던져주는 '아나공', 열쇠만 쥐어주는 '아나키', 탑재한 영상만 시청하게 하는 '아나영' 시간이 아니라 '자율 체육 활동 시간'입니다."

4. 스포츠에 적극적으로 참여하려는 여학생에게는 며칠 동안 눈길 한 번 주지 않기

가끔 "선생님! 남학생들은 뛰어노는데, 우리는 뭐 안 하나요? 남자 애들처럼 우리 여학생도 경기를 하고 싶어요!"라고 말하는 여학생도 있습니다. 이런 여학생들의 의견이 다른 학생에게 전달되지 않도록 해야 할 필요가 있습니다. 이 경우에는 당황하지 말고 다른 일을 하는 척하거나 선글라스로 눈을 살짝 가려주세요. 그리고 은근슬쩍 무시해버리면 됩니다. 그렇게 하지 못하는 이유를 조목조목 설명해주세요. "너희들 그러다가 다치면 어떻게 하니?", "대학교 안 갈 거니?", "땀나도 괜찮겠니?", "준비운동은 하고 운동한다고 하는 거니?" "복장이 그게 뭐니?" 등등….

소수 여학생들의 스포츠 참여를 위해 대다수의 여학생을 움직이게 하는 무리수를 두지 않도록 하세요. 며칠만 잘 견디면 소수의 여학생은 다수 여학생의 분위기에 금방 동화돼 잠잠해집

스포츠는 남학생들의 전유물입니다.

니다. 비록 조금 시간이 걸리더라도 그게 편하고, 훗날 돌아보면 적절한 판단이었다고 생각하실 겁니다. 초기의 분위기를 잘 다스리지 못하면 1년간 고생합니다. 여학생들은 평가에 민감하므로 수행평가 기간이 다가오면 연습할 시간을 많이 주고, A를 획득할 수 있는 방법을 집중적으로 잘 설명해주시면 깔끔하게 마무리됩니다. 점수를 후하게 주면 그간 좋지 않았던 감정들은 언제 그랬냐는 듯이 감쪽같이 사라집니다. 여학생들은 경기에 참여해 새롭고 다양한 경험을 해보는 것보다 개인적인 평가에 더 크게 관심을 보이므로 이런 방식이 서로에게 좋은, 진정한 윈-윈(win-win)이 아닐까요? 평가를 잘 마친 후 자유 시간을 많이 주세요!

5. 학교스포츠클럽의 종목은 남학생이 선호하는 것 위주로 구성하기

교내 학교스포츠클럽대회는 운동에 소질이 있는 학생들만의 멋진 스포츠 잔치입니다. 소문난 잔치에 먹을 것이 없으면 안 되죠. 당연히 운동을 잘하는 학생을 중심으로 운영해야 합니다. 다시 말해, 운동을 잘하지 못하는 학생들은 참여할 수 없는 대회입니다. 과학경시대회나 수학경시대회에 과학이나 수학을 못하는 학생들이 참여하지 못하는 것과 마찬가지입니다. 종목을 남학생들 위주로 편성하지 않으면 남학생들의 원성이 끊이질 않습니다. 여학생들이 참여할 수 있는 종목을 아예 넣지 않으면 가끔 말이 나오기도 하므로 여학생 참여 종목도 형식적으로 포함시켜야 합니다. 남학생은 11 대 11 축구 경기, 여학생은 다칠 우려가 있으니 승부차기를 하도록 하고, 남학생은 5 대 5 농구 경기를 하고, 여학생들은 경기 방법을 잘 모르니 자유투를 하게 하면 됩니다. 이해해줄 겁니다. "선생님! 우리도 남학생들처럼 축구 경기나 농구 경기를 할 수 있게 해주세요. 뛰고 싶어요. 이건 남녀차별이에요!"라고 말하는 여학생이 있다면, "다른 애들이 경기 방법을 모르니까 학급 대항 경기는 어렵다."고 말하면서 캔 음료수 하나를 건네시면 됩니다. 실제로 다른 학급이 신청할 수 있는 기회를 줘도 나오지 않습니다. 그러니 적극적으로 참가를 독려하거나 종용하지만 않으면 자멸하게 됩니다. 남학생들의 경기보다 많은 시간이 소요되니 여자가 양보하는 것이 당연합니다. 모든 것을 남녀 똑같이 할 수는 없습니다. "응원도 스포츠의 일부이니 열심히 응원해라."라고 말해도 됩니다. 모두의 평화를 위해….

6. '여학생 체육 활성화'는 범국가적 정책? 쉿! 비밀!

여학생들이 이 사실을 뒤늦게라도 알게 되면, '선생님! 우리 학교는 여학생 체육 활성화를 위해 어떤 것을 계획하고 계신가요?'라고 말할 것이 뻔합니다. 그러니 괜한 일을 만들어 골치 아플 필요가 없습니다. 외부에서 바라보는 시선도 있으니 현수막을 하나 걸어두고 실제로는 살짝 피해 가시면 됩니다. 여학생 체육 활성화를 하지 않는다고 뭐라고 할 사람은 없습니다. 여학생들은 직접적으로 무엇을 원하지 않는 경우가 많습니다. 뭐가 좋은지 잘 모르죠. 마치 물건이나 음식을 고를 때 '아무거나'를 외치는 소비자와도 같습니다. 물론 공식적으로 이런 것들을 학생들에게 말해줄 필요는 없습니다. 말한다고 해서 누가 알아주는 것도 아니고, 말하지 않는다고 해서 크게 문제되는 일도 없습니다.

이상하게도 적극적으로 뭔가를 진행할 때보다 아무것도 하지 않았을 때 더 인정받는 경우가 종종 있습니다. 앞으로도 계속 그렇게 견디다가 퇴직하면 됩니다. 일은 할수록 리스크가 생기고 머리가 아픕니다. 인근 학교도 하지 않고 있는데 우리 학교가 앞장서서 달릴 필요가 있겠습니까? 일단, 우리 체육 교사들만 아는 비밀로 하시죠! 학생들은 곧 졸업합니다. 누군가가 이에 대해 언급하면 "이미 알고 있었지만 학교의 여건이 허락하지 않았다."라고 변명하시면 됩니다. 고입을 앞둔 중학교에서, 대학입시를 앞둔 고등학교에서 아무 의미도 없는 스포츠 참여에 시간을 투자하는 것이 어디 가당키나 합니까? 학부모나 관리자도 원치 않습니다. 안전사고 없이 조용히 지나가길 원하고 있습니다. 학교 현장에서 인성 교육 운운하는 것은 언감생심이죠. 체육 수업을 하면 스포츠맨십이 자동으로 생깁니다. 우리 체육 교사는 할 일이 너무나 많습니다. 수업에 시간을 투자할 정도로 여유로우신가요? 일 만들지 마세요.

7. 칭찬해주자! 운동을 잘하는 학생들만 돋보이도록!

운동을 잘하면 모든 것이 용서되죠. 운동을 잘하는 학생들이 수업을 지배합니다. 스포츠맨십은 필요 없고 경쟁에서 이기는 운동 기능을 소유하고 있는 학생들만이 최고입니다. 과정이 중요하다고요? 정말 그렇게 생각하세요?

성인들의 생활 체육 세상에서도 이와 같은 모습을 쉽게 찾아볼 수 있습니다. 경기에서 지거나 자신에게 불리한 판정이 나오면 페어플레이를 다짐하며 시작된 경기장이 난장판이 돼버리곤 합니다. 프로 스포츠도 상상을 뛰어넘고 있습니다. 뉴스를 보셔서 아시죠? '아마추어리즘'을 외치며 무리한 요구를 하는 것이 오히려 이상할 정도입니다.

체육 수업 중이나 학교스포츠클럽 참여 중의 긴박한 상황 속에서 이를 견뎌낼 것을 요구하는 것 자체가 미안할 정도입니다. 운동을 잘하는 여학생들은 칭찬해주세요. 그렇다고 다른 학생들을 그 여학생처럼 만들 필요는 없습니다. 두려워하지 마세요. 걱정도 하지 마세요. 선행 학습이 그렇게 만들어준 것이니까요. 다른 여학생들이 그 학생을 부러워할 수 있는 분위기를 조성하세요. 그렇게 해주면 그렇지 않은 여학생들은 한 걸음씩 뒤로 물러나게 될 것입니다. 선행 학습이 이 학생을 이렇게 만들었다고 강조하는 것을 절대 잊으시면 안 됩니다. 시간을 투자한 학생이죠. 미리미리 학원을 다니듯 지역 스포츠 클럽에 참가해 운동한 학생들입니다. 좋은 부모님을 만나 다행인 학생들이죠. 후행 학습으로는 불가능합니다. 안 되는 것은 안 되는 것입니다.

8. 지루하고 반복적인 훈련만이 운동을 정복하는 유일한 방법이라고 선포하기

여학생들이 당당해지면
준비할 것들이 많아지고
생각 이상으로 귀찮아집니다.

여학생들의 운동 기능을 향상시키기 위해서는 수십만 가지의 방법이 동원돼야 합니다. 준비를 해도 잘 안 되는 경우가 많습니다. 가끔은 상처를 받기도 합니다. 따라서 그 길을 걸으면 안 됩니다. 될 때까지 해야 한다고 말하시면 안 됩니다. 결국 안 됩니다. 많은 준비 시간이 필요하기 때문입니다. 좋아하는 드라마도 못 보게 되고, 배드민턴 동호회 활동도 못하게 됩니다. 끊임없는 관심과 독려가 필요합니다. 우리 집 육아도 신경 쓸 겨를이 없는데 남의 집 학생에게 저희들이 왜 그래야 합니까?

운동 기능이 현저히 떨어지는 여학생들에게는 반복 훈련이 가장 중요하다고 말해주세요. 수행평가 만점을 위해 노력하라고 말해주세요. 흥미가 떨어지더라도 많은 연습을 하지 않으면 결코 정상에 설 수 없다는 '다대고(多大高)'의 스포츠 정신을 일깨워주세요. 지속적으로 말하는 것이 중요합니다. 그러지 않으면 다른 생각을 하게 됩니다. "너희들이 그동안 관심을 갖지 않았던 스포츠 종목 하나를 마스터하기가 이렇게 어려운 것이다."라고 핀잔을 해도 됩니다. 많은 고민은 필요치 않습니다. 40분, 45분, 50분의 수업 시간 내내 배구의 오버헤드 패스나 농구의 레이업 슛만 연습해도 여학생들의 실력은 향상되지 않습니다. 그런 학생들에게 스포츠 문화의 전수라니요. 웃기는 소리입니다.

9. 운동의 기본 기능만 가르치자! 언감생심, 경기 참여는 꿈도 꾸지 마라

운동 기능이 떨어지는 여학생들을 데리고 수업 중 축구, 농구, 배구 리그를 진행한다는 것은 상상만 해도 힘든 일입니다. 그러니 그냥 개인 평가를 진행하는 것이 맞습니다. 모둠을 구성해 수업을 진행하면 운동을 잘하는 남학생, 여학생뿐 아니라 그렇지 않은 학생들에게도 민원이 발생합니다. 심지어 학부모들의 민원에도 시달리게 됩니다. 그것을 원하시나요? 결국 교사의 평가는 자연스레 낮은 점수를 유지하게 됩니다. 체육이 뭐하러 그런 것까지 하나요? 적당히 하시면 됩니다. 괜한 일을 벌이면 해야 할 일이 많아지므로 애시당초 시작하지 않는 것이 최선입니다. '나는

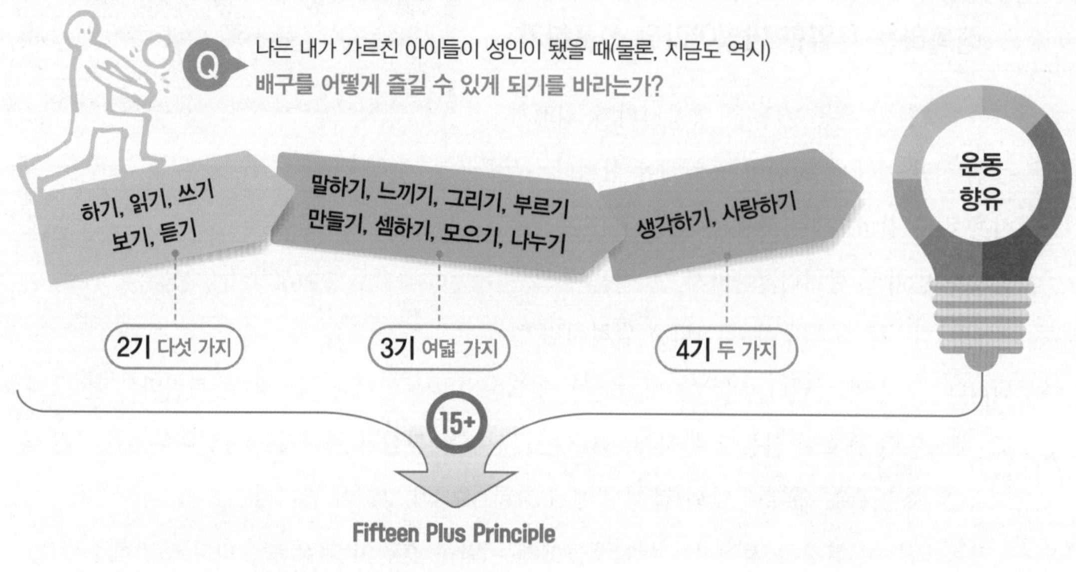
Q
나는 내가 가르친 아이들이 성인이 됐을 때(물론, 지금도 역시)
배구를 어떻게 즐길 수 있게 되기를 바라는가?
하기, 읽기, 쓰기
보기, 듣기
말하기, 느끼기, 그리기, 부르기
만들기, 셈하기, 모으기, 나누기
생각하기, 사랑하기
운동
향유
2기 다섯 가지
3기 여덟 가지
4기 두 가지
15+
Fifteen Plus Principle
A
우리는 배구를 배운 학생들이,
배구를 하고, 읽고, 쓰고, 보고, 듣고, 말하고, 느끼고, 그리고, 부르고,
만들고, 셈하고, 모으고, 나누고, 생각하고, 사랑하게 되기를 원합니다.

할 수 있을 것이다.'라고 쉽사리 판단하지 않길 바랍니다. 선배 교사의 진심입니다. 동료 교사의 눈치가 안 보이시나요? 경기를 진행하다가 손가락이나 발목 부상을 입어 깁스를 하고 돌아다니는 학생들 덕분에 누군가에게 괜한 핀잔을 들을 수도 있으니 매우 조심해야 합니다. 안전제일! 모든 것을 정리하고 수습하는 것은 담당 체육 교사의 몫이라는 것을 명심하기 바랍니다.

지금까지 그래왔듯이 경기 참여는 여학생이 아닌 남학생만의 몫입니다. 여학생을 잘 설득해 어쩔 수 없다는 것을 알려주세요. 체육 교사의 탓이 아닙니다. 전국적인 분위기입니다. "좀 차분하게 학교 생활을 하면 안 되겠니?", "경기는 너 혼자 할 수 있는 게 아니야. 하기 싫은데 너 하나 때문에 경기를 하게 될 여학생들을 감당할 수 있겠니?", "너희 담임 선생님이 별로 안 좋아하시던데?", "부모님 허락은 받은 거니?", "연습할 시간은 있니?", "학원은 몇 군데나 다니니?", "너 체대 갈거니?" 등 이런저런 핑곗거리를 만들어보세요. 교사의 진심은 학생들에게 전해집니다. 걱정스러운 표정을 지어주세요. 운동 기능을 혼자 연습하는 것과 경기에 참여해 팀 대 팀으로 경쟁하는 것은 엄연히 다르다는 것을 알아듣게 설명해주시면 됩니다. 싹을 잘라주세요.

10. 매 학기의 첫 시간, 어떤 것을 배우는지 꼼꼼하게 설명하지 않기

매 학기 초가 되면 여학생들의 질문이 많아집니다. 체육 시간에 무엇을 배우는지, 어떻게 배우는지, 수행평가는 어떤 식으로 이뤄지는지 등…. 이러한 질문에 일일이 반응할 필요 없습니다. 나중에 알려준다고 둘러대시면 됩니다. 미리 말하면 훗날 학생들에게 꼬투리를 잡힐 여지가 많아지기 때문입니다. 질문이 많은 여학생에게 자세히 설명해주는 것은 절대 금물입니다. 교과 협의 중이라고 애둘러 말하시면 편합니다. 아직 결정되지 않았으니 담당 선생님들과의 협의가 끝나는 대로 알려주겠다고 말하세요. 학기가 시작된 후 3주는 그렇게 넘어가도 전혀 문제가 되지 않습니다. 미세먼지가 우리를 도와줄 것입니다. 운동장에 나갈 계획을 세우지 않아도 됩니다. 학생들이 학원 숙제를 할 수 있는 시간을 제공해주세요. 학생들도 좋아합니다.

평가 방법은 최종 결정이 되면 알려준다고 말하세요. 많은 선생님이 계시기 때문에 결정하는데 생각보다 오랜 시간이 필요합니다. 매우 중요한 사항이기 때문입니다. 1학기에는 방학 기간 중 선생님들의 인사 이동이 있고, 2학기에는 평가 및 다양한 학교 상황을 고려해 판단해야 하므로 많은 시간이 필요합니다. 그러니 학기 초의 자습 시간은 너무나 당연한 조치입니다. 운동장에 나갈 수 없으니 공부할 것을 준비해오라고 하시면 됩니다. "선생님, 방학에는 뭐하셨어요?"라는 질문을 받게 되면 "방학이 더 바쁘단다."라고 말하세요. 자습 시간에 음악을 틀어주면 좋아합니다. 학생들이 좋아하는 노래를 들을 수 있도록 한 명의 학생에게 스마트폰을 가져오게 하세요. 선생님은 그 시간에 밀린 일을 하면 됩니다. 자습에 집중하지 못하는 학생들이 있으면 교실 뒤편에 서 있게 하거나 가끔 소리를 질러주면 됩니다. 학기 초에는 엄격한 분위기를 느끼게 해주세요. 시작이 반이 아닙니다. 전부입니다.

03

스포츠에 참여해야 하는 구체적인 이유

스포츠를 해야 하는
구체적인 이유 설명하기

이것을 Why

신임 교사로 부임했을 당시 학생의 질문에 제대로 대답하지 못하거나 거짓말을 해서 들통났던 기억이 납니다. 저는 이 경험으로 대처 능력이 상당히 높아졌습니다. 학교 운동부 레슬링 감독을 할 때였습니다. 학교에서 레슬링이라는 운동을 해본 적이 없는 저에게 학생 선수를 지도하는 감독 교사 역할을 맡아달라고 해서 얼떨결에 체육 교사 겸 레슬링 감독 교사가 됐습니다. 전국 대회에 참가하러 가는 도중 레슬링부 선수 한 명이 저에게 이런 질문을 했습니다. "감독님! 레슬링은 누가 시작했나요?" 저는 생각해본 적이 없는 질문에 잠시 당황하다가 그 학생에게 화를 내며 "지금 레슬링 처음 시작한 사람이 중요하니? 조금 있으면 대회장에 도착하는데 쓸데없는 생각하지 말고 시합에만 집중해라!"라고 대답했습니다. 모르면 모른다고 말하고 "선생님이 알아보고 다시 설명해줄게."라고 말했으면 좋았을 텐데 그 당시에는 왜 그렇게 말했는지 지금도 후회스럽습니다.

언젠가는 "선생님, 저는 농구가 너무 무섭습니다. 초등학교 시절 농구를 하다 다친 경험도 있고 앞으로 농구할 생각도 없는데 왜 농구를 해야 하는지 모르겠습니다."라는 학생의 질문을 받고 "너의 농구에 대한 트라우마를 없애줄게! 선생님이 시키는 것만 하면 재미있어질 거야!"라고 대답했습니다. 다시는 이런 식으로 대답하지 않을 것입니다. 교사인 저조차 농구를 왜 해야 하는지도 모르고 농구 수업을 진행한 것입니다. 학생들이 궁금해하는 것이 무엇인지 미리 알고, 질문하기 전에 설명해줬다면 어땠을까 생각해봅니다. 요즘에는 갑작스럽게 엉뚱한 질문을 해도 절대 당황하지 않고 "그런 질문 많이 받았지, 그것은 말이야. 이러쿵 저러쿵이야!"라고 대답합니다. 수많은 질문에 대해 고민한 결과, 이러한 질문에 대처하는 역량이 발달한 것입니다.

학생들에게 가장 중요한 것은 '지금 하고 있는 것을 왜 해야 하는지?', '지금 하고 있는 종목이 내 삶에 왜 필요한지?', '도대체 왜 하는지?'를 친절하게 설명해줄 필요가 있다고 생각합니다.

준비는 Simple

(1) 종목을 달리 바라볼 수 있는 안목

(2) 습관적으로 'WHY'를 외치기

(3) 해야 하는 개똥철학 만들기

무엇을 How

농구를 해야 하는 이유는 수업 중 찍은 학생들의 사진을 보면 쉽게 알 수 있습니다. 학생들이 어떤 운동에 몰입하고 있는 모습을 보면 참 행복합니다. 농구를 해야 하는 이유는 수만 가지일 것입니다. 하지만 농구를 해야 하는 이유를 저만의 개똥철학으로 이해하고 싶었습니다. 농구만이 갖고 있는 특성을 바탕으로 우리가 성장하고 발전할 수 있다면 충분히 배울 만한 가치가 있을 것입니다.

학생들이 농구 연습을 하다가 골인이 되지 않으면 무척 아쉬워합니다. 이유를 물으면 "다른 학생들은 잘 들어가는데 저만 안 들어가는 것 같아요!"라고 말합니다. 그러면 저는 "농구는 올림픽 종목에 해당하는 구기 운동 중 가장 큰 공을 사용합니다. 그리고 구기 운동 중 가장 작은 골대에 넣는 것이 농구입니다. 잘 들어가는 것이 정상일까요, 잘 안 들어가는 것이 정상일까요? 잘 들어가는 것이 비정상입니다. 잘 들어가지 않는 것이 당연한 것이고, 잘 들어가지 말라고 저렇게 만든 것입니다. 앞으로 안 들어갔다고 낙담하지 말고 들어갈 때까지 슛을 시도해보세요!"라고 말합니다. 그리고 가장 어렵게 만들어 놓고 그것을 시도하고 도전하는 과정에서 인생을 배울 수 있다는 말도 덧붙입니다.

농구는 구기 종목 중 가장 큰 공을 사용해 가장 작은 골대에 넣는 것

패스를 통해 상대방의 입장에서 생각하기

스킨십을 통해 팀워크 향상하기

다음은 제가 생각하는 '농구를 해야 하는 이유'입니다.

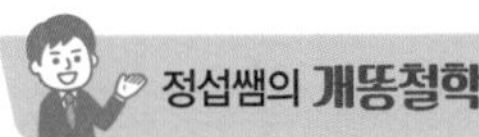

'농구'를 해야 하는 이유?

"구기 운동 중 가장 큰 공을 사용해 가장 작은 골대에 넣는 농구를 통해 살아가는 법을 배운다."

1. 골대라는 한 가지 목표를 갖고 모두 하나에 집중한다.
2. 스킨십을 통해 팀워크를 강화한다.
3. 상대의 체중을 존중한다.
4. 멋진 수비는 친구에게 날개를 만들어준다.
5. 슛을 통해 목표 설정 방법을 배운다.
6. 패스를 통해 배려심을 배운다.
7. 포지션을 통해 자신이 해야 할 역할과 책임을 배운다.
8. 드리블을 통해 신체를 조절할 수 있다. 신체는 몸과 마음을 뜻한다.
9. 3초, 5초, 8초, 24초 등 시간 제한을 통해 약속을 지키는 방법을 배운다.
10. 합법적으로 몸싸움을 할 수 있어 공격성을 표출한다.
11. 낮은 자세일수록 팀을 강하게 만든다. 항상 낮은 자세와 겸손한 태도를 갖춰야 팀이 승리할 수 있다.
12. 기회가 주어졌을 때는 주저하지 말고 시도해야 한다는 것을 배운다.
13. 장애물이 없으면 시도를 하고, 장애물이 있으면 돌파해 들어가야 한다는 것을 배운다.
14. 내 주위의 동료에게 아무런 방해물이 없다면 기회를 줘야 한다는 것을 배운다.
15. 가는 공이 좋아야 오는 공이 좋아진다는 것을 배운다.
16. 혼자 넣으면 혼자 좋지만 같이 넣으면 같이 좋다는 것을 배운다.
17. 좋은 슛의 시작은 좋은 패스라는 것을 깨닫게 된다.
18. 자주 사용하지 않는 왼손의 소중함을 깨닫는다.
19. 4번의 기회와 용서를 주지만 5번은 퇴장당한다는 것을 배운다.
20. 하늘을 향해 손을 높이 들어야 기회가 온다는 것을 배운다.

좋았던 Point

초임 교사 시절의 경험을 바탕으로 학생의 입장에서 'WHY'를 고민하게 됐고, 그 이유들이 하나씩 쌓여 학교에서 내가 스포츠 종목을 왜 가르쳐야 하는지가 분명해졌습니다. 처음에는 농구를 해야 하는 이유에서 시작했지만 점차 종목 수가 늘어나면서 왜 그 종목을 배워야 하는지를 구체적으로 설명할 수 있게 된 것입니다.

'배구'를 해야 하는 이유

"배구를 통해 아픈 만큼 성숙하게 되고 낮은 자세일수록 유리하다는 것을 배운다."

1. 상대가 준비돼 있어야만 시작할 수 있다.
2. 서브는 상대를 위한 봉사라는 것을 알려준다.
3. 튕기는 것을 세 번까지 인정해 주기 때문에 세 번의 기회를 준다.
4. 내가 책임지겠다는 뜻으로 "My"를 외친다.
5. 능력 있는 자가 "My"를 자주 외친다는 것을 배운다.
6. 리시브는 내가 지켜야 할 책임이라는 것을 배운다.
7. 능력을 키우지 않으면 공격의 대상이 된다는 것을 배운다.
8. 네트와 라인을 통해 넘지 말아야 할 선, 넘어도 되는 선, 보이는 선, 보이지 않는 선 그리고 착할 '선'을 배운다.
9. 배구공으로 맞아 아픈 만큼 성숙한다.
10. 네트 너머의 상대에게 기쁨을 표현하지 않는 미덕을 배운다.
11. 실수와 성공에 상관없이 하나하나 끝날 때마다 모여 상대를 격려해준다.
12. 공격 방법을 이야기할 때 남들은 모르는 우리만의 언어를 배운다.
13. 낮은 자세일수록 강한 팀이 된다는 것을 배운다.
14. 스킨십을 통해 팀워크를 강화한다.
15. 포지션을 통해 자신이 해야 할 역할과 책임을 배운다.
16. 높이 도약해야 모든 것이 유리해진다는 것을 알게 된다.
17. 패스를 통해 배려심을 배운다.
18. 배구에서는 홀로 세리머니를 하지 않는다. 혼자 잘해도 함께 즐거워한다.

'킨볼'을 해야 하는 이유

"세상에서 가장 큰 공으로 조화로운(옴니) 신체를(킨) 배운다."

1. 세상에서 가장 크고, 크기에 비해 가장 가벼운 공을 경험한다.
2. 미래의 프로포즈 자세를 사전에 경험한다.
3. 혼자보다는 둘, 둘보다는 셋이 유리하다는 것을 경험한다.
4. 팀을 위해 몸을 날리는 희생 정신을 경험한다.
5. 다양한 포지션을 통해 나의 역할과 책임을 경험한다.
6. 서브를 통해 희생과 봉사의 태도를 경험한다.
7. "옴니킨"을 외치며 옴니(조화로운)를 통해 킨(신체 운동학)을 경험한다.
8. 큰 공에 가려진 친구를 볼 수 있는 넓은 안목과 시야를 갖게 된다.
9. 생각을 하고 말을 해야 한다는 것을 경험한다.
10. 세상이 둥글고 둥근 것이 잘 굴러간다는 것을 배운다.

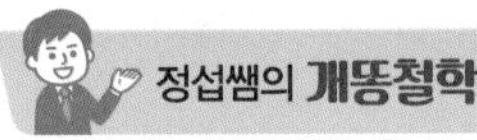

'기계체조'를 해야 하는 이유

"세상을 거꾸로 바라보는 안목을 선사하고 인간의 한계에 도전하게 만든다."

1. 싸워야 할 적은 남이 아닌 나라는 것을 알려준다.
2. 세상을 거꾸로 볼 수 있는 능력을 키워준다.
3. '세상이 잘 안 돌아가면 내가 돌면 된다.'라는 생각을 하게 한다.
4. 중력의 법칙을 몸으로 느끼게 해준다.
5. 인간의 한계에 도전하게 한다.
6. 자신이 할 수 있는 것 이상의 것을 경험하게 한다.
7. 한 번 성공하기 위해서는 수만 번 반복해야 한다는 사실 알려준다.
8. 시도하지 않은 것을 후회하게 만든다.
9. 굳이 하지 않아도 될 것에 도전하게 만든다.
10. 세상을 바라보는 안목을 앞만이 아닌 옆, 뒤, 위, 아래로 볼 수 있게 해준다.
11. 직접 해보지 않고서는 절대 할 수 있다고 말해서는 안 된다는 것을 알게 해준다.

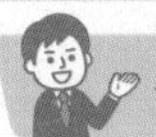

'춤'을 배워야 하는 이유

"춤은 언어다. 춤을 배우는 것은 전 세계가 이해할 수 있는 언어를 배우는 것이다."

1. 인간 형성 중 가장 중요한 조건이 신체적 목표다.
2. 다른 사람의 동작을 따라 하는 것이 움직임의 시작이다.
3. 누군가 나를 바라보고 있다는 것을 느끼므로 움직임에 제약이 있다. 춤은 이것을 이겨내야 한다.
4. 자신의 감정을 표출하지 못하면 스트레스를 받고 몸이 아프다. 따라서 올바른 감정 표현이 필요하다.
5. 올바른 표현력을 길러준다.
6. 세상은 리듬에 맞춰 돌아간다. 춤을 통해 세상의 흐름과 리듬을 이해할 수 있다.
7. 센터는 강한 힘이 있고, 공간이 주는 메시지가 다르다는 것을 배운다.
8. 제스처 하나에도 큰 의미가 있고, 동작은 하나의 언어라는 것을 배운다.
9. 자신의 감정을 이해하고, 다른 사람과 감정을 공유해야 한다는 것을 배운다.
10. 즉흥적인 상황에 맞게 움직여야 하므로 적응력이 발달한다.
11. 새로운 것을 창조하기보다 기존의 것을 새롭게 조합해야 하므로 창의성이 발휘된다.
12. 1분이 소중하다는 것은 무대를 경험한 자만 알 수 있다. 1분을 위해 얼마나 많은 땀방울을 흘려야 하는지 안다.
13. 공연 직전 자신의 심장 소리를 들을 수 있다.
14. 다른 스포츠의 팀은 실수를 해도 만회할 기회가 있지만, 댄스팀은 한 사람의 실수가 작품에 큰 오점으로 남을 수 있다는 것을 안다.
15. 다른 스포츠는 교체 멤버가 있지만, 춤의 팀은 교체 멤버가 없다. 따라서 함부로 아파서도 안 된다.

04

'단동십훈'의 교훈을 담은 개똥철학

세상의 이치를 깨닫는 소크라테스되기

이것을 Why

단동십훈(檀童十訓)의 교훈을 알면 가르치는 관점이 변화될 것입니다. 단동십훈은 '단동치기 십계훈(壇童治基十戒訓)'의 줄임말로, 단군의 혈통을 이어받은 아이들을 위한 열 가지 교육 방법입니다. "단동치기십계훈"이라고 하면 아무도 모르지만 "도리도리", "곤지곤지"라고 하면 쉽게 알아차릴 것입니다. '도리도리(道理道理)'는 머리를 좌우로 흔드는 동작으로, '도리에 맞게 살라.'는 의미입니다. '천지 만물이 하늘의 도리로 생겨났듯이 너도 도리로 생겼으니 머리를 한쪽으로만 두지 말고 좌우로 돌려가며 여기저기 둘러보고, 다른 사람의 마음과 입장을 살펴 사리에 맞게 살아가라.'는 뜻으로 가르쳤습니다. '곤지곤지(坤地坤地)'는 왼쪽 손바닥을 펴게 한 후 오른손 검지로 왼쪽 손바닥을 찍는 동작입니다. 오른손 검지는 음(−), 왼쪽 손바닥은 양(+)을 의미합니다. 즉, 음양이 조화를 이뤄야한다는 가르침입니다.

단동십훈에서 알 수 있는 것은 머리 운동을 시키기 위해 '도리도리'를 한 것이 아니고, 손 운동과 협응성을 향상시키기 위해 '곤지곤지'를 한 것이 아니라는 점입니다. '단동십훈'은 자발적으로 성장할 수 있는 내적인 힘을 지닌 존재로 보는 아동관이 담겨 있는 교육법으로, 교육의 목적은 타인과의 조화로운 삶, 도덕적인 삶을 위한 놀이였습니다. 즉, 놀이를 이용해 세상의 이치를 깨닫게 하는 것이었습니다. 놀이를 가르치는 것이 아니라 놀이를 이용해 삶에 필요한 가치를 배우게 하는 것이 '단동십훈'의 가장 중요한 포인트입니다.

체육 수업에서 농구, 축구를 가르치는 관점을 운동 기능으로만 본다면, '도리도리'는 단순히 목 운동을 시키기 위한 놀이일 뿐입니다. 농구, 축구를 통해 도전 정신과 자신감을 키우고, 신체적인 성장뿐 아니라 상대를 이해하고 배려하는 태도를 기르는 것이 목적이 돼야 한다고 생각합니다. 체육 수업의 목적은 '신체적인 성장'이 아니라 '전인의 육성'이라고 생각합니다. 따라서 획일화된 수업 방법으로는 한계가 있으며, 인성 교육에 부합하는 교육 목표 및 수업 계획을 수립해야 합니다. 교육 내용의 개선은 물론, 다양한 수업 방법의 활용과 교육에 적합한 평가가 이뤄져야 가치의 목적에 부합하는 수업이 될 것입니다. 학교 현장에 적용할 수 있는 우수하고 다양한 수업 및 평가 방법을 개발하고 누구나 실현할 수 있는 수업 자료의 제공이 절실한 때라고 생각합니다. 가르치는 이유, 철학, 생각 등을 끊임없이 고민해야 할 것 같습니다.

단동십훈(단동치기십계훈)

단군왕검의 혈통을 이어받은 배달의 아이들이 지켜야 할 열 가지 가르침

- **불아불아**
  '불'은 하늘에서 땅으로 내려오는 것, '아'는 땅에서 하늘로 올라가는 것, 허리를 잡고 좌우로 흔들며 자기 존중심을 키우려는 움직임

- **시상시상**
  사람의 형체와 마음은 태극에서, 기맥은 하늘에서, 신체는 지형에서 받은 것임. 아이의 몸은 작은 우주이며 몸을 앞뒤로 끄덕이게 해 몸을 귀히 여기도록 하는 움직임

- **도리도리**
  머리를 좌우로 흔드는 것으로, 하늘의 이치와 천지의 만물의 도리를 깨우치라는 움직임

- **곤지곤지**
  하늘 곤, 땅 지의 뜻으로, 오른손 손가락으로 왼쪽 손바닥을 찍어 곤(하늘) = 지(땅)의 의미를 깨닫게 하는 움직임

- **잼잼(지암지암)**
  갖을 지, 어두울 암의 뜻으로, "쥘 줄 알면 놓을 줄도 알라."는 의미의 움직임

- **섬마섬마(서마서마)**
  남에게 의존하지 말고 스스로 일어서 굳건히 살라는 뜻으로, 아이를 손바닥 위에 올려세우는 움직임

- **어비어비(업비업비)**
  아이가 해서는 안 될 것을 이를 때 하는 것으로, 커서도 일함에 도리와 어긋남이 없어야 함을 강조하는 움직임

- **아함아함**
  손바닥으로 입을 막는 것으로, 두 손을 모아 입을 막은 '아' 자의 모양. 입조심하라는 움직임

- **짝짜꿍 짝짜궁(작작궁 작작궁)**
  음양의 결합, 천지의 조화 속에 흥을 돋우라는 뜻에서 박수를 치는 움직임

- **질라아비 훨훨(자나아비 활활)**
  아이의 양팔을 잡고 영과 육이 골고루 잘 자라도록 기원하고 축복하며 함께 추는 움직임

준비는 Simple

(1) 수업을 통해 전하고 싶은 올바른 가치와 인성 요소 정리하기

(2) 학생들의 인성 교육을 위해 수업에 다양한 변화주기

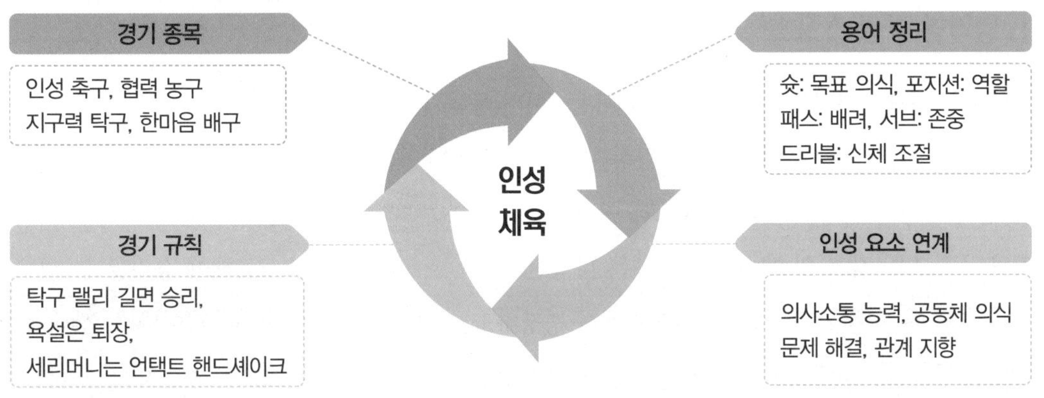

무엇을 How

체육 교육과정에는 체육, 스포츠, 동아리, 자유 학기 등을 비롯한 스포츠 종목이 많이 포함돼 있습니다. 특히 점점 증가하는 스포츠 인구로 학교뿐 아니라 학원에서도 스포츠를 주제로 한 클럽이 점점 증가하고 있는 추세입니다. 이러한 스포츠 중 가장 많은 사람이 즐기고 있는 종목은 단연 축구, 농구, 배드민턴, 배구입니다.

의미 있는 수업을 하려면 이러한 종목 속에서 삶의 가치와 인성 요소를 찾아 지도해야 합니다. 학교 현장에서 가장 많이 즐기고 있는 것은 '경쟁 스포츠'입니다. 경쟁 영역은 영역형(자신의 골대를 지키고 상대편 골대에 골을 넣는 축구, 럭비, 하키 등), 필드형(던지고, 치고, 받는 야구 등), 네트형(네트를 사이에 두고 경쟁하는 배구, 배드민턴 등)으로 구분할 수 있으며, 다양한 게임 상황에 존재하는 상호 경쟁적 요소를 수행하고 감상하는 활동입니다. 특히, 협동, 선의의 경쟁 그리고 상호 이해를 바탕으로 경기 수행 능력과 인지 전략을 습득하는 것을 중시하고 있습니다. 다양한 경쟁 활동을 통해 팀과 협동하고, 책임감을 갖고 최선을 다하는 태도를 익히며, 상대를 배려하면서 정정당당하게 경기에 임하는 자세를 익힐 수 있는 영역입니다. 즉, 역할 수행과 페어플레이, 협력을 통한 팀워크, 책임감 등을 기르고, 상대를 존중하고 배려하는 마음을 기를 수 있

는 것이 경쟁 스포츠입니다. 이렇게 세 가지로 구분된 스포츠의 공통된 분모를 찾고 그에 해당하는 인성 요소 및 가치를 찾아 학생들에게 지도하는 것이 좋겠습니다. 세 가지로 구분된 경쟁 영역에서 가르쳐야 하는 가치와 의미 그리고 인성 요소는 다음과 같습니다.

1. 영역형 경쟁 스포츠

영역형 경쟁 스포츠는 축구, 농구, 핸드볼, 럭비 등과 같이 두 팀이 서로 자기 팀의 영역을 수호하면서 상대 팀의 영역에 침범해 점수를 얻는 방식입니다. 대부분의 영역형 경쟁 스포츠는 같은 팀끼리 경기 상황에 유리한 패스를 주고받으면서 상대 팀의 영역에 있는 골대에 슛을 해 득점하는 구조를 갖고 있습니다. 이때에는 다양한 공격 및 수비 전술을 사용해야 승리할 수 있습니다. 영역형 경쟁 스포츠는 같은 공간에서 경쟁하고, 신체 접촉이 끊임없이 일어나며, 상대 팀 골대를 향해 공격하는 특징이 있습니다. 영역형 경쟁 스포츠의 공통점으로는 슛, 패스, 드리블, 포지션 등을 들 수 있습니다.

(1) 슛은 목표다

슛이라고 하면 성취감, 도전 정신, 자신감, 목표 의식 등과 같은 단어가 떠오를 것입니다. 저에게 이 중 어떤 것을 가르칠 것이냐고 묻는다면 '목표 의식'이라고 대답하겠습니다. 슛은 팀의 목표이자 최종적으로 이뤄야 하는 경기의 목표입니다. 다양한 슛을 통해 목표를 설정하고, 자신이 계획한 목표에 도전하며, 이로 인해 성취감과 자신감을 얻을 수 있습니다. 목표를 설정하는 데에는 다양한 방법이 있는데, 이 중 SMART 목표 설정 방법과 만다라트 목표 설정 방법에 대해 알아보겠습니다.

SMART 목표 설정 방법에서는 목표를 설정하는 것보다 실행에 옮기는 것이 중요합니다. 그 방법은 다음과 같습니다.

Specific	구체적이고 명확해야 한다. 예 "나는 살을 빼기 위해 일주일에 방과 후 1시간씩 운동장에서 조깅을 해야지."
Measurable	측정할 수 있어야 한다. 예 "한 달에 500g씩 6개월에 3kg 체중을 감량해야지."
Action-Oriented	행동지향적이어야 한다. 예 "나의 수첩에 오늘의 목표 달성 체크리스트를 만들고 잘한 점과 못한 점을 기록해야지."

Realistic & Responsible	현실적이고 가능한 것이어야 한다. 예) "월, 수, 금 중 이틀만 학원에 가기 전에 학생들과 체육관에서 농구 한 게임을 하고 가야지."
Time-bound	기간을 정해야 한다. 예) "3월 1일부터 6월 30일까지 체중 감량을 목표로 운동해야지."

몸관리	영양제 먹기	FSQ 90kg	인스텝 개선	몸통 강화	축 흔들지 않기	각도를 만든다	공을 위에서부터 던진다	손목 강화
유연성	**몸 만들기**	RSQ 130kg	릴리즈 포인트 안정	**제구**	불안정 없애기	힘 모으기	**구위**	하반신 주도
스테미너	가동력	식사 저녁 7숟갈 아침 3숟갈	하체 강화	몸을 열지 않기	멘탈 컨트롤 하기	볼을 앞에서 릴리즈	회전수 증가	가동력
뚜렷한 목표 · 목적	일희일비 하지 않기	머리는 차갑게, 심장은 뜨겁게	몸 만들기	제구	구위	축을 돌리기	하체 강화	체중 증가
핀치에 강하게	**멘탈**	분위기에 휩쓸리지 않기	멘탈	**8구단 드래프트 1순위**	스피드 160km/h	몸통 강화	**스피드 160km/h**	어깨 주변 강화
마음의 파도를 안 만들기	승리에 대한 집념	동료를 배려하는 마음	인간성	운	변화구	가동력	라이너 캐치볼	피칭 늘리기
감성	사랑받는 사람	계획성	인사하기	쓰레기 줍기	부실 청소	카운트볼 늘리기	포크볼 완성	슬라이더 구위
배려	**인간성**	감사	물건을 소중히 쓰자	**운**	심판을 대하는 태도	늦게 낙차가 있는 커브	**변화구**	좌타자 결정구
예의	신뢰받는 사람	지속력	긍정적 사고	응원받는 사람	책 읽기	직구와 같은 폼으로 던지기	스트라이크 볼을 던질 때 제구	거리를 상상하기

만다라트 목표 설정 방법은 일본의 야구선수인 '오타니 쇼헤이'가 하나마키히가시고교 1학년 때 세운 '목표 달성표'입니다.

만다라트는 일본의 디자이너 '이마이즈미히로아키'가 개발한 발상 기법으로, 'manda + la + art'가 결합된 용어입니다. 'manda + la'는 '목적을 달성한다.', 'manda + art'는 '목적을 달성하는 기술'을 의미합니다. 만다라트 표는 가로, 세로 9칸, 즉 총 81칸을 갖고 있습니다. 얼핏 보면 복잡해 보이지만, 실제로 작성해보면 간단합니다. 작성하는 방법은 다음과 같습니다.

① 자신의 핵심 목표 작성

② 핵심 목표를 이루기 위한 3개의 세부 목표 작성

③ 세부 목표를 각 나머지 칸의 중심에 작성

④ 세부 목표를 중심에 놓고 각 세부 목표를 달성하기 위한 방법을 작성

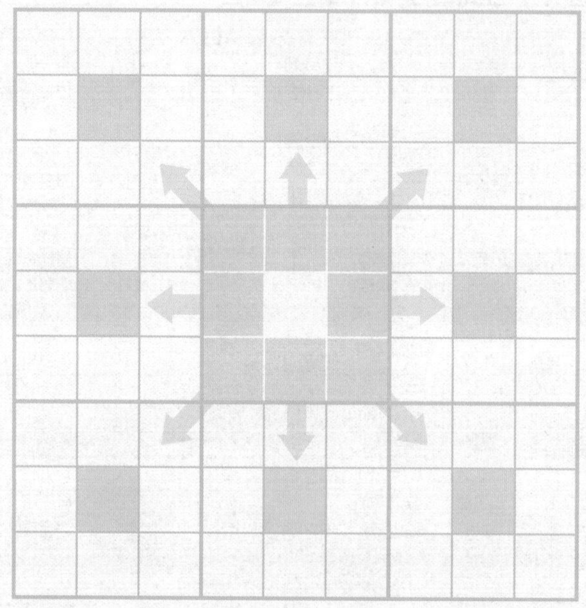

▲ 만다라트 작성표에 자신의 목표를 작성해보자.

(2) 패스는 배려다

NBA 역사상 가장 우수하다고 인정받는 마이클 조던이 어느 중학교 1학년 2반 3번 김○○에게 패스했는데 그 여학생이 받지 못했다면, 조던은 농구를 못하는 사람이라고 할 수 있습니다. 패스는 상대의 능력과 수준을 고려해 잘 받을 수 있도록 볼을 보내야 합니다. 즉, 상대를 먼저 생각하는 배려심이 기본이 돼야 합니다. 다양한 패스 방법을 연습하는 과정에서 상대방의 수준과 능력에 따라 다른 패스를 해야 한다는 것을 이해해야 합니다.

(3) 드리블은 조절이다

학교마다 축구나 농구 등을 잘하는 학생이 1~2명은 꼭 있습니다. 이러한 학생 중 몇 명은 공

격적인 성향 때문에 다른 학생들과의 싸움이 잦아 학생생활교육위원회(구 선도위원회)의 심의 대상이 되거나 학교 폭력에 연루되는 학생들이 있을 것입니다. 운동을 잘하는 학생들은 외향적이고 활동적인 성향을 갖고 있어 일상생활에서도 학생들과 불화가 발생하는 경우가 종종 있습니다. 하지만 운동을 잘하는 학생들은 농구나 축구의 드리블 실력이 좋습니다. 드리블을 잘한다는 것은 신체 조절 능력이 뛰어나다는 것을 의미합니다. 수많은 노력의 결과로 자신이 원하는 방향과 위치로 공을 이동시키는 능력을 갖추게 된 것입니다. 이때 신체의 조절 능력은 '전두엽'이 관여합니다. 전두엽은 행동 조절과 감정 조절 능력을 통제하는데, 행동은 잘 조절되지만 감정이 잘 조절되지 않는다면 아마도 이러한 학생은 전두엽에 문제가 있을 수 있습니다. 드리블의 연습 과정과 스포츠를 통해 신체 조절 능력뿐 아니라 행동 조절 능력도 연습해야 하고, 수많

패스는 배려

슛은 목표

드리블은 조절

포지션은 역할

은 반복을 통해 실패를 경험해야 합니다. 또한 경기에 졌을 때 실수를 인정하고 반성하는 태도를 높이고, 경기에 이겼을 경우에도 겸손해야 하며, 경기에 진 선수를 격려하는 넓은 마음가짐을 갖도록 해야 합니다.

(4) 포지션은 역할이다

축구나 농구에는 다양한 포지션이 있습니다. 축구에는 공격수, 수비수, 미드필더, 골키퍼 등이 있고, 농구에는 센터, 포워드, 가드 등이 있습니다. 또한 포지션을 감독, 코치, 심판 등으로 구분할 수도 있습니다. 각 포지션에는 역할이 존재하고, 이 역할을 잘 수행해야만 경기가 원활하게 이뤄질 수 있습니다. 자신의 포지션에 따른 역할을 제대로 수행하지 않으면 실패할 확률이 높고, 경기 전체의 흐름에도 좋지 못한 영향을 미치게 됩니다. 축구의 예를 들면, 골키퍼는 골을 막는 포지션인데 공격수가 잘하지 못한다고 해서 자신의 포지션을 벗어나 공격을 한다면 골대가 비게 돼 경기력에 문제가 발생할 수 있습니다.

학생들은 다양한 포지션을 체험해봄으로써 자신의 위치에서 해야 할 일과 필요한 역량을 알고 실천하도록 해야 합니다. 또한 다른 포지션과 역할을 경험하면서 전에는 느끼지 못했던 점에 대해 고민하는 시간을 갖도록 해야 합니다.

2. 필드형 경쟁 스포츠

필드형 경쟁 스포츠는 야구, 발야구, 크리켓 등과 같이 운동장에서 공격과 수비를 나눠 공을 상대편의 빈 공간으로 보내고, 일정한 구역을 돌아오면 득점을 얻는 방식으로 경쟁하는 활동입니다. 공격과 수비를 명확히 구분해 공수의 기회를 평등하게 부여하며, 차례를 정해 공격하고 특정한 위치에서 각자 팀을 위해 수비를 하는 특징이 있습니다. 필드형 경쟁 스포츠의 공통점으로는 3할, 번트, 팀플레이, 차례, 삼진, 심판 등을 들 수 있습니다.

(1) 3할은 격려다

'3할 타자'라는 말이 있습니다. 여기서 '3할'은 '10개 중 3개'라는 의미입니다. 우리가 어떤 것을 잘한다는 것은 보통 10개 중 7개 이상, 즉 70% 이상 잘했을 때를 의미합니다. 하지만 필드형 경쟁 스포츠에서는 3할의 의미가 다릅니다. 10개 중 3개를 성공해도 잘했다고 인정하며,

3할에 해당하는 선수에 대한 대우가 달라지기도 합니다. 야구와 같은 필드형 경쟁 활동은 둥근 공을 받지 못할 정도로 빠르게 던지고, 그렇게 던진 공을 짧은 시간 안에 판단해 받아치는 활동입니다. 이는 물리적으로 어려운 일이기 때문에 30%만 성공해도 칭찬과 격려를 해줄 필요가 있습니다. 칭찬과 격려를 하는 데에도 여러 가지 방법이 있습니다. 격려의 말 한마디, 격려한다는 표정, 격려의 의미를 담은 제스처, 격려를 몸으로 표현하는 세리머니 등이 있습니다. 이러한 것도 의도적으로 배워야 하며, 즉흥적으로 나오는 표현이 아닌 연습 또는 습관을 통해 연습해야 좀 더 자연스럽게 상대방을 격려할 수 있습니다.

(2) 번트는 희생이다

야구에는 다른 경기에서 보기 힘든 장면이 있습니다. 바로 '번트'입니다. 번트에는 우리 편이 유리하게 만들 수 있도록 '나를 아웃시켜줘.'라는 의미가 담겨 있습니다. 또한 야구 경기에서는 '희생 플레이'가 있습니다. 자기 팀이 유리한 상황을 만들기 위한 것이 바로 희생 플레이입니다. 즉, 나의 희생으로 팀이 득점하게 되는 것입니다. 번트나 희생 플레이를 통해 희생 정신을 배우는 것은 교육에서 매우 중요한 인성 요소라 생각합니다.

(3) 팀플레이는 협동이다

야구는 절대 혼자 할 수 없는 스포츠입니다. 각자의 역할에 충실해야 하며, 다른 사람의 빈자리를 커버해줘야 합니다. 저는 학생들에게 "기쁨을 나누면 2배가 되고, 모으면 100배가 된다.", "백지장도 맞들면 낫다."라는 말로 팀플레이를 강조하고 있습니다. 다른 스포츠도 많은데 야구와 같은 필드형 경쟁 활동에서 팀플레이를 언급하는 이유는 다음과 같습니다. 우선 감독, 코치진들의 유니폼을 보면 알 수 있습니다. 농구, 축구의 감독은 선수들과 달리 정장을 입고 있어야 하지만, 야구는 감독 및 코치, 선수가 모두 같은 유니폼을 입어야 합니다. 물론 농구는 유니폼을 입은 사람만 경기장에 입장할 수 있다는 규칙이 있기 때문에 선수와 감독의 경기 복장이 다릅니다. 야구는 경기장이 너무 넓고 감독이 경기장 안까지 들어가야 하기 때문에 선수와 감독의 경기 복장이 똑같지만, 저는 팀플레이를 강조하기 위해 위와 같이 설명하고 있습니다.

또한 타 스포츠와 다른 점도 있습니다. 농구 또는 축구 경기 중 선수들 간에 싸우는 장면을 보신 적이 있을 것입니다. 하지만 야구는 '벤치클리어링'이라는 규칙이 있어 경기 중 선수 간의 다툼이 있을 때, 앉아서 대기하고 있는 선수들은 의자에서 일어나 싸우는 선수들을 말려야 합니다.

이런 점만 보더라도 야구는 다른 스포츠보다 팀플레이를 더욱 강조하고 있다는 것을 알 수 있습니다. 모든 선수가 홈플레이트에 나와 홈런을 친 선수에게 세리머니를 하는 모습에서는 팀워크와 협동이 중요한 스포츠라는 것을 느낄 수 있고, 손짓 및 몸짓으로 사인을 주고받는 모습에서는 서로 공감하고 소통하는 스포츠라는 것을 느낄 수 있습니다.

(4) 심판은 공감이다

공감의 핵심은 '사회성'입니다. 다른 사람의 감정, 의견, 주장에 대해 자기도 그렇다고 느끼는 것을 말합니다. 따라서 경기자는 심판의 판정을 인정하고 경기에 임해야 하며, 관람자는 이러한 경기를 긍정적으로 대하는 태도를 갖춰야 합니다. 상호간의 생각이나 뜻이 통하기 위해서는 의

사소통이 원활해야 하는데, 이에도 다양한 방법이 있습니다.

야구 경기의 심판은 최종 판정을 하는 사람입니다. 축구나 농구처럼 득점되는 상황을 보고 느끼는 것이 아니라 심판이 판정하는 모습을 보고 나서야 경기 상황을 이해하게 됩니다. 야구의 세이프, 아웃 등은 매우 미세하고 섬세한 안목이 필요하기 때문에 멀리서는 판단하기 힘듭니다. 그래서 각 루에 심판이 서서 판정하고 판정을 큰 수신호로 표현해 선수 또는 관중들이 경기를 이해하도록 하는 것입니다. 심판은 스트라이크, 볼, 삼진, 아웃, 세이프 등과 같은 수신호로 경기를 진행합니다. 수신호는 판정으로 다른 선수와 코칭스태프 그리고 관중석의 관중까지 쉽게 이해시키는 역할을 합니다. 이러한 심판의 수신호에는 유래가 있습니다.

미국 메이저리그 중견수였던 윌리엄 에스워스 호이(William Ellsworth Hoy)는 데뷔 첫해 도루

모든 구기 종목의 스포츠에서
감독과 선수는 다른 옷을 입지만
야구는 감독과 선수가 같은 유니폼을 입는다.
이것은 다른 스포츠보다도 팀이 우선이고
팀워크가 중요하다는 뜻이다.

왕에 올랐고 통산 역대 18위에 해당하는 대단한 선수였지만, 그는 3살 때 수막염을 앓은 이후 청력을 잃은 청각 장애인이었습니다. 그는 심판의 판정을 들을 수 없었기 때문에 심판에게 손짓으로 알려달라고 부탁했고, 이렇게 시작한 심판의 수신호는 다른 수신호까지 영향을 미치게 됐습니다. 그리고 심판의 수신호가 경기 진행에 큰 도움이 된다는 점을 깨닫고 지금의 수신호로 발전한 것입니다. 장애에도 불구하고 야구를 끝까지 포기하지 않았던 한 선수에 의해 야구의 역사가 바뀌게 된 것입니다.

(5) 차례는 질서다

야구에서는 아무리 자신이 뛰어난 실력을 갖고 있더라도 2루에 있는 주자를 넘어 3루로 갈 수는 없습니다. 2루의 주자가 3루로 이동해 그 자리가 비어 있어야만 1루의 주자가 2루로 갈 수 있습니다. 이처럼 야구에는 보이지 않는 질서가 있습니다. 또한 야구는 축구나 농구처럼 특정 선수에 의해 경기가 판가름 나는 경우가 극히 드문 스포츠입니다. 모든 선수가 타순에 의해 타석에 서고 모든 선수가 공평하게 기회를 갖고 경기에 임해야 합니다.

학교 급식 시간에 줄을 서서 식판에 반찬을 담고 있다가 앞의 학생을 넘어 먹고 싶은 반찬을 받는다면 급식실의 질서는 무너질 것입니다. 이처럼 필드형 경쟁 스포츠는 배울 만한 가치가 매우 높은 종목이라 할 수 있습니다.

(6) 삼진은 기회다

야구는 기회를 줍니다. 실수를 했더라도 바로 제재를 하지 않고 두 번까지는 용서합니다. 그럼에도 불구하고 한 번 더 실수하면 바로 아웃됩니다. 아웃이 되더라도 바로 교체하지 않고 결국 세 번 아웃됐을 때 비로소 체인지, 즉 교체됩니다. 삼진을 통해 용서와 기회를 배우는 것이 바로 야구에서 배울 수 있는 높은 가치입니다.

3. 네트형 경쟁 스포츠

네트형 경쟁 스포츠는 배구, 탁구, 배드민턴, 족구 등과 같이 네트를 사이에 두고 상호 경쟁하는 활동입니다. 다른 스포츠와 달리 공격과 수비를 구분하지 않고 최선의 공격이 곧 최선의 수비이며, 최고의 수비가 곧 최고의 공격이라는 특성을 갖고 있습니다. 네트형 경쟁 스포츠는 자신이 공격할 때는 상대가 공을 받아내기 어렵도록 다양한 전략과 전술을 구사해야 하고, 상대가 공격할 때는 그 공을 잘 받아낼 수 있는 경기력을 발휘해야 승리할 수 있습니다. 배구, 탁구, 배드민턴, 족구 등과 같은 네트형 경쟁 스포츠의 공통점으로는 서브, 리시브, 공(또는 셔틀콕), 라인 등이 들 수 있습니다.

(1) 서브는 존중이다

서브는 곧 '서비스'를 의미합니다. 서비스의 사전적 의미는 '응대', '봉사', '접대'입니다. 학교 수업 시간에 서비스의 개념을 배우는 것은 큰 의미가 있습니다. 몇 가지 예를 들어 설명해보겠습니다. 학생들에게 "PC방에 갔는데 1시간의 사용료를 내면 추가로 1시간을 무료로 사용할 수 있고, 30분 간격으로 시원한 음료수를 서비스로 제공한다면 기분이 어떨지 말해보라."고 합니다. 또한 신발을 벗고 들어가야 하는 식당에서 신발장 주변에 쓰여 있는 '분실된 신발은 책임지지 않습니다.'라는 문구를 떠올려보라고 한 후 이 문구를 '분실된 신발도 저희가 책임지겠습니다. 편안하게 식사하세요!'라고 바꾸면 기분이 어떨지 말해보라고 합니다. 이처럼 서비스가 변하면 세상이 따뜻해지지 않을까 상상해봅니다.

배드민턴, 탁구, 배구 등의 경기에서 서브를 할 때는 상대가 준비돼 있어야만 합니다. 간혹 승부에만 집착한 나머지 상대가 준비되지 않았는데 서브를 해서 득점한 후 상대에게 야유를 보내는 경우가 있습니다. 네트형 경쟁 스포츠는 상대가 서브를 받을 준비가 돼 있어야만 경기가 진행될 수 있고, 그래야만 득점으로 인정됩니다. 상대가 준비돼 있어야만 시작할 수 있다는 것은 상대에 대한 존중을 의미합니다. 배구에서는 서브를 할 때 '서브'라고 외칩니다. '서브'라고 외치는 것은 심판이 없을 때 상대측 선수들에게 '나 지금 서브합니다. 준비됐나요? 지금 제가 득점을 해도 인정해야 합니다.'라는 의미라고 생각합니다. 네트형 경쟁 스포츠의 시작은 '상대방을 존중하는 마음'입니다.

(2) 리시브는 책임이다

상대방이 최상의 서비스를 제공한다면 이를 받아들여야 합니다. '수용하다.', '받아들이다.'라는 의미를 갖고 있는 것이 'reception'이고, 이 단어의 동사형이 'receive'입니다. 배구에서는 서비스된 공을 절대 블로킹하거나 스파이크로 공격할 수 없습니다. 그 이유는 최상의 서비스를 막는 것은 예의가 아니기 때문입니다. 따라서 배구에서 서브는 일단 '서브 리시브' 한 후에 공격해야 합니다.

배구에서 리시브를 할 때는 "마이(MY)"라고 외치도록(CALL) 합니다. 그 이유는 주위에 여러 선수가 공을 리시브하다가 서로 부딪혀 실점할 수 있기 때문입니다. 따라서 자신이 리시브하겠다는 결심을 했다면, 내가 책임지고 리시브하겠다는 의사 표현을 해야 합니다. '마이'를 외친 선수는 공에 대한 책임이 있으므로 반드시 최선을 다해 리시브해야 합니다. 스포츠에서는 책임감이 무엇보다 중요하며 어떠한 상황에서도 자신의 역할을 충실히 하는 것이 책임감의 기본입니다.

하지만 능력과 실천력 그리고 책임감의 세 가지 요소를 반드시 고려해야 합니다. 보통 배구 경기에서는 능력이 뛰어난 학생이 '마이'를 자주 외칩니다. 하지만 이 학생이 수비는 하지 않고 공격만 하겠다고 고집을 부린다면 그 팀의 경기력은 오히려 떨어집니다.

그러나 이것보다 좋지 않은 경우는 리시브할 능력이 없는 학생이 계속 '마이'를 외치는 것입니다. 이 경우, 팀의 사기가 떨어지고 경기력도 낮아질 것입니다. 따라서 배구 경기를 할 때는 모둠에서 가장 능력이 뛰어난 학생이 누구인지 판단할 수 있는 안목이 필요하고, 그 학생은 모둠의 승리를 위해 자신의 능력을 최대한 발휘해야 합니다. 리시브를 이용해 매우 중요한 인성 요소를 배운 것입니다.

(3) 공은 몰입이다

학생들의 교실 수업 장면을 찍은 사진은 별 감흥이 없습니다. 모두 무표정이기 때문입니다. 하지만 체육 시간, 스포츠 시간, 동아리 시간에 찍은 사진 속 학생들의 표정은 매우 다양합니다. 특히 배구, 배드민턴, 탁구, 테니스 등의 네트형 경쟁 활동 시에는 공통점을 지닌 사진을 찍을 수 있습니다. 그것은 바로 '모든 선수가 공을 바라보고 있는 모습'입니다. 다른 종목의 스포츠는 상황에 따라 시선이 분산되지만 탁구, 배드민턴, 배구 등에서는 오로지 공만을 바라봅니다. 공이 땅에 떨어지기 전에 어떤 동작을 취해야 하기 때문에 경기 진행 중에는 공에 집중하고 몰입하게 됩니다.

(4) '선'은 약속이다

배구, 탁구, 테니스 등의 네트형 경쟁 스포츠는 '선'을 매우 중요시합니다. 네트형 경쟁 스포츠에서 절대 넘지 말아야 할 선은 바로 '네트'입니다. 선을 밟거나 넘으면 실점을 하거나 제재를 당합니다. 선에 닿았는지, 넘었는지는 보통 심판이 판단하는데, 판단하기 어려운 경우에는 비디오 판독이 이뤄지기도 합니다.

우리는 살아가면서 수많은 규칙과 규정을 지켜야 합니다. 또한 신용과 믿음은 약속을 통해 이뤄집니다. 이는 네트형 경쟁 스포츠를 통해 반드시 배워야 할 것들이라 생각합니다.

'선'의 종류에는 보이는 선, 보이지 않는 선, 넘을 수 있는 선, 넘지 말아야 할 선 그리고 착할 '선(善)'이 있습니다. 그리고 중복되는 의미에서는 보이는 선 중 넘지 말아야 할 선, 보이지 않는 선 중 넘어도 되는 선 또는 넘지 말아야 할 선 등이 있습니다.

예를 들어, 보이는 선 중 넘지 말아야 할 선에는 '중앙선'이 있습니다. 나 자신과 다른 사람의 안전을 위해서라도 절대 넘지 말아야 할 '선'에 해당합니다. 보이지 않는 선 중 넘을 수 없는 선으로는 '38분계선'이 있습니다.

하지만 네트형 경쟁 스포츠 중에서 탁구를 통해 넘을 수 없던 '선'을 넘은 경우도 있었습니다. 우리나라와 북한이 단일 팀을 구성해 하나의 목표를 위해 땀을 흘렸고, 나라의 이름으로 'Korea(코리아)'를 사용했으며, 깃발은 '한반도기'를 사용했고, 국가로는 '아리랑'을 불렀습니다. 이를 소재로 2012년 영화 〈코리아〉가 개봉하기도 했습니다.

보이지 않는 '선' 중에도 지켜야 할 선이 있습니다. 바로 이성 간에 지켜야 할 선, 학생 관계 속에서 지켜야 할 선, 가족, 사제 간, 직장 동료 간 등 다양한 인간관계에서 지켜야 할 선이 있습니다. 이 '선'에 어떤 것들이 있는지 구체적으로 알아볼 필요가 있습니다. 만약 모르고 있다면 반드시 알려줘야 합니다. 누구나 피해를 받지 않을 권리가 있으며, 다른 사람을 불편하게 만드는 것은 바람직하지 못한 행동입니다.

학교에서의 인간관계도 매우 다양합니다. 같은 반 학생과의 관계, 다른 반 학생과의 관계, 동아리 학생과의 관계, 모둠별 학생과의 관계, 선후배의 관계, 사제지간의 관계, 부모님과의 관계 속에서 넘어도 되는 선과 넘지 말아야 한 선이 있다는 것을 한 번쯤 고민해보는 것도 의미 있는 일이라 생각합니다.

지금까지 스포츠 종목을 가르치는 목적에 대해 생각해봤습니다. 이러한 개똥철학으로 가르친

↑ 넘지 말아야 하는 선

↑ 넘을 수 있는 선

↑ 넘을 수 없는 선

↑ 넘어야 하는 선

↑ 보이지 않는 선

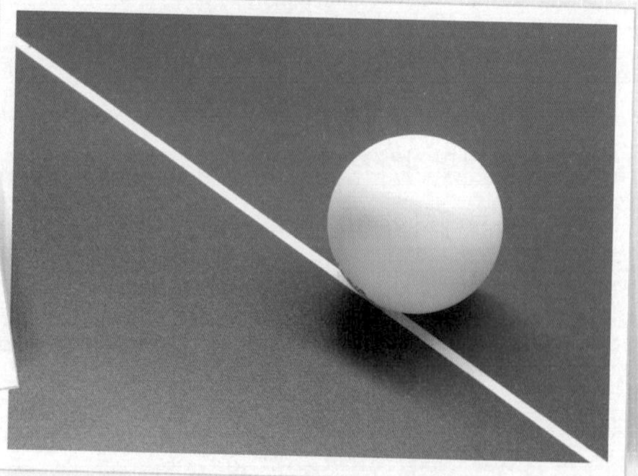

↑ 보이는 선

다면 무엇을 가르쳐야 하는지와 왜 배워야 하는지가 분명해질 것입니다.

'농구를 가르치는 것이 아니라 농구로 가르치자!'

농구에서는 드리블, 패스, 슛 등과 같은 기능과 포지션에 따른 전술을 배웠습니다. 이제까지는 경기 규칙을 숙지해 경기에 임하는 것에 최종 목표를 뒀다면 앞으로는 이러한 과정을 통해 목표 의식, 상대에 대한 배려심, 포지션의 역할에 대해 고민해보고 더 나아가 다양한 전략과 전술을 익히고 경기를 즐기는 시간이 되도록 한다면 한층 업그레이드된 수업이 되지 않을까 생각해봅니다. 이를 위해서는 자신이 정한 종목을 왜 가르쳐야 하는지 반드시 고민해야 합니다. 이러한 노력이 하나씩 쌓인다면 더욱 의미 있는 수업이 될 것입니다. 철학이 바뀌면 수업의 의미가 바뀌고 가르치는 내용이 변화될 것입니다. 또한 수업 내용과 평가 방법도 달라질 것이고 학교생활기록부에 기록되는 내용도 달라지지 않을까 생각해봅니다.

가치 있게! 의미 있게! 경쟁 스포츠

농구, 축구	야구	배구, 배드민턴, 탁구
■ 슛 – 목표	■ 3할 – 격려	■ 서브 – 존중
■ 패스 – 배려	■ 번트 – 희생	■ 리시브 – 책임감
■ 포지션 – 역할	■ 팀플레이 – 협동	■ 공, 라켓 – 몰입
■ 드리블 – 조절 능력	■ 차례 – 질서	■ 선 – 질서
	■ 삼진 – 기회	
	■ 심판 – 공감	

교육 철학이 바뀌면, 가르치는 내용이 달라집니다. '농구를 가르치는 것'이 아니라 '농구로 가르치게 될 것'이고, '축구를 가르치는 것'이 아니라 '축구로 가르치게 될 것'입니다. 선생님이 생각하는 중요한 인성 또는 역량 요소를 선택해 수업 철학을 수립했다면 당연히 수업의 제목도 바뀌어야 합니다. 예를 들어 배드민턴을 가르치는 목적이 '다른 사람에 대한 배려'라면 수업 제목을 '배려민턴'으로 바꿉니다. 이와 마찬가지로 축구에서 인성을 강조해야 한다면 '인성축구', 탁구에서 지구력을 강조해야 한다면 '지구탁구', 다섯 가지 인성을 강조해야 한다면 '5탁구', 배구

에서 협동을 강조해야 한다면 '한마음배구', 농구에서 고른 득점을 강조해야 한다면 '협동농구', 생활 속 리듬을 강조하고 싶다면 '스포츠난타', 올바른 표현력을 강조해야 한다면 '춤추라댄스', 플로어볼에서 단결력을 강조해야 한다면 '단결플로어볼' 등으로 수업의 제목을 바꾸면 됩니다.

'주제 중심'의 인성 체육 수업

- **배려민턴** 상대에게 '나쁘게(BAD)' 주지 말고 잘 받을 수 있도록 보내는 배드민턴
- **인성축구** 라인과 골키퍼 없이 +1점의 '득점이'와 1득점 이후에 도움만 가능한 '대단이'를 선발해 실시하는, 소외 없이 다 함께 즐기는 축구
- **지구탁구** 성공한 사람의 공통점인 인내와 지구력을 탁구와 연계해 오랫동안 주고받아야 높은 점수를 받는 탁구
- **협동농구** 혼자보다는 '같이'가 '가치' 있음을 이해하는 농구
- **스포츠 난타** 감정 표출을 통해 정서적 안정감을 높이는 스포츠 용구 활용 난타
- **춤추라! 창작 댄스** 아무도 바라보고 있지 않은 것처럼 마음껏 자기의 생각과 감정을 몸으로 표현하는 댄스

교사가 종목을 가르쳐야 하는 이유, 학생들이 종목을 배워야 하는 이유는 다음과 같습니다.

- **체조를 해야 하는 이유:** 세상을 거꾸로 바라볼 수 있는 안목과 한계에 도전하는 방법을 배운다.
- **농구를 해야 하는 이유:** 파울과 바이얼레이션 등의 규칙을 통해 삶의 규칙을 배운다.
- **배구를 해야 하는 이유:** 아픈 만큼 성숙하게 되고 낮은 자세일수록 유리해짐을 배운다.
- **축구를 해야 하는 이유:** 공 하나에 모두가 즐거움을 얻을 수 있음을 배운다.
- **댄스를 해야 하는 이유:** 전 세계 사람들이 서로 소통할 수 있는 만민 공통 언어를 배운다.
- **체력 운동을 해야 하는 이유:** 힘든 일을 오랫동안 할 수 있는 능력을 배운다.
- **태권도를 해야 하는 이유:** 손과 발을 통해 올바른 길로 안내함을 배운다.

좋았던 *Point*

학교에서 많은 학생들이 스포츠 수업, 동아리 활동, 자유 학기 예술 체육 수업, 체육 시간 등을 통해 스포츠를 즐기고 있고, 많은 선생님께서 함께하고 계십니다. '재미'와 '흥미'만을 생각하다가 지금의 개똥철학을 발견하게 됐고, 이를 바탕으로 수업의 제목을 변경했습니다. 그 결과, 수업 제목, 수업 내용, 수업 평가 그리고 학교생활기록부의 내용이 자연스럽게 진화하게 됐습니

다. 또한 자신만의 철학이 확고해지고 학생들에게 배워야 하는 이유를 구체적으로 제시할 수 있게 됐습니다. 교과 수업의 기능을 통해 학생들에게 세상 살아가는 법을 가르칠 수 있게 됐습니다. 철학이 확고해지면서부터 수업 방법과 평가 방법을 고민하게 된 것이 가장 큰 변화라고 생각합니다. 수업 방법을 고민하기 전에 교육 철학을 수립한 덕분에 학생들에게 좀 더 의미 있는 것을 가르칠 수 있었다고 생각합니다.

농구를 가르치지 말고,
농구로 가르치자!

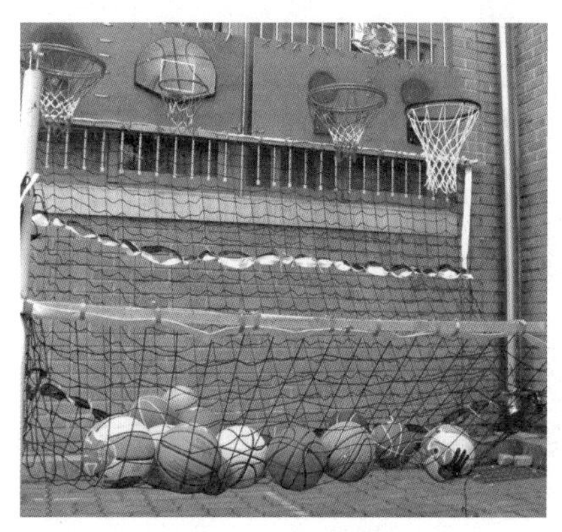

실제로 見물생심

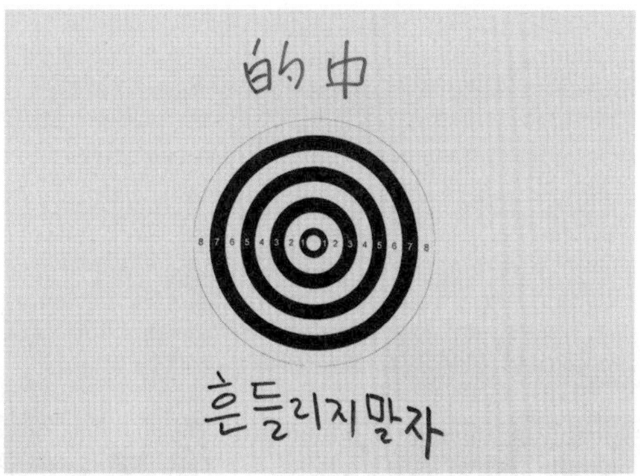

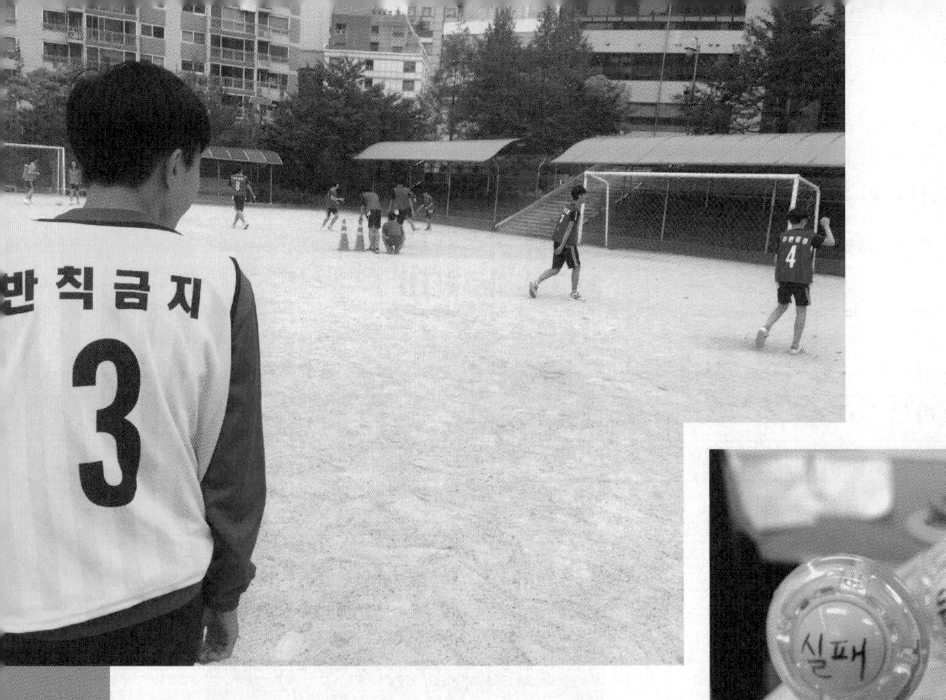

스포츠를 통한 주제 중심 인성 교육
감성과 인성을 강조하는 스포츠
삶의 의미를 깨닫게 하는 스포츠

인생이다
패스는 존중이다
드리블은 조절이다
슛은 목표다
패스는 배려다

반칙금지

망한 체육 수업의 뒤를 잇는 흥한 체육 수업

아픈 만큼 성숙해진다.
상처를 잘 아물게해 더욱 견고해지기

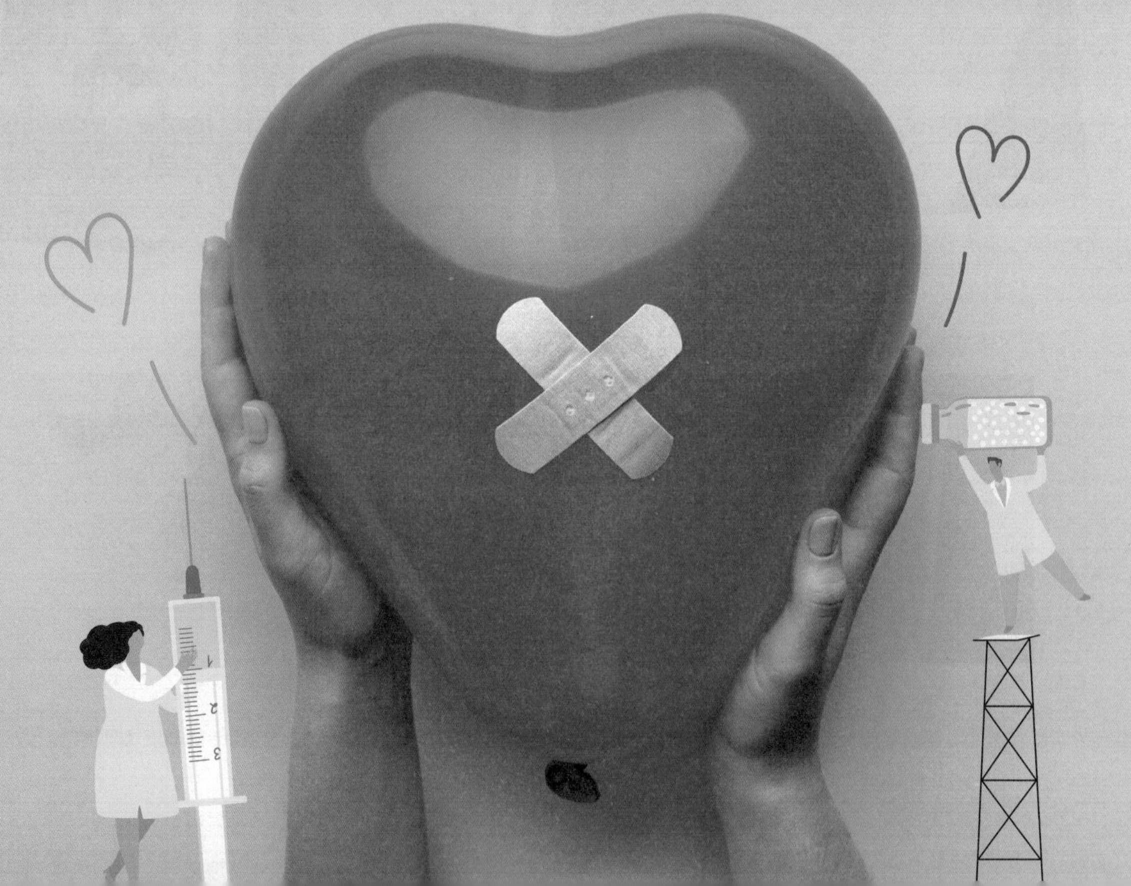

(1) 망함의 서막 '나를 따르라!'

저는 2003년 3월 1일 해병대 장교로 임관했습니다. 다이아몬드 1개의 계급장을 달고 소대장 역할을 할 때였습니다. 군사 훈련으로 배운 독도법(지도를 보는 법)으로 정확히 지도 정치(지도와 실제 지형을 같은 방향으로 놓는 것)를 한 후 부대의 최종 목적지를 향해 나아가고 있었습니다. 하지만 군 경력 10년차였던 중사(부소대장)님이 저에게 다가와 "소대장님! 제가 지도를 잘 보지 못하지만, 지난 10년 동안 우리가 가려는 저 산꼭대기에는 한 번도 간 적이 없습니다. 이쪽으로 가면 매년 훈련하는 장소가 나옵니다."라고 이야기했고, 저는 "아닙니다. 제가 지도를 정확히 봤고, 이번에는 아마도 예전과 다른 훈련일 것입니다. 제 말을 믿고 따라와 주세요!"라고 했습니다. 25명의 소대원과 같이 결국 목적지에 3시간이 걸려 도착했고, 결국 나의 실수라는 것을 깨닫게 됐습니다. 우리 부대만 반대쪽 방향으로 이동했던 것입니다. 저는 우리 소대원에게 자신 있는 목소리로 이야기했습니다. "이 산이 아닌가 보다! 나를 따르라! 저 산으로 다시 가자!"

나의 실수와 오만이 나를 따르던 모든 이에게 아픔을 줬습니다. 다시는 이와 같은 실수를 하지 않겠다고 다짐했으며, '경험은 무시하지 못한다.'라는 것을 깨닫고 항상 선배의 이야기에 경청하는 자세를 갖게 됐습니다.

(2) 교육은 '엄격함'에서 나오지 않는다

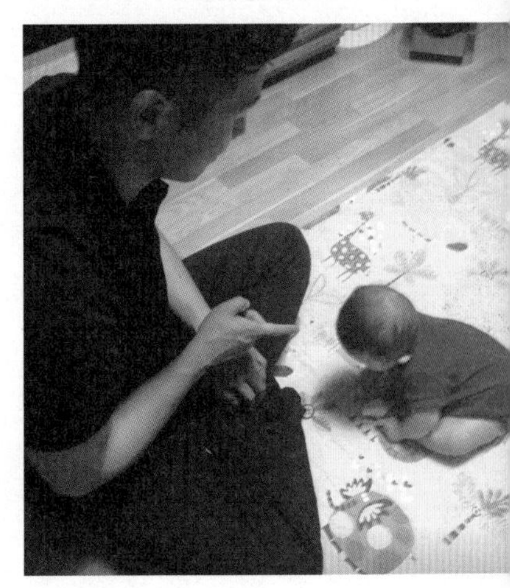

하지만 저의 실수는 끝나지 않았습니다. 저는 "교육은 '엄격함'에서 나온다."라는 말을 믿고 있었습니다. 어느 교육 철학자는 "교육을 한자로 표현하면 회초리를 들고 지도하는 모습이다."라고 말했습니다. 이 말을 믿고 신임 교사로 배정된 학교에서 5년 동안 엄격한 모습만을 유지했습니다. "3월은 특히 엄격하게 교육해야 1년이 편하다."라는 선배 교사의 이야기를 듣고 웃는 모습을 누구에게도 보여주지 않겠노라 다짐하기도 했습니다. 결국 저는 학교에서 '모세'라는 별명이 얻었습니다. 제가 지나가면 학생들이 모세의 기적과 같이 슬금슬금 피했기 때문입니다.

한 번은 방과 후에 축구를 하고 있는 학생들을 보고 함께 축구를 하고 싶어 운동장으로 뛰어 나갔습니다. 저를 본 학생들은 모두 교문 밖으로 도망쳤습니다. 이 일은 저에게 큰 상처가 됐습니다. 스포츠를 즐겁게 가르쳐야 할 교사가 오히려 공포의 대상이 된 것입니다.

(3) 살인의 추억보다 무서운 모○○의 추억

다음은 저에게 개인적으로 가슴 아픈 상처이자 절대 지울 수 없는 과거의 일입니다. '모○○' 상표의 펜을 볼 때마다 생각나는 트라우마가 있습니다. 학교에서 무서운 존재였던 저는 결국 '생명을 위협하는 해병대 출신의 체육 교사'라는 신문 기사의 주인공이 되고 말았습니다. 기자에게 항의를 하기 위해 연락을 했지만 아무런 소용이 없었습니다. 나중에 알아보니 저에 대한 소문이 크게 퍼져 저를 알지 못하는 학생조차도 나의 지도가 생명을 위협할 정도라고 알고 있었다고 합니다. 어떤 기자가 방과 후에 지나가는 학생 몇 명과 인터뷰를 했는데 그 몇 명의 이야기를 근거로 기사에 올렸다고 합니다. 더이상 변명은 하지 않기로 했습니다. 저의 업보라 생각했습니다.

하교하는 길의 학생이 실내화를 갈아 신지 않고 집에 가려다 "신발은 어디 있니? 실내화와 실외화를 구분해 신고 다녀야지!"라며 살짝 꿀밤을 때렸습니다. 꿀밤을 때릴 때 내가 들고 있던 '모○○' 상표의 펜심이 하필이면 그 학생의 머리에 찍혀 피가 흘렀습니다. 그 학생은 흐르던 피를 닦으며 "앞으로는 신발을 잘 신고 다니겠습니다."라고 말했습니다. 저는 피가 흐르는 것을 보고 깜짝 놀라 "미안하다. 보건실에 가자!"라고 말했습니다. 하지만 학생은 그 자리를 빨리 피하려고만 했고, 안 되겠다 싶어 부모님에게 연락해 상황을 설명했습니다. 부모님은 "죄송합니다. 아이가 크게 다친 것 같지 않으니 그냥 집에 보내주세요."라고 말했습니다. 다행히 다음날 학생을 찾아가 상처를 확인했더니 큰 부상 없이 "살짝 긁혀 상처가 난 것뿐이었습니다. 죄송합니다. 선생님."이라고 말했습니다. 그 상황이 학생에게는 가벼운 상처일지 몰라도 저에게는 지울 수 없는 상처가 됐습니다. 이 일이 있은 이후 '앞으로는 사소한 것이라도 절대 체벌은 하지 말아야겠다.'라고 다짐했고, 나의 사소한 실수와 잘못이 어느 누군가에게는 큰 상처가 될 수 있다는 것을 생각하며 매사 조심스럽게 생활하게 됐습니다.

모○○ 볼펜만 보면 떠오르는 '살인의 추억'

(4) 선생님, 사랑해요!

그 이후 학교를 옮길 시기가 돼 다른 학교로 전근을 가게 됐습니다. '새로운 학교에서는 더이상 학생들을 무섭게 대하지 말아야겠다.'고 다짐하면서 웃는 모습으로 학생들을 대했습니다. 하지만 사고는 생각지 못한 상황에서 일어났습니다.

퇴근하는 길에 여학생 3명이 제 차에 낙서하고 있는 모습이 눈에 띄었습니다. "중학생들이 어디에 낙서를 하니? 그것도 선생님 자동차에…. 이러다가 학생생활교육위원회에 갈 수도 있어. 부모님을 학교로 오시게 할까?"라고 말했습니다. 한참 동안 혼을 낸 후 "선생님이 이번에는 용서해줄 테니 다음부터는 선생님뿐 아니라 다른 사람의 물건에 낙서하는 행위는 절대 하지 않도록 해라!"라고 말하며 집으로 돌려보냈습니다. 크게 혼내지 않고 잘 이야기해서 돌려보냈다고 만족하면서 학생들이 내 시야에서 사라질 때까지 지켜봤습니다. 그리고 학생들이 더이상 보이지 않자 비로소 내 자동차의 상태를 확인했습니다. 학생들의 낙서를 본 저는 깜짝 놀랐습니다. 세차를 오랫동안 하지 않아 먼지가 쌓인 창문에는 "멋진 체육쌤! 사랑해요! 정섭쌤! 세차 좀 해여."라고 적혀 있었습니다. 다음날 그 학생들을 마주쳤는데, 예전에 밝게 웃는 모습은 온데간데없고 제가 지나갈 때마다 다른 길로 돌아가려 했습니다. 마음이 무척 씁쓸했습니다.

'교과 융합'을 위한 아이디어의 날개

4차 산업혁명의 커넥팅 안경으로 타 교과 수업 들여다보기

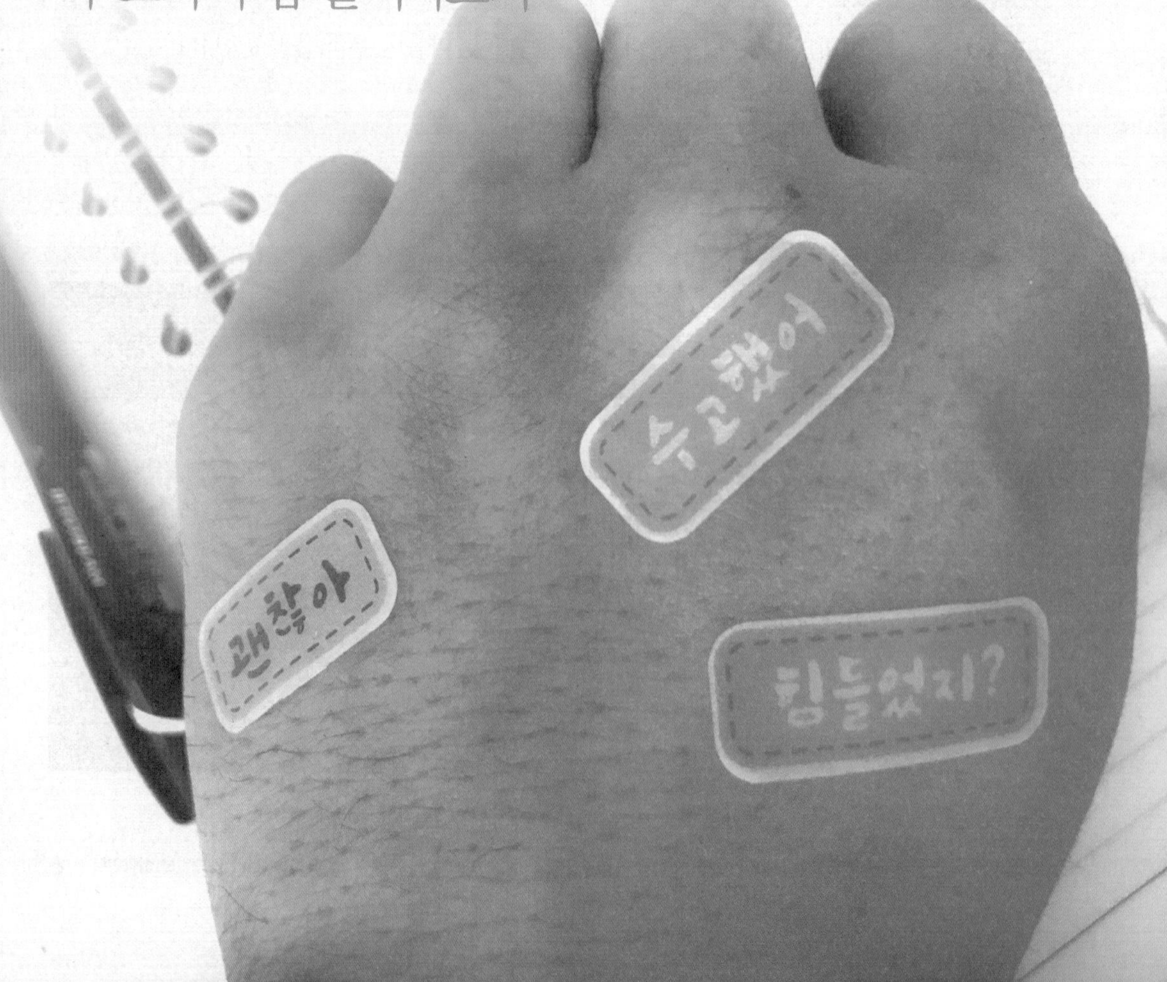

이것을 Why

요즘 한문, 음악, 미술 수업이 어떠한 아이디어로 운영되고 있는지 아시나요? 국어 수업은 어떤 스타일로 꾸며지는지 아시나요? 영어와 수학 수업이 인문학 수업이나 프로젝트 수업으로 진행될 때 학생들은 어떤 모습을 하고 있는지, 어떻게 움직이는지 직접 눈으로 확인하신 적 있으신가요? 교육부에서 51시간 동안 모든 교과에서 안전 교육을 하라고 각급 학교에 지침이 내려간 지 오래됐는데 교과별 안전 교육이 어떤 방식으로 이뤄지고 있는지 아시나요? 등잔 밑이 가장 어두운 법입니다. 요즘 선생님들의 수업은 정말 몰라 보게 달라졌습니다. 아직도 옆자리 선생님의 수업을 참관하는 것이 결례라고 생각하시나요?

융합, 통합, 융섭, 연결 등의 아이디어로 우리가 살고 있는 이 사회 전체가 거대한 흐름 속에서 움직이고 있습니다. 교사인 우리는 물론 학생들 모두 그 안에 자리잡고 있지요. 융합 수업 때문에 고민하실 필요 없습니다. 해야 합니다. 히시면 됩니다. 하지만 우리 교사들은 서로의 교과 내용과 운영 방식을 잘 모르고 있습니다. 관심이 없습니다. 모르는데 어찌 융합의 아이디어를 수업에 녹여낼 수 있을까요? 우리가 모르고 있는데 어떻게 학생들에게 설명할 수 있을까요? 고객의 입맛에 맞추기 위한 노력이 반드시 필요합니다.

준비는 Simple

(1) 타 교과 공개 수업을 통해 좋은 수업 방식을 찾아보려는 관심
(2) 같은 교과보다 타 교과 수업에서 아이디어를 찾으려는 색다른 노력
(3) '맨날 밥만 먹고 살 수 있을까? 가끔은 분식도 좀 먹자!'라는 오픈 마인드
(4) 주변에서 찾아보고 알아보면 결국 수업을 통해 학교 문화가 바뀔 수 있다는 철학

무엇을 How

많은 사이트에 다양한 교과의 수업 아이디어가 탑재된 지 오래 됐습니다. 교육청 홈페이지, 여러 수업 관련 카페, 정부에서 운영하는 사이트, 유튜브 등에 수업 자료가 파일과 동영상으로 올라오고 있습니다. 관심 없는 사람들은 늘 본인이 필요할 때만 보고, 시일에 좇겨 급하게 찾아보니 쉽게 발견되지 않지요. 결국 수업은 그렇게 만들어져 학생들에게 전달됩니다. 좀 더 관심

을 갖고 미리미리 둘러봐야 합니다. 수업도 부동산과 마찬가지입니다. 발품을 팔면 더 싸고 좋은 조건의 물건을 찾을 수 있습니다.

우리는 늘 자신의 교과에 관련된 것에만 관심을 갖습니다. 타 교과의 수업 방법과 아이디어를 이용하면 체육 수업에 적지 않은 변화를 일으킬 수 있습니다. 수업 방법은 물론, 모둠 편성 방법, 모둠별 활동을 효율적으로 진행하는 노하우, 쉽고 간단하면서 공정한 평가 방법 등 생각 외로 좋은 것들을 많이 건질 수 있는 서프라이즈 벼룩시장이 매일매일 학교에서 펼쳐진다고 생각하시면 됩니다.

학교에서 타 교과 연구 수업이나 공개 수업이 진행되면 시간을 내 들어가보세요(1시간 내내 있지 않으셔도 됩니다. 자기 수업을 핑계로 못 들어가면 평생 못 들어가게 됩니다). 타 교과 공개 수업을 통해 좋은 아이디어를 얻어보세요. 요즘은 학교별 의무 사항입니다. "체육선생님은 늘 같은 방식으로 수업해요?", "누가 해도 똑같은 방식으로 진행됩니까?", "무엇을 해도 거기서 거기 맞죠?" 이런 질문은 예전과 변함이 없습니다. 이젠 좀 변할 때가 됐습니다. 누굴 탓할 필요 없습니다. 제일 바보 같은 행동이 남을 비난하면서 자기가 좋게 평가받길 바라는 것입니다. 우리는 같은 길을 걸어가는 동료입니다. 응원하고 격려하며 함께 나아가야지요!

좋았던 Point

다른 교과의 수업을 참관하는 것(또는 살짝 보는 것)으로 학교에 계신 동료 선생님들께 부담을 드리라는 뜻이 아닙니다. 주변을 둘러보면 공개된 수업들이 의외로 많습니다. 하지만 수업을 참관하지 않는 것이 예의라는 '이상한 고정관념'에 사로잡혀 있는 분들이 많습니다. 보지도 않고 그것이 코끼리의 코인지, 다리인지 어찌 알겠습니까? 직접 만져보고, 냄새도 맡아봐야 합니다. 그래야 내 것이 됩니다. 시대가 많이 바뀌었습니다. 우리는 융합, 융섭, 통합, 커넥팅, 연결, 퓨전과 같은 이색 콘텐츠들이 대세인 시대에 살고 있습니다. 우리들이 가르치는 학생들은 더 넓은 세상을 만나게 될 것입니다. 학생들에게만 도전하라 말하지 마시고 우리 교사들도 도전했으면 합니다. 교원 정량 평가 항목에 '본인 교과 제외 5개 교과 이상 수업 참관 의무' 조항을 추가해 수업 역량 강화 측면에서 진행해보는 것도 좋을 것 같습니다. 그렇게 하면 들어가시는 선생님께도 합법적 카드를 드리게 됩니다. 수업 개선을 위해 참관하는 것인데 더이상 어떤 말이 필요할까요? 이렇게 하면 분명 공개하시는 선생님의 수업도, 참관하시는 선생님의 수업도 바뀌게 됩니다. 학교에서 가장 많은 부분을 차지하는 수업이라는 공간과 시간이 더욱 의미 있게 바뀌었으면 합니다.

실제로 見권물생심

07

가화만사성이 아닌 학화만사성(學和萬事成)

선배, 동료, 후배, 관리자와
화목해야 한다는 학화만사성 원칙 잊지 않기

이것을 Why

학교에서 주어지는 업무를 마다하지 않고 열심히 처리했더니 주변 분들의 신임을 얻게 됐고, 업무량도 눈에 띄게 늘어났습니다. 경력이 조금씩 쌓이고, 업무도 조금씩 알게 되면서 학교 분위기도 어느 정도 파악했습니다. 매년 해가 갈수록, 알면 알수록 내가 할 수 있는 것들이 많아졌습니다. 하지만 이러한 일들이 부담스럽지는 않았습니다. 교사 4년차에 부장을 맡게 되면서 계획을 주도적으로 실천할 수 있게 됐고, 평소 생각만 하고 있었던 행사들을 실제로 추진할 수도 있었습니다. 학교 예산이 부족한 경우에는 공모를 통해 해결했습니다. 해야 할 일은 점점 늘어났지만 학생들에게 도움이 되는 일이라 생각하니 힘이 났습니다.

이러한 노력 덕분인지 2012년에는 학생부장 신분으로 KBS1의 생방송 프로그램인 '우리 학생들이 위험하다'와 EBS '학교 체육 미래를 만나다'의 2부 '운동, 교실을 바꾸다' 편에 출연했고, SBS '놀라운 대회 스타킹'이라는 프로그램에는 조종현 선생님과 함께 학생들과 함께 춤추며 소통하는 교사로 출연하기도 했습니다.

어느덧 10년차 교사가 되고, 또다시 학교를 옮겼습니다. 학교를 옮기자 마자 교과부장, 생활인권안전부장, 상조회장을 맡게 됐습니다. '지금이 내 인생의 전성기가 아닐까?'라고 생각할 정도로 모든 일에 자신감이 생겼습니다. 하지만 이즈음 동료 교사와의 갈등이 싹트기 시작했습니다. 제가 작성한 평가 방법, 교구 구입 계획, 체육관 및 운동장 사용 계획에 대한 불만이 발생했습니다. 서로 감정을 풀 수 있는 회식 자리가 있긴 했지만, 저는 몸이 좋지 않다거나, 술을 마시고 싶지 않다거나, 수업 준비를 해야 한다는 등의 이유로 회식 자리에 불참했습니다. 결국 어느 선배 교사 한 분과 심하게 다퉜습니다. 한편으로는 저도 그 선배가 미웠습니다. 후배 교사가 열심히 하면 도와주지는 못할지언정 방해를 하는 것 같은 느낌을 받았습니다.

당시 타 학교 교직원 연수 강의를 하고 있었는데 '정작 우리 학교의 선생님과도 사이가 안 좋은데 어디를 가서 학교를 바꾸고, 수업을 열심히 하자고 말하고 다니나?'라는 생각이 들었습니다. 선배 교사와 다툰 후에는 학교 수업에만 신경쓰기로 결심했습니다.

우연한 기회에 그 선배와 식사를 하면서 오해가 풀리기 시작했습니다. 선배님은 저에게 "우리나라에서 인정하는 체육 교사라는 것은 알겠지만, 그런 후배 교사로 인해 내가 너무 초라하게 느껴진다."라고 말씀하셨습니다.

다른 사람의 마음을 헤아리지 못한 제 자신이 너무 부끄러웠습니다. '가정이 화목해야 사회생활도 잘된다.'는 말이 있듯이 학교의 교육 공동체가 화목해야 모든 일이 잘된다는 사실을 교직 경력 10년이 넘어서야 깨닫게 됐습니다.

선배와의 일화로 저는 더욱 성장하게 됐습니다. 학교의 모든 구성원이 화목하고 즐거워야 진정한 수업 연구가 된다는 것을 알게 됐습니다. 학교의 교육 가족이 화목해야 수업이 즐거워진다는 것을 이제야 알게 됐습니다. 지면을 빌려 선배님께 편지를 씁니다.

선배님 저의 잘못을 용서해주세요. 잘못했습니다. 앞으로 더욱 잘하겠습니다. "많은 능력을 갖고 있으면서도 정말 중요한 2%가 부족해 모든 것이 물거품이 될 수도 있다."라는 선배님의 말씀 명심하겠습니다. 수업만 중요한 것이 아니라 교육 가족의 구성원 모두가 서로 소통하고 화합하는 것도 중요하다는 사실을 깨달았습니다. "선배님, 사랑합니다."

준비는 *Simple*

(1) 교육 가족이 서로 소통할 수 있는 의사소통 능력

(2) 동료 교사와 화합할 수 있는 협업 능력

무엇을 *How*

학교 생활을 잘해야 수업도 잘되는 법입니다. 학화만사성이 되기 위한 방법은 다음과 같습니다.

첫째, 부서원과 화합해야 합니다. 학교 부서원과의 대화는 필수입니다. 사소한 업무 하나로 상처를 받을 수 있습니다. 대화는 가장 중요한 요소입니다. 부서 내의 소통과 화합을 위한 시간을 꼭 마련하세요. 회비를 걷어 간식을 나눠 먹는 시간도 중요합니다. 소소한 생일 잔치도 중요한 행사 중 하나입니다.

둘째, 교과 선생님들과 교류해야 합니다. 체육 선생님의 캐릭터는 매우 다양하지만, 타 과목보다 협업 능력이 뛰어납니다. 학교의 발전은 체육 선생님들의 협업에 달려 있다고 해도 과언이 아닙니다.

셋째, 부장님, 행정실, 관리자와도 교류해야 합니다. 부장님들과 소통이 잘돼야 업무를 차질 없이 추진할 수 있습니다. 행정실은 우리의 재산입니다. 행정실과의 주기적인 대화와 소통은 체육 수업에 큰 도움이 됩니다. 또한 지금 근무하고 있는 학교의 교장 · 교감 선생님이 최고의 관리자라고 생각하며 생활하는 것이 중요합니다.

좋았던 Point

집안이 화목해야 모든 일이 잘되는 것처럼, 학교의 교육 가족이 화목하면 수업은 물론 생활 교육도 저절로 이뤄집니다. 마음이 불편하면 학교에 오기 싫습니다. 학교가 지옥이 됩니다. 교직은 한 평입니다. 그만큼 좁다는 뜻이지요. 좋은 향기를 주변에 전달할 수 있는 좋은 선생님이 되기 위해 노력해야겠습니다.

실제로 見견물생심

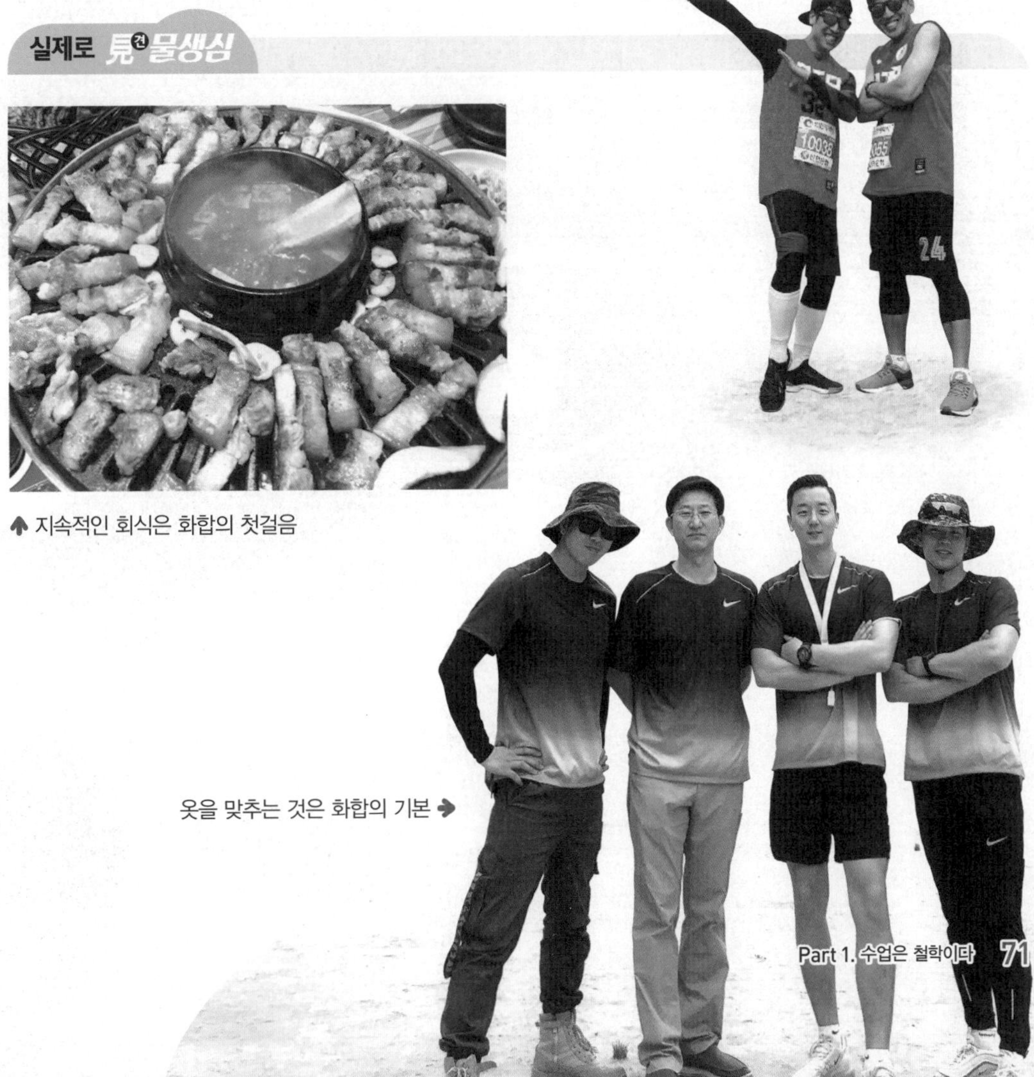

↑ 지속적인 회식은 화합의 첫걸음

옷을 맞추는 것은 화합의 기본 →

대한민국 학교 체육 교육 전문가 여러분!

We can do it!

그냥 저절로 되는 것은 없으므로 열 가지 약속 꼭 지키기

이것을 Why

2021년은 제가 학생들을 가르친 지 20년째가 되는 해입니다. 10년이면 강산이 변한다는데 체육 교육 현장은 요지부동입니다. 아직도 갈 길이 멉니다. 열심히 뛰고는 있는데 결승선을 통과하는 사람들의 기록은 좋지 않습니다. 안타까움을 넘어 뻘쭘하기까지 합니다. 체육 교사에 대한 학생들의 인식, 체육 수업에 대한 국민들의 편견, 체육 교과에 대한 동료 교사들의 이야기가 예전과 다르지 않습니다.

"선생님, 저 그냥 체육과나 갈래요!", "조 선생님은 좋겠어, 체육 교과 편하잖아요. 저는 ○○ 교과인데 체육을 전공할 걸 그랬어요.", "체육 수업 시간에는 애들 관리만 하면 되는 거 아닌가요?", "고3 담임을 체육 교사에게도 주나요?", "체육 교과면 학생부장이겠네?"

누구 탓이겠습니까? 모두 제 탓입니다. 제 가슴을 칩니다. 학교를 좀 더 빨리 바꿨어야 합니다. 마을과 지역의 선생님들에게 바꿀 수 있는 용기를 선사했어야 합니다. 대부분의 체육과 선배님들은 50세가 넘으면 수업을 해선 안 된다고, 꼭 승진해야 한다고, 관리직으로 나가야 한다고 말씀하십니다. 교사는 50살이 정년인가요? 50살이면 노하우가 엄청 쌓여 있는 국보급 교사 아닌가요? 후배들과 동료들에게 그간의 경험을 전수하기 위해 노력해야 하는 것 아닌가요?

저는 체육 수업을 관리하기로 했습니다. 체육 수업 관리자가 되겠습니다. 현장을 등지는 순간 내 것이 아닌 남의 것이 되기 때문입니다. 여기저기 돌아다니다가 학교로 돌아와 감 떨어지는 소리하기 싫습니다. 아는 척하기 싫습니다. 현장에 남기로 했습니다. 그냥 학교 현장이 아니라 체육 수업에 관심을 갖고 체육 교육 현장을 개선하는 열정을 가진 교사로 달리다가 62세에 마무리할 생각입니다. 전문직 시험을 볼 생각 없냐고 하시네요? 붙을까봐 겁나서 못 보겠습니다.

준비는 Simple

(1) 조용히 버킷리스트를 작성해볼 다이어리

(2) 나는 어떤 체육 수업을 진행하고 있는지 되돌아볼 잠깐의 시간

(3) '처음처럼, 초심' 뭐 이런 것은 필요 없습니다. 진짜 나를 챙겨보세요.

무엇을 How

선생님의 철학은 학생들에게 그대로 전달됩니다. 선생님의 실천 계획 또는 장기 계획 10가지를 버킷리스트에 멋지게 기록해보세요. 완성되면 학생들에게 알려주세요. "나는 이런 체육 교사가 되겠다.", "우리 함께하자.", "선생님은 이런 것에 관심이 있다."라고 말하는 순간 약속이 되고, 공약이 됩니다. 이제 되돌릴 수 없습니다. 학생들이 지켜보고 있습니다. 책상에도 출력해 붙여놓으세요. 계속 보시면서 떠올리시고 달성하기 위해 노력하시면 됩니다. 저도 잘 안 됩니다. 어렵습니다. 하지만 계속 힘써볼 생각입니다.

좋았던 Point

학생들의 교원 평가가 좋아집니다. 제가 가르치는 교과에 열정을 보이니 체육을 사랑하지 않을 수 있겠습니까? 그냥 좋아만 하는 것이 아니라 좋아하는 것을 학생들에게 전달하기 위해 노력하면 학생들과 의미 있는 공감대가 형성됩니다. 이와 더불어 선생님의 생활 자체가 변합니다. 주변을 행복하게 만들어줍니다. 망설이지 마시고 용기를 내세요.

실제로 見(견)물생심

We can do it!

진짜 체육 교육 전문가가 되기 위한 나만의 버킷리스트 10

❶ 매 시간 준비운동 재미있게 준비하기
❷ 나만의 노하우 담긴 체육 교과서 만들기
❸ 10년에 한 권씩 책 한 권 만들기
❹ 해보지 않은 종목 수행평가에 넣기
❺ 1년에 한 종목씩 수업 영상 제작하기
❻ 체육 수업 덕후를 직접 찾아 뵙기
❼ 한 달에 책 한 권씩 읽기
❽ 정년 퇴임까지 아프지 않도록 건강 관리하기
❾ 가정의 평화를 우선으로 생각하기
❿ 좋은 체육 수업 사례로 뉴스에 나오기

09

상처받을 용기, 해보지 않은 수업에 도전

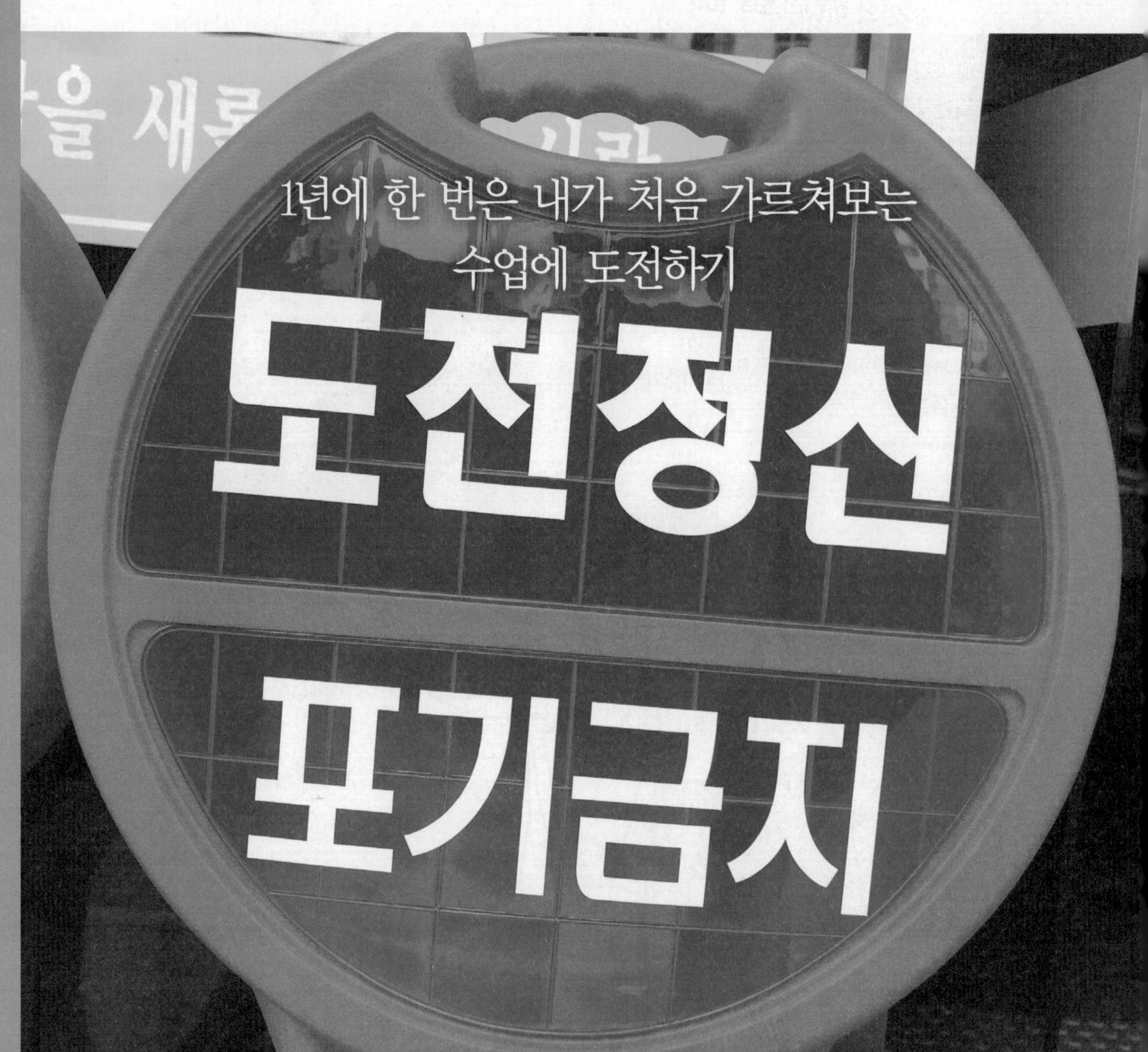
1년에 한 번은 내가 처음 가르쳐보는
수업에 도전하기
도전정신
포기금지

이것을 Why

축구, 농구, 배구, 뉴스포츠…. 누군가에겐 어려운 종목일 수 있습니다. 국어, 영어, 수학, 과학, 도덕, 음악도 이와 마찬가지겠죠? 모든 선생님이 해당 교과의 모든 종목 또는 영역에 강점을 보이지는 않습니다(혹시 주변에 그런 분이 계신다면 박수를 많이 쳐주세요). 만능이 될 수는 없습니다. 무용을 전공하신 여자 체육 선생님은 축구, 농구가 부담스러울 것이고, 남자 체육 선생님은 표현 활동이 부담스러울 것입니다. 왜냐하면 학생들이 체육 교사보다 잘하면 체면이 서지 않기 때문입니다. 부담스러운 것이 당연합니다. 소문이 나는 것도 싫습니다. 하지만 **구더기 무섭다고 장을 못 담을 이유는 없습니다.** 조금만 생각을 바꿔보면 간단합니다. 도전하면 됩니다.

영어 선생님보다 TEPS 성적이 좋은 학생들, 수학 선생님보다 문제를 더 잘 푸는 학생들, 국어 선생님보다 시와 소설을 잘 쓰고 감성이 풍부한 학생들이 있다고 해서 우울해하시는 선생님은 없습니다. 칭찬해줘야죠! 학생들보다 운동 기능이 다소 떨어질 수는 있지만, 해당 종목에 대한 이론적 지식과 심판법으로 보완하면 됩니다. 알고 있어야 어떤 운동이든 할 수 있기 때문입니다.

준비는 Simple

(1) 내가 수업해본 스포츠 적어보기

(2) 신개념 수업 운영 노하우 검색해보기

(3) 새롭게 도전해볼 종목을 결정하고 과감하게 실천해보기

(4) 새롭게 도전할 종목을 위해 내가 해야 할 것 정리해보기

무엇을 How

학생이 교사보다 잘하면 그 학생에게 도움을 요청하면 됩니다. 그 학생과 한 팀이 되는 것이죠. 그 학생보다 잘하기 위해 노력하면 됩니다. 학생들에게 시범을 보이거나 연습 경기에서 승리해야만 존경받는 것이 아닙니다. 그 종목을 잘 보는 눈(안목)을 갖고 있어야 하는 것이죠. 농구는 조금 못해도 됩니다. 학생들이 농구에 즐겁게 참여할 수 있는 수업 방법만 알고 있으면 됩니다. 저는 개인적으로 시범을 보이는 선생님보다 안목이 넓고 깊은 선생님을 좋아합니다.

여자 체육 선생님이 남학생 농구 경기의 심판을 보기 위해 '심판 연수'를 받거나, 점심시간에 학교스포츠클럽 심판을 보기 위해 여교사 축구 모임에 가입하거나, 춤은 잘 추지 못하지만 교직원 댄스동아리를 구성해 축제를 미리 준비하면서 댄스가 표현 활동이 아니라 암기 과목이고 엄청난 체력 운동이라는 사실을 알게 되거나, 배구의 운동 기능은 조금 떨어지지만 여러 경로를 활용해 자료를 수집하고 Q&A 이벤트지를 제작해 학생들을 가르치는 노하우를 알게 되면 수업이 바뀝니다. 도전 없이는 아무것도 이룰 수 없습니다.

요즘 학생들은 풍부한 지식을 갖춘 전문가입니다. 그러니 너무 상처받지 마세요. 교사보다 잘하는 학생들과 함께하면서 배우는 것이 건강에 좋습니다. 스트레스는 만병의 근원입니다. 이 학생들과 어떻게 움직일 것인지를 고민하고 이를 수업에 녹여내면 됩니다. 제가 저글링 수업을 처음 시작할 때 3구를 배웠는데, 어떤 학생이 4구를 하기에 학생을 멘토로 삼아 수업을 진행한 기억이 납니다.

좋았던 Point

내가 처음 가르쳐보는 종목 또는 해보지 않았던 수업 방식에 도전해보는 것이 좋습니다. 물고기가 가득한 어조에 풀어놓은 미꾸라지 같은 느낌이 들기 때문입니다. 물론 부담이 되는 것도 사실이죠. 운동을 잘하지 못하는 학생들이 많은 것보다 그렇지 않은 편이 좋지 않으세요? 위험을 감수하지 않는 생활 패턴 또는 교직 생활은 위험합니다. 새로운 것을 가르친다는 것은 도전입니다. 그 긴장감이 수업을 바꿀 수 있습니다.

지금 하지 않으면 아무도 새로운 수업을 만들어주지 않습니다. 배워서 남줄 수 있습니다. 새로운 수업을 준비하면서 느끼는 좌절과 신비로운 체험들이 학생들에게 전해줄 수 있는 나만의 교육 자료로 재탄생할 겁니다. 한 번도 춤을 춰보지 않은 선생님이 발레를 배워 수업을 진행해 보는 것은 어떤 느낌일까요? 로잉머신(rowing machine)을 활용해 모둠별 기록 · 도전 · 경쟁 활동을 진행할 수는 없을까요? 큐브를 활용한 두뇌 활성화 실내 수업을 좀 더 재미있게 진행해볼 수는 없을까요? 츄크볼 네트를 활용해 피구 수행평가를 시도해볼 수는 없을까요? 새로운 것에 도전하는 선생님을 응원합니다.

실제로 見(견)물생심

뜀틀이 아닌 자신의 한계를
뛰어넘어보자!

탭볼을 통해 알 수 있는 것!
좋지 않은 것은 좋지 않게 다시 돌아온다.

소중한 하나가 모여 큰 점수가 된다.

컵에 음악을 입혀 화음의 컵으로 변화시킨다.

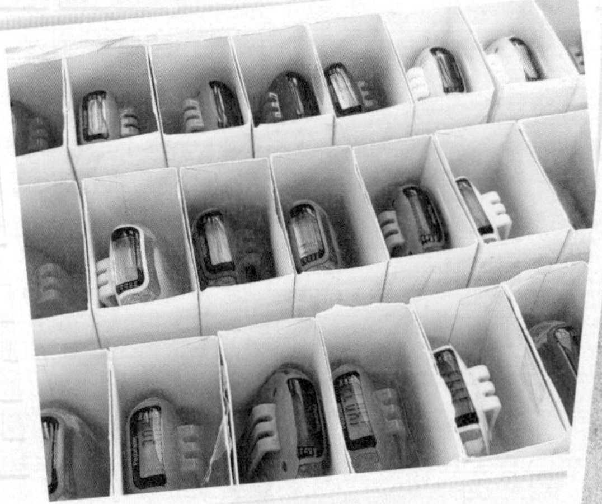

하루에 만보를 걸을 수 있도록
안내하는 체육 수업이 된다.

스카프가 수업의 주 재료가 될 줄 몰랐다.

사격은 한 발 한 발이 모여
만점을 이룬다.

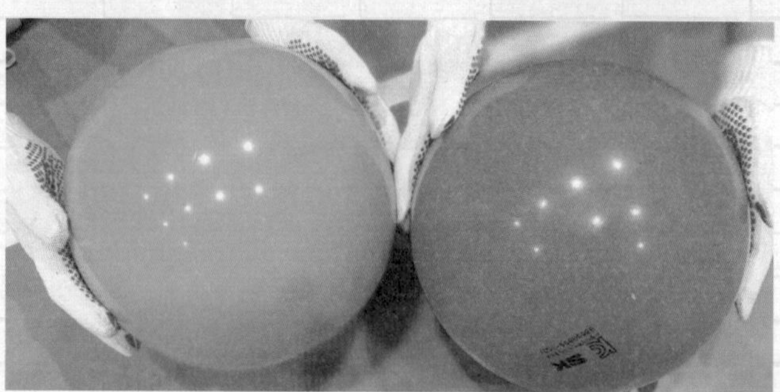

이가 없으면 잇몸으로! 비싼 공이 없으면
저렴한 공으로!

해보지 못한 종목은 반드시 노력해 가르친다.

나의 발목을 잡는 모든 것을
넘을 수 있도록 만든다.

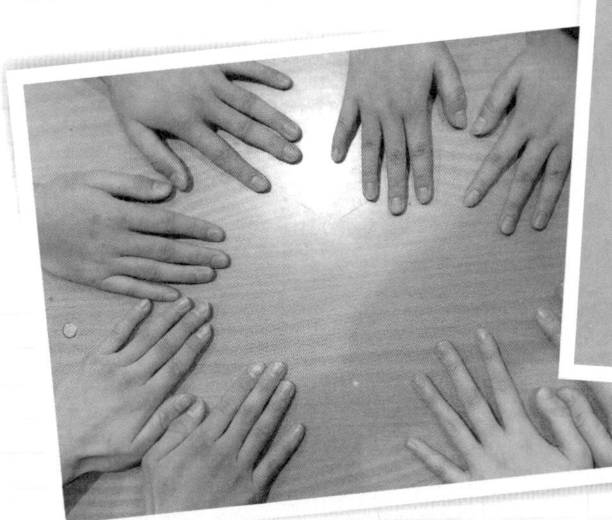

단순히 손만 모아도 화려한 움직임이
되고, 멋진 음악이 만들어진다.

학교의 공간을 활용한 골프를 시작한다.

아는 것과 할 수 있는 것은 다르다.
실제로 해봐야 한다.

'했지'와 '했니'

선생님이
미래를 보라고 했지,
앞만 보라고 했니?

체육 교사를 가장 힘들게 하는 학생은 누구일까요? 소극적으로 움직이거나 다른 사람의 움직임을 방해하는 학생입니다. 그중에서도 체육 교사를 가장 힘들게 하는 학생은 '무기력한 학생'과 '흥미를 금방 잃어버리는 학생'입니다. 체육 교과의 목적은 건강을 지키고, 매사에 도전적이고, 올바른 경쟁을 배우며, 자신의 감정과 생각을 제대로 표현하고, 안전한 삶을 영위하기 위한 것인데, 무기력한 몇 명의 학생들이 전체를 힘들게 하는 경우가 많습니다. 심지어 점점 이런 학생들이 많아지고 있어서 두렵기조차 합니다.

청소년 시절, 체육 시간을 통해 꿈에 도전하고 인생을 설계했으면 합니다. 간혹 선생님이 운동을 열심히 하라고 했다면서 다른 것은 모두 포기하고 운동만 열심히 하는 학생들을 보고 안타까운 생각이 들었습니다. 그래서 학생들에게 도움이 될 만한 '시' 한 편을 만들어봤습니다. 학생들에게 먼저 태어난 사람인 '선생님'의 말만 잘 들어도 잘 성장할 수 있을 텐데 간혹 말을 잘못 알아듣는 학생들이 있습니다.

마음이 풍요로워지는 좋은 강연

좋은 강연(간접 체험 활동)으로 의미 있는 수업 만들기

이것을 Why

선생님들을 위한 다양한 연수가 개설되고 있습니다. 오프라인으로 원하는 연수를 들을 수 없다면 요즘 대세인 유튜브 또는 애플리케이션, 공중파나 지상파에서 쉽게 만날 수 있는 강연 프로그램을 추천합니다. 저는 평소 '스마트폰 강연 애플리케이션'을 이용해 인생을 의미 있게 살아오신 분들의 이야기를 자주 듣곤 합니다(하루에 다섯 편 정도는 듣는 것 같습니다). '듣는다'보다는 '만난다'라고 표현하는 것이 옳은 것 같습니다. 강연자를 직접 만날 수는 없지만 그분이 전하고 싶은 내용이 저의 마음 속에 자리잡기 때문입니다. 정말 주옥같은 내용들로 가득차 있습니다. 학생들만 상처받고, 학생들에게만 치유와 힐링의 과정이 필요한 것이 아닙니다. 상처를 입은 선생님들의 마음도 좋은 강연을 통해 치유돼야 합니다.

준비는 Simple

(1) 좋은 강연을 들을 수 있는 수업 준비 시간

(2) 하루에 한 편은 꼭 듣겠다는 나만의 목표 설정

(3) 스마트폰 애플리케이션을 활용해 적합한 강연 관련 애플리케이션 다운로드하기

(4) 영상보다 텍스트가 좋은 분은 강연 내용을 깔끔하게 정리한 도서

(5) 주제별 폴더를 만들어 영상을 모아둘 수 있는 긍정의 인내심

무엇을 How

저는 학교에서의 공강 시간 중 15분을 투자해 유튜브로 '세바시'를 봅니다. 그냥 보는 것에 그치지 않고 좋은 내용이나 감동적인 스토리를 한 장 분량으로 정리해둡니다. 사진 반, 글 반의 멋진 글은 아니지만 학생 생활 교육 자료로 활용하기에 좋습니다. 또한 주제별로 폴더를 만들어 영상을 다운로드한 후 다양한 상황(진로, 개인 역량 강화, 인성, 꿈, 인문학, 장애 이해 교육, 학교폭력 예방 등)에 맞춰 학생들과 함께 시청합니다. 교과의 전문적인 지식과 더불어 학생들이 세상을 지혜롭게 사는 데 도움이 되는 '흥미로운 인생 잡학'도 전달해야 한다고 생각합니다.

담임 선생님이라면 조례나 종례 시간에 시청할 수도 있고, 해당 교과 시간에 활용할 수도 있

습니다. '선생님은 학생들의 투정을 받아내는 감정의 쓰레기통이다.'라는 말이 있습니다. 이 이야기가 남의 이야기만은 아닌 것 같아 마음이 씁쓸합니다. 때로는 강연 영상을 보면서 웃기도 하고, 울기도 하고, 공감을 하기도 하고, 아쉬워할 때도 있을 것입니다. 조금만 시간을 투자해 학생들과 공감할 수 있는 좋은 강연을 찾아보시기 바랍니다.

좋았던 Point

학생들은 물론, 선생님에게도 다양한 처방전이 필요합니다. 마음과 관계의 문제를 이겨내야 수업을 잘 운영할 수 있습니다. 생활 교육이 잘돼야 수업이 잘되는 것이 아니라, 수업이 잘돼야 생활 교육이 잘됩니다. 한 번에 고쳐지는 학생은 없습니다. 선생님도 학생들과 똑같습니다. 15분 또는 20분으로 압축된 좋은 강연자의 스토리텔링이 선생님에게 힘이 될 것이라 확신합니다. 풀코스 마라톤을 달린 후 물을 마시는 것보다 중간중간의 급수대에서 마시는 물이 풀코스 완주에 더 큰 도움을 주는 것과 같은 이치죠. 1년이라는 먼 길을 달려야 하는 선생님의 레이스에 누군가의 성장 과정이 도움이 됐으면 하는 바람입니다.

실제로 見견물생심

You
Tube

na_08_02_02
"마이클잭슨이 문워크를 하는
그 순간부터 세상을 춤으로
소통하기 시작했다."라고
이야기 합니다.
춤은 하나의 언어이고

12

'수업 나눔'이 중심인 교과 연구회

나눔과 소통, 공유와 연결을 위한 교과 연구회 활동하기

이것을 Why

학연, 지연, 혈연으로 이뤄졌던 과거의 교과 연구회는 더이상 존재하지 않습니다. 필요하지 않게 된 것이지요. 예전에는 소위 '빽'이 통했을지 몰라도 지금은 전혀 그렇지 않습니다. 세상이 무척 투명해졌습니다. 교과 연구회는 수업을 개선해 학교를 바꾸고, 더 나아가 마을과 지역 사회에 좋은 영향을 미치기 위해 구성된 교사들의 모임입니다. 커다란 클러스터를 구성해 많은 사람을 연결하지 않아도 됩니다. 지역교육청이나 도교육청에 도움을 요청할 필요도 없습니다. 나와 뜻을 같이하는 사람들을 모아 시작하면 됩니다. 다양한 역량을 지닌 선생님들이 모이면 수업을 생각보다 쉽고 간단하게 바꿀 수 있습니다. 수업에 대한 고민들을 함께 나누고 개선하기 위해 노력하는 소모임이 많아져야 합니다.

준비는 Simple

(1) 옆에 있는 동료가 전부다. 좋은 동료를 만나자(없으면 만들자).

(2) 지원받는 연구회가 아니어도 된다(소규모 집단을 구성해 나눠보자).

(3) 스포츠를 함께 즐기는 사람들을 하나로 묶을 수 있는 아이디어를 찾아보자.

(4) 모두 연구하려 하지 말고 하나의 영역을 집중적으로 탐색해보자.

무엇을 How

좋은체육수업나눔연구회는 경기도 남·북부의 체육 교사들이 모인 전문학습공동체입니다. 매년 학기별 각 1회의 체육수업나눔워크숍(갈라쇼, 큐레이팅)을 준비하면서 반드시 한 번의 발표를 할 수 있도록 유도하고 있죠(잘한 것도 발표, 잘하지 못한 것도 공개). 연회비도 있습니다. 더욱이 경기도교육감의 위촉장도 주지 않습니다. 한 술 더 떠서 회의도 월 1회 토요일 17시~19시가 아닌 07시~09시에 연구위원이 소속된 학교에서 돌아가며 개최합니다(회장을 맡았던 제가 공문을 발송하기 위해 기안을 상신했는데 교장선생님이 전화를 하셔서 "조부장님, 오타가 있네요. 07시~09시?"라고 말씀하셨습니다."오타가 아닙니다! 그때 모여서 회의합니다.").

뭐 하나 제대로 주는 것이 없고, 내는 것만 천지입니다. 그런데도 모두 적극적입니다. 지역별

지회까지 만들고 교과 연구에 매진하고 있습니다. 연구회비를 주지 않아도 불만이 없습니다. 지원해주면 좋지만 없어도 그만이랍니다. 자전거, 배구, 컬링, 농구, 뉴스포츠, 2015 개정 교육과정 등 특정한 수업 개선 아이디어 결과물들을 지회별로 공유하기 위해 노력하고 있습니다. 코로나19의 영향으로 한자리에 모이기 힘들어지면 '행아웃'을 이용해 원격으로 수업 이야기를 나눕니다. 그뿐 아니라 카페를 운영해 체육 수업 아이디어가 부족한 교사들에게 크고 작은 도움을 주고 있습니다. 연구위원 역량 강화 워크숍을 개최하면 수업 방법에 대한 이야기로 밤을 지새웁니다. 경기도가 바뀌면 대한민국이 바뀔 수 있다는 철학을 갖고 나름 의미 있는 활동을 전개하고 있습니다. 그렇게 많은 이야기를 나눈 후 헤어지면서 "못다 한 수업 이야기는 '연구회톡'으로 해요."라고 말합니다. 대한민국 전역에 체육 수업 문화를 개선하기 위한 좋은연구회 바이러스가 퍼지면 좋겠습니다.

좋았던 Point

남들이 가지 않는 길을 걷는 일은 결코 쉽지 않지만 각양각색의 교직 동료들이 함께하니 든든합니다. 가장 역점을 두고 있는 것은 '체육 수업, 그리고 개선'입니다. 그 이외의 것은 하지 않습니다. 끝이 보이지 않는 막연한 과제지만 뜻을 같이하고자 하는 많은 동료 선생님이 함께해주고 계셔서 더 많은 역량을 집중할 계획입니다. '나 하나 바뀌어 무엇이 달라지겠나.'라고 생각하지 마세요. 학습 네트워크로 대한민국이 바뀔 수 있습니다.

실제로 見견물생심

2019년 학교체육대상

체육수업전문성
향상(단체)

주최: 교육부 주관: 스포츠조선 학교체육진흥회 후원: KFA KSPO 국민체육진흥공단 WEPEAK

HT
하나로수업연구회

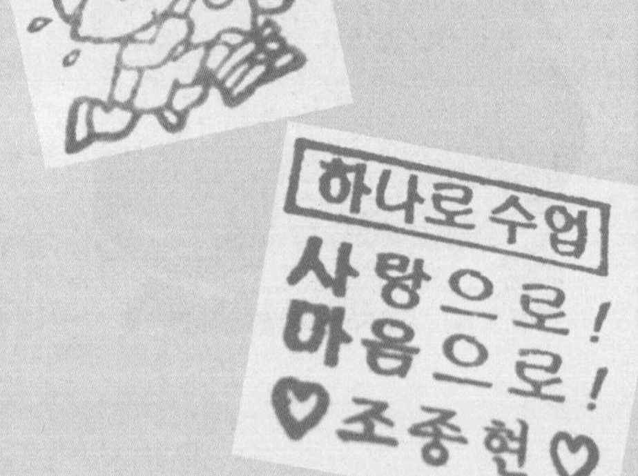

하나로 수업
사랑으로!
마음으로!
♡조종현♡

제14회 좋은체육수업 실천을 위한
체육수업 갈라쇼
(OnLine 체육수업)
2020. 4. 12(일) 20:00 유튜브라이브
좋은체육수업나눔연구회

오늘 배움으로
내일 수업하자
경기 평촌고 조종현

교육부
2020년 학교체육대상
제 585호
분야(개인):
체육수업내실화
평촌고
조 종 현
위 사람은 평소 투철한 교육관과 사명감으로 2020년
학교체육 활성화에 기여한 공이 크므로 이에 상패를
수여합니다.
2020년 11월 26일
교육부 학교체육진흥회 스포츠조선
총리 겸 교육부장관 유은혜

빨간 불

평촌고 조종현

빨간 불이
들어왔다
모든 것이 정지하여
붉은 신호에 막혀 버렸다

당신의 명령에
숨죽이고
엎드려 되돌아본
우리들의 일상

그리워진
재잘재잘 목소리
인간의 멈춤에
다른 곳에 채워진 학교

회초리 들고 선 성자여
우리들은
오늘도
푸른 신호를 기다리고 있다

100인 100색, 내 곁의 동료 유 선생님

덕후들이 만든 영상 작품을 수업 자료로 변화시키기

이것을 Why

유 선생님이 누군지 다들 알고 계시죠? 학생들은 유튜브가 유용한 교과서이자, 최고로 친절한 선생님이라고 표현합니다. 이미 알고 계시겠지만 미래 교육을 대비한 교과서 개선 방안으로 '예체능 교과 중심 점진적 자유 발행제' 논의가 2018년부터 본격적으로 진행됐습니다. 학생들이 변하고 있기 때문입니다. 아니 학생들은 우리보다 앞서 변하고 있습니다. 과거의 것으로 미래를 향해 달리고 있는 학생들을 만족시킬 수는 없습니다. 변해야 합니다. "1980년대 교실에서, 1990년대 교사들이, 2000년대 학생들을 가르치고 있다."는 웃픈 이야기를 들으면 여러 가지 생각을 하게 됩니다.

기존 체육 교과서의 문제점에 대해 우리만 입을 다물고 있는 것 같습니다. 담아낼 수 없는데 담으려 노력해왔으니 안쓰럽기만 합니다. 체육 교과서를 활용해 수업을 진행하는 체육 교사가 대한민국에 과연 얼마나 될까요? 이젠 고객 중심의 경영이 학교 깊숙이 들어와야 합니다. 학교도 고객을 만족시켜야 하는 기업입니다. 장사를 하라는 것이 아니라 기업의 고객 만족 철학을 가져와야 한다는 것입니다. 학생들에게 필요하지도 않는 교과서를 구입하게 한 후 교과서로 수업을 하지 않는 것이야말로 절대 하지 말아야 할 '갑질'입니다. 교과서를 구입하게 하고 수능 특강이나 수능 완성으로 수업을 하는 교과도 이와 다르지 않습니다. 교과서도 이제 새로운 옷을 입을 때가 됐습니다. 아니 한참 지났습니다. 천편일률적인 세상이 아니라 형형색색의 세상이기 때문입니다.

준비는 Simple

(1) 체육 교과서를 측은한 마음으로 들춰보기

(2) 핸드폰 속 유튜브를 활용해 나만의 교과서 폴더 만들기

(3) 수업과 관련된 좋은 영상을 제작하는 유튜버에게 '구독' 눌러주기

무엇을 How

학생들과 함께 체육 교과서 속의 다양한 기능이 탑재된 유튜브 영상을 검색하는 시간을 가져보는 것도 좋습니다. 좋은 자료를 활용하는 것도 좋지만, 학생들이 창의적으로 구성한 콘텐츠를 수업 시간을 이용해 제작하게 한 후 탑재하는 것도 좋은 학습 방법입니다. 무엇을 조심해야 하고, 어떤 것을 잘 챙겨야 하는지에 대한 스토리텔링식 수업도 좋습니다. 모둠원과 역할을 나눠 제작한 영상을 탑재한 후 조회수의 변동을 지켜보는 것도 새로운 흥밋거리입니다. 조회수가 많은 영상은 어떤 특징이 있는지, 새롭고 기발한 콘텐츠는 무엇인지 모둠원과 함께 이야기해보는 것도 교육적으로 좋습니다.

이를 위해서는 우선 선생님께서 유 선생님 세상의 동향을 잘 파악하고 있어야 합니다. 어떤 자료가 효과적으로 활용되는지, 어떤 것을 주의해야 하는지, 무엇을 꼼꼼하게 챙겨야 하는지에 대한 교육 자료도 함께 준비한다면 최고의 수업을 할 수 있습니다. 유튜브의 영상을 어떻게 다운로드할 수 있는지, 저작권과 관련해서는 무엇을 챙겨야 하는지, 사진과 음악은 어떤 것을 사용해야 하는지도 미리 알아두면 수업 운영에 많은 도움이 될 것입니다.

좋았던 Point

수업에 도움이 될 수 있는 탑재 영상들을 검색해보면서 다양한 아이디어를 공유할 수 있습니다. 학생들의 의견을 모아 구성한 작품을 탑재해보는 것도 재미있습니다. 아이디어만 좋으면 누구나 다른 사람의 선택을 받을 수 있다는 것도 이야기해줄 수 있습니다. 좋은 아이디어는 좋은 생각과 좋은 행동에서 비롯된다는 인성 교육은 덤!

실제로 見(견)물생심

홈 동영상 재생목록 채널 토론 정보

리듬발리볼트레이닝—★리발트★원정대
조회수 1.2천회 • 3개월 전

도전99초 미션, 팀원과 함께 완성하기(집단응집력 향상)
조회수 184회 • 3개월 전

도전99초 스킬스 챌린지 미션(체육교사 체험편)
조회수 234회 • 3개월 전

원격과 등교수업을 하나로-블렌디스 수업운영 사례(평촌...
조회수 541회 • 3개월 전

평촌고 거리두기 체육수업—발목줄넘기—LED
조회수 335회 • 3개월 전

리듬발리볼트레이닝—feat.빅발리볼
조회수 400회 • 3개월 전

모두 하나되어 배구공으로 어울림—8가지 미션 클리어
조회수 239회 • 3개월 전

코로나를 넘어서는 조종현선생님의 체육수업 아이디어
조회수 558회 • 4개월 전

도전99초 스킬스챌린지(평촌고 배구편)
조회수 256회 • 4개월 전

평촌고 학생건강체력증진—발목줄넘기 평가—2분이내 10...
조회수 135회 • 4개월 전

평촌고 리듬발리볼트레이닝(RVT) 평가방식 샘플
조회수 401회 • 4개월 전

평촌고 조종현선생님의 발목줄넘기—학생교육용 영상(...
조회수 1.1천회 • 4개월 전

조종현선생님과 함께 40초만에 발목줄넘기 배우기
조회수 559회 • 4개월 전

평촌고 조종현선생님의 반짝반짝 발목줄넘기
조회수 403회 • 4개월 전

포스트 코로나시대~~평촌고 조종현선생님의 리듬발리볼...
조회수 1.2천회 • 4개월 전

원격강의 리듬바스켓트레이닝
조회수 1.2천회 • 7개월 전

경기도교육연수원 체육원격연수 홍보영상
조회수 467회 • 7개월 전

네트형경쟁스포츠를 통한 인성배우기 '선'
조회수 1.8천회 • 7개월 전

청소년체조
조회수 2.6천회 • 7개월 전

학교폭력예방교육
조회수 1.3만회 • 7개월 전

트레이닝의 원리
조회수 3.5천회 • 8개월 전

자가격리댄스
조회수 1.3천회 • 8개월 전

HomeDance | 홈댄스
조회수 225회 • 8개월 전

네트형경쟁스포츠 맛보기체험
조회수 4.3천회 • 8개월 전

농구의 기초 | 공다루기
조회수 6.8천회 • 9개월 전

바스켓타바타
조회수 3천회 • 9개월 전

리듬바스켓트레이닝
조회수 7.1천회 • 9개월 전

농구의 역사 및 특성
조회수 1.5만회 • 9개월 전

온라인 개학전 주의사항
조회수 2.4만회 • 9개월 전

건강홈트레이닝의 실습
조회수 5.6천회 • 9개월 전

수업 아이템으로 가득찬 보물 창고, '예능 프로 속 판도라 상자'

예능 프로그램과 손잡고
흥미로운 수업 꾸미기

이것을 Why

요즘 예능 프로그램이 기상천외한 놀이와 게임으로 시청자들의 인기를 끌고 있습니다. 텔레비전 프로그램의 약 1/3이 예능 프로그램일 정도로 인기가 많다고 하네요. 많은 작가가 예능 프로그램 속 놀이 및 게임을 재미있게 구성하기 위해 연구하고 있다고 합니다. 재미있는 게임이 바로 시청률과 직결되는 상황이니 어쩔 수 없는 일인 것 같습니다. 예능 프로그램을 시청하고 있노라면 학교 교과 수업에 적용할 수 있는 '아이템'들이 눈에 많이 띕니다.

우리 주변에는 예능을 통해 재발견되고 전해진 놀이가 참 많습니다. 학생들은 이미 텔레비전에서 방영됐던 게임을 알고 있습니다. 따라서 게임의 룰을 별도로 설명할 필요 없이 바로 놀이-게임-수업 운영의 연결고리에 링크하실 수 있습니다. 찾아보기만 하면 바로 적용할 수 있는 놀이로 가득합니다. 수업을 바라보는 색다른 시선이 필요한 때입니다.

준비는 Simple

(1) 예능 프로그램 속 아이템에 대한 관심 갖기

(2) 매번은 아니어도 가끔은 예능 프로그램 시청하기

(3) 유튜브에 예능 관련 놀이를 편집해 올려놓은 것들을 찾아보기

(4) 놀이를 이용해 수업을 좀 더 색다르게 만들고자 노력하기

무엇을 How

예능 프로그램을 수업 운영 소재라는 시각으로 바라보면 상당히 많은 수업 아이디어를 '득템'할 수 있습니다. '텔레비전은 바보상자'라는 말이 있지만, 이는 생각하기 나름, 바라보기 나름입니다. 텔레비전 예능 프로그램은 아이템으로 가득찬 '보물선'이자 '보물 창고'입니다. 우리들은 어떻게 바라보느냐가 중요한 시대에 살고 있습니다.

최근에는 '일방적으로 전달하는 수업 방식'이 '학생들이 직접 참여하는 방식'으로 바뀌고 있습니다. 이 과정에서 예능이라는 조미료를 가미하면 학생들 모두 즐거워합니다. 학생들이 어떤 분위기를 좋아하는지, 어떤 놀이를 즐거워하는지, 학생들의 반응이 좋지 않을 때는 어떤 상품을

내놓을 것인지에 대한 준비와 연구는 선생님의 몫입니다.

아무리 지루한 소재라도 다양한 놀이를 이용하면 피교육자의 뇌리에 오랫동안 기억된다는 사실을 우리는 여러 가지 경험을 통해 잘 알고 있습니다. 좀 더 특별하고 의미 있고 재미있게 구성하기 위한 노력은 체육 수업을 알차게 채울 것이라 장담합니다. 그냥 흔한 야구 수업, 농구 수업, 배구 수업이 아니라 선생님이 재구성한 놀이로 배우는 이론, 게임으로 배우는 경기 방법이 있다면 학생들이 무척 좋아할 것입니다. 이것이 바로 학교를 살리는 방법이자 지역 사회를 평화롭고 활기차게 만드는 방법이라 생각합니다.

좋았던 Point

학생들은 예능 프로그램을 많이 시청합니다. 그렇기 때문에 놀이의 종류나 방식을 교사보다 많이 알고 있지요. 자신이 좋아하는 가수나 코미디언들이 하는 텔레비전 속 놀이를 수업 시간에 하니 얼마나 재미있겠습니까? 알고는 있지만 해보지 않은 것들을 수업 시간에 다뤄보는 것만으로도 큰 감동을 느낄 것입니다. 선생님도 예능 프로그램을 시청하고 있다고 생각하면 공감대가 형성될 뿐 아니라 학생과 선생님의 눈높이가 일치하게 됩니다. 교육자와 피교육자의 눈높이를 맞추는 가장 쉽고 간단한 방법은 바로 예능 프로그램을 시청하는 것입니다. 혹시 본방을 보지 못했다면 유튜브로 보면 됩니다. 예능 프로그램을 수업에 활용하면 즐겁고 행복한 일들을 많아질 것이라 확신합니다.

실제로 見(견)물생심

평촌고등학교 조종현

도전 99초! 수업도 예능처럼

스포츠 리더십 교육

체육 수업을 통해
보스가 아닌 리더로 성장시키기

Leadership

이것을 Why

체육 시간에는 모둠 활동이 타 교과보다 많습니다. 스포츠에는 다양한 포지션이 있고 정해진 포지션에 맞는 역할을 제대로 수행해야만 좋은 성과를 거둘 수 있죠. 특히, 모둠의 리더는 모둠 과제 수행에 큰 역할을 합니다. 모둠 활동이 이뤄지는 수업에서 리더의 성향에 따라 수행의 성과가 크게 좌지우지되는 경우도 종종 있지요. 따라서 모둠을 편성할 때는 리더의 역할과 갖춰야 할 소양 및 역량에 대한 교육이 필요합니다.

일방적으로 모둠의 리더는 해당 모둠원 중 가장 능력이 뛰어난 사람을 뽑지만, 가장 중요한 것은 '책임감'과 '추진력'입니다. 모둠원의 용기를 북돋아줄 수 있는 역량을 갖고 있다면 금상첨화입니다. 하지만 학교 현장에서 훌륭한 리더의 역할을 요구하는 것 자체가 무리일 수 있으므로 다양한 모둠 활동을 경험해보도록 하는 것이 무엇보다 중요합니다. 따라서 보스와 리더의 차이를 통해 리더의 역할과 역량에 대해 알려줄 필요가 있습니다. 보스와 리더의 차이는 다음과 같습니다.

보스
명령하길 좋아한다.
잘못을 확인시켜준다.
공포심을 심어준다.
과정보다 결과를 중요시한다.
리더
PLAN
B
결과보다 과정을 중요시한다.
"우리가"라는 말을 많이 한다.
일을 재미있게 만든다.
WE
모둠원의 장점을 찾는다.

스포츠에 필요한 리더십에 관련된 자료는 매우 많습니다. 리더가 갖춰야 할 것들이 무엇인지 고민해보고 실천한다면 더욱 의미 있는 체육 시간이 될 것입니다. 다음과 관련된 이미지들을 찾아 보여주면 많은 도움이 될 것입니다.

절반이 아니라 전부인 '시작의 중요성'

잘 준비된 과정 중심 평가의 출발 지점 체크하기

이것을 Why

학기 초에 수행평가 종목을 선정할 때는 집중력을 발휘해 좋은 작품을 만들어야 합니다. 학교의 여건과 상황 그리고 다양한 일정을 고려하지 않은 채 종목이 결정하면 1년 내내 고생만 하다가 끝나게 됩니다. 재미없는 종목을 선정하거나 의미 없는 평가 방법으로 척도안을 채우면 1년 농사를 망치게 됩니다. 무책임한 1년, 재미없는 1년을 보내는 일은 없어야 합니다.

준비는 Simple

(1) 수행평가 종목을 선정하기 위해 끊임없이 고민하기
(2) 평가 방법을 다양한 시선으로 연구하기
(3) 다양한 종목을 폭넓게 연결할 수 있는 효과적인 아이디어 구상하기
(4) 학교 문화를 개선하기 위해 체육 교육이 나아가야 할 방안 찾기

무엇을 How

(1) 1년 또는 한 학기 동안 내가 가르칠 종목을 선정한다는 것은 그리 쉽지 않습니다. 교수평가 일체화(교육과정 재구성하기-학생 중심 수업 고민하기-과정 중심 평가 진행하기-남학생과 여학생 모두에게 공평한 학교스포츠클럽 운영하기-의미 있는 학교생활기록부 기록하기)라는 프로세스를 완성하는 첫 단추가 되는 것입니다. 수업을 시작하면 반드시 학교스포츠클럽으로 마무리해야 합니다. 배운 것을 올바른 경쟁 과정을 통해 새롭게 경험해볼 수 있는 '터'를 마련해주는 것이 매우 중요합니다.

(2) 교내 학교스포츠클럽은 모두의 잔치가 돼야 합니다. 운동을 잘하는 학생들의 축제가 아니라 모두 함께 참여해 기쁨과 아쉬움을 공유하는 시간이 돼야 합니다. 이를 위해서는 잘 구성된 수업을 통해 학생들이 좋은 경험을 해야 합니다. 수업이 즐겁지 않으면 결국 학교스포츠클럽은 사상누각이 됩니다. 우리 모두가 승자가 돼야 합니다.

(3) 학교스포츠클럽의 종목을 선정할 때도 다양성에 초점을 맞춰야 합니다. 힘이 센 학생이 힘자랑을 할 수 있는 '학급 대항 여학생 & 남학생 팔씨름 대회', 체력 운동과 두뇌 개발이라는

두 마리 토끼를 잡을 수 있는 '달리는 큐브 대회', 준비운동 시 배웠던 내용을 뽐낼 수 있는 '어깨동무 저글링 대회', 전통문화를 경험해볼 수 있는 '오래 제기차기 대회', 안전 감수성을 길러줄 수 있는 '안감생시 안전 상황극 경연 대회' 등과 같이 조금만 신경쓰면 학생들이 좋아하는 종목을 선정할 수 있습니다.

좋았던 Point

배움을 연결시킬 수 있고 잘 준비된 느낌이 든다는 장점이 있습니다. 평가와 학교스포츠클럽이 연결되고, 학생들의 1년이 뭔가 유기적으로 돌아가는 것과 같은 경험을 하게 됩니다. 선생님의 노력으로 학교의 여러 가지 일정이 톱니바퀴처럼 잘 맞아 돌아가는 것을 보면 참 기분이 좋습니다. 학년의 연계와 위계까지 고려하면 더욱 행복한 학교를 만들 수 있습니다. 그냥 하는 것이 아니라 배우고 나니 '아, 이래서 선생님이 우리들에게 이 종목을 가르치셨던 거구나.'라고 무릎을 칠 수 있도록 수업을 구성했습니다. 학생들이 제 맘을 알아주니 참 좋았습니다.

실제로 見(견)물생심

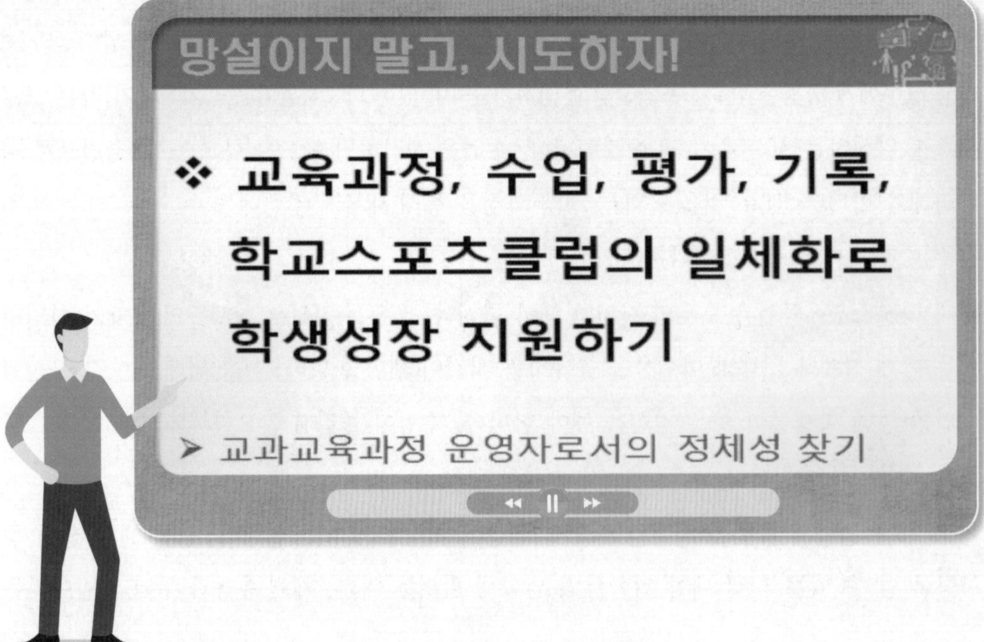

망설이지 말고, 시도하자!
❖ 교육과정, 수업, 평가, 기록, 학교스포츠클럽의 일체화로 학생성장 지원하기
➤ 교과교육과정 운영자로서의 정체성 찾기

<2019년 2학년 체육 배구 수행평가 공지>
[서브]
배구 서브
(30점)
[언더핸드 패스]
배구 언더핸드 패스
① 언더핸드 패스 위서
② 서브 성공하기
③ 심판법 이해하기

17

체육 교육의 철학을 함께 나누는

'수업의 첫 시간'

선생님의 수업 철학에 대한 공감대 형성하기

이것을 Why

'첫 단추를 잘 채워야 한다.'라는 말은 시작을 잘해야 시행착오도 없고 뜻한 바를 제대로 마무리할 수 있다는 의미입니다. 같은 학년 선생님과 협의해 평가 종목과 평가 방법을 정한 후 자신의 교육 철학을 온전히 전달한다는 것에 목표를 두고 수업운영계획서를 작성해야 합니다.

준비는 Simple

(1) Intro(duction) PPT 준비하기

(2) 수업운영계획서(수업 초대장) 작성하기

무엇을 How

(1) 1년 또는 한 학기 수업 계획이 담긴 수업운영계획서를 나눠줍니다.

(2) '선생님을 소개합니다', '선생님의 수업을 소개할게요'라는 제목의 PPT 파일에 학생들이 지켜야 할 규칙, 해야 할 것과 하지 말아야 할 것을 꼼꼼하고 자세하게 적어둡니다. 이것을 한 번만 만들어두면 거의 바뀌지 않습니다. 현란한 애니메이션 효과는 필요 없습니다. 선생님이 학생들에게 하고 싶은 이야기만 담으면 됩니다.

(3) 선생님 소개는 사진을 이용하는 것이 효과적입니다. 스토리텔링식으로 구성하면 더욱 좋습니다. 선생님께서 강조하고 싶은 것을 명확히 짚어주면 됩니다. 이것이 바로 수업 철학의 일부분입니다.

(4) 동영상까지 포함하면 더욱 알차게 채울 수 있습니다. '이런 것까지 넣어야 할까?'라고 고민하지 마시고 일단 넣으신 후 더욱 친절하게 설명해주세요.

좋았던 Point

저는 수업 시간에 늦은 학생에게 이렇게 말합니다. "수업 준비가 공연 준비라고 생각하고 수업 계획을 한다고 하지 않았니? 공연하는 사람도 중요하지만, 공연을 보는 관객도 중요하지 않을까? 선생님이 첫 시간에 이야기했잖아. 복장과 준비물도 중요하지만, 그 공연을 보러 오는 사람의 마음도 생각해봤으면 좋겠다.”

저는 학생을 이해시키려고 노력하지 않습니다. 당연한 것이기 때문이지요. 태도 점수 10점은 단순히 수업 시간에 늦었다는 이유만으로 학생과 교사가 실랑이하는 것 자체가 우습다고 생각해서 없앤 것이라고 말해줍니다. 그러면 학생들은 매우 미안한 표정을 짓습니다.

실제로 見견물생심

다음중 김정섭의 출신이 **아닌** 것은?

1. 포장마차 CEO 출신이다.
2. 기계체조 선수 출신이다
3. 홈쇼핑 모델 출신이다.
4. 뮤지컬배우 출신이다.
5. 공군장교 출신이다
6. 무용과 출신이다.

한국예술종합학교 졸업 후

- 전공하지 않았다는 두려움을 버리고 도전한 나를 칭찬하고 싶고, 그런 의지를 받아주어 더욱 도전하게 만든 분들에게 감사하며 과정속에 삶의 재산이 되어준 친구들에게 고개숙여 고마움을 표하고자 한다.

나의 목표!

- 과거의 목표 : 기계체조국가대표, 인문계고등학교입학, 체육교육과입학, 해병대장교, 임용교시합격, 체육수업잘하는 교사
- 현재의 목표 : 항상 고민하는 체육교사, 교사교육을 하는 교사, 춤추는 교사, 한국예술종합학교 전문사에 입학하여 전문적인 교육과정을 직접 경험하고 나만의 작품을 무대에 올리며, 이론적 배경과 경험적 지식을 높임

미래의 목표

- 일상생활이 춤으로 표현된다.
- 보다 심한 체육 덕후가 된다.
- 김정섭의 수업방법이 보다 많은 사람들에게 알려진다.
- 나의 개똥철학이 모든 체육 수업의 기반이 된다.

창의성과 인성

"여러분이 암기한 지식은 네이버 검색창에 모두 있습니다. 창의성과 인성이 여러분의 미래를 열어줄 것입니다!" — 김정섭

정섭 샘이 가장 강조하는 것

수업 시간을 더욱 기다려지게 만드는
'도전을 통한 성취감'

학생들이 도전할 수 있는 과제를 이용해
수업 자존감 높이기

이것을 Why

운동장을 도는 것이 준비운동이라 할 수 있을까요? 운동장을 뛰면 준비운동이 되는 걸까요? 다른 준비운동 방법은 없을까요? 학생들이 수준별로 성취감을 얻어 수업 자존감이 높아질 수 있게 하고 싶었습니다. 학생들이 수업 시간을 활용해 무엇인가에 도전할 수 있도록, 성취감을 경험할 수 있도록 재미있는 목표(미션)를 세팅해주면 큰 변화를 경험하시게 될 겁니다. 큰 길만 있는 것이 아니라 골목길도 있고, 우회도로도 있다는 것을 유념하시기 바랍니다.

준비는 Simple

(1) 다양한 성취감 도전 도구 준비하기

(2) 미션으로 공지할 수 있는 아이디어 찾아보기

(3) 도전에 성공한 학생들에게 줄 작은 선물 준비하기

(4) 수준에 맞게 도전의 난이도를 조절할 수 있는 안목 기르기

무엇을 How

(1) 저글링은 한 학기 정도만 준비하면 모든 학생이 할 수 있습니다. 짧은 시간 동안 수업한 후 평가하기보다는 원리를 이해하고 그 원리를 몸으로 깨우칠 수 있도록 하는 것이 중요합니다. 저는 저글링을 준비운동으로 정했습니다. 준비운동이기 때문에 바로 평가를 하지 않아도 됩니다. 학생들에게 자신의 저글링 영상을 찍어 보내라고 해보세요(장소 자유, 촬영 자유, 제출 방법 자유).

(2) 농구 수업 시간에는 체스트 패스를 할 수 있는 지점을 만들어 놓은 후 그곳에 볼을 넣도록 하거나 어려운 미션(하프라인 버저비터, 사이드라인에서 원 드리블 후 리버스 레이업슛 등)을 성공하는 학생에게 음료를 제공하면 수업에 몰입하게 됩니다. 이 또한 수업을 운영하는 좋은 팁이라 할 수 있습니다.

(3) 제기차기나 자치기와 같은 전통놀이를 준비운동 시간에 해보는 것도 좋습니다. 일단 새로운 것이니 흥미를 느끼는 것 같습니다.

(4) '보틀 플립 팀 챌리지(Bottle flip team challenge)'와 같이 다양한 도전 미션을 수업 시간 중에 연습할 수 있도록 '체험장'을 만들어주는 것도 좋습니다. "도전!"이라고 외친 후 선생님이 보고 있을 때 성공해야만 '성공'으로 인정합니다.

(5) 문구점에서 공기놀이용 공기와 젠가를 한 통 구매해 왔더니, 수업 중 스포츠 참여에 지친 학생들이 공기놀이를 하면서 지속적으로 움직였습니다. 볼을 갖고 움직이는 놀이만이 전부가 아니죠(바둑도 대한체육회에 등록된 정식 스포츠입니다). 스포츠 뉴스에 바둑이 나오는 이유도 바로 이 때문입니다.

좋았던 Point

학생들이 도전을 멈추지 않는 이유는 상위 그룹에 속하고 싶기 때문입니다. 하나의 미션에 그치지 않고 여러 미션을 계속 수업에 적용해봤습니다. 학생들의 의견도 적극 반영했습니다. 수업 시간 중 그냥 흘려보내는 시간이 없도록 꼼꼼하게 시간을 계획해 운영했더니 학생들의 참여도가 무척 높아졌습니다. 역시 준비만이 살길입니다.

실제로 튄 물생심

➔ 농구 지정 미션 성공 - 동기 유발을 높이는 다과 모음

스포츠 문화 전수를 위한 최고의 수업 자료 '스포츠 빅 이벤트'

다양한 시각으로 체육 수업과 연결할 방법 찾아보기

이것을 Why

스포츠계의 빅이벤트(Big Event)들이 우리나라를 비롯한 세계 각지에서 펼쳐지고 있습니다. 이제는 단순한 스포츠가 아니라 예술의 경지에 이르렀다고 해도 과언이 아닙니다. 관련 이벤트의 홈페이지에 들어가 보면 인문학과의 접목, 음악과의 연계, 미술과의 소통, 문화의 공유 등 스포츠가 정말로 하나로 어우러져 커다란 덩어리를 이루고 있다는 것을 확인할 수 있습니다. 무심코 지나쳐버리기에는 너무 아깝습니다. 절대로 그냥 넘기지 마시고 체육 수업과 연계할 방법이 없는지 찾아보시기 바랍니다. '보는 스포츠'도 학생들에게 동기를 유발할 수 있습니다. 본인이 가장 인상 깊게 봤던 장면을 이용해 한 장의 시청 소감문을 제출하게 해보는 것도 좋습니다. 한 장 글쓰기는 학생들뿐 아니라 교사도 성장시켜줍니다.

준비는 Simple

(1) 스포츠 빅 이벤트 일정표 짜기
(2) 스토리가 숨어 있는 이벤트 찾아 안내해주기
(3) 한 장 글쓰기 방법에 대해 친절한 안내문 작성하기

무엇을 How

(1) 국제 대회의 일정은 반드시 사전에 공지됩니다. 따라서 전년도에 수업을 준비하는 과정에서 그 일정과 비슷하게 평가를 진행하면 수업 분위기와 스포츠 이벤트를 쉽게 연결할 수 있습니다.

(2) 국제 대회에 국한할 필요는 없습니다. 학생들에게 시청할 수 있는 다양한 경로를 알려주면 국내 대회도 교육적으로 활용할 수 있습니다. 우리 주변에는 프로 배구, 프로 농구, 배드민턴 최강전, 프로 축구, 프로 야구 등 많은 교과 수업 자료가 있습니다.

(3) 한 장 글쓰기는 '보는 스포츠'를 '쓰는 스포츠'와 '읽는 스포츠'로 변환해줍니다. 시청에 그치게 하지 말고 자신의 느낌이나 감회를 글로 표현하게 하면 더욱 효과가 있습니다. 수업과 경기 시청 그리고 글쓰기의 삼박자가 잘 갖춰지면 효과가 더욱 좋아집니다.

좋았던 Point

학생들에게 볼 수 있는 기회를 주는 것이 좋습니다. 약간의 강제성을 띠고 있지만, 하나의 스포츠를 온전히 볼 수 있는 경험은 학생들에게 새로운 문화를 전달해주는 것과 같습니다. 평창 올림픽에서도 드론이 날거나 과학 이벤트들이 많이 펼쳐졌습니다. 이제는 융합의 시대입니다. 하나의 시선이 아닌, 여러 시선으로 스포츠를 바라보면 서로 연결할 수 있습니다. 스포트 이벤트는 체육 수업과 마찬가지로 '융합 덩어리'입니다. 원격 수업으로도 효과적으로 활용할 수 있습니다.

실제로 見견물생심

건강한신체!
맑은정신!
반칙금지

빙자한

체육 시간에 학교 폭력 예방 교육하기

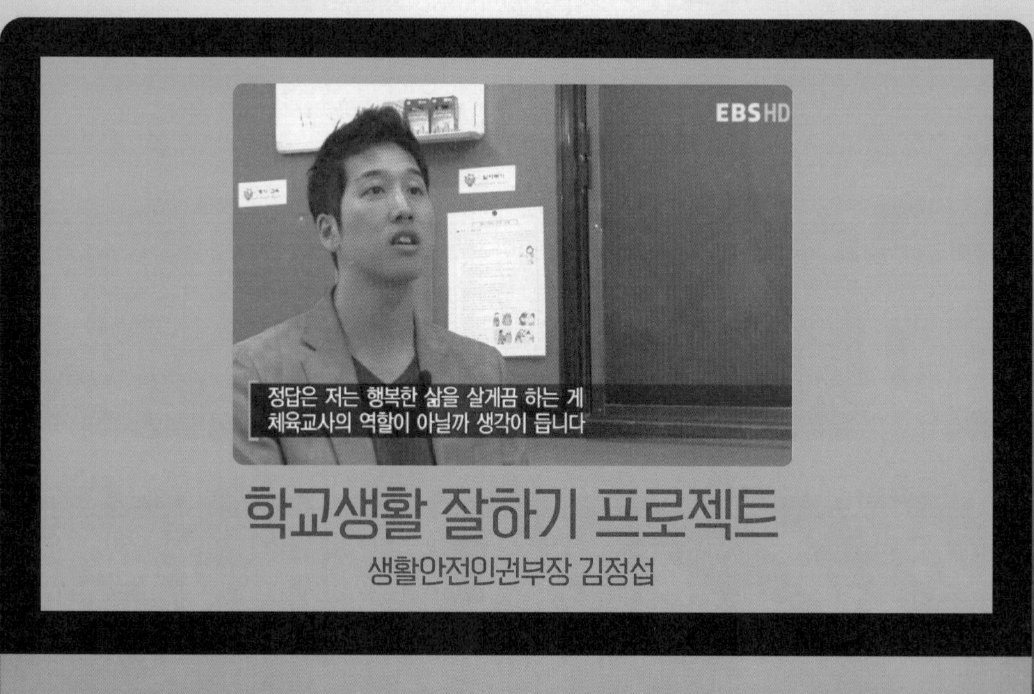

EBS HD
정답은 저는 행복한 삶을 살게끔 하는 게
체육교사의 역할이 아닐까 생각이 듭니다
학교생활 잘하기 프로젝트
생활안전인권부장 김정섭

학교 생활을 할 때는 어느 누구에게도 피해를 주어서도 안 되고, 당해서도 안 됩니다. 체육 시간은 타 교과와 다른 독특함이 하나 있습니다. 예를 들어 수학 시간에 모둠 수업을 하다가 모둠원이 협업해 어려운 문제를 풀었다고 해서 소리를 지르며 환호하는 학생은 없을 것입니다. 또한 국어 시간에 모둠 활동을 하다가 어느 한 명이 실수를 했다고 해서 그 학생에게 욕을 하는 학생은 없을 것입니다. 하지만 체육 시간에는 모둠이 협업해 득점에 성공하면 모두가 환호하며 기쁨을 만끽합니다. 이와 반대로 한 명의 실수로 실점하게 되면 서로 얼굴 붉히며 다투기도 합니다. 이렇듯 체육은 다른 교과와 달리 감정의 기복이 행동이나 말로 표현되는 특징이 있습니다. 따라서 체육은 폭력과 관련된 예방 교육이 필수입니다.

예방 교육은 어떻게 하느냐가 중요합니다. 학생의 입장에서 구체적이고 명확하게 학교 폭력에 대해 안내해야 합니다. 학생들은 종종 학교 폭력을 인지하지 못하거나 대처 능력이 부족해 자신이 피해를 받고 있는 것인지, 폭력을 빙자한 장난인지, 아닌지를 구분하지 못하는 경우가 있습니다. '빙자한'이라는 시를 학급에 게시해 '해야 할 행동'과 '하면 안 될 행동'에 대해 정확히 알려주고 있습니다.

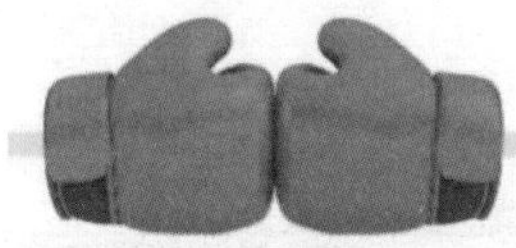

'빙자한'

- MR. JUNGSUB KIM

- 강도쎈 참참참 뿅망치는 게임을 빙자한 폭행이다.
- 의자빼기는 장난을 빙자한 폭력이다.
- 아이스케키는 관심놀이를 빙자한 성추행이다.
- 헤드락은 프로레슬링기술을 빙자한 폭력이다.
- 기절놀이는 장난을 빙자한 살인미수이다.
- 공을 빌려 망가뜨린 것은 미안함을 빙자한 금품갈취이다.
- 강도쎈 얼음땡은 게임을 빙자한 신체적 폭력이다.
- 모둠에서 특정인에게만 패스안하는 것은 연습을 빙자한 따돌림이다.
- 체육복을 빌린후 돌려주지 않은 것은 깜빡함을 빙자한 금품갈취이다.
- 자신이 잘못 던진 공을 가져오라고 하는 것은 셔틀을 빙자한 강요이다.
- 상대팀에 대한 저격을 경기장이 아닌 인터넷에 올린 것은 표현의 자유를 빙자한 사이버폭력이다.

* 해서 될 행동이 있고, 해서는 안될 행동이 있다. 장난은 인권에 위배되지 않는 범위 내에서 나도 즐겁고 상대도 즐거워야하고 보는 사람도 즐거워야 한다.

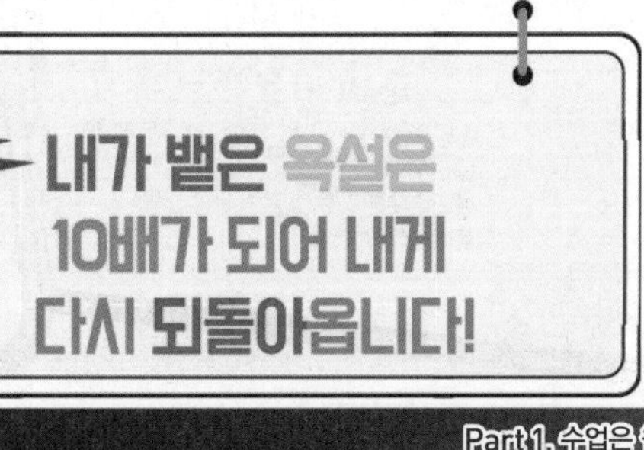

폭력없는
행복한 학교
내가 뱉은 욕설은
10배가 되어 내게
다시 되돌아옵니다!

21

4차 산업혁명의 커넥팅 파워 만끽
'대한민국 체육 교사 단톡방'

대한민국 체육 교육의 맛집 탐색하기

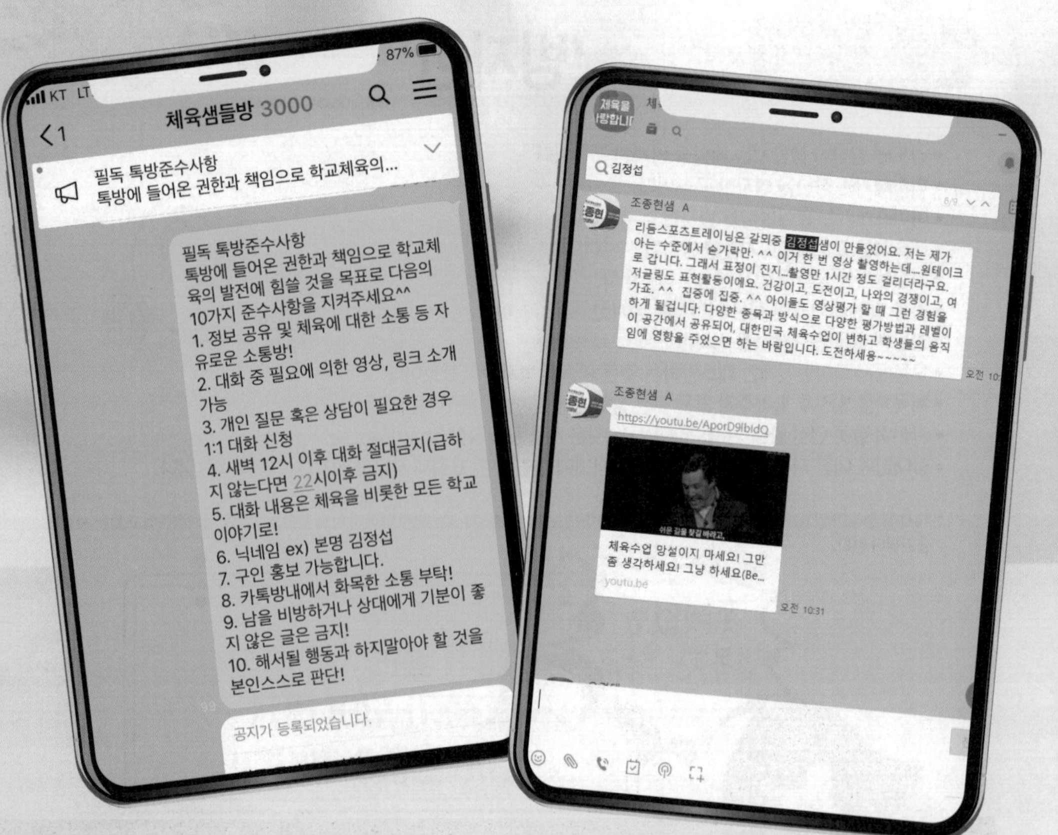

이것을 Why

거대한 변화는 누군가에게 위기가 될 수도 있고, 기회가 될 수도 있습니다. 새로운 시대가 요구하는 역량을 갖춘 사람만이 다양한 기회를 잡게 되죠. 사람이든 조직이든 꾸준히 경쟁력을 키워야 생존이 가능한 구조입니다. 학교도 이와 마찬가지라고 생각합니다. 교사는 변화에 민감해야 합니다. 환경을 변화시키는 가장 쉬운 방법은 연결(커넥팅)하는 것입니다. 무엇이든 연결돼야 합니다. 언제든, 어디든, 무엇이든….

준비는 Simple

(1) SNS를 통한 소규모 전문 학습 공동체 구성하기

(2) 지역 단위의 수업 나눔 공동체 클러스터(핸드폰이 대세) 형성하기

무엇을 How

저는 개인적으로 모든 영역에서 다양한 역량을 발휘할 수도 있지만 그렇지 않은 경우가 더 많다고 생각합니다. 따라서 당연히 연결돼야 합니다. 연결되다 보면 또다시 연결되죠. 특성화, 전문화, 다양화된 역량을 나누고 공유할 수 있는 터를 만들고 싶었습니다. 연결하는 데는 많은 방법이 있지만, 제가 내린 결론은 '접근성'입니다.

(1) 언제 어디서든 대한민국 방방곡곡의 체육 수업 소식을 쉽고 빠르게 들을 수 있도록

(2) 오늘 배워 내일 쓸 수 있는 체육 수업 아이디어를 만나볼 수 있도록

(3) 누군가에게 도움만을 받는 원웨이(One way) 형태가 아니라 일면식도 없는 타 지역 선생님께 도움을 줄 수 있도록

(4) 학교 현장 속 체육 교사들의 여러 고민을 직·간접적으로 해결할 수 있도록

교사 교육 연수 정보를 공유할 수 있는 '체육 교사 커뮤니티(단톡방)'을 만들어 운영하게 됐습니다.

좋았던 Point

저희 체육 교사 수업나눔 공간은 2018년 1월에 범계역 스타벅스에서 시작됐습니다. 많은 시간이 지나지 않았지만, 회원수는 벌써 5,000명에 이릅니다. 지역별로 소규모 연결고리까지 이어지면 대한민국 1만 4,000여 명의 체육 교사 중 2/3가 연결돼 있다고 해도 과언이 아닙니다. 이것이 진짜 온라인 학습 공동체죠. 요즘은 체육 교사들의 네이버 공간 같다는 생각이 들곤 합니다. 뭐든지 물어보면 전국에 계신 체육 선생님들께서 자발적으로 움직여주십니다. 진짜 없는 것이 없습니다. 때가 되면 특별히 묻지 않아도 학교의 학사 일정에 맞춰 '누군가가 필요할 것'이라는 생각으로 올리는 글들이 많아지고 있습니다. 미리미리 움직여주시는 것이 신기할 정도입니다. 무척 고무적인 현상이라 할 수 있습니다. 수업 방법, 학교 업무 요령, 원격 수업 운영 노하우, 온라인과 오프라인을 병행하는 학교스포츠클럽 운영 사례 등이 전국적으로 공유되길 바랍니다.

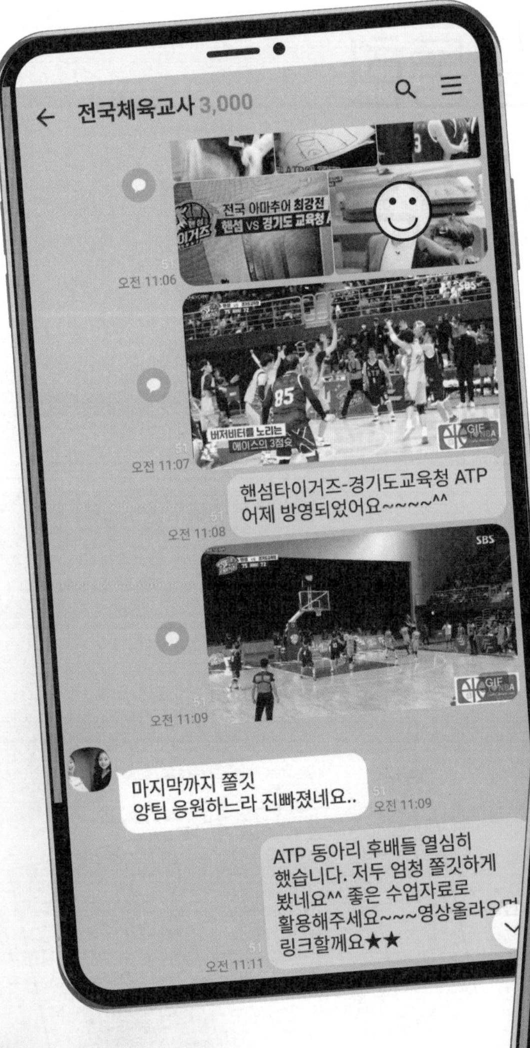
전국체육교사 3,000
전국 아마추어 최강전
핸섬 VS 경기도 교육청
오전 11:06
버저비터를 노리는 에이스의 3점슛
오전 11:07
핸섬타이거즈-경기도교육청 ATP 어제 방영되었어요~~~~~^^
오전 11:08
오전 11:09
마지막까지 쫄깃
양팀 응원하느라 진빠졌네요..
오전 11:09
ATP 동아리 후배들 열심히 했습니다. 저두 엄청 쫄깃하게 봤네요^^ 좋은 수업자료로 활용해주세요~~~영상올라오면 링크할께요★★
오전 11:11

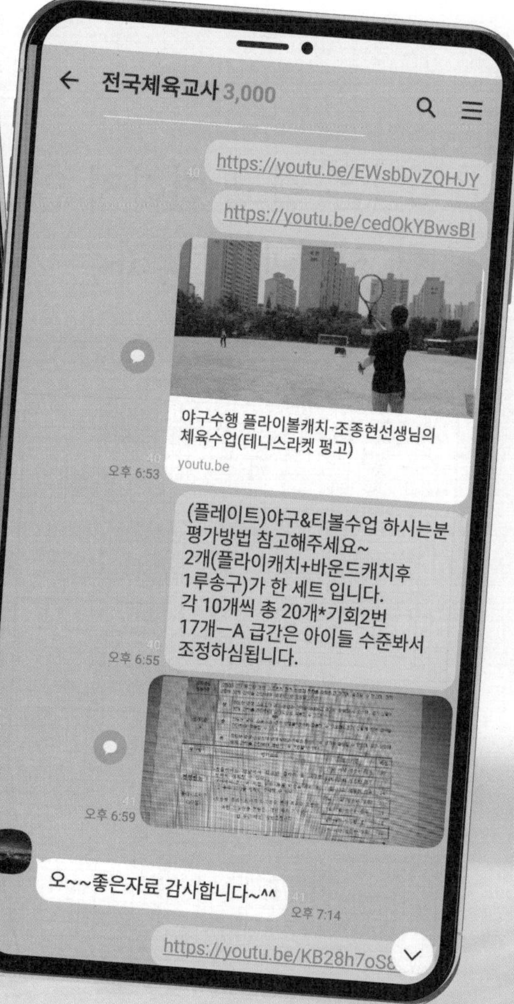
전국체육교사 3,000
https://youtu.be/EWsbDvZQHJY
https://youtu.be/cedOkYBwsBI
야구수행 플라이볼캐치-조종현선생님의 체육수업(테니스라켓 펑고)
youtu.be
오후 6:53
(플레이트)야구&티볼수업 하시는분 평가방법 참고해주세요~
2개(플라이캐치+바운드캐치후 1루송구)가 한 세트 입니다.
각 10개씩 총 20개*기회2번
17개—A 급간은 아이들 수준봐서 조정하심됩니다.
오후 6:55
오후 6:59
오~~좋은자료 감사합니다~^^
오후 7:14

1년의 흐름 이해를 통한 '교육과정 재구성'

365일은 결코 변하지 않는다.
특정 시기에 발생하는 사건, 사고를 알자!

이것을 Why

모든 학교는 3월에 개학하고 7월쯤에 여름방학, 12월쯤에 겨울방학을 합니다. 연간 수업 일수가 하루이틀 차이날 뿐이고 매년 이와 비슷한 일정으로 진행됩니다. 이러한 흐름에 맞춰 교육과정을 구성하고 수업에 변화를 줘야 한다고 생각해 '1년의 흐름에 맞는 교육과정의 재구성'이라는 제목으로 고민해봤습니다.

저는 2021년을 기준으로 17년차 교직 생활을 하고 있으며 17년째 똑같은 업무(모든 선생님이 기피하는 학교 폭력 담당 업무)를 맡고 있습니다. 일명 '인권부(또는 학생부)'라는 곳에서 저의 모든 일상을 시작합니다. 내년도 마찬가지겠지요. 정교사 2급에서 1급 정교사 자격을 받은 이후 부장을 맡게 됐고, 그로부터 12년째 학생부장으로서 학생들의 인권 및 학교 폭력과 선도를 총괄하고 있습니다. 매년 교직을 경험할수록 이해의 폭이 넓어지고 있고, 문제 행동을 보이는 학생들을 더 많이 만나고 있습니다. 이 업무를 통해 좀 더 다양한 학생을 이해하는 데 도움이 됐습니다. 저는 학생을 위해 무엇을 할 수 있을지를 고민하다가 결국 수업의 변화만이 최선이라는 결론을 내렸습니다.

준비는 Simple

(1) 1년의 흐름을 바라보는 안목 키우기

(2) 흐름에 민감하게 대비하는 민감성 기르기

(3) 계획을 추진하는 힘 기르기

무엇을 How

3월 개학부터 졸업까지 1년의 흐름을 정리한 후 그 흐름에 맞춰 교육과정을 재구성하면 됩니다. 제가 학생부장의 입장에서 정리한 1년의 흐름은 다음과 같습니다.

학생부장이 본 1년의 흐름

- **3월:** 비수기
- **4월:** 성수기
- **5월:** 단합의 시기
- **6월:** 급성수기
- **7월:** 가출하기 좋은 시기
- **8월:** 일탈 행동 체험기
- **9월:** 급급성수기
- **10월:** 우울 모드
- **11월:** 축제의 달
- **12월:** 잔인한 달

(1) 3월(비수기)

3월은 학생부장에게 사건과 사고가 거의 발생하지 않는 비수기입니다. 그 이유는 학생, 학부모, 교사 모두가 긴장하고 있고 사소한 일에도 조심하기 때문입니다. 긴장감과 조심성은 안전사고에 특효약입니다. 대부분의 선생님은 3월에 안전 교육을 집중적으로 실시합니다. 교실에서, 운동장에서, 교무실에서 해야 할 행동과 하지 말아야 할 행동을 강조합니다. 학부모님 또한 학생들에게 학교 생활에 잘 적응할 수 있도록 격려를 아끼지 않습니다. 그리고 학생들은 새 학기 시작된 후 새로운 친구들을 사귀면서 반의 분위기를 파악하기 위해 조심스럽게 행동합니다. 이런 시기에 예견되는 안전사고와 수업 규칙에 관련된 수업이 이뤄져야 합니다.

3월의 수업 시간은 매우 조용하고 어떤 수업을 해도 집중을 잘합니다. 하지만 쉬는 시간이 되면 달라지기 시작합니다. 새롭게 만난 같은 반 학생들과 친해지려고 노력하기보다 다른 반으로 이동해 이전에 친했던 학생들을 만나 이야기를 합니다. 친분을 확인하기 위한 가장 좋은 방법은 '뒷담화'입니다. "우리 반 그 친구 진짜 이상해!", "우리 반 그 친구는 더 이상해!" 이런 이야기들이 확대 재생산돼 몇 학생을 거쳐 당사자의 귀에 들어갑니다. 뒷담화를 한 학생과 뒷담화의 당사자는 감정이 좋지 않은 상태에서 3월 중순을 보내게 되고 결국 문제가 발생합니다. 예전에는 모든 학생이 칠판만 바라보고 수업을 들었지만, 요즘은 모둠을 편성한 후 그 모둠 안에서 역할을 정해 서로 정보를 나누면서 수업에 임합니다. 상황이 이렇다보니 서로 감정이 좋지 않은 상태에서 같은 모둠에 편성되거나 경쟁 모둠으로 편성되면 불화가 발생합니다. 결국 감정을 조절하지 못한 학생들은 폭력을 행사하게 되고 이것이 싸움이 돼 인권부에서 조사를 받게 됩니다.

(2) 4월(성수기)

3월에 쌓였던 좋지 않은 감정이 3월 말부터 시작돼 4월에 본격적으로 터지기 시작합니다.

3월의 긴장감과 조심성은 어느새 사라지고 안전사고와 학교 폭력이 발생하기 시작합니다. 선생님들은 사건, 사고를 처리하는 과정에서 많은 상처를 받기도 합니다. 담임 선생님은 흥분한 학부모들의 항의를 들으면서 짧은 1개월 동안 많은 일이 있었다는 것을 새삼 느끼게 됩니다. 그렇게 4월이 흘러갑니다.

(3) 5월(단합의 시기)

5월에는 대부분 체육 대회를 실시합니다. 체육 대회가 공지되면 그동안 좋지 않았던 감정은 눈녹듯이 사라지고 단합을 위해 쉬는 시간 및 점심시간 그리고 방과 후까지 남아 연습하는 반이 생깁니다. 그렇게 파이팅 넘치는 5월도 어느덧 지나가게 됩니다.

(4) 6월(급성수기)

4월이 성수기라면 6월은 1년 중 가장 불안한 '급성수기'입니다. 감정의 골이 모두 풀리지 않은 상태에서 단합을 위해 희생할 필요도 없어지고 시험 기간이 공지되면서 성적에 대한 압박과 스트레스가 추가됩니다. 점점 예민해져서 사소한 일도 크게 받아들이게 되고, 사소한 장난이 폭력으로 변질되기도 합니다.

(5) 7월(가출하기 좋은 시기)

대인관계가 좋지 못하거나 문제 행동을 자주 보이는 학생들의 공감 능력과 의사소통 능력은 남들과 사뭇 다릅니다. 또한 문제에 대처하는 방법이 남달라 어른들이 이해하지 못하는 행동을 합니다. 이런 학생들은 부모와도 자주 부딪힙니다. 결국 가출이 빈번히 일어납니다. 한겨울에 가출하는 청소년은 매우 적습니다. 하지만 노숙이 가능한 7월에는 가출 청소년이 급증합니다. 실제로 아파트 지하, 상가 복도, 24시간 체인점 등에서 많은 학생을 집으로 돌려보낸 경험이 있습니다. 특히 요즘은 SNS를 통해 같은 상황의 아이들끼리 만나 같이 집을 나가거나 빈집이 있는 경우 그 집에서 숙박을 해결하는 경우가 많습니다.

(6) 8월(일탈 행동 체험기)

요즘 방학은 예전 같지 않습니다. 학생들은 평균 3~4개의 학원과 독서실을 다녀야 합니다. 세상이 변화해 가족들과 함께 있는 시간보다는 또래 친구들과 있는 시간이 많고, 어른보다는 친구들과의 대화 시간이 압도적으로 많아집니다. 이로 인해 학생들의 언어 폭력 수준도 선을 넘게 됩니다. 방학 기간 동안 또래친구들끼리 몰려다니다 일탈 행동을 하는 경우도 많아집니다. 흡연, 본드, 도난, 가출, 게임, 음주 등 방학은 다양한 일탈을 체험하는 시기라고 할 수 있습니다. 저는 학생들의 탓이라기보다 놀 공간을 만들어주지 않은 어른들의 잘못이 더 크다고 생각합니다.

(7) 9월(급급 성수기)

8월의 일탈은 2학기가 시작돼도 지속됩니다. 따라서 많은 사건, 사고가 발생합니다. 결국 인권부는 급성수기 중 급급 성수기가 됩니다. 1년 중 가장 힘들고 잔인한 시기가 9월입니다. 낮과 밤이 바뀌어 아침에 일어나지 못하는 학생, 담배가 너무 그리워 학교 밖으로 나가는 학생, 자주 먹던 라면이 그리워 담을 넘어 편의점에 가는 학생 등이 생깁니다.

(8) 10월(우울 모드)

날씨가 추워지고 낙엽이 떨어지는 시기입니다. 낙엽이 떨어지듯 감정도 떨어집니다. 우울한 학생들이 많아지고 교육청에서는 생명 존중 기간을 운영하라는 공문과 자살 예방에 관련된 공문들이 쏟아집니다. 우울한 학생이 많아지고 자살을 시도하는 학생들이 많아집니다. SNS는 자살을 주제로 한 학생 글이 많아지고, 개인 프로필 사진이 이전과 달리 의미심장한 내용으로 바뀌고 프로필의 상태 메시지의 글도 심오해집니다. '떨어지는 낙엽과 같이 나의 몸과 마음도….'

(9) 11월(축제의 달)

11월에는 많은 축제 및 행사로 즐거움으로 가득합니다. 이때에는 학교의 예산을 편중되지 않게 사용하라는 메시지를 받습니다. 12월보다는 11월에 사용하는 것이 낫다는 생각으로 남은 예산을 모두 사용하려고 노력합니다. 11월은 이렇게 특별한 사건, 사고 없이 즐거운 마음으로 지나갑니다.

(10) 12월(잔인한 달)

12월은 선생님들이 매우 바쁜 달입니다. 학교생활기록부를 기록하고, 정정하고, 작성해야 하기 때문입니다. 선생님이 바쁘다 보니 학생 지도에 소홀해지고 성적이 마무리된 학생들의 긴장 또한 느슨해져서 또다시 사건, 사고가 발생하기 시작합니다. 선생님이 너무 바쁜 나머지 서로 싸워 교무실에 온 학생들에게 "이번만 봐줄 테니 다음부터 싸우지 말아라!"라고 말하며 돌려보내기도 합니다. 그리고 싸워서 온 학생에게 이렇게 이야기합니다. "선생님은 생기부 작성하느라 바빠 죽겠는데 이 와중에 또 싸웠니? 진심으로 반성하고 있지? 한 번 더 기회를 줄 테니 다시는 이런 일 없도록 하자!"

(11) 1월 그리고 2월

3월부터 12월을 보내고 나면 1, 2월은 그럭저럭 보내게 됩니다. 사건, 사고도 별로 발생하지 않습니다. 학생부장이 가장 편한 달입니다. 하지만 뭔가 터질 것 같은 불안감은 항상 갖고 있는 것이 사실입니다.

이렇게 1년의 주기가 있습니다. 물론 학교마다, 지역마다 차이는 있을 수 있겠지만, 공통점은 모든 학교가 1년을 주기로 교육과정을 계획한다는 것입니다. 학교에서는 학교 폭력 예방, 인권, 안전 등과 같은 의무 교육이나 수업 시간 안전 교육과 연계된 교육을 실시해야 합니다.

각 학교에서는 1년의 흐름에 맞춰 수업을 준비해야 합니다. 학교 전체의 창의적 체험 활동(일명 창체)은 시기를 정해 교육과정을 정하고, 수업 시간에는 이와 관련한 내용으로 수업을 해야 합니다. 3월에는 4월에 발생할 사고와 사건을 예방하기 위한 수업, 4월에는 5월에 일어날 행사를 위한 수업을 구성해야 합니다. 1년의 흐름에 맞춰 교육과정을 재구성한 사례는 다음과 같습니다.

1년 흐름에 맞춘 JS 교육과정의 재구성

- **3월:** 비수기 → 뭘 해도 되는 수업, 체력 단련시키지 말고 중요한 철학, 규칙, 사고 예방 등
- **4월:** 성수기 → 모둠 규칙 확인, 사고 예방, 표정, 언어, 행동 조심
- **5월:** 단합의 시기 → 체육 대회 연습보다는 전체적인 분위기 조성, 융합
- **6월:** 급성수기 → 안전을 위한 규칙 강화, 수업 태도와 복장 지도를 통한 수업
- **7월:** 가출하기 좋은 시기 → 생명 존중, 자존감 높이는 수업
- **8월:** 일탈 행동 체험기 → 방학 직전 예상되는 행동 말하기, 목표 설정 수업
- **9월:** 급급 성수기 → 새롭게 다시 시작
- **10월:** 우울 모드 → 체력을 높이는 건강 활동, 자신감을 위한 표현 활동
- **11월:** 축제의 달 → 집중력을 높이는 경쟁 활동 위주
- **12월:** 잔인한 달 → 인문적 체육 수업 활동

좋았던 Point

수업을 쉽게 하려면 3월에는 학생들이 싫어하는 체력을 측정하고, 4월에는 5월에 있을 체육대회 종목을 연습하고, 5월에는 그동안 하지 못했던 수행평가를 몰아서 하고, 6~7월에는 자유시간을 주어 남자는 축구, 여자는 벤치에 앉아 경기를 관람하도록 하면 됩니다. 이렇게 수업을 해도 누가 뭐라고 하지 않습니다. 문제는 몸은 편해질 수 있겠지만 교사로서의 자존감이 떨어질까 무섭습니다. 자존감이 떨어지는 두려움이 더 컸던 나에게 1년의 흐름에 맞춰 수업을 계획하고 교육과정을 재구성해 진행하다 보니 오히려 수업 철학이 더욱 뚜렷해졌고 자존감도 높아졌습니다.

실제로 見견물생심

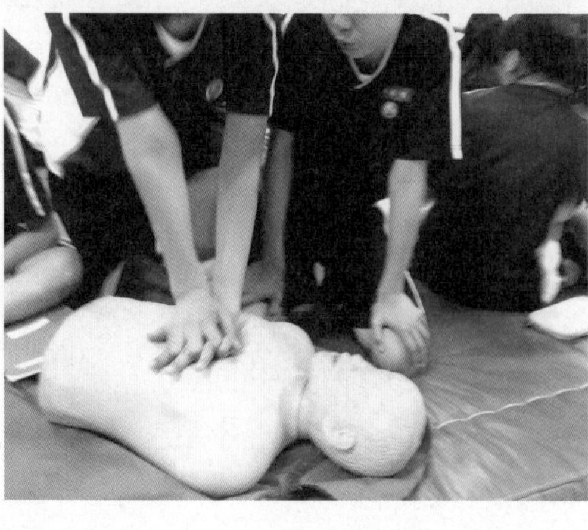

친구사랑
갈뫼중
흡연금지
갈뫼중
친구사랑
갈뫼중

짧은 시간에 확 사로잡는 힘 있는 다재다능 '광고 활용 교육'

한 시간 설명보다 딱 1분의 느낌 있는
광고로 수업하기
You Tube

이것을 Why

스토리가 숨 쉬는 '광고'를 활용한 교과교육이 다양한 방식으로 진행되고 있습니다. 공익 광고, 상업 광고 구분 없이 멋진 작품이 그들만의 스토리를 표출하고 있습니다. 인성 교육에 좋은 광고, 힘을 주기 위한 청소년 광고, 학교 폭력 예방을 위한 광고, 건강에 관심을 갖게 하는 광고 등 다양한 광고를 활용한 수업이 가능합니다. 지면 광고도 좋고, 영상 광고도 좋습니다.

준비는 Simple

(1) 광고를 어떻게 수업과 연결할 수 있을지 고민하기

(2) 수행평가로 하지 않으셔도 됩니다(가르치는 모든 것을 평가할 필요 없음).

(3) 광고를 검색할 수 있는 약간의 시간 할애하기

(4) 폴더를 하나 만들어 영역별로 모아보기

무엇을 How

(1) 광고의 다양한 아이디어가 스포츠의 옷을 입고 있습니다. 동기 유발을 위한 스포츠 광고, 인성 교육을 위한 공익 광고도 쉽게 찾아볼 수 있습니다. 스포츠가 모두에게 쉽게 전달될 수 있는 아이템이 된 것입니다.

(2) 수업에 녹여내는 것은 교사의 몫입니다. 감동적인 영상이나 포스터에 어떤 스토리를 담느냐 하는 것은 선생님의 역량입니다. 하지만 그리 큰 역량은 필요하지 않습니다. 한 주에 하나씩 좋은 공익 광고(1~2분 소요)를 학생들에게 보여주는 것도 좋은 방법입니다. 인성 교육 콘텐츠를 따로 준비할 필요 없이 유튜브에 탑재돼 있는 영상을 활용해도 됩니다. 4차 산업혁명의 초연결성 실천!

(3) 수업 내용과 관련된 광고를 만들어보게 하는 것도 좋은 방법입니다. 학생들이 제한 시간 내에 많은 이야기를 담아내기 위해 노력할 것이기 때문입니다. 광고는 스토리텔링의 종합 예술입니다.

좋았던 Point

학생들의 작품 제작 과정이 좋았습니다. 작품을 만들기 위해 다양한 광고를 접하게 되는 것이 가장 큰 장점이라고 생각합니다. 제한된 시간에 자신의 이야기를 표현하려고 노력하는 학생들의 모습도 대견했고요. 최근에는 과정 중심 평가가 영상 평가 형식으로 진행되기도 합니다. 연결의 힘은 과연 어디까지일까요?

실제로 見(견)물생심

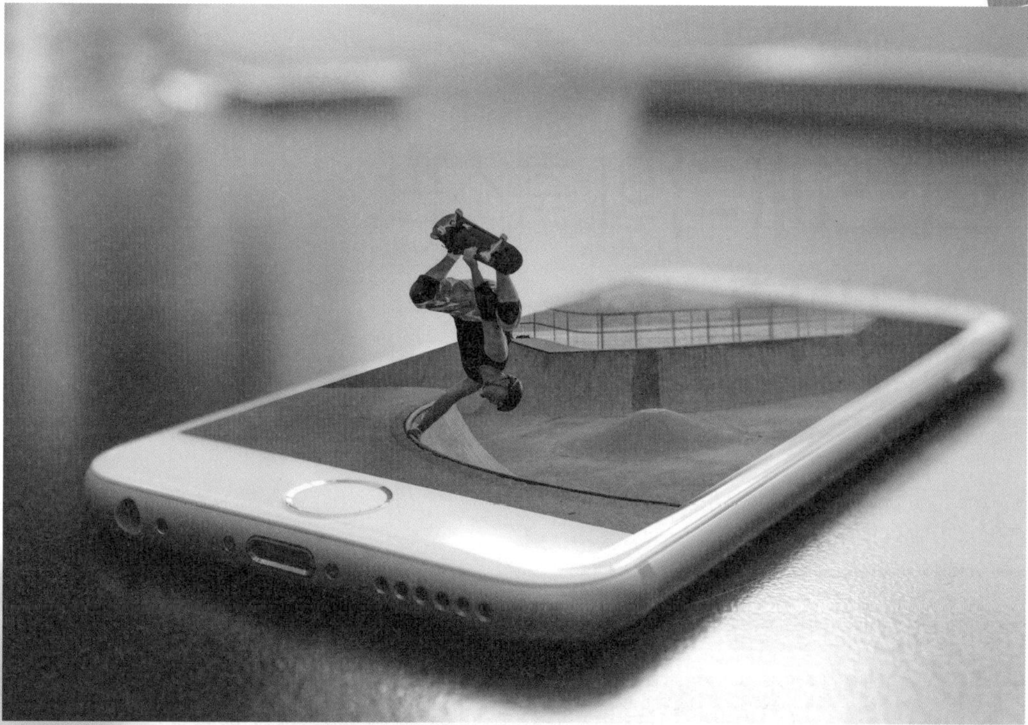

24

희노애락의 축소판, 수업 무대

세상은 무대를 경험한 자와
그렇지 못한 자로 나뉜다.

이것을 Why

무대는 '노래, 춤, 연극 따위를 하기 위해 객석의 정면에 만들어 놓은 단'을 말합니다. 주로 활동하는 공간을 비유적으로 이르는 말이기도 하고, 공연하는 곳을 뜻하기도 합니다. 학생들은 이러한 무대를 경험해야 합니다. 물론 선생님들도 무대를 경험해야 합니다. 저는 학생들에게 "세상에는 무대를 경험한 자와 그렇지 못한 자로 나뉜다."라고 이야기합니다.

> "세상의 인간은 무대를 경험한 자와 그렇지 못한 자로 나뉜다. 무대를 경험한 자는 1분의 소중함을 위해 얼마나 많은 땀방울을 흘려야 하는지를 경험한 자이고, 관객으로 앉아 있는 인간이 얼마나 무서운 존재인지 아는 자이며, 최고조의 긴장감을 느껴본 자이다."
>
> – 김정섭

무대에서는 최고조의 긴장감과 불안 그리고 흥분이 공존하며 무대에 선 경험이 평생의 긍정적 에너지로 발현되는 경우도 있습니다. 무대에서의 1분을 위해 수많은 고민과 연습을 해야 합니다. 공연의 대상은 객석에 앉아 있는 사람이므로 내가 맡은 역할에 몰입해야 하고 항상 관객의 입장에서 생각해야 좋은 공연을 할 수 있습니다.

평소 열심히 연습했지만 수행평가나 시합 때 연습에 비해 좋은 성과를 거두지 못하는 학생들이 있습니다. 이는 **'모든 스포츠에는 관객이 있다.'**라는 사실을 알지 못하기 때문입니다. 누군가 나를 바라보고 있으면 부담감과 긴장감을 느끼게 돼 몸이 말을 듣지 않게 됩니다. 이 부담감과 긴장감을 극복해야 좋은 결과를 거둘 수 있습니다. 그렇기 때문에 반드시 무대를 경험해보는 것이 좋습니다.

교사도 이와 마찬가지입니다. 모든 교사가 자신감 있게 발표하지는 못할 것입니다. 대상에 따라 실패를 경험하기도 합니다. 선생님들은 이미 교실 앞 단상에서 매일 몇 차례씩 무대를 경험합니다. '수업은 공연이다.'라고 생각한다면, '교실은 무대입니다.' 10개 반을 들어간다고 가정하면 9개 반은 리허설이라 생각하고 나머지 1개 반을 위해 멋진 공연을 보여 주며 실천한다면 어떨까요?

> 칠판 앞은 무대이고 수업은 공연이다. 따라서 준비 없는 리허설은 곧 망할 수업이다.

준비는 Simple

(1) '아무도 바라보고 있지 않다.'라는 마음가짐 갖기

(2) 모든 나의 일상이 '무대'라고 생각하기

무엇을 How

학생들에게 무대를 알려주기 전에 선생님이 생각하는 무대를 설명해줘야 합니다. 대부분의 학생들은 무대를 아이돌 가수들이 춤추는 공간이라 생각할 수 있습니다. 무대에 대한 편견을 버리도록 해야 합니다. 모든 일상이 무대라는 생각을 갖고 있어야 하며, 한 명의 관객이라도 있다면 '본 공연'이고, 없다면 '리허설'이라 생각하도록 해야 합니다. 선생님들도 한 번쯤 학교 축제나 행사 무대에 올라본 경험이 있을 것입니다. 학창 시절에 노래, 율동, 춤을 춰본 경험이 있을 것입니다. 만약 그렇지 않다면 공연을 본 경험이라도 있을 것입니다. 자신이 생각하는 무대란 무엇인지 학생들에게 이야기한 후 무대가 주는 힘이 무엇인지 고민해보도록 질문합니다.

대학교 시절 댄스 스포츠 공연

제자들과 함께하는 학교 축제 공연

학교 축제 때의 댄스 스포츠 공연

예능 프로그램에 출연한 모습

학교 축제의 노래 공연

대학교 시절 뮤지컬 오즈의 마법사 공연에서 고양이 분장을 한 모습

선생님이 다양한 공연 경험을 이야기해주고 그 당시에 느낀 감정을 학생들과 교감합니다. 그리고 "관객이 한 명이라도 있다면 그 순간이 공연이고, 그 공간이 무대다."라고 말해줍니다. 학생들도 언젠가는 무대에 오를 것입니다. 무대가 갖고 있는 힘을 느낄 수 있도록 무대를 주제로 수업을 진행합니다.

(1) 무대가 갖고 있는 힘

무대는 시공간을 초월할 수 있는 힘을 갖고 있습니다. 학생들에게 "선생님이 손으로 총 모양을 만들어 쏠 테니 리액션을 해달라."고 부탁합니다. 그리고 "빵", "빵" 소리를 내며 총 쏘는 자세를 취하면 몇 학생들이 "으악!" 하고 쓰러집니다. 멋지거나 창의적인 리액션을 해주는 학생은 선생님이 준비한 1만 원 상당의 칭찬을 준다고 말하면 더욱 오버스럽게 "으악!" 하고 쓰러집니다. 멋진 리액션을 보여줘서 고맙다고 말하면서 이번에는 선생님에게 총을 쏴달라고 이야기합니다. 그러자 학생들은 바로 여기저기서 총을 쏩니다. 그러면 저는 학생들처럼 "으악!"이라 외치지 않고, 총 쏜 학생들을 바라보며 손가락으로 총알을 잡는 마임을 합니다. 또는 영화 〈매트릭스〉의 명장면처럼 손을 들어 총알을 하나 잡고 나머지 총알을 모두 바닥에 버리는 동작을 하거나 슬로우 동작으로 총알을 피하는 자세를 보여줍니다. 학생들은 저의 동작을 보는 순간 깨닫게 됩니다. 총을 쏘면 모두 "으악!"하고 죽어야 한다는 편견이 있었나 봅니다.

무대는 시공간을 초월할 수 있는 공간입니다. 따라서 총알을 다른 공간으로 보낼 수도 있고 시간을 빠르거나 느리게 할 수도 있습니다. 이것이 바로 무대가 가진 힘입니다. 이렇게 수업 시간이나 공연에서는 시공간을 초월하

무대가 가지고있는 힘

시.공간의 초월

는 상상을 할 수 있습니다. 만약, 공연장에서 총 쏘는 동작으로 춤을 춘다면 보는 사람으로 하여금 멋진 동작을 보여줄 수 있겠지만, 그 공간이 지하철이나 버스라면 정상이 아닌 사람으로 바라볼 것입니다. "앞으로 너희들이 무대를 경험하게 된다면 무한한 힘을 이용할 수 있을 테니 상상의 날개를 펼쳐보라."고 이야기합니다.

(2) 의상과 분장은 무대의 언어

학생들에게 무대를 경험시켜주기 위해 창작 댄스 수업을 진행했습니다. 당시에는 '바이러스'라는 제목으로 병원균에 대한 이야기를 만들었습니다. 이야기에 알맞은 의상을 만들기 위해 병원의 의사 가운을 활용했습니다. 의상은 그 사람이 누구인지를 말해주는 시각화된 언어라고 설명합니다. 의상만 보아도 어떠한 사람인지 알 수 있도록 의상을 활용하자고 했습니다. 역할에 맞는 의상을 고민해보는 것도 무대를 위한 활동 중 하나입니다.

분장은 무대의 또 다른 언어입니다. 학생들에게 주제에 맞는 분장을 하도록 했습니다. 과거에는 분장 수업을 할 때 도구가 없어 고민했지만 요즘 학생들은 화장 도구를 갖고 있을 뿐 아니라 화장 실력도 좋습니다. 모둠별 주제를 선택한 후 주제에 맞는 분장을 실시합니다. 분장한 모습을 자신의 휴대폰으로 찍어 저장하면 수업이 즐겁게 느껴질 것입니다.

(3) 무대에 대한 편견

학교마다 '댄동(댄스동아리)'이 있습니다. 댄동은 어느 학교에나 있는 흔한 동아리입니다. 보통 학교 축제, 체육 대회, 기타 학교 행사에서 춤을 춥니다. 간혹 예술제, 동아리 발표 대회, 지역 행사 등의 초청 공연도 합니다. 이런 무대를 일상생활로 바꿉니다. 등교하는 학생들을 위한 교문 앞 공연, 지역 사회 행사 시 길거리 댄스 버스킹 등 어느 곳이든 무대가 될 수 있도록 하는 것이 중요하다고 생각합니다.

(4) 볼 줄 알아야 할 줄 안다

무대에 직접 서보는 것도 중요하지만, 공연을 많이 보는 것도 중요합니다. 수업 시간에 공연 영상을 보여주거나 교육과정에 체험 활동 수업을 편성해 직접 공연을 보러 갑니다. 공연의 종류는 뮤지컬, 오페라, 연극, 무용, 콘서트 등 매우 다양하므로 특정 분야에 편중되지 않고 다양한 종류의 공연을 간접 체험하는 것이 중요합니다.

좋았던 Point

직접 무대에 서보는 것은 어느 무엇과도 바꿀 수 없는 엄청난 경험입니다. 무대를 통해 두려움을 극복하고 자신감과 성취감을 얻은 학생들은 좀 더 큰 무대에 도전하게 될 것입니다.

내가 서 있거나 걷는 모든 공간이
나의 심장을
뛰게 하는 무대다.

무대를 경험해본
사람들만이 공감할 수 있는
새로운 영역의
뭔가가 있다.

춤춰라!
아무도 바라보지 않는 것처럼
춤춰라!
모두가 바라보고 있는 것처럼

25

아파트 단지 속 매일 보여주는 공개수업

아파트 단지 속 운동장은
누군가 바라보고 있다.

이것을 Why

체육은 언제나 공개 수업을 합니다. 모든 선생님이 복도를 오가며 우리의 수업을 바라보고 있고, 교무실에 계신 선생님들도 체육 수업의 내용이 무엇인지 한눈에 볼 수 있습니다. 교장실에 계신 교장 선생님께서도 운동장을 바라보며 체육 수업이 어떻게 진행되고 있는지 지켜보고 있습니다.

학생들에게도 공개하고 있습니다. 운동장이 큰 학교는 4~5명의 체육 선생님이 운동장을 분할해 수업을 진행합니다. 수업을 받고 있는 학생들은 수업 도중이라 하더라도 다른 반 수업이 어떻게 진행되고, 무슨 수업을 하고 있는지 모두 볼 수 있습니다. 동네 사람들에게도 공개하고 있습니다. 요즘 학교는 아파트 단지 속에 있기 때문에 창문만 열면 학생들이 어떤 수업을 하고 있는지 알 수 있습니다.

저는 매번 공개 수업을 한다고 생각하고 있기 때문에 항상 긴장합니다. 수업 준비를 소홀히 한다면 그 공개 수업은 망하게 될 것입니다. 동료 선생님, 다른 반 학생, 동네 주민 및 학부모들에게 모두 저의 망한 수업을 보여주게 되는 것입니다. 저는 이러한 부담감 때문에 5계명을 만들었습니다. 그리고 지금까지 이 5계명을 지키고 있습니다. 5계명은 다음과 같습니다.

체육 수업의 5계명

첫째, 누군가 바라봤을 때, 절대 노는 모습으로 보이지 않게 수업하자!
둘째, 누군가 바라봤을 때, '안전을 생각하며 수업하는구나!' 하는 생각이 들도록 준비운동을 반드시 실시하자!
셋째, 누군가 바라봤을 때, 선생님이 있는 모습을 보이기 위해 학생들 사이를 오가며 피드백을 주자!
넷째, 누군가 바라봤을 때, 시작과 끝을 확실하게 보여주기 위해 인사와 인원 파악으로 시작하고 끝내자!
다섯째, 누군가 바라봤을 때, 복장 불량인 상태로 수업하는 모습을 보여주지 않기 위해 체육복을 제대로 입고 오도록 지도하자!

↑ 아파트 단지 속에 있는 학교 운동장

처음으로 공개 수업을 했을 때 이에 대한 부담감이 너무 심했는지 수업은 뒷전으로 미뤄둔 채 공개 수업 연습을 했던 기억이 납니다. 결국 공개 수업은 드라마의 스토리처럼 잘 이뤄졌습니다. 공개 수업이 끝나고 평소의 수업을 진솔하게 보여줬다기보다는 남에게 보여주기 위한 수업이었다는 생각이 들어 많은 후회를 했습니다.

준비는 Simple

(1) 평소대로 준비하기

(2) 매번 같은 의지를 갖고 수업을 준비하기

무엇을 How

익숙해지는 것보다 무서운 것은 없습니다. 수업 틈틈이 업무를 해야 하는데 어느 순간 업무 틈틈이 수업을 하고 있는 모습을 보면서 반성을 하게 됩니다. 매번 공개 수업을 한다고 생각하면 스트레스를 많이 받아 더이상 할 수 없겠지만, 편한 것을 바라고 교직을 선택한 것이 아니기 때문에 정년 때까지 사용할 열정을 수업에 사용하기로 결심했습니다. 누군가 나의 수업을 바라보고 있다고 생각하면 답을 쉽게 찾을 수 있습니다. '잘한다는 것'의 의미는 '번뜩이는 아이디어로 성공하는 것'이 아니라 '한 가지를 오랫동안 하는 것'이라고 생각합니다. 한 번의 실수가 큰 과오를 만들 수 있기 때문에 항상 조심하고 안전을 최우선으로 삼아 즐거운 수업이 되도록 노력하고 있습니다. 이를 위해서는 자극, 약간의 두려움, 스트레스가 필요합니다. 저는 이것이 '좋은 스트레스'라고 생각합니다. 이러한 자극이 자신을 좀 더 단단하게 만들고 열정이 식지 않도록 유지해주는 비결이라고 생각합니다.

저는 매년 지역 단위 공문을 보내 공개 수업을 실시하고 있습니다. 매년 한 단원의 수업 내용을 공개 수업한다고 생각하고 그 수업을 좀 더 깊이 연구하고 있습니다. 공개 수업한 내용에 대해 여러 가지 피드백을 받고 수용적인 자세를 취한다면 한 단계 더 성숙할 것입니다.

좋았던 Point

저는 매년 한 번씩 종목이나 단원을 설정해 지역 또는 도 단위 공개 수업을 하려고 노력합니다. 공개 수업에 대한 부담감을 떨쳐버리기 위한 유일한 방법은 수업을 철저히 준비하는 것입니다. 부담감이 오히려 긍정적으로 작용하는 좋은 예라 할 것입니다.

실제로 見건물생심

보여주는 수업은
이제 그만하자.
내가 가르치는
학생들을 만족시키지
못하는 것이
제일 부끄러운 것이다.

학교스포츠클럽을 불허한다

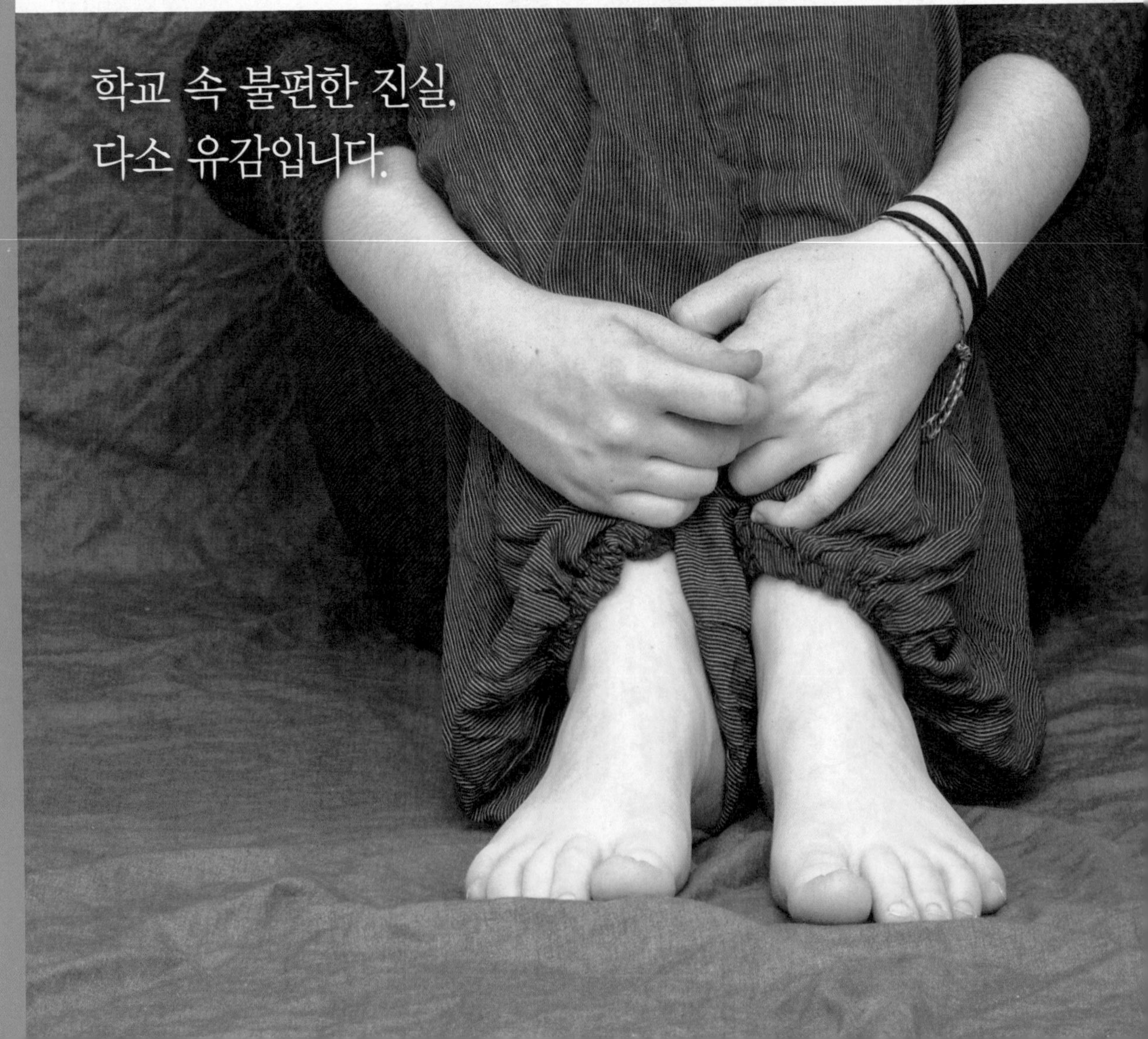

모두가 각양각색의 스포츠 참여에 온 신경을 곤두세우고 있습니다. 낮뿐 아니라 밤에도 개최되는 다양하고 이색적인 마라톤 페스티벌, 생활 체육 마인드로 참여하는 어머니들의 열정 배구 잔치, 좋아하는 것을 함께 즐기는 직장인들의 아마추어 농구 리그 그리고 이름도 생소한 새로운 스포츠에 남녀불문, 노소불문 너도나도 많은 시간을 할애하고 있습니다. 아니, 투자를 하고 있다는 표현이 옳을 듯합니다.

스포츠 참여는 이제 단순한 건강 유지의 2차원을 넘어 '참여 그 자체가 즐거움이고 행복'이 되는 3차원의 형상에 접근해 있습니다. 3차원을 넘어 다채로운 4, 5차원의 아름다운 모습으로 확고히 자리잡기 위한 대한민국 행복 스포츠 문화 융성의 열쇠는 잘 준비된 학교 체육 수업과 효율적으로 운영되는 학교스포츠클럽이 쥐고 있다고 해도 과언이 아닙니다. 따라서 학창 시절의 스포츠 경험은 반드시 선행돼야 합니다.

학교스포츠클럽은 학교 체육 수업의 질을 보여주는 평가 지표입니다. 체육 수업이 잘 진행되지 않으면 다양한 종목의 학교스포츠클럽이 절대로 진행될 수 없기 때문입니다. 최근 강조되고 있는 '교사의 교육과정 재구성', '의미 있고 신나는 수업', '객관적 평가와 학교생활기록부의 풍성한 기록', '학교 폭력 예방', '학생 건강 체력 증진을 위한 학교스포츠클럽축제'라는 다섯 가지 연결고리(일체화)는 학교 체육 수업이 온전한 역할을 해낼 때 비로소 진정한 빛을 발할 수 있을 것입니다.

수업을 건너뛰고 진행되는 학교스포츠클럽대회는 일부 운동에 소질을 보이거나 운동을 좋아하는 1%의 학생들만의 잔치를 만들어주는 것과 같습니다. 어떤 방식으로든 모든 학생이 참여할 수 있는 삼미(三美) 터(흥미, 재미, 의미)를 확보해야 합니다. 여학생들의 참여가 적극적으로 고려되지 않은 남학생 위주의 반쪽짜리 '남탕식 학교스포츠클럽 운영'을 불허(不許)합니다. 학교 교육과정을 통해 학습되지 않은 선수 학습 종목 위주로 편성된 학교스포츠클럽 운영을 불허합니다. 지속적으로 유지되지 않는 단발성 토너먼트 형식의 학교스포츠클럽 운영을 불허합니다. 이제는 허락하지 말아야 합니다. 예리한 시선으로 지켜보고 바꿔야 합니다. 대다수의 남학생은 체육 시간을 손꼽아 기다릴 것이라는 편견, 여학생들 상당수가 체육 시간을 싫어하고 기피할 것이라는 그릇된 시선에서 탈피해야 합니다. 단 한 명의 학생도 포기하지 말아야 합니다. 여(女+餘)학생들을 살펴봐야 합니다.

27

PART 1 수업은 철학이다

잘살기 위해 배우는 역량 중심의 스포츠

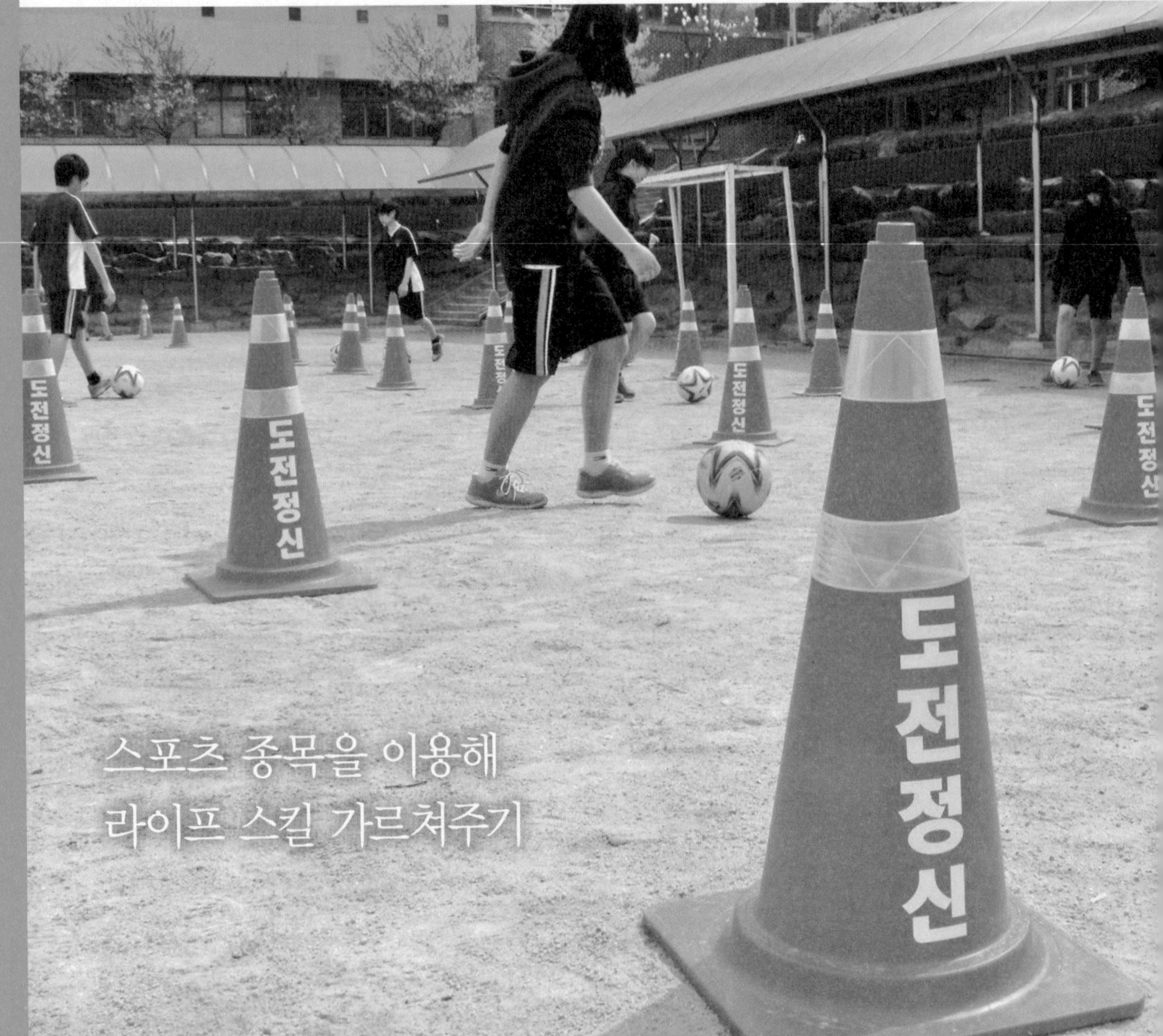

스포츠 종목을 이용해
라이프 스킬 가르쳐주기

이것을 Why

학교에는 동아리, 스포츠, 자유 학기(자유 학년), 체육 시간 등이 있습니다. 이를 통해 살아가는 역량을 가르치면 더욱 의미 있는 수업이 될 수 있을 것입니다. 단지 종목의 기능과 전술 · 전략을 배우는 것으로 끝나는 것이 아니라 살아가는 데 필요한 역량을 중심으로 수업 내용을 재구성해 가르치고 어떻게 성장했는지를 평가해야 할 것입니다.

살아가는 데 필요한 핵심 역량으로는 자기 주도 학습능력, 자기 관리 능력, 협력적 문제 해결 능력, 문화적 소양 능력, 의사소통 능력, 대인 관계 능력, 민주 시민 의식 등이 있습니다.

(1) 자기 주도적 학습 능력

배움의 과정을 스스로 점검하고 통제할 수 있는 능력으로, 스스로 주체가 돼 학습할 수 있는 능력을 말합니다.

(2) 자기 관리 능력

자기의 삶을 기획하고, 목표를 달성하기 위해 행동을 절제하고 관리하는 능력으로, 자신의 생활을 바람직하게 유지하기 위해 필요한 것들을 관리할 수 있는 능력을 말합니다.

(3) 협력적 문제 해결 능력

학습이나 삶에 직면한 문제를 발견하고 이를 합리적으로 해결할 수 있는 능력으로, 공동체 의식을 바탕으로 함께 해결해 나가는 것을 말합니다.

(4) 문화적 소양 능력

문화 예술을 능동적으로 이해하고 향유하며 창조하는 능력으로, 다양한 삶의 가치와 문화를 편견 없이 이해하고 수용하는 것을 말합니다.

(5) 의사소통 능력

다양한 언어, 글, 대화를 이해하고 다른 사람의 의견을 경청해 자신의 의견을 표현하는 능력을 말합니다.

(6) 대인 관계 능력

타인의 감정을 잘 이해하며 사회적 상호작용을 촉진해 발전하고자 하는 능력을 말합니다.

(7) 민주 시민 의식

민주 시민으로 갖춰야 할 것으로, 사회에 대한 책무성을 인식하고 발휘할 수 있는 능력 또는 사회 구성원으로서 권리와 책임을 다해 사회 발전에 기여할 수 있는 능력을 말합니다.

준비는 Simple

(1) 핵심 역량에 걸맞은 수업 내용 재구성하기

(2) 역량별 수업 평가 방법 찾기

무엇을 How

가장 우선시 돼야 할 것은 핵심 역량의 관점으로 수업을 진행하고, 교수·학습 상황에 대한 상시 평가 또는 성장 평가를 실시하는 것입니다. 다음 단계에서는 교수·학습 계획을 구체적으로 실천할 수 있는 계획 수립이 필요합니다. 다음은 차시별 역량을 중점으로 둔 18차시 축구 수업 사례입니다.

• 차시별 역량을 중점으로 둔 18차시 축구 수업 사례

차시	차시별 역량 중점	교육내용 재구성 및 형성 평가
1	대인 관계 능력	• 학생과 함께 핸드셰이킹 인사법 만들기
2		• 신체 접촉을 이용한 준비운동으로 서로의 체중과 감정 이해하기 • 모둠별로 절대 하지 말아야 할 규칙 5계명 만들기 • 모둠 활동 시 발생할 수 있는 불화를 극복하는 방법 익히기
3	의사소통 능력	• 전술을 무언의 보디랭귀지로 만들기 • 상대방을 응원하기 위한 문구 만들기
4	문화적 소양 능력	• 축구 모둠 깃발 만들기 • 축구 응원가 만들기
5	민주 시민 의식	• 모둠 수준에 맞게 규정을 재개정하기 • 규정 위반 시 행동 수칙 정하기

6	민주 시민 의식	• 올바른 경기 문화 이해하기 • 스포츠 퍼슨십에 맞는 경기 진행하기
7	자기 주도적 학습 능력	• 축구 규칙을 한 장에 필기하기 • 축구 규칙을 기억하기 쉽게 한 장으로 표현하기
8		• 교사의 시범 후 연습하기 • 학습지의 유인물을 활용한 기초 기능 연습하기
9		• 축구 전술 이해하기 • 공격 및 수비 전술 상황에 맞는 방법 익히기
10	대인 관계 능력	• 팀워크를 높이기 위한 리드업 축구 게임 연습하기 • 협력 축구 게임을 통한 응원과 격려 연습하기
11	자기 관리 능력	• 축구 규칙을 이해하기 위한 학습 계획 수립하기 • 만다라 목표 설정 방법을 통한 연습 계획 구성하기
12		• 드리블, 패스, 슛 기능을 향상시키기 위한 학습 계획 수립 및 실천하기
13		• 다양한 전술을 팀 차원에서 익힐 수 있는 계획 수립 및 실천하기
14	협력적 문제 발견	• 축구 심판의 역할 이해하기 • 심판법을 모둠별 활동을 이용해 학습하기
15		• 애매한 축구 판정 상황을 확인하고 개선 방법 토론하기 • 편파 판정에 대해 토의하기 • 축구 경기의 영상 판독에 대한 장단점 토의·토론하기
16		• 축구 기초 기술 향상 방법 토론하기 • 축구 전술 향상 방법 연습하기
17		• 모둠별 스킬 챌린지에 도전하기 • 모둠별 스킬을 향상시키기 위한 방법 모색하기
18	문화적 소양 능력	• 프로 축구 영상을 시청한 후 감상문 작성하기 • 수행평가 기록지를 확인한 후 자기 반성하기

좋았던 Point

똑같은 축구 수업을 하더라도 교사의 철학이 담겨 있는 수업은 다릅니다. 축구의 기능을 잘 가르쳐 경기를 잘하도록 만드는 것을 최종 목표로 하기보다는 축구 수업을 통해 삶의 중요한 역량을 배울 수 있다면 큰 의미를 가진 수업이 될 것입니다. 뜨거운 열정을 갖고 있는 사람은 다른 분야에서도 마찬가지일 것입니다. 따라서 축구만 가르치는 것이 아니라 축구를 활용해 열정을 가르친다고 생각한다면 쉽게 이해할 수 있을 것입니다.

실제로 見견물생심

스포츠에 참여한다고 역량이 높아지는 것이 아니다.
무엇이든 철저하게 계획하고 준비해야만 전달할 수 있다.

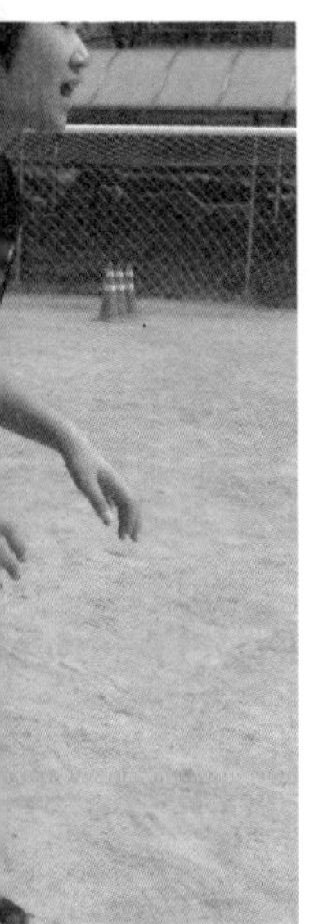

감성과 인성을 키워주는 명언

"세상에서 가장 어리석은 두 가지는
자신의 건강을 믿는 것과 소홀히 하는 것이다."

백 마디보다 가슴을 울리는 한 마디가 인생을 결정한다.

이것을 Why

저는 학창 시절부터 지금까지 농구에 미쳐 살고 있습니다. 하루에 반 이상을 농구 생각만 하던 시절, 미국 NBA 선수의 한 마디가 키 작은 이들을 농구에 도전하게 만들었습니다. 앨런 아이버슨은 미국 프로농구 선수로, 키가 182cm입니다. 보통의 평균 키가 2m가 넘는 선수들 사이에서 그의 현란한 드리블과 정확한 슈팅 능력 그리고 화려한 플레이는 모두를 열광의 도가니에 빠뜨렸습니다. 그는 인터뷰에서 "농구는 신장이 아니라, 심장으로 하는 것입니다."라고 말했습니다.

저는 중학교 때 기계체조 선수로 활동하다가 큰 부상을 입고 운동을 포기했습니다. 이후 국가대표를 포기한 채 일반 중학교를 다니게 됐습니다. 수업 내용이 머릿속에 전혀 들어오지 않았습니다. 당시에는 가정 환경이 어렵고 성적도 좋지 않아 실업계에 진학해 열심히 돈이나 벌면서 살아야 하겠다는 생각만 했습니다. 그 후 심한 사춘기가 찾아왔습니다. 한 번은 학교에 가는 길에 전철 안 연결 통로에 붙어 있는 생활 명언을 발견했습니다. '바쁜 꿀벌은 슬퍼할 틈도 없다.' 그 한마디는 지금까지 달려온 힘이 됐습니다. 제가 남들보다 회복 탄력성이 큰 이유는 힘들 때마다 이 말을 생각하며 버텨왔기 때문입니다.

저의 해병대 장교 시절, 힘든 훈련 속에서 잠시의 휴식 시간 친한 친구가 사준 책이 생각나 그동안 읽지 않았던 책을 꺼내 읽었습니다. 그 책의 제목은 생각나지 않습니다. 그 책의 내용이 재미없었던 것만 기억할 뿐입니다. 하지만 그 책을 어느 정도 읽을 무렵, 저의 마음에 드는 문구를 발견했습니다. '과거에 집착하지 말고, 미래를 두려워하지 말 것이며, 현재에 집중하자!' 너무나 공감되는 문구였습니다. 이 문구는 지나온 삶을 반성하게 되는 계기가 됐습니다. 저는 항상 과거를 탓하는 성격이었기 때문입니다. 예전의 상처에서 벗어나지 못하고 있었기 때문에 항상 미래가 두려웠습니다. 지금 이 순간이 소중하고, 지금 만나고 있는 사람이 중요하며, 내가 현재 하고 있는 일에 집중하지 못하고 있다는 것을 깨달았습니다.

준비는 Simple

(1) 중요한 메시지를 짧고 간결하게 표현할 수 있는 능력 기르기

(2) 명언집 읽기

무엇을 How

명언을 주제로 다양한 수업을 진행할 수 있습니다. 수업 방법은 다음과 같습니다.

(1) 주제별 명언 찾기

농구, 축구, 배구 등 스포츠의 종목별 명언이나 우수한 선수의 명언, 성공, 열정, 실패, 두려움, 행복, 건강 등의 주제와 관련된 명언을 찾아보도록 합니다.

(2) 명언 노트 만들기

종목별 또는 주제별 명언을 찾아 '명언 노트'를 만들어보도록 합니다.

(3) 자신의 명언 만들기

배운 종목과 관련된 명언을 만들어보도록 합니다. 또한 종목의 기능과 관련된 명언을 만들어보도록 합니다. 배구의 예를 들면, 서브, 리시브, 패스, 스파이크, 블로킹 등과 관련된 명언을 만들어보도록 합니다.

종목과 관련된 명언	배구	• 배구는 3번까지 튕기는 것을 인정해주는 기회의 스포츠다. • 배구에서는 자신의 능력을 키우지 않으면 공격의 대상이 된다. • 배구는 공에 맞아 아픈 만큼 성숙한다. • 배구는 상대방을 향해 기쁨을 표현하지 않는 미덕의 스포츠다. • 배구는 결코 홀로 세리머니를 하지 않는다. 왜냐하면 혼자 잘해도 다 같이 즐거워야 하는 한마음의 스포츠이기 때문이다.
	농구	• 농구는 구기 운동 중 가장 큰 공을 사용해 가장 작은 골대에 넣는 운동이다. • 농구는 4번의 기회와 용서를 주지만 5번은 용서하지 않는다. • 농구는 3초, 8초, 24초 등의 시간 제한을 통해 약속을 잘 지키게 만드는 스포츠다.
	탁구	• 탁구는 가는 공이 좋아야 오는 공이 좋다는 것을 깨닫게 해준다. • 탁구를 할 때마다 머리를 맑게 해주는 소리를 들려준다.
	체조	• 체조는 세상을 거꾸로 볼 수 있는 안목을 넓혀주는 스포츠다. • 체조는 인간의 한계에 도전하고 싸워야 할 적이 남이 아닌 자신이라는 것을 알려준다.
종목의 기능 요소와 관련된 명언	• 서브는 서비스, 즉 봉사, 응대, 접대라는 뜻을 갖고 있다. • 리시브는 내가 받아야 하는 책임이다. • 스파이크는 가장 강력한 무기다. • 블로킹은 최상의 수비이자, 최고의 공격이다. • 슛은 우리 팀의 최종적인 목표이자, 결과다.	

좋았던 Point

백 마디 말보다 강인한 인상과 공감을 주는 한 마디 명언이야말로 학생들에게 줄 수 있는 최고의 선물일 것입니다. 학생들이 수업 시간에 배운 내용을 바탕으로 다른 사람이 어떠한 마음과 의지로 삶에 대한 태도를 갖췄는지 이해할 수 있습니다. 이러한 명언은 학생들의 삶에 많은 영향을 미칠 것입니다.

실제로 見(견)물생심

농구는 신장이 아니라 심장으로 하는 것이다.
(Basketball is played not with your height, but with your heart.) – 앨런 아이버슨

중력의 원리를 농구공으로 이해할 수 있는 스포츠

승패에 승복할 수 있는 스포츠

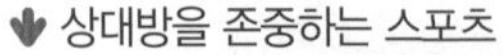

상대방을 존중하는 스포츠

백문이 불여일견
단 한 줄의 스포츠 명언이 아이들의
스포츠 감성을 일깨울 수 있다.

매 순간 위로와 격려를 통해 소통하는 스포츠

▲ 가장 겸손한 자세로 슛을 하는 스포츠

▲ 어떠한 장애물도 극복해야 하는 스포츠

▲ 스킨십을 통해 협력을 다짐하는 스포츠

▲ 모두가 하나에 집중하고 몰입하게 만드는 스포츠

29

PART 1 수업은 철학이다

색다른 수업의 재구성 도구 '스마트폰 모바일 게임'

잘하는 것만큼 잘 아는 것도 중요하다는 오픈마인드 갖기

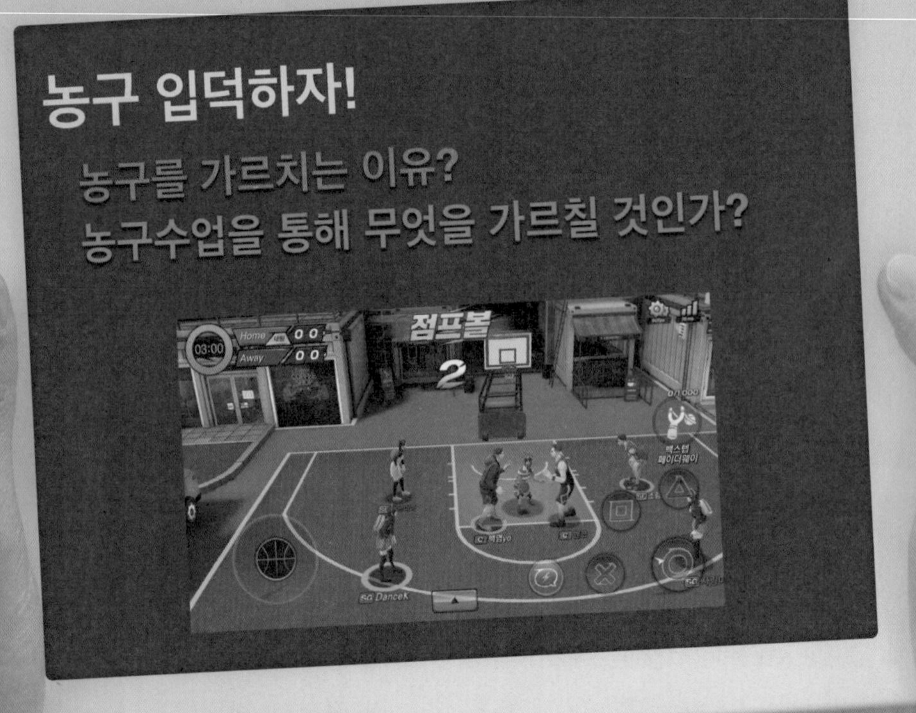

이것을 Why

저는 어렸을 때 오락실을 자주 들락거렸습니다. 그 당시 유행했던 게임은 보글보글, 너구리, 갤러그, 1942, 올림픽 등이었습니다. 옆에 있던 아이가 달리기의 속도를 높이기 위해 쇠줄자를 사용하는 것을 보고 속상했던 기억이 아직도 생생합니다. 저는 게임들을 통해 다양한 올림픽 종목을 알게 됐습니다. 오락실 동전 투입구에 넣으면 안 되는 약간 검은돈(10원짜리 주변을 테이프로 붙여 100원짜리로 인식하게 하는)을 넣고 게임을 하다가 주인에게 걸려 어머니께 등짝을 맞은 적도 있습니다.

요즘 게임의 종류는 과거와는 비교할 수 없을 정도로 많습니다. 지상파와 공중파에 등장하는 다양한 게임 관련 광고가 이를 대변하고 있습니다. 디욱이 이 게임을 유명인이 광고하고 있으니 눈길을 안 줄 수 없습니다. 가끔은 '내가 그 게임을 모르고 있어도 되나?'라는 생각까지 들게 합니다. 게임을 학생들만의 세상이라고 생각하면 큰 오산입니다. 2020년에는 안양에 기숙사 시설을 갖춘 '게임마이스터고등학교'가 세워지기까지 했습니다. 스마트폰이 우리 주변에 있는 한 버전이 계속 높아질 것이 분명합니다. 선생님, 저와 함께 게임을 수업과 연결해보지 않으시겠어요?

준비는 Simple

(1) 게임 룰을 친절하게 설명해줄 학생 구하기
(2) 모바일 게임으로 경기 방법을 설명해줄 수 있는 간단한 유인물 만들기

무엇을 How

(1) 핸드폰을 사용해 해당 종목과 관련된 스포츠 모바일 게임을 할 수 있도록 합니다. 게임 수업이 어떤 의미를 지니고 있으며, 선생님이 이 수업을 왜 하는지 친절하게 설명해줍니다.
(2) 모바일 게임 중 모르는 용어가 나왔을 때는 메모지에 기록한 후 선생님에게 질문을 하라고 합니다.
(3) 축구, 농구, 배구, 야구, 탁구, 배드민턴 등 스마트폰에서 찾아볼 수 있는 다양한 스포츠 모바일 게임을 소개합니다.

좋았던 Point

모든 학생이 과학을 좋아하는 것은 아닙니다. 수학, 영어도 이와 마찬가지입니다. 다양한 학생들의 니즈를 충족시켜줘야 하죠. 우회한다는 표현이 맞을 듯합니다. 잘하지 못하더라도 잘 알면 됩니다. 축구 못하면 어떻습니까? 농구와 배구를 좀 못하더라도 괜찮습니다. 스마트폰 모바일 게임을 통해 경기 방식을 전달하는 것은 텍스트를 만화로 옮겨 독자가 편하게 읽을 수 있도록 하는 것과 다르지 않습니다. 학생들은 축구나 농구를 잘하는 것 만큼이나 게임을 잘해서 느끼는 자부심이 큽니다. 축구는 전혀 못하는 데 피파 게임에서는 메시급인 학생들이 존재하고, 그 학생들은 게임 세상에서 손꼽히는 인기 스타로 등극하기도 합니다.

미세먼지가 심해 교실에서 수업을 해야 하는 상황이 생기면 핸드폰을 핫스팟으로 연결하면 됩니다. 배구 수업이라면 배구 모바일 게임, 농구 수업이면 농구 모바일 게임을 해볼 수 있는 기회를 제공하면 됩니다. 이처럼 수업 시간에 핸드폰을 활용해 스포츠 문화를 경험하게 할 수 있습니다. 게임은 대부분 무료이므로 수업에 활용하기도 좋습니다.

프리스타일
피버바스켓
"너 개념 농구임?"

FREE STYLE 2
FLYING DUNK
GIRL
424
DUNK
신장이 아닌 심장으로 농구하라!
심장으로 즐기는 스타일리쉬 농구게임!

Pause
New Sand Arena!

서로를 알아가기 위한
인터뷰 타임

궁금한 이야기를 나누면서 친해지기

이것을 Why

인터뷰는 특정한 목적을 지니고 개인이나 집단을 만나 정보를 수집하거나 이야기를 나누는 것을 말합니다. 이러한 인터뷰 형식을 활용해 수업을 할 수 있습니다. 만약 내가 유명한 선수를 만났다면 어떤 질문을 할까? 만약 내가 유명한 스포츠 스타가 돼 기자가 나에게 질문을 한다면 어떻게 대답할까? 이런 가상의 상황을 이용하면 수업을 의미 있게 바꿀 수 있습니다.

모든 학생의 마음을 헤아릴 수는 없습니다. 각 학생의 생각이나 의견은 다르기 때문에 강의식 수업을 진행하면 특정인의 질문과 대답만 오갈 뿐입니다. 학생들이 선생님을 바라보고 있는 시간보다는 학생들 간에 서로를 바라보는 시간을 많이 만들어야 한다고 생각했습니다.

인터뷰는 질문이나 대답에 대해 고민하는 것을 말합니다. 자신이 스포츠 기자가 된다면 누구를, 어떤 내용으로 인터뷰할 것인지 고민해보고, 미래에 유명한 스포츠 스타가 돼 있는 장면을 상상해보는 것은 학습에 많은 도움이 됩니다. 자기 혼자 "저는 김정섭입니다. 저는 서울에 태어나 현재 경기도에 살고 있습니다. 나의 장점은 도전 정신이고, 단점은 지나침입니다. 내가 제일 좋아하는 과목은 체육이며, 가장 싫어하는 과목은 수학입니다."라고 이야기할 수 있지만 자신을 다른 사람이 대신 소개해준다면 좀 더 의미 있는 시간이 될 것이라 생각합니다.

준비는 Simple

(1) 스포츠 스타가 됐다는 뛰어난 상상력

(2) 상대에 대한 다양한 궁금증 해결하기

(3) 질문에 대한 멋진 말솜씨 기르기

무엇을 How

3월 초 친구들을 처음 만났을 때 사용할 수 있는 좋은 수업이라 생각합니다. 교사가 20~30명이나 되는 학생과 면담을 통해 파악하려면 적어도 한 달은 걸릴 것입니다. 1년이라는 시간에 비춰볼 때 한 달은 너무 많은 시간 낭비일 수 있습니다.

(1) 선생님 인터뷰

메모지에 선생님에게 궁금한 사항을 세 가지씩 작성하도록 합니다. 첫째, 선생님의 외모에 대해 질문하라고 합니다. 예를 들어, "선생님의 키가 커서 불편했던 점은?", "선생님은 흰머리가 있는데 나이가 어떻게 되시나요?", "선생님의 눈썹 아래에 상처가 있는데 혹시 왕년에?" 등의 질문을 작성하도록 합니다. 둘째, 선생님의 성격에 대해 질문하도록 합니다. 셋째, 선생님의 대인관계에 대해 질문하도록 합니다.

이 중 중복되는 질문에는 어떤 것이 있는지 알아보고, 독특한 인터뷰 질문을 칭찬해주며, 학생의 질문에 답하면서 수업을 진행합니다. 학생들은 선생님을 처음 본 순간, 어떠한 사람일지 매우 궁금해합니다. 인터뷰 질문에 재치 있게 설명하면서 좋은 첫인상을 남기도록 노력합니다.

(2) 학생 인터뷰

첫 번째 시간에 선생님에 대한 인터뷰를 진행했다면, 두 번째 시간은 학생에 대해 알아볼 차례입니다. 한 학급이 30명이라고 가정하면 모둠을 6명씩 5개조로 모둠을 편성합니다. 가장 잘생겼다고 생각하는 1인을 지목해 모둠장 역할을 부여합니다. 모둠장으로 뽑힌 학생은 자신을 포함한 6명의 인터뷰한 내용을 발표하게 합니다. 학생 인터뷰를 시작할 때는 모둠에서 2인 1조로 서로 마주보게 합니다. 처음으로 모둠에서 2인 1조로 서로 마주보게 합니다. 처음 만나서 서로 이름도 모르는 경우가 많습니다. 한 모둠은 6명이기 때문에 2인 1조로 3개의 소모둠이 돼 서로를 마주보고 선생님이 제시한 질문에 대한 인터뷰를 진행합니다. 다음과 같은 공통된 내용으로 질문을 주고받도록 합니다.

① 이름과 태어난 곳은?
② 가장 좋아하는 것은?
③ 가장 싫어하는 것은?
④ 로또 10억 원에 당첨된다면 어떻게 사용할 것인지?
⑤ 한 명의 친구와 세계 여행을 가게 된다면 누구와 어디를?
⑥ 가장 좋아하는 스포츠 스타는?

인터뷰가 종료되면 인터뷰를 한 사람이 모둠원에게 발표합니다.

"안녕하세요. 제 앞에 앉아 있는 김정섭을 소개합니다. 이 친구가 태어난 곳은 서울입니다. 태어난 병원도 이야기했는데 기억이 잘 안 납니다. 생긴 것과 달리 춤을 좋아한다고 합니다. 가장 싫어하는 것은 '가만히 앉아서 하는 일'이라고 합니다. 로또에 당첨된다면 5억 원은 부모님께 드리고, 5억 원은 1년 안에 평소 원하던 물건을 모두 사겠다고 합니다. 세계여행을 함께 가고 싶은 친구는 우리 반의 '조종현'이라고 합니다. 오랫동안 사귄 친구이고 이 친구가 자신과 가장 잘 맞기 때문이라고 합니다. 세계 여러 나라 중에서 스포츠 강국을 골라 다녀오고 싶다고 합니다. 가장 좋아하는 스포츠 스타는 저와 똑같이 '마이클 조던' 형님이라고 합니다. 이상 마치겠습니다."

2인 1조의 인터뷰 내용을 모둠원에게 발표했다면 모둠장은 최종적으로 "우리 모둠을 소개합니다."라고 말하면서 모둠원을 소개합니다.

"안녕하세요. 우리 모둠을 소개합니다. 저는 김정섭이고, 오른쪽은 조종현, 김체육, 조은채, 최응원, 이기자입니다. 조종현의 고향은 충남 보령, 김체육은 부산, 조은채는 제주도, 최응원은 광주, 이기자는 경기도라고 합니다. 저는 춤, 종현이는 배구, 은채는 독서, 응원이는 게임, 김체육과 이기자는 농구를 가장 좋아합니다."

위와 같이 모둠장은 모둠원과의 인터뷰 내용을 경청한 후 모둠원 전체에 대해 발표합니다.

좋았던 Point

자신의 장점을 본인이 직접 이야기하면 거만해 보이지만, 다른 사람이 나의 장점을 이야기하면 칭찬으로 들립니다. 이것이 바로 인터뷰 수업의 가장 큰 장점이라 생각합니다. 이와 더불어 새로운 종목을 시작할 때 종목과 관련된 인터뷰 수업을 진행하는 것도 좋은 방법입니다.

농구 수업 인터뷰

- 이름, 자신의 농구 포지션은?
- 가장 좋아하는 선수와 팀은?
- 가장 싫어하는 선수와 그 이유는?
- 농구를 경험하였다면 언제 어디서?
- 농구와 관련해 알고 있는 명언은?
- 농구 수업에 대한 자신의 각오는?

실제로 見(견)물생심

31

PART 1 수업은 철학이다

한 뼘 더 성장하는 학생과 교사의 '체육 수업 일기'

학생들의 꿈을 키워주고
선생님의 행복지수를 높여주는 수업 일기

이것을 Why

일기는 나를 돌아볼 수 있고, 뭔가를 정리할 수 있는 소중한 과정입니다. 학생들에게는 물론, 교사에게도 큰 힘과 강한 자극을 주는 역할을 하죠. 학생들에게만 일기를 쓰는 시간이 필요한 것이 아니라 교사에게도 1주일 또는 2주일 간격으로 수업을 돌아볼 수 있는 시간이 필요합니다. 시간 낭비가 아니라 오히려 시간을 벌 수 있는 의미 있는 순간입니다. 신기하게도 일기를 쓰면 수업을 준비하고 싶은 마음이 생깁니다.

지난 시간 학생들에게 보여준 나쁜 행동과 어두운 표정을 반성하게 됩니다. 교사도 학생들과 마찬가지로 사람이고, 감정의 동물입니다. 일기는 학생들과 교사 모두를 바르게 세워줍니다. 적자생존(적는 자 만이 살아남는다)이라고 하죠? 선생님들께 '체육일기'라는 힐링타임을 권해 드립니다. 엔젤이녀석, 할래쓰, 스타볶쓰, 커피핀에 잠시 들러 나만의 시간 꼭 가져보세요.

준비는 Simple

(1) 노트북 또는 복사용지

(2) 커피숍에 가서 커피 한 잔 마실 1시간

(3) 학교 수업 시간을 활용해 학생 체육 일기를 쓰는 날을 정하셔도 됩니다.

무엇을 How

(1) 한 종목이 끝나면 글쓰기를 합니다.

(2) 블루투스 스피커로 잔잔한 음악을 틀어 놓고 수업을 돌아보는 시간을 갖는 것은 매우 중요합니다.

(3) 자신의 수업을 돌아보는 것은 다음 수업을 준비하는 마음가짐을 바르게 해줍니다. 인성 교육에 글쓰기만큼 좋은 것은 없습니다.

(4) 학생들의 글쓰기에 못지않게 선생님의 글쓰기도 중요합니다. 선생님의 글을 학생들에게 읽어주는 것은 공감대를 형성하는 데 좋습니다.

(5) 글을 잘쓰는 학생을 만나면 기분이 좋습니다. 학생의 동의를 얻어 게시판에 붙이면 멋진 작

품이 되곤 하죠. 학생들의 글 속에는 내 수업의 장단점이 드러납니다. 좋은 약은 늘 입에 쓴 법입니다.

좋았던 Point

2002년 월드컵이 열렸던 해에 교직에 첫발을 들여놓았습니다. 나름 한다고 하는데 아직도 늘 부족함 투성이입니다. 계속 미루면서 살아왔던 것 같습니다. 학생들은 변하는데 나는 그대로인 듯합니다. 작은 것이 변해야 하는데, 너무 큰 산만을 바라보는 것은 아닌지 수시로 돌아봐야 합니다. 일기 쓰기는 초등학생에 국한된 유치한 숙제가 아닙니다. 한 장씩 지속적으로 쓰려고 노력하면 분명 좋은 변화가 생길 것입니다. 일기는 인성에도 좋은 영향을 미친다고 합니다.

찾아보고, 발품 팔고, 고민하고, 만들어보고, 나누면 체육 수업과 학교 생활이 풍요로워질 것입니다. 두 손에 뭔가를 꽉 쥔 상태면 수업은 변하지 않습니다. 늦지 않았습니다. 일기는 준비입니다. 준비에 실패하면 실패를 준비하게 됩니다.

실제로 見(견)물생심

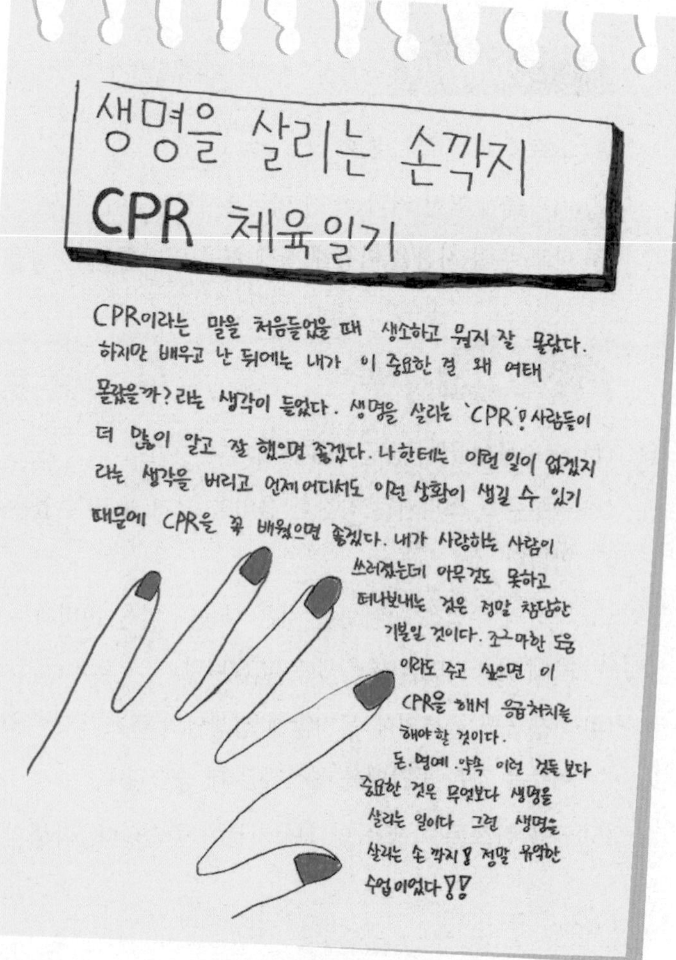
생명을 살리는 손깍지
CPR 체육일기

CPR이라는 말을 처음들었을 때 생소하고 뭔지 잘 몰랐다. 하지만 배우고 난 뒤에는 내가 이 중요한 걸 왜 여태 몰랐을까? 라는 생각이 들었다. 생명을 살리는 'CPR'! 사람들이 더 많이 알고 잘 했으면 좋겠다. 나한테는 이런 일이 없겠지 라는 생각을 버리고 언제 어디서도 이런 상황이 생길 수 있기 때문에 CPR을 꼭 배웠으면 좋겠다. 내가 사랑하는 사람이 쓰러졌는데 아무것도 못하고 떠나보내는 것은 정말 참담한 기분일 것이다. 조그마한 도움이라도 주고 싶으면 이 CPR을 해서 응급처치를 해야 할 것이다.

돈, 명예, 약속 이런 것들보다 중요한 것은 무엇보다 생명을 살리는 일이다 그런 생명을 살리는 손 깍지! 정말 유익한 수업이었다!!

학생 배구 체육 일기

희망편 석○원

나는 배구와 친하지 않았다. 작년 체육 시간에 배구를 배우긴 했지만, 팔만 아프고 재미는 없었던 기억이 난다. 그래서 처음에 선생님이 배구를 하겠다고 했을 때 그렇게 좋아하진 않았다. 그런데 내 예상과 달리 배구는 엄청 재미있었다. 손목이 많이 좋지 않아 처음엔 걱정했는데, 나중에는 아픈 것이 느껴지지 않을 정도로 재미있었다. 잘하지는 못했지만 가끔, 정말 드물게 점수를 딸 때마다 행복한 느낌이 들었다. 아직 서브도 잘 넣지 못하지만 그래도 마음만은 점수를 딴 느낌이 든다.

체육 시간에 배구를 하면서 배구부에 들어가고 싶다는 생각도 했다. 〈하이큐〉라는 만화를 보고 새로운 장르에 눈을 뜨게 되기도 했다. 덥고 힘들기만 한 시간이 아닌, 정말 즐기면서 할 수 있는 시간이었던 것 같다. 수행 평가가 걱정되긴 하지만 과정이 좋았으니 결과에 신경쓰지 않기로 했다. 체육 시간을 재밌게 만들어주신 선생님께 감사드린다. 앞으로의 수업도 기대된다. 좋은 선생님을 만난 것 같아 기분이 좋고 체육에 대해 좋은 기억이 많이 생길 것 같다. 감사드려요 선생님! 남은 시간 동안 잘 부탁드립니다!

P.S 선생님, 스파이크 서브 짱 멋있어요!

♡조용현빈쌤♡
쌤 안녕하세요 전 11반 체육음악부장 서지수 입니당 벌써 조용현빈쌤과
함께하던 즐거운 체육시간을 보낸지 1년이 다 되어 가네요 ㅠㅅㅠ 좀 더 잘
참여할걸.. 좀 더 적극적으로 해볼걸.. 이런 아쉬움이 남기도 하지만 쌤과 함께했던
다양한 체육활동들이 너무 즐거웠기 때문에 뭔가 되게 의미있는 체육시간을 보낸 것 같아요
내년에도 쌤이랑 수업하고 싶은데 ㅠㅠ 이건 너무 아쉬워요..ㅅ 2학년 되면 쌤이
게 인사해주시던 것, 아재개그를 하신 것 모두 그리울 것 같아용...항상 체육음악부장
서 노래를 틀면 매일 노래 좋다고 칭찬해주시고 쌤이 부탁한 거 안 가져왔을 때
로 제가 슬쩍 무리해도 개그로 받아쳐주시던 쌤이 전 너무 좋았답니다 히히
계도 제가 지나가다가 반갑게 인사하면 쌤도 반갑게 인사해
죠~? 히히 2017년 1년동안 저의 체육 맡아주셔서 정말 감사했습니다
즐겁게 잘 보내시길 기도하겠습니당♡ 2018년도 행복한
되시길 바랄게요 사랑합니당♡♡
— 11반 대표미녀 서지수 올림 —

'Better Teaching Preparation'

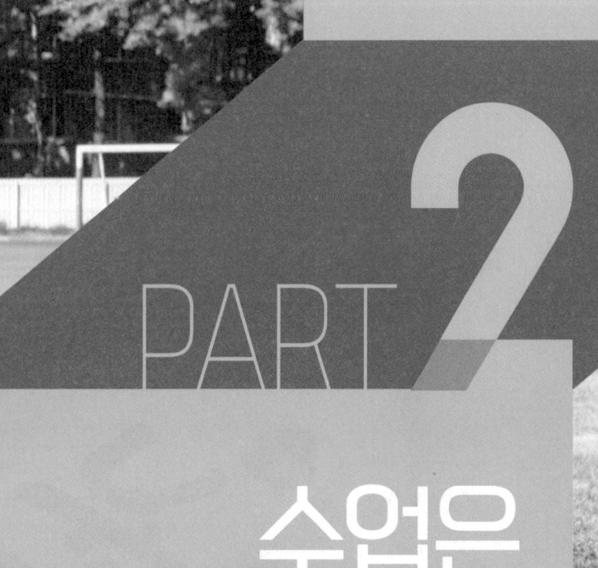

PART 2

수업은 준비다

학생과 교사 모두에게 윈윈 '자유 시간'

자유시간나눠주기운동본부에 가입하기

이것을 Why

체육 시간에 자유 시간을 주고 계신가요? 자유 시간은 '아무것도 하지 않는 시간'입니다. 그냥 지나가는 시간이죠. 잠시 동안은 편할 수 있습니다. 하지만 우리 체육 교사들에게 치명타로 다시 돌아옵니다. 자유 시간은 '교사와 학생을 함께 다운시키는 무서운 질병'입니다. 모든 학생이 자유 시간을 좋아할 것이라는 편견은 체육 수업의 질적 수준을 저하시키는 매우 위험한 요소입니다. 가르침과 배움이 존재하지 않는 무의미한 시간을 만들어내는 순간입니다. 누구나 할 수 있다면 우리가 자격증을 왜 따서 교직에 들어오고, 임용 고사라는 제도를 만들어 우수한 사람들을 현장에 모시려고 할까요? 좀 더 수준 있는 플레이, 보다 나은 팀워크를 발휘하기 위해서는 반드시 피하셔야 합니다. 눈치볼 것 없습니다. 체육 교사가 변하면 학교가 변합니다. 어금니 꽉 깨무시고 그만하시려고 노력하면 개선됩니다. 자유 시간 문화는 소중한 내 자녀를 비싼 교육비 들여 사교육 시장인 학원에 보냈는데, 두세 시간 동안 아무것도 하지 않고 집으로 다시 돌아오는 것과 다르지 않습니다. 30년 전의 자유 시간이 아직도 유지되는 것은 정말 부끄러운 것입니다. 변명의 여지가 없습니다.

준비는 Simple

(1) 자유 시간(미니 초코바)

(2) 첫 시간에 자유 시간과 관련해 학생들에게 들려줄 이야기

(3) 학생들에게 들려줄 '선생님이 지킬 약속 열 가지 준비하기'

무엇을 How

(1) 첫 시간에 학생들에게 '미니 초코바'를 사서 나눠주세요. 비싸지 않습니다. 그리고 "여러분들에게 주는 이 '자유 시간'이 처음이자 마지막 '자유 시간'입니다."라고 말해주세요. 그리고 다짐하시면 됩니다.

(2) 그냥 다짐만 하지 마시고 1년을 어떻게 운영할지 멋지게 브리핑해주세요. 이것저것 빼면 수업할 시간이 별로 없습니다. 그런데 자유 시간이라니요.

(3) 학생들이 싫어할 것 같으시죠? 아닙니다. 오히려 좋아합니다. 의미 있는 배움을 싫어하는 학생은 없습니다. 늘 안 하는 것이 문제이지, 열심히 하는 것은 전혀 문제가 되지 않습니다.

좋았던 Point

자유 시간은 학생들을 방치하는 것입니다. 운동을 좋아하는 학생들이나 운동을 잘하는 학생들은 수업 시간에 무엇이든 하지만, 그렇지 않은 학생들에게 자유 시간은 지옥입니다. 왜 체육복을 입고 나왔는지, 도대체 체육 수업 시간은 왜 존재하는지, 무슨 체육 시간이 일주일에 두 시간 또는 세 시간이나 되는지 짜증을 내기 시작합니다. 학원 숙제를 갖고 나오기까지 합니다. 몰래 스마트폰을 보는 학생들도 쉽게 만나게 됩니다. 수업 시간에 할 것이 없으니 너무도 당연하죠. 학생들에게 허용하고, 안 하고의 문제가 아닙니다. 그렇게 시작되는 작은 바늘구멍이 체육 시간과 학교를 무너뜨립니다. 큰 사고는 작은 원인에서 시작됩니다. 큰 사고는 늘 작은 원인들을 무시하고 지나치기 때문에 발생합니다.

실제로 見물생심

33

PART 2 수업은 준비다

첫 만남, 첫인상을 좋게 만들어주는 '선생님 소개 PPT'

이것을 Why

교사가 되기 전 학창 시절 이야기, 스포츠를 경험했던 이야기, 어려움을 이겨내기 위해 도전했던 사례, 내 생애 가장 의미 있었던 경험, 가장 힘들었던 순간, 내 삶의 위기, 가장 기뻤던 순간, 가장 슬펐던 일, 첫사랑 이야기 등을 학생들에게 들려줍니다. 간단한 PPT 한 장이면 충분합니다. 다음과 같은 PPT를 보여주고 몇 분 동안 문제를 풀도록 합니다.

다음 중 김정섭의 출신과 관련이 없는 것은?

① 무용과 출신이다. ② 기계체조 선수 출신이다. ③ 홈쇼핑 모델 출신이다.
④ 포장마차 CEO 출신이다. ⑤ 예체능부장 출신이다.

정답은 ⑤번입니다. 2021년 기준 17년째 학생부의 업무를 맡고 있고 12년째 학생부장의 역할을 하고 있습니다. 학생부 또는 인권부는 여러분의 인권, 학교폭력, 생활 지도, 선도, 축제, 학생회 등을 담당하고 있습니다. 혹시 여러분들이 학교생활을 하는 데 어려움이 있다면 우선 담임 선생님과 상담하고 제가 도울 방법이 있다면 언제든지 도와주겠습니다. 예체능부장은 경험하지 않았습니다.

①을 설명하겠습니다. 선생님은 사실 무용 전공자가 아니었습니다. 하지만 무용과 독특한 인연을 맺고 있습니다. 선생님의 가족은 '춤추는 궁구리채'라는 별명이 있습니다. 가족 구성원의 많은 사람이 춤과 관련이 있습니다. 우선 작은 할아버지이신 김윤학 할아버지는 일본 유학 생활 중 우연히 우리나라 춤의 대가라 불리는 최승희 선생님을 만난 후 춤을 춰야겠다고 결심했습니다. 작은 할아버지는 최승희 선생님의 몇 안 되는 제자분 중 한 명이었습니다. 한국에 돌아와 평생 공연과 무용 연구소를 운영하셨던 분입니다. 할아버지의 두 명의 애제자는 딸(저로서는 이모님)과 조카(저로서는 어머님)였습니다. 이모님과 어머님은 각각 5살과 4살 때부터 할아버지의 무용 연구소에서 춤을 배웠고, 이모님은 2020년 현재 77세가 넘으셨는데도 캐나다에 이민을 간 후 지금까지 무용 학원을 운영하시면서 공연 활동을 하고 계십니다. 우리 어머님은 50년간 서울에서 무용 학원을 운영하셨습니다. 제 누나는 결국 집이 무용 학원인 관계로 태어나면서부터 춤을 추기 시작했고, 국악고등학교, 이화여자대학교 무용과, 한국예술종합학교의 무용원 행정 조교의 생활을 거쳐 지금은 4명의 자녀를 둔 사진 작가로 활동하고 있습니다.

저는 이러한 환경 속에서 자연스럽게 춤과 함께 생활했습니다. 집안의 춤 관련 DNA가 아마도 저의 몸속 깊은 곳에 있었던 것 같습니다. 춤을 췄던 경험은 한 번도 없지만 대학교의 무용 수업 시간에 나의 움직임을 관찰하시던 무용과 교수님이 "정섭이의 손끝에 춤의 영혼이 담겨 있다."라는 말을 하시며 자신의 무용단에 들어오라고 제의하기도 했습니다.

결국 교수님의 설득으로 댄스 스포츠를 시작했고 이후 사회교육원 댄스 스포츠 강사 생활을 하게 됐습니다. 또한 교수님은 서울 호암아트홀에서 공연될 '오즈의 마법사' 뮤지컬에 코러스 배우로 아크로바틱이 가능한 남자가 필요하다며 오디션을 볼 것을 권유하셨고, 오디션에 합격해 뮤지컬 코러스 배우 생활을 하게 됐습니다. 대학교 4학년 졸업반이 되면서 체육 교사가 되기 위해 임용 시험을 준비했는데 실기 시험에 경기도교육청 남자 최초로 무용을 선택해 한국 무용과 현대 무용으로 시험을 보게 됐습니다. 이후 학교 현장에 춤이 교육적으로 활용 가치가 높다고 생각돼 현대 무용을 좀 더 전문적으로 공부하기로 결심했습니다. 2015년 한국예술종합학교 무용원 예술전문사 창작과에 합격해 2018년 2월에 졸업했습니다. 따라서 ①의 '무용과 전공 출신이다.'는 맞습니다.

다음은 ②를 설명하겠습니다. 저는 초등학교 입학 전 과잉운동성장애진단(ADHD)을 받았습니다. 잠시도 가만히 있지 못하는 성격이었던 저는 집 또는 유치원에서 많은 사건, 사고를 일으켰습니다. 이러한 행동을 본 어머님은 운동을 시켜야겠다고 결심하셨고, 초등학교 입학 후 바로 기계체조 선수부에 등록해주셔서 기계체조 선수 생활을 시작했습니다. 하지만 손목 부상을 입게 됐고 더이상 물구나무서기를 하지 못하는 상황까지 이르게 돼 결국 운동 선수를 포기하고 일반 인문계 중학교에 입학하게 됐습니다. 그 당시 배웠던 기계체조를 통해 다양한 아크로바틱 동작이 가능해졌고, 어렵고 무서운 동작을 수행하면서 도전 정신이 생기게 됐습니다. 지금은 부상이 어느 정도 회복됐지만, 부상을 당해 더이상 운동을 하지 못한 경험을 바탕으로 항상 운동을 시작하기 전후에 준비운동과 정리 운동을 실시해 안전사고에 대비하고 있습니다. 따라서 ②의 '기계체조 선수 출신이다.'는 맞습니다.

다음은 ③을 설명하겠습니다. 대학교 시절에 있었던 일입니다. 그 당시 저에게는 큰 콤플렉스가 있었습니다. 어린 시절 다른 학생들에 비해 키와 덩치가 왜소해 소외감을 느낀 적이 많았습니다. 한마디로 표현하면 왜소 컴플렉스가 있었습니다. 항상 어른이 되면 몸이 좋은 유명 영화배우처럼 덩치를 크게 만들어야겠다는 생각을 했고, 대학교에 입학 이후 웨이트트레이닝을 해서 원하던 몸을 만들었습니다. 그러던 중 어느 선배의 권유로 홈쇼핑 헬스 기구 모델을 시작했습니다. 따라서 ③의 '홈쇼핑 모델 출신이다.'는 맞습니다.

다음은 ④에 대해 설명하겠습니다. 1998~1999년의 우리나라는 IMF 금융 위기의 시대였습니다. 일명 IMF 시기를 맞아 온 국민이 금을 모아서라도 나라를 살려보자고 했던 때였습니다. 저는 그 당시 고등학교 3학년이었습니다. 졸업과 동시에 막노동으로 돈을 모아 용달차를 구입해 포장마차를 운영했습니다. 무용 학원을 운영하던 어머님도 학원을 그만두게 돼 집의 경제에 도움을 되기 위해서는 돈을 벌어야겠다고 판단했기 때문입니다. 밤에는 포장마차를 운영하고, 낮에는 막노동을 했습니다. 건설 현장에서 일할 당시 작업반장을 맡았는데, 작업반장은 막중한 책임감을 갖고 일을 해야 하기 때문에 어린 나이에 큰 책임감을 갖고 일한 경험이 지금의 저를 만드는 데 많은 영향을 미친 것 같습니다. 따라서 ④의 '포장마차 CEO 출신이다.'는 맞습니다.

위와 같이 선생님을 알리기 위한 문항지를 통해 선생님의 생각과 경험 그리고 철학을 공유하고 선생님께서 살아가면서 느낀 중요한 가치관과 태도도 함께 안내하며 첫 시간을 보내면 참 좋을 것 같습니다. 선생님 소개뿐 아니라 배워야 할 종목 또는 활동을 소개하는 내용으로 구성한다면 더욱 의미 있는 시간이 될 것이라 생각합니다.

준비는 Simple

(1) 자신의 경험을 바탕으로 한 문제 PPT

(2) 지금까지 경험한 것을 바탕으로 학생의 흥미와 호기심을 높이는 문제

다음 중 김정섭의 농구 경험이 아닌 것은?

① 대학 시절 '바구니'라는 농구 클럽에서 활동했다.
② 고등학교 때 처음 길거리 농구를 시작했다.
③ 10년 이상 농구 동호회 회장직을 맡았다.
④ 농구 시합 중 아킬레스건이 파열됐다.
⑤ 농구 동호회 활동으로 TV 출연을 했다.

다음 중 김정섭의 배구 경험이 아닌 것은?

① 안양 유관 기간 교육청 배구 대표였다.
② 배구 시합 중 회전근개가 손상됐다.
③ 인성을 강조한 '한마음배구'를 만들었다.
④ '하이큐'를 소장하기 위해 뜯지 않은 완판을 갖고 있다.
⑤ 외국인들과 한 팀을 이뤄 비치발리볼 대회에 나갔다.

무엇을 How

학기 초 자신을 처음 만나는 학생들에게 선생님의 가치관과 생각을 알리는 것이 매우 중요합니다. 교과 시간의 수업 인트로, 담임으로서의 학급 운영 철학, 수업의 주제와 관련된 다양한 이야기를 의미 있게 전하는 활동입니다.

문항지는 사실을 바탕으로 만들어야 하고, 학생들의 흥미와 호기심을 유발할 수 있어야 합니다. 만약 문항지를 만들 주제가 없다면 방학 기간 41조 연수를 통해 다양한 교과 관련 체험을 경험하는 것도 좋은 방법이라 생각합니다. 교사의 경험을 바탕으로 한 철학은 학생들에게 많은 영향을 미치기 때문입니다. 문제는 주제별로도 구분해 만들 수 있습니다.

첫째, 담임 교사라면, 학생들이 꼭 지켜야 할 것들을 주제로 만들기도 합니다. 예를 들어 '선생님이 칭찬했던 학생에 해당하는 것은?', '선생님이 절대 용서하지 않았던 학생에 해당하는 것은?', '선생님이 모범상을 추천했던 사유에 해당하지 않는 것은?', '선생님이 학급에서 강조하는 것에 해당하지 않는 것은?' 등이 있습니다. 이밖에도 다양한 방법으로 문항지를 만들어 선생님의 생각과 철학을 느끼도록 합니다.

둘째, 교과 교사라면 교과 시간에 지켜야 할 규칙 또는 준비와 관련된 문항지를 만듭니다. 교

과 활동에서 강조하고 싶은 부분을 이용해 만들면 됩니다. 또한 안전사고가 발생한 사례들도 만들어 설명하면 더욱 효과적입니다. 가장 중요한 것은 교과에 대한 선생님의 생각과 경험 그리고 철학입니다. 학생들에게 강조하고 싶은 것, 선생님이 직접 경험한 것을 이야기 형식으로 설명하고, 교과에 대한 철학을 학생들에게 심어주면 수업의 질이 한층 더 높아질 것이라 생각합니다.

셋째, 교과의 종목 또는 단원의 첫 수업입니다. 교과의 종목 또는 단원 시작 시의 수업 인트로를 위한 문제를 만들어 설명하면 좀 더 효과적입니다. 모둠별로 해당하는 종목이나 단원의 주제로 서로 문제를 만들어 풀어보도록 한다면 학생 중심의 활동도 충분히 가능합니다.

좋았던 Point

스토리텔링의 힘은 대단합니다. 학생들은 선생님의 사연과 개인적인 이야기를 들어본 적이 별로 없습니다. 수업의 시작이나 교과 단원의 시작을 선생님의 경험과 생각 그리고 철학을 이야기 형식으로 설명하는 시간은 매우 의미가 있습니다. 특히 선생님의 실패 사례와 극복 경험은 학생들에게 좋은 교훈을 줄 것이라 생각합니다.

지금은 다양한 문제를 만들기 위해 다양한 활동에 도전하고 있습니다. 체육 교사로서 좀 더 다양한 종목을 경험하기 위해 노력하고 있으며, 여러 방면의 책을 구입해 읽거나 다양한 연수에 참가하고 있습니다. 이러한 경험 속에서 학생들에게 가르칠 만한 가치 있는 것들을 만나게 됩니다. 이것이 바로 교과 연구라고 생각합니다. 교사는 스펙이 아니라 경험을 쌓아야 한다고 생각합니다.

실제로 見견물생심

다음 중 김정섭의 춤 경험이 아닌 것은?

정답: ④

① 뮤지컬 코러스 배우 출신이다.
② 사회교육원 댄스스포츠 강사 출신이다.
③ 부산국제무용제에 출전한 경험이 있다.
④ 한국예술종합학교 무용원 실기과를 졸업했다.
⑤ 방송 댄스, 커버 댄스 쇼로 TV에 출연한 적이 있다.
⑥『춤추라! 아무도 바라보고 있지 않은 것처럼』의 저자다.

해설: 한국예술종합학교 무용원 '창작과'를 졸업했다.

선생님의 목표를 학생들과 공유하는 '수업 목표 내비게이션판'

버려진 배드민턴 라켓을 활용해 '환경 개선 학습 목표판' 만들기

이것을 Why

우리가 자동차를 타자마자 내비게이션을 누르는 이유는 정확하고 안전하게 그리고 시간이나 체력의 낭비 없이 목적지에 도착하기 위해서입니다. 학습 목표가 없는 수업이 있을까요? 무작정 진행되는 수업은 없습니다. 하지만 수업이 반복되면서 학습 목표(우리가 어디로 가야 하는지를)를 자꾸 건너뛰게 됩니다. 교직 경력이 쌓일수록 수업 목표 또는 학습 목표를 전달하는 것이 매우 중요하다고 느껴집니다. 교사인 저에게도 마찬가지입니다. '40~50분의 수업 시간에 나는 학생들에게 무엇을 전달하려고 하는가?', '나는 학생들에게 스포츠의 문화를 전달하는 교육자인가, 학생들을 풀어놓고 안전사고 없이 시간이 지나가기만을 바라는 관리자인가?'를 고민해보시기 바랍니다.

학습 목표 공유를 통해 우리가 수업 시간에 함께 나눠야 하는 '그 뭔가를' 확인하는 것이 무엇보다 중요합니다. 저는 쉽고 간단한 '학습 목표판 제작 아이디어'로 수업의 시작과 끝에 학습 목표를 확인했습니다. 무엇에 중점을 둘 것인지, 어떤 목표를 달성해야 하는지를 알려주고 싶었기 때문입니다. 목표를 알고 수업을 진행하는 것과 모르고 진행하는 것은 수업의 질에 많은 영향을 미칩니다. 지금 오르는 산의 어떤 봉우리를 향해 한걸음 한걸음 발을 떼고 있는지를 명확하게 알려주셨으면 합니다. 어디로 가고 있는지를 함께 공유하는 것은 학생들뿐 아니라 교사에게도 너무나 중요합니다.

준비는 Simple

(1) 버려진 배드민턴 라켓

(2) 우드락 또는 폼보드(우드락보다 폼보드가 좋아요)

(3) 아세테이트지(문구점에서 팔아요)

(4) 매직(왼쪽에 선생님의 이름을 쓸 때 사용), 보드마커, 지우개(학습 목표 기재용)

(5) 학습 목표 부장(차장)을 선출해 수업의 시작과 끝을 책임지도록 함.

무엇을 How

주변을 둘러보면 버려진 배드민턴 라켓이 많을 것입니다(버리기 곤란할 정도로 많은 경우도 있었던 것 같습니다). 구입한 폼보드를 적당한 크기로 자른 후 배드민턴 라켓의 그립(손잡이) 이외의 부분을 투명 박스테이프를 이용해 고정합니다. 지워지지 않아야 하는 곳(왼쪽)은 '유성매직'으로, 수시로 학습 목표를 적거나 지워야 하는 곳은 '보드마커'로 쓸 수 있도록 구분해 사용하면 됩니다. 아세테이트지나 투명 비닐을 사용해 예쁘게 포장하면 수업 시간에 바로 활용할 수 있습니다. 학습 목표는 그 수업의 의미 있는 주제이자, 우리들의 나아가야 할 방향입니다. 별것 아닌 것 같지만 시간이 지날수록 별것인 것으로 변합니다. "선생님! 오늘의 학습 목표는 뭔가요?"라고 물어보는 학생들이 점점 늘어납니다.

실내에서 수업을 하는 경우에는 학습 목표를 적기 쉽지만 야외에서 수업을 하는 경우에는 적기가 어렵습니다. 학습 목표는 연구 수업(학생들과 짜고 하는 공개 연극 수업?) 때만 적는 것이 아닙니다. 이동이 불편한 커다란 보드는 이제 들고 다니지 마세요. 무엇이든 심플이 대세입니다. 학습 목표는 수업의 존재 이유입니다. 의미 있는 수업을 진행하시는 멋진 선생님이 되시길 바랍니다.

좋았던 Point

저는 매 수업의 10분간 또는 그 이하의 시간을 활용해 준비운동을 합니다. 학습 목표 부장(차장)이 저에게 "선생님! 오늘의 학습 목표는 뭐예요?"라고 물으면 "자! 적어봐. 오늘의 학습 목표는 세 가지인데, 첫째는 ○○○, 둘째는 ○○○, 셋째는 ○○○야!"라고 대답합니다. 그리고 준비운동은 계속 진행됩니다. 준비운동이 종료되면 학습 목표 부장이 나와 "얘들아, 우리 함께 학습 목표를 읽어볼까?"라고 말하도록 합니다. 형식적이고 딱딱한 심동, 인지, 정의의 모습을 띠고 있지 않아도 됩니다. 진짜 우리가 이번 시간에 도달하고 싶은 목표와 과정을 중심으로 기재하면 됩니다. 그리고 수업이 종료되면 학습 목표 부장(차장)이 학습 목표판을 들고 나와 "얘들아, 우리 학습 목표를 확인해볼까?"라고 말하게 합니다. 어떻게 보면 무섭기도 하고 두렵기도 한 순간입니다. 학생들은 돌아보고 교사는 평가를 받는 시간입니다. 해보신 분들은 아시겠지만, 수업이 준비돼 있지 않으면 학습 목표를 적을 수 없습니다. 그래서 준비가 중요한 것입니다.

수업의 시작과 끝에 학습 목표를 학생들에게 전달 및 확인시켜줄 수 있고, 수업 시간마다 선생님 스스로 학생들에게 선보일 공연을 준비할 수 있다는 것이 큰 장점이었습니다. 특히, 간편하게 들고 다니기 편했던 점과 '학습 목표판'이 재활용품이라는 것, 분실이나 파손돼도 금방 다시 만들 수 있어서 부담 없고 좋았습니다. 판을 만들기 부담스러우면 핸드폰 또는 태블릿을 이용하셔도 됩니다. 목적지를 확인하는 과정이 중요하지 만드는 방법은 중요하지 않겠죠?

실제로 見물생심

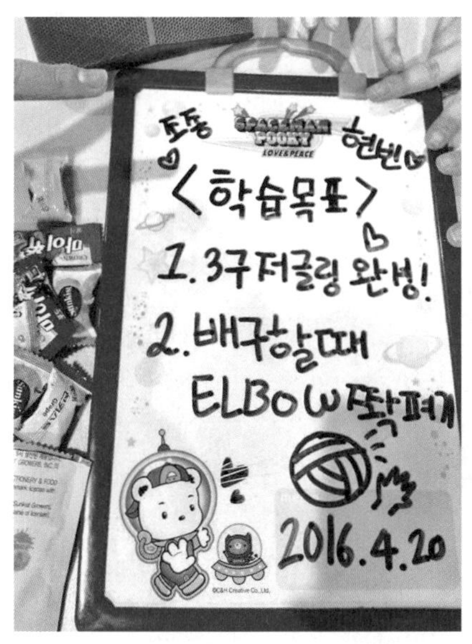

교과세특 1,500자 가득 채워주기 프로젝트

스포츠 문화 시간의 학습 목표 부장(차장)을 담당하면서 급우들이 수업 시작 전 학습 목표를 인지하고, 수업 종료 시 학습 목표를 정확히 성취했는지 확인하고 점검하는 역할을 잘 수행함. 생명 존중 및 인성 교육 강화를 위해 실시한 안전 뉴스 제작하기 거꾸로 수업에도 열정적으로 참여해 하임리히법 및 심폐소생술(CPR)에 대한 이론적 지식을 정확하게 습득함. 일상생활 속 다양한 응급 상황에서의 기본적인 대처 방법을 안전 뉴스로 제작하는 과정에 시나리오 작가로 참여해 급우들에게 발표했으며 상황극에서 학교 안전 의식 강화에 좋은 역량을 선보임. 네트형 경쟁 활동인 배구와 배드민턴에 적극적으로 참여했으며, 영역형 스포츠인 농구와 얼티미트 경기의 생소한 경기 방법과 규칙을 빠르게 이해함. 지루한 준비운동 대신 매시간 10분간 워밍업으로 진행했던 저글링에도 참여해 성취 목표(12초 이상 지속하기)를 달성함.

35

신나는 & 흥나는 수업 리빌딩을 위한 블루투스 스피커

체육 음악 부장과 함께 음악이 흐르는
수업 분위기 완성하기

이것을 Why

음악의 힘을 아시나요? 음악은 제한된 시간에 어떠한 활동을 마무리하거나, 수업 시작 준비가 돼 있지 않거나, 정리하는 시간에 이용할 수 있습니다. 예를 들어 수업 시작 준비가 돼 있지 않을 경우, 부드러운 음악을 틀어주면서 "이 음악이 끝날 때까지 주변을 정리하자."라고 말하면 됩니다. 휘슬을 격렬하게 불거나 소리를 지를 필요가 없습니다. 이렇게 수업을 시작하면 분위기만 안 좋아집니다. 선생님이 준비하시지 마시고 학생들이 듣고 싶은 곡을 가져오도록 하면 더욱 좋습니다. DJ 박스처럼 신청곡을 받는 것도 좋은 방법입니다. 음악은 즐거운 수업 분위기를 조성하는 데도 도움이 됩니다. 수업 내용과 관련된 음악이라면 금상첨화!

준비는 Simple

(1) 블루투스 스피커

(2) 스마트폰

(3) 체육 음악 부장과 차장

무엇을 How

(1) 음악은 수업 분위기를 즐겁게 해줍니다. 음악은 몸의 워밍업에도, 마음의 워밍업에도 좋은 영향을 미칩니다.

(2) 너무 크고 무거운 것 대신 가벼운 것을 구입합니다(학교 예산으로! 수업용이니까요).

(3) 교과별 음악 부장을 뽑아 수업 분위기를 즐겁게 해주는 음악을 준비해 오도록 합니다. 수업 시작 시간 또는 학생들이 직접 참여하는 활동 시간에 활용하면 좋습니다. 다른 교실에 들리면 어떻게 하냐구요? 작게 틀면 됩니다. 볼륨을 적당하게 조절하면 수업 공간에만 들립니다. 이 방법을 강추합니다. 행복하고 좋은 수업되세요.

좋았던 Point

음악은 차분한 분위기 또는 흥겨운 분위기를 연출해줍니다. 최신곡을 틀어주면 노래를 신나게 따라 부르면서 수업에 참여하게 됩니다. 자신들이 준비해온 음악이기 때문에 절대로 졸거나 딴청을 피우지 않는다는 점이 좋았습니다.

실제로 見견물생심

블루투스 스피커
餘 당당 수업운영 스페셜 Tip
음악이 흐르는 행복한
수업 공간 조성
음악은, 여학생을 움직이는 새로운 힘
체육 부장도 있고, 체육 음악 부장도 있다!
– 수업 시간을 즐겁고 신나게 만드는 음악을 준비함.
– 종목 관련 음악을 준비해줄 수 있는 음악을 사랑하는 학생
– 좋은 수업 분위기는 멋진 음악으로 완성됩니다!
– 선생님 혼자가 아닌…
모두가 함께 준비하는 수업을 지향합니다.

학교생활기록부 '교과세특' 알차게!

학교생활기록부 '교과세특'
조금 더 친절하게 써주기 Project~~

체육 음악 부장	스포츠 과학 시간의 음악 부장 역할을 담당하면서 음악을 통해 스포츠 과학 수업이 흥미롭고, 재미있고, 의미 있게 운영되는 데 큰 도움을 주었음. 스포츠와 밀접한 관련이 있는 음악을 미리 선곡하는 과정에 즐겁게 참여했으며 급우들이 츄크볼과 티볼, 양궁 수업에 적극적으로 참여할 수 있도록 종목 특성에 맞는 음악을 미리 준비했음. 스포츠에 대한 관심과 열정이 높으며 스포츠 문화를 올바르게 이해하고 실천하기 위한 태도와 용기를 지님.

교과세특 1,500자 가득 채워주기 프로젝트

체육 음악 부장으로 급우들의 의견을 고려한 음악 선곡으로 수업 분위기를 즐겁게 만들어줌. 배구와 배드민턴 수업에 활동적으로 참여했으며, 농구와 얼티미트 수업에 큰 관심을 보이면서 같은 팀 동료들과 협력해 알찬 수업이 될 수 있도록 노력함. 농구 관련 운동 신경이 매우 뛰어남. 배구와 배드민턴의 이론 지식에 대한 이해력이 탁월하고 스포츠 문화의 기초 지식을 바탕으로 모든 학생이 실제 경기에 적극적으로 참여할 수 있도록 격려함. 인문적 체육 교육, 하나로 수업과 관련된 통합과 융합의 이해 및 실천력이 뛰어남. 여당당 체육 수업에 대한 철학을 이해해 모두가 참여할 수 있는 수업 문화 조성에 크게 기여함. 저글링 수업 시 리듬감이 좋아 급우들 중 가장 먼저 성취 기준(12초 이상 지속하기)에 도달했으며, 저글링 멘토로서 멘티에게 운동 기능을 전수함. 생명 존중 및 인성 교육 강화를 위해 실시한 안전 뉴스 제작하기 거꾸로 수업에도 열정적으로 참여해 기도 폐쇄 응급 환자를 살리는 하임리히법 및 심폐소생술(CPR)에 대한 이론적 지식을 정확하게 습득함. 다양한 응급 상황에서의 기본적인 대처 방법을 안전 뉴스로 제작하는 과정에서 광고 기획과 연계된 능력을 발휘해 영상 기획 및 촬영, 포스터 제작의 역할을 맡아 모둠원들에게 큰 도움을 줌.

'기자생존'
과거는 지금과 다음을 위한 참 좋은 친구

잠깐 불편하게 기록해두면
평생 볼 수 있는 자료가 된다.

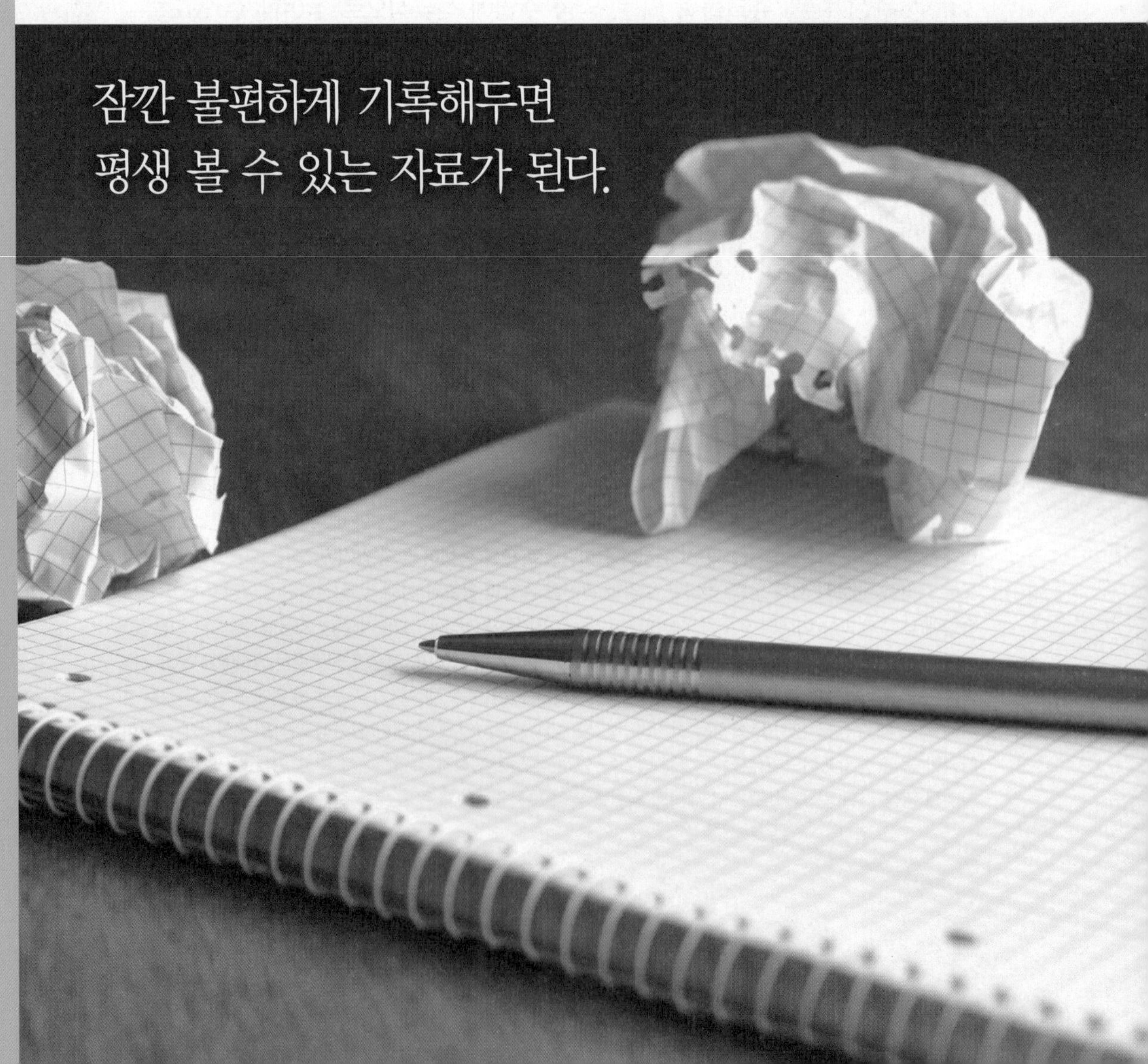

이것을 Why

'적자생존', '뛰자생존'이라는 표현 들어보셨죠? 메모의 중요성, 건강의 중요성을 네 자로 재미있게 만든 것입니다. 저는 '기자생존'을 중요하게 생각합니다. 다양한 방식의 기록은 수업 준비와 운영에 큰 영향을 미칩니다. 일반적으로 좋은 옷을 입으면 사진을 찍고 싶습니다. 누군가에게 보여주고 싶으니까요. 수업도 이와 마찬가지입니다. 수업 사진을 찍고, 학생의 활동 영상을 남기고 싶은 순간은 '잘 준비된 수업'을 운영하고 있을 때입니다.

기록은 기억을 이깁니다. 그래서 나의 수업을 기록해두는 것이 중요합니다. 지금 이 순간이 지나면 수업은 다시 돌아오지 않습니다. "저는 예전에 이런 방식으로 수업했어요."라고 말하지 마시고, 5분짜리 수업 영상 하나를 편집해두시면 됩니다. 학생들에게 수업을 소개할 때나 나의 가장 젊었을 때의 수업 운영 장면을 기록하기에도 제격입니다. 비주얼이 잘 나오는 영상은 잘 준비된 비주얼에서 나오겠죠!

준비는 Simple

(1) 스마트폰 및 다양하고 심플한 촬영 장비
(2) 하나의 평가 종목은 한 편의 영상으로 제작하겠다는 수업 준비
(3) 초상권에 주의해 영상을 편집한 후 수업의 주인공인 학생들과 함께 시청할 시간 확보

무엇을 How

(1) 학습 목표에 맞는 수업 운영 장면이 적절하게 촬영될 수 있도록 수업을 구조화합니다.
(2) 하나의 종목이 종료되는 시점에 하나의 영상이 완성된다는 것을 미리 학생들에게 알려줍니다.
(3) 체육 사진 부장과 수업 영상 부장을 선정한 후 선생님의 수업 촬영을 위해 다양한 사진과 영상을 챙겨달라고 부탁합니다(잠깐이면 됩니다).
(4) 공개 수업의 영상이 아닌, 지속되는 수업의 장면들을 남기면 됩니다. 특별하고 의미 있는 수업 도구나 아이디어들은 별도로 촬영해두세요. 수업을 경험해본 학생들의 소감도 받아두면 더욱 좋습니다.

(5) 한 학기의 마무리를 영상으로 보면서 주마등처럼 지나간 시간들을 돌아보는 것은 학생들에게 큰 감동을 줍니다. 물론 이 모든 것은 학생들과 많은 교감이 이뤄졌을 때 비로소 성과를 거둘 수 있습니다.

(6) 바야흐로 영상의 시대입니다. 5분가량의 영상을 본 후, 다른 학급의 영상을 시청하는 것도 또 다른 흥밋거리입니다. 해당 학급의 잘하는 점을 칭찬해주시고 추후 수업에서 바라는 점도 남겨주시면 금상첨화!

(7) 수업 내용이 동일하더라도 각 반의 수업 분위기는 천차만별입니다. 각 반의 영상은 수업 영상 부장이 만들도록 합니다. 제작된 영상은 수업 마무리 시간에 함께 시청하면 됩니다. 최고의 수업 피드백이 될 수 있습니다. 영상 제작에 도움을 준 학생은 학교생활기록부 교과세특을 써주시면 됩니다. 짜장면보다 교과세특입니다.

좋았던 Point

학생들이 직접 제작한 수업 영상을 본다는 것 자체에 큰 의미가 있습니다. 초상권 침해 소지를 없애기 위해 수업 영상 부장에게 사전에 학생들에게 공개된다는 것을 알리라고 하면 선생님이 별도로 모든 학생에게 허락을 받는 절차를 거치지 않으셔도 됩니다(학생들이 알아서 판단하도록 해주세요). 학생들이 주도해 제작된 수업 영상은 오래 회자됩니다. 잘 준비된 체육 수업은 멋지게 다듬어진 체육 영상으로 남게 되죠.

실제로 見(견)물생심

2017학년도 고잔고등학교 조종현선생님의
교육과정연계 인성강화 연극활용 안전뉴스제작
체육수업-1학년 12반 최우수(구해줘)

조회수 425회 · 2년 전

0

1

공유

오프라...저장

저장

고잔고 조종현선생님의
인성교육(인의예지-4덕강조)강조 인문적 양궁
체육수업 (체육교육우수사례)

조회수 187회 · 4년 전

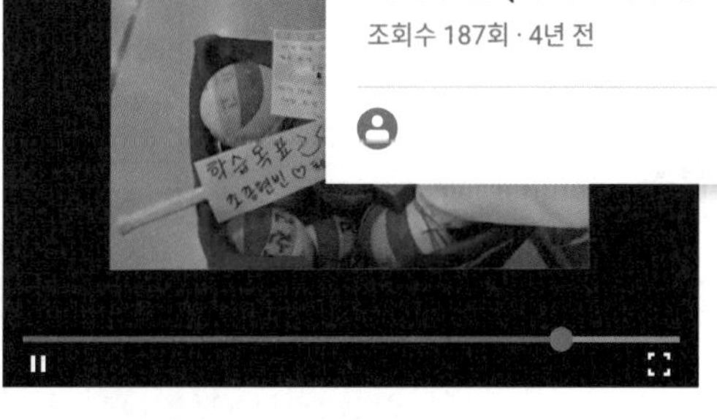

2017 고잔고등학교 1학년 8반 1학기
체육영상일기고잔고 조종현선생님과 함께

조회수 297회 · 2년 전

3

1

공유

오프라...저장

저장

배구친구
바운스파이크볼조종현선생님표 한마음...
평촌고조종현 · 조회수 241회 · 2개월 전

조종현선생님의 츄크볼네트 활용 배구
캐치 트레이닝학생주도 배구연습
평촌고조종현 · 조회수 307회 · 2개월 전

37

PART 2 수업은 준비다

학생들의 활동 시간을 쉽고 간단하게 컨트롤하는 '타이머'

연습 시간을 정확히 구분하고, 형평성 있게 모둠별 활동하기

이것을 Why

제한된 수업 시간을 교과별로 운영하기 위해서는 다양한 시간으로 구성된 섹션이 필요합니다. 준비운동 시간 5분, 모둠별 활동 10분, 휴식 시간 2분을 정확하게 구분하는 데에는 타이머가 유용합니다. 노트북에 연결된 타이머는 야외 수업 또는 이동 수업을 하게 되거나 프로젝션이 없는 공간에서 활용하기 힘듭니다. 시간을 체크한다는 이유로 선생님이 수업 시간에 스마트폰만을 바라보고 있으면 괜히 집중하지 않고 딴짓을 하는 것처럼 보이기도 하죠. 시간을 체크해주는 또 한 분의 선생님을 소개합니다!

준비는 Simple

(1) 타이머(인터넷을 검색해보세요)

(2) 조금 튼튼한 것을 구입하세요.

무엇을 How

(1) 모둠별 경기 시간이나 다양한 활동 시간을 교사가 직접 컨트롤하기보다는 타이머를 활용하는 것이 좋습니다. 소리가 울리므로 직접 눈으로 확인하지 않아도 됩니다.

(2) 제한된 시간 2분 동안 활동하기, 10분 동안 준비운동하기, 어떤 활동을 5분간 지속하기, 농구 경기를 10분 동안 진행하기 등 다양한 타임을 편하게 공유할 수 있습니다.

(3) 뒷면이 자석이기 때문에 교실 칠판, 농구 골대나 축구 골대, 차양막 등에 간편하게 부착할 수 있습니다.

(4) 실내 공간은 물론, 오픈된 공간에서도 잘 들립니다. 학교에서의 시종처럼 크게 들리지 않아도 됩니다. 우리들의 귀에만 들려도 충분합니다.

좋았던 Point

선생님의 핸드폰은 수업 시간 중 학생들의 활동 사진을 찍어 주거나 메모를 하는 역할을 합니다. 타이머로 사용하다가 리셋돼 당황했던 기억도 나네요. 시간을 체크하기 위해 계속 스마트폰만 바라보고 있는 것도 좋아 보이지 않습니다. 뭐니뭐니 해도 수업에 적극적으로 참여하지 못하는 학생들을 최소화할 수 있었던 점이 가장 좋았습니다(보통 이 학생들이 활동에 참여하지 않고 시간을 체크해주는 역할을 하게 되거든요). 1개만 구입하지 마시고 학교에 근무하는 동료 체육 선생님 것도 함께 구매하세요. 수업용으로 너무 공(볼)만 구입하지 마시고 다양한 수업 용품에 관심을 가져보시기 바랍니다. 알찬 수업은 결국 '장비빨'이니까요.

실제로 見견물생심

오늘 배워서
내일 수업하자!
SCORE630
OP(Obey & Praise)

'인성이 실력이다' 견물생심의 체육 인성 교육 수업 교구

저절로는 안 된다.
하고, 보고, 읽고, 외쳐보기

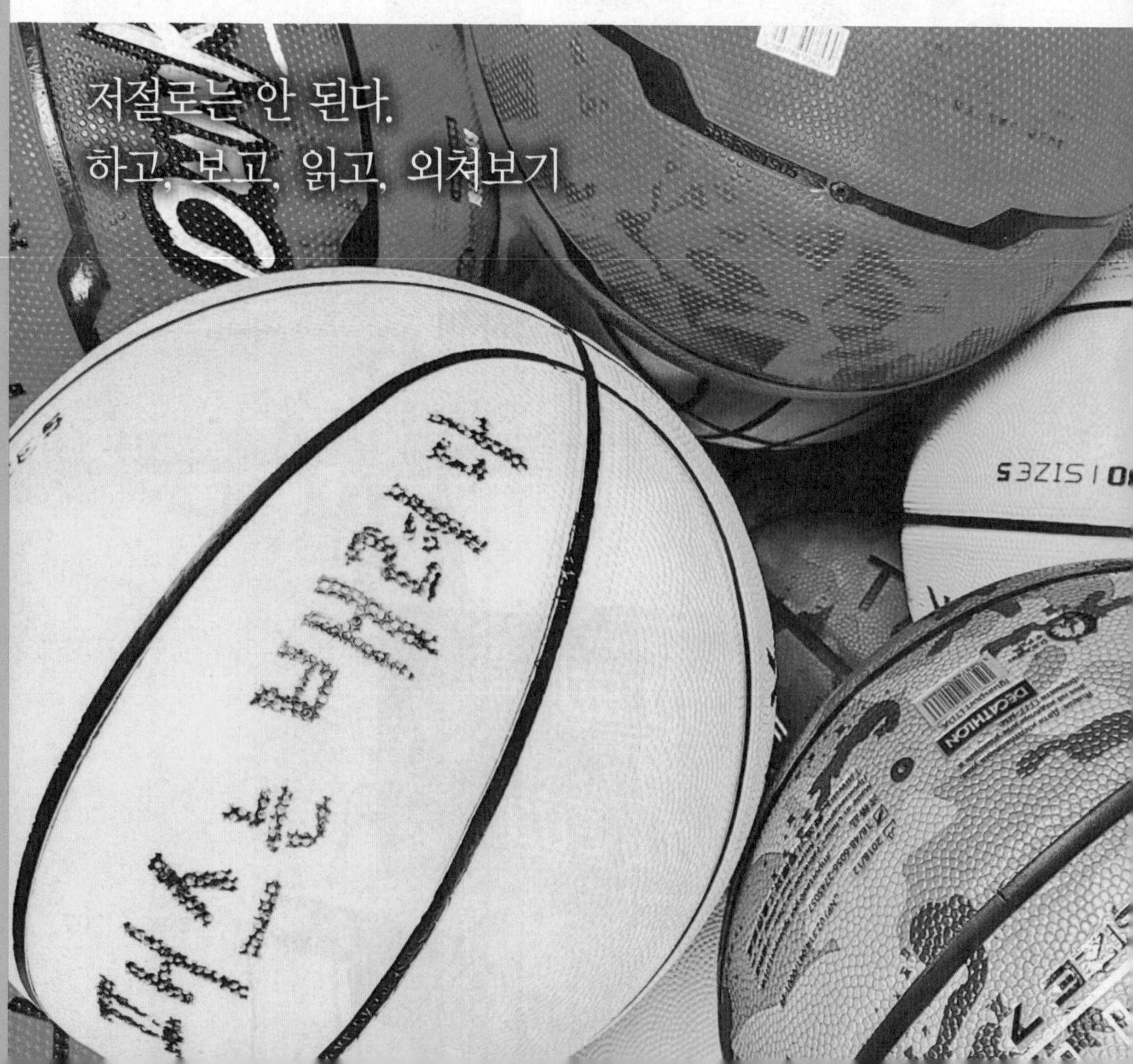

이것을 Why

인성 교육에 정답이 있을까요? 정해진 매뉴얼이 있어서 그 방식대로 따라 하기만 하면 인성 교육이 저절로 되는 '그 뭔가'가 있다면 모두가 그 신비한 약을 처방받기 위해 노력할 것입니다. 정답이 있었다면 인성 교육은 벌써 끝났을지도 모르죠. 현장은 그리 호락호락하지 않습니다. 그리고 인성 교육은 그리 간단하지 않습니다. 하지만 너무나 중요하죠!

자신의 생각과 행동을 돌아볼 수 있도록 하기 위해서는 구체적이고 효과적인 방식이 필요합니다. 따라서 계속 눈으로 확인해야 합니다. 수업 시간마다 챙겨야 합니다. 볼 수 있어야 하고, 수시로 외쳐 기억 속에 자리잡을 수 있도록 해야 합니다. 티켓팅을 한 후 KTX를 타고 지정된 좌석에 앉아만 있으면 그냥 목적지인 부산에 도착하는 것이라면 얼마나 편하겠습니까? 저절로 되지 않습니다. 하다 보면 되지도 않습니다. 관심을 갖고, 확인하고, 챙기고, 점검하고, 약속받아야 합니다. 교사들에게도 인성 교육이 필요합니다. 교사도 감정을 지닌 사람이기 때문입니다. 학교에서 상처받으시는 선생님이 너무 많습니다. 우리 함께 4덕 실천!

준비는 Simple

(1) 인성 조끼, 인성 손목 밴드

(2) 인성 라바콘, 인성 주차 안내판, 인성 현수막

무엇을 How

(1) 색상이 구분된 인성 조끼(어진 마음, 멋진 행동, 밝은 표정, 고운 말씨)를 모둠원들이 착용하도록 합니다.

(2) 자신이 입은 인성 조끼 문구 또는 자신이 선택한 인성 문구를 수업 시간 중 한 가지씩 꼭 실천할 수 있도록 합니다. 수업 시간뿐 아니라 오늘 학교 생활에서 실천하도록 하면 더욱 좋습니다.

(3) 하나의 색상을 연속적으로 입지 않도록 전달합니다(모둠장들이 알아서 잘합니다). 이번 시간에는 '멋진 행동'이었다면, 다음 시간에는 '고운 말씨'를 착용해 로테이션되도록 합니다.

(4) 인성 조끼에 적혀 있는 인성 관련 문구와 관련된 표현 또는 행동을 하는 학생이 발견되는 모둠에는 수업 운영 관련 어드밴티지를 제공하는 것이 좋습니다. 이와 반대로 그렇지 못한 학생들에게는 패널티를 부여하지 않는 것도 좋습니다. 좋은 것이 부각될 수 있도록 수업 과정을 재구성, 재구조화해보세요!

(5) 교실 수업 또는 실내 수업을 해야 할 경우에는 인성 문구가 적힌 손목밴드를 활용하는 것이 좋습니다. 문구를 넣어 제작하기 힘들 때는 그냥 색깔로 구분된 밴드만 있어도 됩니다. "노란색 밴드를 착용하는 모둠은 '밝은 표정'을 실천해보자.", "파란색 밴드를 착용하는 모둠은 '멋진 행동'을 실천해보자."와 같은 방식으로 교과별 수업을 운영하면 부담도 적고 효과적입니다.

(6) 실시간 쌍방향 소통형 원격 수업으로 수업이 진행될 경우에는 본인의 이름 앞에 인성 문구를 선택해 넣으면 됩니다. '고운 말씨-조종현'과 같이 적고, 수업 시간 중 오늘 하루, 이번 한 주 동안 실천할 수 있도록 함께 약속하는 것이 좋습니다.

좋았던 Point

늘 막연한 것이 문제입니다. 아이디어가 구체적이면 좀 더 나은 성과를 거둘 수 있습니다. 학생들에게 막연하게 "좋은 생각을 해야 한다.", "좋은 행동을 해야 한다."와 같은 말을 반복하기보다는 구체적인 문구와 행동 요령을 제공하는 것이 더욱 효과적이었습니다. 이런 선생님의 수업에서는 학생들의 입에서 "선생님! 오늘은 고운 말씨를 많이 사용해야겠어요!"와 같이 인성 조끼에 적힌 문구가 자주 나옵니다. 시작이 반이 아니라 전부입니다. 인성 주차 안내판 또는 인성 라바콘, 운동장이나 체육관에 걸어 놓은 인성 현수막 등을 활용해 수업 시작과 끝에 크게 외치게 하면 학생들의 행동이 변합니다. 이것이 인성 교육의 작은 파워입니다.

인성 교육은 아무리 강조해도 지나치지 않습니다. 공부만 잘하는 못된 학생, 운동 실력만 뛰어난 비열한 학생보다는 누구에게나 인정받고 공부와 운동을 모두 신나게 즐길 줄 아는 학생이 많아지길 바랍니다.

실제로 見물생심

고운말씨
33
밝은표정
어진마음
5

밝은표정
밝은표정

어진마음 멋진행동
어진마음 멋진행동
어진마음 멋진행동
5
2
11
고운말씨
38
밝은표정
26

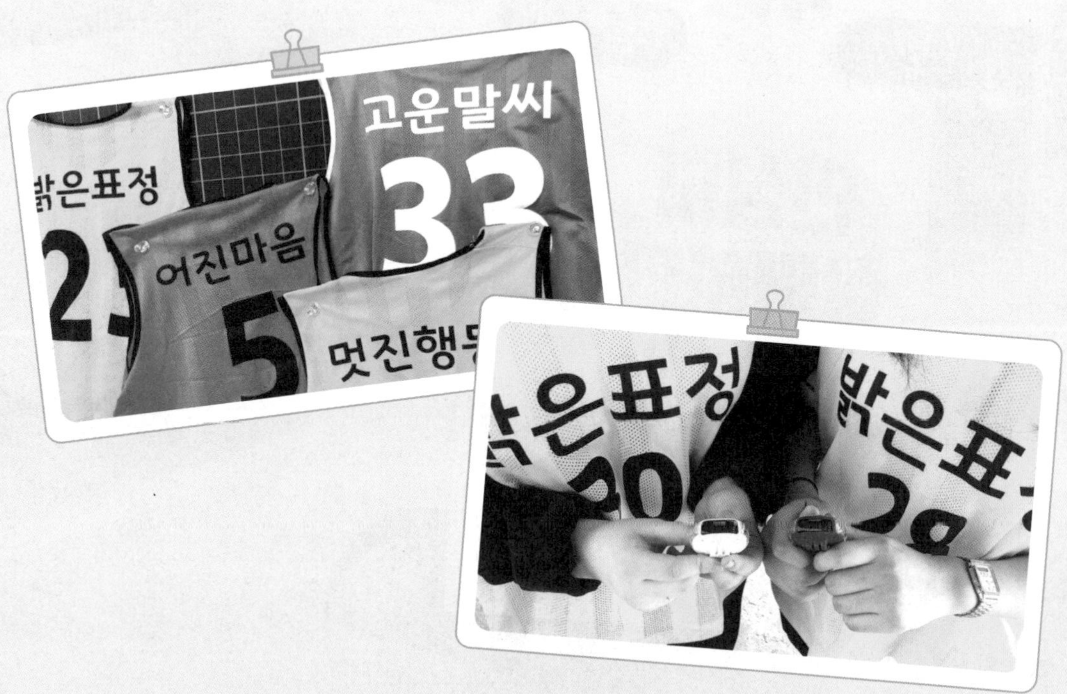

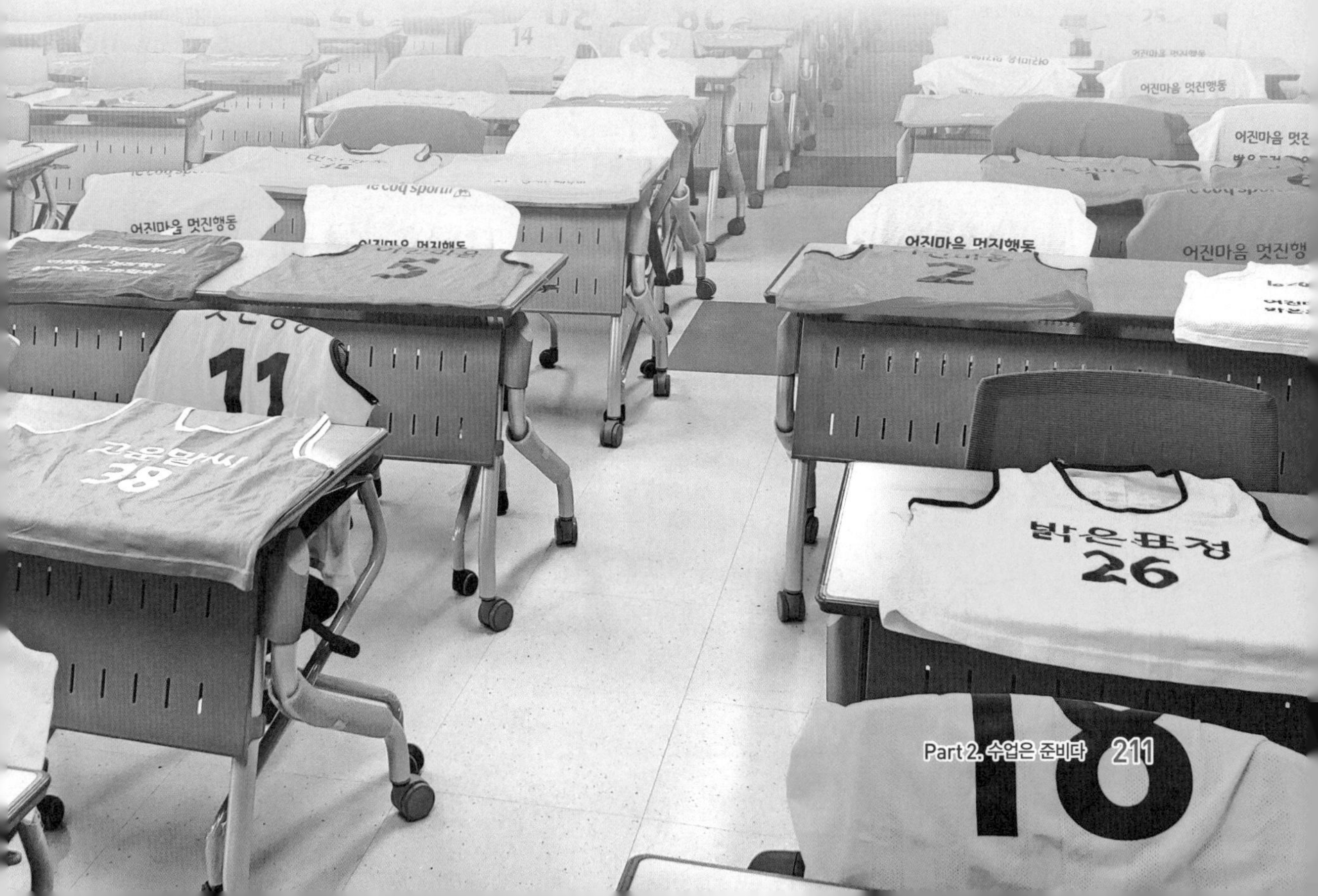

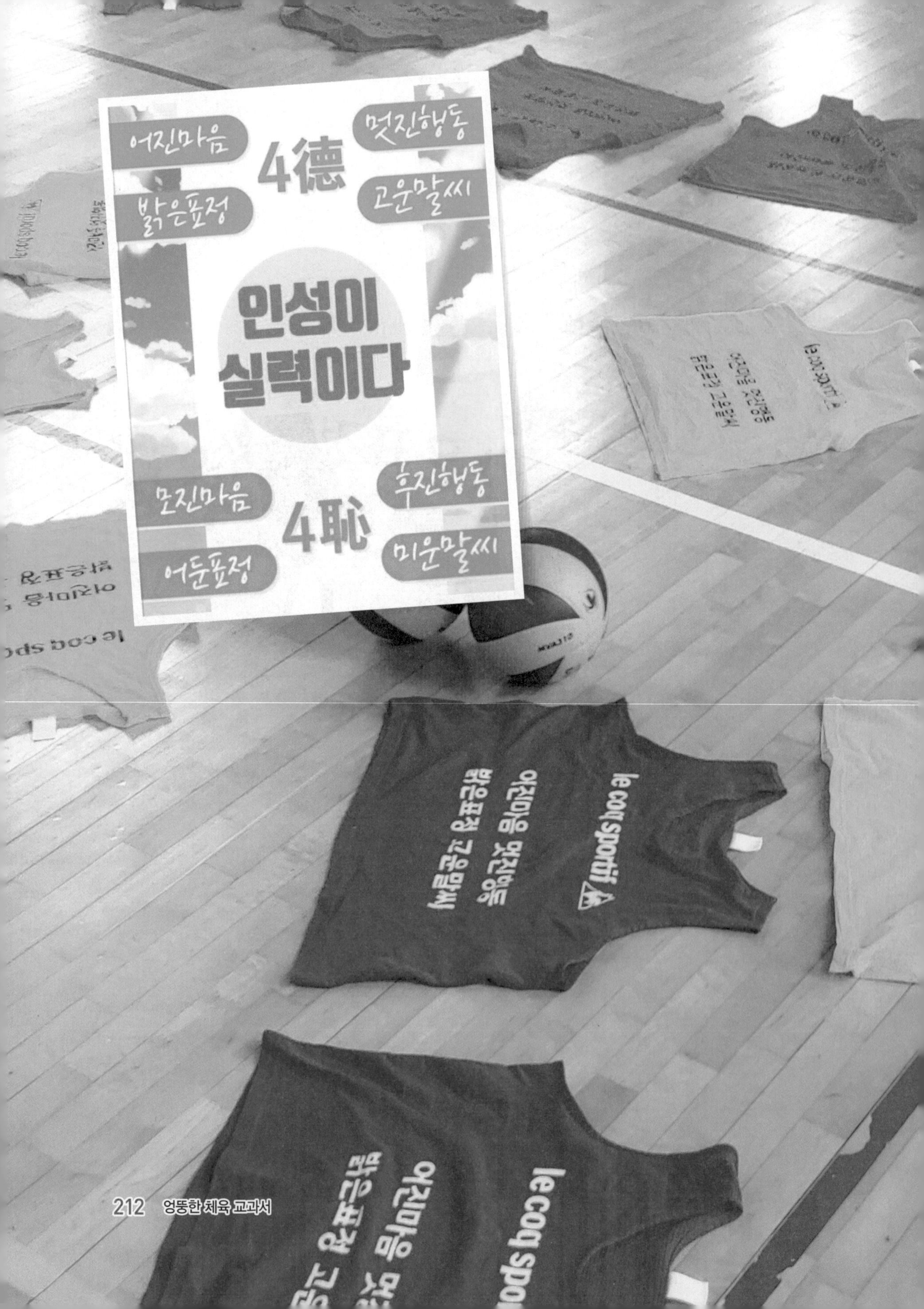

어진마음 4德 멋진행동
밝은표정 고운말씨

인성이
실력이다

모진마음 4恥 추진행동
어둔표정 미운말씨

인성교육 + 플레이트 야구

39

재미 없는 교실 수업을 열 단계 업그레이드시키는 '스포츠 자석판'

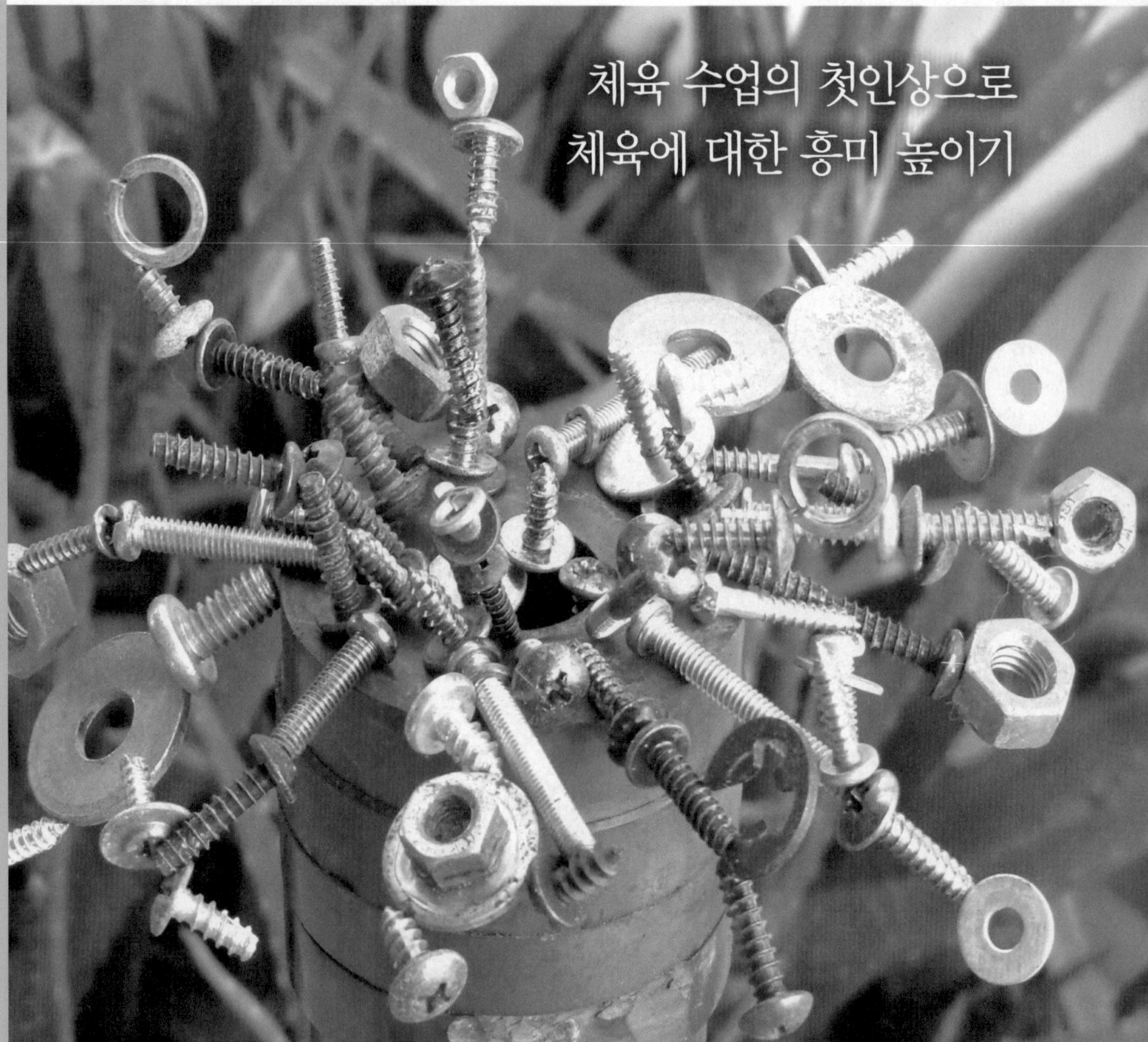

체육 수업의 첫인상으로
체육에 대한 흥미 높이기

이것을 Why

예전에 '롤러코스터, 남녀탐구생활 – 스포츠 관람(야구장) 편'을 본 적이 있습니다. 야구 경기를 이해하지 못하는 여자 친구 때문에 생기는 이야기를 야구장의 다양한 문화에 빗대어 풀어낸 재미있는 프로그램이었습니다. 왜 뛰는지, 타구 후 어디까지 달려야 하는지, 왜 아웃인지, 왜 터치하는지를 모르는 야구 까막눈에 대한 이야기였습니다.

이는 여자에만 국한된 이야기가 아닙니다. 야구를 전혀 모르는 남학생도 있을 수 있습니다. 다른 학생의 무지를 이해하지 못하고 왜 그런 것도 모르는지 이해할 수 없다고 하면 그냥 친구이고, 그 무지를 쉽고 재미있게 해결해주려고 노력한다면 멋진 친구인 것입니다. 모르면 잘 보이지 않죠.

잘 알기 위해서는 더욱 친절하고 세밀한 노력이 필요합니다. 우리는 학생들을 가르치는 교사이기 때문입니다. 그래서 첫 시간이 정말 중요합니다. 첫인상이 전부입니다. 아무것도 모르는 학생들에게 스포츠 하이라이트의 나이스 캐치 장면만 보여주는 것은 정말 해선 안 될 행동입니다. 스포츠에 생경한 어린 딸이나 아들에게 설명한다고 생각하면 편합니다. 기존의 방법과는 다른, 친절한 수업을 준비해 선보여주세요.

준비는 Simple

(1) 야구 그림판

(2) 야구 용어 설명판

무엇을 How

야구 문화를 전하는 조금 색다른 방법

(야구 그림판 & 용어 설명판 완성하기)

제목이 '색다른 방법'이긴 하지만 그렇지 않습니다. 친절한 방법이 맞을 듯해요. 야구를 잘 아는 몇몇 학생을 위한 이론 수업이 아니라 야구와 거리가 먼 학생들도 조금씩 야구에 다가설 수 있도록 수업을 운영하고 싶었습니다. 농구, 배구, 축구, 야구 그림판을 만들어두면 정년 퇴임할 때까지 활용할 수 있습니다.

(1) 선생님이 직접 그리면 좋겠지만 그렇지 않다면 그림을 잘 그리는 학생에게 도움을 요청하면 됩니다. "너의 도움이 필요하다. 도와줄 것이라 믿는다."라거나 "너희들이 도와주면 이론 수업이 잘 진행될 것 같다."라고 말하면서 협조를 구합니다.

(2) 선생님이 '만들고 싶은 것'에 대해 정확하게 설명해주세요. "이런 자석판을 만들어 저런 수업을 진행할 생각이다.", "이런 식으로 수업을 진행할 생각이기 때문에 바로 이것이 필요하다."라고 말해주세요.

(3) '야구 그림판'에 사용할 수비 9개, 공격 9개를 제작합니다. 야구는 다양한 상황에 대한 설명이 필요합니다. 야구 그림판의 효과는 매우 좋습니다. 칠판에 졸라맨을 그리고 수업하는 것과는 차원이 다른 수업을 할 수 있습니다. 공과 공격 방향 표시도 함께 만들어두면 금상첨화!

(4) 완성되면 깔끔 코팅! 그림은 조금 못 그려도 됩니다. 학생과 교사가 함께하는 수업이 완성되는 순간이 중요하죠. 하지만 학생들은 너무 잘 만들어옵니다. 코팅은 학교에서 후다닥 마무리! 코팅이 완성되면, 모양에 맞춰 예쁘게 자릅니다. 이 작업도 학생에게 부탁합니다. 저는 부탁을 많이 합니다. 잘 잘라준 덕분에 수업이 잘됐다고 말하면 무척 좋아합니다. 학교생활기록부의 '교과세특'에 그 학생의 수업 참여 시 역할을 상세하게 적어주면 됩니다.

(5) 자른 후 뒷면에 자석을 붙입니다. 문구점에서 크기에 맞는 자석을 구입해 붙이면 됩니다(종이 자석, 원형 자석 등 다양함). 자석 위를 테이프로 살짝 마감하면 끝납니다. 자석이 없으면 배달 음식점 홍보지 뒷면에 붙어 있는 자석을 떼어 붙여도 됩니다(재활용 아이디어). 1개로

하면 접착력이 떨어져 칠판에 잘 붙지 않습니다. 3~4개 정도가 적당합니다.

(6) '용어 설명판'은 프린트를 한 후 우드락에 붙이면 됩니다. 한 번만 세팅해두면 해당 종목을 수업할 때 이것만 꺼내 순서대로 설명하면 됩니다. 빠뜨린 것이나 추가해야 할 것이 추후에 생각난다면 더 만들면 그만입니다. 늘 시작이 중요하고, 그 한 번이 중요합니다. 제작하실 문구를 PPT로 변환하시년 원격 수업에서도 효과적으로 사용할 수 있습니다.

좋았던 Point

겨울방학을 이용해 토요일과 일요일까지 반납하고 총 4주간의 이론과 실기를 병행하는 야구 심판 교육을 받으면서 규칙에 대한 궁금증을 상당히 해소할 수 있었습니다. 뭔가를 알고자 하는 노력과 열정은 분명 새로운 기회를 제공한다는 진리도 새삼 느낄 수 있었습니다. 경제적으로도 마이너스가 되고, 방학을 여유롭게 즐기지 못하는 불편함도 있지만 수업 보따리를 든든히 채워 나가는 뿌듯함을 느낄 수 있습니다. 여러 가지를 포기하고 참여해야 하는 다양한 연수와 교육을 통해 자신의 역량을 한 단계 더 향상시키는 것이 중요합니다. 체육 교사의 수업 자존감은 선생님의 수업 냉장고가 어느 정도 채워졌느냐에 달려 있습니다.

실제로 見(견)물생심

retouch
force
tag
warning track
table setter
steal
base
1,2,3
31
전국 대학교

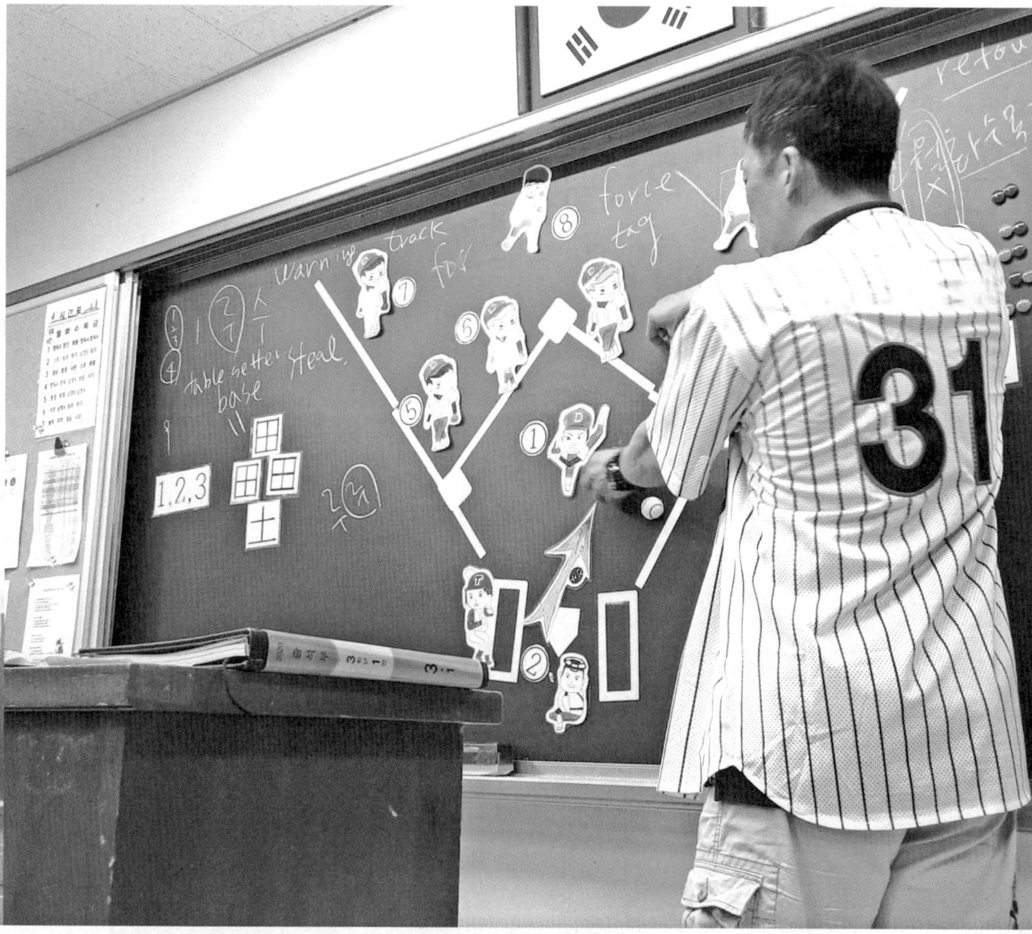

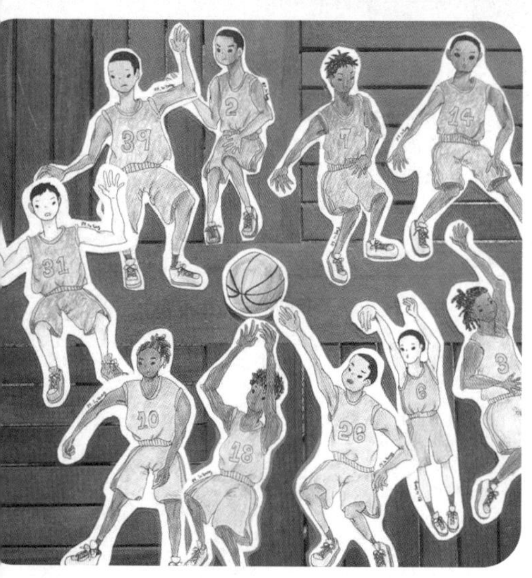

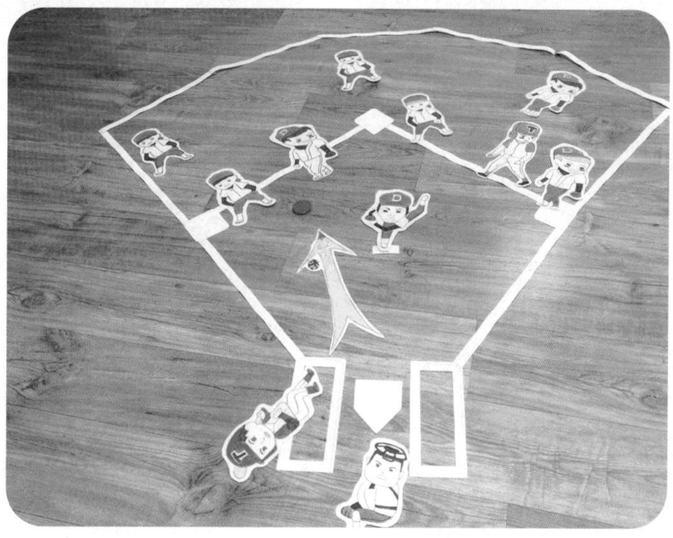

단 한 명의 학생도 포기하지 않는 '스포츠 만화'

만화 활용 수업, 스포츠의 문화를 이해하기 위한 새로운 안목 장착하기

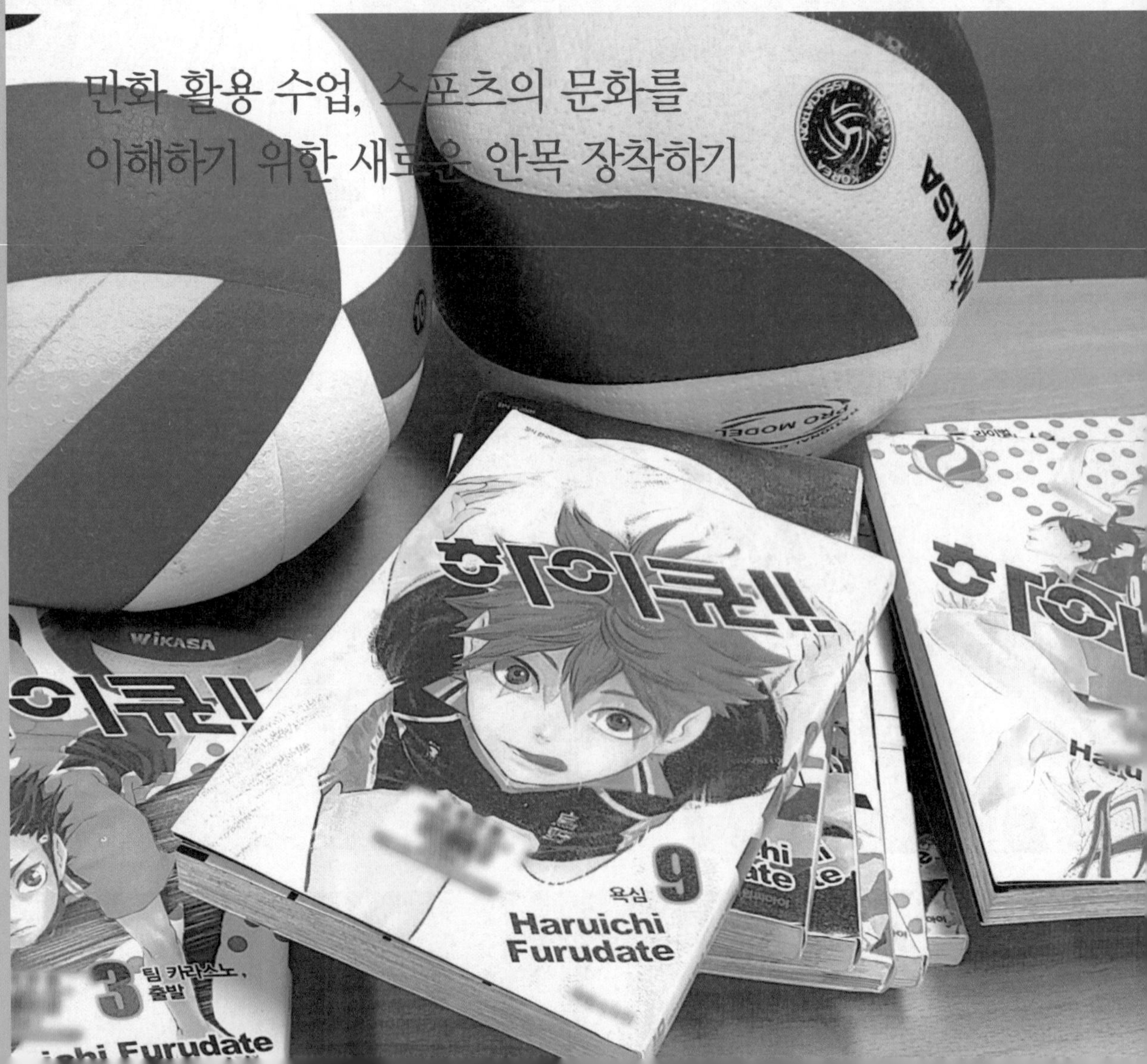

이것을 Why

저의 석사 학위 논문 제목은 '중학교 체육에서 배구 만화의 교육적 활용 방안(2008)'입니다. 한국교원대 도서관에서 논문 주제를 정한 후에 선행 연구를 검색하며 놀랐던 기억이 아직도 생생합니다. 과학, 영어, 국어, 수학, 음악, 미술 등의 다양한 교과에서 한참 전부터 네 컷 만화, 카툰 활용 수업, 문항 제작 등에 만화를 접목시키고 있었습니다.

만화를 나이 어린 학생들이나 찾아보는 낮은 수준의 텍스트 정도로 치부하던 시대는 이미 지났습니다. 우리들은 서점가의 베스트셀러 랭킹 상위 섹션을 만화가 차지하고, 카툰 작가의 작품이 드라마나 영화의 새로운 콘텐츠를 주도하는 시대에 살고 있습니다. 학생들의 동기 유발을 위해 많은 방법이 동원되고 있습니다. 가장 좋은 동기 유발은 고객의 입맛에 맞추는 것입니다. 학생들이 좋아하는 만화에 선생님의 눈높이를 맞추는 것은 전혀 이상하지 않습니다. 웹툰을 읽는 선생님, 스포츠 애니메이션에 관심이 많은 학생은 이제 새롭지도 않습니다. 그러니 수업에 녹여내는 것은 시대적인 흐름으로 봐도 되겠지요?

준비는 Simple

(1) 수업 내용과 관련된 만화를 선택할 수 있는 시선

(2) 학생들의 흥미 유발을 위해 엄선한 교육용 만화(애니메이션)를 활용할 계획

(3) 스포츠 만화 리스트와 실제 만화 활용 체육 수업 운영 사례 검색해보기

무엇을 How

(1) 다양한 교과 관련 만화를 수업에 적용하기 위한 아이디어를 찾아보세요. 일단 만화를 읽어보세요. 긴 것도 있지만 세네 권 분량의 짧은 것도 많습니다.

(2) 애니메이션을 찾아보세요. 예를 들어 〈하이큐〉와 〈슬램덩크〉는 '네이버'에서 무료로 보실 수 있습니다(배구나 농구를 배우는 학생들에게 큰 영향력이 있습니다). 다양한 애니메이션을 수업에 활용하면 학생의 흥미도 향상에 최고죠!

(3) 학교 도서관에 교육용 만화를 구입해주면 참 좋아합니다. 도서관을 찾는 학생들을 '읽는 스

포츠'의 세상으로 안내해주세요!

(4) 해당 종목을 시작하기 전, 일정 기간을 주고 읽고 오도록 하는 것도 좋은 방법입니다. 여름 방학 기간에 네이버에 있는 〈하이큐〉를 읽고 한 장 글쓰기를 방학 과제로 제출하게 한 후 2학기 첫 종목을 배구로 연결하면 최고의 조합이 됩니다.

(5) 요리, 인테리어, 와인과 칵테일, 커피, 서점, 스포츠, 헤어디자이너, 의사, 디자이너, 농업, 부동산 등 최근 소개되는 만화들을 살펴보면, 대체 만화로 그릴 수 없는 것이 무엇인지 오히려 묻고 싶을 정도로 소재가 방대합니다. 거의 모든 책이 만화로 소개된다고 생각하면 됩니다. 교사의 다양한 시선으로 찾아낸 만화는 수업을 더욱 빛나게 해줄 것입니다.

(6) 몸이 아픈 학생, 잠시 쉬는 학생들이 쉽게 접근할 수 있는 공간에 만화책을 비치해두는 것이 좋습니다. 왜 아픈지 물어보지 마시고 잠시 쉬도록 배려해주세요. 잠시 쉬면서 스포츠 만화 속으로 들어가게 해주세요! 만화의 힘을 믿어보세요.

(7) 원격 수업이 진행될 경우에 대비해 무료로 인터넷 공간에서 활용할 수 있는 스포츠 만화를 찾아두시면 더욱 맛나는 수업 밥상을 학생들에게 제공할 수 있습니다.

좋았던 Point

학생들의 수준을 고려한 수업 방법을 준비한다는 것은 쉬운 일이 아니죠. 만화는 다양한 학생의 입맛을 골고루 맞출 수 있는 마법의 조미료와도 같습니다. 역사, 수학, 국어, 영어, 체육, 미술, 철학, 지리 등 어느 교과에서나 사용할 수 있는 교육용 만화들이 선생님들의 선택을 기다리고 있습니다. 네 컷 만화, 장편 만화, 웹툰, 애니메이션의 교육적 효과에 대한 수많은 논문이 수십년 전부터 발표되고 있습니다. 딱딱한 텍스트만으로 지식을 전달하는 천편일률적인 방법보다는 조금 색다른 여행 코스로 학생들과 함께 가볼 수 있어서 좋았습니다. 일단 학생들이 너무 반기네요!

실제로 툰견물생심

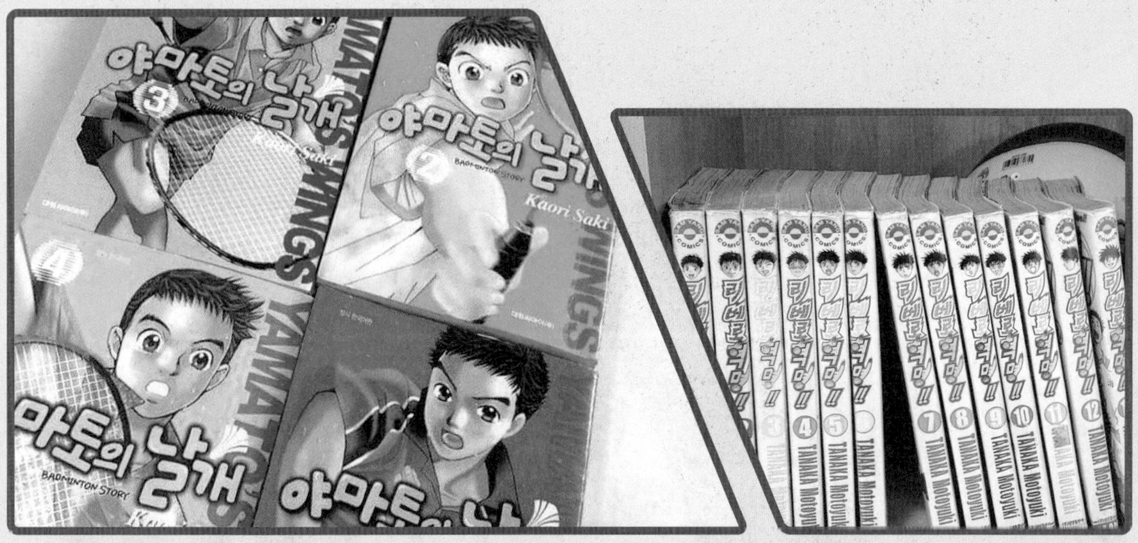
야마토의 날개
BADMINTON STORY
Kaori Saki
YAMATO'S WINGS
리베로 혁명!!
TANAKA Motoyuki

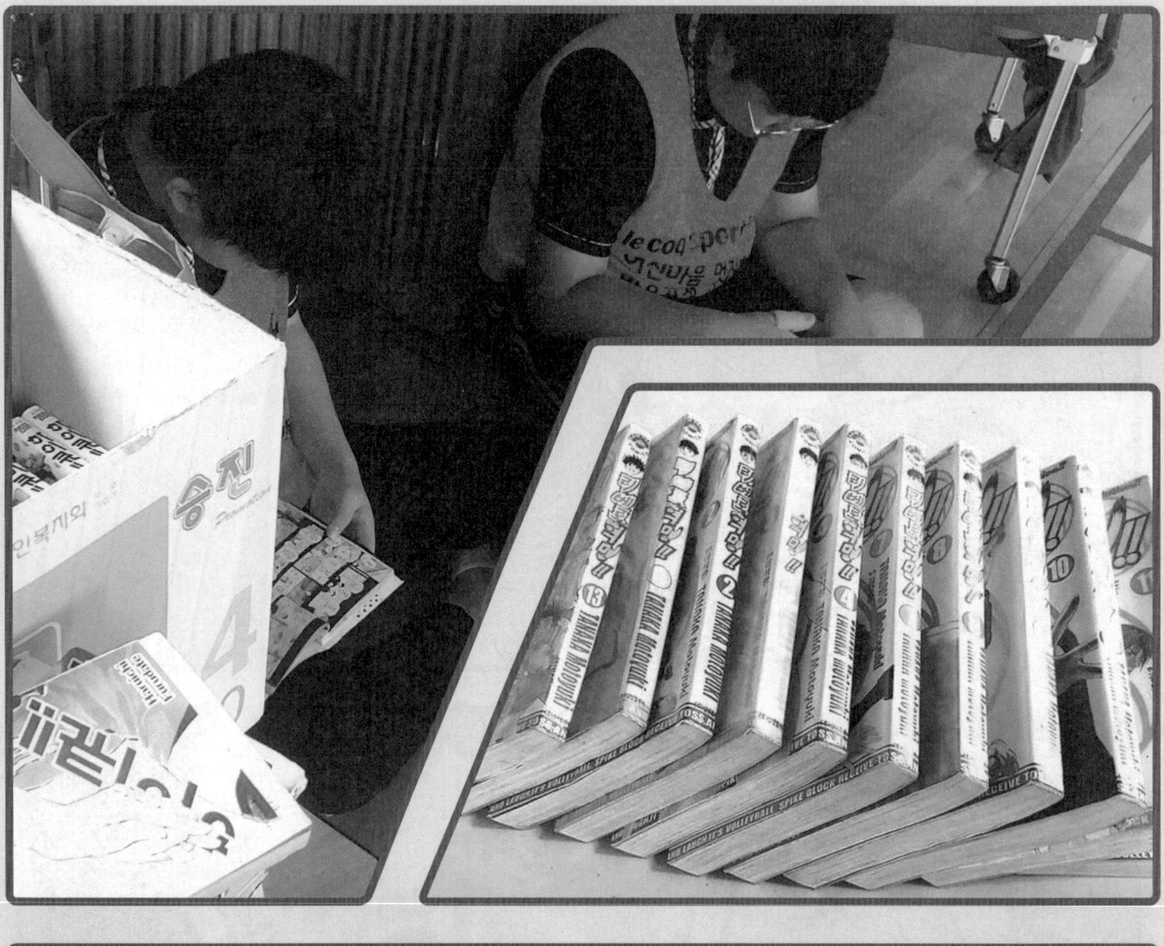

▲ '읽는 스포츠'를 통한 스포츠 문화의 전수

배구 만화 <다이어택>을 읽고

ㅇㅇㅇ

배구의 규칙과 방법 등을 몰라 배구에 관련된 만화책을 빌려 봤다. 이게 방학 숙제라니 너무 즐겁다. 배구의 규칙도 알 수 있었지만 내용이 더 재미있고 인상 깊었다. 〈다이어택〉이라는 제목만 봤을 땐 다이가 'die'인줄 알았는데 알고 보니 주인공 이름이었다. 그리고 어택이라 '죽은 공격' 인줄 알았다.

다이는 굉장히 뚱뚱한 고등학생이다. 다이는 뚱뚱한 체격 때문에 모든 고등학교 배구부에서 거절당한다. 그러던 어느날 한 학교에서 다이를 받아줬고, 다이의 활약에 힘입어 그 학교는 세계 대회까지 나가게 될 정도로 유명해진다. 조금은 말이 안 되는 것 같다. 특히 세계 대회까지는 말이다.

다이가 점프하는 모습을 보고 정말 말이 안 된다는 생각이 든다. 사람이 제자리에서 그렇게 높이 뛸 수는 없는 것 같다. 아니, 뛸 수 없다. 2~3m를 뛰어 공격하다니…. 그래서 우승하고, 전설의 인물이 되고, 제목도 다이의 공격이란 뜻을 갖고 있으니까 그런 것일까?

그래도 다이가 새로운 학교에 들어간 후부터 그 학교의 부원들도 모두 힘을 내고 용기가 생긴 것 같다. 원래 그 학교는 시설도, 부원들도 별로였으니 말이다. 모두 승리를 더해갈 때마다 새로운 것을 터득하는 모습을 보면 도전은 끝이 없나 보다.

주인공들이 최선을 다하는 모습과 배구를 위해 몸을 아끼지 않는 모습을 보면 나중에도 배구에 관한 일을 할 것 같은데 완결편을 보면 모두 다른 모습으로 모여 있다. 배구 매니저였던 여자도 평범한 대학생이다. 그러나 다시 만났을 때도 배구를 사랑하는 마음은 변함이 없었다. 진짜 배구를 하는 사람들은 이 만화에서처럼 어려운 일을 견디고 있는 것일까?

스포츠를 진심으로 사랑하는 사람들은 도대체 무엇을 느끼는 것일까? 자신이 좋아하는 운동을 하는 사람들은 그것을 통해 자신을 발전시켜 나가는 것이라는 생각이 들었다. 주인공인 다이도 그랬으니까….

간접 체험 활동을 돕는 '미니어처 활용 수업'

작은 것으로 크게 볼 수 있는 안목 키워주기

이것을 Why

학교에서 수업할 수 있는 종목이 있고, 그렇지 않은 종목이 있습니다. 컬링을 하고 싶다고 해서 컬링장을 세울 수는 없고, 볼링을 하고 싶다고 해서 볼링장을 만들 수도 없습니다. 학교 밖으로 장소를 이동하는 것도 그리 쉬운 일이 아닙니다. 직접 해보면서 운동 기능을 가르치는 것이 무엇보다 중요하지만 '하는 방법과 보는 눈'을 키우는 데 도움을 주는 것도 수업의 다른 목표가 될 수 있습니다. 하는 것은 스포츠를 체험하는 한 가지 방식에 불과하기 때문입니다. 원웨이로 진행되고 기억 속에서 사라지는 지루한 이론 시간을 만들라는 것이 아니라 놀면서 스포츠를 이해할 수 있도록 '수업 텃밭'을 잘 가꿔나가야 한다는 것입니다. 배드민턴 코트 미니어처를 이용해 간단히 복식과 단식 코트를 이해시키고, 배구 코트 미니어처를 이용해 인과 아웃을 이해시키고 안테나의 의미를 이야기했더니 학생들이 헷갈리기 쉬운 내용들을 쉽게 전달할 수 있었습니다.

준비는 Simple

(1) 인터넷으로 구매할 수 있는 미니어처 게임 기구

(2) 문방구에 있는 스포츠 관련 놀이 및 게임 용품

(3) 손재주가 있는 학생 발굴

무엇을 How

(1) 농구, 컬링, 축구, 야구, 볼링 등 다양한 놀이 용품을 준비합니다.

(2) 모둠을 편성해 게임을 로테이션으로 할 수 있도록 구조화합니다.

(3) 게임 방식을 쉽고 간단하게 전달할 수 있도록 미리 준비해두는 것이 좋습니다. 심플이 대세입니다. 경기 룰은 간단하게!

(4) 게임이 끝나면 다 함께 실제 경기 영상을 시청하면서 학생 스스로 이해하고 해봤던 것들이 맞는지 확인하는 과정을 마련합니다.

(5) 선생님이 준비한 간단한 퀴즈를 풀면서 헷갈리기 쉬운 경기 방식 또는 룰을 확인할 수 있도록 합니다(볼링 게임 카운트법, 컬링 경기 방식, 배드민턴 경기에서 단식 및 복식 코트의 이해,

배구 코트의 라인 명칭 알기 등).

(6) 미세먼지가 심한 날, 비오는 날, 학교 사정으로 교실에서 수업을 진행해야 하는 날 등에는 병뚜껑 컬링, 미니 스태킹 대회, 책상 탁구 대회를 할 수 있습니다. 유치해 보이고 아무것도 아닌 듯하지만 절대로 그렇지 않습니다. 꼼꼼하게 준비되지 않으면 절대로 진행할 수 없는 고난이도의 수업입니다.

좋았던 Point

많은 학생이 경기 방식을 잘 모르고 그냥 넘어갑니다. 주변 학생들에게 질문하기도 창피하고, 물어봐도 잘 아는 학생이 없기 때문입니다. 선생님조차 질문하는 학생들에게 그다지 친절하지 않은 경우가 종종 있지요. "설명하려면 복잡한데 나중에 알려줄게."라며 대충 넘어가곤 합니다. 축구 경기의 오프사이드를 정확히 설명할 수 있는 학생들이 한 학급에 몇 명이나 될까요? 경기를 하면서 경험해본 학생들도 있겠지만, 보는 것을 좋아하는 학생들도 많습니다. 운동을 잘하는 학생뿐 아니라 좋아하는 학생을 만들어내는 과정도 상당히 의미 있고 중요합니다.

실제로 틌건 물생심

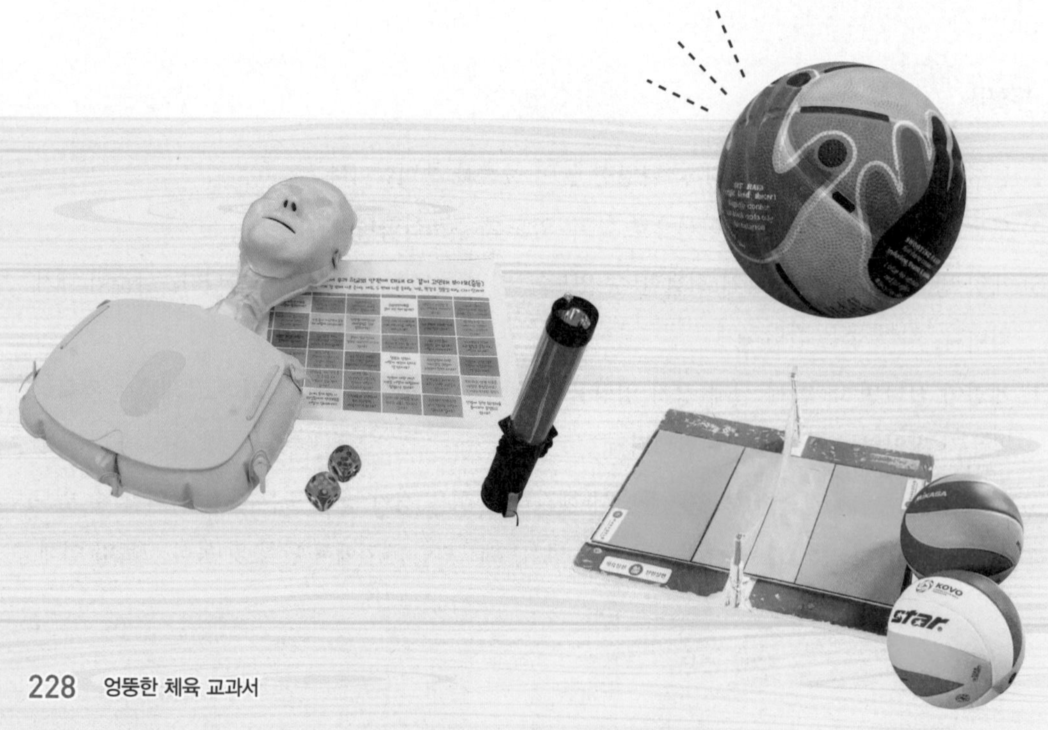

세상의 축소판! 스포츠의 축소판!
시작은 작지만, 끝은 거대하다.

상처받지 않기 위한
'5계명 모둠 규칙'

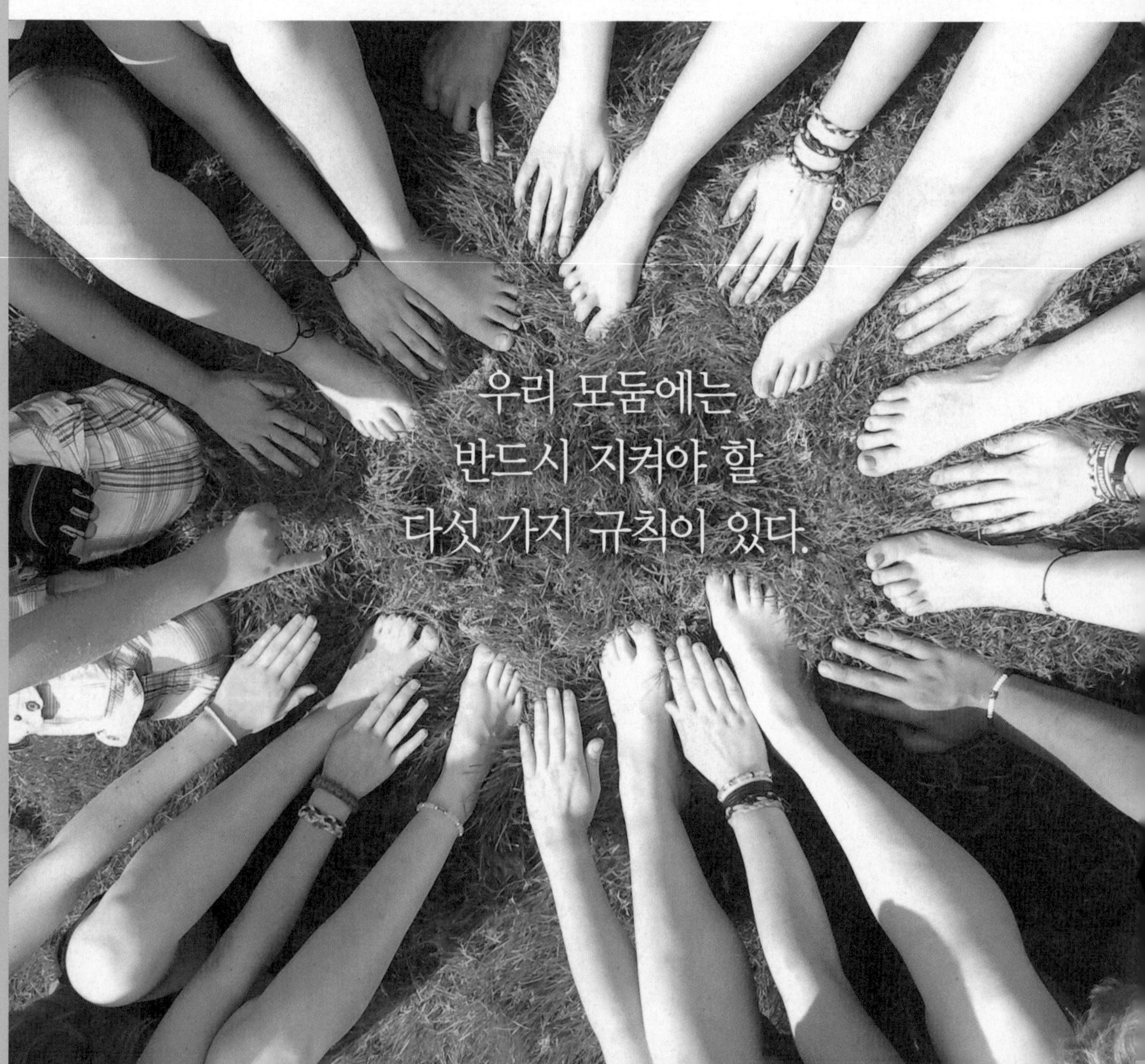
우리 모둠에는
반드시 지켜야 할
다섯 가지 규칙이 있다.

이것을 Why

학교 수업이 변하고 있습니다. 과거에는 대다수의 학생들이 모두 칠판을 바라보고 선생님의 말에만 귀를 기울였지만, 요즘에는 모둠 수업이 주를 이루고 학생들은 칠판이 아니라 모둠 학생들과 마주보고 수업을 하고 있습니다. 요즘의 수업은 예전 방식과 달리, 서로의 역할을 정하고 주어진 역할에 최선을 다해야 좋은 결과를 얻게 됩니다. 예전에는 많은 지식의 암기가 중요했다면 지금은 모둠의 프로젝트 수행 과정이 중요합니다. 따라서 학생들에게는 대인 관계 능력, 의사소통 능력, 공감 능력이 필요합니다. 하지만 학생들의 기본 역량에는 차이가 있습니다. 모둠에서 유·무형의 상처가 발생하기도 합니다. 모둠 수업에서 발생하는 문제와 상처를 예방하기 위해서라도 반드시 규칙을 정해야 합니다.

준비는 Simple

(1) A4 용지, 매직
(2) 메모지, 볼펜

무엇을 How

수업 방법은 3단계로 이뤄집니다. 첫째, 모둠에서 발생할 수 있는 문제와 예견되는 상처를 고민해봅니다. 둘째, 모둠별로 서로 상처를 주지 않고 문제가 발생하기 전 지켜야 할 규칙을 토의합니다. 셋째, 모둠별로 발표해 다른 모둠의 내용과 자신의 모둠의 내용을 비교·분석해보는 시간을 갖습니다. 구체적인 수업 방법은 다음과 같습니다.

(1) 모둠 구성

모둠을 구성하는 데에는 게임을 이용해 편성하거나 무작위로 편성하는 방법, 학생들끼리 상의해 모둠을 구성하는 방법이 있습니다. 게임을 이용해 편성하거나 무작위로 편성한 모둠은 A 모둠, 학생들끼리 상의해 편성한 모둠은 B 모둠입니다. A, B 모둠에서 각각 규칙을 만들어 비교해보도록 합니다. 모둠은 5명으로 구성하고 대단이(모둠장 역할을 하는 학생으로, 모둠의 모든 의견과 활동을 주도), 도움이(대단이를 도와주는 역할), 조용이(떠드는 학생에게 주의를 주는 역할),

응원이(모둠 활동 중 격려와 응원의 말을 하는 역할), 정돈이(모둠 활동을 정리하고 쓰레기가 발생했을 때 치우는 역할)의 역할을 부여합니다. 그리고 5명의 모둠원이 책임감을 느끼도록 가슴에 손을 얹고 맹세합니다. 맹세는 모둠을 구성하는 데 중요한 의식입니다.

(2) 예견되는 문제 발견

모둠원에게 메모지에 수업 시간(배구 수업의 예) 중 모둠에서 발생할 수 있는 문제점이나 상대에게 상처를 줄 수 있는 상황을 각각 2개씩 적도록 합니다.

(3) 문제 행동 및 상처 선별하기

총 10개의 상황 중 현실성 없는 의견을 선별합니다.

(4) 문제 상황에 대처하는 규칙 정하기

선별된 문제 상황에 대처할 수 있는 규칙을 정합니다. 우선 5명이 각자 2개의 규칙을 정하도록 합니다.

(5) 규칙 선별하기

5명이 2개씩 규칙을 정해 의견을 제시했다면, 한 모둠에 총 10개의 의견이 만들어집니다. 한 모둠의 규칙 중 5개만 선별해 '모둠 규칙 5계명'을 최종적으로 구성합니다.

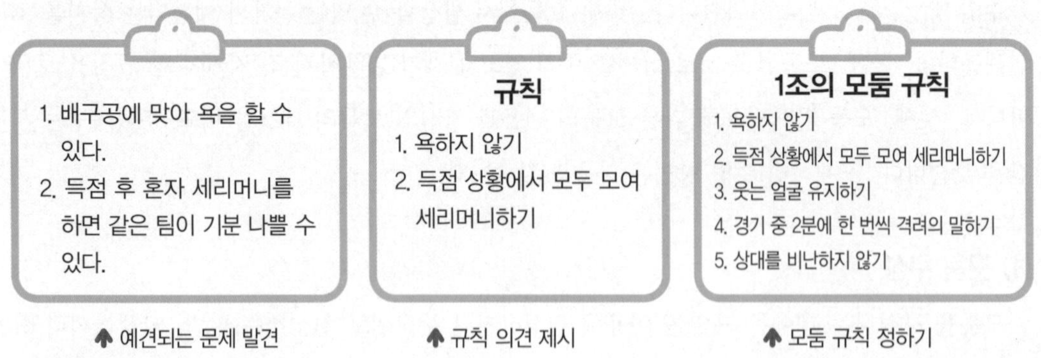

↑ 예견되는 문제 발견　↑ 규칙 의견 제시　↑ 모둠 규칙 정하기

(6) 발표하기

모둠별로 대단이가 모둠 규칙 5계명을 발표하고, 다른 모둠의 규칙과 자신의 모둠이 만든 규칙을 비교·분석해보도록 합니다. 또한 다른 모둠의 규칙을 듣고 자신의 모둠에 반영합니다. 수

정해야 할 규칙이 있다면 수정할 수 있는 시간을 부여합니다.

(7) 다짐하기

모둠 규칙 5계명을 반드시 지키기 위한 다짐의 의식을 합니다.

선서!

나는 우리 1반 1조의 '배구 용병 모둠'의 일원으로 다음의 규칙을 반드시 지킬 것을 맹세합니다.

하나, 나는 절대로 욕을 하지 않겠습니다.

하나, 나는 득점을 할 때 모둠이 모두 모여 세리머니를 하겠습니다.

하나, 나는 모둠 활동 내내 웃는 얼굴을 유지하겠습니다.

하나, 나는 경기 중 2분에 한 번씩 우리 모둠을 위한 격려 및 응원의 말을 하겠습니다.

하나, 나는 결코 상대에게 비난의 말이나 행동을 하지 않겠습니다.

1반 1조 모둠원 김○○

좋았던 Point

항상 수업 시간 또는 모둠 활동 중 문제가 발생할 수 있습니다. 규칙을 정해도 문제는 발생합니다. 하지만 규칙을 스스로 만드는 시간, 다른 모둠의 규칙을 들어보는 시간 그리고 모둠 규칙을 정해 맹세하는 시간은 매우 중요한 포인트입니다. 서로 상처를 줄 수 있는 상황에 대비하고 이를 실천하는 것이 무엇보다 중요합니다.

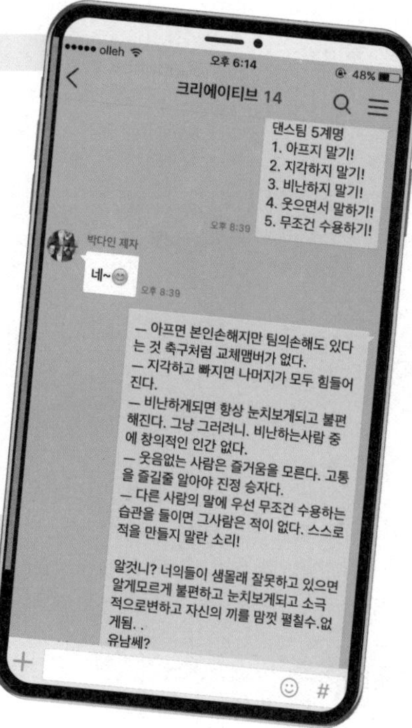

실제로 見물생심

43

PART 2 수업은 준비다

효율, 안전, 예의, 인성을 모두 갖춘
수업 규칙

모두 함께하는 의미 있는
수업 규칙과 약속 정하기

이것을 Why

대학교 ROTC 시절과 해병 장교의 역할을 수행하면서 수많은 규율과 규칙 그리고 규정을 배웠습니다. 군 생활을 하기 전에는 군대식 용어를 부정적으로 인식하고 있었지만 실제 경험하고 나니 많은 사람을 빠른 시간 내에 안전하고 효율적으로 움직이게 하는 역할을 한다는 것을 느꼈습니다.

군대와 학교는 많은 차이가 있지만, 효율과 안전을 중요시 한다는 것은 공통점이 있습니다. 특히 교실이 아닌 공간에서 여러 형태의 수업이 진행되는 학교 현장에서는 반드시 필요한 부분이라 생각합니다. 수업 규칙은 학생을 통제하는 수단이 아니라 효율을 높이기 위한 방법이므로 꼭 필요합니다. 교육 효과가 있는 것들을 선별하고 수정해 학교 현장에서 학생들과 함께하고자 노력했습니다.

준비는 Simple

(1) 효율적인 방법으로 수업을 구조화하려는 노력
(2) 수업 중 학생들의 집중력을 유지시킬 수 있는 노하우

무엇을 How

교실에서 기본적으로 지켜야 할 수업 규칙은 다음과 같습니다.

(1) 첫 만남: 수업 시간에 선생님이 교실 문을 열고 들어가는 순간, 선생님을 본 학생들은 모두 "안녕하세요!"라며 인사를 해야 합니다. 선생님도 반갑게 인사를 해야 합니다. 교실 문을 지나 첫발을 내딛는 순간에 인사를 할 수 있도록 안내합니다.

(2) 정식 인사: 선생님이 교탁 앞에 서면 담당 부장(반장 또는 교과 부장 등)이 일어서서 상호간에 다시 인사를 합니다. "차렷! 공수! 인사! 사랑합니다(또는 안녕하세요)." 그리고 수업이 끝나면 반드시 같은 인사합니다. "차렷! 공수! 인사! 감사합니다."

(3) 집중의 박수: 수업 시간에는 간혹 잠을 자거나 옆의 학생과 떠드는 학생들이 있기 마련입니다. 그럴 땐 집중의 박수가 효과적입니다. 선생님이 "집중의 박수!"라고 외치면, 학생들은

"짝짝짝(박수) 주목"이라고 답하며 선생님을 바라보도록 합니다. "박수 세 번 시작!"이라고 외치거나 그 외의 구호를 정하는 것도 좋습니다. 또한 각 반의 특징에 따라 외치는 답을 달리 하는 것도 좋은 방법입니다.

(4) 조용의 손바닥: 수업 시간 선생님들이 가장 많은 하는 이야기는 "조용히 하세요!"입니다. 조용히 하라는 소리를 자주 하는 것도, 듣는 것도 좋지 않습니다. 따라서 수신호를 통해 서로의 약속을 정하는 규칙을 만듭니다. '조용의 손바닥'이 대표적입니다. 선생님이 왼손은 입술 앞에 '쉿'이라는 손동작을 취하고 오른손을 선서하듯이 올리고 있으면, 선생님의 동작을 먼저 본 학생들은 선생님의 동작을 따라 해야 하며 혹시 주위에 동작을 보지 못한 학생들이 있다면 재빨리 알려줘 같은 동작을 하도록 합니다.

복도에서 지켜야 할 수업 규칙은 다음과 같습니다.

복도를 지나다 선생님과 마주쳤을 때 목례로 인사하도록 합니다. 이때 구체적인 단계를 구분해 알려줍니다. 첫째, 잘 알지 못하는 선생님이나 외부 손님과 마주쳤을 때는 고개를 숙여 인사합니다. 둘째, 교과 담당 선생님이 수업 시간에 들어오셨을 때는 고개를 숙이면서 선생님에게 들릴 정도로 "안녕하세요."라고 말합니다. 셋째, 개인적으로 존경하거나 좋아하는 선생님 또는 친한 선생님을 만났을 때는 발걸음을 멈춘 후 고개를 숙여 선생님에게 들릴 정도로 '안녕하세요. 선생님!'이라고 말합니다. 이때 발걸음을 멈춘 상태에서 인사하는 것은 선생님에게 인사를 하기 위해 시간을 투자하는 것이라고 설명해줍니다. 즉, 학교의 모든 선생님 및 어른에게는 인사를 해야 한다고 안내합니다. 하지만 자신이 알고 있는 정도나 친분 및 존경의 경중에 따라 인사법을 달리하도록 지도할 수 있습니다.

다음은 외부에서의 수업 규칙입니다.

(1) 오와 열: 오(伍)와 열(列)은 군대(해병대)에서 많이 사용하는 용어로, 오는 '좌우', 열은 '전후'를 말합니다. 즉, 오는 '횡대', 열은 '종대'를 뜻하며 선생님이 '오와 열'이라고 외치면 학생들도 큰 목소리로 '오와 열'이라고 외치면서 자신의 발을 바라보도록 지도합니다. 자신의 양발을 붙여 뒤꿈치를 좌우의 있는 사람의 발뒤꿈치 선에 위치하도록 하고, 붙인 양발 사이의 가운데 선을 앞사람의 선에 맞추도록 합니다. 선생님이 "바로!"라고 외치면, 학생들은 선생님

을 바라보도록 합니다.

(2) 수신호: 야외에서 수업하다 보면 점차 목소리가 커집니다. 몇 번의 수업 진행 만으로도 목이 쉽게 쉬곤 합니다. 따라서 목소리만으로 학생들에게 집합, 이동, 조용, 교대 등을 이야기하기에는 어려움이 있습니다. 사전에 학생들과 수신호를 통해 신호의 약속을 정해 수업 규칙에 적용하면 편리합니다.

체육 수업 속의 약속들은 안전사고 예방에 큰 효과가 있습니다.

가. 집합: 검지를 하늘로 향하게 한 후 시계 반대 방향으로 돌리는 동작을 합니다. 이 수신호를 본 학생은 재빠르게 선생님 앞으로 달려와 처음에 집합했던 줄을 섭니다.

나. 이동: 집합의 신호와 같이 검지를 머리 위로 하늘을 향하게 하고 시계 반대 방향으로 돌리는 동작을 취한 후 이동해야 할 위치에 손가락을 지정합니다. 이 수신호를 본 학생은 선생님의 지시한 위치로 빠르게 달려가 최초 집합했던 줄을 섭니다.

다. 빨리빨리: 주먹을 쥐고 파이팅을 하는 자세에서 팔을 위아래로 3회 올렸다 내리는 동작을 반복합니다. 이 수신호는 '빨리빨리'라는 의미로 모든 수행을 빠르게 진행하라는 뜻입니다. 동작을 빠르게 하라는 의미일 수 있고, 모둠별 과제를 빠르게 진행하라는 의미일 수도 있습니다.

라. 편히 앉아: 운동장 또는 체육관에 집합한 학생들에게 설명할 때는 학생들이 편히 앉은 상태에서 설명을 듣도록 합니다. 앉는 것에도 순서가 있습니다. 우선 선생님이 "무릎 앉아!"라고 외치면 학생들은 "하나, 둘!"이라고 외치며 무릎을 굽히고 앉습니다. 그리고 선생님이 "편히 앉아!"라고 외치면 "감사합니다!"라고 외치며 양반다리로 앉도록 합니다. 중간에 "무릎 앉아."를 넣은 이유는 앉자마자 땅바닥에 주저앉아 땅을 바라보거나 운동장의 흙을 만지는 등의 행동을 할 수 있기 때문입니다(선생님의 설명에 집중하기 위해 2단계의 순서로 편히 앉을 수 있게 했습니다). 좀 더 집중하도록 하기 위해서는 '무릎 앉아!', '일어서!', '편히 앉아!'의 3단계로 지도합니다. 자주 하면 대퇴사두근(넙다리 네 갈래근)이 발달하는 효과도 덤으로 볼 수 있습니다.

좋았던 Point

타인 배려, 공동체 의식, 인간 존중, 자아 존중 등과 같은 인성 교육은 전반적으로 이뤄져야 합니다. '자신부터 먼저 웃고 인사하기'를 지속적으로 실천하도록 습관을 형성하는 것이 무엇보다 중요합니다. 모든 수업 시간 및 학교 생활 전반에 걸쳐 항상 인사하는 습관과 교과 수업마다 각각의 수업 규칙을 지키는 학교 풍토가 마련된 것이 가장 좋았습니다. 처음에는 어색하고 수줍은 모습으로 수업 규칙을 따르지만, 지속적으로 연습하면 규칙을 자연스럽게 지키는 학생들을 만나볼 수 있습니다.

실제로 見(견)물생심

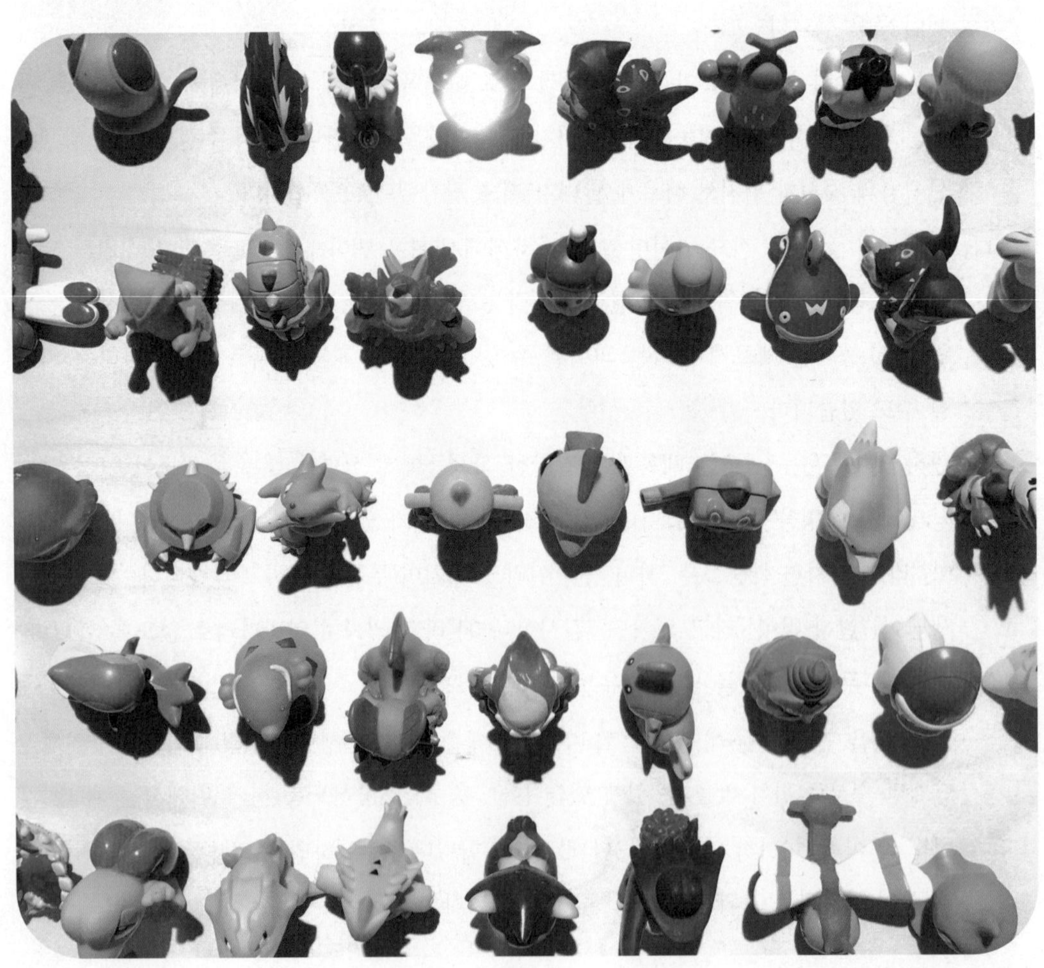

전체시설 금연구역입니다.

44

나만이 아닌 우리 모두의 '안전을 위한 규칙'

나와 너를 안전하게 만들기

이것을 Why

경기 규칙은 스포츠 참여 중 발생할 수 있는 안전사고 예방을 위해 만들어진 것들이 많습니다. 축구 경기에서 백태클이 금지된 이유는 선수들의 부상을 막기 위해서입니다. 이렇듯 다양한 스포츠에서 안전으로 변화된 경기 규칙에 대해 설명합니다.

백태클은 즉시 퇴장

고의적인 진로 방해

공과 관련 없는 파울

상대를 위협하는 행동

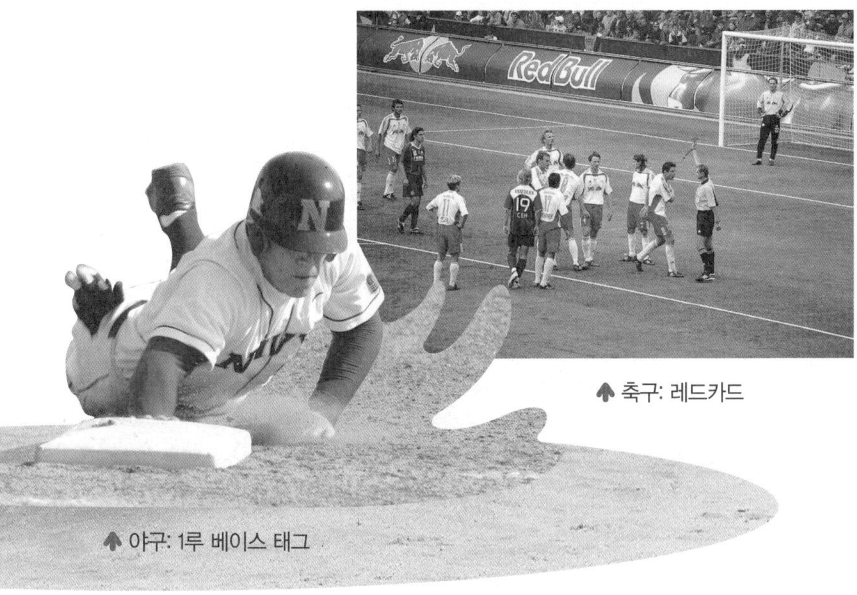

▲ 축구: 레드카드

▲ 야구: 1루 베이스 태그

▲ 농구: 5반칙 퇴장

모든 스포츠에는 규칙이 있습니다. 이 규칙은 안전이 우선이고 그다음이 재미입니다. 처음에는 재미만을 위해 규칙이 만들어졌을 수도 있지만, 점차 발전하면서 안전을 중요시하게 됐고, 현재 대부분의 경기 규칙은 안전하게 즐기기 위한 것으로 변하고 있습니다.

축구에서 심각한 파울을 하면 레드카드를 제시해 퇴장시키고, 농구에서 개인의 실수 및 미숙으로 발생한 반칙인 바이얼에이션은 여러 번 해도 상대편에게 공격권만 부여할 뿐, 그 숫자를 기록하지 않지만, 상대에게 해를 가하는 파울이 5회일 경우 퇴장을 명합니다. 야구에서 투수가 던진 직구가 타자의 머리에 맞았을 경우 바로 퇴장시키는 이유도 안전과 관련돼 있습니다.

학교에서의 안전 규칙, 안전을 위한 학급 규칙, 체육 수업 중 진행되는 안전 교육 등을 바탕으로 안전 의식을 높일 수 있도록 학교 문화를 조성하도록 합니다.

준비는 *Simple*

(1) 안전과 관련한 스포츠 종목별 경기 규칙 검색하기

(2) 안전사고 예방을 위한 학교 생활 알아보기

(3) 학교에서 발생했던 안전사고 사례 조사하기

(4) 체육 수업 중 진행할 수 있는 안전 교육 구상하기

무엇을 *How*

학교에서 안전 규칙을 지켜야 하는 이유를 구체적으로 설명합니다.

① 운동화와 실내화, 운동화형 실내화와 슬리퍼: 운동장에서는 반드시 운동화를 신어야 하며, 체육관 등에서는 슬리퍼를 신어서는 안 된다. 운동장의 흙먼지는 다른 사람의 건강을 해치고, 슬리퍼는 자신의 건강에 해롭다. 슬리퍼를 신고 운동을 하는 것은 안전하지도 않을 뿐 아니라 운동에 대한 예의도 아니다.

② 체육복을 반드시 입어야 하는 이유: 안전을 위해 입는다. 교복을 입고 운동하다 다치지 않았다면, 운이 좋은 것이다. 교복은 성인의 양복과 같다. 양복을 입고 축구를 하는 것과 같다. 따라서 다치지 않기 위해서는 반드시 체육복을 입어야 한다.

③ 체육복을 입고 등교하지 말아야 하는 이유: 위생 안전을 위해서다. 스포츠를 좋아하는 학생들이 종종 체육복을 입고 등교한다. 언제나 운동할 준비가 돼 있다는 뜻이다. 쉬는 시간마다 체육관이나 운동장으로 뛰어나가 운동을 한다. 점심시간, 방과 후 역시 운동을 한다. 심지어 그 체육복을 입고 학원에 가거나 집에 가서 잠을 자는 경

우도 있다. 땀에 젖은 체육복을 계속 입고 있는 것은 건강에 해롭다. 위생을 위해서라도 체육복은 운동할 때만 입어야 한다.

④ 사탕과 껌을 씹고 있는 사람을 멀리해야 하는 이유: 이를 닦지 않았기 때문이다. 식사를 하고 이를 닦았다면 사탕과 껌이 맛이 없다. 하지만 점심시간 사탕과 껌을 씹고 있는 학생은 입 냄새를 없애기 위한 방편으로 껌을 씹고 있는 것이다. 친구가 점심을 먹고 껌을 씹고 있다면, 이를 닦으라고 권유해야 한다.

⑤ 점심시간에 안전사고가 많은 이유: 학교 생활 중 가장 많이 다치는 시간은 점심시간이다. 이유는 준비운동도 하지 않고, 대부분 체육복을 제대로 입고 있지 않으며, 심판이 없어 규칙을 무시하고 경기를 하기 때문이다.

⑥ 모르면 하지 말아야 하는 이유: 사람들은 온찜질과 냉찜질을 언제 해야 하는지 잘 모른다. 코피가 나면 고개를 숙여야 하는지, 들어야 하는지, 코피를 막아야 하는지, 계속 흐르게 해야 하는지도 잘 모른다. 찰과상을 입으면 밴드를 붙여야 하는지, 연고만 바르고 상처는 그대로 둬야 하는지도 잘 모른다. 자신이 다칠 수도 있고 주변 사람이 다칠 수도 있다. 그러한 상황에서 어떻게 대처해야 하는지 배워야 한다. 잘못 처치했다가 오히려 상황이 안 좋아질 수도 있다. 모르면 배워야 한다.

안전을 위한 학급 규칙을 스포츠 규칙과 연관 지어 설명합니다.

① 벤치 클리어링[1]: 우리 학급에서 안 좋은 일이나 위험한 일이 발생하면 모두 자리에서 일어나 말려야 한다. 야구의 벤치 클리어링 규칙을 우리 반의 대표적인 규칙으로 정한다.

② 복장 규정: 모든 스포츠에는 복장 규정이 있다. 복장이 불량하거나 잘못 입었을 경우에는 경기를 뛰지 못하거나, 벌금을 내거나, 같은 편에게 불리한 조건의 규칙이 적용된다. 따라서 복장은 스포츠의 규정처럼 철저히 지켜야 한다. 학교에 교복을 입지 않고 사복을 입고 오는 것을 스포츠 상황에 빗대 설명하면 농구팀에 다른 팀의 옷을 입고 온 것과 같다. 실내화와 실외화를 구분하지 못하고 잘못 신고 있는 것은 농구 경기장에 농구화를 신지 않고 오리발을 신고 있는 것과 같다.

③ 레드카드 또는 5반칙 퇴장: 학급에서 정한 규칙을 제대로 지키지 않을 경우, 경미하다면 옐로카드를 주지만, 옐로카드 2번을 받게 되면 레드카드를 받게 된다. 레드카드를 받게 되면 부모와 해당 학생은 2시간 동안 상담을 해야 한다. 선생님이 정한 규칙을 제대로 지키지 않을 경우, 5반칙 퇴장의 규칙을 적용한다. 4번의 기회를 주지만 다섯 번째는 레드카드와 같은 상황이 된다.

---

1) 그라운드 위에서 선수들 사이에 싸움이 벌어졌을 때, 양 팀 소속 선수들이 모두 그라운드로 몰려나와 뒤엉키는 것을 말한다. 이러한 상황이 되면 말 그대로 벤치가 깨끗이 비워진다. 만약 싸움이 발생하면 야구에서는 모두 '싸움 말리기'를 해야 하며, 만약 이를 방관하면 벌금을 내야 한다.

안전사고 예방이 중요함을 아무리 강조해도 지나치지 않습니다. 또한 "안전 의식은 자신의 몸에 보호 장구 역할을 하는 근육을 붙이는 것"이라고 설명합니다. 다음은 안전과 관련된 체육 수업 방법들입니다.

① 동계 올림픽 종목별 주요 부상 부위 및 보호 장구에 대해 알아보기
② 야구장에서의 안전 사고 조사하기
- 야구장에서 파울볼에 맞았다면 그 책임은?
- 야구 경기 중 가장 많이 다친 이유는?
- 야구 경기 중 쓰러지면 그라운드에 응급차가 들어와도 되는가?

③ 종목별 안전을 위한 보호 장비 알아보기
④ 경기장별 대피로 알아보기, 우리 학교 대피로 알아보기
⑤ 안전한 스포츠 활동을 위한 캠페인 만들기(표어, 포스터, UCC 등)
⑥ 자외선의 장단점 알아보기
⑦ 안전을 위한 법의 변화: 응급차 및 응급 처치사 경기장 대기, 안전 펜스 설치, 안전 경호원 등
⑧ 직접 안전 체험: 환자 및 구급대원 직접 체험하기

좋았던 Point

안전 교육은 매일, 매시간 실시돼야 합니다. 안전 교육을 해도 안전 사고는 발생하기 때문입니다. 수업 시간에 학생들이 다치면 수업에 대한 의욕과 열정이 약해지게 됩니다. 그래서 예방해야 합니다. 특히 신체 활동이 많은 체육 시간에는 의미 있는 안전 교육을 꼼꼼하게 진행해야 합니다. 건강, 도전, 경쟁, 표현, 안전에 포함될 정도로 의미가 있으므로 학생들도 충분히 공감했습니다.

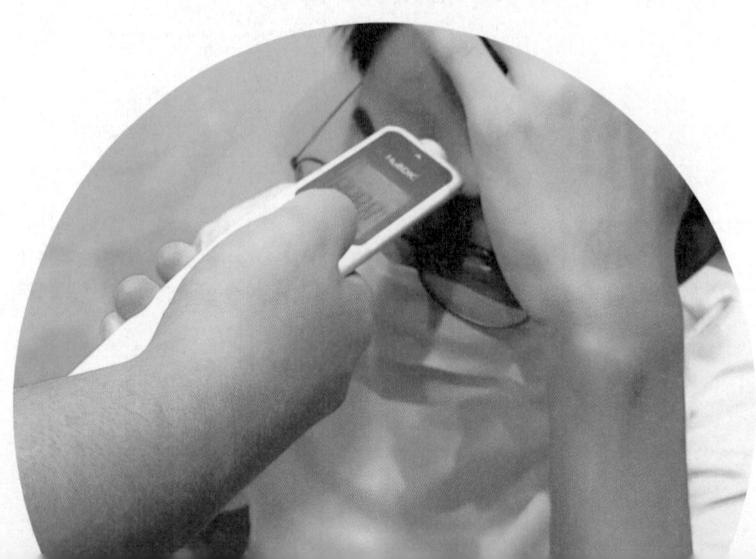

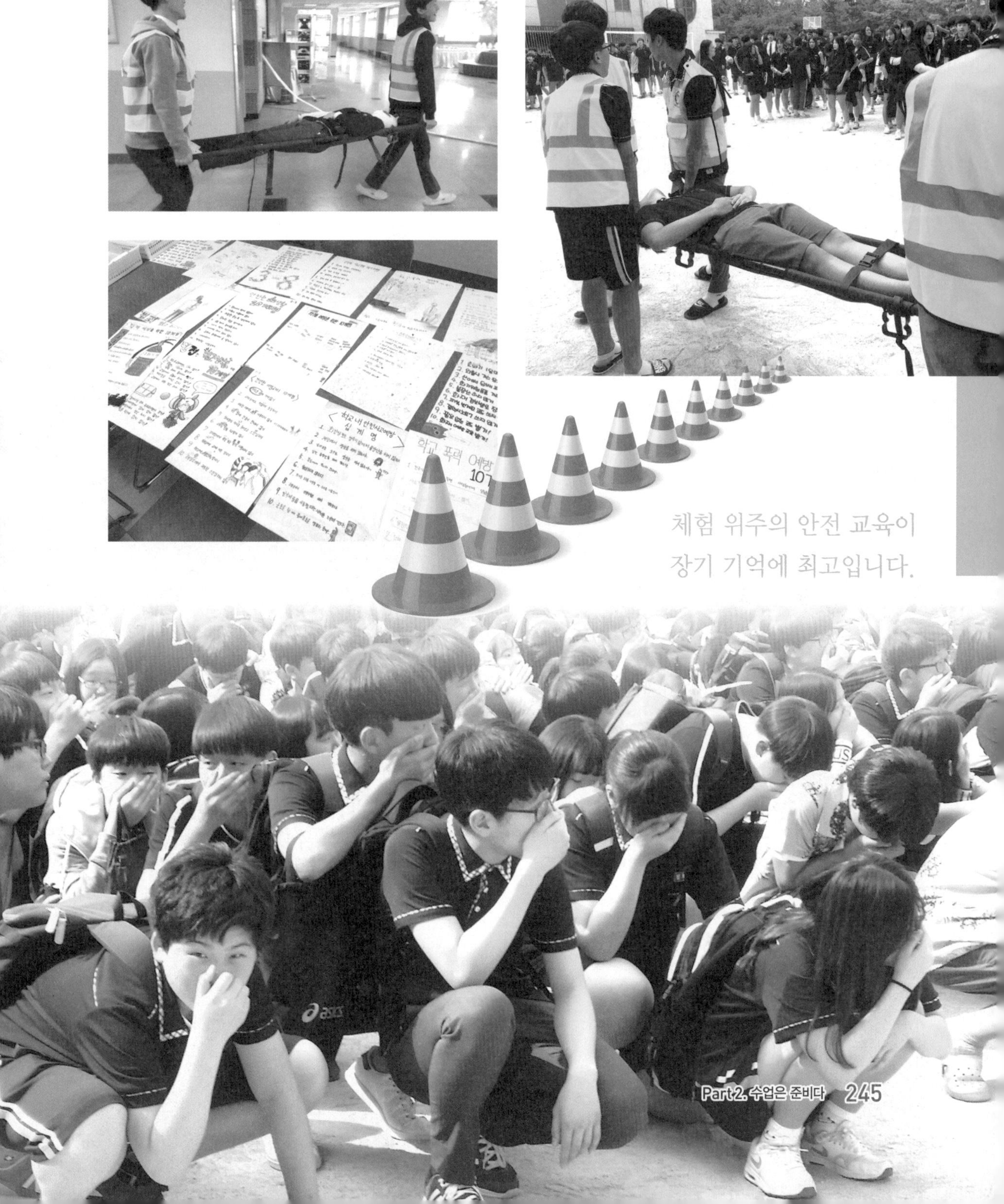

체험 위주의 안전 교육이
장기 기억에 최고입니다.

미세먼지 심한 날을 위한 교과서 활용 교실 수업

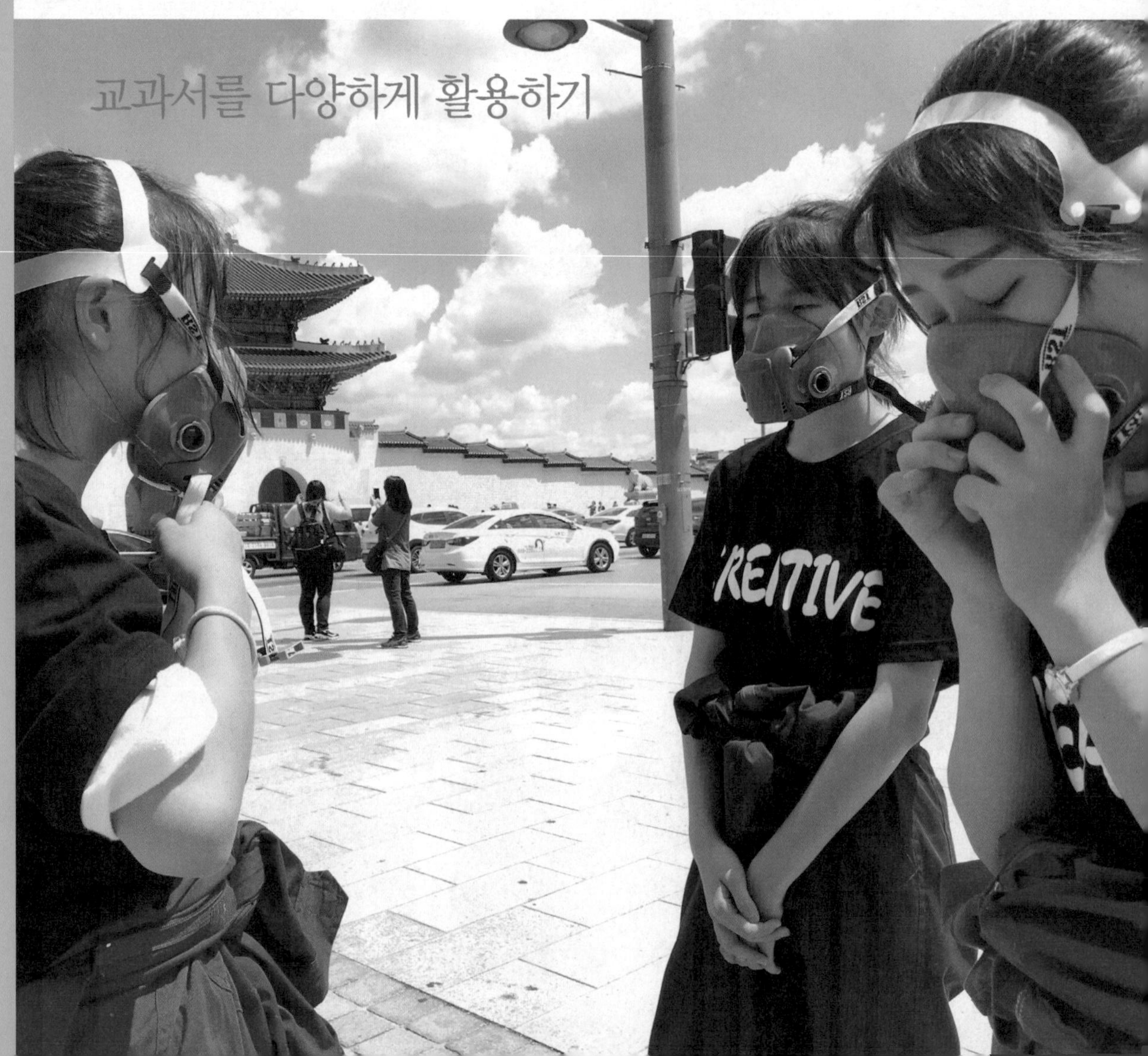

날씨가 환경 오염 때문에 점점 더워지는 것 같습니다. 미세먼지는 더욱 심해져 미세먼지를 확인한 후에 수업을 시작해야 하는 상황에 이르렀습니다. 갑자기 교실에서 수업해야 하는 경우에는 조금 당황스럽습니다. 이때에는 교과서를 활용해 '인성'을 주제로 의미 있는 시간을 보낼 수 있습니다. 교과서를 활용해 공감, 배려, 존중, 소통, 협동, 희생, 격려, 질서 등의 주제로 수업을 진행합니다.

(1) 체육 시간을 통한 배려: 교과서에 나와 있는 모든 종목의 패스 종류를 알아봅니다. 배려를 위해 패스가 가장 중요하며, 교과서에서 소개한 종목의 모든 패스의 종류와 방법에 대해 조사해봅니다. 모든 패스는 상대방의 수준을 고려해 정확하고 받기 쉽게 줘야 합니다. NBA 농구의 슈퍼스타가 우리 학교의 어떤 여학생에게 패스를 했는데, 이를 받지 못했다면 그 선수는 농구를 못 하는 사람입니다. 상대의 수준을 고려해 패스하지 못한 사람, 패스를 잘 받지 못한 사람 모두에게 잘못이 있기 때문입니다. 배려는 체육 시간에 배워야 할 가장 중요한 역량입니다.

(2) 체육 시간을 통한 존중: 교과서에서 존중과 관련된 사진을 찾아보도록 합니다. 각자 존중이라 생각되는 사진을 찾고 그 이유를 설명하게 합니다. 스포츠의 시작은 상대가 준비돼 있을 때 가능합니다. 준비가 되지 않은 상태에서 경기가 시작되는 것은 인정하지 않습니다. 공정하지 못하고 상대에 대한 잘못된 행동이기 때문입니다. 기본적으로 상대를 존중하고 공정한 상태에서 경쟁할 수 있는 태도를 기르는 것이 중요합니다. 모든 스포츠의 시작은 상대를 존중하는 마음이라는 것을 명심해야 합니다.

(3) 체육 시간을 통한 소통: 교과서에서 '소통'하고 있는 사진이나 삽화를 찾아보게 합니다. 굳이 말을 하지 않아도 상대의 마음을 헤아리고 위로할 수 있으며, 서로의 소통만 제대로 이뤄진다면 폭력은 없어질 것입니다. 체육 시간에는 다양한 방법을 통해 소통하는 법을 배울 수 있도록 합니다.

(4) 체육 시간을 통한 협동: 체육 교과서 속에서 '협동'이라는 단어가 떠오르는 페이지를 찾아봅니다. 기쁨을 나누면 2배가 되고 모으면 100배가 됩니다. 혼자가 아닌 팀으로 하나의 목표를 달성하도록 하고, 수업 도중에 발생하는 부정적인 행동을 없애고 서로 성장할 수 있는 과제를 부여해 진정한 협동의 의미를 깨닫게 해야 합니다.

(5) 체육 시간을 통한 희생: 영화나 드라마의 기억나는 장면 중 희생과 관련된 이야기를 나눠보게 합니다. 나를 희생해 팀을 위하는 정신이야말로 우리 사회에 꼭 필요한 소양입니다.

(6) 체육 시간을 통한 격려: 다양한 격려 방법을 연습해봅니다. 격려와 관련된 사진을 찾아보고 자신의 파트너에게 다양한 격려 방법을 실천해봅니다. 인간의 성장은 칭찬과 격려에서 시작된다고 합니다. 잘한 것에 대해서는 기분 좋은 언어로 아낌없는 칭찬과 격려를 해줄 필요가 있습니다. 표현력이 부족한 청소년기의 학생들에게 멋진 행동을 목격했을 때 감탄하고 격려하는 다양한 방법을 소개해줘야 합니다.

(7) 체육 시간을 통한 질서: 야구의 타순처럼 학급에서 실천(청소, 급식, 칠판 당번, 환경 미화 등)할 수 있는 순서를 만들어봅니다. 모든 일에는 순서가 있죠. 기초부터 순차적으로 진행하는 법을 배우는 것은 기본적인 질서를 배우는 것과 같습니다. 스포츠의 질서를 통해 학생들이 한 단계 성장할 수 있는 기회를 제공해야 합니다.

견물생심의 인성 교육을 위해 '찾아가는 유휴 TV 활용 스포츠 갤러리'

갤러리가
뭐 별건가요?
우리도 준비해보기
SHARP

이것을 Why

학교에서는 과목별로 다양한 수업이 진행되고, 매달 교과별 행사가 학사 일정에 맞춰 진행됩니다. 또한 교과세특의 살을 찌우기 위해 다양하고 알찬 활동이 이어지고 있습니다. 학생들의 자율 동아리 활동 및 정규 동아리 활동 참여와 수업 시간 발표가 이어지죠. 학교 대표로 대회에 참여하는 학생들도 있습니다. 하지만 동영상을 보지 않으면 어떤 활동이 진행되는지 알 수 없죠. 바야흐로 영상의 시대입니다.

5분 정도의 활동 영상을 정리해 학생들이 자주 찾는 곳에서 지속적으로 플레이될 수 있도록 틀어주는 것이 좋습니다. 요즘 관공서나 대기업은 중앙 로비에 꼭 이것이 있죠. 대세 또는 큰 흐름이라 보면 됩니다. 학교에서의 교육과정 내 활동들을 그냥 넘기지 마시고 간단한 영상을 핸드폰으로 정리해두는 것이 좋습니다. 영상을 하나 만들어두면 학교를 홍보하는 데도 활용할 수 있습니다.

준비는 Simple

(1) 학교에서 잠자고 있는 대형 TV 찾아보기

(2) 학생들의 이동이 가장 많은 공간 살펴보기

(3) 가장 효과적인 학교 소식 홍보 공간 확보하기

무엇을 How

(1) 수업 시간에 진행되는 다양한 활동을 담은 사진을 4~5분 정도의 영상으로 제작하는 일은 이제 스마트폰으로도 간단히 할 수 있습니다. 예전처럼 어려운 편집 프로그램을 활용해 작업할 필요가 없어졌죠. 간단한 애플리케이션에 사진을 넣은 후 음악을 넣으면 깔끔하게 끝납니다. 스티브 잡스의 애플 경영 철학과 같이 심플해야 뭔가 하고 싶은 생각이 듭니다. 학생들과 선생님은 다르지 않습니다.

(2) 학교의 중앙 현관 또는 급식실 입구의 줄 서는 곳에 대형 모니터 하나쯤은 다 있죠(혹시 없는 학교는 남는 모니터를 수소문해보세요. 요즘 학급 수 감소로 인해 남는 것들이 종종 있어요). 이

모니터를 멋진 교육과정 재구성 영상으로 채워보세요. 교사의 작품뿐 아니라 학생들의 작품도 포함시켜주세요. 학생들이 더 잘합니다. 도와준 학생들의 활약상은 '과세특'에 멋지게 써주면 됩니다. 이것이 바로 기록이죠!

(3) 영상을 활용한 LG(라이브러리 & 갤러리)라는 공간을 학교 현장에서 만들면 학생들에게도, 학교를 찾아주시는 손님들에게도 큰 홍보물이 될 수 있습니다. 학교 수업 및 행사를 소개해주는 감동적인 '터'가 됩니다.

좋았던 Point

우선 학생들이 급식을 먹느라 대기하는 자투리 시간에 학교의 다양한 홍보물을 볼 수 있게 한 것이 좋았습니다. 동급생 또는 선배들이 열심히 활동하는 모습은 강한 시너지를 발휘합니다. 미처 몰랐던 것도 알게 되고, 동아리에서도 공연이나 행사 안내를 종이 홍보지와 병행해 영상으로 제작하도록 하면 멋진 작품들이 나옵니다. 학생들의 안전 교육 및 인성 교육용으로도 좋았습니다. 차근차근 모아두면 또 하나의 작품이 됩니다. 이것들이 쌓이면 학교의 역사가 됩니다.

실제로 見物生心

_
따라하는 홈트TV
옵션
숨김
나가기
역량기르기

47 수업을 살리고, 교사를 살리는 '자격증 취득'

매년 하나의 자격증 취득에 도전해 수업 역량 키우기

이것을 Why

학생들은 수업 시간에 다양한 질문을 합니다. 실제로 스포츠를 체험하다 보면 돌발 상황이 발생합니다. 한 가지만 알려줬는데 여러 가지를 융·복합적으로 물어봅니다. 그래서 배워야 합니다. 스포츠 룰은 여러 가지 이유로 조금씩 변하고 있습니다. 자격증을 취득하면 더 많이 알게 되고, 좀 더 자세히 수업할 수 있습니다. 배워서 남줄 수 있습니다.

준비는 Simple

(1) 어떤 자격증을 취득할 것인지 고민하기

(2) 1년에 하나의 자격증을 취득해 넣어둘 파일 준비하기

무엇을 How

(1) 배워서 남주는 차원을 뛰어넘어 결국 선생님의 수업으로 되돌아옵니다. 그해에 수업해야 할 종목과 관련된 자격증을 취득하면 더욱 좋겠죠. 자격증이 곧 '실력 인증'입니다.

(2) 운동 기능이 조금 떨어져도 괜찮습니다. 하지만 그 종목을 잘 모르면 안 되겠죠. 이론적으로 잘 아는 것, 심판을 잘 볼 수 있는 것, 해당 스포츠에 대한 해박한 지식을 갖고 있다는 것은 체육 교사의 큰 장점입니다. 다시 말해 이야깃거리가 많다는 것은 체육 교사의 큰 자산입니다.

(3) 자격증을 취득하면 '지도자 자격 능력 시험' 문제를 출제할 수 있습니다. 아니까 보이는 것이죠. 이 시험으로 이론 수업을 색다르게 진행할 수 있습니다. 그 맛을 느껴보시길 강력히 추천합니다.

(4) 종목별 지도자 자격 능력 시험을 하나씩 만들어 수업 시간에 활용해보세요. 학생들의 수준에 맞게 세 종류(순한 맛, 보통 맛, 매운 맛)로 구분해 선생님표 인증서를 제공해주셔도 됩니다. 하나만 제작하셔서 점수로 레벨을 구분해도 됩니다. 학생들은 이런 것에 민감하죠. 별것 아니지만 '별것'으로 만들어보세요. 학생들이 집중하는 모습을 보게 되실 겁니다.

좋았던 Point

야구 심판 자격증에 겨울방학을 모두 투자했습니다. 이론을 배우는 시간도 엄청 길었고, 심판 기능을 배우는 시간도 어마어마하게 길게 느껴졌습니다. 하지만 국제 심판들로부터 디테일한 설명을 들을 수 있어서 정말 좋았습니다. 심판 자격 이론 시험을 패스하기 위해 다양한 상황에 대해 공부하면서 저의 야구에 대한 안목은 열 단계 업그레이드됐습니다. 야구 심판도 의사와 같이 케이스와의 싸움입니다. 그 케이스를 심판이 알고 있으면 미리 대비할 수 있습니다. 주심 및 루심은 어떻게 움직이며 어떤 위치에서 판정(콜)을 해야 하는지, 인필드 플라이 또는 낫아웃과 같은 상황이 벌어졌을 때는 어떻게 콜을 하고 지켜봐야 하는지에 대한 궁금증을 심판 자격을 취득하는 과정에서 알게 됐습니다.

농구 심판 자격증을 취득해보니 심판이 정말 어렵다는 것을 알 수 있었습니다. 학교에서 농구 경기 심판을 볼 때 퍼스널 파울에 대한 휘슬을 손 동작(주먹을 쥐고 위로 뻗기) 없이 불면 성의 없는 심판이 된다는 것도 알게 됐습니다. 타임의 시작과 끝, 어떤 상황에서 볼의 인플레이 위치가 지정되는지 등의 여러 상황이 한눈에 들어왔습니다. 농구 경기 매뉴얼을 형광펜으로 언더라인하면서 공부했더니 학생들에게 해줄 수 있는 이야깃거리가 정말 많아졌습니다. 수업 냉장고가 가득 채워지는 느낌이었습니다. 지금도 든든합니다.

배구 심판 및 기능 지도 자격증과 배드민턴 생활 체육 자격증을 취득하면서 우리가 정확히 모르고 있는 상황들을 체크할 수 있었습니다. 교과서에 담길 수 없었던 변화된 룰도 알게 됐습니다. 배드민턴 서비스 폴트에 관련된 규정, 배구 코트에서의 주·부심의 역할, 선심의 정확한 볼 판정에 대해 배웠습니다. 또한 배구의 시작과 끝에 진행되는 선수와 심판 간 예의에 대한 프로토콜에 대해서도 알 수 있었습니다. 네트를 어떻게 쳐야 하고 안테나는 어느 위치에 고정돼야 하는지도 자세하게 배울 수 있었습니다. 그냥 되는 것은 하나도 없었습니다. 모든 것이 약속이고 규칙이었습니다. 그래서 배우는 과정이 너무 재미있었습니다. 지금도 그 당시 이론 교재에 형광펜 자국이 가득합니다. 교재의 여백에 제가 몰랐던 것들에 대한 설명들이 빨간색과 파란색 볼펜으로 가득 채워져 있습니다. 체육 교사인 제가 모르고 있었던 것들이 너무도 많았나 봅니다. 올해도 새로운 종목에 도전해볼까 합니다.

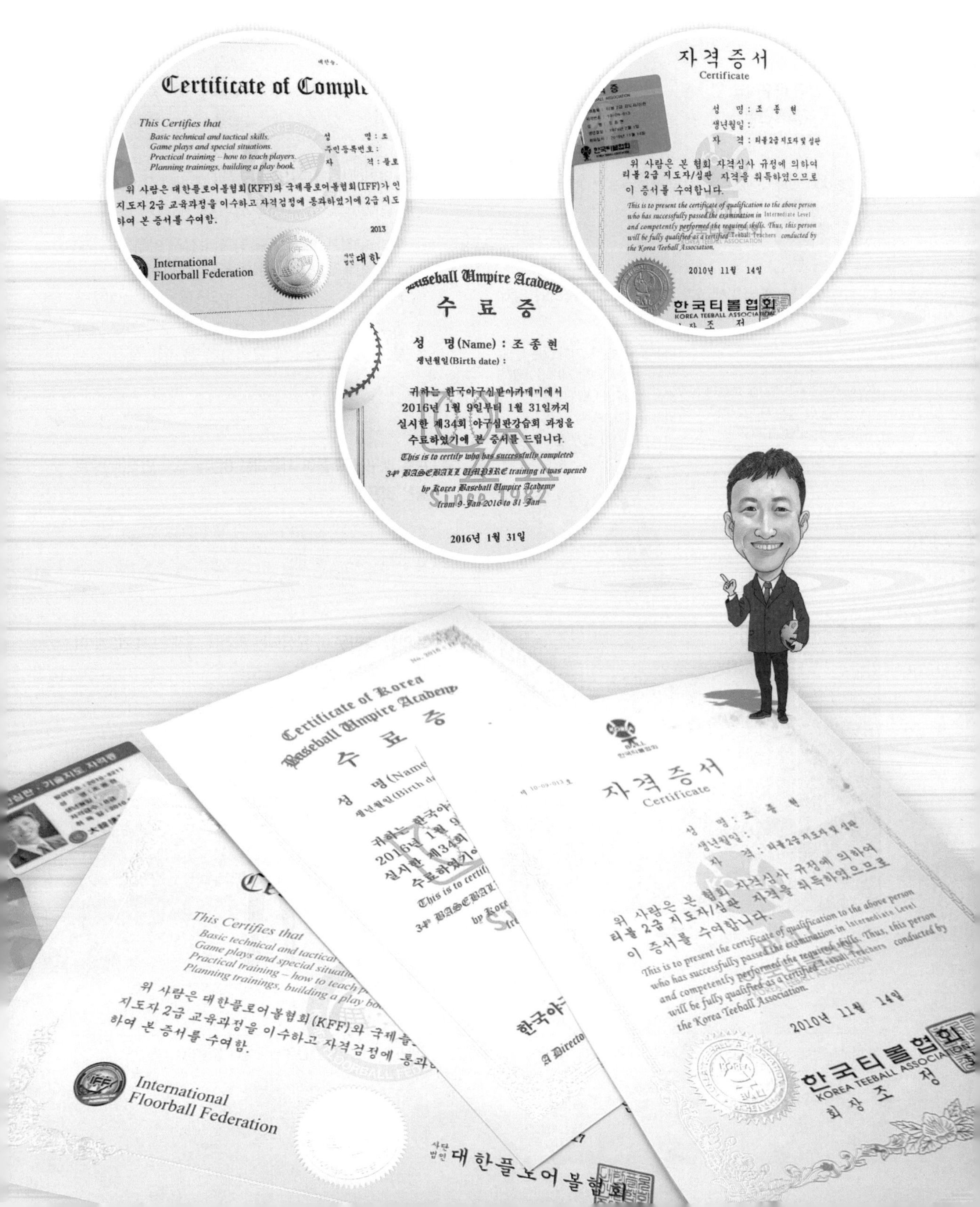

실제로 見(견)물생심

Certificate of Compl

This Certifies that
Basic technical and tactical skills.
Game plays and special situations.
Practical training – how to teach players.
Planning trainings, building a play book.

성 명 : 조
주민등록번호 :
자 격 : 플로

위 사람은 대한플로어볼협회(KFF)와 국제플로어볼협회(IFF)가 인
지도자 2급 교육과정을 이수하고 자격검정에 통과하였기에 2급 지도
하여 본 증서를 수여함.

2013

International
Floorball Federation

사단법인 대한

자격증서
Certificate

성 명 : 조 종 현
생년월일 :
자 격 : 티볼2급지도자 및 심판

위 사람은 본 협회 자격심사 규정에 의하여
티볼 2급 지도자/심판 자격을 취득하였으므로
이 증서를 수여합니다.

This is to present the certificate of qualification to the above person who has successfully passed the examination in Intermediate Level and competently performed the required skills. Thus, this person will be fully qualified as a certified Teeball Teachers conducted by the Korea Teeball Association.

2010년 11월 14일

한국티볼협회
KOREA TEEBALL ASSOCIATION
회장 조 정

Baseball Umpire Academy
수 료 증

성 명(Name) : 조 종 현
생년월일(Birth date) :

귀하는 한국야구심판아카데미에서
2016년 1월 9일부터 1월 31일까지
실시한 제34회 야구심판강습회 과정을
수료하였기에 본 증서를 드립니다.

This is to certify who has successfully completed
34th BASEBALL UMPIRE training it was opened
by Korea Baseball Umpire Academy
from 9-Jan-2016 to 31-Jan

2016년 1월 31일

조종현빈쌤의 「배구지도역량 자격능력검정시험」

아는 만큼 가르칠 수 있다 / 오늘 배워서 내일 수업하자

수업 많이 바꾸세요. - 조종현쌤 -	소속교		교사명	조종현	A급	90점 이상
					B급	70~89점
					C급	69점 이하

※ 답안지에 인적 사항(소속교, 교사명)을 정확히 기입한 후 답안을 작성해주세요.
※ 총 20문항이며 각 5점입니다.

1. 그림의 대화에서 학생 A가 설명하는 '5번 자리의 위치는?

어제 프로 배구 경기를 보는데 해설 위원이 '5번 자리로 계속 서브를 넣는군요!'라던데?

배구 코트에는 보이지 않는 위치 번호가 있어. 서브 순서를 제출할 때의 번호에 맞춰 위치를 번호화해서 경기 해설자가 쉽게 설명해.

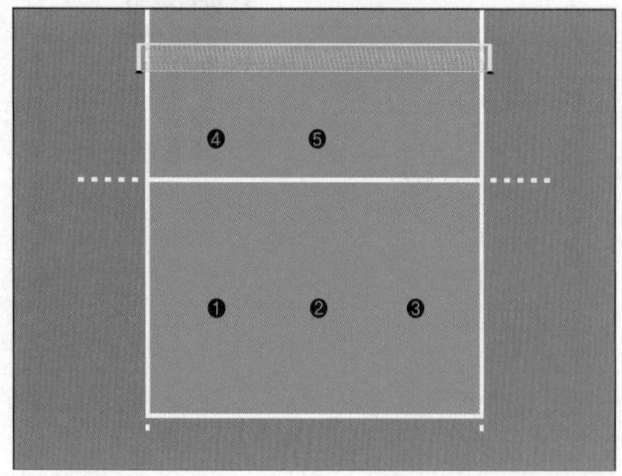

※ 서브 오더지에 작성된 서브 순을 존으로 해석해 표현함.

2. 배구 경기에서 블로킹을 완료한(Completed Block) 선수를 판단하는 기준에 해당하는 것은?

① 제자리 점프 또는 런닝 점프의 실시 여부
② 볼과 접촉되는 순간의 블로커 양손 모양
③ 볼과 접촉 순간의 블로킹하는 신체 일부 숫자
④ 볼과의 접촉 순간 신체 일부의 네트 상단 기준 위치
⑤ 블로킹하는 선수의 고의적인 블로킹 실시 의사 고려

3. 프로 배구 선수들이 사용하는 6인제 코트 면적(㎡)으로 옳은 것은?

① 81 ② 160 ③ 162(18×9m)
④ 324 ⑤ 365

4. '트리플 크라운'이 완성되는 조건에 대해 쓰시오(3개 이상 해야 하는 영역).

5. 그림과 같이 학교 실내 체육관에 배구 코트 라인 작업을 할 때 라인의 폭은?(단위: cm)

① 3.5 ② 4.0 ③ 4.5 ④ 5.0 ⑤ 6.0

6. 다음 배구 심판 시그널에 해당하는 것은?

① 더블 컨텍 ② 포히츠 ③ 볼아웃
④ 네트터치 ⑤ 서버 8초 위반

7. 모든 가장자리 라인을 코트로 인정하는 배구와 다른 종목은?

①  ② 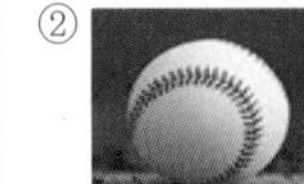 ③ 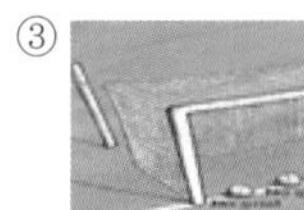

④ 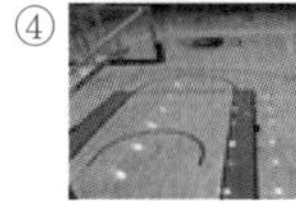 ⑤ 

8. 각 팀의 주장은 유니폼 넘버에 '언더바'로 표시해야 한다. 주심이나 부심이 주장을 부를 때 어떤 시그널을 하는지 쓰시오.

9. 배구 네트 양 사이드에 설치되는 안테나 관련 설명으로 적절하지 않은 것은?

① 볼이 안테나를 건드리며 아웃으로 판정된다.
② 안테나의 수직 연장선도 인아웃의 중요 판정 기준이 된다.
③ 각 색상별로 10cm 크기이며 강한 탄력을 지니고 있다.
④ 네트를 기준으로 라이트 공격수 방향에 안테나를 건다.
⑤ 네트 상단을 기준으로 흰색과 빨간색이 8개 교대로 있다.

10. 다음 그림을 참고해 배구 경기에서 개인이 볼을 연속으로 2회 이상 contact할 수 있는 상황 두 가지에 대해 설명하시오.

11. 경기에 참여할 수 있는 선수들이 몸을 풀며 대기하는 공간으로 선수를 응원하는 또 다른 선수들이 있는 곳의 이름은?

12. 학생들이 자주 하는 두 가지 질문에 대한 답을 적으시오.

① 질문: 블로킹할 때 손에 맞지 않고 머리에 맞아도 블로킹인가요?

____

____

② 질문: 모든 작전 타임은 90초 동안 진행되는 것이 맞나요?

____

____

13. 다음 대화에서 이어져야 할 학생 A의 설명을 쓰시오.

여자프로배구

구단순위 기본정보

팀순위	경기	승	패	승점	승률
1 GS칼텍스	30	20	10	58	0.667
2 흥국생명	30	19	11	56	0.633
3 IBK기업은행	30	14	16	42	0.467
4 한국도로공사	30	13	17	41	0.433
5 KGC인삼공사	30	13	17	39	0.433
6 현대건설	30	11	19	34	0.367

2021.05.01. 기준 상세보기 →

학생 A: 요즘 여자 프로 배구 경기가 인기 있는 이유를 구단 순위표를 보니 알겠네!
학생 B: 정말로 박빙의 승부 연속이야. 한 경기를 이기면 승점 3점을 얻는다고 했지? 아, 그런데 승점 계산이 좀 안 맞는 거 같은데?
학생 A: ______________________________

____

14. 리베로(Libero)가 배구 경기에서 ① 같은 팀 선수와 구분되는 유니폼을 입는 이유와 ② 할 수 없는 것 세 가지를 쓰시오.

15. 배구 경기 도중 센터 라인을 침범하고 누워 있는 선수가 센터 라인 침범으로 판정되지 않은 이유에 대해 설명하시오.

16. 다음 배구 규정을 설명하는 표에서 ㉠, ㉡, ㉢, ㉣에 해당하는 숫자의 합은?

정규적인 경기 중단 횟수

각 팀은 세트당 ㉠ ___회의 타임아웃과 ㉡ ___회의 선수 교대를 요구할 수 있다. 테크니컬 타임아웃은 1~4세트에서 앞선 팀이 ㉢ ___점과 ㉣ ___점에 도달할 때 자동으로 주어진다.

① 28 ② 30 ③ 32 ④ 34 ⑤ 36

17. 배구 경기에서 볼이 너무 먼 곳에 떨어질 때 바닥으로 슬라이딩해 그림과 같이 볼을 손등으로 살려내는 것은?

① hamburger ② hotchoco ③ sandwich
④ pancake ⑤ handshake

18. 배구 경기에서 주심의 시그널 순서를 바르게 나열하시오.

> **심판진과 절차**
>
> ① 주심의 휘슬 ② 반칙의 종류 ③ 서브할 팀 ④ 필요시 반칙한 선수(들)

19. 우리나라 프로 배구 남자팀 3개, 여자팀 3개를 쓰시오.

20. 〈하이큐〉(배구 애니메이션) 명대사의 빈칸을 채우시오.

> 해보지 않으면 모르는 거잖아. 다음 번엔 성공할지도 모르잖아. 내가 ________ 공을 당신이 멋대로 포기하지 마.

정답

1. ①
2. ④
3. ③
4. ① 블로킹 ② 후위 공격(백어택) ③ 서브를 각 3개 이상 성공
5. ④
6. ⑤
7. ④(농구는 라인이 코트 바깥으로 칠해져 있어서 볼이 닿으면 아웃)
8. 주심이나 부심은 각 팀의 주장을 부를 일이 생기면, 검지손가락을 자신의 몸 중앙에 주장의 언더바와 같이 모션을 취하며 휘슬을 약하게 불어 주장을 부른다.
9. ④
10. ① 블로킹을 시도할 때 볼이 네트 상단에서 선수 개인 또는 블로킹을 시도하는 여러 선수에 2회 이상 컨택해도 상관없음 ② 블로킹한 후 착지해 바로 연속으로 볼을 컨택해도 됨. 블로킹은 포히츠의 3회에 해당하지 않음.
11. 웜업존(warm up zone)
12. ① 신체 부위 어디로든 블로킹이 가능하다. ② 매 세트 2회의 요구된 작전 타임은 30초, 자동으로 주어지는 테크니컬 타임아웃은 60초간 지속된다.
13. 3대0 또는 3대1로 승리했을 경우 승점 3점 부여. 단, 3대2로 승리했을 경우 패한 팀에게 1점과 승리한 팀에게 2점을 나눠 부여함.
14. ① 선수 교체를 자유롭게 하는 리베로를 심판들이 체크하고 구분할 필요성 때문(리베로의 선수 교체는 교체 횟수에 포함 안 됨. ② 서브, 블로킹, 주장
15. 센터라인 침범의 기준은 한 발이 정확하게 센터라인 수직 상공에서 봤을 때 센터 라인을 완전하게 지면에서 넘어서야 함(볼의 인 & 아웃 판정과 유사함, 넘어섰더라도 지면에 닿지않고 발을 들고 있으면 침범 아님)
16. ③(㉠ 2 + ㉡ 6 + ㉢ 8 + ㉣ 16 = 32)
17. ④
18. ① → ③ → ② → ④
19. 남자팀: 우리카드, 대한항공, 현대캐피탈, OK금융그룹, 삼성화재, KB손해보험, 한국전력
여자팀: 현대건설, GS칼텍스, 흥국생명, KGC인삼공사, IBK기업은행, 한국도로공사
20. 이어준

‘Best Teaching Practices’

PART 3

수업은 실천이다

PART 3 수업은 실천이다

Chapter 1

건강

자기 몸 이해부터! 발전과 성숙을 위한 '보디 튜닝'

4주 완성 프로젝트 신체 교정 필라테스 배우기

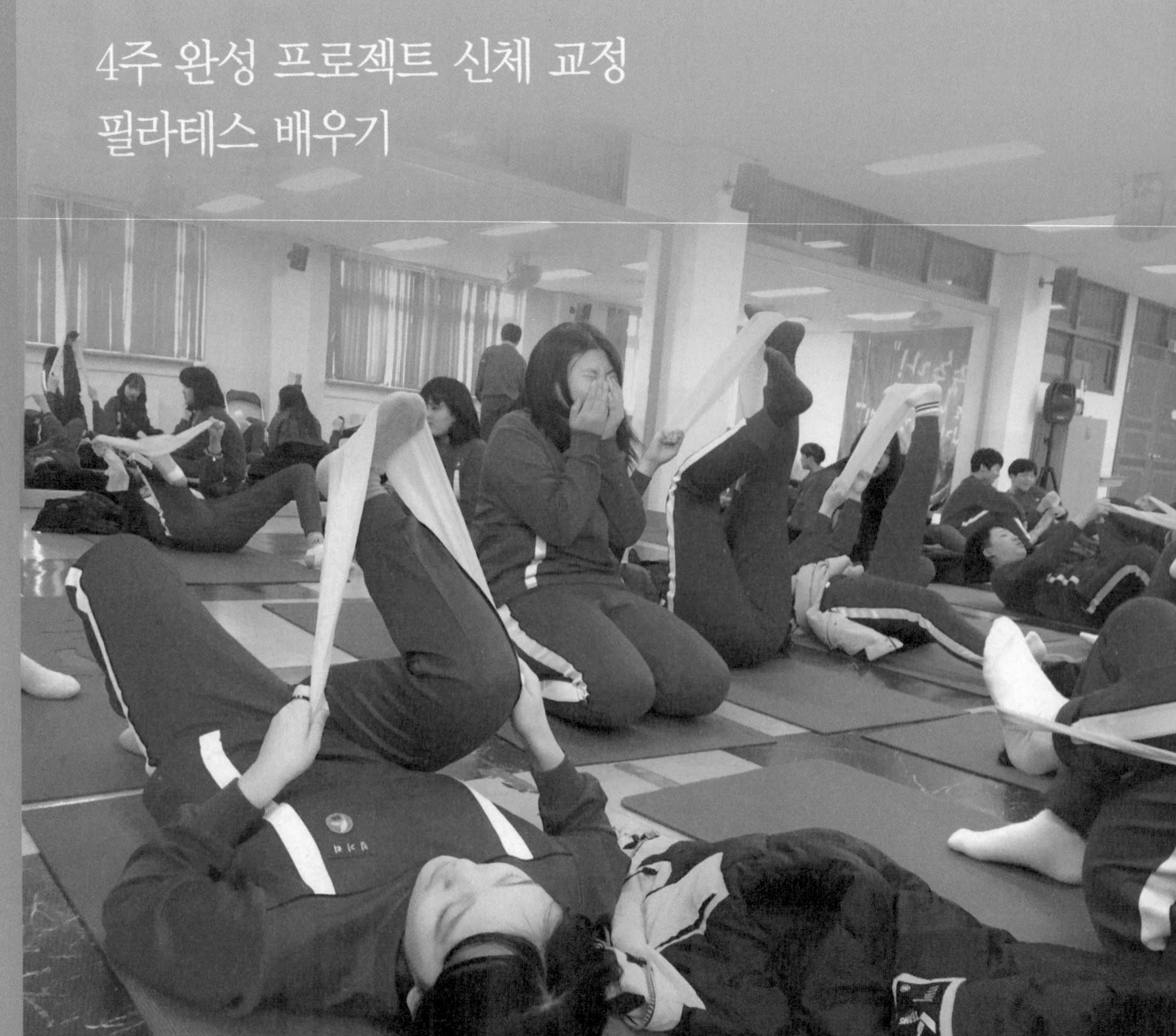

이것을 Why

저는 학생들에게 건강에 대한 생각을 다음과 같이 말하곤 합니다.

> "세상에서 가장 어리석은 인간은 자신의 건강을 믿는 것과 소홀히 하는 것이다."

"체육 활동을 왜 하느냐?"라고 물으면 많은 학생이 "건강을 위해서요."라고 대답합니다. 하지만 학생들이 운동을 제대로 알고 있지 못하고 있는 경우도 있고, 사고나 부상 등으로 오히려 건강을 해치는 경우도 많다는 사실을 모르고 있습니다. 운전을 많이 하는 사람일수록 교통사고가 일어날 확률이 높은 것처럼 안전사고의 위험성도 운동을 많이 할수록 높아질 것입니다. 병원에 왜 갈까요? 아프니까 갑니다. 만약 아프지 않으면 병원에 가지 않아도 됩니다. 체육을 왜 할까요? 건강을 위해서 합니다. 만약 건강하다면 체육을 하지 않아도 됩니다. 체육 교과서에도 '체육은 삶의 질을 향상시킬 목적으로 실시한다.'라고 적혀 있습니다. 체육은 건강과 관련된 지식을 쌓고, 다양한 것에 도전해보고, 여러 가지 경쟁 활동을 통해 경쟁 의식과 올바른 표현력을 배우고, 더 나아가 여가 시간을 활용해 많은 것을 경험해보면서 평생 체육 활동을 실천하도록 하며, 이 모든 것을 안전하게 할 수 있도록 해주는 것입니다. 결국 다치면 아무런 소용이 없습니다. 안전이 제일입니다. 즉, 건강하게 하는 것이 무엇보다 중요합니다.

준비는 Simple

(1) 필라테스 소도구: 고무 밴드, 폼롤러, 마사지 볼, 짐볼, 요가 매트 등

(2) 잔잔한 음악을 위한 블루투스 스피커

(3) 최상의 서비스를 제공하고 싶다면 은은한 아로마 향

무엇을 How

음악 공연에서는 공연 직전에 악기를 튜닝합니다. 운동도 이와 마찬가지입니다. 모든 종목에 똑같은 준비운동을 하는 일은 이제 그만둬야 합니다. 제대로 된 준비운동과 종목에 맞는 몸의 튜닝이 필요합니다. 이러한 준비운동을 '보디 튜닝'이라 부르겠습니다.

보디 튜닝은 필라테스를 바탕으로 신체의 코어를 단련하고 호흡과 신체의 균형을 맞추는 것입니다. 또한 요가 동작을 활용해 수업에 필요한 준비운동을 실시합니다. 우선 필라테스를 위한 기본 지식을 알아야 합니다. 필라테스 운동법은 '조절법'이라 부르겠습니다. 필라테스의 여섯 가지 조절법은 다음과 같습니다.

(1) 호흡

우리는 태어나 죽을 때까지 호흡해야 합니다. 모든 것은 호흡과 함께 시작됩니다. 따라서 호흡과 움직임을 연결시켜주는 것이 중요합니다. 움직임을 준비하는 동안 크게 들이마시고(들숨) 움직임을 실행할 때 내뱉도록(날숨) 합니다. 깊은 호흡은 깨끗이 정화된 산소를 자신의 몸에 보급해주고 자연스럽게 순환을 증진하는 효과가 있습니다. 필라테스에서는 "젖은 행주의 마지막 물 한 방울을 짜내듯이 몸 안의 모든 산소를 내뱉도록 하고 더이상 내뱉을 산소가 없다면 몸에 힘을 줘 뼈에 붙어 있는 근육에 힘이 전달되도록 움직여라."라고 말합니다.

(2) 집중

움직일 때마다 집중하는 것은 쉬운 일이 아닙니다. 사소한 움직임이라도 온몸에 집중하도록 합니다. 최대한 몸에 집중해 몸과 마음이 하나가 되도록 합니다. 자신의 마음으로 몸이 어떻게 움직이는지에 중점을 두면서 모든 움직임에 주의를 기울이도록 합니다. 사소한 근육의 움직임을 인식하고 예민하게 연마하는 것은 바른 자세와 호흡에 도움이 되며, 더 나아가 부상과 신체의 균형을 바로 잡는 데 효과가 있습니다. "1시간 동안 집중하지 않고 움직이는 것보다 1분 동안 집중해 운동하는 것이 낫다."라고 설명합니다.

(3) 중심

몸속 깊은 곳의 뼈에 붙어 있는 골격 주위를 지지하는 근육들을 훈련시켜 첫 번째 움직임이

복부 근육을 사용하도록 하고 신체의 중심인 '코어'를 발달시켜 신체의 안정성을 높이는 데 도움을 줍니다. 강한 코어를 발달시키는 운동이 바로 '필라테스'의 핵심입니다. 코어는 움직임을 가장 효과적으로 시작할 수 있는 곳이자, 신체의 중점을 맞추는 부분입니다.

(4) 조절

조절은 안전과 가장 밀접한 관련이 있으며 위험과 부주의로부터 움직임을 보호합니다. 바른 호흡과 마음으로 모든 움직임에 집중하고 몸의 중심인 코어를 사용해 정확성을 갖도록 해야 합니다. 조절이 숙달되면 부상을 예방할 수 있을 뿐 아니라 모든 움직임이 자연스럽고 부드럽게 연결되는 데 도움을 줍니다.

(5) 정확성

많이 하는 것보다 정확하게 하는 것이 중요합니다. 필라테스는 양보다 질을 중요시합니다. "한 번의 완벽하고 정확한 필라테스의 움직임이 잘못된 동작으로 50번 반복한 운동보다 효과적이다."라고 설명합니다.

(6) 흐름

모든 신체가 자연스럽고 느리게 움직이도록 합니다. 또한 유연하게 만들기 위해 노력하도록 합니다. 이렇게 신체가 자연스럽고 느리게 움직이며 유연함이 몸에 배도록 숙달된 후에야 다음 단계의 움직임을 시작하도록 합니다.

● 폼 롤러의 롤링 및 코어 운동 방법

필라테스는 독일의 '조셉 필라테스'라는 사람의 이름에서 유래했습니다. 1910년대 중반 제1차 세계대전 중 영국의 포로수용소 병원에서 근무하던 필라테스는 포로들의 운동 부족과 재활 치료, 정신 수련을 위해 좁은 공간에서도 할 수 있는 근육 강화 운동을 고안했습니다. 필라테스의 운동 방법은 신체의 전 근육을 과학적으로 단련하도록 만들어졌고, 특히 몸의 중심인 코어와 안정 그리고 신체 전체의 균형을 추구하는 것을 목표로 했습니다. 요가와 다양한 체조의 동작 및 스포츠 운동 동작을 결합해 수련하도록 했으며, 전신 근육의 균형적인 발달과 더불어 관절의 가

BREATHING(숨쉬기)

비슷한 점

숨쉬기의 중요성을 강조한다.

YOGA	PILATES

• 에너지를 높이고 다양한 움직임이 가능하도록 하는 기술 • 수업의 일부분을 호흡에만 전념하도록 강조	• 숨쉬기 패턴에 따라 동작을 연결하고 자연스럽게 유도하는 기술 • 호흡에 따라 동작을 정확하게 수행하는 것을 강조

Mind/BODY/SPIRIT(마음/몸/정신)

비슷한 점

몸과 마음을 연결시킨다.

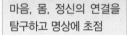

YOGA	PILATES

마음, 몸, 정신의 연결을 탐구하고 명상에 초점	몸과 마음의 조화가 삶에 어떻게 도움이 되는지에 초점

EMPHASIZE(강조하기)

다른 점

YOGA	PILATES

신체의 균형을 맞추는 것을 강조	골반 기저근과 복근 등 코어를 사용하는 것을 강조

MACHINERY/PROPS(기구/도구)

다른 점

YOGA	PILATES

주로 매트를 사용해 맨몸으로 동작을 수행	서클링, 폼롤러, 리포머 등의 소도구 및 기구를 활용해 동작을 수행

동 범위를 늘리고 혈액 순환을 향상시키는 데 도움을 주도록 했습니다.

많은 학생이 필라테스와 요가의 차이를 구분하지 못합니다. 요가와 필라테스의 차이점을 한 마디로 표현하기는 어렵지만, 큰 특징을 비교해보면 좀 더 쉽게 이해할 수 있을 것입니다. 요가는 인도에서 유래했으며 철학, 과학, 예술, 의학, 건강법 등을 포괄합니다. 요가는 다양하게 발달했고, 현대에 이르러 대중적으로 알려진 것은 여러 가지 스트레칭 동작으로 유명한 '하타 요가'입니다. 즉, 우리가 흔히 알고 있는 요가는 2,000여 가지가 넘는 요가 방법 중 하나인 것입니다. 요가의 궁극적인 목적은 호흡을 조절해 몸과 마음을 정화하는 것이며 필라테스는 교정을 위한 외적 움직임, 발레 동작, 웨이트 트레이닝 원리 등을 종합해 만든 건강법이라 할 수 있습니다. 요가가 주로 호흡 조절을 통해 감정을 조절하고 자연의 흐름과 하나가 될 수 있는 방법으로 행해지는 것이라면, 필라테스는 해부학적 운동에 맞춰 동작을 반복하면서 단련하는 것으로, 다양한 소도구와 기구 그리고 매트에서 근육과 골격의 움직임에 집중하는 운동 방법입니다.

학생들에게 요가와 필라테스의 차이점을 이해시키는 것보다 중요한 것은 요가와 필라테스를 적용해 제대로 움직이도록 하는 것이고, '보디 튜닝'이 되도록 하는 것입니다. 보디 튜닝의 중요성을 인식했다면 실습을 통해 배우도록 합니다. 짐볼, 폼롤러, 고무 밴드, 마사지 볼 등과 같은 다양한 소도구를 활용해 자신의 몸 상태를 확인해보고, 신체의 어느 부위에 통증이 있는지를 체크하면서 잘 안 되는 동작은 무엇이고, 왜 안 되는지를 자각하는 수업을 실시합니다.

다양한 요가 동작을 실시해보고 자신의 호흡에 집중해보는 시간을 갖도록 합니다. 각자 개인의 수준에 맞는 동작을 선택해 모둠별로 가능한 동작이 몇 개나 되는지 도전해보는 것도 의미가 있습니다.

필라테스의 소도구인 고무 밴드와 폼롤러 그리고 마사지 볼(야구공을 사용해도 효과적임) 등을 활용해 근력 및 코어를 강화해줍니다. 특히, 폼롤러와 마사지 볼을 사용해 롤링해보면 개인의 몸 상태에 따라 통증이 발생하는 경우가 있습니다. 건강한 몸이라면 통증이 없겠지만, 평소 운동이 부족하거나 잘못된 자세가 오랫동안 지속된 경우, 신체의 밸런스가 무너져 있거나 근육을 한동안 잘못 사용하고 있었던 경우 해당 부위에 통증이 있을 것입니다. 이러한 과정을 통해 자신의 몸 상태를 인지하고 자각하는 과정은 매우 중요합니다. 보디 튜닝 수업 방법은 다음과 같습니다.

(1) **생명의 워밍업, 걷기**: 눈을 감고 제자리에 선 상태에서 마음을 고요하게 유지하면서 천천히 숨을 쉽니다. 아랫배(단전)로 숨을 쉬는 복식 호흡(단전 호흡)을 하도록 노력합니다. 들숨과 날숨을 박자에 맞춰 쉽니다. 점차 단계를 높여 들숨에 걷고 날숨에 멈추도록 합니다. 들숨과 날숨에 따라 걷도록 합니다.

(2) **보디 깨우기**: 제자리에 서서 머리부터 발끝까지 몸을 손바닥으로 두드립니다. 손바닥 전체 또는 손가락 끝으로 두드린 후 '위에서 아래로 쓸어내리기'를 실시합니다.

(3) **포커 페이스 만들기**: 얼굴 근육을 최대한 크게 폈다가 작게 오므립니다. 2인 1조로 서로의 표정을 따라 해보고 다양한 감정을 표정으로 맞춰보는 게임을 해봅니다.

(4) **요가파이어**: 팔을 등 뒤로 해서 잡아봅니다. 두 팔을 모아 손깍지를 끼고 두 다리를 팔 사이의 빈 공간으로 넣어 줄넘기를 하듯 넘어보도록 합니다. 근육의 유연성을 높이고 신체의 다양한 움직임을 이해할 수 있게 됩니다.

(5) **합장 스트레칭**: 손을 합장한 자세에서 최대한 가운데로 힘을 줍니다. 단계를 높여 왼쪽, 오른쪽 그리고 방향을 바꿔 힘을 주어 밀어보도록 합니다. 힘의 조절을 통해 밸런스를 맞춰보도

록 합니다.

(6) **손가락 웨이브**: 두 손을 합장한 후 물결 모양으로 천천히 움직이도록 합니다.

(7) **따뜻한 손길**: 손을 30초간 비빈 후 눈, 어깨, 목에 10초간 대어 체온을 느껴봅니다. 신체의 관절 부위를 위와 같은 방법을 사용해 따뜻하게 체온을 높여주도록 합니다. 단계를 높여 자신이 비벼 높아진 손의 체온을 파트너의 신체에 같은 방법으로 따뜻하게 해주도록 합니다.

좋았던 Point

자신의 몸 상태를 자각하고 인지해보는 경험은 무엇보다 중요합니다. 학생들이 자신의 자세가 얼마나 잘못돼 있었고 운동이 부족했는지를 스스로 파악하고 알아가는 과정을 경험하고, 운동을 해야 하는 필요성을 깨닫는 것이 '보디 튜닝 수업'의 핵심입니다.

필라테스를 전문적으로 배우면 좋겠지만, 학교에서 쉽게 구할 수 있는 수업 교구를 사용해 필라테스와 요가 동작을 활용한 수업을 진행할 수 있습니다. 다양한 종목의 수업 시작 전 준비운동으로 실시한다면 건강해지는 것은 물론, 의미 있는 수업이 될 것입니다. 지금 바로 요가와 필라테스를 배워보시기 바랍니다.

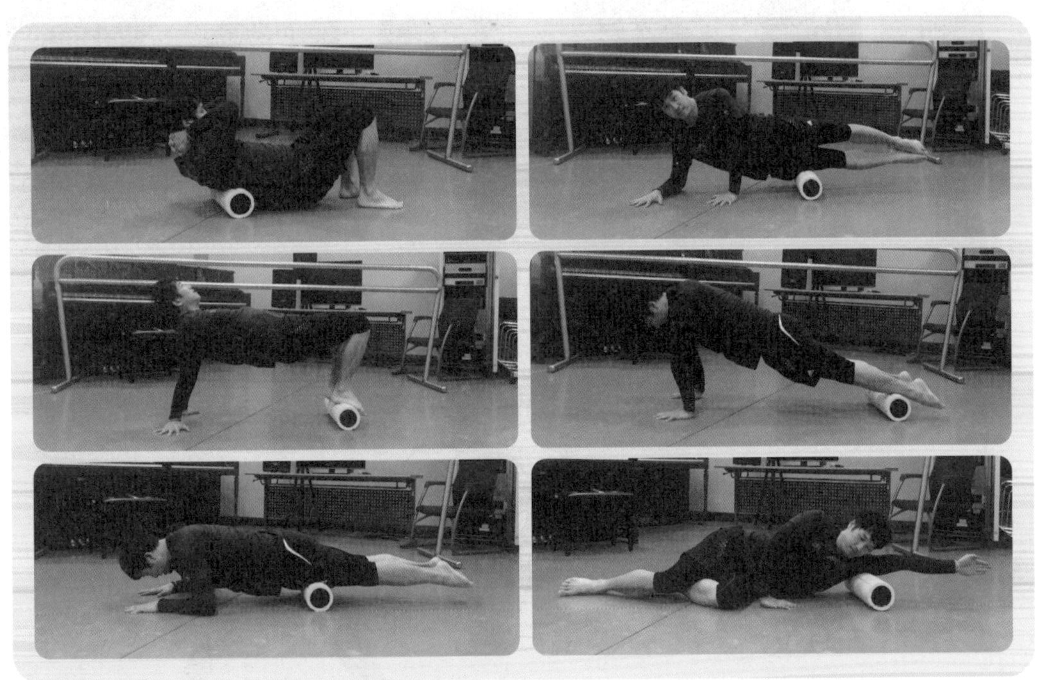

실제로 見(견)물생심

학교의 심장! 운동장을 뛰뛰게 하는 '건강 셔틀런'

자신의 건강을 위한 첫걸음, '런'

이것을 Why

우리나라 2002년 월드컵 축구 대표 팀의 체력이 달라졌습니다. 히딩크 감독의 파워 프로그램인 '셔틀런' 덕분입니다. 셔틀런은 일정한 간격을 제한 시간 안에 왕복하는 체력 프로그램입니다. 셔틀런을 가장 잘 소화해낸 것은 박지성 선수였다고 합니다. 학생건강체력평가시스템(PAPS)[1] 측정은 대부분의 학생이 싫어합니다. 그중 가장 싫어하는 것은 건강과 밀접한 관련 있는 '심폐 지구력 측정'입니다.

심폐 지구력의 대표적인 종목인 셔틀런은 심장과 폐의 기능을 향상시켜주는 매우 효과적인 훈련 프로그램입니다. 셔틀런은 심장과 폐에 직접적인 영향을 미치고 성인병 예방에도 매우 중요합니다. 자신의 건강 관리를 통해 한계를 경험해보고 좀 더 향상된 기록에 도전해보는 의미 있는 시간입니다. 저는 학생들이 싫어하지만 건강과 관련된 매우 의미 있는 '셔틀런 수업'을 10차시의 주제로 구성해봤습니다.

준비는 Simple

(1) 라바콘

(2) 블루투스 스피커

무엇을 How

수업의 제목은 '건강 셔틀런'입니다. 10차시 수업을 재구성해 달리기에 다양한 의미를 부여하고 수업의 주제를 부각시켜 진행했습니다.

차시(주제)	수업 방법
1 (게임으로 배우는 런)	• 달팽이 달리기 게임(달팽이관 모양의 라인을 그린 후 양쪽에서 달려 서로 만났을 때 가위바위보 해서 지면 다시 처음으로 돌아가 달리는 팀별 달리기 게임), 가위바위보게임(서로 마주보고 가위바위보를 해서 이기면 20m 뒤의 라인까지 도망가고, 지면 20m 라인에 도착하기 전에 뛰어가 터치하는 게임) 등 다양한 달리기 게임을 통해 달리기에 대한 재미를 느끼도록 한다. • 20m 왕복 달리기(셔틀런) 1차 측정

1) 'Physical Activity Promotion System'의 약자로, 학생의 비만과 체력 저하를 방지하고자 개발된 건강 체력 관리 프로그램

2 (둘의 '같이'가 '가치' 있는 런)	• 서로 손잡고 달리기, 마주보고 달리기, 배턴 잡고 달리기, 앞뒤로 나란히 달리기, 어깨동무 달리기 등 2인 1조의 다양한 주제로 달리기를 실시한다. • 혼자 달리는 것과 두 사람이 함께 달리는 것의 장단점을 비교하면서 '같이'의 '가치'를 배우는 시간을 갖는다.
3 (만보 런)	• 1시간 동안 만보기 측정을 통해 나의 평소 운동량을 조사해본다. • 유산소, 무산소 융합 운동으로 십자 달리기와 계단 운동, 서킷트레이닝을 실시한다. • 만보기 측정을 통해 칭찬 시상을 실시한다(반별 가장 높은 기록을 갱신하도록 지도).
4 (구기 런)	• 5인 이상의 팀을 편성해 다양한 공을 활용한 모둠별 달리기 시합을 해본다. • 왕복 이어달리기, 농구공 드리블 달리기, 축구공 드리블 달리기 등
5 (두근두근 나의 심장 런)	• 심박수 측정: 안정 시 심장박동수와 최대 심장박동수를 측정해 비교 · 분석한다. • 2차 측정
6 (각도 런)	• 뒤로 달리기, 옆으로 달리기, 엎드려 달리기 등 각도와 방향을 달리한 달리기 • 기록을 측정한 후 이를 바탕으로 가장 효율적인 움직임에 대해 생각해본다. • 3차 측정
7 (슬로우 런)	• 속도의 미학! 느리게 달리기를 해본다. 뛰고는 있지만 가장 늦게 달리는 것이 우수한 기록이라는 주제로 빠름과 느림에 대해 생각해본다. • 개인별, 2인 1조, 모둠별 기록을 측정해본다.
8 (연결고리 런)	• 구간 달리기와 배턴 이어달리기, 한마음 달리기(PVC로 만든 큰 배턴을 4명이 함께 들고 달리기)를 통해 육상 경기 중 유일한 단체 경기를 경험해보고 혼자와 단체의 차이에 대해 생각해본다. • 4차 측정
9 (생명의 런)	• 생명의 호흡 달리기: 호흡 멈추고 달리기, 상대의 호흡을 따라 달리기(들숨일 때 달리고 날숨일 때 잠시 멈추기, 이때 정해진 파트너는 상대가 달리면 들숨으로 호흡하며 달리고 잠시 정지할 때 날숨으로 내쉬면서 같이 정지), 칙칙폭폭 달리기('칙칙폭폭의 리듬에 맞춰 들숨을 2번, 날숨 2번을 하며 달리기) 등 여러 가지 호흡을 주제로 달리기를 실시한다. • 가장 긴 호흡으로 달렸던 달리기와 짧은 호흡으로 달렸던 달리기의 기록을 비교해본다. 또한 들숨과 날숨의 주제로 달렸던 달리기의 기록 측정을 통해 자신의 폐활량을 확인해본다.
10 (올림픽 런)	• 5차 측정: 최종 측정(5차 평가 기록을 평균하거나 가장 잘한 것을 평가에 반영) • 누가 기록 분석과 시상식을 통해 달리기에 대한 자신의 생각을 말해본다.

좋았던 Point

전 세계에서 가장 많은 스포츠 동호인을 보유하고 있는 종목은 '달리기'입니다. 마라톤은 전 세계 사람이 즐기고 있습니다. 보통 체육 시간의 준비운동은 운동장을 뛰는 것이라 생각하는 경우가 많습니다. 게임을 통해 달려보고, 함께 달려보고, 드리블을 통해 달려보고, 심장의 심전도를 측정해보고, 빠르게 또는 느리게 달려보고, 이어 달려보고, 자신의 호흡 또는 다른 사람의 호흡에 맞춰 달려보는 시간은 학생들에게 꼭 필요한 주제별 달리기 수업입니다.

힘차게 뛰는 것은
나의 심장을 울리는 것이고!
학교에서 뛰는 그 자체는
학교의 심장을 움직이게
하는 것이다!

상대의 체중을 이해하는 '컨택 스트레칭'

상대의 다름을 이해하지 말고 인정하자!

이것을 Why

스킨십이란, 피부의 상호 접촉에 따른 애정의 교류를 뜻합니다. '살갗 닿기' 또는 '피부 접촉'이라고도 합니다. 청소년기의 스킨십은 유아기 때의 신체 접촉과는 다른 의미를 갖고 있습니다. 초·중·고등학교에서는 신뢰, 믿음, 체중, 애정, 절제 등의 다양한 주제와 의미를 갖고 가르치고 있습니다. 컨택트 스트레칭을 통해 움직임이 필요한 모든 수업 시간에 준비운동으로 마음 열기를 합니다. 이러한 과정 속에서 서로에게 애정을 갖고 수업에 임하도록 합니다. 상대의 체중을 느껴보는 경험과 존중을 통해 다름을 인정하는 수업이 이뤄져야 합니다.

준비는 Simple

(1) 자신과 상대에 대한 믿음

(2) 간편한 운동복

무엇을 How

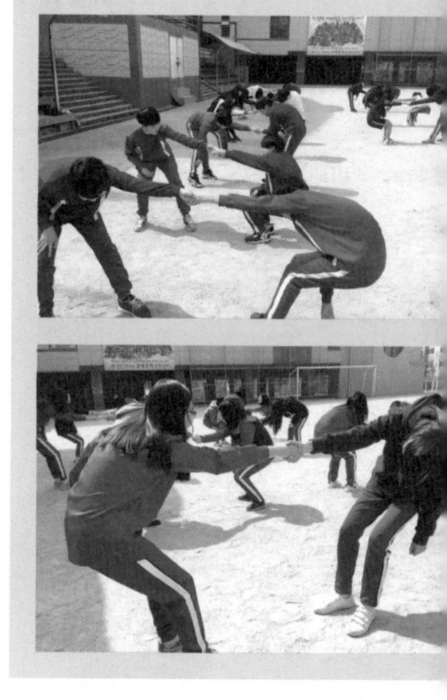

2인 1조의 모둠을 구성합니다. 처음에는 서로의 체중이 비슷한 사람끼리 짝을 이뤄 진행하지만, 수업의 난이도가 높아질수록 다양한 체중의 사람과 만나 컨택트를 통한 스트레칭을 수행합니다.

첫째, **'세이킹 컨택트'**입니다. 가장 쉽게 실시할 수 있는 컨택트 스트레칭입니다. 서로 한 손을 잡은 상태에서 서로 잡아당겨 몸이 아치 모양이 되도록 합니다.

서로 체중을 실어 아치의 모양이 나오도록 함으로써 팔, 어깨, 등, 허리 그리고 고관절까지 스트레칭이 되도록 합니다. 처음에는 한 사람이 체중을 싣고 나머지 한 사람은 보조를 하도록 합니다. 서로 동시에 체중을 실어 스트레칭하려면 어느 한쪽으로 체중이 쏠리지 않도록 조절해야 합니다. 체중의 힘을 1/2씩 나눠 스트레칭이 될 때까지 수행합니다. 스트레칭 시에는 정지 동작 상태에서 하다가 중심이 잘 잡힌 상태에서는 몸을 조금씩 움직이면서 스트

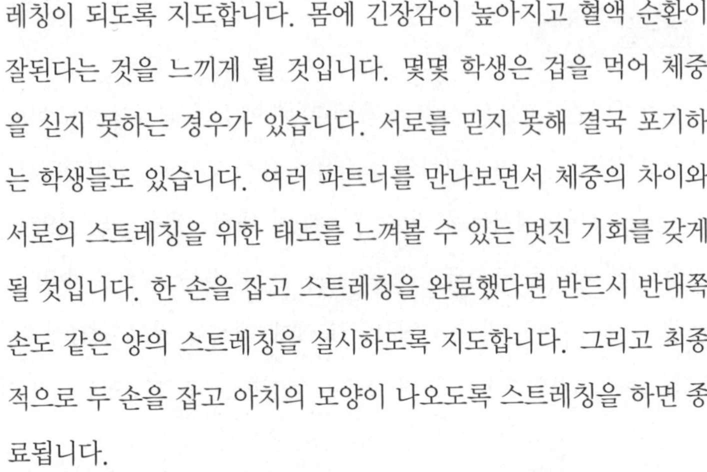

레칭이 되도록 지도합니다. 몸에 긴장감이 높아지고 혈액 순환이 잘된다는 것을 느끼게 될 것입니다. 몇몇 학생은 겁을 먹어 체중을 싣지 못하는 경우가 있습니다. 서로를 믿지 못해 결국 포기하는 학생들도 있습니다. 여러 파트너를 만나보면서 체중의 차이와 서로의 스트레칭을 위한 태도를 느껴볼 수 있는 멋진 기회를 갖게 될 것입니다. 한 손을 잡고 스트레칭을 완료했다면 반드시 반대쪽 손도 같은 양의 스트레칭을 실시하도록 지도합니다. 그리고 최종적으로 두 손을 잡고 아치의 모양이 나오도록 스트레칭을 하면 종료됩니다.

둘째, **'마사지 컨택트'**입니다. 이는 가장 낮은 수준의 컨택트 스트레칭으로, 자신이 직접 스트레칭하지 않고 파트너의 도움을 통해 스트레칭을 합니다. 다른 사람의 도움을 받아 스트레칭을 해보는 것도 매우 의미 있는 일입니다.

셋째, **'믿음 컨택트'**입니다. 서로의 믿음 없이는 불가능한 컨택트 스트레칭입니다. 첫 번째 활동은 한 사람이 바닥에 누워 다리를 들어올리고 파트너는 들어올린 발을 배에 붙여 놓고 몸을 일자로 고정합니다. 바닥에 누워 있는 학생은 무릎을 천천히 굽혔다 펴기를 반복하고 10회 실시 후 파트너와 역할을 교대합니다.

두 번째는 서로 등을 대고 선 상태에서 한 발씩 앞으로 체중을 이동해 'ㅅ' 자 자세로 만듭니다. 그리고 서로 체중을 실은 상태로 천천히 바닥에 앉아 체중을 완전히 바닥에 놓았다가 다시 일어서서 처음 자세로 돌아오도록 합니다. 두 명이 서로 몸을 밀어줘야 유리하며 한 사람이라도 체중을 못 실어주거나 신체 접촉이 되지 않으면 실패합니다. 이 또한 서로에 대한 신체 조절이 우선돼야 하고, 믿음과 신용이 없다면 성공하지 못하는 과제입니다. 처음에는 체중이 비슷한 사람과 시도하고, 성공한 후에는 다양한 체중의 사람들과 만나 성공의 경험을 공유하도록 하는 것이 좋습니다.

넷째, **'중력 컨택트'**입니다. 중력을 받고 있는 친구의 점프를

도와주는 컨택트를 통한 움직임입니다. 첫 번째 방법은 높게 점프할 사람 뒤에 파트너가 허리를 잡고 보다 높게 점프할 수 있도록 준비합니다. 점프를 수행하는 학생이 최고점으로 점프한 순간, 허리를 잡은 손으로 더욱 높게 점프할 수 있도록 도와줍니다. 자신의 힘으로 점프하는 높이보다 높게 올라가며 파트너는 착지할 때에도 안전하게 착지를 할 수 있도록 힘을 주어 보조하도록 합니다. 두 번째 방법은 서로 마주 본 상태에서 두 손을 잡도록 합니다. 이때 점프할 사람은 손바닥이 아래를 향해 위에서 아래로 잡고, 점프를 보조할 파트너는 손바닥이 위를 향해 아래에서 위로 잡도록 합니다. 점프를 하는 순간, 더욱 높게 점프하기 위해 잡고 있던 팔을 눌러 더 높이 올라가려 시도하고, 보조하는 파트너는 누른 팔을 버텨 점프하는 사람이 더 높게 올라가도록 보조합니다. 혼자의 힘으로 하지 못하는 점프를 파트너의 체중을 가볍게 만들어주기 때문에 중력을 거스르는 느낌을 받게 됩니다.

다섯째, **'꽈배기 컨택트'**입니다. 두 명이 한 모둠으로 서로 마주보고 선 상태에서 두 손을 잡도록 합니다. 두 명 중 한 사람이 두 팔 사이에 다리를 넣어보도록 합니다. 이때 서로 손이 풀리지 않도록 주의합니다. 상대 파트너 또한 팔 사이에 다리를 넣어 다시 원상태로 돌아가보도록 합니다. 두 명이 꽈배기처럼 꼬인 상태에서 손을 놓지 않고 다시 원상태로 돌아가기 위해 노력하는 모습이 보기 좋습니다. 점차 과제의 난이도를 높여 두 손 이외에는 절대 신체가 닿지 않도록 하면 더욱 재미있습니다.

여섯째, **'공포의 다리 찢기 컨택트'**입니다. 서로 마주 선 상태에서 먼저 다리 찢기를 시도할 학생을 정하고, 파트너는 앉아서 높이를 낮추도록 합니다. 오른쪽 다리를 파트너의 왼쪽 어깨에 올려놓고 파트너는 중심을 잘 잡은 상태에서 천천히 일어나도록 합니다. 통증이 없는 범위 내에서 실시합니다. 수업 전 안전사고를 예방하기 위한 안전 교육은 필수입니다.

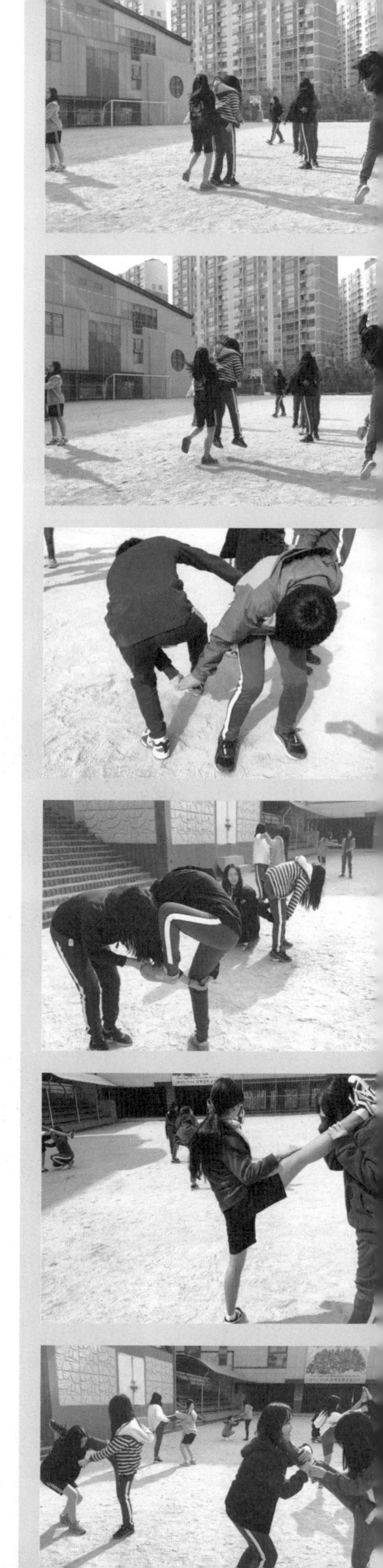

좋았던 Point

스트레칭을 즐겁게 하기에는 다소 어려움이 있습니다. 혼자가 아닌 파트너의 힘을 더하거나 도와주면 의미 있는 스트레칭 시간이 됩니다. 무엇보다 컨택 스트레칭의 과제를 성공하기 위해서는 서로의 협동과 믿음 그리고 신뢰가 바탕이 돼야 함을 깨닫게 됩니다. 자신의 체중을 다른 사람에게 모두 맡겨보는 소중한 시간이 될 것이라 믿습니다.

실제로 見견물생심

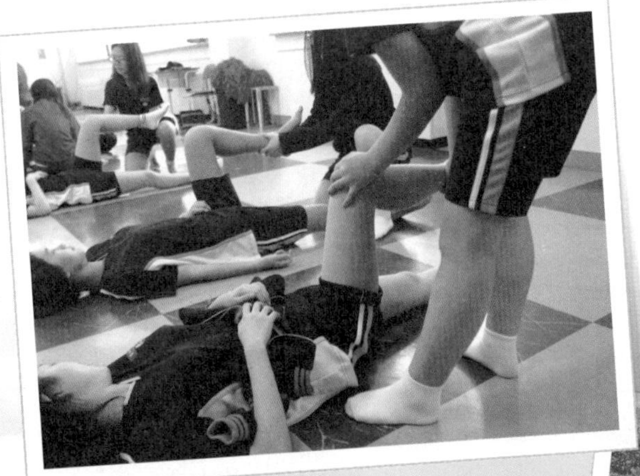

상대의 체중이 나의 중량이 된다.
세상에 필요한 유연함을
몸으로 배운다.
'같이'의 '가치'를 터득한다.

좁은 공간에서도 가능한
'건강 홈트레이닝'

모든 공간을 운동하는 곳으로!
4분 투자 1시간 효과 '타바타 운동' 배우기

이것을 Why

바야흐로 멀티의 시대가 됐습니다. 학생들은 공부를 하면서 음악을 듣고 친구와 SNS를 주고받는 능력을 갖게 됐습니다. 운동을 하기 위해 헬스장을 갈 필요도 없습니다. 운동 방법도 매우 다양합니다. 인터넷의 '유 선생님'도 많은 것을 알려주고 있습니다. 집에서도 다이어트, 재활, 통증 케어, 근육 강화 등과 같은 운동이 가능합니다.

요즘 청소년은 일반 성인들보다 바쁘게 살아가고 있습니다. 신경도 예민해지고, 스트레스도 더욱 커져가고 있습니다. 학교에서 평균 6시간 공부하고, 수업이 끝나면 곧바로 학원에 가서 4~5시간 동안 공부합니다. 그리고 집에 돌아와 숙제를 합니다. 자신의 몸에 건강을 위한 선물을 줄 시간이 필요합니다. '건강 홈트레이닝'은 자신의 건강을 지키고 좁은 공간에서도 누구나 쉽게 따라 할 수 있는 현대 사회에 꼭 필요한 운동법이자, 반드시 배워야 할 필수 과목입니다.

준비는 Simple

(1) 맨몸

(2) 간편한 운동복

(3) 블루투스 스피커(타바타 음원)

무엇을 How

일본의 운동 생리학자인 이즈미 타바타 박사가 개발한 '타바타 운동'을 이용해 '건강 홈트레이닝' 수업을 진행합니다. 다음은 타바타에 대한 소개입니다.

타바타 운동이란?

1996년 일본의 운동 생리학자인 이즈미 타바타 박사가 개발한 운동 방법입니다. 고강도 운동을 20초간 진행하고 10초간 휴식하는 것을 8번 반복해, 총 4분 동안 시행하는 방법입니다.

타바타 운동의 원리는?

고강도의 운동을 한 후에도 한동안 칼로리 소모가 지속되는 것입니다. 급격하게 움직였던 세포가 몸을 안정시키기 위해 지방을 계속 태우기 때문에 몸의 대사량이 높아져 쉬는 동안에도 상당 수준의 칼로리를 계속 소비하게 됩니다. 4분의 운동으로 1시간의 운동 효과를 얻을 수 있습니다.

수업을 시작하기 전에 가장 유의해야 할 점은 '안전'입니다. 타바타 운동법은 힘든 만큼 효과도 좋지만, 고강도 운동이기 때문에 부상의 위험이 매우 높습니다. 따라서 반드시 충분한 준비운동과 스트레칭을 해줘야 합니다. 또한 운동 초보자나 체중이 많이 나가는 학생, 혈압이 높은 학생에게는 부적합할 수 있기 때문에 사전 조사가 필요합니다. 따라서 학생들이 자신의 체력 수준에 맞게 다양한 방법으로 변형해 수업할 수 있도록 해야 합니다.

안전 교육 및 준비운동이 끝났다면 타바타에 필요한 음악이 필요합니다. 유튜브에서 '타바타'를 검색하면 매우 다양한 '타바타 음원'을 들을 수 있습니다. 타바타 음악을 분석해야 쉽게 이해할 수 있습니다. 대부분의 타바타 음악은 다음과 같이 분석할 수 있습니다.

번호	음악 카운트	초	분	운동 강도 및 휴식
1	4×8 카운트	20	1	고강도 운동
	2×8 카운트	10		휴식
2	4×8 카운트	20		고강도 운동
	2×8 카운트	10		휴식
3	4×8 카운트	20	1	고강도 운동
	2×8 카운트	10		휴식
4	4×8 카운트	20		고강도 운동
	2×8 카운트	10		휴식
5	4×8 카운트	20	1	고강도 운동
	2×8 카운트	10		휴식
6	4×8 카운트	20		고강도 운동
	2×8 카운트	10		휴식
7	4×8 카운트	20	1	고강도 운동
	2×8 카운트	10		휴식
8	4×8 카운트	20		고강도 운동
	2×8 카운트	10		휴식
계	총 48×8 카운트	240	4	강해진 신체

위 표의 음악 카운트에서 4×8 카운트는 8박자가 4번 나오는 것을 한 세트로 구성한 것을 의미합니다. 즉, 8박자×4번=32박자입니다. 번호를 보면 1~8번까지 있고, 번호당 4×8 카운트(고강도 운동: 20초)와 2×8 카운트(휴식: 10초)가 있습니다. 쉽게 설명하면 8박자가 4번 나오는 4×8 카운트 동안 고강도 운동을 실시하고, 8박자가 2번 나오는 2×8 카운트 동안에는 휴식을 취하도록 합니다. 이렇게 4×8 카운트와 2×8 카운트를 한 세트로 구성해 총 8번 반복하면 총 4분의 타바타 운동이 완성됩니다.

4분 동안 4×8 카운트(20초)의 고강도 운동과 2×8 카운트(10초)의 휴식을 8번 실시할 때 총 여덟 가지의 운동법을 예를 들어 설명합니다. 타바타 운동법은 다양한 고강도 운동을 스스로 조합함으로써 자신만의 운동 루틴을 구성할 수 있습니다. 특히, 자신에게 필요한 운동 종목이나 강화하고자 하는 부위를 중점적으로 선택해 구성할 수 있습니다. 타바타에 적용할 대표적인 여덟 가지 운동 예를 알아보겠습니다.

(1) 푸시업

STEP 1. 바닥에 엎드립니다.

STEP 2. 양팔을 어깨너비로 넓히고 몸은 일직선이 되도록 합니다.

STEP 3. 목을 곧게 펴서 정면을 바라보도록 합니다.

STEP 4. 허리가 바닥으로 떨어지지 않도록 배에 힘을 주면서 팔을 굽혀 상체를 내립니다.

(2) 마운틴 클라이머

STEP 1. 푸시업과 같은 동작으로 바닥에 엎드립니다.

STEP 2. 양팔을 어깨너비로 넓히고, 몸은 일직선이 되도록 합니다.

STEP 3. 정수리, 엉덩이, 발목이 일자가 되도록 합니다.

STEP 4. 양다리를 가슴까지 번갈아가며 차올립니다.

STEP 5. 무릎이 가슴에 닿을 만큼 앞으로 당기도록 합니다.

(3) 러시안 트위스트

STEP 1. 바닥에 무릎을 살짝 세우고 앉도록 합니다.

STEP 2. 상체를 45도 정도 뒤로 기울이며 팔을 앞으로 뻗도록 합니다.

STEP 3. 몸을 오른쪽으로 회전한 잠시 멈추도록 합니다.

STEP 4. 다시 반대 방향으로 회전해 멈추도록 합니다.

STEP 5. 공이나 물통 또는 덤벨 등을 이용해 강도를 높이도록 합니다.

(4) 버피 테스트

STEP 1. 어깨와 허리를 펴고 바른 자세로 서 있도록 합니다.

STEP 2. 그대로 앉아 상체를 숙이고 바닥에 양손을 짚도록 합니다.

STEP 3. 두 다리를 점프하듯이 뒤로 뻗고 발끝이 어깨로부터 일직선이 되도록 합니다.

STEP 4. 다리를 앞으로 끌어모아 앉아 STEP 2의 자세가 되도록 합니다.

STEP 5. 하늘을 향해 높게 점프하고 다시 처음의 자세로 돌아오도록 합니다.

(5) 점프 스쿼트

STEP 1. 발을 어깨너비로 넓히도록 합니다.

STEP 2. 허벅지와 엉덩이에 힘을 집중해 몸을 아래로 내리도록 합니다.

STEP 3. 무릎이 발끝보다 앞으로 나오지 않도록 하고 다리에 힘을 주어 높게 점프하도록 합니다.

(6) 하이 니즈

STEP 1. 준비 자세를 취하고, 발을 골반 너비로 벌리도록 합니다.

STEP 2. 팔을 반으로 접은 후 양손을 앞으로 뻗도록 합니다.

STEP 3. 한쪽 다리씩 높게 들어올려 무릎이 손바닥에 닿도록 합니다.

(7) 플랭크

STEP 1. 엎드린 자세에서 팔을 삼각형 모양으로 바닥에 고정하도록 합니다.

STEP 2. 자연스럽게 호흡하며 자세를 유지하도록 합니다.

(8) 크런치와 리버스 크런치

STEP 1. 누운 상태에서 무릎을 구부려 준비합니다.

STEP 2. 두 팔은 머리 뒤로 감싼 상태에서 배에 힘을 주고 올라오도록 합니다.

STEP 3. 하체는 고정시키고 상체에만 힘이 들어가도록 합니다.

▲ 크런치

STEP 1. 누운 상태에서 다리를 'ㄱ' 자로 90도 구부리도록 합니다.

STEP 2. 두 팔은 바닥에 짚어 몸이 흔들리지 않도록 고정시킵니다.

STEP 3. 상체는 고정하고 하체를 위로 들어 배에 힘이 들어가도록 합니다.

▲ 리버스 크런치

위의 여덟 가지 고강도 운동을 알려주고 동작의 변형까지 학습하도록 합니다. 학생들의 개인 체력 수준에 맞게 변형하는 것을 허용하지만 잘못된 자세는 교정을 통해 부상을 예방해야 합니다.

(1)~(8)의 총 여덟 가지의 동작을 하나씩 박자에 맞춰 실시합니다. 즉, 1개의 운동을 실시할 때 4×8 카운트에 맞춰 진행하고 2×8 카운트 동안 휴식을 취해 총 8개의 동작을 모두 끝냈을 때는 4분 타바타 운동이 완성됩니다.

수업 시간 동안 다양한 고강도 운동에 대해 배워보고 컴퓨터 또는 스마트폰을 활용해 더 많은 운동 방법에 대해 검색해보는 시간을 갖도록 합니다. 한 모둠을 8명으로 구성했다면 개인당 자신이 원하는 고강도 운동 한 가지를 선택해 4×8 카운트 박자에 맞춰 수행할 수 있도록 구성하고, 2×8 카운트 동안에는 자신이 운동한 동작에 대해 몸을 정리할 수 있는 동작으로 휴식을 취하도록 합니다. 이렇게 각자 만든 동작을 모둠 구성원이 서로에게 공유해 가르치고 8명의 동작의 순서를 정해 연결하면 모둠이 완성한 타바타 운동이 완료됩니다.

추가로 다양한 수업의 준비운동을 만들 수 있습니다. 배구 수업이라면 배구공을 활용한 하체 운동, 상체 운동, 복근 운동 등 고강도 운동을 모둠에서 만들어보도록 하고, 농구 수업이라면 농구공, 배드민턴 수업이라면 배드민턴 라켓을 활용하도록 합니다. 어떤 종목이라도 종목 특성에 맞도록 적용해 총 여덟 가지의 동작을 완성하고, 음악에 맞춰 동작을 실시하면 타바타 준비운동을 쉽게 만들 수 있습니다.

좋았던 Point

좁은 공간에서 언제 어디서나 그리고 누구나 쉽게 자신에게 맞는 운동 방법을 구성할 수 있는 효과적인 운동 방법입니다. 청소년뿐 아니라 모든 사람에게 적용할 수 있으며 고난도의 동작이 아닌 이상 간편하게 실시할 수 있다는 장점이 있습니다. 특히, 어떠한 특정 종목을 가르치기 위해 매일 똑같은 준비운동을 하는 것이 아니라 종목의 특성상 강조되고 있는 체력 요소를 중점으로 체력을 향상시키고 종목의 도구를 활용해 만든 동작을 통해 준비운동이 저절로 되는 상당히 효과적인 운동 방법입니다. 타바타의 원리를 적용한 '건강 홈트레이닝 수업 방법'을 활용하면 모든 종목의 체력 강화와 준비운동을 완성할 수 있을 것입니다.

실제로 見(견)물생심

힐링과 생명 연장의 '자가·타가 마사지'

스스로 자신의 몸을 이해하고
타인의 몸 건강하게 만들기

마사지라는 말은 그리스어의 'masso(주무르다)'에서 유래했으며, 아라비아어로는 'mass(가볍게 누름, 압박)'라는 뜻을 갖고 있습니다. 사람의 손, 팔꿈치, 발 등을 사용하거나 특수한 기계와 기구를 사용해 일정한 손 기술이나 방법으로 사람의 피부를 쓰다듬고, 문지르고, 주무르고, 압박하고, 당기고, 두드리는 등 물리적인 자극을 줌으로써 질병의 예방과 치료, 자세의 교정, 미용의 효과, 피로 회복을 도모할 목적으로 행하는 손기술입니다.

일상생활을 하다 보면 피로가 쌓이거나 긴장이 지속돼 몸의 이상 증후가 나타나는 경우가 종종 발생합니다. 특히 요즘 청소년들은 오랫동안 같은 자세로 앉아 있고, 잘못된 자세로 장시간 휴대폰이나 컴퓨터를 하는 시간이 많아졌습니다.

간단한 마사지로 피로 회복의 효과를 얻고 긴장을 완화해 집중력을 높일 수 있는 방법이 많습니다. 자신의 몸 상태를 스스로 체크해보고 평상시 잘못된 자세와 마사지를 했을 때 아픈 통증 부위를 찾아보는 것은 매우 의미 있는 시간입니다. 또한 자신뿐 아니라 다른 사람의 몸 상태를 체크해주고 피로와 긴장을 풀어주는 것은 대인 관계 형성에도 긍정적인 영향을 미칠 수 있습니다. 더 나아가 가정에서 부모님 또는 주의 어르신에게도 간단한 마사지를 해주면 화목한 분위기를 조성하는 데에도 도움이 됩니다.

마사지는 피부나 근육의 혈액 순환을 좋게 해주며 간단한 방법으로 큰 효과를 얻을 수 있는 활동입니다. 자기 스스로 마사지할 수 있는 '자가 마사지'와 다른 사람의 도움을 받아야 할 수 있는 '타가 마사지'가 있습니다. 지속적으로 마사지하면 혈액 순환이 좋아지면서 인체 각 조직의 노폐물이 제거되고 근육 동작에 필요한 산소나 영양소의 공급이 원활해져서 근육의 긴장 및 피로가 회복될 것입니다.

요즘의 학생들은 자유 학기, 동아리, 스포츠, 방과 후 학교, 체육 시간 등과 같은 스포츠 활동을 많이 하고 있습니다. 이것이 심신의 건강을 위하는 활동이라고는 하지만, 스포츠의 경기 중 경쟁심이 높아져 평소보다 많은 힘과 근육을 사용하게 됩니다. 이로 인해 피로와 긴장이 쌓이게 되고, 이것을 풀지 못한 상태가 지속되면 어떤 특정 동작을 하는 데 지장을 초래하거나 다른 부상의 위험이 높아집니다.

준비는 Simple

(1) 편한 운동복

(2) 편안한 음악

무엇을 How

마사지의 효과를 구체적으로 안내합니다. 그 후 직접 스스로 할 수 있는 마사지법과 다른 사람을 위한 마사지법을 알려줍니다. 마사지의 기본 기술과 방법은 다음과 같습니다.

- **직접 쓰담법**: 대상 부위를 쓰다듬고 문지르는 방법
- **강한 압력법**: 강한 압력을 가해 혈액 순환을 원활하게 하고, 근 조직의 온도를 높이는 방법
- **손끝 압박법**: 손가락 끝을 사용해 지속적으로 압박하는 방법
- **수타 진동법**: 손바닥이나 손가락 끝으로 누르면서 가늘게 떨어주거나 흔들어주는 방법
- **유연 늘림법**: 스트레칭과 같이 근육을 관절의 가동 범위 안에서 이완시키는 방법
- **발바닥 진동법**: 발바닥을 사용해 진동을 주거나 압박을 가하는 방법
- **근 늘림법**: 근육을 최대한 당겨서 늘려주는 방법

다음은 자가 마사지법을 안내해 실시하도록 합니다.

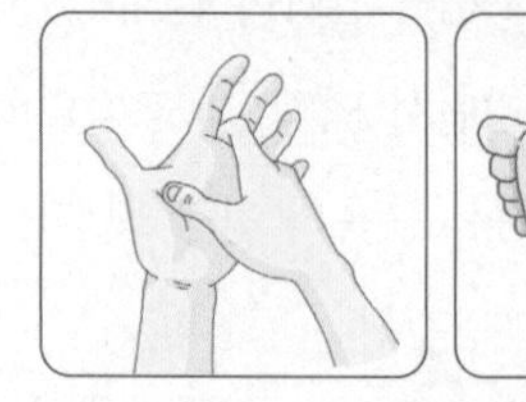
손

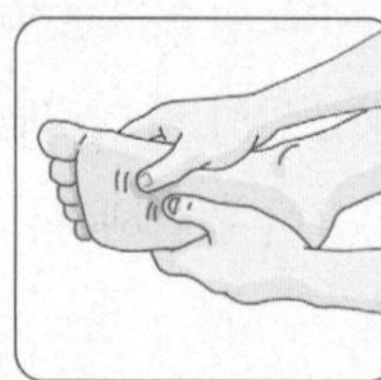
발

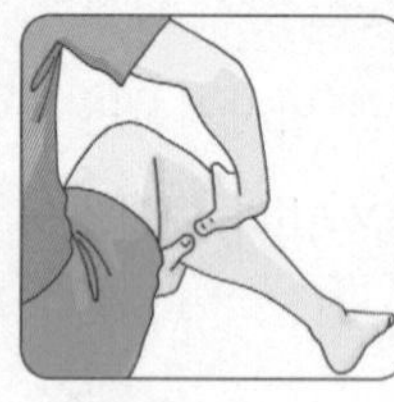
종아리

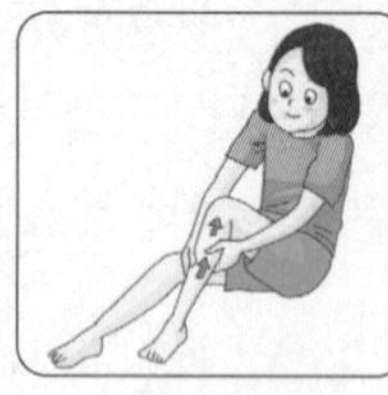
정강이

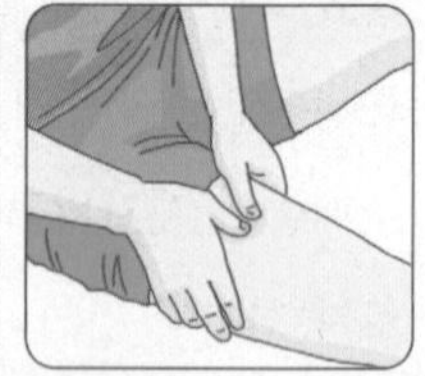
허벅지

(1) 손: 한 손의 손가락으로 다른 손의 불편한 부분을 주무르도록 합니다.

(2) 발: 앉은 상태에서 한쪽 발을 반대편 허벅지에 올려놓고 주로 엄지를 사용해 발바닥 전체를 마사지하도록 합니다.

(3) 종아리: 앉은 자세에서 종아리 근육을 흔들고 압박하면서 주무르도록 합니다.

(4) 정강이: 엄지손가락으로 정강이 주위의 근육을 누르고 무릎 쪽을 향해 밀어올리도록 합니다.

(5) 허벅지: 양손을 한쪽의 허벅지를 잡아 흔들고 압박하고 주무르도록 합니다.

자가 마사지법을 했다면 그다음 단계는 타가 마사지법을 실시합니다. 자가 마사지법을 실시한 것과 같은 방법으로 파트너에게 마사지를 해주도록 합니다. 단, 동성끼리 모둠을 편성하고 이성과는 하지 않도록 주의합니다. 혹시 통증이 있거나 상대가 불편하게 생각한다면 즉시 마사지를 중단하도록 사전에 안전 교육을 실시해야 합니다. 또한 장난을 하지 않도록 주의를 줘야 합니다.

좋았던 Point

자가 마시지를 통해 자신의 몸 상태를 쉽게 이해할 수 있습니다. 어디가 불편한지, 어느 부위의 통증이 심한지 직접 알 수 있습니다. 간단한 방법으로 불편한 몸을 회복시키는 데 효과적입니다. 반복적으로 자주 하다 보면 어떻게 해야 좋은 느낌이 오는지, 어디를 마사지해야 하는지 또는 하지 말아야 하는지 등을 알 수 있습니다. 즉, 자가 마사지를 통해 직접적이고 즉각적인 생체 자기 제어를 실시할 수 있고, 자신의 생리 기능을 이해할 수 있기 때문에 신체 기능과 회복 능력이 향상될 것입니다. 또한 타가 마사지를 통해 다른 사람의 입장을 고려해 실시할 수 있으므로 대인 관계에 긍정적인 영향을 미칠 수 있습니다.

실제로 見건물생심

나의 엄지는 친구에게 힘이 되고!
나의 손바닥은 누군가에게 보약이 되며!
나의 주먹은 모두에게 치료제가 된다.

내가 소중하듯
상대도 소중하다!
나를 알고 상대를
이해하자!

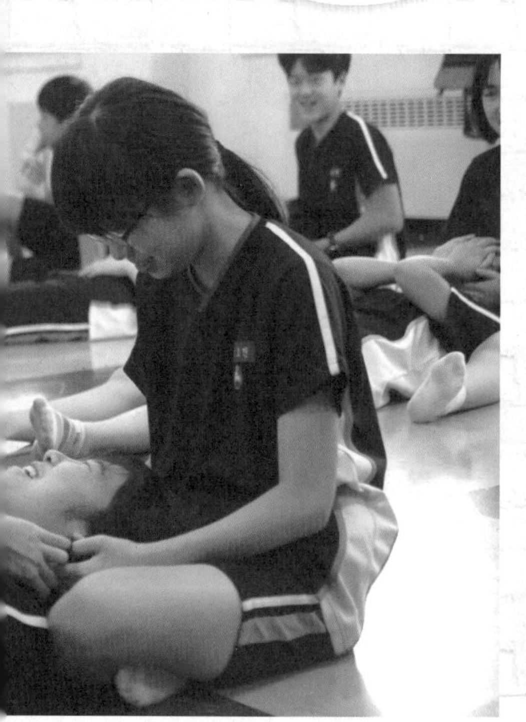

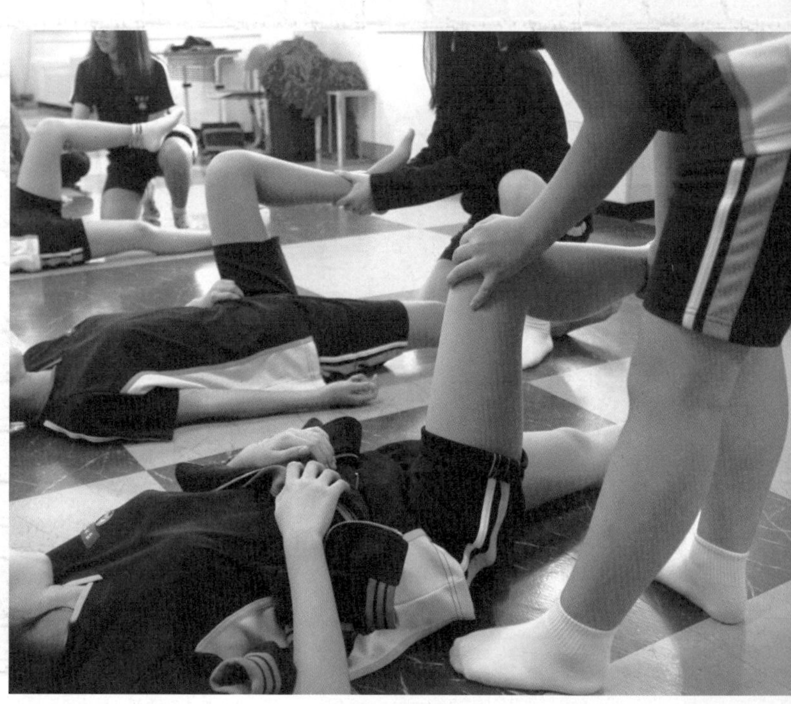

음악과 계단의 긍정 컬래버 '계단 운동'

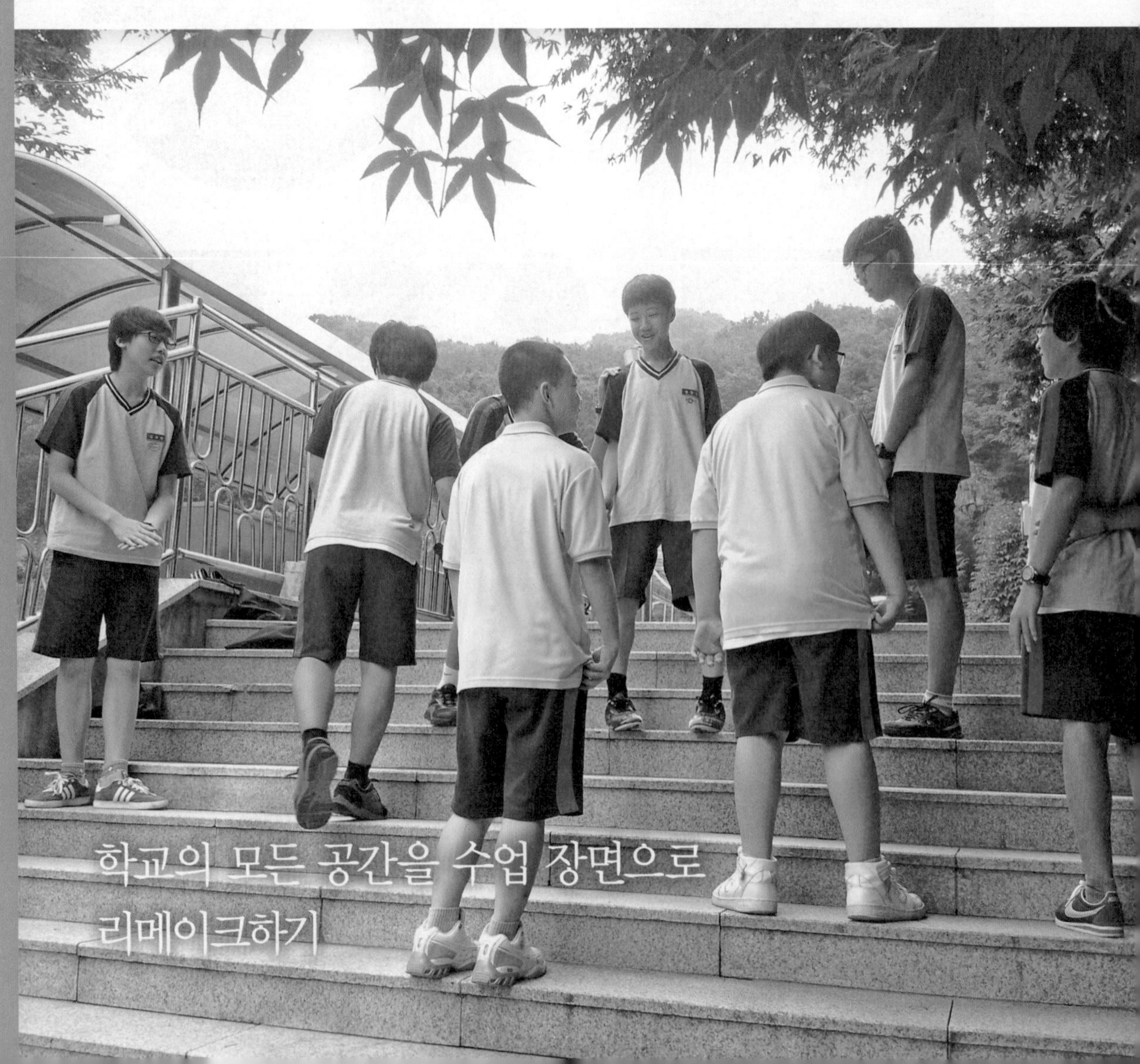

학교의 모든 공간을 수업 장면으로 리메이크하기

이것을 Why

학교에는 참 계단이 많습니다. 등교할 때나 수업 장소로 이동할 때 많은 수의 계단을 오르락 내리락 하게 되죠. 바로 이 계단에 숨결을 불어넣고 싶었습니다. 수업을 위한 특별한 공간도 부족하고 수업 교구를 구입할 예산도 넉넉하지 않으니 일단 학교가 갖고 있는 상황을 직시하게 됐습니다. 표현 활동이라는 거창한 이름을 달고 무엇을 만들어내고 싶지도 않았고, 학생들에게 춤을 춰야 하는 것 또는 창작 움직임에 대한 부담을 주고 싶지 않았습니다. 체력 운동을 위해 운동장을 무의미하게 마구 뛰게 하고 싶지도 않으니 뭔가 저만의 방법을 찾아야만 했습니다. 그때 계단이 눈에 들어왔습니다. 계단 없는 학교, 차양막 아래 스탠드 없는 학교 있으신가요?

음악과 계단의 커넥팅, 오름과 내림의 단순 반복이 아닌 흥겨움을 가미하고 평범한 것을 특별하게 만들어내는 안목을 학생들과 함께 나누기 위한 작업을 하고 싶었습니다. 춤을 잘 추는 학생들이 표현 활동에 재능을 보이는데 계단 운동은 그렇지 않습니다. 누구나 관심을 갖고 익숙할 수 있도록 노력을 하면 작품이 완성되도록 만들고 싶었습니다. 혼자가 아닌 모두가 하나로 움직여 지구 유일의 멋진 창작 계단 운동 작품을 만들 수 있도록 준비했습니다.

준비는 Simple

(1) 계단

(2) 역할 분담표

(3) 패별 블루투스 스피커 4개(학교에 넉넉히 있으면 좋고요, 없으시면 학생들의 도움을 받으세요)

무엇을 How

(1) 우리가 일상생활에서 만나는 여러 종류의 계단 사진을 보여줬습니다. 아파트 계단, 지하철 계단, 학교 계단, 학원 계단, 백화점 계단 등을 음악과 함께 보여줬습니다. 표현 활동에 대한 거부감을 갖지 말라는 당부도 해주는 것이 좋습니다. 바라보기 나름, 생각하기 나름입니다.

(2) 농구가 영역 침범형 경쟁 활동만이 아니라는 것을 '힙홉' 영상을 보여주면서 고정된 관념을 갖지 말도록 당부했습니다. 농구 경기는 경쟁 활동, 스킬스 챌린지는 (기록)도전 활동, 건강

을 위해 숏 연습을 하는 것은 건강 활동, 농구 수업 시간에 발생할 수 있는 안전사고 예방법을 배우는 것은 안전 활동, 드리블을 예술의 경지로 올려놓은 힙홉 장면은 표현 활동이 되는 것이라고 '유연한 사고'를 지닐 수 있도록 해주세요. 건/도/경/표/안의 영역 간 경계가 허물어진 지 꽤 오래됐지요.

(3) 블루투스 스피커가 4개 정도 있어야 합니다. 학생들의 도움을 받아도 되긴 하지만, 가끔 배터리가 없다고 해서 수업 운영에 지장을 주는 일이 종종 발생합니다(학생들에게 도움을 받으시려면 대비책-보조 배터리, 여유분의 스피커-을 마련해둬야 합니다). 중요한 수업 도구이니 선생님께서 비싸지 않고 작은 크기의 블루투스 스피커를 4개 구입해 활용하시면 최고죠.

(4) 역할을 나누고, 수업 시간을 활용해 창작하시면 됩니다. 대략 8명씩 4개의 패로 구성돼 있다면(인원수가 딱 맞아 떨어지지 않아도 됩니다) 수업 공간을 조금 구분해주는 것이 좋습니다. 그 공간도 수업 시간별로 로테이션되면 공평합니다. 중간 점검도 해주시고, 힘들어 하는 부분은 없는지 지속적으로 살펴주시면 됩니다. 표현 활동을 하면서 이런저런 의견 조율이 잘 안 된다고 하는 분들이 계시더라고요. 어떤 종목이든 그렇지 않은 활동은 없습니다. 사는 게 그런 것 같아요.

(5) 체육 대회 때 입었던 반티를 입고 발표하는 학생들, 팀(모둠, 패)의 단합을 위해 손목에 뭔가를 차고 오는 학생들, 선글라스를 끼고 오는 학생들을 만나면 기분이 참 좋습니다. 표현 활동이니 너무나도 자연스러운 장면이죠. 작은 소품 준비지만 수업을 아주 알차게 채웁니다. 체크해뒀다가 교과세특에 기록해주세요.

(6) 영상 평가로 평가 방식을 결정하고 수업 시간을 활용해 함께 시청하는 것을 추천합니다. 학생들뿐 아니라 누구나 남들 앞에서 발표하는 것을 부담스럽고 부끄러워합니다. 그러니 방법을 바꿔주세요. 영상 평가가 답입니다. 영상 평가는 무한대의 기회를 제공해주는 장점도 지니고 있습니다. 자기들이 원하는 장소에서, 촬영이 잘될 때까지 연습하고 촬영해 제출합니다. 수업 시간 한 시간을 할애하셔서 함께 보시면 좋습니다. 열심히 노력한 학생들을 많이 칭찬해 주세요.

(7) 학생들이 준비하는 과정과 수업이 진행되는 장면들을 선생님께서 별도로 촬영하셔서 영상으로 만들어 학생들을 격려해주시면 금상첨화겠죠. 개인 평가는 기본 동작(순가락 뽑기 20가지 중 랜덤 10가지), 패별 평가는 작품(한 곡 완성)으로 합니다. 패별 평가에서 1, 2위를 한 패에

속한 학생들은 자신이 받은 점수에서 한 단계 상향 조정입니다. 표현 활동 점수는 너무 야박하게 주지 마세요. 그럴 이유가 전혀 없습니다.

좋았던 Point

남학생들이 움직입니다. 남학생들이 엉거주춤 음악에 맞춰 춤을 추기 시작했습니다. 신기합니다. 더욱이 여(女+餘)학생들이 부담을 느끼지 않습니다. 소질이 있는 학생들이 자기들의 재능을 기부하기 시작하는 장면도 눈에 보였습니다. 어렵지 않으니 불평불만이 없었습니다. 계단 운동은 암기 과목입니다. 표현 활동인줄 알았는데 체력 운동이었습니다. 관심을 갖고 꾸준히 하면 외우고 싶지 않아도 저절로 됐습니다. 수업 시간에만 집중하면 되니 참으로 열심히 노력했습니다. 무의미하게 시간을 버리는 학생들도 없습니다.

학생들이 땀을 흘립니다. 패워들이 하나돼 신나는 곡에 맞춰 통일된 동작으로 멋진 그들만의 작품을 완성해냅니다. 한 곡을 마친 후 자기들끼리 기분이 좋은지 하이파이브하고 난리가 납니다. 참 기분 좋은 연습의 결실을 맛보는 것 같아서 좋았습니다. 별것 아닌 것을 별것이 되도록 만들어낸 학생들이 자랑스러웠습니다.

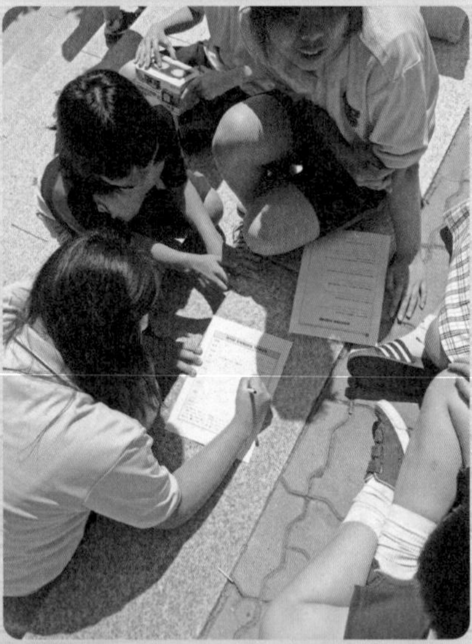

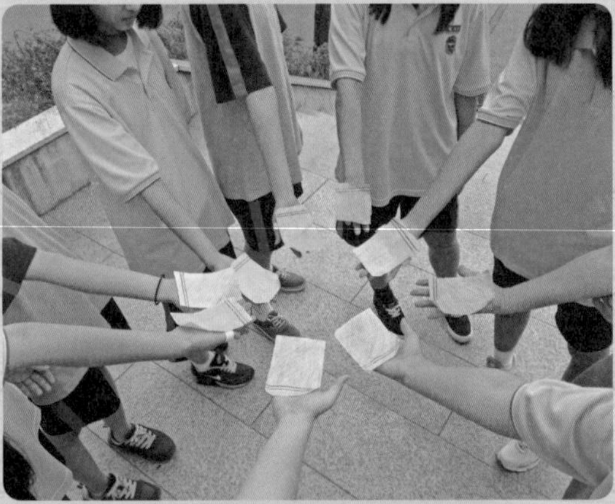

21107 김민정
계단
평소에는 그냥
아무생각 없이
오르락 내리락
요즘에는 계단에서
홍랄홍달 왔다갔다
노래가 생각난다
좋은건가
나쁜건가
10

가르치지 않고 평가하는 PAPS는 이제 PASS

민원의 소지가 되고도 남으니 이제 그만하기

학생건강체력평가제(PAPS, Physical Activity Promotion System)와 관련된 민원 전화를 받아 보셨나요? "선생님, 어떻게 학교에서 이런 평가를 할 수 있나요?", "우리 아이는 아무리 노력해도 유연성이 늘지 않아요.", "태어나면서부터 악력이 좋지 않은 우리 딸이 체육 수행 2개가 '이미 최저점'이라고 하면서 새 학기 첫 날 학교에 다녀와서 울고 있습니다.", "아니 학생의 현재 상태를 평가하는 과목이 세상천지에 어디 있나요? 뭔가 가르쳐주지도 않고 평가를 하다니요?", "선행 학습이 꼭 필요한가요? 배우러 학교에 가는 것이지 지금의 모습을 평가받으러 가지는 않잖아요? 아무리 생각해도 이건 아닌 것 같습니다."

떳떳하신가요? 변명할 여지가 있으신가요? 민원이 문제가 아니라 가르치지 않고 학생들의 상태를 평가하는 학생건강체력평가제가 문제입니다. 한 학기에 1개씩 넣는 학교도 있고, 2개씩 넣는 학교도 있습니다. 1년에 2~4개, 수행 100에서 40~50%를 PAPS로 한다고 하네요. 체육을 좋아하지 않는 학생은 물론, 그렇지 않은 학생들의 원성도 자자합니다. 다들 알고는 있지만, 누구 하나 나서서 바꾸려고 하지 않습니다. 지난 것은 지난 것입니다. 학교를 한 번 둘러보시고 개선해주세요. 우리들의 눈만을 가린다고 해서 해결되진 않습니다. 보는 눈이 너무 많습니다. 체육에 대한, 체육 교사에 대한 인식은 이런 것을 통해 형성됩니다.

PAPS의 통계치를 갖고 학교에 배정되는 예산을 차등 지급하던 예전의 방식이 공중 분해된 지 오래됐습니다. 이 제도의 취지는 자신의 체력 상태를 매년 체크할 수 있도록 체력 등급이 낮은 학생(저체력 학생)들을 별도로 모아 체력 증진 프로그램을 운영함으로써 학생의 건강 체력이 증진될 수(비만 학생의 수를 줄일 수) 있도록 하는 것이었습니다. 4~5등급 학생들을 모아 건강 프로그램을 운영해보셨나요? 학생들이 모일 것 같으세요? 인권 침해의 소지까지 있습니다. 체력 증진 프로그램을 직접 운영해보지 않으신 선생님들은 이 부류 학생들만의 분위기를 잘 모르실 겁니다.

'평가에 반영하지 않으면 학생들이 움직이지 않는다.', '이렇게 평가 영역에라도 넣어야 학생의 건강 체력이 증진된다.'라는 말은 어불성설입니다. 열심히 하고 안 하고는 학생들의 몫입니다. 학생의 마음을 움직여야 합니다. 건강 관리는 한순간에 이뤄지는 것이 아니기 때문입니다. 빅픽처를 보여주고 좀 더 재미있고 의미 있는 방법을 통해 함께 완성해 나가야 합니다. 이제는 더이상 PAPS 측정치로 어떤 것도 하지 않습니다. 학교나 관리자, 체육 교사 또는 학생을 평가하지도 않습니다. 교육과정에 포함돼 있는 '교내상'의 위상이 높아진 것만으로도 충분합니다. 저의 고등학교 시절과 같이 던지기나 오래달리기의 체력장 점수가 학력고사 점수에 반영되던 시대도 아닙니다. 이젠 학생들의 건강 체력을 제대로 측정하는 것, 그 이상도 이하도 아닙니다. 측정일을 예고해주고 미리 준비할 수 있도록 해주면 됩니다. 학생건강체력평가제의 중요성과 정확한 측정 방식에 대해 안내해주면 됩니다. 생활 속에서 지속적으로 할 수 있는 방법을 알려주셔야 합니다. 홈트레이닝이 대세입니다. 일상 속 트레이닝에 대한 관심이 높아졌습니다. 생활습관을 바꿀 수 있도록 격려해주셔야 합니다. 혹시 기록이 좋게 나오지 않는다고 뭐라고 하시는 분들 계십니까?

유연성이 좋지 않은 학생과 제자리멀리뛰기 기록이 잘 나오지 않는 학생들, 악력이 부족한 학생들과 왕복오래달리기 기록을 늘리고 싶은 학생들을 교육적으로 변하게 할 수 있는 선생님만의 수업 노하우가 있으신가요? 수업 운영 계획서를 작성하고 한 달 이상 수업하실 자신 없으시면 PAPS를 수행평가에 반영하시면 안 됩니다. 감히 말씀드립니다. 더욱이 체육 교사도 아닌 사람이 하루 날 잡아서 실시한 측정 결과를 평가에 반영하는 경우도 있습니다. 저도 그랬었습니다. 그 당시 학생들에게 상처를 준 것 같아 후회하고 있습니다. 혹시 우리 체육 교사를 대신해 PAPS 측정해주시는 선생님들을 대상으로 한 사전 연수를 하셨나요? 교직원 회의 때 유인물로 대체하셨나요? 측정 오류가 나올 수 있는 여지까지 있습니다. 전문가의 측정이 아니지요.

이제 그만 하시죠. 예전과 같은 방식으로 체육 교사들의 수행평가 부담을 줄여주는 것이라면 이제 PASS하시죠. 다른 학교에서 다 하니까, 대한민국 전역에서 대한민국 체육 교사들이 모두 진행하니까 나도 하나 끼워 넣었다? '나부터 해보자! 내가 한번 바꿔보겠다!'라고 생각하시고 움직이시는 분이 학교 체육 문화를 개선하는 진짜 교사입니다. 우리는 지금까지 잘해왔습니다. 지금 바꿔도 문제가 되지 않습니다. 약간의 문제점이 발견되고 있으니 바꾸면 됩니다. 학생들이 보고 있습니다. 학부모님들도 보고 있습니다. 그냥 수행평가 척도 안에서 빼고 다른 종목을 하나 넣으시면 끝납니다. 코끼리를 냉장고에 넣는 방법과 같이 매우 간단합니다. 그리고 학생들에게 여러 가지 이유로 평가 척도 안에서 과감히 뺐다고 자신 있게 설명해주세요. 분명 박수를 받으실 겁니다. 특히 선배 체육 교사님들께서 용기를 내주세요.

틀린 것이 아닙니다. 다른 것입니다. 이제 세상이 달라졌기 때문입니다. PAPS로 상처받는 학생이 단 한 명이라도 있었거나 있을 수 있다면 안 하는 것이 옳습니다. 하나씩 제자리로 가져다 놓았으면 합니다. 왕복 오래달리기(셔틀런)의 수행평가 종목 선정 시 학생 안전사고의 위험성이 존재해 대부분의 학교에서 배제된 것 기억하시죠? 제가 보기엔 다른 것들이 평가 종목에 아직 들어가 있는 것이 더 위험합니다. 우리 체육 교사도 평가를 받고 있습니다. 학생건강체력평가제는 그것으로 족합니다. PAPS는 이제 그만 놓아주세요. 보내주세요. PAPS야, 여러 해 동안 고생 많았어.

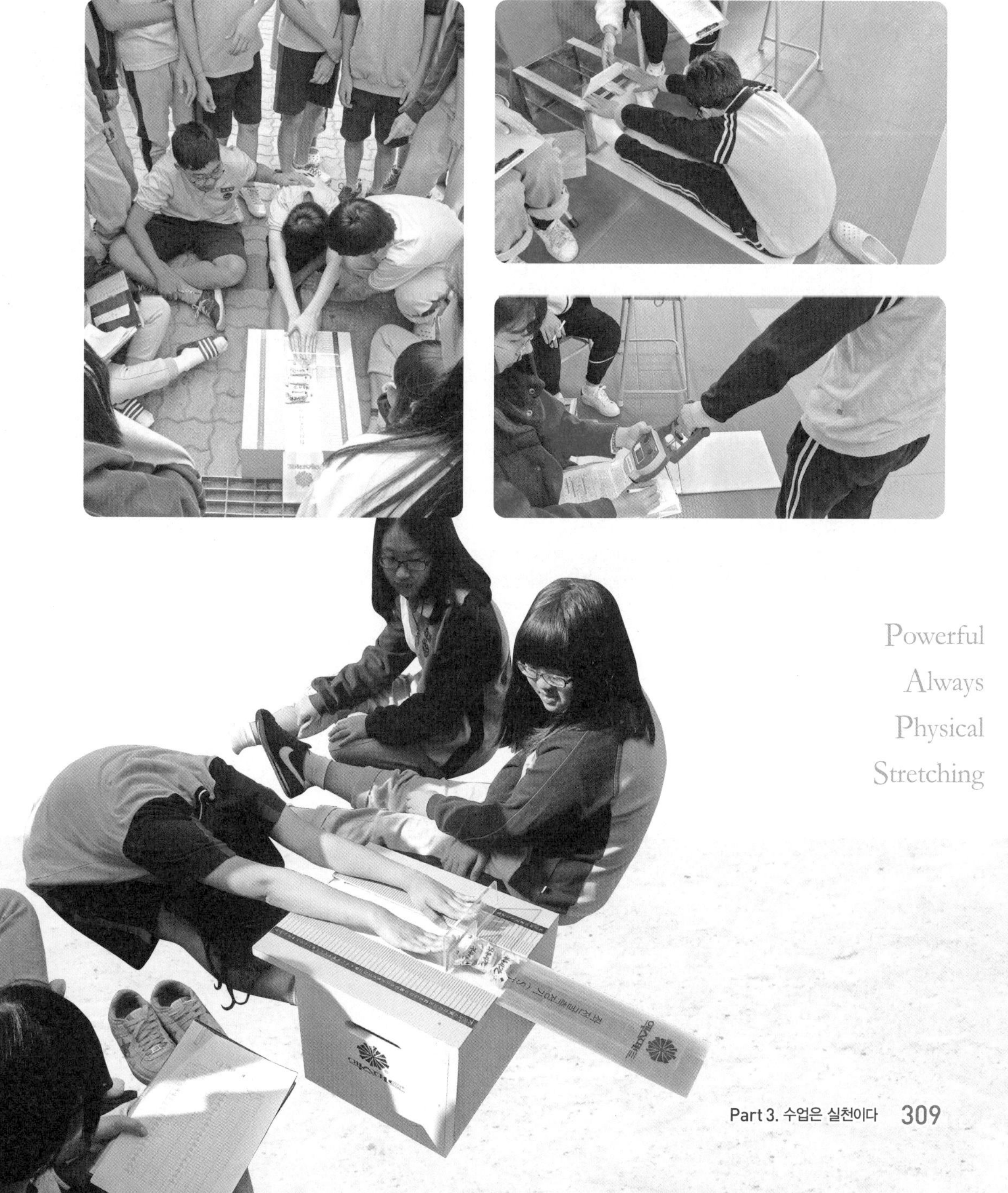

Powerful
Always
Physical
Stretching

[기고] "가르치지 않고 평가만 하는 PAPS 실행 방식을 개선해야 한다."

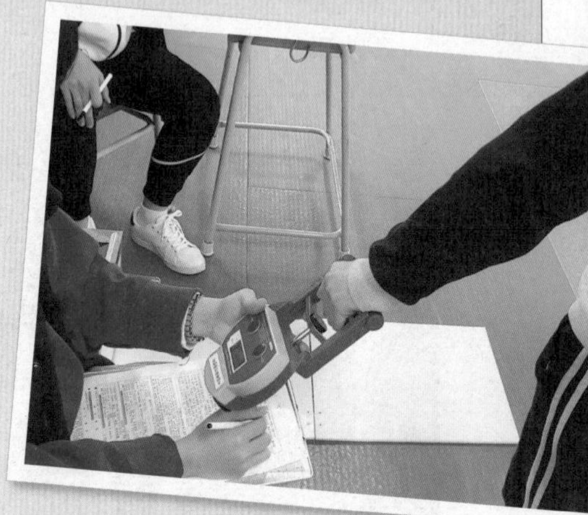

학교체육진흥법 제8조(학생건강체력평가 실시 계획의 수립 및 실시)에 의거해 모든 학교는 매년 3월 말까지 학생건강체력평가 실시 계획을 수립하고, 학교장은 그 계획에 따라 학생건강체력평가를 실시해야 한다. 초등학교 5~6학년, 중·고등학교 학생을 대상으로 학교의 다양한 여건에 맞게 체력 요소별로 1개 검사 항목을 선택해 실시하는 것을 원칙으로 하고 있다. 측정 결과는 교육정보시스템(NEIS)에 입력돼 학생 및 학부모가 조회할 수 있다. 저체력 학생들이 체력 등급을 올릴 수 있는 프로그램을 운영해야 한다. 이게 바로 과거 체력장과 비슷한 요즘 체력장인 '학생건강체력평가제(PAPS, Physical Activity Promotion System)'다. 학생 건강 체력 증진을 목적으로 하는 이 제도가 최근 구설수에 오르고 있다. 가장 큰 이유는 가르치지 않고 평가만 한다는 것이다. PAPS는 학생의 현재 체력 상태를 1등급에서 5등급까지 측정하는 데 머물고 있다. 측정에 앞서 해당 종목을 배우거나 연습하는 경우는 드물다. 거의 모든 학교는 학기별 수행 평가 종목으로 PAPS 종목 중 하나를 포함하고 있다. PAPS는 지필 평가를 제외하고 100% 수행평가로 운영되고 있다. 그런데도 사전 지도와 교육 없이 평가를 진행한 후 우수자에게는 표창을 수여하고 저등급 학생들에게는 보완 프로그램을 이수하게 한다.

〈필수 평가 – 매 학년 초 실시〉				
체력 요소				
심폐 지구력	유연성	근력, 근지구력	순발력	비만
1. 왕복오래달리기 2. 오래달리기-걷기 3. 스텝 검사	4. 앉아윗몸앞으로 굽히기 5. 종합 유연성 검사	6-1. 팔굽혀펴기(남) 6-2. 무릎대고팔굽혀펴기(여) 7. 윗몸말아올리기 8. 악력	9. 50미터 달리기 10. 제자리멀리뛰기	11. 체질량 지수(BMI)

〈선택 평가 - 학교장 결정〉			
검사 항목			
심폐 지구력 정밀 평가	비만 평가	자기 신체 평가	자세 평가
심박수 측정기 세트 활용	체지방 측정기 활용	자기 기입식 기록지 활용	자세 평가 보조 도구 활용

"학생 건강 체력을 가볍게 본다.", "운동 능력 우수자만 표창한다.", "등급이 낮은 학생들에게 상처를 준다." 등 어떻게 보면 피상적인 측면을 비판하려는 게 아니다. 가장 큰 문제는 PAPS 운영 실태가 비교육적이라는 것이다. 학교는 배움을 통해 성장하는 곳이다. 현재 상태를 측정해 상이나 벌 또는 상처를 주는 곳이 아니다. "평가에 반영하지 않으면 학생들이 열심히 움직이지 않는다.", "이렇게 평가 영역에라도 넣어야 학생 건강 체력이 증진된다.", "학교장 상을 준다고 하면 열심히 뛴다."라는 말도 어느 정도 수긍할 수 있다. 그러나 이런 의식들도 좀 더 적극적인 방향으로 개선돼야 한다. PAPS 측정일을 미리 알려주고, 기회를 몇 번 더 주는 등의 소극적인 교육 태도로는 학생들의 건강 체력을 증진할 수 없다. 해당 종목에 대해 충분히 연습하게 한 후 평가를 진행하는 게 교육적이다.

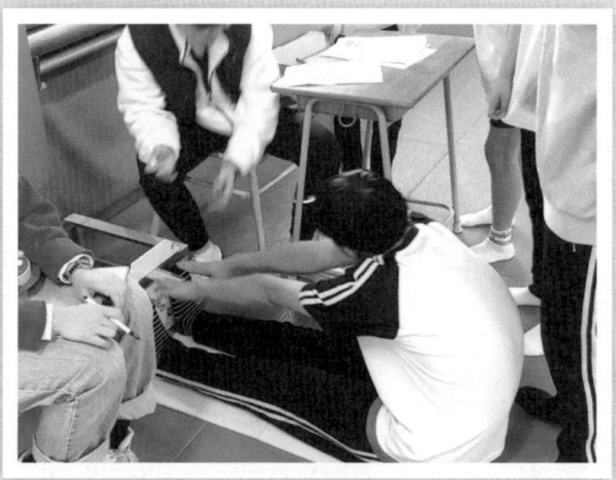

▲ PAPS 평가를 받고 있는 학생. 유연성을 평가하는 세부 종목 중 앉아서윗몸앞으로굽히기를 하는 모습이다.

가르치지 않고 평가만 하는 과목과 종목이 있는가? 그런데 PAPS는 가르치지 않고 평가한 후 그 결과에 대해 상벌식 대처만 하고 있다. 교육적으로 올바른 방식은 아니다.

지금은 코로나19로 인해 개학이 연기된 상태다. 교육 당국과 학교는 PAPS의 궁극적 목적인 저체력 학생들의 체력 상태 개선을 위해 어떻게 PAPS를 운영해야 하는지, 운영 과정에서 저체력 학생들이 상처받거나 소외되는 일을 어떻게 최소화할 수 있는지를 연구해 적극적인 개선책을 마련해야 한다.

(스포츠경향, 2020. 3. 29.)

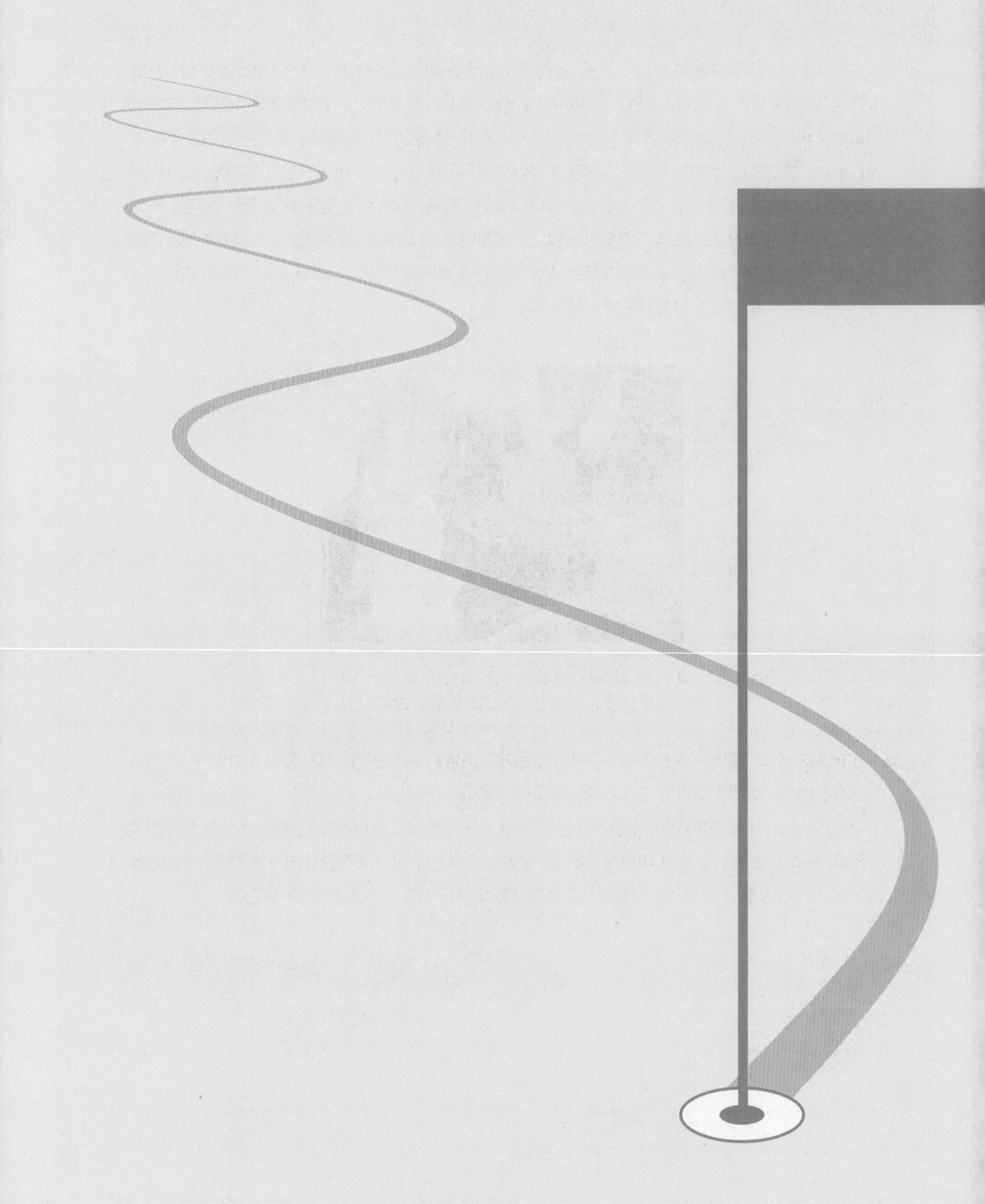

Chapter 2

도전

전교생들의 알 권리를 보장하는 스포츠 기자단

공공의 이익 증진에 일조하고
공익적인 사업 수행을 실천하자!

학교에서는 다양한 행사가 시기별, 계절별, 부서별로 진행됩니다. 또한 엄청나고 다양한 수업이 진행되고 있습니다. 의미 있는 내용이나 행사들 그리고 사건들은 다수가 알기 힘듭니다. 사고에 대한 내용은 앞으로 주의해야 하는 대책을 마련할 수 있으며, 좋은 일에 대한 소식은 많은 사람에 의해 축복받게 할 수 있습니다. 물론 모든 정보를 전달하는 것에는 무리가 있으며 편집자에 의해 취사선택된 내용이 적절한 방식으로 전달돼야 합니다. 학생들은 학교에서 일어나는 일에 대해 알 권리가 있습니다. 학교의 교육 활동, 행사, 문제점, 사건·사고 등에 대한 적극적 홍보와 안내가 이뤄져야 합니다. 학생들이 주인이 돼 분야별로 '학생기자단'이 운영된다면 또 하나의 의미 있는 교육 활동이 가능해질 것입니다. 안전과 관련된 내용, 공부 방법 및 입시에 대한 내용, 학교스포츠클럽에 대한 내용 등 매우 다채로운 영역에서 실천 가능한 일입니다. 저는 이 중 스포츠를 수제로 한 '스포츠 기자단' 운영에 대해 이야기하고자 합니다.

학년 초 스포츠 기자단 운영 계획을 수립해 선발 계획 및 일정에 따라 최종 기자단을 선출합니다. 이렇게 선별된 학생들은 학기 또는 1년간의 활동을 통해 스포츠와 관련한 기자단으로 활동하도록 합니다. 기자단으로 뽑힌 학생들은 역할을 나누고 역할에 따라 특강 프로그램에 참여해 개인의 역량을 향상시키기 위한 교육도 진행했습니다. 사진 촬영 기법, 영상 편집 방법, 글쓰기 방법, 효과적인 인터뷰, 신문 편집 기술 등의 주제로 특강을 개설해 미디어 및 신문방송과 관련된 진로를 탐색하는 계기를 마련해줬습니다.

스포츠 관련 산업은 영역을 지속적으로 확장하고 있습니다. 전 세계적으로 스포츠가 경제, 정치, 문화, 연예 등과 연계해 성장하는 것처럼 단순히 경기를 즐기는 것뿐 아니라 스포츠를 볼 수 있는 안목을 경험하는 것은 매우 중요한 일입니다. 또한 사진, 영상 등의 촬영 기법과 편집 능력을 보다 전문적으로 배워보는 것은 이 시대에 필요한 교육이며 다양한 정보를 찾고 그것을 선별하는 능력은 기자단 활동을 통해 반드시 배워야 할 역량입니다. 원격 수업이 진행돼 학교에 등교할 수 없는 상황에서도 온라인으로 학교스포츠클럽이 운영되는 것처럼 다양한 스포츠 관련 소식을 발굴해 학생들에게 전달하는 '스포츠 기자단'은 우리 학교만의 자랑거리가 될 수 있습니다.

스포츠 기자단 활동에 참여하는 학생들은 학교 운영의 또 다른 리더이자 주인공이 됩니다. 교과 특성에 맞는 교과 기자단을 운영하거나 학교 전반에 걸친 기자단을 운영하는 것도 좋은 방법입니다. 스포츠 신문, 스포츠 뉴스가 따로 있는 것처럼 학교마다 스포츠 기자단이 조직돼 효율적으로 운영되면 좋겠습니다.

○○학교 스포츠 기자단 운영 계획

1. 운영 목적

학교의 다양한 스포츠 운영에 관심을 갖고 전교생의 눈과 귀 그리고 입을 대변하며 배움과 소통의 장을 조성한다.

2. 활동 내용

가. 교내 학교스포츠클럽과 관련된 모든 활동 안내

나. 촬영, 편집, 인터뷰, 일정 안내, 소식지 제작 및 학급 배송

다. 스포츠클럽대회, 종목 소개, 선수 인터뷰, 규칙 설명 등을 신문 또는 UCC로 제작해 학교 홈페이지, 학급 게시판, 교내 홍보 텔레비전에 개시

라. 각종 학교 스포츠 행사의 모든 경기 결과를 취재하는 기자로 활동

3. 스포츠 기자단 선발 계획 및 일정

가. 인원: 전교생 중 희망자에 한해 20명을 선발함.

나. 접수: ○○월 ○○일(월) ~ ○○월 ○○일(금) 16:40까지 선생님에게 서류 제출

다. 제출 서류: 지원서 1부 ※ 양식: 별지 1(양식은 학급함에 배부)

라. 절차: 1차 서류 심사, 2차 면접(면접은 1차 선발된 학생을 대상으로 함)

마. 면접 일정 및 장소는 추후 공지(1차 선발된 학생 대상 개별 공지)

바. 최종 명단 발표: ○○월 ○○일(금), 학교 게시판 및 홈페이지

4. 스포츠 기자단 특전

가. 성실하게 스포츠 기자단 활동한 학생은 교내 봉사 시간 부여(1년간 10시간 이내)

나. 봉사 활동 내용: 일손 돕기

다. 학교 활동에 능동적으로 참여함으로써 책임감과 자율성을 겸비한 미래 인재로 성장함.

라. 올바른 미디어 문화를 이해하고 기자단 활동을 통해 진로를 탐색함.

마. 특강 참여: 사진 촬영 기법, 영상 편집 방법, 글쓰기, 편집 기술, 인터뷰 노하우 등

5. 추천 기준 및 자격

가. 스포츠 기자단에 관심과 흥미가 있고 책임감이 투철한 학생

나. 제출 서류 미흡 또는 면접 불참 시 탈락될 수 있음.

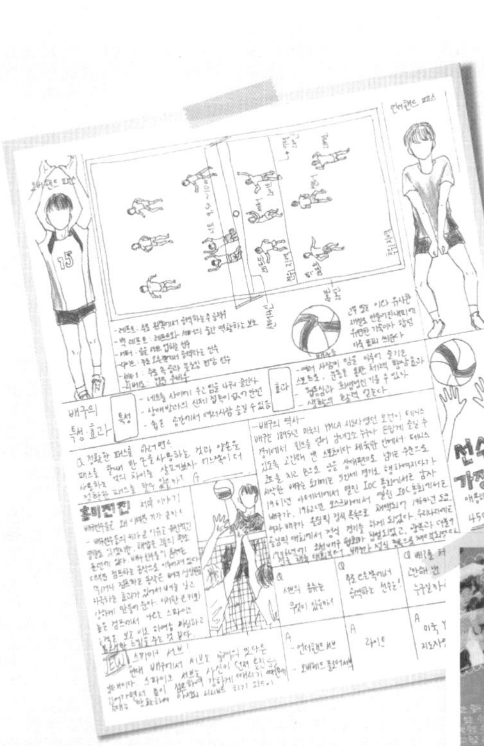

신문 기사 작성
이론과 실제!

한 발 한 발 모아 만점이 되는 '적중 사격'

몰입과 집중력 강화를 위한 사격 수업 만들기

이것을 Why

스포츠에는 동적인 것도 있지만, 정적인 것도 있습니다. 우리나라 올림픽 금메달의 반은 정적인 사격과 양궁 종목에서 획득됐지요. 양궁, 사격, 아시안 게임 정식 종목인 바둑과 같은 종목에서는 상위에 랭크돼 있습니다. 인성 교육의 대다수는 자신을 절제하는 것과 관련돼 있습니다. 말, 행동, 표현 및 표정 등을 자제하고 참아내야 하는 것들이죠. 진짜 총으로 하는 사격 수업이 아닌 비비탄 총을 활용해 수업을 운영하면 조용한 가운데 차분한 분위기를 연출할 수 있습니다. 집중해 적중시키기 위해 노력합니다. 수업의 목표를 '적중'으로 결정한 후 실내에 조용한 음악을 틀어 놓고 자신을 절제할 수 있는 수업을 진행했습니다.

영역을 침범해야 하는 스포츠, 네트를 사이에 두고 겨루는 스포츠, 표현을 하는 스포츠, 그리고 기록에 도전하는 스포츠가 있습니다. 그 영역의 넘나듦은 자유롭고 격이 없을 정도입니다. 사격 수업도 마찬가지입니다. 실내 수업을 해야 하는 경우가 잦은 학기 초에 진행하면 참으로 제격입니다.

준비는 Simple

(1) 비비탄 총

(2) 타깃(과녁)지 & 비비탄

(3) 과녁지를 걸어둘 와이어 및 클립

(4) 비비탄이 튀지 않게 과녁지의 뒤편을 채울 커튼

(5) 팀 조끼 및 청테이프(거리 기록용)

무엇을 How

(1) 예산이 없고 특별한 체육관도 없어서 교실 두 칸 자리가 연결된 다목적실에서 진행했습니다. 늘 그렇듯 제가 하고 싶은 것을 할 수 있는 여건은 미리 세팅돼 있지 않았습니다.

(2) 교장 선생님께 말씀드렸죠. "총을 좀 사야겠습니다." 그랬더니 저를 쳐다보신 후 잠깐 앉아보라고 하셨습니다. "왜 그러냐?", "뭐가 불만이냐?", "총을 갖고 뭐를 하려고 하느냐?", "총

이 체육 수업과 어떤 관련이 있느냐?", "안전사고가 발생하는 것 아닌가?" 등 이런 저런 상황과 여건들이 좋지 않습니다. 그래서 포기할까 했는데 이걸 지금 못하면 언제할 수 있을까 망설여졌습니다.

(3) 올림픽에 있는 종목이죠. 더욱이 교과서에도 있네요. 집중력 강화에 아주 좋습니다. 저의 수업 주제는 '적중'이었습니다. 앞에 커다랗게 적어뒀죠. 지속되는 미세먼지로 인해 자투리 공간과 틈새 시간을 확보해야 하는 우리들에게 사격은 매우 의미 있는 수업이 될 수 있습니다.

(4) 예산이 넉넉하지 않은 학교는 1개 학년 학생들에게 물어보시면 됩니다. 집에 총 있는 사람? 한 시간 수업하실 수 있는 양은 충분히 나옵니다. 학생들이 생각보다 총이 많습니다(저도 놀랐습니다). 수업 마치고 돌려줬습니다(총에 이름을 써서 제출). 어떤 학생은 15정(소총, M16)을 가져오더라구요. 집에 탱크도 있다고 했습니다.

(5) 총으로 인한 안전사고 영상을 보면서 수업을 병행하시고, 수업 중간에 교직원 간 시합을 하는 것도 재미있습니다. 새로운 경험은 학생들을 새롭게 하고 학교를 신나게 해줍니다. 홍익인간 정신이 뭐 별거겠습니까? 하려고 하면 다 되고, 안 하려고 하면 다 안 됩니다. 저는 서서쏴, 앉아쏴, 엎드려쏴로 평가했습니다. 총 10회의 타깃지 기록을 평가 항목으로 정했습니다. 학생들 정말 잘합니다.

좋았던 Point

타깃형 도전 활동은 상당히 많은 학생을 집중하게 만들어줍니다. 총을 쏴본 학생들도 있지만 여학생들 대다수의 경우가 처음 접하게 되죠. 총으로 누구를 쏘라는 것이 아니라 집중력을 강화하고 목표를 향해 나의 흔들리는 손과 몸을 컨트롤하는 방법을 가르치는 것입니다. 다양한 자세, 사격과 관련된 이야기, 하계 올림픽에서 펼쳐지는 다양한 사격 종목에 대한 소개와 동계 올림픽에 등장하는 체력 융합형 사격의 차이점에 대해 이야기해주고, 다양한 방식으로 수업을 진행하는 것이 좋습니다. 실제 학습 시간이 줄어들지 않도록 대기하는 시간을 줄일 수 있는 활동을 수업에 넣어주면 의미 있는 타깃형 수업을 할 수 있습니다. 한 손 사격 자세로 아령들고 30초 버티기, 바둑알 떨어뜨리지 않는 격발 연습, 앉아쏴 엎드려쏴 자세 연습하기, 사격 관련 영상 시청하기 등이 좋습니다. 다트, 책상 컬링, 콩주머니 던지기 등의 타깃형 놀이를 놀이형 스테이션으로 만들 수 있고 활용 가능 범위도 어마어마하게 넓습니다.

ProTargets
www.protargets.com
的中
7
8

的中
2
3
4
5
6
7
9

추억을 모두 모아 기록으로 도전하는 '도전 99초'

모두가 참여하는 기록 도전 미션을 통해 패원 하나 되기

조종현빈 Mission
'99 종목소개(피구)
<1> 매트 구르기 5회(1명)
② 뜀틀 왕복 10회 넘기(1명)
③ 주사위 두합이 홀수 1회(2명)
<4> 푸쉬업 10회(1명)
⑤ 농구 게임기 골인(1명)
⑥ 코끼리코 10번 후
신발던져잡기(1명)
⑦ 바운더 피구공
릴레이 10개(2명)
저글링 5초(1명)

이것을 Why

학생들이 체육 교과와 체육 교사를 바라보는 시선, 마을 스포츠 교육을 위해 외부에서 체육 수업에 바라는 요소들, 체육 수업의 변화를 위해 노력하는 교사들의 움직임들이 날이 갈수록 변화되고 있다는 것을 느낍니다. 하지만 아직도 학기 말 무방비로 학생들을 방치하는 우리들의 민낯을 숨길 수가 없습니다. 그렇게 말하는 사람에게 뭐라 말하고 싶지 않습니다. 그 분들의 말씀이 옳기 때문입니다. 조목조목 다 맞기 때문입니다. 구차한 변명을 늘어놓고 싶지도 않습니다.

우리의 손으로 직접 고쳐야 할 부분입니다. 반드시 변해야 합니다. 아날로그 시대에서 디지털 시대로, 스마트 시대를 넘어 비대면 시대로 변했듯이, 이제는 체육 교사도 '수퍼 울트라 스마트' 교사로 거듭나야 합니다. 한 학기 동안 배웠던 종목들을 활용해 1학기 후반, 2학기 후반을 알차게 채워볼 수 있습니다. 학생들의 재미와 흥미를 기대 이상으로 향상시킬 수 있는 '99초 미션 게임'이란 주제로 활동을 다양하게 구성해 버려지고 있는 잉여 시간들에게 심폐 소생을 해줄 수 있습니다. 그렇게 해주고 싶었습니다. 학원 숙제 챙겨와서 수업 시간에 "아무것도 안 하는데 숙제하면 안 되요?"라고 말하는 학생들과 싸우고 싶지 않았습니다. 늘 문제는 아무것도 안하는 무의미한 시간이었던 것 같습니다.

준비는 Simple

(1) 도전 미션을 할 수 있는 도구들
(2) 시간을 측정할 수 있는 음원과 블루투스 스피커
(3) 미션에 성공한 팀에게 제공할 서프라이즈 상품

무엇을 How

(1) 99초도 괜찮고 60초도 괜찮습니다. 시간은 선생님께서 정하신 미션의 숫자에 맞게 정하시면 됩니다. 상황에 맞게, 학교의 여건에 맞게…. 선생님께서 직접 한번 해보시면 어느 정도 예측하실 수 있습니다.
(2) 미션을 할 때 음악을 틀어주는 것이 좋습니다. 음악이 시간을 말하는 것이지요. 약간 편집해

사용하면 매우 좋습니다. 못하신다면 학생에게 부탁하셔도 좋습니다. 사제동행 수업이 완성이 되는 것이죠. 미션의 시작은 음악의 시작이고 음악이 끝나면 제한 시간 종료, 미션 종료입니다.

(3) 99초 미션 게임이란, 정해진 99초의 시간 내에 주어진 미션 수행 게임들을 패별로 완벽하게 성공해내는 '집단 응집력 강화'를 위한 도전 체육 활동입니다. 협동심을 발휘할 수 있도록 재미있는 미션을 만들어보세요. 미션 세트를 정해 수업 차시마다 실시해도 재미있습니다.

(4) 도전 99초는 경기도교육청 이청용(블루드래곤)선생님께서 예능 1박2일 욕지도편을 시청하시다가 고안해내신 수업 아이디어입니다. 다양한 종목에 도전할 수 있지만 배구 영역의 미션만으로, 농구 영역의 미션만으로, 야구 영역의 미션만으로 구성해 운영하실 수 있습니다. 중간중간 놀이의 종목들이 들어가기 때문에 운동 기능이 뛰어나지 못한 학생도 신나게 참여할 수 있습니다.

좋았던 Point

예능 프로그램에서 나왔던 게임을 본인들이 재구성해 함께 한다는 것에 큰 흥미를 보였습니다. 도전99에 대한 설명을 제가 하는 것이 아니라 예능 프로그램을 보여주는 것으로 대신 할 수 있었습니다. 미션은 정해져 있지만, 그 순서는 본인들이 구성할 수 있기에 지켜보는 학생들과 도전하는 학생들 모두가 매우 즐거워 합니다. 누가 어떤 종목을 할 것인지, 어떤 순서로 미션을 진행할 것인지는 자유입니다. 단, 마지막 미션(지는 가위바위보)은 고정입니다. 선생님(1박2일에서는 PD를 넘어서야 했죠)을 이겨야 최종 미션에 성공할 수 있습니다. 한 학기 동안 학생들과 함께했던 여러 종목을 리마인드할 수도 있고, 유의미한 시간으로 구성해 선생님과 한 학기를 마무리할 수도 있습니다.

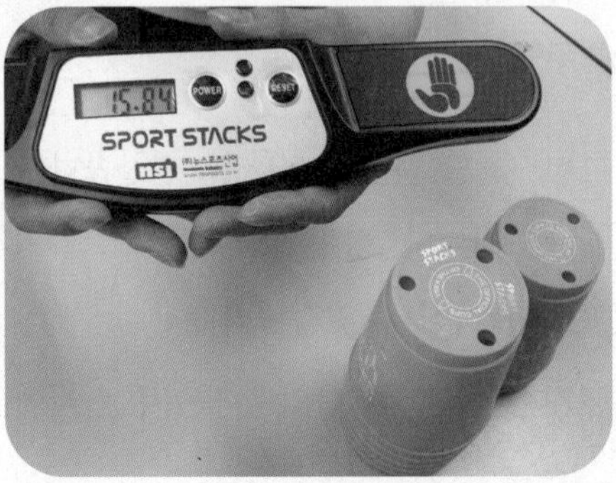

실제로 튼튼 물생심
SPORT STACKS

활 잘 쏘는 민족의 기를 모으는
'집중력 Up 양궁'

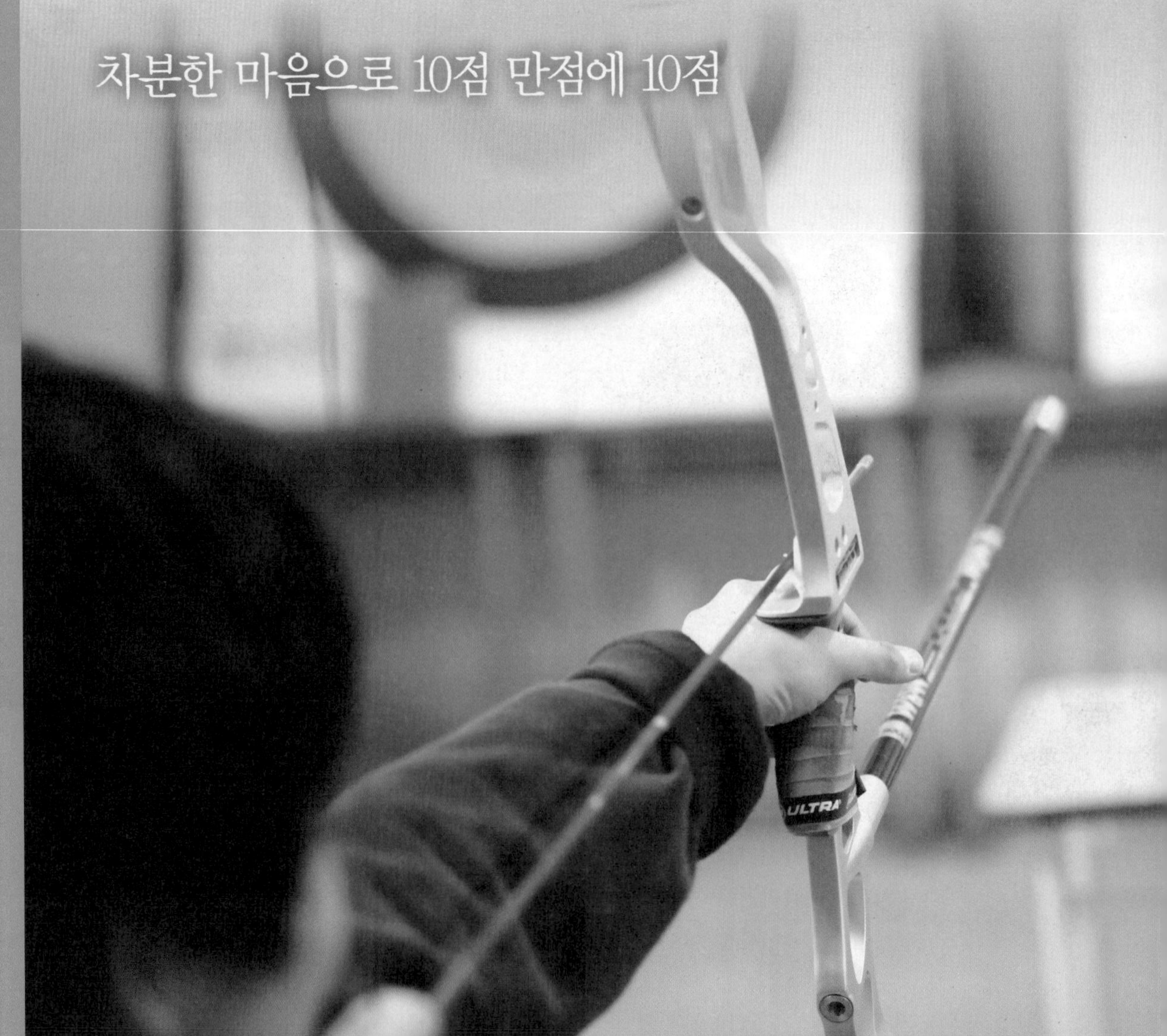

차분한 마음으로 10점 만점에 10점

집중력 UP! 양궁 수업이 기다려져요!

안산 고잔고등학교 양궁 수업

'대다수 학생들의 체격은 커지고 체력은 약해져'

청소년들의 체력 약화 소식은 매년 반복되는 뉴스거리 중 하나다. 빡빡한 학원 스케줄에 쫓기거나 컴퓨터 게임에 정신이 팔려 운동과 담을 쌓은 우리 아이들…. 이에 학교 체육의 중요성이 점점 커지고 있다. 맘껏 뛰어놀며 체력을 키울 수 있는 체육 시간이 아이들에게는 무엇보다 소중하다. 안산 고잔고등학교 학생들에게 체육 시간은 좀 더 특별하다. TV에서만 봐왔던 양궁을 직접 체험해볼 수 있기 때문이다.

양궁? 우리도 도전해보자!

겨울방학을 앞둔 12월의 안산 고잔고등학교(이하, '고잔고'). 점심시간을 마친 학생들은 5교시 체육 시간을 위해 서둘러 지하 1층으로 발걸음을 옮긴다. 체육 시간이라면 운동장으로 향해야 할 텐데 지하로 발걸음을 옮기는 이유는 뭘까? 양궁 수업을 위한 특별한 공간이 지하에 마련돼 있기 때문이다. 고잔고에서는 지난 11월부터 양궁 수업을 진행하고 있다. 양궁이라는 낯선 종목을 학생들에게 소개할 수 있었던 데에는 조종현 선생님의 노력이 컸다.

"아이돌 양궁/육상 선수권 대회(아육대)라는 프로그램을 보게 됐어요. 아이돌도 하는데 우리 아이들도 할 수 있지 않을까?라는 생각이 들었어요." 평소 새롭고 다양한 체육 수업을 시도해온 조종현 선생님의 눈에 '양궁'이라는 종목이 들어왔다. 올림픽 연속 금메달, 아시안 게임 전 종목 석권이라는 대단한 기록을 세웠던 효자 종목 양궁에 대한 관심도 한몫했다. '학생들과 함께 양궁을 체험해보자.'라고 결심했다.

먼저 양궁 수업을 진행하기 위한 장소부터 찾았다. 안전사고의 위험 때문에 운동장에서는 진행할 수 없었기 때문이다. 천장까지 책상이 쌓인 지하 창고가 눈에 띄었다. 2주 동안 학생들과 함께 책상을 하나둘 드러내고, 깨끗이 청소하니 제법 멋진 공간으로 변했다. 활, 화살, 과녁 등의 장비 확보도 쉬운 문제가 아니었다. 다행히 양궁부 감독 경험이 있으셨던 선배 체육 선생님의 도움으로 양궁 협회를 통해 선수들이 사용하지 않는 활과 화살을 대여할 수 있었다.

"뜻이 있는 곳에 길이 있는 것 같아요. 인프라가 갖춰지길 기다리는 것이 아니라 직접 움직이며 나서니 방법이 생기더라고요."

직접 발로 뛰며 수업을 준비한 결과, 양궁 수업에 대해 처음에는 반신반의했던 학생들도 누구보다 양궁 수업 시간을 기다리고 있었으며 인근 학교 친구들에게 "우리 학교 체육 시간에는 양궁을 배운다."라며 자랑까지 한다고 했다.

이론, 실기, 인성까지 하나로!

양궁 수업은 개별 평가 및 패별 평가(단체)로 진행된다. 이날 수업은 국가 대항전인 패별 평가로 진행됐다. 7명씩 구성된 총 5개 팀(대한민국, 프랑스, 브라질, 네덜란드, 캐나다)으로 나눠 실제 올림픽처럼 경기를 진행하는 방식이다. 본격적인 경기 전에 용어를 복습하는 시간을 가진다. '앵커링', '노킹 포인트' 등 양궁 용어가 적힌 설명판을 보면서 학생들은 실전에 앞서 활을 쏘는 순서와 자세를 되새긴다. 농구, 축구와 달리 양궁은 학생들이 처음 접하는 종목이었기 때문에 조종현 선생님은 이론 부분에 많은 노력을 기울였다. 교과서를 직접 분석해 선별한 핵심 용어들을 매 시간마다 학생들에게 인지시킨다. 여기에 시청각 자료를 더한다. '아이돌 양궁/육상 선수권대회'의 한 장면을 함께 시청하며 학생들의 학습 동기를 자연스럽게 이끌어낸다. 용어 복습, 영상 시청, 실전 등 모든 것이 지하 양궁장에서 이뤄진다. 이론과 실기를 따로 분리하지 않기 위해서다. 이론 수업이라고 해서 교실에서 따로 진행한다면 실전에서의 연계성이 적어지고 수업의 효과가 떨어진다는 판단에서였다. 오늘 수업에 이어 내일 수업이 다시 진행되면 상관없지만 대부분의 학급은 주 2회의 수업이 격일 또는 월, 금 또는 화, 금과 같이 상당히 떨어져 있곤 했다. 이론과 실기를 함께 가르치는 방식은 조종현 선생님이 지향하는 '하나로 수업'의 핵심이기도 하다. 50분의 수업 시간 동안 이론 학습(잘 알기)과 영상 시청(잘 보기), 기능 학습(잘하기)까지 함께 진행된다.

영상 시청 후 수업의 하이라이트인 국가 대항전이 시작된다. 자기 차례에 맞춰 학생들은 슈팅 라인으로 향한다. 활 시위를 당기자 화살이 경쾌한 소리를 내며 과녁에 꽂힌다. 순간 학생들의 환호와 탄식이 교차한다. 한 사람당 6발의 화살(1END = 6발)을 모두 쏘고 카운트를 마치면 다음 차례의 학생이 슈팅 라인에 선다. 시간이 지날수록 학생들의 응원 열기는 뜨거워진다. '파이팅' 함성과 '박수 소리'가 지하 양궁장을 가득 채운다. 국가 대항전의 최종 스코어는 대한민국 358, 캐나다 357, 브라질 351, 네덜란드 350, 프랑스 331…. 간발의 차이로 대한민국이 캐나다를 누르고 승리를 차지한다.

경기는 마무리됐지만 여기서 끝이 아니다. 학생들은 수업을 통해 느낀 점을 자유롭게 적어 양궁 일기를 쓴다. 예쁜 그림을 그려 넣기도 하고 '양궁 수업'으로 4행시를 짓기도 하는 등 개성에 따라 각양각색의 양궁 일기가 완성된다. 어떤 학생은 'TV에서 보던 것과 달리 양궁이라는 스포츠가 처음에는 많이 낯설고 어려웠지만, 양궁 수업을 통해 집중력과 배려심 그리고 인내심이 늘었다.'라고 적는다. 조종현 선생님은 학생들의 양궁 일기를 하나하나 꼼꼼하게 읽어본다. 이를 통해 수업을 되돌아보고 개선할 점을 찾아나간다고 한다. 양궁 수업은 이렇게 진화해가고 있다.

조종현 선생님의

양궁 수업 Tip

01 교내 유휴 공간을 적극 활용한다. 창고나 빈 교실도 잘 활용하면 훌륭한 양궁장이 될 수 있다.

02 이론과 실기 수업을 함께 진행한다. 배운 이론을 바로 실전에 적용할 수 있어 효과적이다.

03 용어 설명판을 만들면 간편하다. 전달할 내용을 요약해 포인트만을 짚어주면 학생들의 이해가 빠르고 소통이 수월해진다.

04 국가 대항전을 진행해 경쟁심을 자극한다. 금메달을 따낸 국가의 소속 학생들에게 '개인 평가 점수 한 등급 상향 조정'이라는 혜택을 준다.

05 키다리 책상 옆에 셔틀콕 통을 붙여 '화살통'으로 활용하면 화살의 개수를 손쉽게 확인할 수 있으며 화살이 굴러다니는 것을 방지해 안전사고 예방에 도움이 된다.

인성강화 어깨동무 미션 완성 프로그램
스포츠를 바라보는 새로운 시각 - 조쌤의 파워 양궁

대주제	스포츠를 바라보는 새로운 시각, 파워 양궁	미션	모둠별 경기(5인 1조)에서 45점 이상 득점하기(5발)	인성 메시지	끈기
학습 목표	• (더 알기–인지 목표) 양궁 용어 다섯 가지를 정확하게 설명할 수 있다. • (잘하기–심동 목표) 정확하고 안전한 앵커링 자세를 완성할 수 있다. • (깨닫기–정의 목표) 아이돌 양궁 선수권 대회를 보고 협동심에 대해 공감할 수 있다.				

단계(시간)	절차 및 방법	교수 방법	교재 및 준비물
도입(10분)	학습 목표 제시	• 전시 학습을 떠올리며 기록 도전 수업에 집중할 수 있도록 한다. – 양궁의 기본 자세를 정확하게 설명한다(교사의 시범). – 모둠별 국가 대항전에 대한 소개와 수업 진행 계획 전달(남/여학생의 시범 병행) – 안전사고 예방 교육 철저(해야 할 것과 하지 말아야 할 것들 잘 알기) • 학습 목표를 제시한다(학습 목표를 선정한 이유 자세히 설명, 양궁 화살에 붙여 활용)	(관련 교재) • 타이머 • 간편 마이크 • 설명판
전개(35분)	미션 3단계 제시 협동 타깃형 간이 놀이 & 양궁 국가 대항전	1. 미션 1 인성 교육 - 4덕(어진 마음, 멋진 행동, 밝은 표정, 고운 말씨) 외치기 * 4德 – 仁/義/禮/智: 학교에서 실천하기 2. 미션 2 양궁 선수의 멋진 모습 시청하기(멋진 자세 따라 하기) 3. 미션 3 놀이형 타깃 게임 ⇔ 양궁 모둠별 경기(국가 대항전) *** 남학생과 여학생의 구분 활동 * 활쏘기의 변천 과정 배우기** 타깃형 간이 게임(섹션 A) / 모둠별 양궁 국가 대항전(섹션 B) *** 예민한 손가락 게임(블랙 박스 게임) + 아령 들고 버티기** 4. 최우수 활동 모둠원들 칭찬해주기(학생 시범)/반대인 모둠원들도 격려해주기	• 활/화살 • TV • 타깃 • 팀조끼 (다섯 가지 색상/각 8개) • 음악 • 앰프 • 타이머 • 태블릿
정리(5분)	강의 목표 확인	• 양궁의 기본 자세를 정확히 설명하기(질문 유도) • 학습 목표 확인: 인성 강화 수업의 목표에 맞게 모두 만족할 수 있었던 수업이었는가? • 모둠별 양궁 국가 대항전: 끈기의 중요성 인지하기(나는 친구들에게 좋은 영향을 주고 있는가?)	

새로운 체육 교육의 문으로 입장 '게이트볼'

게이트볼, 너의 문은 순서가 다 있구나?

이것을 Why

게이트볼 해보셨습니까? 제한된 시간 안에 두 팀 중 어느 팀이 득점을 많이 하느냐를 겨루는 스포츠입니다. 5대5 경기죠. 레드팀과 화이트팀으로 구분됩니다. 어르신들만이 하는 스포츠가 아닙니다. 생활 체육으로 많이 보급돼 어린이부터 대학생들까지 즐기는 폭이 넓어졌습니다. 우리들이 관심이 없어서 모르고 있는 것입니다. 수업을 통해 한 학년의 수행평가 종목으로 진행한 후 학교스포츠클럽대회로 진행하기 위해 준비했습니다. 매번 하는 뻔한 수업이 아니라 학생들에게 새로운 것을 배울 수 있는 기회를 주고 싶었습니다. 정확한 룰을 배우기 위해 저도 집 근처 게이트볼 클럽에 찾아가 두 달 동안 게이트볼을 직접 배웠습니다. 제가 배우는 이유를 설명드렸더니 아주 좋은 생각이라며 여러 가지 노하우를 전수해주셨습니다. 둘러보면 주변에 게이트볼 경기장이 많습니다. 용기를 내 문(게이트)을 두드려보세요. 새로운 세상을 만나시게 될 겁니다. 게이트볼의 경기 방법을 다른 종목과 연결해 진행해보셔도 좋습니다. 1, 2, 3번 게이트를 통과한 후 골 폴, 1번을 통과하지 못하면 경기에 들어갈 수 없다는 것, 스파크 타격 등 새로운 스포츠를 통해 새로운 학생들을 만나보세요!

준비는 Simple

(1) 게이트볼 장비

(2) 학교 체육을 일상생활로 옮길 수 있다는 마인드

(3) 수업 시간에 배운 것을 교내 체육 행사로 연결할 수 있다는 자신감

(4) 우리 집 주변의 게이트볼 경기장에 찾아가 어르신께 한 수 배우는 용기

무엇을 How

(1) 게이트볼 경기의 진행 방식은 매우 간단합니다. 하지만 모르고 보면 무슨 플레이를 하는지 잘 모르죠. 경기 방식에 대해 30분만 공부하시고 유튜브에 탑재돼 있는 경기 영상 하나를 우선 보세요.

(2) 학생들에게도 경기 방식에 대해 안내를 해줘야 하므로 간단한 PPT 하나 만드셔서 종목의 첫 시간을 준비해주세요.

(3) 게이트볼 장비는 한 세트 구입하셔야 합니다. 하지만 구입이 부담스러울 수 있습니다. 각 지역 게이트볼연합회에 전화하시면 연습용으로 비치해둔 것들이 있습니다. 저도 그렇게 얻어서 사용했습니다. 어르신들이 사용하는 장비는 모두 개인 장비더라구요. 좋지 않다는 것이 안 좋은 것이 아닙니다. 그냥 사용하지 않는 것들이죠. 사용하신 후 다시 반납하시면 됩니다. 주변에 도와주실 분들이 많습니다.

(4) 그냥 수업만 하지 마시고, '학년 대항 게이트볼 한마당'을 열어 학급 대항으로 게임이 진행될 수 있도록 이벤트를 열어주세요. 같이 배운 것을 함께 정정당당하게 겨룰 수 있는 장을 마련해주는 것입니다.

(5) 학교선생님들에게도 게이트볼 방법을 알려주시고 교직원 대회도 열어봤습니다. 경기 방법이 어렵지 않기 때문에 많은 분이 즐겁게 참여해주셨습니다. 전문적 학습 공동체가 뭐 별거겠습니까? 이렇게 모여 배우고 나누고 바꾸고 하는 과정이죠.

좋았던 Point

제가 배운 새로운 것을 학생들과 나눌 수 있어서 좋았습니다. 경기도 학교스포츠클럽대회에 나가 우승도 했습니다(지금은 없어졌는데 예전에는 주요 종목). 게이트볼 전용 경기장에서 경기를 하니 너무 좋았습니다. 학생들이 새로운 것을 알아갈 수 있는 계기를 수업을 통해 만들어줬던 것이 의미있었습니다. 교사 한 명의 도전이 한 학년 전체 학생들에게 멋진 추억 한 장 만들어줄 수 있습니다. 무엇이든 좋습니다. 선생님이 이유이고, 선생님이 최고의 방법입니다.

목표를 향한 게이트
미래를 위한 게이트
도전을 향한 게이트

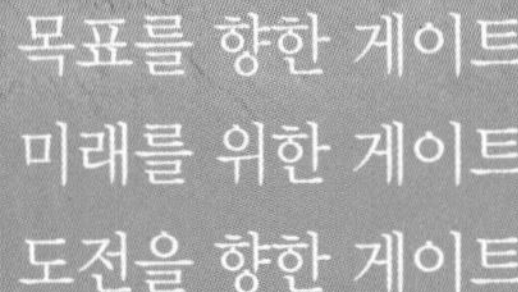

* 게이트볼 리그전 * 1학년 10반

	우연히 공원어요	헬로게티	게이시대	짜파게티	스파게티	처리가
우연히 공원어요		4:6패	5:6패	3:1승	3:5패	11:10승
헬로게티	6:4승		7:6승	4:5패	3:4패	6:4승
게이시대	6:5승	6:7패		4:1승	1:4패	5:7패
짜파게티	1:3패	5:4승	1:4패		6:5승	3:6패
스파게티	5:3승	4:7승	4:1승	5:6패		0:6패
처리가	10:11패	4:6패	7:5승	6:7승	6:0승	

60

PART 3 수업은 실천이다

손가락에 모든 신경을 모아 던지는 '집중 다트'

나의 신경과 집중을 손끝 하나에 모으기

이것을 Why

미세먼지가 심해지는 매년 신학기 초에는 매일 같이 휴대폰으로 '오늘의 미세먼지 수치'를 확인하는 것이 일상이었습니다. 최악의 상황을 피하기 위해 모두가 체육관에 들어갈 수 없고, 매 수업 시간을 교실에서 이론으로 진행할 수도 없었습니다. 실내에서 할 수 있는 스포츠 활동에 대해 고민했고, 그중 다트는 좁은 공간에서 집중력을 발휘할 수 있는 매우 효과적인 수업이었습니다. 수업의 주제를 '집중 다트'라고 정한 후 다양한 전략과 전술을 활용할 수 있도록 수업 방법을 고민했습니다.

다트 수업의 가장 큰 두려움은 안전 문제였습니다. 혹시나 다칠 수 있는 상황을 피하기 위해 안전 교육도 철저히 진행했고 수업 교구들도 최대한 안전한 것들로 신경 써서 구입했습니다.

준비는 Simple

(1) 다트판 5개, 다트는 여분의 핀이 필요(약 300개)

(2) 재활용 현수막, 미끄럼 방지 매트(다트가 부러지지 않게 하기 위함)

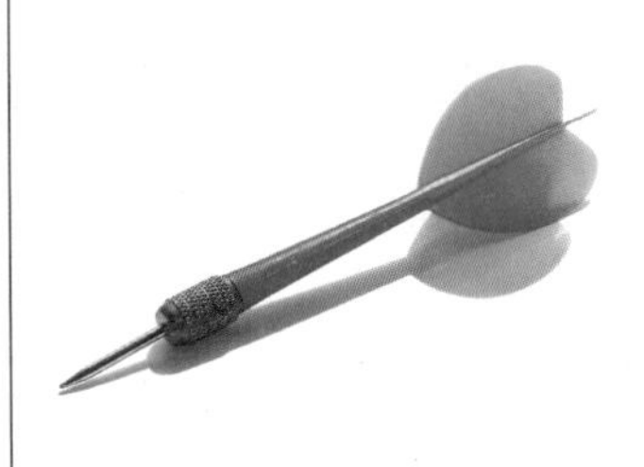		
↑ 실제 다트는 위험하기 때문에 교육용 교재로 사용해야 함.	↑ 뾰족한 부분이 플라스틱 재질로 구성돼 안전하지만, 잘 부러져 여유분의 핀이 필요함.	↑ 점수도 나오는 비싼 제품도 있지만, 현장에서 쉽게 사용할 수 있고 가성비 좋은 저렴한 다트판도 나쁘지 않음.

무엇을 How

집중 다트의 수업은 크게 3단계로 진행했습니다. 1단계는 개인의 기록을 체크해 수행 점수를 쌓아가는 '개인 집중 다트', 2단계는 모둠을 편성해 기록을 체크하는 '모둠 집중 다트', 3단계는 실제 경기를 체험하는 '501 올림픽 다트'입니다.

(1) 개인 집중 다트

다트의 점수는 싱글, 싱글 볼, 트리플, 더블, 더블 볼 등이 있습니다. 싱글은 던진 점수 그대로 득점합니다. 싱글 볼은 가운데 원 테두리에 맞았을 때 주는 25점의 점수이고, 더블 볼은 싱글 볼보다 안쪽의 정중앙에 맞았을 때의 50점을 말합니다. 더블과 트리플은 다트판 중간의 얇은 경계 부분이고, 맞는 부분에 따라 해당 점수의 2배 또는 3배로 인정합니다. 따라서 가장 높은 점수는 20점을 맞고 트리플에 해당하면 총 다트 하나에 60점의 점수를 얻을 수 있습니다.

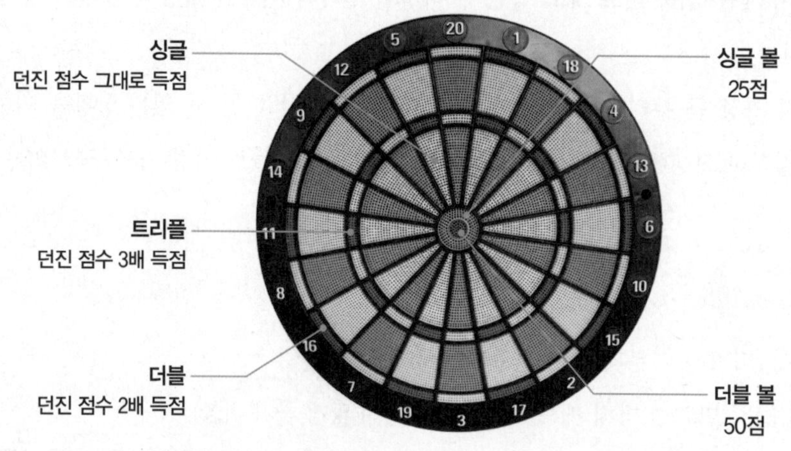

위와 같이 실제 득점 시스템으로 수행을 하고자 한다면 많은 연습이 필요합니다. 자신의 실력을 높여 실력과 동등한 점수를 받으면 전혀 문제가 없습니다. 하지만 위 방법과 같이 수행하면 몇 가지 문제점이 발생할 수 있습니다. 평가의 객관도와 형평성이 문제가 될 수 있습니다. 실력과 무관하게 운에 의해 점수가 높은 학생이 발생할 수 있습니다. 운도 실력이라고는 하지만, 체육 시간 운으로 평가하고 싶지는 않았습니다. 짧게는 10차시에서 길게는 18차시 정도 수업하는 집중 다트 시간에 자신의 집중력을 발휘하고 연습에 의해 원하는 목표에 다트를 꽂아 넣는 것으로 평가 방법을 개선했습니다.

따라서 개인의 의도된 곳에 표적 도전에 성공한 것을 점수에 반영되도록 평가 방법을 개선해 개인기록 수행평가에 기록했습니다. 평가 방법은 1~4경기를 하고, 추가로 보너스 경기를 수행한 후 점수를 합산해 자신의 최종 점수에 기록합니다.

- 1**경기**: 3m 거리에서 다트 3개를 던져 다트판의 20~13 사이에 넣으면 1점씩
- 2**경기**: 3m 거리에서 다트 3개를 던져 다트판의 6~17 사이에 넣으면 1점씩

- 3**경기**: 3m 거리에서 다트 3개를 던져 다트판의 3~8 사이에 넣으면 1점씩
- 4**경기**: 3m 거리에서 다트 3개를 던져 다트판의 5~11 사이에 넣으면 1점씩
- **보너스 경기**: 3m 거리에서 다트 3개를 던져 다트판의 중간에 있는 원 안에 넣으면 1점씩
  - A: 12~15점
  - B: 8~11점
  - C: 4 ~7점
  - D: 3점 이하

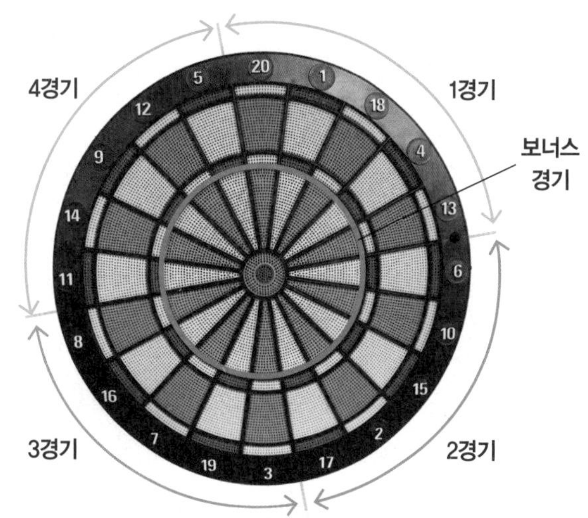

⬆ 1경기부터 보너스 경기까지 총 5경기를 해 득점한 점수를 합산해 최종 점수를 부여

(2) 모둠 집중 다트

개인 기록을 통해 모둠을 3명으로 편성합니다. 모둠 간 총 점수가 균등하도록 구성하고, 개인 집중 다트와 같은 방법으로 경기를 진행합니다. 단, '개인 집중 다트'에서 한 경기당 3개의 다트를 던진 것을 '모둠 집중 다트'에서는 1개씩 던지도록 합니다. 또한 1경기, 2경기, 3경기, 4경기, 보너스 경기의 순서대로 했던 '개인 집중 다트'와 달리, 상대 팀이 경기 순서를 정해줍니다. 예를 들어 2경기→1경기→보너스 경기→4경기→3경기 순으로 정했다면, 해당 순서대로 경기를 진행하며, 한 경기당 다트 총 3개를 한 사람씩 던져 점수를 기록합니다.

(3) 501 올림픽 다트

실제 기존에 있는 다트 경기와 동일한 방법으로 실시합니다. 501점을 기본 점수로 시작해 1:1(또는 모둠별 경기)로 번갈아가면서 다트 3개씩 던져 그 합계를 기본 점수에서 빼도록 합니다. 최종 점수 0점을 먼저 만든 선수나 팀이 승리하도록 합니다.

좋았던 Point

수행평가 종목으로 편성하지 않아도 집중을 주제로 수업을 할 수 있습니다. 모든 스포츠에는 반드시 집중력이 필요합니다. 집중력을 높이는 수업으로 교육 내용을 재구성한다면, 모든 스포츠에 적용할 수 있는 종목이 될 수 있습니다. 축구 수업을 하다가 갑작스러운 악천후로 교실 수업을 하게 될 때, 무의미한 자유 시간이 아닌 모둠별 이색 도전 활동을 진행하고 싶을 때 사용하면 참 좋습니다. 짧게는 1차시만 적용해도 되고, 길게는 10차시 정도면 알맞은 내용으로 수업을 진행할 수 있습니다. 기존의 점수 방식으로 진행한다면 운에 따라 점수를 얻게 되는 학생들을 줄여 보다 객관성 있는 평가를 진행할 수 있습니다.

실제로 見물생심

나의 모든 신경을 한곳으로!
집중과 몰입!
목표 지점을 향한 정확성!

교사와 학생의 한 장 글쓰기로 만나는 과정중심평가 속 '씨름'

하나의 종목으로 과정중심평가에 대한 궁금증 해소하기

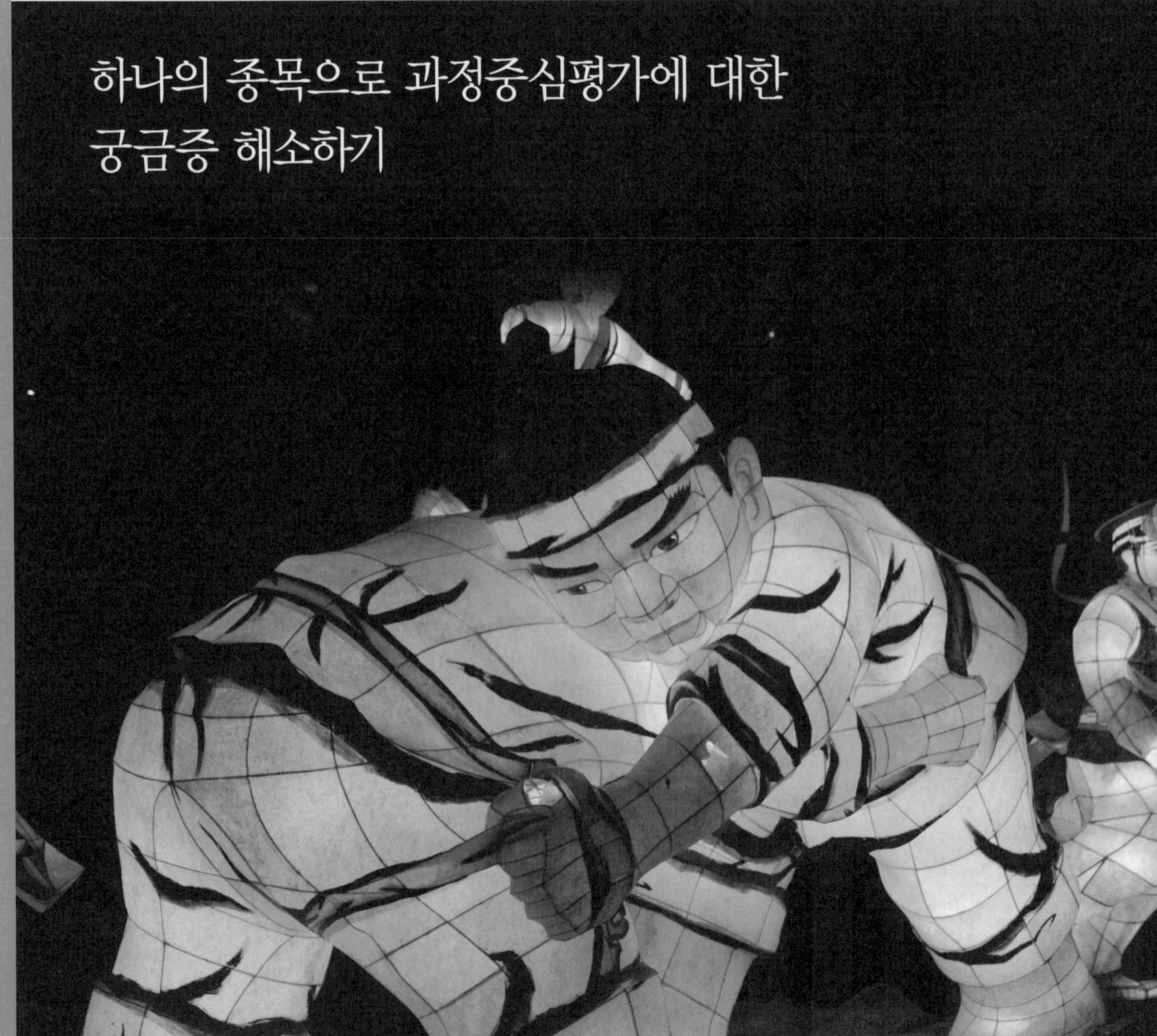

이것을 Why

과정중심평가에 대해 많이 들어보셨죠? 결과뿐 아니라 과정도 중시하라는 것입니다. 배구를 다양한 방식을 동원해 의미 있게 가르쳤다면 그것을 교육과정 내에서 더욱 의미 있게 평가하라는 것입니다. 교사 편의 위주로 또는 그냥 객관적인 방식(교사도 좋고! 학생들도 좋다?)으로 기회를 두 번 주는 서브 테스트로만 진행하지 말라는 것이죠. 예전 수행평가 본연의 취지와 크게 다르지 않습니다. 수행평가를 제대로 하지 못하니 새로운 이름이 탄생한 것입니다. 농구의 진면목을, 배구의 진짜 이야기를, 축구의 문화를, 야구 속 디테일한 장면들을, 뉴스포츠 속 새로운 경험들을 가르치고 평가하라는 것입니다. 아주 당연하고 맞는 이야기입니다.

씨름 수업을 해보셨나요? 교과서에도 실려 있네요. 더욱이 우리나라 전통 스포츠입니다. 저에게는 그 당시 새롭게 도전했던 아주 많이 낯선 수업이었습니다. 저도 그때는 살짝 망설여졌었습니다. 쉬운 종목을 선택할 수도 있었습니다. 하지만 그냥 한번 해봤습니다. 클릭했죠! 그 시절 체육 수업 이야기를 용기를 내 보여드립니다. '○○수업을 할까말까?' 망설이고 계신 선생님들께 드리는 '한 장의 편지'라고 생각해주세요.

준비는 Simple

(1) 다양한 과정으로 하나의 종목을 구성할 수 있는 용기

(2) 모든 과정이 평가에서 소외되지 않도록 크게 볼 수 있는 안목

(3) '하는 것은 스포츠를 이해하는 단지 한 가지 방식에 불과하다' 기억하기

(4) 수행평가 척도안을 새롭게 편성할 수 있도록
타 교과과정중심 샘플 수집

씨름, 쓰람, 사람...

목숨이 끊어지는 순간까지
절대 전 포기하지 않습니다.
하나님, 저에게 용기를 주십시오.

– 세계최초 히말라야 16좌 완등, 산악인 엄홍길 –

교직 6년, 2002년 월드컵과 함께 활짝 꽃피운 참 선생님이 돼가는 과정…. 많은 종목을 학생들에게 가르쳐봤지만 씨름과는 첫 만남입니다. 그간 남녀공학이라는 이유로, 안전사고 발생 위험이 높다는 이유로 평가 종목에서 제외돼있던 터라, 비인기 스포츠라는 오명과 함께 학교에서도 학생들에게, 선생님에게 씨름은 늘 뒷전이었던 것이죠.

어떻게 준비해야 할까요? 씨름의 재미를 전해주기 위한 레퍼토리를 준비하는 것이 급선무였습니다. 수행평가 종목을 학생들에게 전달하는 순간, 남학교임에도 불구하고 '재미없는 씨름', '지루한 씨름', '흥미롭지 못한 씨름', '체육대회 때 힘 센 학생들이 잠깐 즐기는 운동'이라는 고정관념을 갖고 있어서 학생들 시선을 한 번에 끌 수 있는 아이디어가 필요하다는 것을 직감했습니다.

제 막내 여동생(1976년생)은 학창 시절에 씨름에 대한 좋은 추억을 갖고 있어 씨름 이야기가 나오면 표정이 환해질 정도로 좋아합니다. 대학교 체육대회 과대표로 출전했는데, 경기 결과는 2:2. 마지막 선수로 출전했지만 상대는 어마어마한 거구의 여학생. 모두가 패할 것이라 예상되는 경기였지만, 상대 선수의 빈틈을 '우연히' 엿봐 밀어치기로 승리한 후 과 학생들의 우상이 됐다는 전설적인 이야기를 가끔 영웅담처럼 늘어놓습니다. 대한씨름협회와 한국씨름연맹의 오해와 아집 때문에 태백, 금강, 한라, 백두장사 대신 올 추석엔 백마, 거상, 백호, 청룡장사라는 체급별 이름이 탄생하기도 했네요. 우리들의 관심과 노력, 그리고 사랑으로 씨름이라는 민속 스포츠를 온가족이 함께 모여 씨름 이야기꽃 활짝 피웠던, 이만기와 강호동이 포효했던 화려했던 과거의 씨름판으로 돌아갈 수는 없는 것일까요?

만남과 헤어짐

분한 마음을 품어라. 왜 안 되는지, 왜 못하는지.

억울해하고 연구해라.

-창단 8년 만에 2007 정규 리그 첫 우승, 전SK 야구단 감독 김성근-

칠행도, 최소한 일곱 가지로 가르쳐라 - '곡점수편권구문'

모르고 있던 내용, 무지무지 낯설게 다가오는 문구는 아니었지만 막상 구분해 이 항목에 가깝게 각종 체험 활동을 연결하려고 하니 꾸준히 노력하지 못했던 내가 더 작아 보이는 느낌이었습니다. 사람과의 만남, 그리고 헤어짐으로 수업 주제를 잡았죠. 이를 위한 부수적인 목표로 '상대를 넘어뜨리기 전에 나를 넘어뜨리자.'라는 실천 관련 내용을 선택했습니다. 샅바 매는 방법, 다양한 씨름 기술, 심판법, 경기 진행 방법의 재구성…. 이제 씨름과의 만남을 주선해보고자 합니다. 마침 '하이파이브'라는 TV 프로에서 NBA 피닉썬즈 치어리더 팀과 씨름 경기를 하는 장면이 보이길래 캡처를 해서 학생들에게 보여줬습니다. 일단 학생들은 인기 여자 연예인들이 청/홍 샅바를 메고 밭다리, 안다리와 같은 다양한 기술로 씨름하는 장면에 빠져들었습니다. 1단계 성공! 슬로우모션으로 다시 보여주는 기술을 설명하고, 정식 씨름장은 아니지만 화면 속 씨름장이 갖고 있는 의미와 심판의 역할에 대해 설명하니 머리에 쏙쏙! 가슴에 팍팍! 한창 인기 있는 프로였던지라 정말 한 명도 모니터에서 눈을 떼지 않은 채 정자세로 한 시간 수업을 마치는 모습에 놀라움을 감추지 못했습니다. "이야, 너희들 이렇게 집중하는 모습

처음 본다."라며 중간중간 추임새를 넣어줬더니 머쓱해하며 씨름 삼매경에 흠뻑 빠졌죠. 이 순간 저의 히든카드를 꺼냈습니다. 바로 씨름 이야기 만화책! 스토리가 탄탄한, 여러 편으로 구성된 멋진 만화는 아니지만 한국씨름연맹에서 발간한 씨름 홍보 만화책이라는 점이 학생들의 관심을 끌기에 충분했습니다. "자, 이제 교과서 펴라."가 아니라 "자, 우리 만화책 보자."로 씨름에 대한 역사, 기술, 경기 방법에 대해 알아보니 모두 신이나서 웃음을 지었습니다. 〈뿌사리까치〉라는 만화도 간접 체험 활동이 될 수 있도록 소개해주고, 필요한 부분을 복사해 나눠줬습니다.

'이야! 씨름 만화도 있어요?'

1. 학급별 8개의 패로 구성(40명일 경우)-사랑, 안목, 하나, 인문, 마음, 전통, 철학, 예술

① 학생들을 5개의 체급으로 배열합니다(체급별 8명).
(태백, 금강, 한라, 백두, 천하)
② 각 체급에 해당하는 학생(8명)은 색깔이 구별된 탁구공을 뽑습니다.
③ 뽑은 색깔별 총 5명이 한 패로 구성됩니다.

2. 대안중 체급별 씨름 한마당은 8강 토너먼트로 진행

① 나와 겨룰 상대편은 반드시 같은 체급의 패원이어야 합니다.
② 토너먼트에 이길 경우, 1승 스티커를 확보하게 됩니다.
(8강-스티커 1장, 준결승-스티커 2장, 결승-스티커 3장 지급)
③ 토너먼트에서 탈락한 패원들은 경기 진행을 도우며, 패별 기술 연습을 합니다.
(샅바 도우미, 기록, 심판, 물, 점수판, 안전 푸시맨 2, 고무래, 안경 도우미, 음악)

3. 경기 진행 순서(어느 체급 경기를 우선할지)는 '가위바위보'로 결정됩니다.

곡점수, 편하구먼!

운동과 함께 칠행도(七行道)를 함께 행하면
호울 스포츠(Whole Sport)의 체험을 통해
참 좋은 사람, 더 나은 사람으로
성장하게 될 것입니다.

-인문적 운동 실천의 칠행도, 최의창-

곡	점	수	편	권	구	문
– 전통 민요 (수업 중 승패가 결정됐을 경우) – SES '달리기' ♪	– 씨름 달력 – 멋진 씨름 사진 – 김홍도의 '풍속도'	– 시감상 – 시화 그리기	– 무릎팍도사 – 천하장사 마돈나 * 으라차차 스모부	– 〈뿌사리까치〉 – 알고 보면 더욱 재미있는 씨름 이야기	– 산악인 엄홍길의 극복 정신 명구	– 경기 시청 소감문 – 씨름 일기 *한 장 글쓰기

체급별 패원을 뽑고, 패 구호를 만들어 사랑, 안목, 하나, 인문, 마음, 전통, 철학, 예술 패로 뭉치게 했습니다. 탁구공을 뽑아 스탠드에 패별로 앉은 후 '너희들은 사랑패야.', '너희들은 마음패야.'라며 다소 쑥스러운(?) 패 이름이 전해질 때마다 학생들이 얼마나 몸을 꼬아대던지…. 체급별로 경기하도록 해 씨름이 체급 경기라는 것을 인식시켜주고, 첫 수업 시간을 자신의 샅바를 매는 것이 아니라 상대방의 샅바를 매주고 상대방은 나의 샅바를 완성시켜 주는 스타일을 선택했습니다. 쑥스러워하고 어색해하던 학생들은 어느새 패 이름을 아무렇지 않게 부르고, 상대방의 샅바를 멋지게 매주며 뿌듯해했습니다(매번 다른 학생의 샅바를 매줄 수 있도록 의무화).

수업을 제대로 할 준비(수업운영계획서)

준비에 실패하면 실패를 준비하는 것

단원 목표

삼국 시대부터 전해 내려온 우리나라의 고유 민속 경기인 씨름을 직·간접적으로 체험함으로써 전통 문화를 이해하고 다양한 손·허리·다리기술을 배울 뿐 아니라 예의바른 태도와 서로를 존경하는 마음을 가슴 속에 채울 수 있는 기회를 제공한다. 또한 터별 활동과 패별 활동을 효과적으로 활용함으로써 씨름이라는 다이내믹한 스포츠에 더욱 쉽게 접근할 수 있는 다양한 문화의 전달에 초점을 맞춘다. 〈V. 개인 운동, 2. 씨름〉

차시	수업 주제	수업 중 학습 활동		수업 외 과제 활동		간접교수 활동	터 운영
		직접체험활동	간접체험활동	직접체험활동	간접체험활동		
1	왼무릎 세워	– 씨름 경기 동영상시청 ① 장사씨름대회 단체전 ② 하이파이브 씨름 영상(vs. 피닉썬즈 치어팀) – 샅바 매는 방법 배우기 – 씨름 패의 편성 (체급별 구성)	– 패명 및 패원 역할 정하기 (역할지 기록) – 대한씨름협회, 한국씨름연맹 홈페이지 방문 – 씨름 카페 검색	– 씨름 용어 조사 (손, 다리, 허리기술 각 5개씩) – 하나로 카페 활용 씨름 사진 올리기(cafe.daum.net/HOPEschool)		웃는 얼굴로 우리의 전통 반갑게 맞이하기	보기터 얘기터
2	옆무릎 치기	– 준비운동(새천년 건강체조) – 기본 기능 배우기 (손, 다리, 허리 기술) – 씨름 예절 배우기 – 패별 구호 만들기	– 체육 교과서 속 씨름 만나기 (씨름 만화 활용) – 체급의 의미 (태백, 금강, 한라, 백두)	– 씨름 동호회 카페 방문해 씨름 관련 멋진 글 만나기 – 가족들에게 씨름 기술 설명해주기 (소감문 간단히 받기)	– 씨름장 그려보기 (A4/색칠)	어진 마음 멋진 행동 밝은 표정 고운 말씨	하기터 얘기터 읽기터
3	뒷무릎 치기	– 대안 씨름 한마당 (1)(체급별 8강 토너먼트) ※ '유인–중심이동–기술–마무리' 순서 익히기 – 심판법 배우기	– 안전사고 예방법 (주의 사항 전달) – 기술 배우기 – 근육의 종류 배우기	– 씨름 기술과 관련된 사진 카페탑재 (사진 보고 기술 맞추기) – 씨름과 스모 비교	– 씨름 달력 만들기 (12가지 씨름 기술 알기)	신나는 씨름을 통해 신명 나는 수업 만들기	하기터 보기터 쓰기터
4	오금 당기기	– 대안 씨름한마당 (2)(체급별 8강 토너먼트) – 샅바 빨리 매기 대회 – 씨름 속 과학 배우기	– 기술에 이름이 붙여진 이유에 대해 조사하기 – 내가 가장 잘 할 수 있는 씨름 기술 만들기	– 광고 속 숨어 있는 스포츠 찾기 (영상, 신문 조사) – 학생 샅바 매주기	– 현대 씨름의 문제점 및 개선 방안 토론	씨름을 사랑하는 생각과 마음으로	하기터 보기터 읽기터 얘기터

차시	수업 주제	수업 중 학습 활동		수업 외 과제 활동		간접교수 활동	터 운영
		직접체험활동	간접체험활동	직접체험활동	간접체험활동		
5	밭다리 걸기	– 대안 씨름 한마당 (3)(체급별 8강 토너먼트) – 패별 연습 – 공격, 수비 기술 연습 – 시츄에이션 연습1	– 패 응원가 제작 – 경기 진행을 도우며 씨름에 대해 배우기(주심 2명, 샅바 도우미 2, 점수판, 안전 푸시맨 2, 물 2, 기록)	– 씨름 주제로 한 광고 만들기(A4/색칠/설명)	– 체육 일기 * 내가 몰랐던 씨름 세상 – 씨름경기 시청 후 소감문 제출 – 추석장사 씨름대회 (9/23~26)	사랑으로♥ 마음으로♥ 진심으로♥ 느낌으로♥	하기터 보기터 읽기터
6	안다리 걸기	– 대안 씨름한마당 (4)(체급별 8강 토너먼트) – 패별 연습 – 공격, 수비 기술 연습 – 시츄에이션 연습2 ※'유인–중심 이동–기술–마무리'	– 패별 구호 대결 – 연결 동작 연구		– 패 마크 제작	삶을 긍정적으로 바라보는 아름다운 마음으로	하기터 보기터
7	호미 걸이	– 대안 씨름 한마당 (5)(체급별 8강 토너먼트) – 패별 연습 – 공격, 수비 기술 연습 – 시츄에이션 연습3	– 씨름에 숨어 있는 과학 설명하기(유인물)	– 씨름의 역사 조사 – 신문 속 씨름 '씨름 기사'		최선을 다하는 마음으로 힘 있게 달리도록!	하기터 읽기터 보기터
8	덮걸이	– 대안 씨름한마당 (6)(체급별 8강 토너먼트) – 패별 연습 – 공격, 수비 기술 연습 – 시츄에이션 연습3	– 패별 응원전 – 우리 패 최고 뽑기	– 씨름과 관련된 명언 찾아 탑재 '하나로카페'	– 씨름 시화(詩畵) – '천하장사 마돈나' * 영화 시청 – '씨름과 사람' – 철학적 이해	넉넉하고 활기찬 삶을 계획하도록!	하기터 보기터 쓰기터
9	뒤집기	– 평가 ① 샅바 매는 방법 ② 손, 다리, 허리 기술 * 랜덤 선택–2개 시연	– 하나로 씨름 수업을 마치며 (한 장 글쓰기 우수작 시상) – 우리들 모습 보기 (슬라이드 쇼)	– 우리반 최고 뽑기 – 우리 패원 허그 – 하나로 씨름 수업에 대한 전체 평가	– 학급별 최종 우승패 간 경기 준비 – 체육 파일 검사 – 우리 반 모두 안아주며 격려해주기	사랑한다 친구야! 우리 모두가 하나로!	하기터 보기터 평가터

심판의 역할도 체험시켜주기 위해 샅바를 의미하는 청색과 홍색의 천이 필요했습니다. 한복집을 운영하는 우리반 어머님께 부탁드려 팔목에 차니 한결 씨름판다운 분위기가 연출됐습니다. 개인적으로 모든 학생이 하나씩의 샅바가 필요한 듯해 부족분은 의왕중 강유미샘의 도움을 받았습니다. 2톤가량의 모래로 두툼한 경기장을 만들고, 전통민요를 틀어줄 카세트, 화이트보드를 이용해 대진표를 작성해 패 이름을 적어 넣으니 볼품 없어 보이던 씨름장이 멋진 씨름판으로 변했습니다. 교사인 나 스스로도 씨름에 대해 무지했다는 것을 수업을 준비하는 과정을 통해 깨달을 수 있었습니다. 교사도 정말 많이 배워야 할 것 같아요.

씨름 사진은 남다른 의미가 있습니다. 축구, 야구 그리고 농구와 달리, 순간 포착된 장면(기술 장면, 황소트로피 등)을 통해 자신만의 주특기 기술을 마음속으로 떠올릴 수 있으며 선수들의 힘과 열정을 느낄 수 있습니다. 인터넷에서 자신이 인상 깊게 본 사진을 검색한 후 프린트해오거나 '하나로수업 카페'에 올린 후 '주특기'로 선정한 이유에 대해 설명하도록 했습니다. 안다리, 밭다리, 호미걸이, 배지기 등의 씨름 기술에 자기들만의 이유를 담아내도록 했죠. 멀게만 느껴지던 씨름 기술을 샅바를 매듯 자신의 몸에 익숙하도록 만들기 위함이었습니다.

나 자신이라는 산을 넘어! 팍팍팍!!

챔피언이란,

체육관에서 만들어지는 것이 아니다.

챔피언은 자신들의 내면 깊숙이에 있는

소망, 꿈, 이상에 의해

만들어진다.

-전헤비급 세계 챔피언, 무하마드 알리-

〈무릎팍도사〉를 거의 빼지 않고 보고 있습니다. 세간의 질타를 받을 때도 있지만 나름대로 독특한 진행으로 풀어내는 것이 흥미롭습니다. 씨름 수업을 한다고 생각하니 '강호동'이 떠오르긴 했지만 이래저래 다양한 래퍼토리를 구성하기 위한 노력이 필요했죠. 강호동, 이만기, 최홍만 등의 동영상을 보여주고 한 시대를 풍미했던 그들의 이야기도 들려준 적 있지만 많은 감동을 주

진 못했습니다. 저에게 누가 옛날의 사실을 이러쿵저러쿵 늘어놓는다면 저 또한 그런 반응이었을 것입니다. 우연히 '산악인 엄홍길편'을 1, 2부로 나눠 방송하는 것을 봤습니다. 마지막 16좌 완등을 막 끝낸 엄홍길을 위한 네팔 현지 촬영이었습니다. '극복'이라는 정신이 씨름 수업의 주제와 유사하다고 생각해 마침 태풍이 올라왔던 시기에 재미있게 학생들과 보기터에서 함께 시청했습니다. 휴먼원정대에 대한 감동적인 이야기와 자기 자신과의 싸움을 통해 산이라는 극한의 정점에 오르고자 하는, 그리고 겸손한 마음이 함께해야 정상에 오를 수 있다는 인문적 목표도 자연스럽게 전달할 수 있었습니다. 어렵고 힘든 상황에 처하더라도 용기와 꿈, 자신감을 가지면 해낼 수 있다는 한 산악인의 마음이 학생들의 가슴속에 깊숙이 자리잡았으면 하는 마음이었습니다. 감동과 재미가 함께했던 내용이어서 그런지 씨름이라는 낯선 산을 향해 달려가는 학생들의 걸음걸이가 한결 가벼워 보이기 시작했습니다.

토너먼트로 학생들과 체급별 경기를 하고, 패 구호를 외치고, 승리에 대한 보상으로 스티커를 받고, 샅바 매는 방법도 배우고, 경기를 직접 운영해보는 등 직접체험활동으로 나름대로 씨름의 계단을 하나씩 더 오른 학생들! 씨름을 주제로 한 광고를 그려오도록 과제를 내줬습니다. 간접 체험 활동에 대해 다시 한번 설명하고, 멋진 종이는 아니지만 A4지에 자신이 표현할 수 있는 방법을 최대한 동원해 작품을 만들어보도록 독려했습니다. 막연해 하는 학생들을 위해 다른 수업 시간에 받아 보았던 작품 하나를 커다랗게 뽑아 보여줬더니 훨씬 쉽게 이해하는 것 같았습니다.

씨름의 달인

나는 남과 경쟁해 이긴다는 것보다
자신의 고통을 이겨내는 것에 대해 언제나 생각한다.
고통과 괴로움에 지지 않고
마지막까지 달렸을 때
그것은 승리로 연결됐다.

-1960, 1964년 올림픽 마라톤 2연패, 맨발의 마라토너, 아베베 비킬리-

〈생활의 달인〉에 등장하는 사람들처럼 우리 하나로 학교 패원들도 '수업의 달인'으로 멋지게 치장될 날이 찾아왔으면 합니다. 수업 중간 한 장 글쓰기로 학생 체육 일기(씨름편)을 받아 보니 씨름에 대한 학생들의 관심이 상당히 높아져 있음을 알 수 있었습니다. 체급별 명칭, 씨름에 녹아 있는 다양한 문화를 직/간접적으로 접할 수 있어서 씨름에 대한 이해의 폭이 넓어졌다는 글이 대다수를 차지했습니다. 학생들 스스로 움직이도록 해, 특별한 경우를 제외하고는 다섯 가지 터로 수업을 운영했습니다. 하기터(토너먼트), 읽기터(만화), 보기터(기술 사진 묵상), 쉼터(기술 연습 및 관람), 운영터(경기 운영). 늘 방치됐던 체육 교과서도 별도로 비치해 학생들의 씨름에 대한 부족한 지식을 채울 수 있도록 했습니다. 체급에 대한 순서를 이해하지 못하는 학생들을 위해 '남한의 산에서 북한의 산 순서'로 외우도록 하니 학생들도 쉽게 깨닫는 것 같았습니다(남한의 태백, 북한의 금강, 남한의 한라, 북한의 백두).

씨름사랑, 대안사랑, 하나로

패이름 :

♥사랑하는 우리 패원들♥

No.	체급	학번 (예,10734)	이름	나의 각오(간단히게)
1	태백급	20411	[illegible]	승! 하겠습니다.
2	금강급	20432	[illegible]	열심히 하겠습니다.
3	한라급	20402	강석주	꼭 이길 것입니다.
4	백두급	20435	[illegible]	열심히 하겠습니다
5	천하급	20412	김유빈	최선을 다하겠습니다

패원으로의 소속감을 느끼게 하기 위해 배구에 등장하는 '오더 용지'를 제출하도록 했습니다. 체급과 이름, 주특기, 각오가 적힌 참가 신청서를 제출함으로써 패원들의 마음가짐과 5명을 하나로 묶어낼 수 있는 기회를 찾아보도록 했습니다. 티볼에서 안전사고 예방을 위한 경기 운영 방법으로 사용되는 '타격

후 방망이를 원(circle) 안이나 지정된 곳에 놓고 진루하지 않을 경우 무효가 되는 룰'을 씨름에도 적용했습니다. 그것은 바로 경기에 이겼을 때 어김없이 등장하는 선수들의 '포효', 즉 승리 세리머니입니다. 이긴 후 세리머니를 하지 않으면 승리가 무효 처리되도록 해 누구나 자신의 내면에 있는 소리를 꺼내도록 했습니다. 이것이 씨름의 문화죠. 반응은 무척 좋았습니다. 처음엔 쑥스러워하다가 힘들게 경기에서 이겼을 경우엔 기다렸다는 듯 엄청난 소리가 표출됐습니다. 학생들은 큰 박수로 이긴 학생과 진 학생을 함께 격려해줬습니다.

타 종목과 달리 큰 기술이 필요하지 않고, 선천적으로 타고난 운동 기능보다는 관심과 노력이 종목에 대한 사랑으로 쉽게 번질 수 있어서인지 씨름에 열광하는 학생들이 점차 많아졌다는 것을 느낄 수 있었습니다. 토너먼트는 모든 패원이 참여해야 하기 때문에 '모두가 함께하는 씨름 수업'이라는 의미가 더욱 빛을 발하고 있었습니다. 인문적 체육 교육을 통해 우리들이 발견하고자 노력하는 그 뭔가는 밝은 학생들의 표정이 아닐까 싶습니다. 형식적인 틀을 갖춘 멋진 보고서나 큰 상을 타기 위해 짜맞춘 듯 겉만 보기 좋게 포장된 거짓 내용이 아니라 열심히 노력하는 우리들의 체육 수업에 밝은 표정으로 참여하는 기특한 학생들 말입니다.

무한상상

다친 다리 덕분에 "체육은 운동장에서 해야 제맛이지!"를 목청 높여 외치는 학생들을 오래간만에 이겨볼 수 있었습니다. 정말 몸이 재산이네요. 절룩거리며 바보처럼 걷는 선생님 모습을 흉내내는 학생들, 추석이 지나고 씨름을 열심히 할 계획이었다며 아쉬워하는 녀석들, "그래요, 우린 좀 쉬어야 해요!"라며 나를 달래는 체육협력부장…. 결실의 계절 가을을 맞아 화려한 수확만 남았는데 너무 아쉬웠습니다. '곡점수편권구문'을 학생들에게 더욱 친절하게 알려줬습니다. 물론 암기 방법까지! 하는 것이 체육의 전부가 아님을 늘 강조하고 있지만, 단순한 '다양함'에서 벗어나 구체적으로 이렇게 구분된다는 것을 처음 전해줬습니다. "너희들의 씨름 수업이 모두 칠행도로 구성된 것이다."라고 했더니 정말 신기해했습니다. 체육에 대한 편협한 생각보다는 더 넓은 시각으로 보고, 느낄 수 있도록 많은 시간을 더욱 수업 계획에 투자해야겠습니다.

씨름을 주제로 한 시화를 걷어보고 무척 놀랐습니다. 다양한 씨름 속 소재를 찾아 기막히게 시와 그림으로 나타낸 학생들에게 얼마나 감사했는지 모릅니다. 혼자 교무실에 남아 옥석을 가

린 후 스캔하는 작업이 하나도 지루하지 않았습니다. 학교를 마치고 집에 돌아오면 아이와 함께 놀아주다가 스르륵 잠이 드는 경우가 다반사이기 때문에 학교에서의 시간들은 제게 너무 소중했습니다. 그래서 이것저것 돌아보지 않고 달리고 또 달렸습니다. "조선생은 늘 왜 그렇게 바쁘냐."는 이야기에 귀 기울일 시간도 없었습니다. 남학생에 대한 편견, 여학생들에 대한 편견은 선생님들이 만들어 놓은 보이지 않는 높은 벽, 무서운 덫이 아닌가 싶네요. 그 벽을 저 스스로 넘지 못하고 있는 것은 아닌지, 덫에 얽매여 빠져나가지 못하고 있는 것은 아닌지 잠시 생각해봤습니다.

인상이 그다지 좋지 않은, 그러나 성격 좋은 창무의 시화는 제가 뽑은 최고의 작품입니다! 글 하나하나가 그냥 가슴에 팍팍 와 닿네요. 상대와의 심리전에서 전략적으로 사용할 수 있는 자신의 얼굴을 매우 긍정적으로 드러낸 단연 최고의 작품. 학생들 모두가 인정합니다. 다섯 번째 간접체험활동 과제였던 '시화 그리기'는 우수작을 뽑아 초콜릿을 하나씩 선물했습니다. 좋은 물감, 질감 좋은 종이 위에 그려낸 시화는 아니지만, 모네의 '수련'보다 더 화려하고 아름다웠습니다.

<table>
<tr><th>내용</th><th>평가 방법</th><th>평가 기준</th><th></th><th>배점</th></tr>
<tr><td rowspan="2">직접체험활동
* 실기</td><td>약속 겨루기
– 허리 기술 3
– 손 기술 3
– 다리 기술 4</td><td>• 총 10가지 기술 중 무작위로 뽑은 4개 (개인이 뽑은 2개 + 상대가 뽑은 2개를 포함해 모두 4개)를 3단계(유인–중심 이동–기술)로 구분해 실시
– 알고 있는지, 할 수 있는지를 평가
– A, B, C, D(등급당 3점 감점)</td><td>30</td><td rowspan="2">50</td></tr>
<tr><td>빠르고 정확하게 샅바 매기</td><td>고리에 다리를 넣는 동작부터 카운트해 30초 안에 자신의 샅바를 완성
– A, B, C(등급당 3점)</td><td>20</td></tr>
</table>

간접 체험 활동	개인	1. 씨름을 주제로 한 광고 제작	(1) 광고 제작하기 – A4/창의성 위주로 평가 – 성의가 없으면 3점 감점, 미제출 시 0점	10	50
		2. 씨름 시화 그리기	(2) 시화 그리기 – A4/적절성, 창의성을 위주로 평가 – 성의가 없으면 3점 감점, 미제출 시 0점	10	
		3. 체육 일기(한 장 글쓰기)	(3) 체육 수업 일기(씨름 수업 한 장 글쓰기) * 수업과 나를 돌아보도록!	10	
		4. '천하장사 마돈나' 감상문 쓰기	(4) 영화 감상문 쓰기 – TV에서 방영하는(추석 연휴) 씨름 영화 시청 후 감상문 작성 – 미제출 시 0점	10	
		5. '추석 씨름 대회' 경기 시청 소감문	(5) 경기 시청 소감문 쓰기 – 전반적인 씨름의 분위기와 문화의 이해 – '추석 씨름 대회' 시청(연휴 4일간 방송) – 경기 결과가 아닌 느낀 점과 소감문 적기 – 미제출 시 0점	10	
	패별	8강 토너먼트 결과 * 가산점 형식으로 별도 부여	경기 결과 우수패 – 패원들의 단합과 승리에 대한 보상 – 최종 결정 패(패원 5명)에게 가산점 부여	10	10

더도 말고, 덜도 말고 한가위만 같아라.

자신감은
육체적·정신적으로 준비됐다는 것을 가슴으로 아는 것이다.
준비를 충분히 해서 경기를 제대로 할 수 있도록 하라.
–마인드 스포츠–

추석을 기점으로 씨름 수업은 사실상 최종 목적지에 거의 도달하게 됐습니다. 한 달이라는 긴 여정에 마침표를 찍을 시간이 찾아왔네요. 수업을 통해, 학생들을 통해 참 많은 것을 배울 수 있었던 시간들이었습니다. 고생한 보답이라도 하듯, 때마침 커다란 추석 선물이 배달됐습니다. 실시간으로 4일간 TV에서 중계하는 추석 장사 씨름 대회…. '학교생활과 일상생활을 하나로'라는 하나로 수업의 목표 중 일부를 실현하기 위한, 좀처럼 만나기 힘든 환상적인 시간이 찾아왔습니다. 그것도 온가족이 함께 시청할 수 있는 명절이라는 기회…. 말로만 하면 학생들이 혹시

잊어버릴 것 같아 방송 편성표를 편집한 후 과제 제출 방법도 넣어 유인물로 나눠줬습니다. 경기장을 보고, 해설자의 해설을 듣고, 선수들의 모습과 감독, 심판들의 모습들, 경기장의 전체적 분위기를 보며 학생들은 많은 것을 느꼈을 것입니다. 저 또한 비인기 스포츠인 씨름을 되살리기 위해 얼마나 많은 노력을 기울이고 있는지, 승부 결정 방식의 변화와 경기장 분위기의 새로움을 함께 느낄 수 있었습니다. 보는 것만으로도 얼마나 많은 것을 돌아볼 수 있는지. 백마장사씨름대회를 '백만장자씨름대회'라고 잘못 이해한 어느 녀석의 시청소감문에 잠깐 눈물을 흘리기도 했지만, 학생들이 참 많은 방법으로 나의 수업에, 하나로 수업에 동참하고 있는지를 간접적으로 경험할 수 있었습니다. 교사가 노력하고 땀 흘린 결과로 이런 수업 분위기가 만들어지는 것이라 자화자찬해봅니다.

'씨름과의 첫 만남과 헤어짐'은 씨름에 대한 나의 무지함을 되돌아보게 해줬습니다. 알수록, 모을수록, 고민할수록 우리들의 수업은 더욱 윤택하고, 의미 있게 성장한다는 것…. 알면서도 성실하게 움직여지지 않지만 열심히 하겠다는 다짐으로 마무리해봅니다. 씨름에 열정과 사랑을 보여 줬던 대안중 학생들에게 고맙고 사랑한다는 말을 전하고 싶네요.

좋았던 Point

과정중심평가를 목표로 했던 것은 아닙니다. 수업을 운영하다 보니 그런 모양새를 띄게 됐습니다. 과정이 무의미하면 수업이 의미가 없어집니다. 의미 없는 것들을 학생들에게 나눠줄 필요는 없겠죠? 학생들에게 제가 하는 수업 속 다양한 스토리가 왜 그렇게 결정된 후 진행되는지를 설명해주니 모두가 잘 수긍하고 따라왔던 것 같습니다. 수행평가를 제대로 하는 것이 과정중심평가입니다. 잘 따라다니면서 학생들의 일거수 일투족을 구체적으로 알아보고 그것들 하나하나를 평가에 반영하기 위해 노력하니 수업이 알차게 채워졌던 것 같습니다. 저의 한 장 글쓰기와 학생들의 다양한 글쓰기 과제는 수업에 날개를 달아줬습니다. 글을 통해 수업을 만나고, 시화를 통해 학생의 내면을 살피고, 경기 시청 소감문을 통해 지금 현재의 학생 상태를, 저의 수업 수준을 점검할 수 있었습니다.

무엇이든 기록 도전으로 만들어내는 **평가의 마법사**

밋밋한 평가보다는 학생들이 도전할 수 있도록
평가 방법 늘 고민하기

이것을 Why

우리가 경험하는 대다수의 스포츠 종목은 기록되고 있습니다. 야구도 팀 스포츠 같지만, 많은 데이터들은 수치화되고, 그것은 다시 확률이라는 볼로 돌아옵니다. 배구도, 축구도, 농구도 분석의 시대를 맞이해 변화한 지 상당한 시간이 지났습니다.

세계 최정상의 농구 선수들이 모이는 NBA에서는 매년 올스타전에서 덩크컨테스트와 더불어 스킬스챌린지(Skill's challenge)의 자웅을 겨룹니다. 콘드리블, 체스트패스, 3점슛, 바운드패스 등 매년 새롭게 구성되는 제한된 미션을 누가 가장 빠르게 성공하는지를 알아보는 것입니다. 누구의 배구 스파이크 서브가 가장 빠른지, 어떤 선수가 제한된 기간에 몇 번의 도루를 하는지, 100m는 세계에서 누가 가장 빠르게 달리는지. 학생들도 어떤 목적이 생기면 열심히 참여합니다. 농구를 기록 도전으로 만들어낸 NBA의 스킬스챌린지를 본 후 '평가도 이렇게 해보면 어떨까?'라는 생각을 하게 됐습니다. 학생들이 쉽게 이해할 수 있도록 운동실력이 뛰어난 학생(남학생편, 여학생편)의 영상을 샘플로 제작해 학생들에게도 보여줬습니다.

준비는 Simple

(1) 스마트폰의 타이머

(2) 다양한 종목을 기록 도전 활동으로 만들어보고자 하는 열정

(3) 남학생편과 여학생편의 기록 도전 영상을 촬영해볼 계획

(4) 선생님의 모습이 직접 담긴 도전 영상을 학생들에게 보여줄 용기

무엇을 How

(1) 다양한 미션을 통과하면서 기록에 도전할 수 있는 수업이 정말 재미있고 흥미롭습니다.

(2) 난이도를 상, 중, 하로 나눠 학생들 간 선의의 경쟁심을 자극해보는 것도 좋습니다. 물론 남학생과 여학생의 목표 기록은 달리해야겠죠!

(3) 농구도 기록 도전으로, 달리는 것도 야구의 베이스 런닝의 기록으로, 체력 운동도 로잉머신을 활용해 시각적 기록 활동으로, 배구의 볼 컨텍도 네트를 사이에 두고 패원들이 모두 번

갈아 성공할 수 있도록, 투투볼의 홈런 레이스도 기록형으로 시도하면 학생들은 열정적으로 참여합니다. 일단 재미가 있으니 열심히 참여합니다. 학생들의 수준에 맞춰 종목의 기능을 연마할 수 있는 장을 새롭게 구성해보세요.

(4) 축구도, 농구도, 배구도, 야구도 다양한 방식으로 새롭게 탄생시킬 수 있습니다. 운동 기능은 좀 낮아도 예능과 같은 놀이에는 누구나 참여할 수 있습니다. 참여하고 싶어합니다. 단 한 명의 학생도 포기하지 않게 하려면 그 학생을 알기 위한 노력이 필요합니다.

좋았던 Point

경쟁도 경쟁이지만 개인적인 기록 갱신을 위해 쉬지 않고 열심히 노력하는 학생들을 만나볼 수 있어서 좋았습니다. 반별 최고 기록 발표, 날짜별로 학년의 남/여 최고 기록이 갱신될 때마다 공지해주면 긴장감이 높아지고 수업 시간에 얼마나 집중하는지 모릅니다. 재미없지만 반복적으로 '이것은 꼭 해야 한다.'는 억지논리로 접근하기보다는 새로운 방법을 모색해보고 고민해봐야 할 시기입니다. 특별한 방법이 아니라 많은 분이 그렇게 하고 계십니다. 이 방법을 수업 시간에 활용하시고 평가의 한 방편으로 선정하신 이유가 있는 것입니다.

피구 개인 수행평가 연습(츄크볼 바운더 활용)

조종현 선생님의 저글링

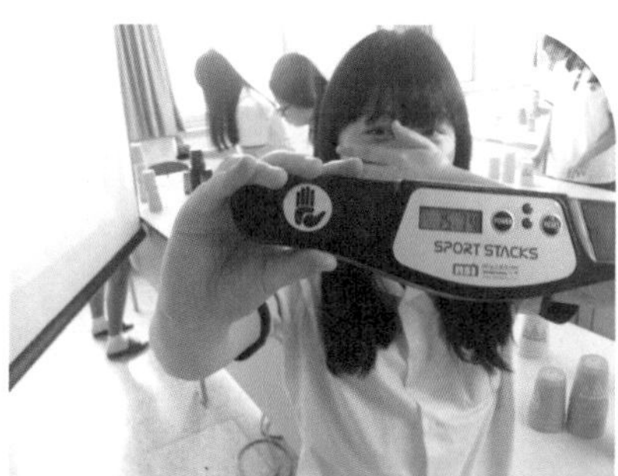

Chapter 3

경쟁

용어의 어원을 통한 이해

농구 경기에서 트래블링은 공을 갖고 3보 이상 걷거나 뛰었을 때 제재를 받는 규칙입니다. 하지만 이러한 규칙을 학생들에게 가르쳤을 때 처음 농구를 접하는 학생들은 트래블링 반칙을 하지 않기 위해 걷는 숫자를 세거나 스텝을 밟지 못하고 제자리에서 가만히 서 있는 경우가 있습니다. 그래서 경기 규칙을 변형해 너무 지나치게 걷지 않도록 규칙을 변경했더니 좀 더 수월하게 수업할 수 있었습니다. 학생들은 트래블링의 뜻을 설명하고 난 후에야 경기 규칙을 쉽게 이해했습니다. 트래블링의 의미는 '여행하는'입니다. '여행'이라는 단어는 '움직이다.', '멀리가다.'의 뜻을 내포하고 있습니다. 즉, '농구에서 농구공을 갖고 멀리 갔다.'라는 뜻으로 안내합니다. 농구에서는 공을 갖고 멀리 가기 위해서는 드리블을 해야 하고, 매 발걸음마다 드리블을 할 수는 없기 때문에 3보 이내는 허용되지만 3보 이상부터는 경기 규칙상 제재가 주어진다는 것을 설명합니다. 하지만 대부분의 스포츠 종목이 영어로 돼 있고 규칙을 설명할 때 용어의 어원과 뜻을 같이 설명하면 이해도가 높아질 것입니다. 영어 사전 또는 스마트폰으로 영어의 본래의 뜻을 찾아보고, 경기 용어의 어원 또는 다양한 의미를 확인해보도록 합니다.

1. 농구 수업의 예

(1) **스크린(Screen)**: 농구의 스크린플레이는 매우 유용한 공격 전술입니다. 스크린이란, 화면 또는 막을 뜻하는 용어로, 영화관의 스크린처럼 화면과 같은 막을 상상해보도록 합니다. 스크린플레이는 자기편 선수의 공격을 위해 상대편 선수의 진로를 막는 행위를 말합니다. 즉, 길의 진로를 막기 위해 화면의 스크린처럼 서서 같은 편이 유리하게 만드는 '길막플레이'를 말합니다.

(2) **컷인(Cut in)**: 상대 수비를 피해 재빠르게 골밑 방향으로 파고드는 행위이지만, 한마디로 설명하기는 힘듭니다. '컷'은 '자른다.', '인'은 '안으로'라는 뜻입니다. 자신의 자리의 있는 것을 '자르고(cut)', 골대 안쪽으로 '들어가는 것(in)'이라고 설명하면 전술을 좀 더 쉽게 이해할 수 있습니다.

(3) **톱(Top)**: 농구에서 포인트가드가 전술 지시를 하는 위치를 말하며, 어원은 '꼭대기'입니다. 골대와 정면인 3점 라인 바깥 위치의 꼭대기를 '톱'이라 부르며, 가드의 전술 지시와 모든 공격의 시작이라고 생각하면 됩니다.

(4) **윙(Wing)**: '톱'이 골대와 정면인 3점 라인 바깥의 꼭대기라고 한다면, 윙은 '날개'를 뜻합니다.

꼭대기의 양쪽 날개 부분에 해당하는 코트의 위치를 '윙'이라 부릅니다. 골대와 45도의 3점 라인 바깥 위치로 2:2 전술을 가장 많이 시도하는 위치입니다.

2. 표현 활동 수업의 예

(1) **댄스(Dance)**: 댄스는 그리스어의 어원으로 '몸을 펴다.'라는 뜻을 갖고 있으며, 몸으로 표현하는 모든 것을 댄스라고 할 수 있습니다. 현재의 사전적 의미는 '음악에 맞춰 몸을 움직이는 것'을 말하며, 이와 비슷한 말로는 무용이 있지만, 현재는 다르게 쓰이고 있습니다. 일반적으로 무용은 전통적이고 예술적인 춤을 뜻합니다.

(2) **마임(Mime)**: 연기의 한 가지 형식으로, 대사 없이 몸으로 표현하는 것을 말합니다. 어원은 그리스어의 '미모스(mimos)'이며, '흉내내다.'라는 의미를 갖고 있습니다. 원래에는 잡극(雜劇)을 의미했지만, 오늘날에는 언어를 사용하지 않고 손짓, 발짓 등의 몸짓과 표정만으로 표현하는 연기를 가리킵니다. 이렇게 영어 단어의 본래 뜻이나 어원을 통해 설명한다면 보다 쉽고 이해하기 편하게 수업을 진행할 수 있습니다.

학생 중심의 수업으로 모둠을 편성해 직접 사전을 찾아보거나 모둠별 게임을 통해 표를 작성해 정리하고 발표해보는 시간을 갖도록 하면 좀 더 의미 있는 수업이 될 것입니다. 학생 중심의 수업 방법은 다음과 같습니다.

스포츠 영어 단어 찾기 수업 방법

(1) 5명의 모둠을 편성해 모둠별 역할을 부여합니다.

가. 발표자: 모둠별로 찾은 용어 및 어원 등을 발표한다.
나. 알파벳 담당자: A~G 알파벳 담당, H~M 담당, O~U 담당, V~Z 담당으로 구분해 사전 또는 스마트폰을 사용해 자료를 찾아본다.
다. 자료 정리자: 모둠원이 찾은 자료를 선별해 정리한다.
라. 모양 꾸미자: 모둠별로 정리된 자료를 학습지 또는 전지에 예쁘게 장식한다.

(2) 스포츠 종목을 정한다.

(3) 정한 종목에서 A~Z의 알파벳에 해당하는 스포츠 용어, 규칙, 어원 등을 찾아본다.

(4) 모둠원이 찾은 자료 중 2~3개를 선별해 정리한다.

(5) 모둠별 정리된 자료를 학습지 또는 전지 등 사전에 나눠준 용지에 정리하고 모둠별 특색에 맞춰 장식한다.

(6) 발표자는 모둠에서 만든 자료를 발표한다.

우리나라에서 발생한 유일한 구기 종목인 족구와 태권도 그리고 전통 스포츠인 씨름 등을 제외한 모든 스포츠는 외국어를 사용하고 있습니다. 명칭과 규칙이 대부분 영어로 정해져 있습니다. 영어 뜻의 본래의 의미나 어원을 찾아 설명한다면 좀 더 쉽게 이해시킬 수 있습니다. 단순히 기능에 초점을 맞추기보다 어원과 본래의 의미를 알아보면 명칭이나 규칙이 어떻게 이뤄졌는지 이해하고, 종목에 대해 깊이 있는 생각을 하게 될 것입니다. 특히, 학생 중심의 수업을 진행해 모둠을 편성하고 각 모둠에 역할을 부여해 각자 정해진 과제를 수행하게 하는 한편, 자료를 찾아보고 모둠에서 정리된 자료를 발표하게 한다면 더욱 풍성한 수업이 될 것이라 생각합니다.

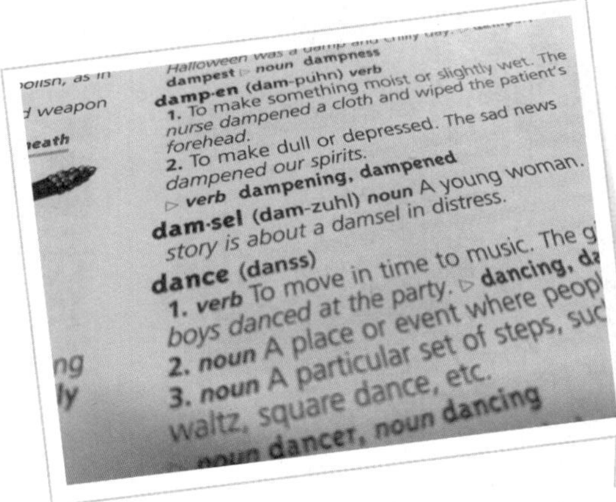

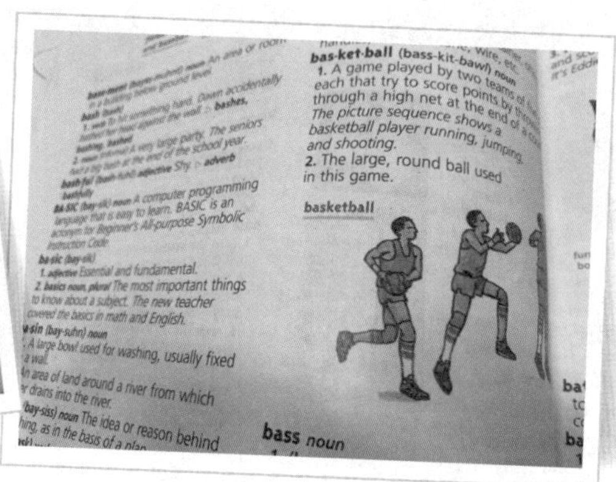

'BAD'에서 '배려'로! 서로를 위한 배려민턴

이것을 Why

상대방의 입장에서 생각하는 것은 매우 중요한 인성 요소라 생각합니다. 상대방을 이겨야 하는 경쟁 활동 속에서 서로를 위해 노력하면 둘 다 이득이 되는 '윈-윈'이라는 주제로 수업을 진행했습니다. 배드민턴 수업의 제목을 'BAD'가 아닌 '배려'로 설정했습니다. 학교의 여건이 모두 좋은 것은 아니기 때문에 상황에 따라 배드민턴을 운동장에서 하게 되는 경우도 있습니다. 체육관이 없는 학교의 체육 교사로 근무하면서 배드민턴이라는 종목을 실시하기에는 많은 무리가 있었고, 공기의 흐름이 경기력에 영향을 미치는 배드민턴을 운동장에서 실시하는 것은 바보 같은 일이었습니다. 하지만 이러한 환경에서 서로를 위해 잘 주고받도록 해 많이 주고받은 팀이 승리하는 이른바 '배려민턴'으로 수업을 변경해 진행했습니다. 학생들은 다양한 학생을 파트너로 만나보면서 배려도 능력이라는 것을 깨닫게 됩니다. 배드민턴 실력이 우수하다고 해서 상대방 입장을 잘 고려하는 것은 아닙니다. 좀 더 받는 사람의 입장에서 잘 보내줄 수 있는 것도 능력이라는 것과 자신이 잘못 보내도 파트너의 능력이 뛰어나면 어떻게든 받아쳐서 다시 나에게 돌아오게 만든다는 것을 알게 됩니다. 결국 배려심은 상대방을 이해하고 상대방의 특성 및 능력에 맞게 보내도록 연구해야 하지만, 이를 위해서는 자신의 능력도 키워야 한다는 것을 깨닫게 해줬습니다.

준비는 Simple

(1) 배드민턴 라켓과 셔틀콕

(2) 상황에 따라 네트 또는 네트 없이 가능

무엇을 How

경쟁 활동 수업 전 기록을 위한 도전 활동으로 수업을 진행합니다. 상대에게 나쁘게 주어 나에게 득점이 주어지는 것이 아닌, 서로를 잘 받을 수 있도록 주고받는 횟수에 따라 점수를 부여하는 방법입니다. 경기 종목에는 배려민턴 댄스, 약수터 배려민턴, 배려존 배려민턴, 모두의 배려민턴, 십자 배려민턴 등이 있습니다. 종목별 배려민턴 방법은 다음과 같습니다.

(1) 배려민턴 댄스

배려민턴을 하기 위한 준비운동으로, 배드민턴에 필요한 풋워크와 스트로크 동작을 음악에 맞춰 춤으로 배우는 형식입니다.

- 배드민턴 풋워크 동작: 러닝 스텝, 홉 스텝, 슬라이딩 스텝, 피벗 스텝 등
- 스트로크 동작: 포핸드 스트로크, 백핸드 스트로크 등

(출처: https://youtu.be/4_3KW1cmRoY, 학교체육진흥회)

풋워크 동작과 스트로크 동작을 8박자로 구분해 좌우를 동일하게 반복해 작품을 연습하면 됩니다. 개인 활동으로 가능하지만, 모둠을 편성해 5명을 1개의 조로 편성하고 겹치는 동작 없이 풋워크 동작 2개와 스트로크 동작 2개를 완성하도록 합니다. 동작 하나당 4박자로 구분하고, 좌우 동작을 2번 반복하면 총 8박자에 동작할 수 있도록 합니다. 이렇게 8박자로 만든 동작이 한 사람당 총 4개가 되고, 모둠별 동작을 공유해 연습하고 발표하도록 합니다. 학생들이 좋아하는 대중 댄스 가요의 박자에 맞춰 연습하면 즐거운 분위기 속에서 연습할 수 있습니다.

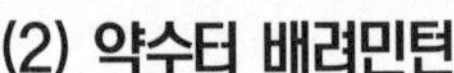

(2) 약수터 배려민턴

2인 1조로 팀을 편성해 서로 주고받은 횟수가 많을수록 높은 점수를 받도록 하는 배려민턴 초보 단계입니다. 자신이 정한 파트너와 연습해보고 같은 반의 다양한 학생과 파트너를 경험해보게 함으로써 사람의 능력은 차이가 있다는 것을 깨닫게 합니다. 또한 자신과 맞는 사람도 있고, 잘 맞지 않는 사람도 있다는 점도 이해시킵니다.

(3) 나홀로 배려민턴

셔틀콕을 벽에 쳐서 튕겨져 나오는 셔틀콕을 다시 받아쳐 많은 횟수를 받아치면 높은 점수를 받는 배려민턴입니다.

(4) 배려존 배려민턴

네트를 중심으로 10m 뒤에 배려존이라는 구역을 설정합니다. 2인 1조로 배려민턴을 하지만, 한 번 스트로크하면 배려존을 갔다가 다시 와서 계속 랠리가 이어지도록 합니다.

(5) 모두의 배려민턴

8명이 한 팀이 돼 A, B조로 나누고 4명씩 서로 마주보고 한 줄로 코트에 서 있도록 합니다. A조 중 한 명이 B조 코트로 셔틀콕을 보내면 경기장을 돌아 B조의 코트로 뛰어가 줄을 서서 대기합니다. B조의 학생도 이와 마찬가지로 A조에서 온 셔틀콕을 다시 A조 코트로 보내고 본인은 코트를 돌아 A조에 줄을 서서 다음 차례를 대기하도록 합니다. 서로 배려심을 발휘해 잘 받아칠 수 있도록 스트로크해야 합니다. 경기 진행 속도가 빨라 체력 향상에도 많은 도움이 됩니다. 모둠별 시합을 통해 흥미를 높이거나 제한된 시간 내에 많은 셔틀콕이 오고가는 팀이 높은 점수를 받는 등 다양한 운영의 미를 살린다면 좀 더 흥미 있는 수업이 될 수 있습니다.

(6) 십자 배려민턴

코트를 A, B, C, D 총 4개의 구역으로 구분해 한 코트당 3명씩 위치하도록 합니다. 한 팀은 총 12명으로 코트당 셔틀콕을 2개씩 주어 총 8개의 셔틀콕이 동시에 랠리되도록 합니다. 셔틀콕이 땅에 떨어지면 다시 사용할 수 없도록 하고, 제한된 시간 동안 땅에 떨어지지 않고 살아 있는 셔틀콕의 수에 의해 승패를 결정합니다.

좋았던 Point

'BAD'에서 '배려'라는 단어 하나의 변화가 곧 가치의 변화가 됐습니다. 학생으로 하여금 파트너의 실력과 수준 그리고 특성에 대해 생각해보는 시간을 갖도록 한 것이 가장 좋았습니다. 상대방의 실력에 맞춰 나의 능력을 키우는 것이 배려민턴의 가장 중요한 부분이기 때문에 좀 더 많은 학교에서 수행하면 좋을 것 같습니다. 스포츠 시간, 동아리 시간, 자유 학기 시간에 많은 스포츠를 시행하고 있지만, 상대방과의 경쟁이 우리 모두를 위한 도전으로 변화되면 좋겠습니다.

실제로 見견물생심

인내와 끈기를 위한 '지구 탁구'

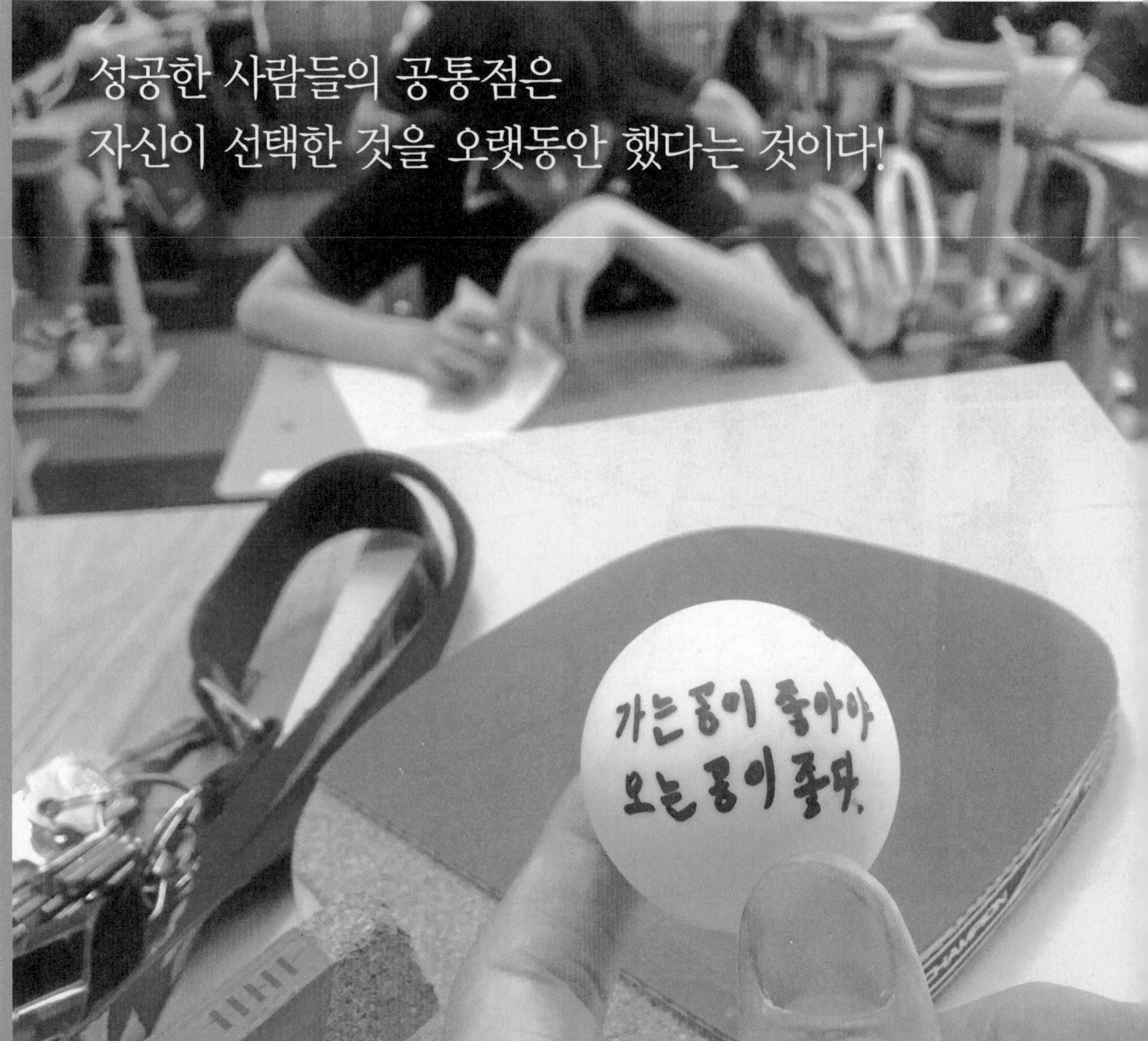
성공한 사람들의 공통점은
자신이 선택한 것을 오랫동안 했다는 것이다!
가는 공이 좋아야
오는 공이 좋다.

이것을 Why

좋아하는 것 또는 의미 있는 것을 오랫동안 할 수 있다는 것은 매우 중요한 삶의 태도라고 생각합니다. 지구력을 주제로 끈기와 인내가 필요한 탁구 수업을 진행했습니다. 창의성을 높이는 탁구 수업을 고민하다가 창의성이 높은 사람들은 과연 어떤 사람들일까 생각해봤습니다. 스티브잡스, 에디슨, 빌 게이츠 등이 떠올랐습니다. 이들의 공통점은 '지구력'이라는 결론을 내렸습니다. 자신이 하고자 하는 것을 인내와 끈기로 오랫동안 지속하는 '지구력'이야말로 창의적인 사람들 또는 성공한 사람들의 공통점이라는 점을 깨닫게 됐습니다. 인내와 끈기를 강조하는 '지구탁구' 수업을 통해 학생들에게 오랫동안 할 수 있는 지구력을 갖춘다면 삶을 대하는 태도가 바뀔 것이라 믿습니다.

준비는 Simple

(1) 탁구대, 탁구 라켓과 공

(2) 상황에 따라 탁구대 없이도 가능

(3) 포기하지 않을 인내심

무엇을 How

지구 탁구의 수업 방법은 다양합니다. '좋게'(배려)와 '오랫동안'(지구력)을 강조하면 어떤 수업이든 변형할 수 있습니다. 다양한 지구 탁구 방법을 알아보겠습니다.

(1) 벽치기 지구 탁구

탁구대 한쪽을 세워 'L' 자 모양으로 변경해 혼자 하단과 수직으로 세워진 테이블에 바운드된 탁구공을 계속 랠리하는 방법입니다. 탁구의 기초 기능과 신체 조절 능력을 높여주기 때문에 탁구 수업 초반에 시행하는 것이 좋습니다. 혼자서도 가능하지만,

2인 1조로 한 번씩 번갈아가며 시행해도 좋습니다. 혼자 할 때는 양손에 탁구 라켓을 잡습니다. 처음 공을 바운드해 던지고 양손의 라켓으로 한 번씩 번갈아 가며 랠리가 지속되도록 합니다. 고도의 집중력과 판단력이 요구됩니다.

(2) 라켓 지구 탁구

탁구 라켓 위에 공을 오랫동안 바운드하는 방법입니다. 처음에는 한 면만 사용해 바운드하고, 다음은 양면을 번갈아가며 바운드합니다. 난이도를 높여 한 면씩 번갈아 바운드하고 라켓의 옆면까지 바운드하도록 해 다양한 형식의 라켓 지구 탁구가 될 수 있도록 합니다.

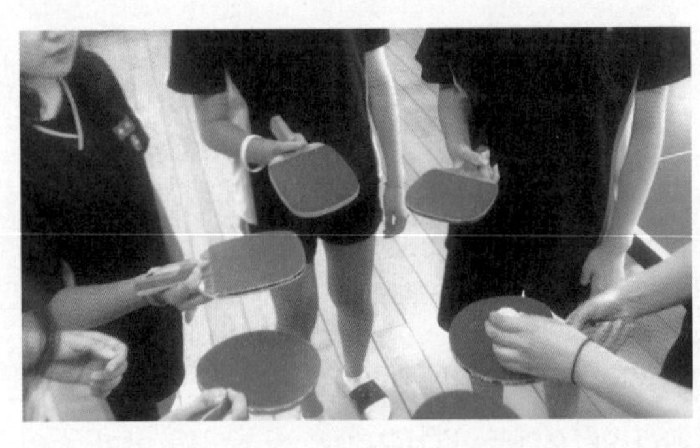

(3) 둥글게 라켓 지구 탁구

5~10명이나 그 이상도 가능합니다. 모둠을 편성한 후 둥글게 서서 최초 모둠장이 처음 라켓 위의 공을 바운드하면 시계 방향으로 한 명씩 바운드해 마지막 사람까지 바운드되도록 합니다. 마지막 사람은 종이컵을 준비해 마지막 바운드된 공이 종이컵에 들어가도록 합니다. 어느 정도 연습이 된다면 모둠별 대결, 남녀 각각 성별 대결 그리고 한 반 전체가 할 수 있도록 도전한다면, 의미와 흥미 그리고 재미를 모두 느낄 수 있습니다.

(4) 릴레이 지구 탁구

가장 기본이 되는 지구 탁구 방법으로, 정식 탁구대에서 실시하며 서로 마주보고 서서 오랫동안 랠리하는 경기 방법입니다. 제한된 시간 안에 많이 랠리하면 높은 성적을 받는 기록 도전 형식의 방법입니다. 점차 인원을 증가해 한 팀을 6명으로 구성하고, A, B조에 각각 3명씩 마주보고 줄을 선 상태에서 시작합니다.

- 1단계: A조의 학생은 B조에게 보내고, 한 번 스트로크한 학생은 A조의 뒤로 돌아가 줄을 서서 대기하도록 합니다.

- 2단계: A조의 학생이 B조에게 보내고 B조로 달려가 B조의 줄에 서서 자신의 차례를 준비합니다.

좋았던 Point

탁구, 배드민턴, 테니스, 배구 등과 같은 네트형 경쟁 스포츠는 학생들의 동기 유발 확률이 매우 높습니다. 신체 접촉이 거의 없어 부상의 위험성이 적고, 간단한 경기 규칙으로 누구나 쉽게 즐길 수 있습니다. 경쟁 스포츠에서 도전 스포츠로의 전환이 가장 좋았습니다. 상대에게 받기 어려운 공을 보내 경쟁하는 스포츠가 아닌, 서로 좋게 해야 이기는 도전 활동으로의 전환이 지구 탁구의 가장 큰 중요한 요소라 생각합니다. 상대가 수행하기 힘들게 하는 것보다 서로를 생각해 수행해야만 좋은 성과를 얻는 지구 탁구가 많은 학교에서 행해졌으면 좋겠습니다.

실제로 튼건물생심

어느 누구도 소외되지 않는 '인성 축구'

잘함을 인정하고 못함을 이해하자!

이것을 Why

남학생이라면 축구 경기를 한 번쯤은 해봤을 것입니다. 하지만 축구에는 이상한 점이 있습니다. 아무리 축구를 잘해도 실력을 인정받기 전에는 자신이 원하는 포지션으로 경기에 참여할 수 없다는 것입니다. 처음에는 대개 골키퍼 역할을 맡깁니다. 문제는 골문을 아무리 열심히 지켜도 어쩌다 실점을 하게 되면 엄청난 비난을 받게 됩니다. 같은 편 스트라이커의 실수는 웃으면서 넘어가지만 원하지도 않았던 포지션인 골키퍼의 실수는 비난과 화로 질책합니다. 그래도 운동 기능이 뛰어난 학생은 골키퍼를 빨리 벗어나 곧 공격수가 되지만 축구 실력이 부족한 학생은 계속 골키퍼를 하거나 골키퍼 옆에서 최종 수비수의 역할을 맡게 됩니다.

쉬는 시간 또는 점심시간에는 많은 학생이 운동장에서 축구를 즐깁니다. 학생들끼리 하는 축구는 심판이 없기 때문에 경기 규칙을 무시하고 스포츠맨십에 어긋나는 행위도 빈번히 일어납니다. 하지만 결코 축구는 학교에서 없어질 수 없는 종목입니다. 전국에서 축구 수업이 없는 학교가 없을 정도입니다. 자유 학기의 수업, 동아리 수업, 스포츠 시간, 방과 후 그리고 체육 시간 등을 통해 축구를 합니다. 이제 단 한 명의 아이도 소외되지 않고 누구나 함께 즐기는 '인성 축구'를 해보는 것은 어떨까요?

준비는 Simple

(1) 인성 조끼와 도전 정신 라바콘

(2) 블루투스 스피커

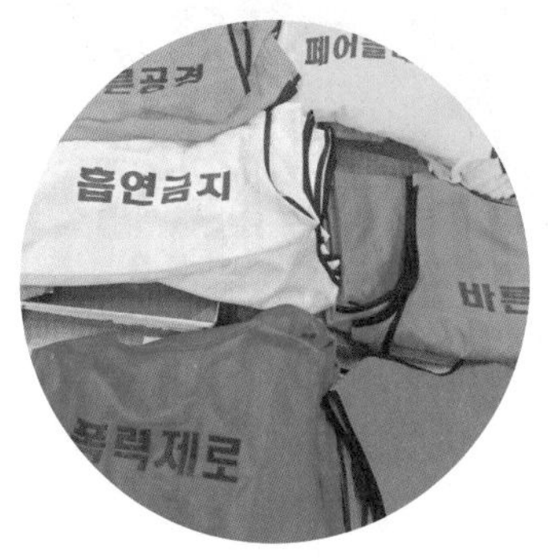

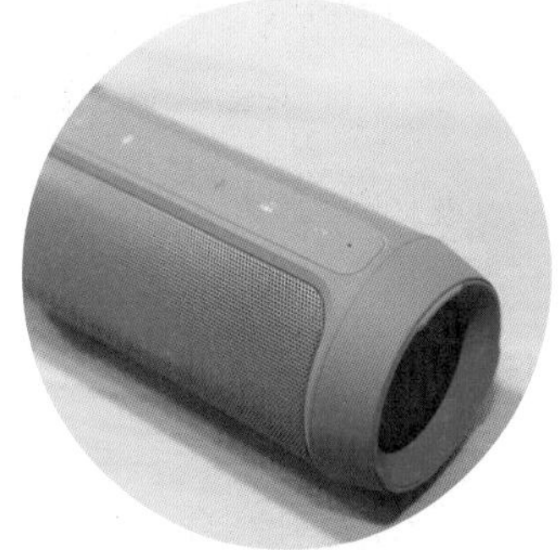

무엇을 How

인성 축구의 경기 규칙은 매우 간단합니다. 기존 축구를 바탕으로 누구나 쉽게 즐길 수 있도록 구성했습니다. 경기의 시작과 끝은 인사와 악수로 마무리하고, 경기장의 라인 없이 7분의 제한된 시간 내에 세워져 있는 라바콘을 맞추면 득점할 수 있도록 했습니다. 하지만 득점 후 하프 라인에서 경기가 재개될 때까지 모든 팀원이 한곳에 모여 사전에 정한 세리머니를 하지 않으면 득점으로 인정하지 않습니다. A와 B팀 팀원 중 '대단이'와 '득점이'를 선발하는데, '대단이'는 상대팀 중 가장 잘할 것이라 예상되는 학생을 뽑고, '득점이'는 가장 못할 것이라 예상되는 학생을 선발하면 됩니다. '대단이'는 1득점 이후에 동료 팀의 도움(어시스트)만 가능하고, '득점이'는 1득점했을 경우 +1점을 더해 2점으로 인정합니다. 전 · 후반 전 사이에 '대단이'와 '득점이'를 변경할 수 있으며 2분간의 작전 타임을 갖도록 합니다. 인성 축구를 어떻게 진행하는지 구체적으로 알아보겠습니다.

첫째, 시작과 끝은 라인업(경기장의 중앙에 서로 마주보고 서 있기)해 인사합니다. 경기를 시작하거나 종료할 때는 경기장 가운데에 모여 상호간의 예를 갖춰 인사와 악수해야 합니다. 인사와 악수를 하지 않으면 경기가 시작되거나 종료되지 않은 것으로 간주합니다.

둘째, 팀 구분을 위한 인성 조끼를 입어야만 경기를 할 수 있습니다. 팀 조끼에는 '학생 사랑', '페어플레이', '학교 폭력 제로', '착한 마음', '반칙 금지', '흡연 금지', '규칙 준수' 등 인성과 관련된 문구가 적혀 있습니다.

셋째, 컨택을 통한 준비운동을 실시합니다. 같은 팀끼리 서로 상대방의 체중을 이용하거나 과제 미션에 따라 팀워크를 강화하는 준비운동을 실시합니다. 서로의 체중을 이용한 준비운동과 스트레칭, 팀 모둠이 함께 수행할 수 있는 과제를 주어 의미 있는 시간이 되도록 합니다.

넷째, 인성을 강조한 경기 방법입니다. 인성 축구의 경기 방법은 다음과 같습니다.

(1) 경기 방법

① 경기 인원: 5명(상황에 따라 변경 가능)

② 경기 시간: 전 · 후반 7분씩(추가 시간 없이 종료 2분 전, 1분 전, 10초 카운트다운 공지), 전 · 후반 사이 2분간 작전 타임 시간

③ 심판: 학생 심판 또는 지도 교사가 직접 심판(학생이 심판을 할 경우, 주심판 1명과 보조 심판 2명, 지도 교사가 심판을 할 경우 주심판 1명은 교사, 보조 심판은 학생 2명이 실시)

④ 경기의 승리: 7분 종료 후 점수, 리그전 실시(동점일 경우, 승점제), 토너먼트일 경우 승부차기(승부차기는 10m 거리에 있는 라바콘 맞추기)

⑤ 경기장: 20m 거리에 라바콘 3개를 붙여 세워 놓음. 라인은 없음.

(2) 경기 규칙

경기를 상호 인사와 악수로 시작하고 상대 팀의 선수 중 '대단이'와 '득점이'를 각각 한 명씩 선발합니다. '대단이'는 1득점 이후 도움(어시스트)만 가능하고, '득점이'는 1점을 +1점을 더해 2점으로 인정합니다. 골 득점 시 같은 팀은 모두 한곳에 모여 경기 전 미리 정한 세리머니를 해야 최종 득점으로 인정됩니다. 단, 다음 경기가 재개되기 전까지 세리머니를 하지 않거나 혼자 세리머니를 한 경우에는 득점이 취소됩니다.

① 득점

- 라바콘을 맞추면 1점 득점(아무 곳에서든지 라바콘을 맞추면 1점 득점)
- '대단이'는 1득점 이후 도움(어시스트)만 가능
- '득점이'는 1점을 2점으로 인정
- 득점 후 한곳에 모여 사전에 정한 세리머니를 해야 최종 득점으로 인정(하프라인에서 다음 경기가 재개되기 전까지)

② 반칙

- 욕설을 했을 경우에는 퇴장
- 축구 경기의 반칙과 동일

좋았던 Point

운동장을 1개 반이 사용하는 일은 극히 드뭅니다. 보통 2~3개 반이 동시에 사용하고 스포츠 시간이나 동아리 시간에는 더 많은 반이 사용합니다. 인성 축구는 거리를 상황에 따라 조정할 수 있기 때문에 좁은 장소에서도 많은 학생이 즐길 수 있다는 장점이 있습니다. 또한 '대단이'와 '득점이'를 선발하는 과정에서 잘하는 사람을 인정하고, 다소 실력이 부족한 학생은 기회를 주는 규칙에 따라 누구도 소외되지 않고 즐길 수 있습니다. 좀 더 많은 학교에서 인성 축구를 즐기면 좋겠습니다.

실제로 見(견)물생심

3:3:3 우리 생애 최고의 순간 '단결 츄크볼'

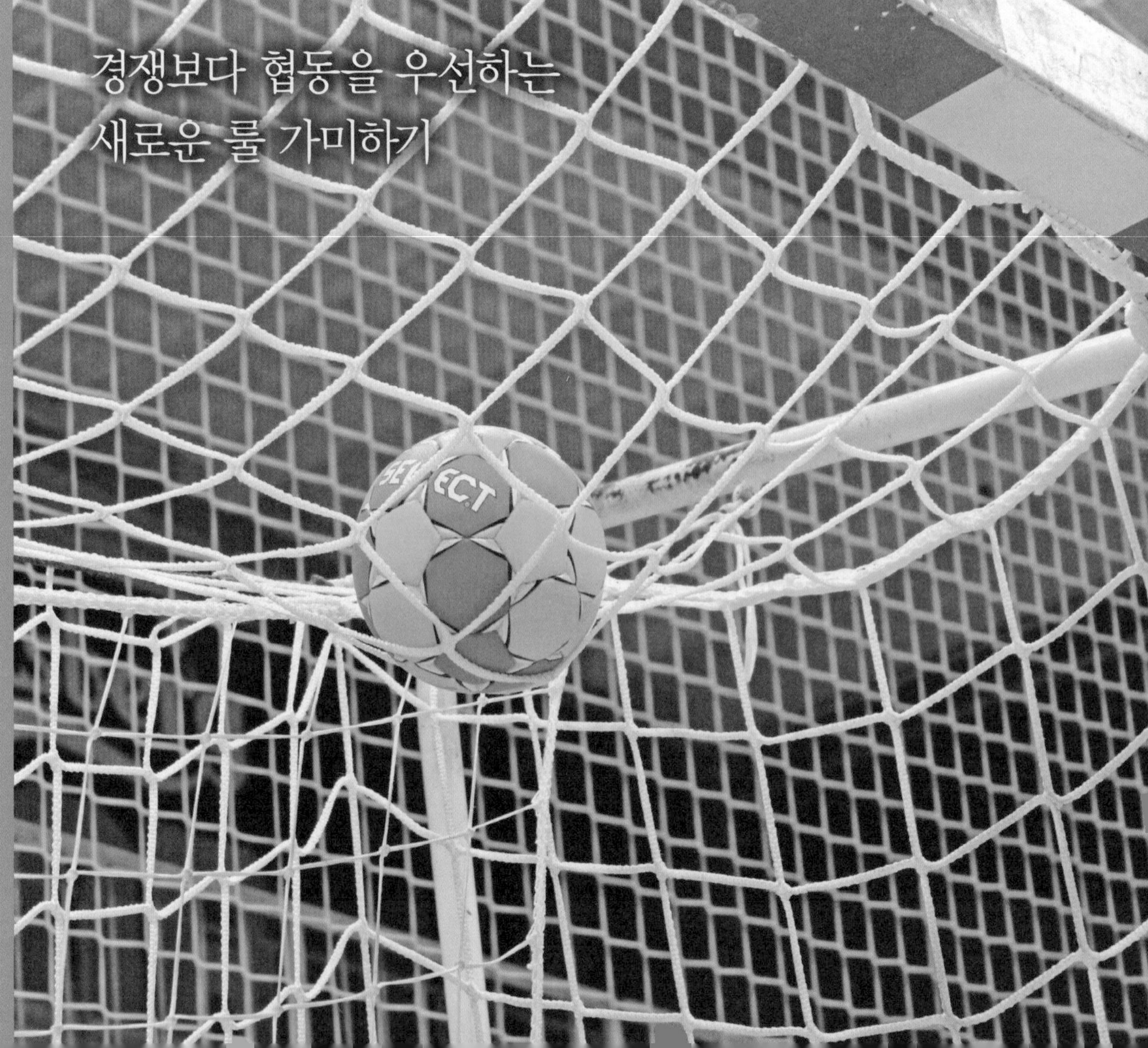

경쟁보다 협동을 우선하는 새로운 룰 가미하기

이것을 Why

'단결 츄크볼'은 기존의 영역 침범형 핸드볼 경기의 단점(안전사고 위험)을 최소화하고 협동 패스와 같은 새로운 개념의 츄크볼 경기 방법을 적용한 협력 스포츠입니다. 운동 기량이 좋은 한 명의 학생을 앞세운 팀 스포츠가 아닌, 모두가 경기에 참여할 수 있도록 경기 규칙을 변형했습니다.

준비는 Simple

(1) 도전 정신 라바콘 또는 츄크볼 바운더

(2) 블루투스 스피커

(3) 인성 조끼, 핸드볼 공

무엇을 How

반드시 3회 패스라는 '협동 패스' 과정을 거쳐야만 득점이 되는 츄크볼의 형태를 조합했습니다. 츄크볼에는 3:3:3의 원칙이 있습니다. 볼을 가진 선수는 3보 이내, 3초 이내, 3번의 패스라는 규칙이 적용됩니다. '단결해 츄크볼'의 특징은 전 · 후반 각각 전원 선수 교체의 원칙이 있고, 인성 패널티(전 · 후반 각각 파울이 없을 시 3명의 대표 선수를 선발해 하프 코트에서 골키퍼 없는 골대에 프리스로 3회 실시한다. 이때 직접 던지지 않고 원 바운드해 골대를 맞추면 2점, 골대 이상의 라인을 넘기면 1득점을 부여한다)의 경기 규칙이 있습니다. 즉, 자기 팀의 승리를 위해서는 소수 몇 명의 기술력보다는 팀 전체의 협동과 배려가 바탕이 돼야 하는 스포츠입니다.

(1) 팀 구성 방법

남녀 각각 팀당 14명(선수 구성은 학급 여건에 맞게 구성)

- 경기 참여 선수 7명, 후반전 교체 선수 7명으로 구성

(2) 경기 운영 방법

① **경기 방법**

- 핸드볼과 츄크볼의 혼합된 경기 방법을 적용
- 츄크볼 바운더가 없을 경우, '도전 정신 라바콘'을 3개 세워 놓고 맞추면 득점
- 츄크볼 바운더가 있을 경우, 츄크볼 바운더에 던져 상대가 받지 못하고 땅에 떨어지면 득점
- 3:3:3 경기 원칙(볼을 가진 선수는 드리블 없이 3보 이내, 3초 이내에 패스해야 하며, 3번의 패스에 상대편 골대에 슛을 해야 함)
- 슛을 성공시키지 못하면 상대 팀에게 공격권이 넘어감.
- 드리블과 신체 접촉이 절대로 허용되지 않으며, 전 · 후반 각각 7명의 선수가 모두 득점을 했을 경우, 이후부터는 득점에 +1점을 얻게 됨.
- 고른 득점이 승패의 확률을 높이기 때문에 팀을 위한 어느 한 선수에게 기회를 제공하는 것보다 모든 팀원의 득점으로 인한 보상을 받게 됨.

② **팀원**: 총 14명(전반전 7명, 후반전 7명)

③ **경기 인원수**: 7:7 방식의 기본적인 핸드볼 경기 규칙을 적용

④ **시간**: 전 · 후반 5분씩 총 10분 경기로, 전 · 후반 각각 1분간 작전 타임

⑤ **규칙**: 새롭게 구성된 단결해 츄크볼 규칙 적용(로컬 룰)

⑥ **득점**: 바운더에 공을 던져 튕겨나오는 공이 땅에 떨어지게 하면 득점. 모든 득점은 1점, 전반전(후반전)에 7명 선수 전원 득점 시 득점에 +1점

⑦ **교체**: 선수 교체 없음(후반전에는 선수 7명 전원 교체).

⑧ **단결 핸드볼 특별 규칙**

- 인성 패널티: 전반전과 후반전을 기준으로 한 번의 파울도 없을 시 대표 선수 3명을 선발해 골키퍼가 없는 바운더에 하프라인에서 자유투 기회를 제공(후반전을 시작할 때/경기 종료 후/하프라인에서 공을 원 바운드해 골대를 맞추거나 골대의 라인을 넘기면 1득점)

좋았던 Point

'단결해 츄크볼' 수업은 단순히 핸드볼에만 적용할 수 있는 것이 아니라 모든 스포츠에 적용할 수 있습니다. 가장 중요한 점은 경기에 참여하는 모든 학생이 고르게 득점해야만 경기가 유리해지고 안전을 위해 신체 접촉을 제한하고 3:3:3의 원칙하에 협동하는 과정을 거쳐야 슛을 할 수 있는 기회가 제공된다는 것입니다. 이렇게 스포츠 종목에 의미를 부여할 수 있는 포인트를 정해 경기 규칙을 변형하고 그러한 과정을 학생들에게 경험해보도록 하는 것은 체육 수업에서 매우 중요한 요소라 생각합니다. 모두가 참여할 수 있는 변형 규칙이 수업을 살리는 데 도움이 됩니다.

실제로 見[견]물생심

팀의, 팀에 의한, 팀을 위한 '팀플(팀 플로어볼)'

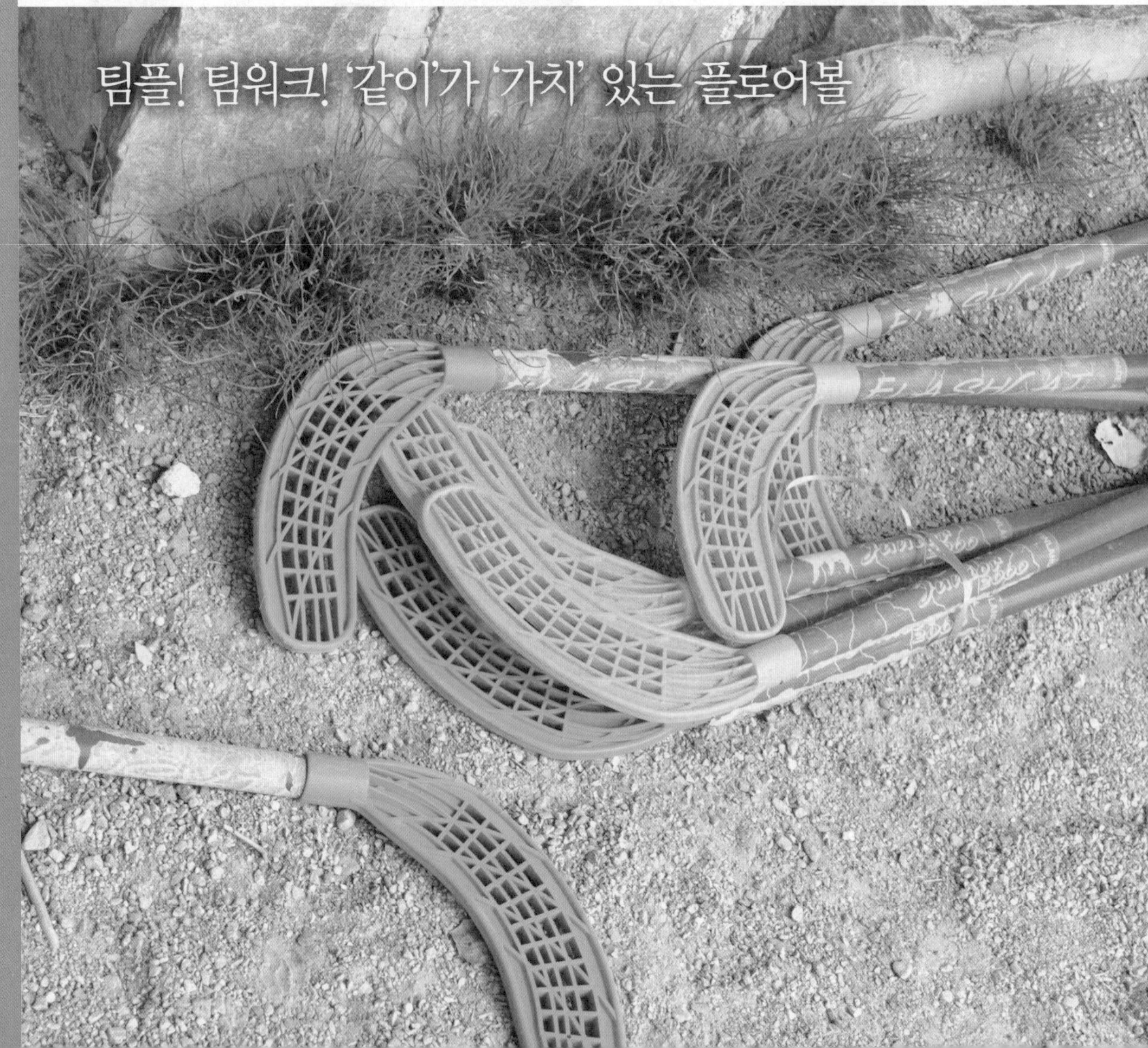

팀플! 팀워크! '같이'가 '가치' 있는 플로어볼

이것을 Why

플로어볼은 플로어(floor)에서 플라스틱 재질로 만든 스틱과 볼을 사용해 상대방의 골대에 골을 넣는 스포츠입니다. 한 가지 재미있는 사실은 플로어볼은 장난감에서 유래해 점차 게임의 형태로 진화한 스포츠라는 것입니다. 1950년대 후반 미국의 어린이들이 갖고 놀던 장난감을 활용해 미국과 캐나다를 비롯한 아이스하키를 즐기는 국가를 중심으로 점차 게임의 형태로 발전했습니다. 초기에는 플로어 하키라는 이름으로 경기를 했지만, 스웨덴에서 체계화된 스포츠의 기틀을 마련하면서 전 유럽을 중심으로 전파됐습니다. 특히 환경의 영향을 많이 받는 북유럽을 중심으로 실내 스포츠가 발전했고 스웨덴, 핀란드, 체코, 스위스 등의 나라에 전파돼 현재는 엄청나게 인기 있는 스포츠가 됐습니다. 2017년 오스트리아 동계 스페셜 올림픽에 정식 종목으로 참여하게 된 이후 많은 사람이 즐기고 있습니다. 학교 현장에서 쉽게 구할 수 있는 교구이고 누구나 인진하고 빠르게 배울 수 있는 장점이 있습니나. 이러한 플로어볼에 의미와 재미 그리고 율동을 가미하고 혼자가 아닌 팀워크를 강조한 팀 플로어볼('팀플레이 플로어볼'의 줄임말)을 소개합니다.

준비는 Simple

(1) 안전 장비

(2) 플로어볼 장비 세트

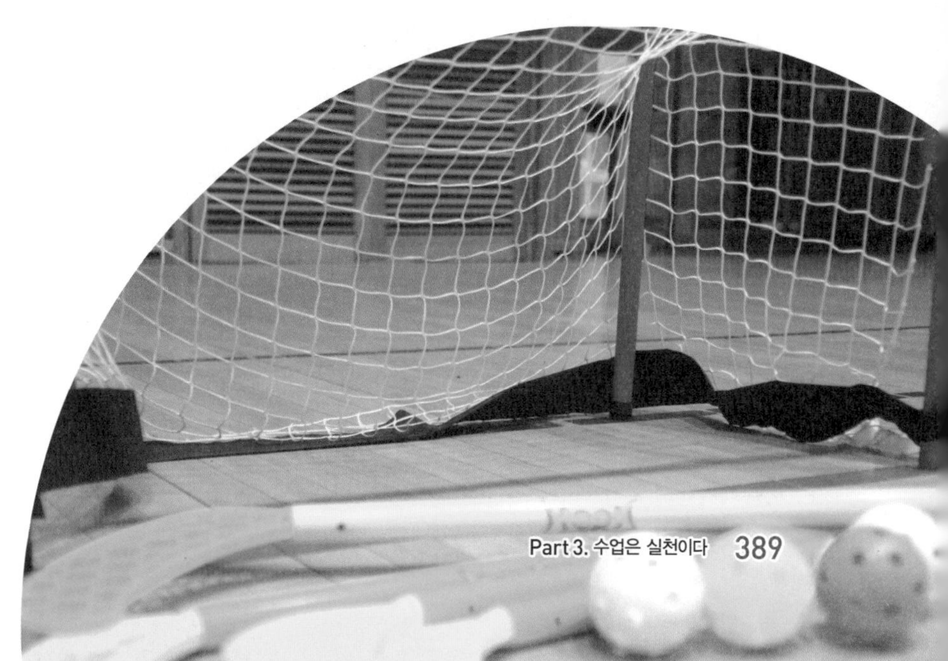

무엇을 How

팀 플로어볼 수업은 크게 플로어볼 장비를 활용한 준비운동을 만드는 수업 내용과 실제 경기를 하는 수업 내용으로 구분해 수업했습니다. 준비운동을 만드는 과정에서 팀워크를 발휘해야 하고, 기본 기능을 위한 준비 체조와 근력을 강화시키도록 합니다. 경기는 골키퍼 없이 전원 공격과 전원 수비를 할 수 있도록 규칙을 변경해 진행했습니다. 수업 방법은 다음과 같습니다.

(1) 팀 플로어볼 준비 체조 만들기

8명의 모둠으로 팀을 구성한 후 각자 2×8 카운트의 박자('8박자의 카운트를 2번 반복해 총 16박자 카운트'의 줄임말)에 맞춰 플로어볼 스틱을 활용한 준비운동을 만들도록 합니다. 준비운동의 주제는 상체, 하체, 복근, 뜀뛰기의 네 가지로 정하고, 2명씩 한 주제씩을 맡아 플로어볼 스틱 체조를 구성합니다. 예를 들어 2명은 상체, 2명은 하체, 2명은 복근, 2명은 뜀뛰기 등 총 8명이 각자 자신이 선택한 주제에 맞도록 동작을 만들도록 합니다. 4개의 주제 외에 선생님이 주는 과제도 있습니다. 관절 운동, 스트레칭, 팀 빌딩 미션 등이 이에 해당합니다. 상체, 하체, 복근, 뜀뛰기, 관절 운동, 스트레칭, 팀 빌딩 미션Ⅰ, 미션 Ⅱ 등 총 8개의 과제를 수행합니다.

과제	준비 체조의 주제	모둠 역할	과제 설명	카운트
1	관절 운동	모둠 과제	스틱을 바닥에 내려놓은 상태에서 손목, 발목, 무릎, 허리, 목 부위의 관절 운동	2×8 카운트×5개
2	팀 빌딩 미션 Ⅰ		원으로 서서 스틱을 세워 놓고 팀에서 정한 박자에 스틱을 세운 상태에서 한 자리씩 이동해 다음 사람의 스틱을 잡는다.	2×8 카운트
3	팀 빌딩 미션 Ⅱ		원으로 서서 스틱을 동시에 위로 던지고 시계 방향으로 한 칸씩 이동해 다음 사람의 스틱을 잡는다.	
4	상체	개인 과제	가슴, 어깨, 등, 팔, 허리 등 상체 운동을 할 수 있는 두 가지를 선택해 동작을 구성한다(예 팔굽혀펴기).	2×8 카운트×2개
5	하체		하체를 강화할 수 있는 동작을 두 가지 구성한다(예 런지, 스쿼트 등).	
6	복근		복근을 발달시킬 수 있는 동작 두 가지를 구성한다(예 윗몸일으키기, 크런치 등).	
7	뜀뛰기		뜀뛰기 구성을 넣은 동작으로 16박자를 만든다(예 팔 벌려 높이뛰기, 버피테스트 등).	
8	스트레칭	모둠 과제	상체, 하체, 복근의 세 가지를 스트레칭할 수 있는 동작으로 구성한다.	2×8 카운트×3개

(2) 팀 플로어볼 게임하기

게임의 규칙은 간단하게 변형해 수행했습니다. 플로어볼을 제대로 하기 위해서는 경기장을 잘 갖춰야 합니다. 특히, 플로어볼 링크(보드)를 설치해야 하는데, 가격이 비싸 학교에서 구입하기 어려운 경우가 많습니다. 체육관 벽면을 이용해 라인 아웃 규칙 없이 진행하면 가능합니다. 골대도 라바콘을 세워 놓거나 벽면에 골대를 테이프로 그려 진행해도 됩니다. 문제는 골키퍼입니다. 골키퍼는 스틱 없이 골을 막아야 하는데 안전 장비와 골키퍼 에어리어 및 골 에어리어를 바닥에 표시해야 합니다. 특히, 안전을 위해 안전 장비를 착용한 상태에서만 가능합니다. 따라서 골키퍼 없이 전원 공격과 전원 수비를 하도록 경기 규칙을 변경했습니다. 최종 수비는 스틱을 활용해 골을 막을 수 있습니다.

경기 전 드리블, 패스, 슈팅을 연결한 기록을 측정해 개인 기록을 평가하고, 기록이 우수한 학생 4명을 선발해 A, B, C, D의 조장이 되도록 합니다. 드래프트 방식의 조 편성 원칙에 따라 조장 중 기록이 가장 낮은 D→C→B→A 순으로 팀 선수를 선발하도록 합니다. 4개의 팀은 전 · 후반 10분씩 리그전으로 순위를 매기는 방식을 사용해 수업합니다.

평가는 총 30점으로, 개인 기록에 따른 개인 평가(15점)와 팀의 리그전 승점(5점), 팀 플로어볼 체조(10점)로 구분해 최종 세 가지를 모두 합산한 점수를 평가에 기록했습니다.

좋았던 Point

플로어볼 스틱을 활용한 체조는 매우 효과적이었습니다. 스틱을 활용해 준비 체조를 만들면 자연스럽게 스틱을 조절하는 능력이 향상되고 스틱을 부담 없이 만지면서 여러 가지 운동 방법에 대해 고민하게 됩니다. 개인 과제와 모둠 과제의 준비 체조를 만들면서 개인의 역량과 팀 협업의 중요성을 깨닫게 됐습니다.

실제로 見견물생심

69

영어로 된 야구 용어를 한자로 바꿔서 불렀으니 '한자 활용 야구 수업'

한문으로 스포츠를 보는 안목을 넓혀주는
이론 수업 진행하기

이것을 Why

스포츠 규칙을 이해하기에 앞서 용어를 이해하는 것이 중요합니다. 모든 교과가 그렇듯이 개념이 중요합니다. 이 과정을 건너뛰면 뒷부분이 어려워지기 마련입니다. 대부분의 야구 용어가 영어로 돼 있고 한자화한 우리말로 표현돼 있습니다(이해하기에는 영어가 훨씬 편하죠). 우리말로 표현할 수 있는 것을 한자나 영어로 표현하면 오히려 쉽게 이해되는 경우가 많습니다. 야구의 낫아웃도 'Uncaught Third Strike'로 이해하면 쉬운 것처럼 말입니다. 저는 어느 과목이나 쉽게 설명해주시는 선생님이 제일 좋습니다. 여러분들은 안 그러신가요? 그런 분들은 늘 친절하시고 과목에 대한 애착이 많으셨다는 공통점이 있습니다.

- **아이들이 이해하기 쉽게 외울 수 있는 암기 방법:**

한라산 높이(1,950m/한번 구경오세요), 100m 세계 기록(9.58초/우사인볼트 그오빠), 투수판 끝과 본루 꼭짓점까지의 거리(18.44m/이발사의 시구)

준비는 Simple

(1) 노트북과 잠시 친해질 마음

(2) 선생님께서 직접 만드신 야구 수업용 지구 유일 프레젠테이션

무엇을 How

(1) 여학생들을 '女(여자 여)'라고 생각하지 말고, '餘(남을 여)'라고 생각해야 합니다. 잘하지 못하는, 잘 모르고 적극성을 띠지 못하는 체육 소외 학생들에게 정성스러운 선물을 한다는 마음에서 한자 활용 이론 수업의 준비가 시작됩니다.

(2) 잘 모르는 학생이기 때문에 당연히 꼼꼼하게 준비해야 합니다. 학교를 대표하는 학생과 처음 배우는 학생이 한 교실에 공존하므로 수업 방식도 새로워야 합니다. 학생들은 몰라도 절대로 모른다고 말하지 않습니다. 아는 척하기 마련입니다. 그러니 "궁금한거 없니?"라고 물어보지 마세요.

(3) 용어를 설명해줄 때 '당연히 알고 있겠지?'보다는 리마인드시켜주는 방식으로 약간 더 친절한 방식을 활용하는 것이 좋습니다.

(4) 한자를 활용하는 수업도 마찬가지입니다. 수업을 준비하는 과정에서 교사인 제가 더 많이 배우게 됩니다. 학생들은 뻔한 이론 수업에 집중하지 않습니다. 모르는 것을 알도록 해주는 선생님만의 비법을 선보여야 합니다. 아는 척하는 학생도 알도록 해 만족시켜주고, 다 알고 있는 학생들에게도 도움이 될 수 있도록 말입니다. 며느리도 모르는 그 신비스러운 뭔가를 수업에 녹여내야 합니다.

좋았던 Point

예전의 체육 선생님들은 '다 알고 있지?'라며 이론 수업을 잘하는 학생들 위주로 많이 진행하셨다고 합니다. 이번에도 그러실 줄 알았답니다. 그런데 선생님께서 이렇게 친절하게 야구를 설명해주셔서 너무나 좋았다고, 야구 용어가 이렇게 쉬운 것인지 몰랐다고 말합니다. 물론 선생님께서도 준비하는 시간이 필요합니다. 야구 용어집도 한 번 들춰보셔야 하고, 야구 경기 하이라이트 영상도 한 차례 클릭해보셔야 합니다.

준비된 밥상은 맛이 없을 수가 없습니다. 체육 수업을 통해 감명을 받은 학생은 평생 맛있게 먹었던 야구 용어 수업의 밥상을 잊지 못할 것입니다. 영어와 한자를 연결하고 이해하기 어려운 상황은 영상을 통해 전달했습니다. 알고 하는 것과 모르고 하는 것은 다르죠. 적어도 "넌 이런 것도 모르니?"라고 이야기하는 선생님은 되지 말아야겠습니다.

실제로 見(견)물생심

盜壘	1壘, 2壘, 3壘	歸壘	滿壘
安打	打者	走者	打者走者
內野手	外野手	送球	投球
捕球	打球	倂殺打	野球
野手	投手	捕手	回

와 관련된 용어가 궁금합니다!(1)

한자로 야구와 친구되기	1.안타(安打)=Hit/편한하게 쳤다. 누가? 타자가! 안전하게 베이스에 도착할 수 있도록(cf, 끝내기 안타) *볼과 베이스터치가 동시라면....편안하게 베이스 도착한 것일까요? 그래서 Out 2.홈런(Home Run), 비거리(飛距離) **3.一死,二死,無死 만루(滿壘)**

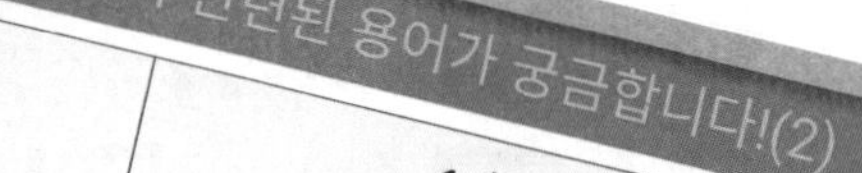
와 관련된 용어가 궁금합니다!(2)

한자로 야구와 친구되기	1.헛스윙 삼진 2.루킹(Looking) 삼진 3.파울팁 아웃 4.Three bunt 아웃 5.송구방해 cf.打順 타선을 이루는 타자를 이르는1,2→table setter 3,4,5→clean-up trio 6,7,8→하위타선(잘하면 좋겠죠?)

한자를 통한 이해 (좌중우)

– 좌익수(左翼手) 날개 익/LF

– 중견수(中堅手) 굳을 견/CF

– 우익수(右翼手) 날개 익/RF

– 유격수(遊擊手) 놀 유, 칠 격/SS

여학생 **女學生 아니다!**

여학생에 대한 편견타파는 교사가!!

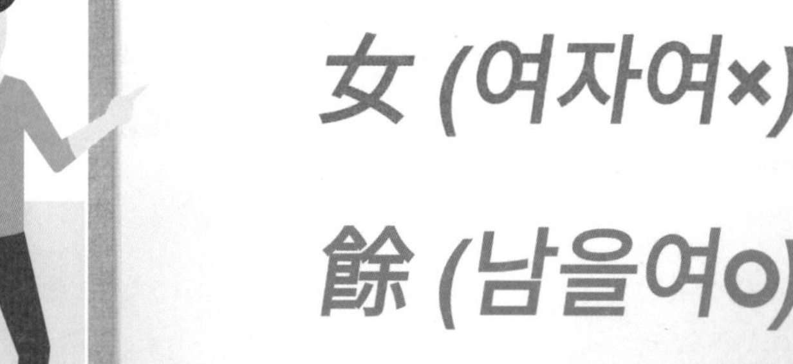
女 (여자여×)
餘 (남을여○)

'재미있는 Why'로 만나는 '어서 와, 야구는 처음이지?'

차원이 다른 '역시 우리 선생님 수업' 만들기

이것을 Why

해외여행을 결심한 이후 우리는 가보지도 않은 곳에 대한 정보를 얻기 위해 여러 인터넷 사이트 속의 여행 정보가 소개돼 있는 곳을 방문하거나 여행지의 소개와 관련된 책자를 찾아보곤 합니다. 여행을 가서 고생하고 싶지 않거나 돈과 시간을 낭비하고 싶지 않기 때문입니다. 수업도 이와 마찬가지입니다. 아는 만큼 보이는 법이죠. 그러니 잘 준비해야 합니다. 학생들의 시행착오를 줄여주기 위해서는 많은 노력을 기울여야 합니다. 준비하고, 준비하고, 준비해야 합니다. 준비에 실패해 실패를 준비하는 일이 없도록 말입니다. "다음에 배울 때는 이해가 될 거야."라고 이야기하지 말아주세요! 다음은 오지 않을 수도 있습니다.

지금이 중요합니다. "올해 선생님을 만난 것은 너희들의 큰 복이다."라고 큰소리로 외쳐주세요. 그런 당당한 모습으로 우리들이 사랑하는 스포츠 문화를 전해주세요. 선생님이 사랑하는 만큼 학생들에게 전해집니다.

준비는 Simple

(1) 다양한 자료 Q&A 자료

(2) 여(女+餘)학생들을 위한 친절한 프레젠테이션

무엇을 How

제가 야구 수업을 했을 때 사용했던 예시를 소개하겠습니다. 흔하게 하는 실수, 헷갈리기 쉬운 장면들을 사례로 제시한 후 학생들과 야구 속 이야기를 나눴습니다.

(1) 홈베이스(평평하게 생겼으니 홈플레이트), 어떻게 놓아야 할까요?

야구에는 베이스(壘/진, 루)가 있습니다. 홈베이스는 1, 2, 3루와는 조금 다르게 생겼죠. 평평합니다. 그래서 '홈플레이트'라고 부르는 거죠. 체육 수업을 할 때 홈베이스를 포수 앞에 내려놓고 야구(티볼, 소프트볼, 플레이트 야구 등) 수업을 하죠? 그런데 얼마전 이 베이스를 거꾸로 놓고 연구 수업을 하는 장면을 목격한 적이 있었습니다(거꾸로 수업이네요). 모르고 있었기 때문에 보이지 않으셨던 겁니다.

▲ 홈플레이트는 어떻게 놓는 것이 맞을까요?

(2) 타자가 친 볼이 직접 1, 2, 3베이스에 맞았다면 In일까요, Out일까요?

네, In으로 판정합니다. 왜 일까요? 그냥 외워야 하는 것일까요? 아니면 그냥 알아야 하는 것일까요? 그 이유를 학생들에게 설명을 해주는 것이 좋습니다.

☞ 모든 베이스는 야구장의 내야 페어 지역 안에 들어와 있어야 하는 규정 때문입니다. 1루와 3루에서 선을 타석 쪽으로 연결하면 꼭짓점이 생기겠죠? 그곳에 홈플레이트의 꼭짓점을 위치시키면 됩니다.

이제 정답을 아시겠죠?

(3) 자, 그럼 운동장에 베이스를 놓아볼까요? 정답은 몇 번일까요?

☞ "선생님! 야구 베이스는 어디에 둘까요?", "어? 그냥 대충 거기에 던져놔."

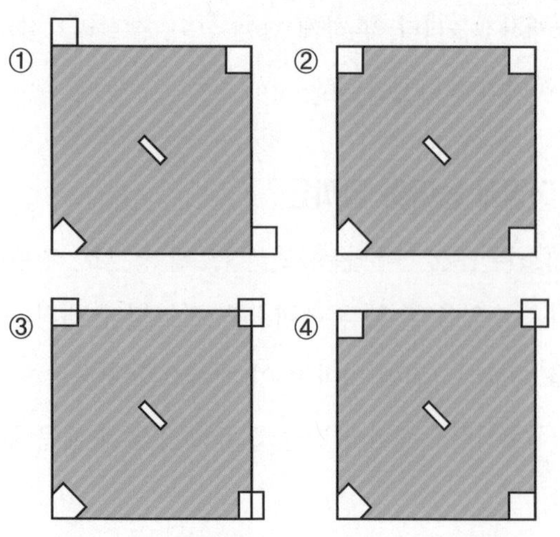

이제부터는 이렇게 말하지 말자고요! 1루 베이스와 3루 베이스엔 각각 외야쪽으로 하나의 꼭짓점이 있습니다. 그 꼭짓점이 바로 페어와 파울의 기준, 내야와 외야의 기준, 베이스를 위치시키는 기준입니다. 2루 베이스는 1루와 3루 베이스 꼭짓점에서 연결된 선을 베이스의 중간에 두게 됩니다. 그러니까 정답은 ④가 됩니다(야구 심판 교육 시험에 나왔던 문제입니다).

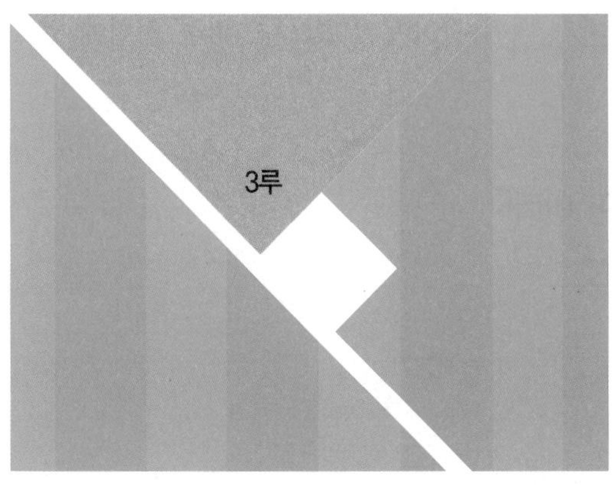

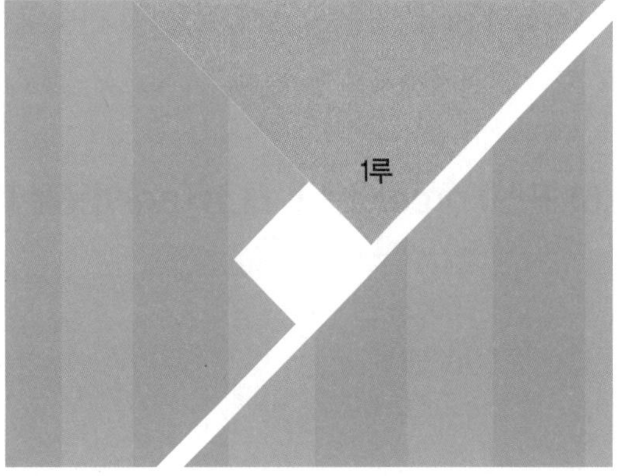

(4) 파울 라인은 이름만 파울 라인, 실제로는 페어 라인!

라인에 야구공이 살짝이라도 닿으면 페어(인)로 처리됩니다.

(5) 페어와 파울에 대한 기준을 쉽게! 간단하게! 재미있게! 이해하기 쉽게!

다음 중 야구 경기에서 페어볼로 판정되는 것이 아닌 것은?

① 타자가 친 볼이 본루~1루 사이 또는 본루~3루 사이의 페어 지역 안에 멈춘 것
② 1루 또는 3루 쪽으로 바운드되면서 외야 쪽으로 넘어갈 때 페어 지역에 닿거나 그 위의 공간을 통과한 것
③ 페어 지역에서 점프를 시작해 파울 지역의 상공에서 야수의 손 또는 글러브에 닿은 후 페어 지역 안으로 떨어진 것
④ 타격된 볼이 1루, 2루, 3루에 닿은 후 파울 지역으로 튕겨 나간 것
⑤ 번트로 친 볼이 파울 지역을 데굴데굴 계속 굴러가다가 1루 베이스 바로 직전에서 페어 지역으로 넘어와 멈춘 것

☞ 파울 라인을 포함한 내야 및 외야는 페어 지역입니다. 그래서 파울 라인은 이름만 파울이죠. 왜 그냥 라인이라고 하지 않고, 파울 라인이라고 부르게 했을까요?

☞ 내야의 페어를 결정하는 기준은 최종적으로 멈춘 곳입니다. 그러니까 파울 라인을 넘어 굴러가다가 갑자기 라인을 넘어와서 멈췄다면 페어가 되는 것입니다. 외야의 페어는 최초로 떨어진 곳을 기준으로 합니다. 완벽한 파울 지역에서 파울 플라이를 잡으려는 외야수의 글러브에 맞고, 페어 지역에 떨어진 경우가 헷갈리실 겁니다. 당연히 파울입니다. 왜냐하면 파울 라인의 상공 연장선으로 넘어선 공은 이미 파울이기 때문입니다. 그러니까 당연히 파울로 판정합니다. 이런 경우는 학교에서 발야구나 티볼 경기를 할 때 흔히 나타나는 실제 상황입니다. 학생들에게 잘 설명해주세요.

"페어와 파울 여부는, 공에 닿을 때 야수의 위치가 페어 지역에 있었느냐, 파울 지역에 있었느냐로 판정해서는 안 된다."

(6) 포스(Force)아웃과 태그(Tag)아웃에 대한 이해!

Force	Tag
① 군대	1. 술래잡기
② 강요하다	2. (러너에) 터치아웃시키기
③ 힘	3. (술래잡기에서) …을 잡다.
④ 세력	4. 강타하다.

☞ 포스 플레이: 타자가 주자가 됨에 따라 기존의 주자가 그 베이스에 대한 점유권을 빼앗긴 데서 생기는 플레이를 말합니다. 즉, 타자가 주자가 되니까 강제로 가야 하는 상황이 발생하게 되는 것이죠. 내 자리를 비우고 어디를 가야 하는 것이냐(뒤에 누가 오니까), 아니면 올 사람이 없으니까 그냥 있어도 되느냐는 학생들이 많이 모르고 있는 경기 규칙입니다. 학생들이 이해를 하지 못하는 것이니 친절하게 안내해주세요. 경기 규칙을 이해하고 있어야, 잘 알고 있어야 스포츠가 재미있어집니다. 이런 과정을 통해 다시 참여하고 싶어집니다.

☞ 야구 수업 중 야구를 아는 학생들과 그렇지 않은 학생들의 많은 논란이 발생하는 상황이죠. 내가 왜 뛰어야 하는지, 왜 뛰면 안 되는지, 그냥 있어도 되는지, 아니면 어디로 가야 하는지…. 티볼 수업을 할 때, 학생들에게 포스아웃과 태그아웃에 대한 정확한 설명 없이 지나치면 운동장에서 다시 큰 소리를 지르게 됩니다. 정확하게 설명해주면 학생들은 아웃과 세이프되는 이유를 알게 됩니다. 그러면서 야구를 이해하고 즐기게 되는 스포츠방으로 들어오게 되는 것 같습니다. 한 번 전달해주세요. 그래도 이해하지 못하면 또 다시…. 그래도 안 되면 어떻게 하냐고요? 또 다시 전달합니다. 친절한 교사가 되는 것은 그리 어렵지 않습니다. 인내심은 교사에게도 꼭 필요한 역량입니다.

(1) 포스아웃을 시켜야 할 경우

→ 강제(Force) 진루를 해야 하는 상황인지를 먼저 파악하자!

▲ 1루 주자(走者)가 반드시 2루로 가야만 하는 강제된 (Force) 상황이 발생하는 순간

▲ 뒤에 누군가가 따라와 돌아갈 곳이 없는 상황일 때는 볼을 잡은 채로 발로 베이스만 밟아도(터치해도) 아웃(Out)

(7) 포스아웃을 시킬 때의 공의 정확한 포구 여부

☞ 포스아웃일 경우에 글러브나 손에 정확히 포구됐다면 몸의 어느 부분으로 베이스를 터치해도 아웃으로 인정됩니다. 포구(捕球/사로잡을 포, 공 구)라는 것은 글러브에 공이 있는 것에 그치지 않고 글러브를 쥐어야(사로잡아야) 하는 것입니다. 가슴으로 공을 끌어안고 있는 것은 포구가 아니겠죠. 공을 정확히 쥐고 있는 상태로 뒹굴어 베이스를 터치해도 아웃으로 인정됩니다. 생각해보면 우리가 흔히 보는 대부분의 포스아웃 장면은 글러브로 볼을 잡고 발로 베이스를 터치하는 것입니다. 가장 중요한 것은 공을 잘 쥐고 있느냐의 여부입니다(정확히 포구되지 않은 것을 '저글'이라고 합니다). 손이나 글러브로!

(2) 태그아웃을 시켜야 할 상황

→ 되돌아갈 베이스가 있는가?

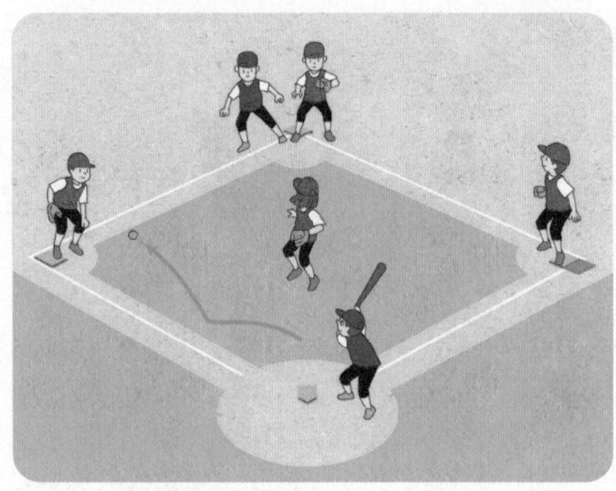

▲ 2루 주자(走者)가 3루 또는 1루 어느 곳으로도 갈 수 있는 상황이 발생하는 순간

▲ 2루로 던지면 3루로 가고, 3루로 던지면 2루로 갈 수 있는 상황일 때는 볼을 잡은 채로 발로만 베이스를 밟아서는 안 되고 공을 쥔 글러브나 공으로 직접 태그(Tag)해야 아웃(Out)

(8) 태그는 공을 쥔 손이나 글러브로 확실하게 해야 한다

☞ 확실하게 공을 쥔 손이나 글러브로 주자에 대는 행위를 '태그'라고 합니다. 태그 이후에 공을 놓치면 세이프가 되죠. 그렇기 때문에 심판은 콜을 빨리 해서는 안 됩니다. 최종적으로 볼을 확인한 후에 콜을 해도 늦지 않습니다.

확실한 포구 → 태그 행위 → 볼 확인 → 심판 콜

(9) 주자와 볼이 베이스에 동시에 도착했다면 심판은 보통 어떤 판정을 할까요?

☞ 세이프는 '안전하다.'는 뜻입니다. 편하게 베이스에 도착한 것이 '안타(安打)'죠. 하지만 동시에 도착한 것은 편안한 것이 아니죠. 그래서 동시 도착은 보통 아웃으로 판정한다고 합니다. 이것은 심판원들 간의 암묵적 합의입니다.

(10) 볼(Ball): 투구가 떠 있는 상태에서 스트라이크 존(Strike zone)을 통과하지 못한 것으로, 타자가 치지 않은 공을 말함.

☞ 투구(투수가 던진 공)가 일단 땅에 닿은 후 튀어오르면서 스트라이크 존을 통과하더라도 볼으로 판정됩니다. 여기까지는 쉽습니다. 그런데 학생들은 다음과 같은 질문을 하곤 합니다.

> **질문 1)** 투구가 바운드로 들어올 때 타자가 쳐서 안타가 되면 인정되나요?
> **질문 2)** 투구가 바운드로 들어올 때 몸에 맞게 되면 힛바이피치드볼(Hit by pitched ball, 몸에 맞는 볼)로 처리되나요?

바운드로 들어오는 공은 볼로 카운트 처리되기 때문에 타자가 치면 모두 인정됩니다. 타격을 해서 잡히면 아웃, 안타는 안타, 홈런은 홈런으로 인정됩니다. 몸에 맞는 볼도 이와 마찬가지로 인정됩니다.

(11) 포구는 어떤 상태를 말하는가?: 내야수나 외야수가 날아가는 타구나 송구를 손 또는 글러브로 확실하게 잡는 행위를 가리킴.

☞ 공이 손 위에 있지만 쥐지 않고 있다면 포구로 인정하지 않습니다. 이와 마찬가지로 글러브에 공이 있더라도 쥐지 않고 있었다면 포구가 아닙니다. 또한 잡은 후 어떤 것에 부딪혀 볼을 놓쳤다면 포구가 아닙니다. 확실하게 잡은 것을 심판이 인지하게 될 때만 잡은 것으로 인정됩니다.

> **질문 1)** 주자가 3루에 있을 경우, 외야 플라이로 잡혔다면 리터치(온더베이스)의 시점이 언제인가요?(실제 학교 현장에서도 자주 볼 수 있음)
>
> **질문 2)** 홈런성 타구가 캐치하려는 외야수의 글러브를 맞고 홈런이 됐다면 어떻게 처리되죠?(실제 학교 현장에서도 자주 볼 수 있음)
>
> **질문 3)** 파울 플라이를 잡고 덕아웃으로 들어가 넘어졌거나 넘어지지 않았다면 어떻게 처리되나요?(이는 학교에서 잘 나오지 않지만 재미로)
>
> **질문 4)** 타자가 친 볼에 같은 편 주자가 맞았다면 어떻게 되나요? 그리고 볼을 던져 맞춰서 아웃시킬 수도 있나요?(실제 학교 현장에서도 자주 볼 수 있음)

좋았던 Point

학생들은 다양하기 때문에 다양한 방식이 필요했습니다. 선생님의 일방적인 지시 전달형 수업보다는 학생들과 한 문제씩 풀어나가는 과정을 만들어 참여형 수업을 진행한 것이 좋았습니다. 생뚱맞은 학생의 질문에 대비하고 그에 답할 수 있는 수준은 돼야 합니다. 질문에 맞는 답을 찾아가는 과정들은 교사를 다시 채울 수 있는 시간이 됩니다. 잘못 알고 있거나 아예 모르고 있는 것들이 많다면 반성해야 합니다. 결국 준비네요.

실제로 見[견]물생심

-포스아웃과 태그아웃의 이해
아주
쉽다!!
1.포스아웃-Force(강요되다)
다음 베이스로 무조건 GoGo~!!
뒤에 누가 오고 있으니 말이다!!
2.태그아웃-tag(꼬리표를 달다)
돌아갈 베이스가 있다면 무조건 태그
해야함. *공이나 공을 쥔 글러브로 몸을 터치해야 함.

알수록 보이는
아는 만큼 할 수 있는
알면 더 재미있는

'던지는 야구'에서 '굴리는 야구'로의 분위기 전환! 플레이트 야구

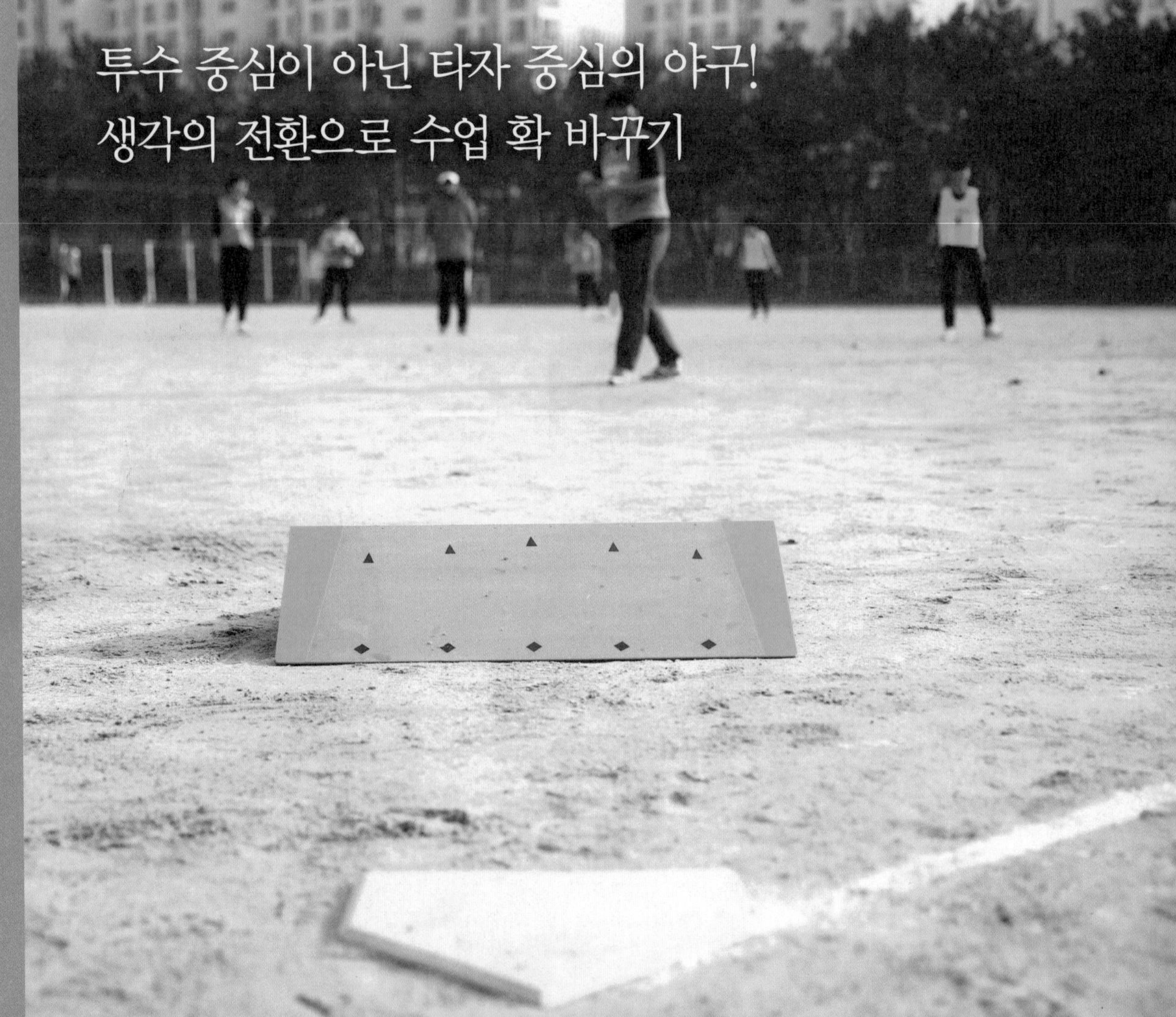

투수 중심이 아닌 타자 중심의 야구!
생각의 전환으로 수업 확 바꾸기

이것을 Why

야구에서의 피칭은 투수가 포수에게 공을 던지는 것을 말합니다. 하지만 학생들은 피칭 능력이 부족하기 때문에 유효 타격 범위(스트라이크 존 근처)로 공을 던지는 확률이 낮고, 포볼, 데드볼 등의 상황이 지속적으로 연출되기 때문에 야구의 매력을 느끼지 못합니다. 학생들은 진루를 해야 재미를 느끼고, 진루 후의 다양한 상황에 의해 뛰거나 홈베이스로 되돌아와야 야구 수업 시간에 배웠던 용어를 사용할 수 있습니다. 투수나 포수 둘이 하는 야구는 단체 스포츠라는 이름을 무색하게 합니다. 재미없는 수업을 통해 학생들이 스포츠 문화를 경험할 것이라는 기대를 갖는 것은 큰 욕심입니다. 그래서 투수 중심의 야구가 아닌 타자 중심의 야구로의 변신을 시도하기 위해 '유효 타격 범위'로 공을 안정적으로 보낼 수 있도록 피칭의 개념을 과감히 바꾸는, 굴리는 피칭으로 수업을 진행했습니다. 남학생과 여학생이 함께할 수도 있습니다. 결국 재구성이 정답입니다. 상황에 맞도록 기존의 것을 바탕으로 환경에 맞도록 변형하는 것입니다.

준비는 Simple

(1) 피칭 플레이트

(2) 티볼 배트, 티볼 공, 베이스, 글러브(없어도 상관없음)

(3) 테니스 라켓

무엇을 How

(1) 가장 중요한 것이 피칭 플레이트(공이 뜨는 판)입니다. 구입을 하셔도 되고, 상황이 여의치 않으면 직접 만들어도 됩니다. 나무, 박스 모두 가능합니다. 요즘은 심플이 대세입니다. 어떤 선생님은 사용하지 못하는 책상, 심지어 밥상으로도 제작하는 분도 있었습니다.

(2) 야구와 똑같은 경기 규칙을 적용하면 됩니다. 타격이 잘 안 되는 학생들을 위해 테니스 라켓, 크리켓 배트, 짧은 배트, 긴 배트, 두꺼운 배트 등 다양한 타격 도구를 비치해두고 자유롭게 선택할 수 있게 해주면 학생들이 좋아합니다.

(3) 학교의 여건에 맞춰 다양한 로컬 룰을 만들어 수업 시간에 적용해보는 것이 좋습니다. 여학

생 수비 성공은 투아웃 인정, 홈런 존과 같이 어느 지점으로 가면 가산점, 쓰리아웃제가 아닌 파이브 아웃제, 전원 타격제 등…. 재미있는 로컬 룰이 수업에 날개를 달아줍니다.

(4) 일단 타격을 하고 나가야 다양한 경기 규칙을 설명해줄 수 있습니다. 수동적으로 움직이는 것이 아니라 스스로 판단해 능동적으로 경기에 참여할 수 있도록 타자가 주자가 되는 환경을 만듭니다. 주자가 돼야 진정으로 경기에 참여할 수 있습니다. 루에서 긴장감을 갖고 뛸 준비를 해 결국 홈으로 최선으로 다해 뛰도록 합니다. 야구는 발로 하는 스포츠입니다.

(5) 피칭 플레이트(판)을 제작하셨다면 그 판의 면에 야구 관련 그림을 넣어도 좋습니다. 판을 2개 정도 제작해 수비수들이 원하는 것으로 세팅하고 피칭할 수 있도록 하거나 자신들이 원하는 판을 제작해올 수 있도록 하는 것도 좋은 수업 운영 방법이 될 수 있습니다.

(6) 투수를 상대편이 아닌 자기네 편이 해주는 방법도 좋습니다. 일단 자기 편은 공을 아주 잘 줍니다. 수비수들은 수비만 하면 됩니다. 참 재미있겠죠? 많은 학생이 수업에 참여할 수 있는 방법입니다.

좋았던 Point

가장 큰 변화는 학생들의 반응이었습니다. 투수가 없는 티볼 수업에서 학생들이 느끼던 지루함과 한계는 플레이트 야구의 도입으로 개선되기 시작했습니다. 투수는 피칭을 하고, 타자는 날아오는 공을 치면서 새로운 종목에 흥미를 느끼며 수업의 즐거움을 찾기 시작했습니다. "선생님! 날아오는 공을 치는 기분이 정말 좋아요!"라고 말하는 학생들의 반응에서 새로운 시도의 성공 가능성을 예측할 수 있었습니다. 최근 프로 야구 경기를 보면 예전에 비해 점수가 많이 나는 것을 확인할 수 있죠. 이는 야구 흐름의 변화를 보여주는 것이라 할 수 있습니다. 그래서 팬들이 더 재미있어 하는 것 같습니다. 기존의 야구가 투수 중심의 수비형 구조였다면, 최근에는 공격적으로 득점을 많이 유도하는 형태의 야구로 변모하고 있습니다. 롤링 티볼도 해보고, 티볼도 해봤지만 플레이트 야구가 제일 반응이 좋았습니다. 일단 고객이 좋아하니 그 메뉴를 준비할 수 밖에요. 날아오는 공을 타격하는 쾌감을 맛보면 야구의 재미를 더 크게 느끼게 될 것이라 확신합니다. 동전 500원짜리를 넣고 알루미늄 배트로 무섭게 날아오는 야구공을 힘차게 스윙해봅니다. 공과 배트가 만나는 순간의 소리로 알 수 있는 타격감은 경험해보지 못한 사람은 결코 알 수 없는 감정일 것입니다.

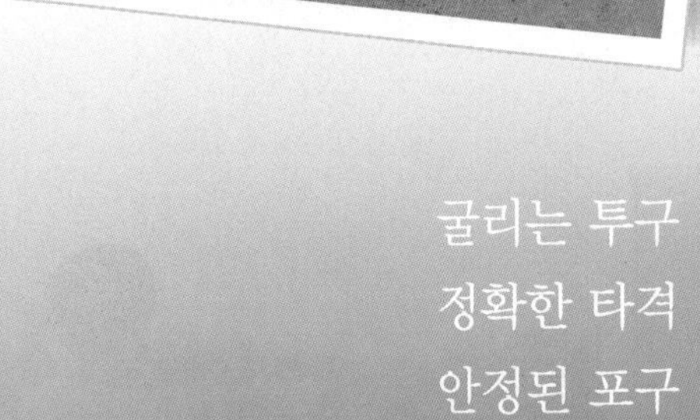

굴리는 투구
정확한 타격
안정된 포구
누구나 즐기는 야구!

생각의 전환
실천의 미학
야구의 변화

MENU
실력 다지기 굴리는 플레이트 야구의 기능 연습
준비하기
• Intro
• 마음열기
• 학습 목표
실력 다지기
1. 플레이트 야구의 이해
2. 굴리는 플레이트 야구의 기능 연습
3. 플레이트 야구의 심판법
• 선생님, 궁금해요!
마무리하기
• 학습 퀴즈!
• 학습 정리!
플레이트 롤링
혼자보다 모두를 위한 팀플 야구
피칭플레이트에 닿은 후 공이 뜸
공을 어느 지점에 도착하게 하느냐 하는 놀이
러닝맵
00:15 / 00:52
x1.0
02 / 04

농구가 아닌, 농구로 가르치는 '주제 중심 농구'

이것을 Why

어느날 체육관에서 농구 종목을 가르치고 있었습니다. 체육관의 반대쪽에서는 농구 선수 출신의 스포츠 강사 선생님이 농구 수업을 진행하고 있었습니다. 수업 도중 학생들은 저에게 주는 시선보다는 농구 강사에게 주는 시선이 더 많았습니다. 저의 시선도 자꾸만 그쪽을 향하고 있었습니다. 스포츠 강사와 저의 농구 수업이 표면적으로 큰 차이가 나지는 않았습니다. 사실 스포츠 강사의 농구 수업이 기능적 측면에서는 저보다도 훨씬 세밀하고 전술과 전략적으로도 깊이가 있었습니다. 저는 차시별로 다양한 슈팅과 패스를 연습하고 여러 가지 드리블 게임을 진행했고 결국 수행평가까지 완료했습니다. 이렇게 두 달 정도 농구 수업을 진행했는데 공교롭게도 같은 시간에 스포츠 강사의 농구 수업도 종료됐습니다.

이를 계기로 스포츠 강사와 저의 농구 수업의 차이가 무엇인지 생각해봤습니다. 우선 체육 교육의 목표와 스포츠 시간의 수업 목표 차이가 무엇인지 고민했습니다. 체육 교육의 목표는 전인적 성장을 기반으로 둔 '삶의 질 향상'이고, 스포츠 수업의 목표는 '종목을 통한 건강한 전인적 성장'입니다. 사실 크게 차이가 있어 보이지 않습니다. 하지만 스포츠 수업 시간에는 특정 종목을 가르치고, 체육 시간에는 다양한 종목을 가르칩니다. 또한 스포츠 강사는 '강사', 체육 교사는 '교사'라는 명칭을 사용합니다. 강사와 교사의 차이는 무엇인지 궁금했습니다. 분명 강의와 교육에는 차이가 있을 것입니다. 강사가 할 수 있는 부분이 있고, 교사가 할 수 있는 부분이 있습니다.

한참 고민한 끝에 수업 내용을 재구성해보기로 했습니다. '농구 수업 때 다른 뭔가를 가르쳐 보자.'라고 결심한 후 다른 뭔가에는 어떤 것들이 있는지 생각해봤습니다. 농구를 통해 가르칠 수 있는 것과 다른 주제들을 활용해 농구를 가르칠 수 있는 것을 융합해보니 '농구를 가르치지 말고 농구로 가르치자!'라는 결론에 도달했습니다. 즉, 농구를 통해 생각을 바꿔보고 구상해보는 시간을 갖도록 하며, 자신의 진로와 살아가는 데 필요한 역량에 대해 공부하는 시간을 갖도록 수업 내용을 재구성했습니다. 이렇게 진행하기 위해서는 종목 중심의 수업을 할 수 없었습니다. 커다란 주제가 필요했고, 큰 주제 아래 세부 소주제들이 있어야 했습니다. 종목이 아닌 주제 중심으로 수업을 바꿔야 했고, 커다란 도구로는 '농구'를 활용했습니다. 농구로 다양한 주제 중심의 수업을 바꾸고 나서야 농구뿐 아니라 모든 종목에 적용할 수 있다는 것을 깨달았습니다.

준비는 Simple

(1) 커피숍에서의 시간 투자

(2) 다양한 아이디어와 주제 선택

무엇을 How

수업을 진행하기 전에 많은 시간을 투자해야 합니다. 1년 중 어떤 종목을 가르칠 것인지 결정했다면 그 종목에 해당하는 주제를 정하는 것에 상당한 시간을 투자해야 합니다. 농구를 어떠한 주제로 가르칠 것인지 고민하고, 이러한 수업이 어떤 의미가 있는지 확인해야 합니다. 가장 먼저 주제에 적용할 수 있는 아이템이 필요했습니다. 수업에 적용한 아이템은 다음과 같습니다.

춤, 사진, 만화, 신문, 숫자, 이야기, 놀이, 영화, 애플리케이션, 게임, 과학, 기록, 직업, 명언, 우수 선수, 기록, 역사 등

위에 나열한 아이템을 통해 농구를 가르치거나 농구를 주제로 학생들이 성장할 수 있는 내용으로 구성해봤습니다. 가장 먼저 동기 유발이 필요했습니다. 특히, 농구를 소개할 때 여학생들은 이야기에 집중하고, 남학생들은 화려한 영상에 집중을 더하는 것을 느꼈습니다. 그래서 여학생에게는 청각적인 수업, 남학생에게는 시각적인 수업을 활용해 주제를 정했습니다. 하지만 남학생과 여학생의 일반적인 특징과는 상관없이 한 반 학생들의 환경과 신체 기능은 너무나 달랐습니다. 이대로 기능 위주의 수업을 진행한다면 잘하는 사람은 재미없고, 못 하는 사람은 흥미를 잃을 것이 뻔했습니다. 가장 좋은 결론은 수업의 대상을 다양하게 구성해 오늘은 너를 위한 수업, 내일은 모두를 위한 수업, 다음날은 농구를 좋아하는 학생들을 위한 수업, 그다음은 농구를 싫어하는 이들을 위한 수업으로 주제를 정했습니다.

제가 만든 주제 중심의 농구 수업 사례는 다음과 같습니다. 농구 수업을 통해 가르치는 큰 주제는 '농구를 통해 생각을 바꾸고 구상하며 인생을 공부한다.'입니다. 차시별 소주제의 아이템을 정해 진행합니다.

(1) 이야기로 만나는 농구

수업을 농구와 관련된 이야기를 중심으로 진행했습니다. 선생님이 농구를 처음 시작한 계기,

우수 선수의 이야기, 농구 영화의 내용, 농구 게임의 캐릭터 설명, 생활 체육 이야기 등을 기승전결에 맞춰 이야기했습니다. 처음에는 이야기로 수업하는 것이 어색했습니다. 하지만 10개 반을 모두 들어가면서 재미있는 부분은 더하고, 재미없거나 흥미 없는 이야기는 줄이면서 40여 분의 수업을 구성했습니다. 세상에는 농구와 관련해 들려줄 이야기들이 너무나 많다는 것을 새삼 느꼈습니다. 말하기 기술의 역량은 반복할수록 높아집니다. 저만의 스토리텔링은 점차 발전해 단어에 감정을 싣게 됐습니다. 제가 생각하는 최고의 스토리텔링은 이야기에 감정을 더하는 것입니다.

(2) 과거를 통해 배우는 농구

(출처: https://youtu.be/YY6glioNGpU, 학교체육진흥회)

농구공의 크기와 재질은 계속 변하고 있습니다. 농구화 또한 과학의 발달에 따라 진화를 거듭하고 있습니다. 가격도 비쌉니다. 이러한 농구를 누가 어떠한 이유로 만들었으며, 농구의 규칙이 어떻게 변화했는지 과거의 역사를 통해 배우는 것은 매우 의미 있는 수업 주제입니다. 그 예로는 "농구를 처음 만들었던 사람은 누구일까?", "왜 농구를 만들었을까?", "어느 나라 사람이 만들었을까?", "처음에는 규칙은 어떻게 적용했을까?" 등을 들 수 있습니다. 한 문제 풀어보겠습니다.

농구를 처음 만든 사람의 출신국과 이름은 무엇일까요? 정답은 '캐나다 출신의 네이스미스'입니다. 보통은 미국 사람으로 알고 있지만, 추운 지방에 살던 체육 지도자인 네이스미스가 하필이면 미국으로 건너가서도 추운 곳에 있게 됐고, 날씨와 상관없이 할 수 있는 실내 스포츠를 고민해 공을 복숭아 바구니에 넣는 초창기의 농구를 개발하게 됐습니다. 결국 날씨를 고민해 만든 것이 바로 농구의 역사입니다.

(3) 춤으로 배우는 농구

농구의 기능을 익히기 위해서는 농구공이 있어야 하지만, 농구공을 처음 접하는 학생들은 농구공이 너무 크고 무섭다고 느낍니다. 농구 수업을 하다 보면 손가락을 다치는 학생들이 많다는 것을 눈으로 확인할 수 있습니다. 따라서 농구공을 사용하지 않고 농구에 필요한 기능을 박자에 맞춰 가르치면 어떨까를 고민했고, 그 효과는 엄청났습니다. 농구의 스텝과 동작을 반복적으로 춤을 통해 연습을 하다 보면 실제 경기에도 적용돼 자신도 모르게 춤으로 배운 동작으로 농구를 하는 모습을 보게 될 것입니다. 농구 경기를 심판하는 방법도 춤을 통해 배울 수 있습니다. 농구의 다양한 심판 시그널을 안무 동작으로 활용해 준비 체조로 만든 후에 수업을 진행하면 심판법을 자연스럽게 익힐 수 있습니다. 농구의 기초 기능을 리듬과 박자에 맞춰 연습했습니다. 수업의 이름은 '리듬 바스켓 트레이닝'으로 정했습니다. 드리블, 패스, 슛, 풋워크 동작을 네 박자에 맞춰 구상하고 이를 음악에 맞춰 연습했습니다. '리듬 바스켓 트레이닝'은 다양한 레벨로 구분해 원격 수업 상황에서 실시할 수 있도록 좁은 공간에서 할 수 있는 1인 농구 기술입니다. 층간 소음의 문제 때문에 학교에서 고무공을 학습 도구로 구입해 학생들에게 배포했고, 코로나19의 힘든 상황에서도 컴퓨터 앞에서 영상만 보는 것이 아닌 실기 중심의 체육 수업을 진행할 수 있었습니다.

(4) 만화로 배우는 농구

〈슬램덩크〉라는 만화는 농구의 교과서라고 할 수 있을 정도로 대단한 작품입니다. 엄청난 판매 기록을 보유하고 있는 베스트셀러 중 하나이기도 합니다. 저희 학교에서는 학교의 도서관에서 구입해 수업에 활용하고 있습니다.

수업 시간에 만화의 캐릭터를 설명하면서 캐릭터가 갖고 있는 특성과 성격 그리고 농구 포지션에 대해 설명합니다. 이후 학생들에게 자신에게 맞는 포지션을 정하도록 합니다. 포지션에 맞는 신체 기능은 무엇이며, 어떠한 연습을 해야 하는지 알려주고 포지션별 모둠을 구성해 연습을 달리 진행합니다. '농구 신문 만들기'는 종목의 도입 부분에 실시해도 좋고, 갑작스럽게 교실 수업을 실시해야 하는 상황에 해도 좋으며, 수행평가를 마치고 난 후에 실시해도 훌륭한 수업을 할 수 있습니다.

(5) 사진으로 배우는 농구

사진은 순간적인 모습을 정확하게 볼 수 있는 시각적인 수업 자료입니다. 인터넷에는 엄청난 양의 사진이 있습니다. 따라서 사전에 선별하는 작업이 필요합니다. 사용할 만한 사진들을 선별해 사진을 보여주면서 해줘야 할 이야기를 시작합니다. 선수, 포지션, 농구 기능, 동작의 자세, 경기 규칙 등을 사진을 통해 배워봅니다.

(6) 신문을 통해 배우는 농구

신문은 종합 선물 세트와 같습니다. 짧은 시간 동안 다양한 것들을 종합적으로 다룰 수 있습니다. 학교 교무실의 이면지를 모아 학생들에게 배포하고 농구 신문을 제작하도록 합니다. 농구 경기장 그리기, 가장 좋아하는 기술의 설명을 교과서 보고 설명하기, 농구공 또는 농구화 광고하기, 4컷 농구 웹툰 만들기, 만나고 싶은 농구 선수에게 가상의 인터뷰 글쓰기 등과 같은 주제를 주고 1차시(또는 2차시) 동안 수업을 진행합니다.

(7) 숫자로 알아보는 농구

대부분의 경기 규칙은 숫자와 관련이 있습니다. 모둠별로 숫자를 정해 해당하는 숫자와 관련된 경기 용어, 경기 규칙 등을 이야기하고 집단지성의 힘으로 다양한 정보를 모아 다른 모둠과 공유하도록 했습니다.

숫자로 알아보는 농구 세상	① 공은 1개다. ② 2번 포지션을 '슈팅가드'라고 한다. ③ 공을 들고 3보 이상 걸으면 '트래블링'이다. ④ 3점 슛에 보너스 1점을 더해 4점을 넣었다. ⑤ 파울 5개면 퇴장이다. ⑥ 농구팀에는 6(식스맨)의 역할이 중요하다.

(8) 기록으로 배우는 농구

농구와 관련된 다양한 기록으로도 농구를 이해할 수 있습니다. 역대의 다양한 기록들을 안내하면서 기록에 해당하는 것이 무엇인지 알아보고, 기록을 달성한 선수들에 대한 이야기를 통해 농구에 대해 구체적으로 알아봅니다.

역대 기록을 통한 농구 이해	① 역대 최다 출전 기록 선수 ② 역대 어시스트 기록 ③ 역대 최연소 기록 ④ 역대 최다 MVP 기록 ⑤ 역대 한 경기 최다 득점 보유 선수

종목 중심의 수업은 학교 현장에서 한계가 있습니다. 환경과 수준의 차이가 있으며 특정 종목을 이해하는 역량에도 차이가 있습니다. 농구를 이야기, 과거, 기록, 춤, 숫자, 신문, 만화 등을 주제로 수업하면 좀 더 의미 있고 즐거운 수업이 될 것이라 생각합니다.

좋았던 Point

기록, 사진, 숫자, 역사, 명언, 직업, 건물, 규칙, 소리, 음악, 이야기 등 여러 가지 아이템의 주제는 창의적인 수업을 하는 데 많은 도움이 됩니다. 훌륭한 요리사의 주 재료가 소금, 후추, 설탕 등이라고 한다면, 저의 주 재료는 사진, 춤, 역사, 명언, 소리, 이야기 등입니다.

실제로 見견물생심

차시	핵심 아이템을 활용한 타이틀	핵심 주제	세부 내용
1	'이야기'로 만나는 농구 – 농구는 신장으로 하는 것이 아니라, 심장으로 하는 것 –	창의적인 '동기 유발'	유명 선수, 드라마, 만화, 게임, 영화, 평가 방법, 생활 체육 이야기
	농구! 나는 너의 '과거'를 알고 있다.	역사 및 경기 방법	농구의 탄생, 농구 룰의 변천사
2	'춤'으로 배우는 농구	심판법	심판법 및 창의적인 수업 지도 방법
3	'난타'로 배우는 농구	기초 기능 (1) 드리블, 패스, 캐치, 페인팅	리듬감 및 박자, 탬포를 통한 드리블 기능 익히기
4	'사진'으로 배우는 농구	기초 기능 (2) 슛, 블록, 리바운드, 풋워크	사진을 통해 배우는 다양한 슛 (점프슛, 레이업슛, 덩크슛 등) 외 농구 기능 익히기
5	'과제물'로 경험하는 농구	다양한 농구 체험 방법	우수 선수, 농구 경기, 농구 영화, 농구 CF, 농구 드라마, 농구 게임을 통한 농구 문화 체험
	'만화'로 배우는 농구	포지션의 이해	만화 캐릭터로 배우는 농구 포지션의 역할
	'Point' basket	경기 전술(공격 및 수비)	위치로 배우는 농구 공격 및 방어 전술
6	'니(NIE)'가 농구를 알아?	농구 용어(신문 활용 교육)	신문을 활용해 농구 용어 익히기

7	'숫자'만 알아도 참 쉬운 농구 세상	경기 규칙 (1)	숫자로 배우는 농구 경기 규칙
	넘어야 할, 넘지 말아야 할 농구장의 '선'	경기 규칙 (2)	농구 경기장의 선을 이용해 배우는 농구 경기 규칙
8	가족과 함께 '놀이'로 즐기는 농구	재미있게 농구 즐기기	다양한 놀이 및 게임을 통해 농구 기능 익히기
9	출발~ 농구 「영화」 여행	스포츠 열정	농구 관련 영화로 배우는 농구 문화 체험
	이젠, 놀토를 '뛸토'로	학교 스포츠 클럽 운영 방법	체육 대회, 방과 후 학교 모집, 심판, 여학생들의 경기 방법, 내부 결재
	농구, '애플리케이션'으로 만나다.	흥미 유발	스마트폰을 활용한 농구 문화 접근
10	'온라인 게임'만으로도 농구가 쉬워진다.	온라인 게임의 교육적 활용 (freestyle)	온라인 게임을 통한 농구 이해
11	'남녀 혼성 학급' 농구에 빠져들다.	다양한 수업 운영 방법	학교 현장 적용을 위한 초, 중, 고 남녀 혼성 학급 농구 수업 운영 방법
12	농구로 '체력왕' 되기	연습 방법	농구 수업으로 체력을 향상시키는 방법
13	농구에 숨어 있는 '과학'의 재발견	스포츠 과학 (탄성, 회전, 충격력)	농구에서 알 수 있는 과학적 원리 이해
14	'기록'의 스포츠 농구	기록지 작성법 및 스코어보드 작동법	농구 경기 기록지 및 스코어보드 작동법으로 농구 안목 키우기
15	농구 경기와 '직업'의 세계	진로 교육	농구장 안의 다양한 직업 탐색
16	'생활 체육 농구'에 발 담그기	동아리 활동	동아리 활동 가입 및 활동 방법, 대회 운영 방법
17	인기 최강 '프로 농구단'	프로 스포츠의 이해	우리나라 프로 농구단 소개
	'농구 명언'으로 인성 교육하기	인성 교육	에티켓 및 스포츠 정신 함양
18	'도전' A+	평가 방법	평가 방법의 변화로 수업의 질 향상

세상 사는 법을 알려주는 농구

농구 규칙을 통해 학교 폭력 예방하기

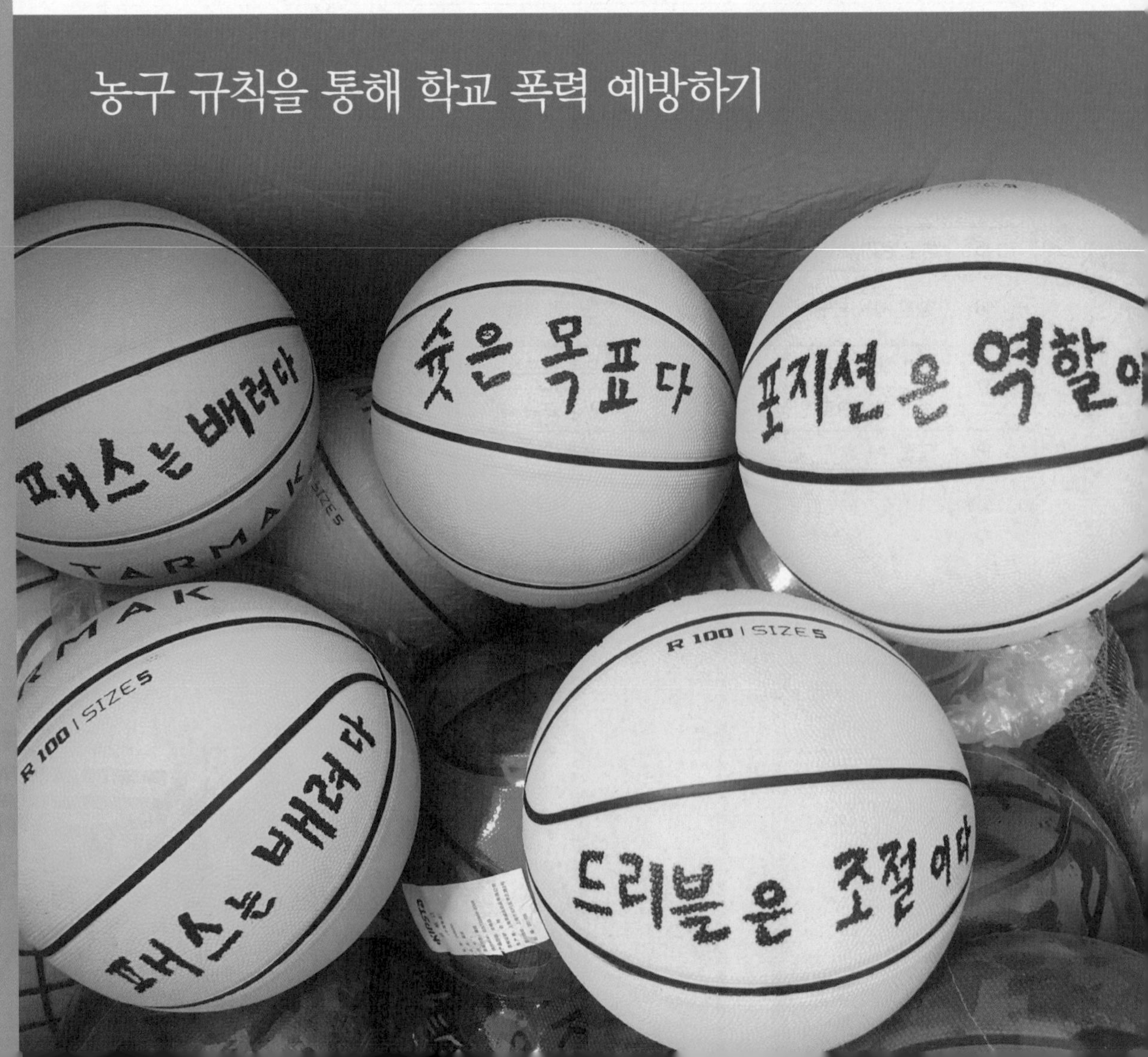

이것을 Why

학교에는 농구를 잘하는 학생들이 있습니다. 농구 때문에 학교를 오는 것인지 의문이 들 정도로 아침 일찍부터 농구장으로 향합니다. 1시간 동안 농구를 하다가 땀도 닦지 못한 채 교실로 들어갑니다. 운동량이 부족했는지 1교시 쉬는 시간에 다시 농구장으로 달려갑니다. 점심시간은 농구를 할 수 있는 절호의 기회입니다. 밥을 2~3분 안에 먹고 체육관으로 뛰어가 농구를 합니다.

농구뿐 아니라 특정 종목에 미쳐 학교 생활을 하는 학생들이 있습니다. 가까이 다가가 여러 가지 기능과 전술에 대해 설명해주고 싶은 학생입니다. 문제는 이러한 학생들 중 대부분이 학교생활에 열중하기보다 농구만 생각한다는 것입니다. 운동을 열심히 하라고 했지, 운동만 하라고 하지는 않았습니다. 이처럼 하나는 알고 둘은 모르는 학생들이 많습니다. 이렇게 운동에만 몰두한 학생 중 소수는 감정을 조절하지 못해 사고를 칩니다. 특히, 신체 접촉이 많은 경기를 하다 싸움으로 번져 폭력을 행사하는 경우가 발생합니다. 과도한 승부욕을 갖고 있는 학생은 경기에 질 경우, 불편한 감정을 갖고 수업을 듣기도 합니다. 그러다 감정이 폭발해 죄 없는 창문 또는 교실의 문을 박살내기도 합니다. 인권부(일명 학생부) 업무를 맡다 보면 매년 행사처럼 있는 일입니다.

유리창을 깬 학생은 학생생활교육위원회(구 선도위원회)에 회부돼 교내 봉사 또는 사회 봉사, 심할 경우 특별 교육이나 출석 정지 등을 받습니다. 경기 중 흥분을 가라앉히지 못해 결국 사람을 때린 학생은 학교 폭력 전담 기구의 조사를 받습니다. 서로 이해하고 화해하면 문제가 없지만, 간혹 이빨이 부러지거나 눈을 다치는 경우나 병원에 가서 진료를 받아야 하는 경우가 발생합니다. 이러한 학생은 결국 학교 폭력 관련 위원회(심의위원회)의 회의를 통해 교내 봉사, 사회 봉사, 특별 교육, 출석 정지 등과 같은 처벌을 받습니다. 운동을 잘하는 학생이 종종 문제를 일으켜 선도 또는 학교 폭력 관련 회의에 회부된 일화를 소개합니다.

부모님, ○○○학생의 농구 실력을 아시나요? 우리 학교에서 농구를 가장 잘하는 학생입니다. 이 정도 실력이면 선수 제의도 받을 수 있습니다. 저는 체육 교사입니다. 따라서 이 학생에게 관심이 많습니다. 간혹 잘못하는 부분이 있어 여러 번 지도하기도 했습니다. 농구를 잘하는 것은 좋지만 몇 가지 문제가 있습니다.

첫째, 수업 시간에 항상 늦게 들어갑니다. 쉬는 시간이 아까운지 종이 치기 전에 교실에 들어가 다음 수업 준비를 해야 할 시간에 농구를 합니다. 가끔은 종이 친 후에도 농구를 더 하다가 교실에 들어가는 경우도 많이 봤습니다. 더 큰 문제는 바로 교실에 들어가지 않는다는 것입니다. 화장실에서 볼일을 보고 세수도 하고 들어갑니다. 지난번에는 늦게 들어가다 저를 마주치자 보건실 쪽으로 향하기에 어디 가느냐고 물어보니 농구를 하다 발목을 다쳤다고 했습니다. 많이 아프냐고 물었더니 도저히 참을 수 없을 정도로 아프다고 대답했습니다. "그렇게 아픈데 보건실에 전력 달리기로 뛰어가니?"라고 말했더니 멋쩍은 웃음으로 교실로 뛰어들어갔습니다.

중학교 수업 시간은 45분인데, ○○○학생에게는 40분입니다. 매 시간마다 5분씩 늦기 때문입니다. 농구를 진정으로 잘하는 법을 잘 모르고 있는 것 같습니다. 농구에는 시간과 관련된 규칙이 있습니다. 농구 코트의 어느 지역에서는 공을 들고 3초 이상 서 있으면 안 됩니다. 공격권이 주어지고 8초 이내에 상대편 코트로 넘어가야 합니다. 아무리 드리블 실력이 뛰어나 공을 빼앗기지 않는다 하더라도 24초 이내에는 무조건 슛을 해야 합니다. 이렇게 시간과 관련해 까다로운 것이 농구입니다. 하지만 ○○○학생은 시간을 지키지 않습니다. 이는 농구를 제대로 아는 것이 아닙니다.

이번 일로 선도 조치를 받게 됩니다. 그래도 학교는 다행입니다. 농구는 파울 5개를 하면 퇴장당합니다. 경기를 하지 못합니다. ○○○학생이 이번 일로 학교에서 퇴장당하지는 않을 것입니다.

그리고 농구에는 좁은 경기장에 심판이 3명이나 있습니다. 그리고 심판의 판정에 잘 따라야 합니다. 학교에는 선생님들이 심판의 역할을 하기도 합니다. 하지만 ○○○학생은 심판의 말을 잘 듣지 않습니다.

이번 일로 다시는 이와 같은 회의에서 만나지 않기 위해 ○○○학생, 부모님 그리고 선생님들이 다시 한번 노력했으면 합니다. 그리고 ○○○학생이 진정으로 농구를 잘하는 학생이 됐으면 좋겠습니다.

스포츠는 사회와 너무나도 비슷한 규칙을 적용하고 있습니다. 특히, 농구는 더욱 그렇습니다. 배구는 네트를 치고 넘지 못하는 선을 만들어 A, B팀이 경기 도중 한 번도 신체 접촉을 하지 않고 경기를 합니다. 그래서인지 배구는 경기 도중 잘 싸우지 않습니다. 배드민턴 경기 중에도 흥분한 선수들끼리 싸우는 경우는 거의 없습니다. 넓은 공간에서 A, B팀이 서로 뒤엉켜 경쟁하는 농구나 축구는 경기 중 자주 다툼이 있고, 이로 인해 상처를 주고받는 경우가 있습니다. 이는 마치 학교 또는 사회와 흡사합니다. 이러한 이유로 체육 교사인 저는 농구라는 종목의 규칙을 통해 학교 생활에 필요한 규칙과 사회에 나가서 지켜야 할 것들에 대해 설명합니다.

준비는 Simple

(1) 농구의 바이얼레이션과 파울을 구분할 수 있는 능력

(2) 하생생활교유위원회(구 선도위원회)의 선도 처분을 받을 수 있는 상황과 하교 폭력에 이해 선도 처분을 받는 경우를 구분할 수 있는 능력

무엇을 How

농구의 규칙은 크게 바이얼레이션과 파울로 나눕니다. 바이얼레이션은 개인의 실력 미숙이나 실수라고 설명하고, 파울은 상대에게 피해를 준 행위라고 설명합니다. 바이얼레이션과 파울은 다음과 같이 구분합니다.

바이얼레이션: 개인의 실력 미숙으로 인한 실수 및 잘못 등의 규칙 위반(하지 말라고 정해준 규칙을 지키지 못한 것)

- **트래블링** 3보 이상 걸었을 경우
- **더블 드리블** 드리블한 공을 다시 드리블한 경우
- **키킹** 공을 발로 찼을 경우
- **하프라인** 하프라인을 넘어간 공이 다시 자기편 코트로 뒤돌아간 경우
- **라인 크로스** 경기장 라인을 밟았을 경우
- **시간 관련 바이얼레이션** 3초 룰, 5초 룰, 8초 룰, 24초 룰

파울 : 신체적 접촉 또는 스포츠맨 정신에 위반되는 행동으로 상대에게 상처를 준 반칙

- **퍼스널 파울(P 파울)** 상대 팀 선수에게 규정 이외의 부당한 신체 접촉으로 주어지는 파울(5개면 5반칙) – 푸싱, 홀딩, 블로킹, 하킹, 차징
- **테크니컬 파울(T 파울)** 신체적 접촉은 없지만, 스포츠맨 정신과 페어플레이 정신에 위반되는 행동을 했을 경우(프리스로 1개와 공격권)
- **언스포츠맨 라이크 파울(U 파울)** 과격한 신체 접촉 등 스포츠맨 정신에 위반되는 행동을 했을 경우 또는 속공 상황에서 속공을 저지하기 위해 공격자에게 부당한 신체 접촉을 했을 경우(프리스로 2개와 공격권)
- **팀 파울** 쿼터당 한 팀의 반칙이 4개 이상부터 프리스로 2개가 주어짐(5개부터 팀 파울).

바이얼레이션		파울	
개인의 실력 미숙	• 더블 드리블 • 트래블링 • 키킹	**P 파울(퍼스널 파울)**	푸싱, 하킹, 홀딩, 블로킹
시간과 관련한 미숙	3초 룰, 5초 룰, 8초 룰, 24초 룰	**T 파울(테크니컬 파울)**	신체 접촉 없이 상대에게 피해를 준 전문적인 파울
지켜야 할 선과 관련한 미숙	• 라인크로스 • 하프라인	**U 파울(언스포츠맨 라이크 파울)**	스포츠맨으로서 어긋난 행동을 한 P와 T를 합친 파울

농구의 규칙 중 바이얼레이션은 더블 드리블, 트래블링, 키킹 등 개인의 실력 미숙으로 인한 반칙이 있고, 3초, 5초, 8초, 24초 등의 시간과 관련된 반칙이 있습니다. 또한 라인크로스와 하프라인 등 선과 관련한 반칙이 있습니다. 파울은 P 파울(퍼스널 파울), T 파울(테크니컬 파울), U 파울(언스포츠맨 라이크 파울) 등 크게 세 가지로 구분할 수 있습니다. P 파울은 개인 대 개인의 파울로, 특정 사람의 신체적 접촉에 따른 반칙 또는 스포츠맨으로서 어긋난 파울입니다. T 파울은 신체적 접촉 없이 반칙한 기술적이고 전문적인 파울입니다. 예를 들어 욕설을 하거나 흥분해 공을 바닥에 던진 경우, 심판에게 심하게 항의한 경우 등을 들 수 있습니다. P 파울보다 T 파울이 강도가 더 심합니다. 간혹 학생들이 "P 파울보다 T 파울이 더 심한 파울인가요?"라고 질문합

니다. "P 파울은 반칙을 당한 1명이 상처를 받지만, T 파울은 여러 명이 욕설을 듣게 되고, 상처를 받는 사람이 한 사람이 아닌 다수가 되기 때문에 더 심한 파울입니다. 심판에게 불손하게 행동하는 것은 나쁜 행위이기 때문에 농구에서는 P 파울보다 T 파울을 엄격하게 적용합니다."라고 설명합니다. U 파울은 파울 중에서도 가장 나쁜 파울입니다. P 파울과 T 파울을 합친 파울이라고도 설명합니다. 비록 T 파울은 신체적 접촉이 없는 행위임에도 불구하고 더 나쁜 행위라고 하는데, U 파울은 T 파울과 같은 행위에 신체적 접촉까지 있는 나쁜 파울이라고 설명합니다.

바이얼레이션은 개인의 실수 또는 미숙과 관련된 잘못된 행위를 말합니다. 따라서 상대편에게 공격권을 주는 조치를 받게 됩니다. 바이얼레이션을 범한 선수가 속한 팀은 매우 불리해집니다. 이는 학교의 학생생활교육위원회(구 선도위원회)와 매우 비슷합니다. 학생이 잘못을 저지르면 선도 조치를 받게 됩니다. 특이한 점은 선도 조치를 여러 번 받는다고 하더라도 학교는 계속 다닐 수 있다는 것입니다. 학생의 잘못은 행동의 미숙으로 인한 것이고 노력하면 충분히 개선될 수 있기 때문입니다.

파울은 바이얼레이션과 같은 잘못된 행위이지만 바이얼레이션은 상대편에게 피해를 주거나 가해한 행위가 없는 잘못입니다. 즉, 파울은 신체의 접촉 여부를 불문하고 가해하는 행위가 있고 그로 인해 상대는 상처를 받게 됩니다. 이러한 행위는 분명 학교 폭력과 비슷합니다. 학교 폭력으로 인한 선도 조치로는 중학교의 경우 강제 전학 조치를 들 수 있습니다. 또한 고등학교의 경우에는 퇴학까지 가능합니다. 파울은 횟수에도 제한이 있습니다. 바이얼레이션은 100번 잘못해도 결국에는 상대편에게 공격권을 주어 상대편이 유리해지면 그만이지만, 파울은 누가 어떻게, 어떤 파울을 했는지 기록해 5번을 했다면 5반칙 퇴장을 부여합니다. 더 나아가 한 팀의 개인 파울 개수를 기록해 선수의 개인 파울 수가 5개가 되면 팀 파울을 적용합니다. 팀 파울이 된다면 다른 선수가 파울을 범해도 팀 파울이 적용돼 제약을 받게 됩니다.

농구에는 센터 라인, 사이드 라인, 엔드 라인, 포스트 라인, 3점 라인 등과 같이 다양한 선이 존재합니다. 이러한 '선(라인)'의 종류마다 규칙이 적용되기 때문에 농구에 참여하는 선수들은 해당 라인에 적용되는 룰을 잘 지키면서 경기를 해야 합니다.

농구는 세상을 살아가는 법과 가장 비슷한 스포츠라 생각합니다. 최초 점프볼로 시작해 능력이 뛰어난 자가 공을 소유하고, 제한된 시간을 지켜야 하고, 규칙을 지켜야 하고, 잘못된 행위를 하면 제재를 받게 됩니다. 학교 생활과 사회 생활 모두 이와 마찬가지입니다. 해도 될 행동이 있고 하지 말아야 할 행동이 있습니다. 시간 약속은 신용이며, 학교 및 사회 생활에서 매우 중요한 요소입니다. 또한 누구에게도 폭력을 행사해서는 안 되며, 만약 폭력을 행사했다면 그에 대한 조치를 받게 됩니다. 농구를 통해 살아가는 법과 선의의 올바른 경쟁을 배웠으면 합니다.

좋았던 Point

체육 시간에 배우는 것들이 단순히 경기를 잘하는 것만이 아니라는 것을 깨닫게 됐습니다. 농구를 통해 살아가는 것을 배울 수 있다고 하는데 이게 어찌 안 좋을 수 있을까요? 이것이 농구를 가르치는 이유라 할 수 있습니다.

실제로 見견물생심

농구로 살아가는 법

농구는 사회에 필요한 룰을 적용한 규칙을 만들었다!
학교에 선도와 학폭이 있다면, 농구에는 바이얼레이션과 파울이 있다.

■ **학생생활교육위원회**(구 선도위원회) 선도 규정에 어긋난 학생에 대한 선도 조치가 이뤄짐.	■ **바이얼레이션** 선도 규정과 같이 농구 경기 중 기본적인 규정과 규칙을 위반한 경우, 조치가 이뤄짐.
■ **학교폭력심의위원회**(구 학교폭력대책자치위원회) 학교폭력과 관련해 가해 학생 및 피해 학생에 대한 조치가 이뤄짐.	■ **파울** 학교폭력과 같이 농구 경기 중 바이얼레이션 이외의 상대에 가해가 주어지는 반칙일 경우, 조치가 이뤄짐.

나의 농구
HA HA HA
인생농구
인생 농구
“농구로 배우는 인생”
GOAL

점, 선, 면으로 배우는 농구

이것을 Why

교실에서 학생들이 책상에 앉아 수업하는 것과는 정반대로 운동장이나 체육관에 나오면 '멘탈 붕괴'를 경험하게 됩니다. 야외에서 학생들이 자신이 어디에 있어야 하는지를 아는 것은 매우 어렵습니다. 교실에서는 자신의 자리가 있고 앉아 있을 수 있는 의자가 있기 때문에 따로 지도하지 않아도 수업을 할 수 있습니다. 모둠 편성을 하더라도 정해져 있는 위치에 있으면 되기 때문에 수업이 수월하게 진행되지만, 드넓은 운동장이나 체육관 등 야외에 나가는 순간, 학생들은 외부에 나와 있는 것만으로도 흥분하게 됩니다. 마음이 들뜬 상태이고 자신의 위치도 정해져 있지 않기 때문에 큰소리로 집합시키다 한 시간이 흐르게 될 것입니다. 학생들은 어디에 서야 할지, 어디가 중요한 곳인지 정확한 지점을 모르고 있습니다. 따라서 위치의 점을 정하고 그 점의 이름을 부여해 수업을 진행하면 수업이 수월해집니다. 예를 들어 "저쪽으로 이동합시다."가 아닌 사전에 정한 "A 지점으로 이동합시다."라고 해야 합니다.

학교의 체육관을 세밀하게 관찰해보면 깨닫게 됩니다. 배드민턴 라인, 배구 라인, 농구 라인, 핸드볼 라인 등 체육관 바닥에 엄청나게 많은 종류의 라인들이 그려져 있습니다. 이렇게 정신없이 그려져 있는 라인은 색으로 선을 구분하고 있지만, 그 종류가 너무 많아 오히려 더욱 헷갈립니다. 스포츠 종목에서 라인은 매우 중요한 의미를 갖고 있습니다. 이 라인에 따라 득점이 결정되기 때문에 라인에 주목해야 합니다. 농구 수업 시간에는 이 다양한 선을 이용해 수업을 진행하면 됩니다.

2018년 4월, 배드민턴 수업을 하고 있었습니다. 저의 배드민턴 수업은 '배려'를 강조한 '배려민턴' 수업으로 네트를 치지 않고 수업을 진행합니다. 수업이 끝날 무렵, 한 학생이 "선생님! 우리가 배드민턴 수업을 하는데 왜 네트를 치지 않아요?"라고 질문했습니다. 저는 순간적으로 이렇게 대답했습니다. "오늘이 2018년 4월 27일입니다. 오늘 어떠한 일이 일어났는지 아시나

▲ 농구 시합 중이지만 흰색, 녹색, 노란색의 라인이 동시에 보입니다.

요?"라고 묻자 "알아요! 남북 정상 회담이 있습니다."라고 대답했습니다. 저는 다시 이렇게 이야기했습니다. "네. 잘 알고 있어 다행입니다. 2007년 남북 정상 회담 이후 11년만에 성사된 회담입니다. 이전의 남북 정상 회담이 모두 평양에서 열렸던 반면, 이번 2018년 남북 정상 회담은 처음으로 판문점 남측 '평화의 집'에서 열렸습니다. 회담 결과 '한반도의 평화와 번영 그리고 통일을 위한 판문점 선언'이 발표됐습니다. 이렇게 의미 있는 오늘같이 '선' 없는 날에 네트의 '선'을 치고 수업하고 싶지 않네요! 여러분도 선생님의 생각에 공감한다면 선생님의 말을 잘 듣고 평화, 번영 그리고 우리 모두의 통일을 위해 배드민턴 열심히 할 수 있나요?"라고 말하자 모두가 "네! 열심히 하겠습니다."라고 대답했습니다. 학생들에게 '선'은 매우 중요한 의미이고, 다양한 선을 활용한 수업이 필요하다고 느꼈습니다.

준비는 *Simple*

(1) 점, 선, 면을 그릴 수 있는 능력

(2) 점, 선, 면을 볼 수 있는 능력

무엇을 *How*

운동장, 교실, 다목적실, 체육관, 체조실, 무용실 등 수업을 할 수 있는 모든 곳을 다시 한번 돌아보면서 공간을 어떻게 사용할 것인지와 바닥에 어떠한 라인이 있는지 확인할 필요가 있습니다.

다양한 신체 활동 수업을 할 수 있는 유효 공간의 바닥을 보면 다양한 점, 선, 면들이 있습니다. 학생들에게 처음 대략적으로 어디에 위치하라고 하기보다는 정확한 지점과 위치를 선정해 줍니다.

(1) 집중할 수 있는 포인트

한 반의 인원이 30여 명이라고 가정할 때 학생들을 지도하기 가장 효율적인 대형은 4열 횡대입니다.

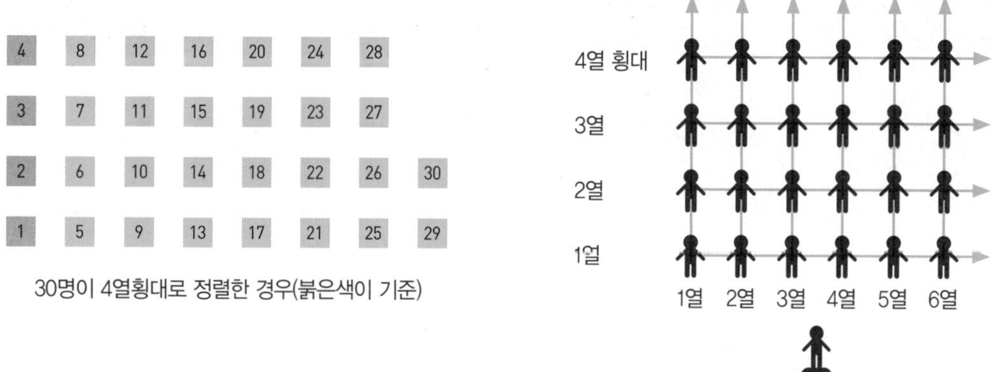

30명이 4열횡대로 정렬한 경우(붉은색이 기준)

위와 같이 4열 횡대 대형으로 섰을 때 기준이 되는 1번의 위치가 중요합니다. 1번에게 항시 집합에서 서 있어야 하는 포인트를 정확하게 지정해줘야 합니다. 1번을 기준으로 나머지 학생들은 4열 횡대로 집합하고, 만약 빈 자리가 있다면 결석을 한 학생이며 결석 사유를 빠르게 파악할 수 있습니다. 선생님이 설명할 때 집중할 수 있는 최고의 대형이자, 모둠을 편성하거나 실기 수업을 진행할 때 효과적인 대형입니다. 4열 횡대 대형에서 1열과 3열이 뒤로 돌면, 기존 2열과 4열의 학생들을 만납니다. 자연스럽게 인사를 유도하고 2인 1조의 파트너가 됩니다. 그리고 1열과 3열이 오른쪽 또는 왼쪽으로 한 칸 이동하면서 수업을 진행하면 다양한 파트너와 만나게 됩니다.

(2) 다양한 선과 면을 활용

종목에 상관없이 다양한 선과 면을 종목에 이용합니다. 농구 수업 드리블을 배구 코트 안에서 실시하기, 농구 패스 게임을 배드민턴 복식 코트를 중심으로 실시하기 등이 그 대표적인 예에 해당합니다.

농구 수업을 위해 농구 코트의 라인만 이용하는 것이 아니라 배구 코트 라인 안에서 농구 드리블 얼음땡하기, 배드민턴 라인을 따라 드리블하기, 농구의 포스트 구역 안에서만 2 대 2 게임하기, 체육관 바닥에 있는 모든 라인으로만 드리블해 이동하기 등 선을 활용한 연습이 가능해질 것입니다.

(3) 포인트를 유창한 지명으로 수업

농구에서는 탑, 윙, 하이, 로우, 코너, 윙 등 중요한 지점에 해당하는 이름이 있습니다. 바로 농구 코트의 포인트입니다. 학생들에게 전술을 지도하기 위해 항상 톱에서 공격을 시작한 후 윙으로 패스해 로우에 찬스가 생기면 패스를 해서 슈팅을 시도하라고 지도할 수 있습니다. 번호를 지정해 1번에서 3번으로 패스해 5번에 찬스가 생기면 슈팅을 시도하고, 수비가 심하면 다시 1번으로 패스하라고 지도하면 됩니다. 원래의 이름도 번호도 아닌, 우리나라의 지명이나 세계의 도시 이름 또는 학생의 이름을 붙여 진행해도 좋습니다. 유치할 수 있지만, 유치는 가장 유창해질 수 있는 지름길이라 생각합니다.

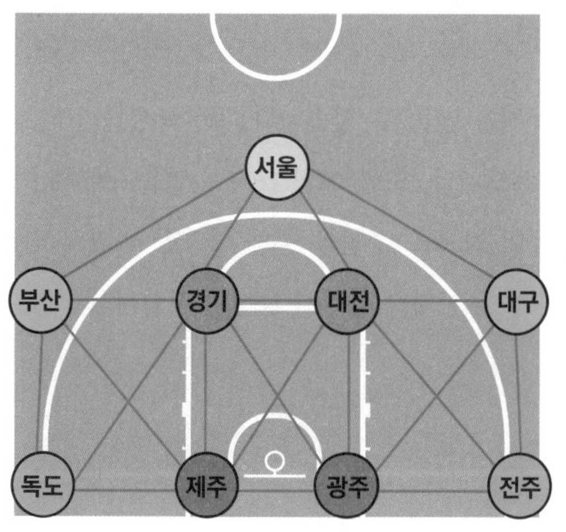

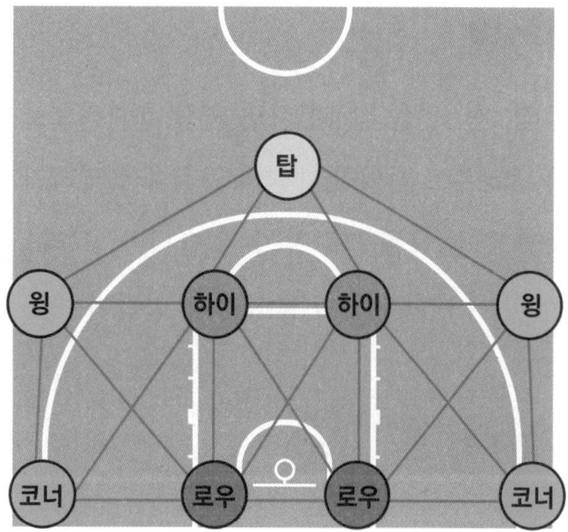

(4) 경기장의 면을 분할해 사용

농구는 가로세로 28×15m의 규격의 면을 갖고 있습니다. 이러한 코트를 분할하면 다양한 수업이 이뤄집니다.

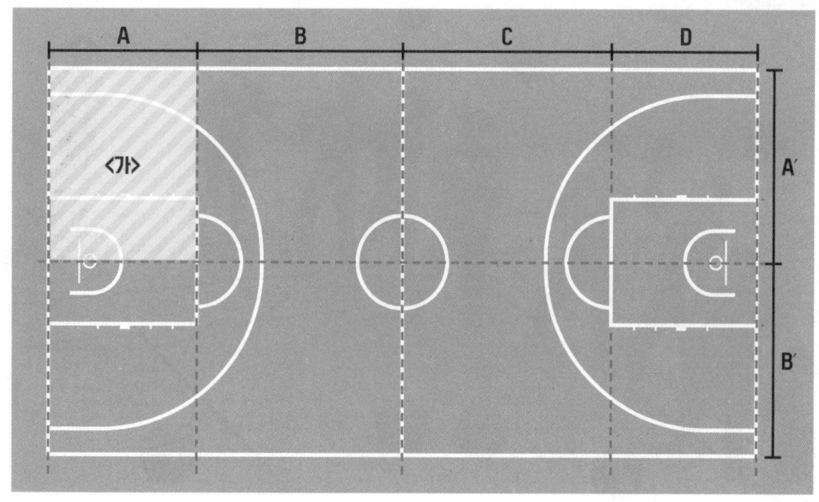

농구 코트를 8개의 면으로 분할하면 위의 그림과 같이 구분할 수 있습니다. A~D로 구분해 4개의 구역이 생기고 A′, B′로 나눠 〈가〉와 같은 면이 총 8개가 생깁니다. 1개의 면에서 각종 게임, 패스 연습, 슈팅 연습 등을 할 수 있습니다. 또한 8개의 면으로 나눠진 스테이션 수업도 가능합니다. 〈가〉-슈팅 연습, 〈나〉-드리블, 〈다〉-패스, 〈라〉-공다루기 등으로 구분해 수업합니다. 특히, 4계절 트레이닝이라고 하면서 4구역을 드리블로 돌아오는 게임으로 진행합니다.

좋았던 Point

점, 선, 면을 활용한다면 가장 효과적으로 수업 규칙을 만들 수 있습니다. 즉, 학생들의 위치를 정해주고 다양한 게임의 규칙을 설명하기가 편리해집니다. 또한 여러 가지 수업을 구분해 기능과 전술 등을 가르칠 수 있습니다. 그리고 학생들이 스포츠 수업을 통해 다양한 의미의 점, 선, 면에 대한 이해를 넓히게 돼 공간이 주는 메시지와 공간 지각 능력이 향상될 것입니다.

실제로 見견물생심

득점하면 퇴장! 철학이 담긴 **퇴장 농구**

나 혼자보다 다 같이 해야
유리한 변형 농구 이해하기

이것을 Why

수업에 어떤 철학을 담고 있는지에 따라 수업 내용과 방법 그리고 평가가 변합니다. 농구는 상대방의 골대에 골을 많이 넣어야 경쟁에서 이깁니다. 같은 팀에서 누가 던지던 많이만 넣으면 됩니다. 경기에서 이기기 위한 유리한 방법은 가장 슛 성공률이 높은 사람에게 의존해 경기를 하는 방법입니다. 하지만 '퇴장 농구'의 기본 철학은 팀원의 고른 득점이 경기력에 유리한 영향을 미치게 하는 것입니다.

퇴장 농구에서는 기존 경쟁 위주의 농구 경기보다 많은 학생이 함께 참여할 수 있는 경기를 구현하고자 했습니다. 학생들의 직접 참여의 길을 확대해 학생들의 자발적인 경기를 운영 및 참여하고 진행의 기회를 제공했습니다. 물론, 기존 농구의 기본 기능 및 전술 동작을 익혀야 하며, 경기 규칙을 이해하고 특히 스포츠맨십에 어긋나는 행동을 하지 않아야 합니다. 또한 다른 선수의 경기를 분석하고, 선수 개인의 기여도를 팀 경기력에 반영되도록 규칙을 변경했습니다. 퇴장 농구의 종목에는 다음과 같은 원칙이 있습니다.

(1) 참가자 전원이 팀에 기여함으로써 협동심을 발휘하도록 한다.
(2) 박진감 넘치는 경기로 흥미를 높이고, 건강 체력의 향상을 도모한다.
(3) 기존 경기 방식을 변형해 팀원 전체가 팀에 기여할 수 있도록 한다.
(4) 협동심이 발휘된 부분에 대한 보상을 할 수 있도록 점수를 반영한다.
(5) 농구 경기의 기본적인 방법과 기술 및 전략 · 전술을 이해하고 시합에 활용하도록 한다.

준비는 Simple

(1) 인성 조끼(1~20번)
(2) 농구 작전판

무엇을 How

퇴장 농구란, 기존의 농구 경기 방식을 변형한 것으로, 참가 선수 전원의 참여와 협동을 우선으로 하는 농구입니다. 말 그대로 득점을 하면 퇴장을 하는 방식입니다. 한 팀은 총 7명으로(경기 인원은 상황에 따라 변경할 수 있음) 경기 인원은 5명, 대기존 2명으로 구성합니다. 경기 중 득점을 한 선수는 대기존으로 퇴장하고, 대기존에 있던 선수가 들어옵니다. 선수 7명이 모두 득점해 퇴장했다면 +10점의 점수를 받게 됩니다.

퇴장 농구에는 독특한 규칙이 있습니다. 경기 시작 후 점프볼을 시작하기 직전에 A팀은 B팀의 선수 중 가장 실력이 부족할 것 같은 선수를 1명 지명합니다. B팀 또한 A팀의 선수 중 가장 실력이 부족할 것 같은 선수를 1명 지명합니다. 지명한 선수는 '득점이'로 선정되고, 그 학생이 득점을 했을 경우는 2점을 3점으로, 3점을 4점으로, 자유투 1개당 2점으로 인정합니다.

이러한 퇴장 농구는 자기 팀의 승리를 위해서는 소수 몇 명의 기술력보다는 팀 전체의 협동과 배려가 기본 바탕이 돼야 합니다. 따라서 이에 알맞은 운동 기능과 전술적인 능력이 요구됩니다. 개인의 실력이 우수한 학생이라면 경기 중 자신이 먼저 득점해 퇴장당하는 것보다는 자신을 포함한 7명이 퇴장을 당해 +10점을 받기 위해 끝까지 남아 도움을 주는 것이 중요합니다. 또한 실력이 부족한 학생은 찬스가 생겼을 경우 득점할 수 있도록 기능을 연습해야 합니다.

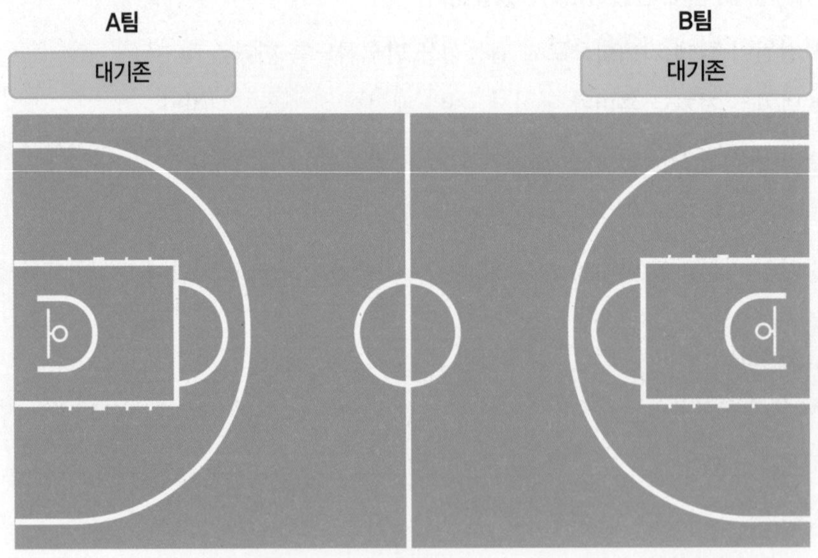

퇴장 농구의 경기 운영 방법은 다음과 같습니다.

(1) 경기 인원: 총 7명(경기 인원 5명, 대기존 선수 2명)

(2) 경기 시간: 전 · 후반 10분씩(전 · 후반 각각 2번의 2분간 작전 타임)

(3) 경기 규칙: 퇴장 농구의 규칙 적용(이외의 규칙은 일반 농구 룰 적용)

(4) 점수: 기존의 농구 점수 체계를 그대로 적용함. 단, 최초 경기 선수 7명이 모두 득점하면 +10점의 점수를 부여함.

- '득점이'제도: 경기 시작 전 상대 팀의 '득점이' 1명을 선정하고, 선정된 '득점이'는 2점을 3점, 3점을 4점, 자유투 1점을 각각 2점으로 인정함.

좋았던 Point

농구, 축구 등의 영역형 경쟁 스포츠는 득점을 주로 하는 슈터 또는 스트라이커의 역할을 누군가 맡게 됩니다. 그러한 포지션에 따라 다양한 역할을 배우고 책임감을 갖는 것도 중요하지만, 특정 선수에 편중되지 않고 모두의 참여를 강조하는 철학으로 농구와 축구를 생각한다면 경기 방법 및 규칙이 달라질 것입니다. 즉, 협동심이 발휘된 부분에 대한 보상을 할 수 있도록 점수 체계를 수정한 것이 가장 좋았습니다. 경쟁에서 어느 한 팀이 이기기 위한 활동을 양 팀 모두 한다고 했을 때 경기 방식만 바뀌어도 최선을 다하는 활동의 의미가 달라집니다. 잘하는 사람은 자신의 역량을 최대한 발휘해 더욱 잘할 수 있도록 리더의 역할을 수행해야 하고 실력이 부족한 사람은 기회가 주어졌을 때 최선을 다해 팀에 보탬이 되도록 기초 기능 연습을 해야 합니다.

퇴장 농구는 기존 농구의 방법만 살짝 변경했을 뿐입니다. 하지만 이러한 변화가 '진정으로 농구를 잘하는 것은 혼자만 잘해도 경기에 승리하는 것이 아니라 같은 팀이 함께 잘해야 승리하는 것이다.'라는 생각의 변화를 가져왔습니다.

실제로 見(견)물생심

8번과 24번 그리고 23번과 45번! '숫자로 배우는 농구'

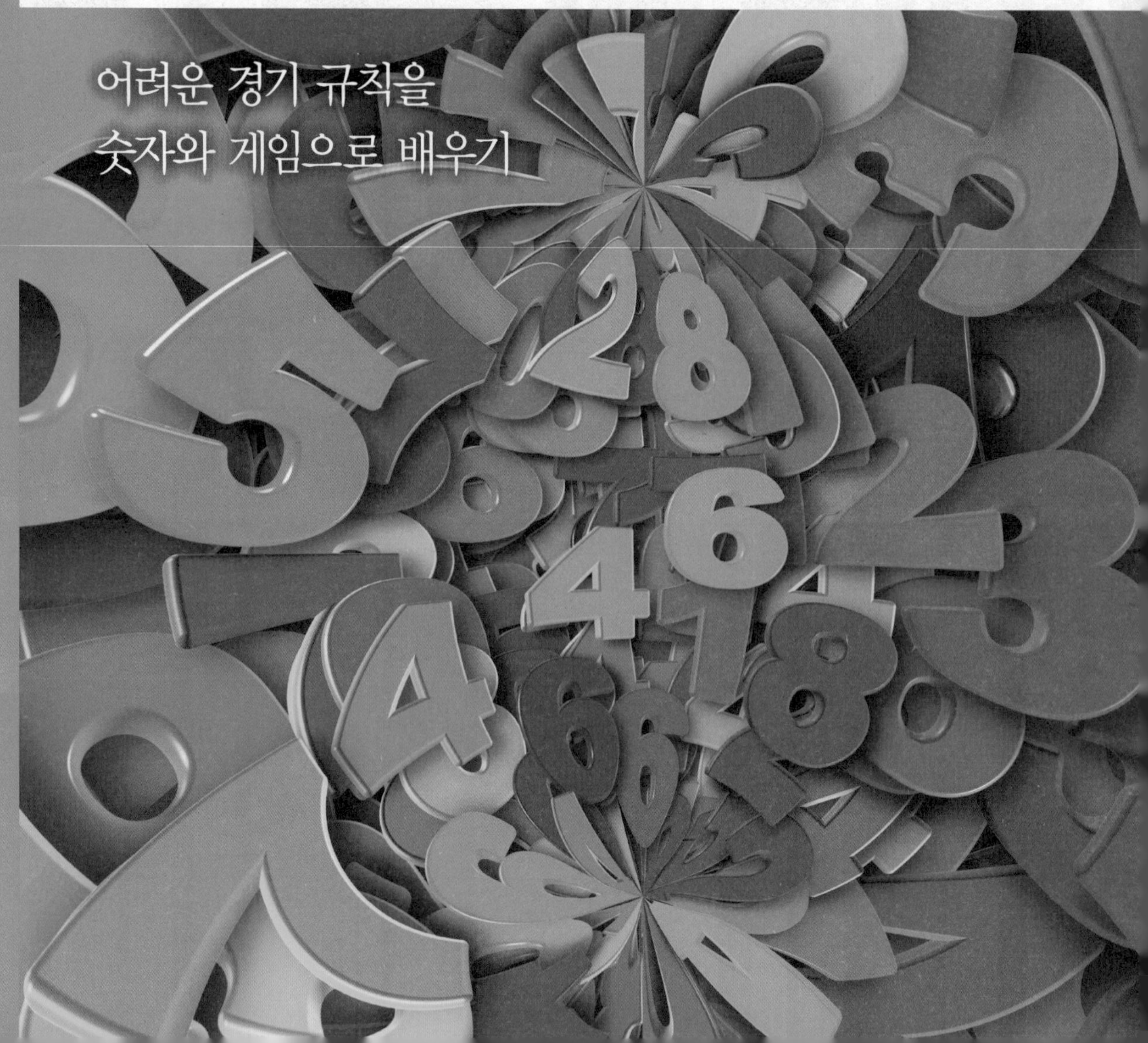

어려운 경기 규칙을
숫자와 게임으로 배우기

이것을 Why

스포츠의 경기 규칙을 이해하는 것은 쉽지 않습니다. 종목을 처음 접하는 학생들은 종목의 규칙을 이해하지 못해 흥미를 금세 잃어버리기도 합니다. 실제 경기를 제대로 진행하고 즐기기 위해서는 모든 규칙을 숙지해야 하는데, 초 · 중 · 고 학생들에게는 사실상 무리입니다. 선수들도 규칙을 잘 몰라 실수를 범하는데, 일반 학생들에게 모든 규칙을 이해시키려고 하면 오히려 거부감이 생길 것입니다. 학생들에게 규칙을 좀 더 쉽고 재미있게 가르치기 위해서는 특별한 방법이 필요합니다. 그것은 바로 '숫자'를 이용하는 것입니다. 대부분의 스포츠는 숫자와 많은 연관성이 있습니다. 규칙을 이해시키지 말고 숫자와 연관성 있는 것들을 찾아보고, 모둠별 집단지성의 힘을 발휘해 많은 정보를 공유해보는 시간을 갖도록 하고자 노력했습니다.

숫자는 많은 의미를 담고 있습니다. NBA의 위대한 농구 선수의 사고로 인한 사망 소식을 들었습니다. 코비브라이언트는 역대 선수 중 영구결번을 2개나 받은 유일한 선수입니다. 그의 농구 업적은 NBA 사상 최상위일 것입니다. 그의 업적을 위해 한 팀에서 2개의 번호로 뛰었던 그는 은퇴한 후 8번과 24번의 등번호 모두 영구결번으로 남겼습니다. 8번은 그가 고등학교 시절 참가한 NBA 유망주 캠프에서 입은 등번호 143의 각 숫자를 더한 것이고, 24번을 두 번째 번호로 정한 것은 (정확한 이유는 밝혀지지 않았지만) 코비가 중 · 고등학교 시절 24번을 달고 뛰어던 초심으로 돌아가 농구에 매진하겠다는 의지로 보입니다. 따라서 그에게 8번과 24번은 매우 의미가 있고, 농구를 사랑하는 사람에게도 매우 깊은 뜻을 갖고 있는 숫자입니다. 항상 8번과 24번을 볼 때마다 코비를 그리워하겠습니다. 고인의 명복을 빌겠습니다.

'23번'이라고 하면 누구나 알고 있는 농구의 황제, 마이클 조던이라 대답할 것입니다. 농구 선수였던 마이클 조던의 형의 등번호 45번에서 형의 반만큼이라도 농구를 잘해야겠다는 의미에서 23번을 달고 농구를 시작했다고 합니다. 최고의 전성기에 갑자기 은퇴를 하게 돼 23번은 영구결번의 영광을 얻게 됐고 다행히 농구에 복귀를 하게 됐지만, 자신의 23번의 등번호는 이미 영구결번돼 사용할 수 없었기 때문에 형의 등번호인 45번을 달고 뛰었습니다. 23번은 이미 농구를 사랑하는 사람에게 우수한 숫자라고 인식돼 있습니다. 농구에서는 숫자와 관련된 매우 중요하고 의미 있는 일화들이 많습니다. 이러한 숫자를 활용한 수업은 학생들에게 흥미와 의미를 동시에 얻을 수 있는 좋은 수업 방법일 것입니다.

준비는 Simple

(1) 메모지 또는 빈 종이

(2) 교과서

무엇을 How

숫자로 배우는 농구 수업은 매우 간단합니다. 숫자를 정한 후 숫자와 연관되는 용어, 규칙, 의미 등을 찾아보도록 하면 됩니다. 예를 들어 농구에서 '1'과 관련한 것들을 찾아보도록 합니다.

숫자와 관련된 리서치(농구에서 '1'과 관련한 것)

① 농구의 포지션: 농구의 포지션은 보통 숫자로 이야기합니다. 1~5번까지를 포지션을 대신해 사용합니다. 예를 들어 1번은 포인트가드를 뜻합니다. 포인트는 점수를 말하는 것이 아니라 중요한 지점에서 공을 한 궤도에서 다른 궤도로 이동시키고 방향을 잡아주는 것을 말합니다. 일명 '코트의 지휘자'라는 별명을 갖고 있으며, '플레이어의 코치'라고도 합니다. 팀의 사령탑 역할을 해야 하며 가장 전술적 이해가 우수하거나 드리블 및 패스 실력이 우수해야 합니다. 감독의 지시를 잘 이해하고 실천력이 뛰어난 능력을 갖춰야 하며, 넓은 시야를 갖고 있어야 합니다.

② 하나인 것-농구공: 골대는 양쪽의 하나씩 2개지만 공은 하나입니다. 팀의 감독도 한 명입니다. 농구 경기장의 센터서클, 하프라인, 점수판도 하나입니다. 그리고 우리의 마음은 '하나'입니다.

③ 자유투: 슛 동작에서 파울을 했을 경우 프리드로(자유투)가 주어집니다. 상대의 수비 없이 자유롭게 던지는 것을 말하며, 프리드로우 라인에서 실시합니다. 자유투 거리는 5.08m로, 개당 1점에 해당합니다. 2점 슛 상황에서의 파울을 얻었을 경우는 1점씩 총 2개의 자유투를 실시하고, 3점 슛 상황에서의 파울을 얻었을 경우에는 3개의 자유투를 실시합니다. 심판은 파울이 일어나는 순간, 공격자가 슛 동작이었는지를 정확히 판단하는 능력이 필요합니다.

④ 보너스 원 샷: 슛 동작에서 파울을 했지만, 공격자가 던진 슛이 들어갔을 경우 득점으로 인정합니다. 그리고 보너스 원 샷을 추가로 줍니다. 추가의 보너스 원 샷은 자유투로 1번의 기회를 줍니다. 2점에 해당하는 슛을 시도하다 수비자의 파울을 했지만, 슛이 들어간 경우 2점은 인정하고 추가 자유투를(1점) 1개 주어 만약 이것이 들어가면 한 번에 3점을 얻게 됩니다. 또한 3점 슛을 시도하는 과정에서 수비자의 파울을 했지만, 그 슈팅한 공이 들어갔을 경우, 3점을 인정하고 마찬가지로 추가 자유투 1개를 줍니다.

⑤ 공포의 청테이프 +1: 프로 경기에서는 볼 수 없지만, 일반 생활 체육의 동호회 및 직장부의 농구 대회에서는 나이에 따라 점수가 다르게 부여됩니다. 어떤 종목에도 없는 독특한 제도입니다. 선수 중 주민등록상 나이가 만 40세가 넘었을 경우, 그 선수는 유니폼의 가슴에 청테이프를 붙이도록 합니다. 청테이프를 붙인 선수는 그 팀에서 나이가 만으로 40대가 넘은 선수를 뜻합니다. 그리고 그 선수가 득점을 했을 경우 +1점을 추가해 점수를 부여합니다. 예를 들어 2점은 3점으로 인정하고, 3점은 4점으로 인정해줍니다. 하지만 자유투는 원래대로 1점을 부여합니다. 그래서 일명 '공포의 청테이프'라고 합니다. 청테이프를 붙인 선수가 득점을 하면 상대 팀의 점수가 갑자기 올라가기 때문에 철저한 수비 전략이 필요합니다.

위와 같이 1에 해당하는 것들을 조사해 찾을 수 있습니다. 교과서, 스마트폰, 컴퓨터실을 활용해 정보를 찾을 수 있도록 하는 것도 효과적입니다. 어떤 학생은 농구를 너무나 좋아한 나머지 많은 것을 이미 알고 있는 학생들도 있습니다. 그러한 학생은 자신이 알고 있는 것들을 모둠원과 공유하도록 합니다. 숫자로 배우는 농구 수업은 다음과 같이 진행합니다.

(1) 모둠 편성

사전에 농구 기능 평가를 실시합니다. 골대 아래에서 선생님과 3m 간격에서 3회의 패스를 주고받고 드리블해 3점 슛 라인 밖으로 나간 후 자신이 원하는 슈팅을 하도록 합니다. 2개의 골이 들어가면 기록을 멈춥니다. 만약 슛한 공이 들어가지 않은 경우 재빨리 리바운드해 다시 공을 잡아 슛을 하도록 합니다. 이렇게 기록을 체크해 기록이 우수한 학생 4명을 뽑고 나머지는 기록 순으로 모둠이 편성되도록 구성합니다. 남녀 혼성 학급일 경우, 남녀의 기록을 각각 체크하고 편성된 모둠을 남녀가 반반 섞여지도록 합니다. 모둠장은 상의해 선발합니다.

(2) 자료 찾기 1단계

개인에게 각각 메모지 또는 빈 연습장을 준비하도록 합니다. 숫자를 정해(예 1 ~10까지) 알고 있는 용어, 규칙, 의미 등을 적도록 합니다. 각각 적은 내용을 모둠 용지에 모아 정리합니다.

(3) 자료 찾기 2단계

교과서, 스마트폰, 컴퓨터 등을 활용한 자료 찾기를 실시합니다. 자료 찾기 1단계가 기존에는 상식으로만 알고 있는 것만 해당했다면, 2단계에서는 좀 더 전문적인 내용을 찾을 수 있습니다.

(4) 모둠 발표

1단계에서 찾은 내용과 2단계에서 찾은 내용을 모둠장이 칠판 앞에 나와 발표합니다. 다른 모둠이 발표할 때 경청하고 있다가 우리가 찾지 못했던 내용은 추가로 용지의 하단에 적도록 합니다.

(5) 모둠 게임

1~2단계의 내용과 다른 모둠 발표에서 나온 추가로 적은 모든 내용을 정리해 모둠별로 ○× 게임을 통해 내용을 다시 한번 숙지합니다.

(6) 평가

모둠 발표를 하고 정리된 발표 용지를 수업이 끝날 때 수거합니다. 선생님은 수업한 반에서 찾은 내용에 한해 문제를 만든 후 다음 시간의 형성 평가를 실시합니다.

좋았던 Point

학생 중심의 수업과 참여 주도형 수업 형태의 대표적인 방법이라고 생각합니다. 선생님이 경기 규칙을 일방적으로 알려주는 것보다 학생들이 주도적으로 직접 알고 있는 내용을 모아보고 다음 단계로 교과서, 휴대폰, 컴퓨터 등을 활용해 정보를 수집하는 과정은 매우 의미 있는 활동입니다. 또한 발표를 통해 모둠에서 찾지 못한 내용을 정리하는 과정도 매우 좋았습니다. 무엇보다 가장 좋았던 점은 수업한 반의 정리된 내용을 바탕으로 선생님이 문제를 만들어 평가한다는 점입니다.

Turn over
Violation
득점인정
Time out
Rim
어시스트
원핸드
탑,윙,코너,포스트
베이스볼패스
가로채기(스틸)
Pass(A패스)
백도어
래그스루드리블
하이,미들,로우P
투핸드P
센터서클
5 : 5
10분, 4Q

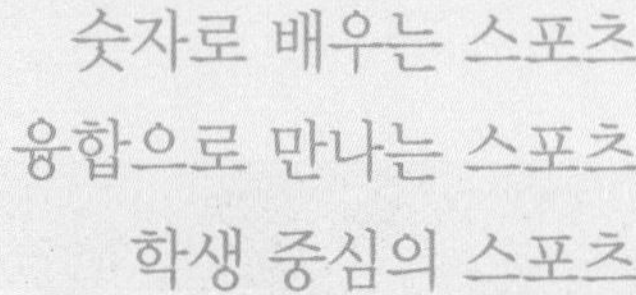
숫자로 배우는 스포츠
융합으로 만나는 스포츠
학생 중심의 스포츠

77

NIE 활용 융합 농구

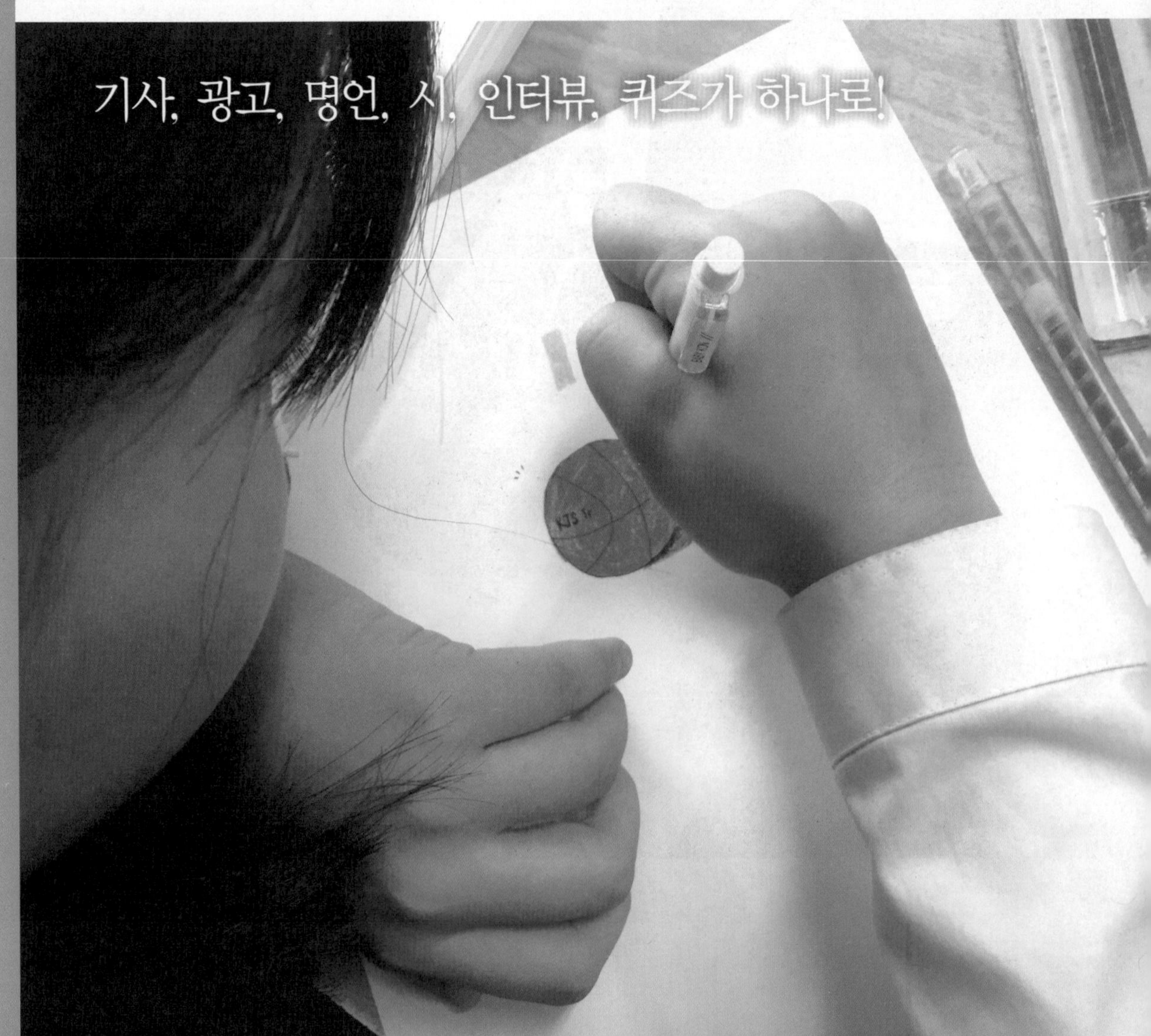

이것을 Why

NIE(Newspaper In Education)는 '신문 활용 교육'을 말합니다. 1930년대 미국의 〈뉴욕타임스〉가 신문을 교실에 배포하면서 처음 시작됐다고 합니다. 청소년의 문자를 기피하는 현상이 심각해짐에 따라 학교 수업에 신문을 활용하는 방법이 고안됐고, 현재는 학교뿐 아니라 기업, 병원, 교도소 등 많은 곳에서 폭넓게 활용되고 있습니다.

NIE의 목적은 신문을 활용해 교육의 효과를 높여 교양 있는 민주 시민을 양성하는 데 있습니다. 이를 위해 신문이 갖고 있는 기능과 역할, 제작 과정을 이해하고 정보를 정확하게 선택하는 방법을 터득하도록 하는 학습에 중점을 두고 있습니다. NIE의 구성 요소로는 기사, 사진, 만화, 광고 등을 들 수 있으며, 이러한 구성 요소를 활용하면 교육적인 효과를 얻을 수 있습니다.

준비는 Simple

(1) A4 또는 B4, 이면지 등

(2) 교과서, 색연필

무엇을 How

신문을 활용하는 수업은 종목 및 단원의 첫 시간이나 마지막 정리 시간에 실시하는 것이 좋습니다. 첫 시간에 실시한다면 수업 내용의 전반적인 예습을 진행할 수 있어 좋고, 단원의 마지막 수업 시간에 실시한다면 수업을 마무리하거나 정리하는 데 효과적이고 가장 중요하게 생각되는 부분을 강조할 수 있습니다.

A4 또는 B4를 준비합니다. 하지만 교무실의 이면지를 사용하는 것을 추천합니다. 빈 종이에 위에서 3cm 아래로 종이를 접어 줄을 긋습니다. 그리고 자신이 원하는 곳에 줄을 그어 총 7칸의 빈 공간을 만듭니다.

스포츠신문을 제작하기 위해서는 신문 내용을 일곱 가지 형식으로 완성해야 합니다. 일곱 가지의 형식은 그림, 광고, 인터뷰, 퀴즈, 명언, 기사, 시화(랩 가사) 등입니다. 농구의 주제로 일곱 가지의 형식에 넣고 싶은 부분을 채워 넣도록 합니다. 여기서 중요한 점은 스포츠신문의 형식은 일곱 가지이지만, 커다란 주제는 한 가지라는 것입니다. 즉, 농구 수업을 하고 농구 신문을 제작해 농구와 관련된 내용을 일곱 가지의 형식으로 구현해보는 것입니다. 스포츠신문의 형식은 다음과 같습니다.

• 농구 신문을 위한 예시 양식

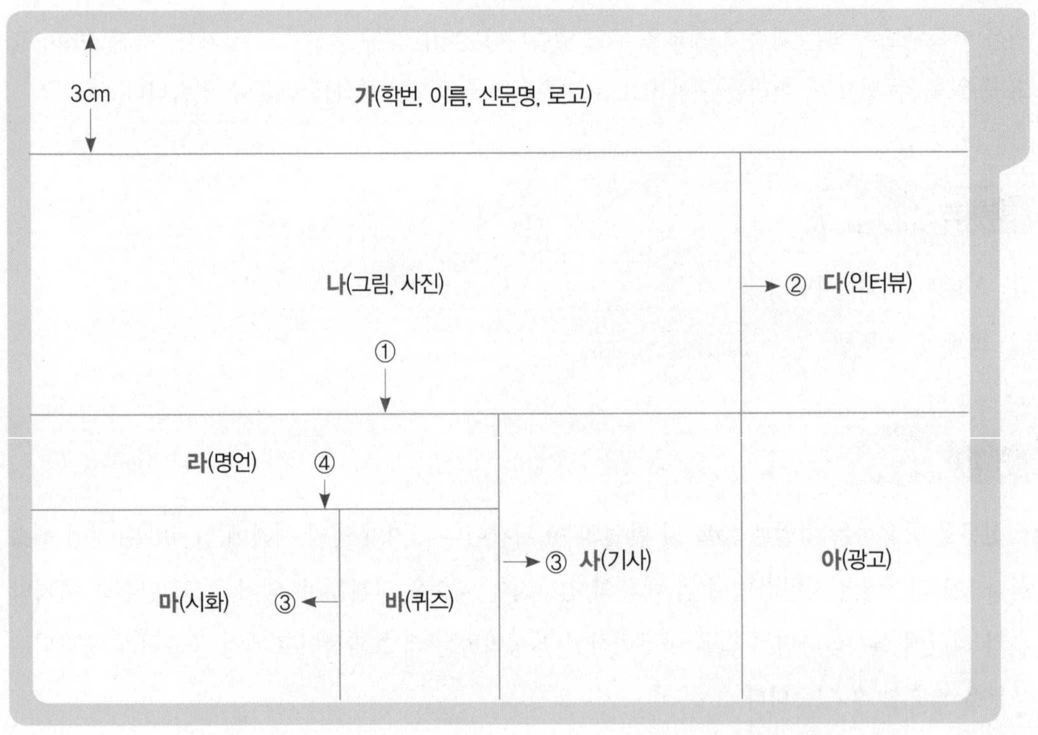

(1) 그림

농구공이나 경기장을 그림으로 그리도록 합니다. 또는 농구에서 중요하게 생각되는 자세를 그림으로 표현하도록 합니다. 상상으로 그림을 그리라고 하면 어렵기 때문에 교과서가 필요합니다. 교과서에 있는 사진이나 삽화 등을 보고 따라 그리거나 변형해 그려도 상관없습니다. 만약 농구 경기장을 그림으로 그렸다면 그 학생은 처음으로 제대로 된 농구 경기장을 자세히 관찰하고 고민해봤을 것이며, 경기장의 라인을 그림으로 그려본 경험을 하게 된 것입니다.

(2) 광고

농구와 관련된 제품을 광고하라고 알려줍니다. 농구공, 농구화, 농구 레슨, 경기 용품, 스포츠 음료 등 멋진 문구와 인상 깊은 내용의 광고를 만들어보도록 합니다. '단언컨대 이 농구공은 이 세상에 가장 좋은 농구공일 것입니다.' 등의 멋진 문구도 생각해봅니다. 기존 광고 내용을 패러디해도 좋습니다.

(3) 인터뷰

자신이 좋아하는 선수나 유명한 농구 선수와의 가상 인터뷰 내용을 작성합니다. 자신이 직접 만난다면 무엇을 물어보고 싶을지 생각해보고 센스 있는 질문을 만들어보라고 합니다. 물론 인터뷰 질문에 대한 답도 작성해야 합니다.

- 인터뷰: 안녕하세요! 르브론 제임스! 이번 경기에서 승리의 요인은 무엇이고, 항상 멋진 플레이를 보여주는 원동력은 무엇일까요?
- 르브론 제임스: 이번 승리의 요인은 당연히 우리 팀 모두라고 말하고 싶습니다. 감독과 코치, 5명의 대표 선수뿐 아니라 벤치 맴버들 모두가 오늘의 승리를 거둔 요인이며, 큰 목소리로 우리를 응원해준 사람 덕분에 오늘 우리 팀은 승리의 맛을 보게 됐습니다. 이 자리를 빌어 다시 한번 감사하고, 사랑한다고 말씀드리고 싶습니다. 항상 멋진 플레이를 보여주는 원동력은 저를 사랑해주시고 응원해주시는 분들에 대한 보답이라고 설명할 수 있습니다. 그것이 나를 성장시켜 주는 힘이며 멋진 플레이가 나오는 원동력이라 할 수 있습니다. 아마도 더 많은 사랑을 주신다면 더욱 멋진 모습으로 보답하겠습니다.

(4) 퀴즈

농구 상식, 규칙, 선수의 정보, 역사 등의 내용으로 Q&A를 만들어봅니다. 또는 ○× 퀴즈나 가로세로퍼즐을 만들어보는 것도 의미 있습니다. 정답은 뒷장이나 거꾸로 표기해도 되고 다른 빈 공간에 만들어도 좋습니다.

(5) 기사

농구와 관련해 가상의 기사 글을 작성하도록 합니다. 다양한 주제 중에서 선택해 글을 씁니다. 우수 선수, 스포츠 도박, 농구 선수의 진로, 농구 대회, 농구공의 진화, 경기 규칙의 변화,

농구 선수 출신의 연예인 등 가상의 글을 쓰거나 조사해 기사를 만들어봅니다. 기사글 작성에 어려움을 느끼는 학생이 있다면 교과서의 내용 중 원하는 것을 적어 정보를 전달하는 내용으로 만들라고 합니다.

(6) 시화(랩 가사)

농구를 주제로 시를 만들어봅니다. 요즘 학생들은 시보다 랩 가사를 쓰도록 하면 됩니다. 따라서 글의 라임이 만들어지도록 알려줍니다.

두근두근 나의 농구 심장

– 김정섭

굴러가는 농구공은 나의 심장
두근두근 경기장은 모두의 경기장
어두컴컴 교실 속의 깊은 잠
던져지는 농구공은 우리의 긴장

매일 매일 반복해서 너에게로 던져
이제는 너에게만 던져
꿈속마저 매일 가는 농구장에 농구공을 가지고서
어딜 가나 변함없이 만져

골대를 향해 내가 던진공
결국 나의 목표로 가는 성공
100번 실패를 향한 허공
하지만 누구나가 인정하는 나의 전공
매일 던져 올라가는 상공
결코 따라올 자 없는 내가 주인공

(7) 명언

너무나 유명한 농구 명언이 있습니다. '농구는 신장이 아니라 심장으로 하는 것이다.' 이는 키가 작은 NBA의 농구선수 '앨런 아이버슨'의 말입니다. 이 한마디로 키가 작은 농구인들이 희망과 열정을 불태우며 지금까지 농구를 즐기고 있다고 해도 과언이 아닙니다.

'지구상의 가장 농구를 잘하는 최고의 1인자'라고 부르는 농구 황제 마이클 조던은 '삶의 매순간을 즐겨라. 절대 지난 일에 대해 이러쿵저러쿵 하지 말라!'라고 하며 현재에 집중하라는 강력한 메시지 남겼습니다. 그의 유명한 명언 중 지금도 많이 사용되는 문구는 다음과 같습니다.

> "나는 농구 선수 시절 9,000번 이상의 슛을 놓치고 수백 번의 경기에서 졌다. 또 반드시 이기라는 특명을 받고도 진 적이 26번이나 있었다. 그리고 나는 거듭 인생에서 실패를 겪어왔다. 이것이 내가 성공한 이유다."
>
> – 마이클 조던

그의 말은 농구를 좋아하는 사람 이외에도 많은 사람에게 힘과 용기를 줬습니다. 실패를 두려워하지 않고 꾸준하게 그리고 끊임없이 도전하게 만들어줬습니다. 이렇게 명언은 길게 설명하지 않고도 많은 사람에게 힘을 줍니다. 이러한 명언을 인용해보거나 스스로 명언을 직접 만들어 보는 것은 매우 의미 있는 활동입니다.

> "농구는 구기 운동 중 가장 큰 공을 사용해, 가장 작은 골대에 넣는 매우 어려운 경기입니다. 슛한 공이 들어가는 것보다는 들어가지 않는 것이 당연한 것이고 이러한 실패가 모여 큰 성장을 이루게 될 것입니다."
>
> – 김정섭

좋았던 Point

농구 스포츠신문 제작 수업은 학생들에게 종합적인 사고와 학습 능력을 향상시키는 데 도움이 될 것입니다. 가장 좋았던 점은 교실에서 체육 교과서를 활용하는 것과 교과서에 집중하는 것입니다. 논리성과 비판적 사고를 통해 일곱 가지 형식의 과제를 수행하게 되고, 이로 인해 문제 해결 및 의사결정 능력을 향상시킬 수 있습니다.

우리 주변에는 너무나 많은 정보 및 자료가 있습니다. 이러한 자료를 검색 · 분석 · 종합 · 활용하는 것이 무엇보다 중요합니다. 신문을 활용한 수업을 하면 이 모든 것이 가능해집니다. 하지만 무엇보다 가장 의미 있는 것은 스포츠의 종목을 단순히 기능과 전술 그리고 대회로 바라보지 않고 인문적 사고에 의해 다양하게 표출되는 경험을 할 수 있다는 것입니다. 농구는 올바른 인성 함양에 큰 도움이 될 것이라 확신합니다.

무엇보다 다양한 스포츠를 생활화함으로써 학생들에게 모든 활동에 긍정적인 전이를 갖게 하고, 창의적, 인성적 요소를 키워주게 될 것입니다. 이와 함께 아름다운 정서와 풍부한 감성을 함양시키는 융합적 학습이 이뤄졌으면 하는 바람이고, 운동을 단순히 기능적 측면이 아닌 다양한 방면으로 확산시킬 수 있는 계기가 마련되면 좋겠습니다.

실제로 見물생심

SPORTS
갈외
국내최고탁구장
탁구 매니아
갈외 탁구장
031-2004-0212
2-7 여자 1조
그것이 알고싶다
2019.
SPORTS
대세는
4분 타바타,
들어 보셨나요?
20초 → 10초 ×8 = 4분!!
power
juice
다 마신 후,
운동기구로
재활용 해요!
특종!!
JINYUNA
농구는 신장이 아닌, 심장으로 하는 것이다

색다른 배구 세상을 영접하라!
'바운스파이크볼 + 빅발리볼 + 소프트발리볼 + 탱탱볼'

배구 문화를 심플하게 전해줄
형형색색 아이디어 직접 찾아보기

이것을 Why

배구를 가르치기 참 어렵습니다. 일반인뿐 아니라 체육 교사도 배구 배우기가 어렵죠. 여건도 쉽게 허락하지 않지만, 금방 기능이 익혀지는 스포츠도 아닙니다. 그렇다고 해서 포기하시면 학생들에게 전통있는 스포츠의 진면목을 알려줄, 배구라는 스포츠가 갖고 있는 엄청나게 큰 문화를 전해 줄 기회가 한순간에 사라지게 됩니다(두 아이의 아빠로서 현장의 선생님께서 절대 포기 안 하셨으면 합니다). 리드업 경기도 좋고, 놀이형 스포츠도 좋습니다.

어떠한 형식으로든 학생들을 끌어들일 방식과 방법에 눈을 돌려보고 싶었습니다. 이것도 해보고 저것도 해보고 싶었습니다. 수업을 여러 번 해보니 현장에서 적용이 안 될 듯한 내용도 발견돼 저 나름대로의 로컬룰을 만들어봤습니다. 학생들과 함께 쉽고 재미있게 경기를 꾸리기 위해 학생들의 아이디어도 룰에 반영했습니다. 하나하나 친절한 방법을 통해 수업을 진행하고자 하니 여기저기를 둘러보게 됐습니다. 시간을 투자해 일단 저의 배구 수업 주머니와 배구 수업 냉장고를 넉넉하게 채웠습니다. 그리고 조종현빈샘표 배구 수업을 만들어 내기 위해 모아진 자료를 저의 스타일로 변형했습니다. 어른과 마찬가지로 학생들에게 뭔가 전해줄 때는 심플해야 했습니다. 복붙해서 나눠주는 자료는 학생들에게 나눠주기에 적절하지 않습니다. 나의 수업이 전달돼야 합니다. 그렇기 때문에 학생들을 살피며 더욱 친절하고 심플해야 합니다. DT처럼 말이죠.

준비는 Simple

(1) 유튜브에서 배구 수업 아이디어 검색해볼 시간

(2) 바운스파이크볼(또는 피구공), 탱탱볼과 풍선, 빅 발리볼, 작은 소프트발리볼

(3) 학생들의 심금을 울릴 하이큐 배구공

무엇을 How

(1) 배구공이 아프다고 합니다. 생활체육 배구하는 분들은 그 맛에 한다고 하는데 학생들에게 "그 아픈 맛을 보기 위해 하는 거니까 참아라, 아프니까 청춘이다. 아프니까 배구다."라고

하기엔 무리가 있죠. 새로운 방법이 필요합니다. 언더 패스(포암 패스)와 오버 패스를 가르치실 때 풍선을 활용하면 좋습니다. 모둠별로 떨어뜨리지 않고 옆으로 이동하며 패원 풍선 모두 컨택하기, 색깔별로 겹치지 않게 20개 풍선 언더로 올리기, 몸으로 다양한 곳으로 연속치기 등 재미있는 놀이로 수업을 구성하시면 컬러풀한 배구의 첫 시간을 아픔(?) 없이 진행하실 수 있습니다.

(2) 한국뉴스포츠발명연구소에서 개발된 '바운스파이크볼'은 학생들에게 룰을 알려주고 수업을 진행하기에 조금 복잡했습니다. 리드업 경기로 시작한 후 배구로 직접 연결하려고 했는데, 바운스파이크볼 룰을 설명하는 데 생각보다 오래 걸리고 배구와는 달랐습니다(다르다는 것을 설명하는 데 시간이 더 오래 걸리더라고요). 그래서 저만의 로컬 룰(블로킹 가능, 배구와 같이 서브 진행, 벽 맞고 튄 볼 캐치 인정, 혼성배구 금지, 3인 배구, 모두 컨택트)을 개발해 수업 시간에 녹여낸 '한마음 배구'로 재탄생시켰습니다. 바운스파이크볼이 없을 경우, 그냥 배구공으로 하셔도 되지만, 바운스파이크볼이 아주 촉감이 좋아 학생들 사이에 인기가 높습니다. 그것을 맛볼 수 있는 기회도 학생들에게 주시면 좋을 듯합니다. 선생님의 말로 전해 듣는 것이 아니라 직접 맛볼 수 있도록 해주세요. 여학생들의 파워를 느껴볼 수 있는 학급 대항 바운스파이크볼 교내 대회 진행도 강추입니다.

(3) 소프트발리볼도 예전의 큰 크기와는 달리 배구공 크기 만한 것이 출시됐습니다. 기분 나쁘게 튕겨서 학생들이 재미없어 하는 '아주 탱탱볼'이 아니라 배구를 할 수 있는 배구공 크기의 기분 좋은 느낌의 소프트발리볼이 별도로 판매되고 있죠. 그 볼을 사용해 수업을 진행해보세요. 아프지 않게 배구 수업을 진행하는 것이 급선무입니다. 제가 30년 전 학창 시절에 경험했던 '아픔'에 대한 느낌을 학생들에게 동일하게 전수해줄 필요는 없습니다.

(4) 빅발리볼은 모두의 배구를 추구합니다. 옴니빅입니다. 바운스파이크볼 수업을 진행할 때도 한 명이 쉬거나 소외될 수 있는 한 팀 4명 보다는 3명이나 2명으로 진행하면 쉬는 학생들이 없이 모두가 참여할 수 있는 경기가 됩니다. 가만히 있을 수 없으니 자동적으로 흥미진진해지고 박진감 넘치게 됩니다. 역할이 있으니 집중하게 된다고 하더라고요. 빅발리볼을 활용해 놀이형으로 배구 수업을 펼쳐보시려면 운동 소외 학생들이 주인공이 될 수 있는 수업 운영 아이디어들을 함께 버무려주시는 것도 좋습니다. 빅발리볼이 스포츠 인성 교육으로 참 좋았습니다.

(5) 하이큐 보지 않으셨다면 배구 수업을 하지 않는 것이 좋습니다. 반대로 말씀드리면 하이큐를 수업에 적극 활용할 수 있다는 이야기죠. '하이큐'는 모든 학생의 필독서입니다. 배구를 잘하느냐 못하느냐, 배구 운동 기능이 좋으냐 안 좋으냐, 배구를 좋아하느냐 좋아하지 않느냐의 여부를 떠나 학생들에게는 스포츠 필독서로 자리 잡은지 상당히 오래됐습니다. 프로 배구선수들의 배구 하이라이트 영상 보여주실 필요 없습니다. 네이버에 무료로 탑재돼 있는 하이큐 명언 모음, 하이큐 명장면 짤을 보여주시는 것이 효과적입니다. 하이큐는 수년간 ○○문고 베스트셀러입니다. 우리나라도 하루 빨리 높은 수준의 스포츠 문화 산업이 정착되기를 바랍니다. 배구 수업 시간에 기존의 아픈 배구공보다는 인터넷 쇼핑몰에서 구입할 수 있는 '하이큐 배구공'을 활용하면 일단 90%는 수업 성공입니다. 학생들이 서로서로 그 하이큐 볼을 먼저 소유하기 위해 난리가 납니다. 해보시면 압니다.

좋았던 Point

하나가 안 된다고 다른 것을 바라보기 싫었습니다. 그 목표에 도달하기 위해 조금 다양한 방식으로 우회했더니 학생들에게 배구라는 맛을 볼 수 있는 문턱까지는 안내할 수 있었습니다. 쉽게 배울 수 없는 배구라는 종목이지만, 어렵게 가르칠 필요는 없었습니다. 딱 정답이 될 수는 없었지만, 유사 답안으로 인정될 수 있도록 저 나름대로 재구성해낸 터에서 학생들은 즐겁게 놀고 땀을 흘렸습니다. 배9역까지 가면 좋지만 배7역까지만 가도 만족입니다. 그것으로도 족합니다. 학교의 체육 수업 시간을 운동 기능이 뛰어난 학생들이 많이 찾는 방과 후 배구 교실처럼 운영하고 싶지 않았습니다. 운동 기능이 떨어져서 늘 '소외'됐던 학생들에게 많은 기회를 줄 수 있어서 참 좋았습니다.

실제로 見견물생심

학생들이 직접 선택해
다양한 수업 참여를 유도하는
색다른 배구공

_

경기 방법의 변화는
체포자의 마음을
헤아려주는
둘도 없는 특효약

'배구수업 참가자격능력 검정시험 제작'으로 지루한 내용 전달의 **방 탈출**

웃으면서 풀어보고, 문제의 정답 맞춰보며 은근슬쩍 이론 수업하기

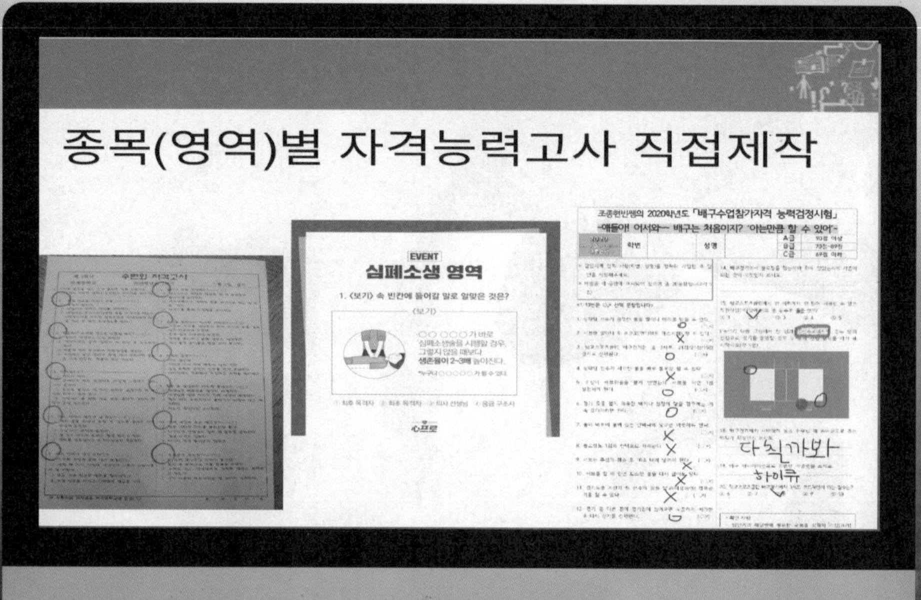

이것을 Why

선생님들은 체육 수업 안내 사항 및 수업 내용을 전달하거나, 체험 학습(수련회) 또는 학교 축제, 다양한 모의고사와 관련된 유의 사항을 전달할 때, 유인물을 만들어 학생들과 중요한 사항을 함께 읽으며 잊어서는 안 될 포인트들을 일방적으로 전달하곤 합니다. 하지만 조금 다른 방식이라면 어떨까 고민하게 됐습니다. 이왕 해야 한다면 약간 다른 스타일로 만들어보면 어떨까? 중요한 내용도 쉽고 간결하게, 무거운 주제도 부담감 없이 가볍게, (평가가 아닌 문항이기에) 웃으면서 각 문항을 풀어내는 과정이 가정통신문을, 유의 사항을 읽는 효과 이상이 되도록 작품을 만들고 싶었습니다.

학생들에게 이론 수업은 그냥 딱딱하고 재미없는 시간으로 치부됩니다. 학생들의 현재 수준을 한번 체크해보고, 앞으로 진행될 수업 종목과 연계된 문항을 풀어가면서 체육 이론 수업의 색다른 세상으로 학생들을 이끌어주세요. "그냥 운동장에 나가서 놀아요." 라고 말하는 학생들이 얼마나 많은 것을 모르고 있는지도 확인시켜주시고, 친구들 눈치보며 질문을 제대로 하지 못하는 학생들에게도 친절하고 꼼꼼한 선생님의 모습을 보여주세요.

준비는 Simple

(1) 종목별 이론 내용을 색다른 문항으로 변형시킨 '자격능력검정고사'

(2) 커피숍에서 앉아 자격능력고사를 만들어낼 수 있는 여유로운 두 시간

무엇을 How

(1) 수업 준비는 공연 준비입니다. 학생들과 함께 하는 공연을 위해 반드시 선생님의 시간 투자가 선행돼야 합니다. 너무 많은 문항으로 만들지 마시고, 20개 정도로 한 종목을 시작해보시는 것이 좋습니다.

(2) 모든 교과, 모든 영역에 적용할 수 있습니다. 조용한 음악을 틀어주고 학생들이 10분 정도의 시간 안에 문제를 풀 수 있도록 기다려줍니다. 짝과 바꿔 채점을 하고, 점수도 체크하게 해줍니다.

(3) 물론 학생들에게 중요한 경기 방법 및 규칙이 다시 언급되고 설명될 수 있도록 해야겠죠. 목적과 수단이 뒤바뀌는 일이 없도록 내용에도 조금 신경쓰시면 좋습니다. 한번 만들어 놓으시면 62세까지 사용 가능!

(4) 웃으면서 종목별 자격능력고사에 응시하는 학생들의 모습을 만나실 수 있을 겁니다. 킥킥 소리내고 웃으며 자격고사(=자격시험)을 보는 학생들을 많은 칭찬해주세요. 성적에 따라 자격을 부여해주시면 됩니다. '그랜드마스터, 마스터, 평민, 어쩔'과 같이요.

좋았던 Point

자격고사는 체육 교과 이론 수업의 혁명이었습니다. 이론 수업을 어렵게 준비하실 필요 없습니다. 학생들이 잘 모르는데 프로선수들이 멋지게 펼쳐내는 무의미하고 효과없는 하이라이트 동영상을 보여주실 필요 없습니다. 차분하게 커피 한 잔 하시면서 학생들이 꼭 알고 넘어가야 할 내용들을 재미있는 문항으로 하나하나 창작하시면 됩니다. 쓰레기통으로 바로 사라져 버리는 선생님표 수업 유인물이 아닌, 모두가 함께 소리내며 정답을 맞추는 흥겹고 신나는 과정이 펼쳐집니다. 한 단계 업그레이드하셔서 학생들에게 이론 문항을 만들어 오라고 하면 정말 재미있고 다양한 스타일로 '변형돼' 다시 돌아옵니다. 어차피 수업도, 안전도, 행사도 학생들과 함께하는 시간과 공간이기에 일방적인 주입식 전달이 아닌 소통하고 나누는 의미있는 자격능력고사 시간이 행복합니다. 혼자 하지 마시고 학생들에게 공을 던져주세요. 훨씬 수월하게 이 산을 함께 넘어설 수 있습니다.

실제로 통(通)물생심

조종현빈쌤의「배구수업 참가자격능력 검정시험」

얘들아! 어서와~ 배구는 처음이지? '아는 만큼 할 수 있어'

수업 많이 바꾸세요 - 조종현쌤 -	학번		성명		A급	90점 이상
					B급	70~89점
					C급	69점 이하

※ 답안지에 인적 사항(학번, 성명)을 정확히 기입한 후 답안을 작성해주세요.

※ 배점은 각 문항에 표시돼 있으며 총 20문항입니다(각 5점).

〈1–13번은 ○, × 선택 문항입니다.〉

1. 상대 팀 선수가 공격한 볼을 발이나 머리로 받을 수 있다. (○, ×)

2. 서브를 발이나 두 손으로 (언더핸드 패스처럼) 할 수 있다. (○, ×)

3. 학교 스포츠 클럽 배구 경기는 총 3세트, 21점/21점/15점 경기로 진행된다. (○, ×)

4. 상대 팀 선수가 서브한 볼을 바로 블로킹할 수 있다. (○, ×)

5. 주심이 서브 휘슬을 불지 않았는데 서브를 하면 1점 실점 처리된다. (○, ×)

6. 경기 도중 볼이 체육관 벽이나 천장에 닿을 경우에는 계속 플레이하면 된다. (○, ×)

7. 볼이 네트에 붙어 있는 안테나에 맞으면 아웃 처리된다. (○, ×)

8. 블로킹도 1회의 컨텍으로 처리된다. (○, ×)

9. 서브는 주심의 휘슬 후 10초 내에 넣어야 한다. (○, ×)

10. 서브를 할 때 한번 토스한 볼을 다시 잡아도 된다. (○, ×)

11. 경기 도중 자신의 팀 선수의 몸을 밟고(이용해) 점프 공격을 할 수 있다. (○, ×)

12. 경기 중 다른 볼이 경기장에 들어오면 노플레이 처리한 후 다시 경기를 진행한다. (○, ×)

13. 서브를 하는 서버를 제외한 모든 선수가 코트 안에 들어가 있어야 한다. (○, ×)

14. 배구 경기에서 블로킹을 했는지와 하지 않았는지의 기준이 되는 것이 무엇인지 쓰시오.

____

____

15. 학교 스포츠 클럽에서 한 세트에서 한 팀이 사용할 수 있는 작전 타임(=타임아웃)의 총 횟수로 옳은 것은?

① 1　② 2　③ 3　④ 4　⑤ 5

16~17. 다음 그림에서 한 팀의 ① 선수 교대 지역, ② 두 명의 선심으로 경기를 운영할 경우 두 명의 선심 위치를 각각 표시하시오 (각 5점).

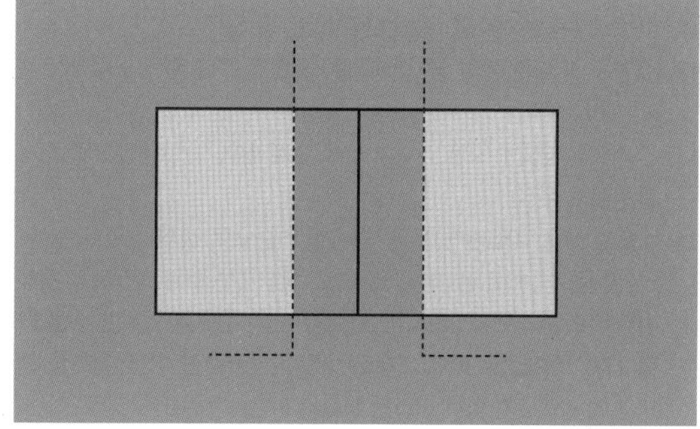

18. 배구 경기에서 서버에게 볼을 전달할 때 원바운드로 주는 이유가 무엇인지 쓰시오.

______

______

______

19. 배구 애니메이션으로 유명한 작품명을 쓰시오.

______

20. 학교 스포츠 클럽 배구 경기에서 3세트 코트체인지되는 점수는?

① 6 ② 7 ③ 8 ④ 9 ⑤ 10

※ 답안지의 해당란에 필요한 내용을 정확히 기입(표기)했는지 확인하시오.

정답

1. ○(배구는 온몸으로 컨택이 가능)

2. ×(Hit the ball with your dominant hand)

3. ○(학교스포츠클럽 배구경기는 총 3세트, 21점/21점/15점로 진행됨)

4. ×(블로킹은 상대팀의 서브를 제외한 공격 행위에 대해서만 가능)

5. ×(주심이 휘슬을 불지 않은 상태에서 서브를 넣었다면 다시 기회를 줌)

6. ×(경기 도중 볼이 체육관 벽이나 천장에 닿았을 경우에는 아웃 처리 됨)

7. ○(볼이 네트가 걸려 있는 안테나에 맞으면 아웃 처리 됨)

8. ×(블로킹은 1회의 컨택에서 제외됨)

9. ×(서브는 주심의 휘슬 후 8초 내에)

10. ×(주심의 서브허가 휘슬 후 토스후 잡게 되면 1 실점)

11. ×(물체나 동료 선수를 이용한 움직임은 안 됨)

12. ○(경기 중 다른 볼이 경기장에 들어오면 안전을 위해 노플레이 처리한 후 재경기)

13. ○(서버를 제외한 모든 선수가 코트 안에 들어가 있지 않으면 포지션 폴트로 실점)

14. 네트의 상단 백테(흰색 부분의 테)를 기준으로 신체의 일부(손, 머리, 팔 등)가 넘어왔는지를 기준으로 함(점프를 하는 과정에서 백테 위로 손이 올라오지 않았다면 블로킹 아님, 점프를 했지만 손을 올렸다가 고의적으로 백테 아래로 내렸다면 블로킹 아님, 점프를 해도 손이 올라오지 않는 키라면 블로킹 아님)

15. ② 2(매 세트 2회의 작전 타임이 가능함)

16. ①(선수 교대 지역은 각 팀의 어택 라인부터 지주까지의 공간, 부심이 체크하기 위함)

17. ②(선심은 주심을 기준으로 주심의 우측부터 1선심, 2선심, 3선심, 4선심으로 구분됨. 2명의 선심으로 운영되는 경기일 경우 홀수의 선심만 운영함)

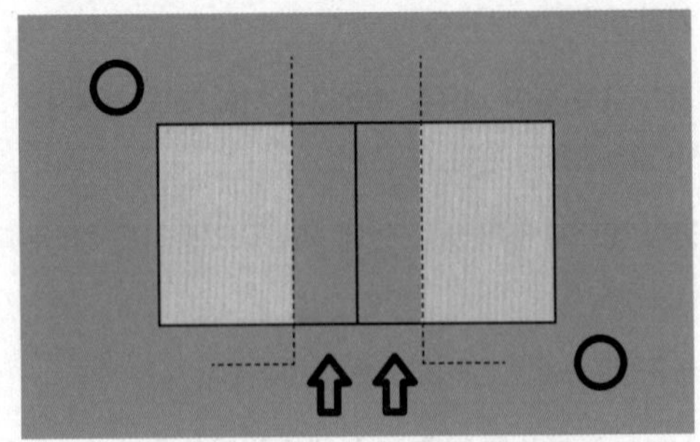

18. 선수들의 손가락 부상을 방지하기 위해 경기 중 준비된 서버에게 볼을 던져줄 경우에는 반드시 원바운드로 전달함.

19. 하이큐

20. ③ 8(모든 팀에게 공평한 기회를 부여하기 위함)

조종현빈샘과 함께하는 「체육 수업 참가 자격 능력 검정 시험」

※ 이 시험을 90점 이상 받은 학생들이 한 학급에 90% 이상 됐을 때 아름답게 준비된 인문적 체육 수업이 진행된다구(999)

평촌고등학교	학번		성명		점수	

1. 체육 수업 복장으로 올바른 것은?

① 상의, 하의 완벽한 운동복 복장에 메이커 슬리퍼를 장착한다.
② 하의는 운동복을 상의는 와이셔츠를 입는다.
③ '에라 모르겠다' 그냥 교복에 메이커 슬리퍼까지 장착한다.
④ 상의, 하의 운동복에 운동화를 신는다.

2. 갑자기 교실 수업을 하게 될 경우 해야 하는 행동은?

① "운동장 수업인 줄 알았다."라며 운동장에서 계속 기다린다.
② 친한 친구들을 모아 왜 교실에서 수업을 하는 건지 따지러 선생님에게 간다.
③ 필기 도구를 준비하고 자기 자리에 앉아 선생님이 오기를 기다린다.
④ 수업 종이 쳤음에도 TV를 시청하며 시끄럽게 논다.

3. 체육 시간 전 쉬는 시간에 해야 할 행동은?

① 교실에 있는 의자를 연결해 붙여 누워 편히 잠을 잔다.
② 당장 매점을 달려가서 맛있는 과자와 음료수를 사 먹는다.
③ 스마트폰을 꺼내 친한 친구와 게임 대결을 한다.
④ 체육 시간에 늦지 않도록 서둘러 활동복 및 운동복으로 갈아입고 체육 수업 장소로 간다.

4. 쉬는 시간에 체육 수업 장소에 도착했을 때 해야 할 행동은?

① 주변에 공이 있는지 확인한 후 친구들이랑 공을 가지고 신나게 논다.
② 체육부장과 함께 수업 대열을 만들고 준비운동을 실시할 준비를 한다.
③ 벤치에 앉아 수다를 떨거나 휴대폰 게임을 한다.
④ 수업 대열을 만들고 있는 친구들에게 시비를 걸거나 장난을 친다.

5. 체육 수업 시 학생의 태도로 올바른 것은?

① 껌을 씹으면서 수업을 듣는다.
② 사탕을 빨면서 수업을 듣는다.
③ 주머니에 있는 과자를 몰래 꺼내 친구들이랑 먹는다.
④ 수업 시간이므로 과자를 먹지 않고 수업에 집중한다.

6. 체육 수업 시 준비운동에 임하는 자세로 올바른 것은?

① 체육부장이 앞에 나와서 시범 보이는 것을 보며 비웃는다.
② 체육부장과 함께 동작 하나하나에 적극적으로 열심히 참여한다.
③ 열심히 하는 척하다가 체육 선생님이 안 볼 때 가만히 서 있는다.
④ 준비운동하면서 옆에 있는 친구랑 대화를 하거나 장난을 친다.

7. 몸이 아픈 날 취해야 할 행동은?

① 체육 수업 전에 미리 체육 선생님께 말씀드리고 보건증을 받아 보건실에서 편하게 쉰다.
② 수업이 시작한 후에 체육쌤에게 아프다고 말한다.
③ 몸이 아프다며 벤치에 앉아 있다가 갑자기 괜찮다며 체육 수업에 참여하겠다고 한다.
④ 아프니까 벤치 앉아서 휴대폰 게임이나 메신저를 한다.

8. 체육 수업 중 친구랑 부딪혔을 때 올바른 행동은?

① 온갖 욕설과 비난을 하며 주먹으로 마구마구 때린다.
② 화가 나므로 자리를 벅차고 밖으로 나가버린다.
③ 다음에는 나도 똑같이 부딪힐 거라고 복수의 다짐을 한다.
④ "괜찮아?", "미안해"라는 따뜻한 말을 건넨다.

9. 체육 수업 중 환자가 발생했을 때 올바른 행동은?

① 경기를 중단하고 체육 선생님에게 도움을 요청한다.
② '꼴보기 싫었는데 다행이다.'라며 속으로 통쾌해 한다.
③ 이겨야 하므로 그냥 무시하고 계속 경기한다.
④ '별거 아닌데 환자인 척한다.'며 어이없어한다.

10. 체육 수업 중 모둠을 자유롭게 정해야 할 때 올바른 행동은?

① 운동을 잘하는 사람하고만 모둠을 구성하려고 잔머리를 쓴다.
② "저 친구는 운동을 못하니까 우리 모둠으로 선택하지 말라."고 큰소리친다.
③ 저 친구랑 모둠하기 싫다며 서로 안 데려가겠다고 선언한다.
④ 모둠이 공정하게 구성될 수 있도록 모두가 적극적으로 참여한다.

11. 체육 수업 중 선생님의 시야에 벗어나 아무도 자신을 볼 수 없는 상황에서 올바른 행동은?

① "아싸 선생님이 나 못 본다."라며 엉덩이 춤을 추면서 신나 한다.
② 선생님의 시야에 벗어났으므로 자연스럽게 휴식을 취한다.
③ 옆에 있는 친구랑 체육 수업과 무관한 장난을 친다.
④ 선생님이 있든 없든 신경쓰지 않고 배운 내용에 최선을 다해 참여한다.

12. 체육 용품 및 기구 사용에 대한 올바른 행동은?

① 배구공을 신나게 발로 찬다.
② 농구공을 신나지 않게 발로 찬다.
③ 선생님이 없을 때, 무거운 농구대를 마음대로 설치한다.
④ 축구공은 발, 배구공 및 농구공은 손을 사용한다.

13. 체육 수업 중 남녀 간 취해야 할 행동으로 올바른 것은?

① "남학생이면서 운동을 그것밖에 못하냐."라며 무시한다.
② "여학생이랑 같이 수업하면 재미없다."라며 짜증낸다.
③ 실수했을 때 한숨을 쉬거나 비난과 질책을 보낸다.
④ 남녀간 서로 배려하고 존중하며 화합적인 분위기로 체육 수업에 참여한다.

14. 경기 중 취해야 할 행동으로 올바른 것은?

① "우리 팀이 큰 점수 차로 지고 있다."라며 미리 결과를 단정 짓고 소극적으로 참여한다.
② "경기가 원하는 대로 잘 풀리지 않아서 하기 싫다."라며 경기장 밖으로 나간다.
③ 경기에 지고 있더라도 결과보다는 과정이 중요하므로 마지막까지 최선을 다해 참여한다.
④ 하기 싫은 종목이므로 하기 싫은 티를 팍팍 내며 수업 분위기를 저하시킨다.

15. 페어플레이 정신을 실천한 학생은?

① 가가: "경기 중 땀 냄새가 심하다."라며 멀리 가라고 "가가."한다.
② 나나: "내가 운동을 가장 잘하므로 나한테만 공을 주라."고 "나나."한다.
③ 다다: 우리 팀원 모두 다다 참여해 득점에 기여할 수 있도록 공격 기회를 양보한다.
④ 라라: 상대 선수가 나랑 부딪혀서 넘어졌을 때 이를 기회로 삼아 룰루라라 득점을 시도한다.

16. 경기 중 득점했을 경우 올바른 행동은?

① 나의 실력과 성과를 만끽하기 위한 세리머니를 얄밉게 홀로 실시한다.
② 상대 팀의 사기를 저하시키기 위해 비하하는 제스처를 취해 약을 올린다.
③ 득점이 나 혼자 이루어진 것이 아니라 팀원의 도움과 협조로 이루어진 것이므로 함께 모여 세리머니를 한다.
④ 나의 득점 기회를 가져가 득점을 한 것이므로 마음속으로 그 사람을 시기, 질투한다.

17. 체육 시간에 파트너가 열심히 참여하지 않을 경우 해야 할 말로 올바른 것은?

① "우리 이번 시간 제대로 한번 해보자! 나 이거 잘 해보고 싶어. 좀 도와줘!"
② "너 뭐하냐? 야, 그냥 하지 마라. 제대로 하지도 않고 짜증나네!"
③ "야이 xx야! 너는 도움이 안 돼. 그냥 꺼져!"
④ "야 제대로 좀 하라고. 아오! 선생님한테 말한다!"

18. 체육 수업 중 용 · 기구 설치 및 정리 시 학생의 태도로 올바른 것은?

① 누군가가 네트를 설치 및 정리해주기만을 한없이 기다리지 않고 모두가 참여하도록 적극적으로 나선다.
② 무거운 것을 옮길 때 얄밉게 힘을 주는 척만 한다.
③ 농구대를 옮길 때 타잔인 듯 위에 올라타며 장난친다.
④ 공을 가지고 놀고 있거나 옆에 친구와 장난친다.

19. 체육 수업 종료 시 학생의 태도로 올바른 것은?

① "언제 끝나요?"라고 계속 물어보며 투정을 부린다.
② 어두운 표정으로 인상을 쓰며 선생님을 째려본다.
③ 담당 선생님께 말씀드리지 않고 마음대로 체육 활동을 시작한다.
④ 쉬는 시간을 이용해 좀더 하고 싶으니 체육 선생님께 양해를 구한 후 진행한다.

20. 체육 선생님이 강조하는 인성 교육 문구로 <u>틀린</u> 것은?

① 모진 마음 ② 멋진 행동
③ 밝은 표정 ④ 고운 말씨

정답

1. ④	2. ③	3. ④	4. ②	5. ①
6. ②	7. ①	8. ④	9. ①	10. ④
11. ④	12. ④	13. ④	14. ③	15. ③
16. ③	17. ①	18. ①	19. ④	20. ①

「JS 김정섭 선생님과 함께하는 체육 수업 참가 자격 능력 시험(상급)」

* 본 시험의 성적 중 80점 이상 맡은 학생이 한 반에 90% 됐을 때 실질적인 본 수업을 진행합니다.

출제 위원: 김정섭 (인)

갈뫼중학교	학번		성명		점수	

김정섭 선생님의 수업을 듣고 상황에 맞는 수업 참가 자격과 관련된 문제를 풀도록 합니다.
총 1~20번(19, 20번은 논술형)

1. 체육 시간 도중 화장실이 급할 때 가정 먼저 해야 할 행동은?

① 한 번 참는다.
② 바지에 싼다.
③ 그냥 화장실로 간다.
④ 선생님에게 허락을 맡는다.

2. 체육수업 도중 환자가 발생했다면?

① 위로해준다.
② 못 본 척한다.
③ 선생님에게 환자 발생을 알린다.
④ 웃음을 참지 못하고 그냥 웃는다.

3. 체육수업이 있는 날 체육복을 안 가져온 날에는 어떻게 해야 하나?

① 선생님에게 환자라고 미리 이야기한다.
② 뻔뻔하게 교복을 입고 수업을 듣는다.
③ 다른 반에 가서 빌려 입는다.
④ 빨았다고 거짓 진술을 한다.

4. 체육복을 입는 방법으로 옳은 것은?

① 와이셔츠 위에 체육복을 입는다.
② 빨리 입기 위해 교복 위에 입는다.
③ 체육복을 입고 교복을 위에 입는다.
④ 교복은 벗고 순전히 체육복만 입는다.

5. 교복을 입고 체육복을 입은 학생과 같은 사연은?

① 찜질방의 옷을 훔쳐 입은 경우
② 청바지 입고 수영복을 입은 경우
③ 장례식장에 흰색 옷을 입은 경우
④ 크기가 맞지 않은 옷을 입은 경우

6. 잘하는 학생이 시범을 보이다 실수를 해 웃긴 상황에 웃는 방법은?

① 그동안 웃지 못한 웃음을 모두 웃는다.
② 다시는 시범을 보이지 못하도록 비웃는다.
③ 다쳤는지 확인 후 안 다쳤을 경우 웃는다.
④ 선생님의 반응을 본 후 웃어도 되는 상황인지 확인 후 웃는다.

7. 운동장 수업 도중 선생님의 시야에 가려져 아무도 안 보는 상황에 할 수 있는 행동은?

① 잠시 휴식을 취한다.
② 모든 동작을 멈추고 그대로 서 있다.
③ 이때가 기회이기 때문에 학생들과 장난을 한다.
④ 아무도 바라보고 있지 않을 때 더욱 열심히 한다.

8. 갑자기 교실수업을 하게 될 경우 해야 하는 행동 은?

① 화장실에 숨어 있다 교실에 들어간다.
② 체육책을 준비하고 교실에서 선생님을 기다린다.
③ 운동장 수업인 것으로 알았다고 하고 운동장에 서 있는다.
④ 왜 교실에서 하는지 선생님에게 따지러 교무실로 찾아간다.

9. 선생님이 체육 수업의 모둠을 자유롭게 정하라고 할 때 해야 할 일은?

① 웃는 얼굴을 하고 적극적으로 학생들을 모아 팀을 구성한다.
② 어느 모둠이 높은 점수를 받을 수 있는지 고민한다.
③ 누군가 나를 뽑기를 느긋하게 기다려 본다.
④ 가장 친한 친구가 누구인지 생각해 본다.

10. 체육 시간 칭찬받아 마땅한 학생이 아닌 경우는??

① 연습에 성공한 학생에게 '와우 대단하다! 넌 내가 본 학생 중에 제일 잘하는 것 같아!'라고 극찬한 경우
② 패스연습 도중 파트너의 실수로 다른 곳으로 날아 간 공을 재빠르게 '미안해! 내가 잘못 보냈어! 내 가 주어올게'라고 한 경우
③ 연습을 등한시 하는 학생에게 '○○(삐~)야! 지금 장난하냐! 어디서 정섭쌤 수업시간 농땡이야! 똑바로 해라! 죽는다!'라고 한 경우
④ 운동신경이 부족한 학생의 앞에서 못하는 척 실수 하는 모습을 보여 주다. 성공한 모습을 보여주며 '나도 못했는데, 정섭쌤 말 듣고 그냥 최선을 다했 더니 이젠 잘하게 됐어!'라고 한 경우

11. 선생님과 눈을 마주쳤을 때 가장 먼저 해야 할 행동은?

① 쌩깜 ② 무시 ③인사 ④ 모른 척

12. 다음 보기 중 바람직한 행동을 한 학생을 모두 고르면?

보기

- 백호: 다칠 것을 예방하기 위해 선생님이 시키는 준비운동을 철저하게 실시한다.
- 대만: 우리 반의 단합을 위해 못하는 종목의 수업을 할 때 열심히 하지 말자고 선동을 한다.
- 태웅: 날씨가 쌀쌀해 감기에 걸릴 것을 대비해 교복 위에 체육복을 입는다.
- 치수: 밥 먹고 입 냄새가 심해 다른 사람을 배려하기 위해 껌을 씹고 수업을 받는다.

① 백호 ② 백호, 대만
③ 백호, 대만, 태웅 ④ 백호, 대만, 태웅, 치수

13. 경기 중 부상자가 발생해 할 수 있는 행동이 아닌 것은?

① 부상자가 발생한 상황을 기회 삼아 경기에 몰입한다.
② 어느 정도 아픈지 확인 후 크게 안 다쳤다면 위로를 해준다.
③ 선생님 혹은 심판에게 부상자가 발생했다고 잠시 경기를 중단한다.
④ 의식과 호흡이 없다면 119에 신고하도록 지시하고 학교 내 AED를 찾아 가져온다.

14. 운동 경기 시합 중 득점을 했을 경우 가장 올바른 행동은?

① 나의 실력의 성과를 만끽하기 위해 홀로 세리머니를 한다.
② 상대의 기를 죽이기 위해 상대를 향해 비하하는 제스처를 실시한다.
③ 득점은 나 혼자가 아닌 우리의 모두 협업해 득점을 했기 때문에 모두가 한자리에 모여 세리머니를 한다.
④ 마음속으로는 기쁘지만 당연한 결과라고 보이기 위해 평소처럼 가만히 있고 살짝 웃는 얼굴만 표현 한다.

15. 체육 시간에 인성이 부족한 학생을 모두 고르면?

① 욕하는 학생
② 행동이 과한 학생
③ 표정이 좋지 않은 학생
④ 묵묵히 최선을 다하는 학생

16. 정섭이가 체육 시간 연습 중 파트너가 열심히 하지 않을 경우 해야 하는 말은?

① (웃는 얼굴로) 정섭아! 우리 이번 시간 제대로 한 번 해보자! 나, 이거 잘해보고 싶어! 좀 도와줘!
② (무표정으로) 정섭아! 연습 제대로 안 하면 선생님에게 말한다. 똑바로 하자!
③ (화난 표정으로) 야이~ ○○(삐~)야! 똑바로 해라!
④ (웃는 표정으로) 정섭아! 수업 끝나고 뒤뜰로 따라 와!

17. 배드민턴 수업 시간 라켓을 가져오지 않았을 경우 하지 말아야 할 행동은?

① 다른 반 학생에게 빌려서 나간다.
② 배드민턴 수업이 아닌 줄 알고 그냥 나간다.
③ 미리 쉬는 시간마다 체육관을 돌아다녀 누가 놓고 간 라켓을 사용하고 다시 제자리에 놓는다.
④ 탁구 라켓이라도 가져가서 선생님에게 준비물을 가 져오기 위해 나름 최선을 다했다고 말씀드린다.

18. 야외 수업 시 신발을 준비하지 못해 실내화를 신고 있었을 경우 해야 할 행동은?

① 맨발 상태에 죄송한 표정으로 선생님에게 신발을 가져오지 못했다고 사실대로 말씀드린다.
② 걸리지 않도록 학생 뒤에 숨어 실내화를 신고 수업을 받는다.
③ 신발을 준비 못 한 다른 학생들을 선생님에게 일러 주의를 분산시킨다.
④ 실내화를 쉬는 시간 색칠을 해 운동화처럼 만든다.

[19~20] 논술형 문제

19. 수업시간 자신의 열정을 높이기 위해 할 수 있는 혼잣말의 종류를 세 가지 쓰시오.

예 난 할 수 있어!
(1) ______________________
(2) ______________________
(3) ______________________

20. 김정섭 선생님에게 어떠한 행동을 해야 칭찬받아 자존감이 높아져 사회에 나아가 성공할 상황을 두 가지 쓰시오.

____
____
____
____

「JS 체육 수업 참가 자격 능력시험(상급)」 문제 풀이

1. ① 한 번 참는다. 그럼에도 불구하고 급하다면 선생님에게 허락을 받는다.

2. ③ 환자가 발생했다면 무조건 선생님에게 알린다. 대처하지 못하고 환자한테 가서 "괜찮아?"는 아무 소용없다.

3. ③ 수업 준비에 실패는 혼나는 것을 준비하는 것이다. 어떻게든 수업 준비를 하고 다음 상황에 대처해야 한다.

4. ④ 교복을 입고 체육복을 입은 것은 잘못 입은 학생이다. 순전히 체육복만 입어야 하며, 추울 경우 체육복이 보이는 조건으로 겉옷의 외투를 허용한다. 단, 손이 차가울 경우 장갑도 허용하지만 벙어리장갑 및 스키장갑은 불허한다.

5. ② 교복을 입고 체육복을 입은 것은 청바지 위에 수영복을 입은 것과 같은 상황이다. 절대 하지 말아야 할 행동 중에 하나 이다.

6. ④ 상황판단을 잘하고 웃어야 한다. 선생님의 반응을 확인하고 웃어야 한다.

7. ④ 아무도 바라보고 있지 않을 때 열심히 하는 것이 진정으로 열심히 하는 것이다.

8. ② 상황에 따라 운동장, 체육관, 교실, 다목적실 등 어디서 수업을 해야 할지 선생님도 모르는 경우가 발생할 수 있다. 선생님도 모르는데.. "운동장에서 할 줄 알았어요! 그래서 교과서 안 갖고 왔어요."는 하지 않는다. 체육수업이 들어 있는 날은 무조건 교과서와 체육복을 갖고 온다.

9. ① 모둠을 편성할 때는 웃으면서 적극적으로 팀을 구성해 인원에 맞도록 정하고, 가능하다면 빠르게 모둠에서 리드를 할 사람에게 "우리를 리드해줘! 내가 잘 도와주고 잘 팔로우할께!"라고 말한다.

10. ③ 자신의 감정을 걸림 없이 전달하는 것은 바람직하지 못하다. 따라서 칭찬받을 수 없는 행동이다.

11. ③ 기본 중에 기본이다. 눈을 마주쳤거나 선생님이 지나간다면 인사를 해야 하고, 인사해서 손해 볼 것은 1도 없다.

12. ① 선생님의 지도에 준비운동을 해야 한다. 준비운동을 제대로 하지 않는다면, 운이 좋아서 안 다치는 것이다.

13. ① 경기에 너무 몰입한 나머지 부상자가 발생해도 경기를 지속하는 경우가 발생할 수 있다. 환자보다 우선해서는 안 된다.

14. ③ 득점은 모두의 성과이지 혼자의 성과가 아니다. 따라서 절대 혼자 즐거워하거나 홀로 세리머니를 해서는 안 된다.

15. ①, ②, ③: 욕을 하거나 행동이 과하다면 감정이 나빠지거나 다칠 수 있다. 또한 표정이 좋지 않으면 같이 하는 사람의 기분이 좋지 못하다. 따라서 인성이 부족하다고 판단되며, 묵묵히 최선을 다하는 학생은 인성이 좋은지 나쁜지 알 수 없다.

16. ① 말을 할 때 표정은 엄청난 에너지와 효과를 동반한다. 다른 사람에게 큰 전달의 메시지를 주기 위해서는 웃는 표정으로 의사를 전달해야 한다.

17. ② 무책임한 행동보다 최선을 다하는 모습은 용서가 될 수 있다. 따라서 준비가 되지 않았다면 최대한 할 수 있는 것을 다하고 그럼에도 불구하고 준비가 되지 않았다면 자신의 인성과 역량을 발휘해야 한다.

18. ① 실내화와 실외화는 건강과 위생을 위해서 반드시 지켜야 할 도리이다. 만약 신발을 못 신고 왔다면 최소한의 성의를 보이는 것이 예의 있는 행동이라 하겠다.

19. 예 힘내자!, 실패는 두렵지 않아!, 아자 아자!

20. 예 매사에 적극적으로 웃으면서 행동한다. 힘들어하는 학생들을 도와준다.

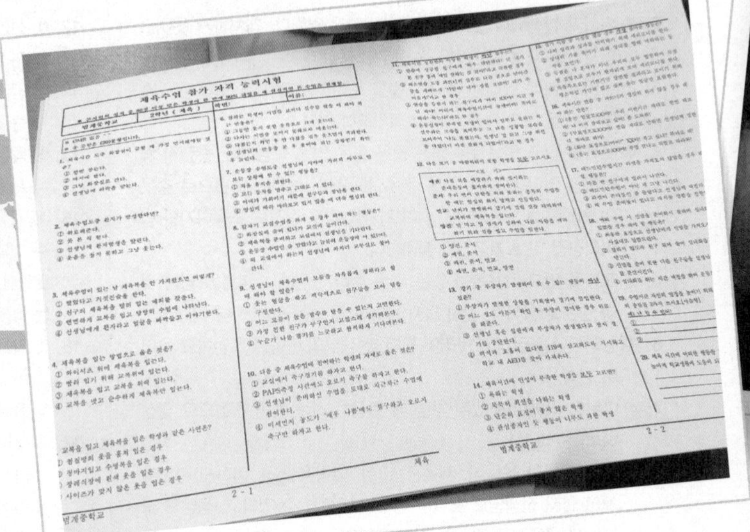
체육수업 참가 자격 능력시험

장기 기억을 유도하기 위한 체육 교과서 활용 자격 능력 시험의 힘

체육

무거운 교과서를 가벼운 교과서로!

모두의 배구 마블

이것을 Why

교과서 중 가장 두꺼운 책은 체육 교과서입니다. 벽돌보다 무거운 교과서이고 중학교에서는 3년간 사용해야 하는 교과서이기 때문에 2학년 중반부터는 어디로 도망갔는지 모르는 교과서입니다. 학창 시절 체육 교과서를 한 번도 본적 없는 경우도 있을 것입니다. 체육은 '삶의 질 향상'을 목적으로 있는 교과인데, 삶의 질을 몸으로만 배우는 것이 아닌 눈으로, 마음으로, 글로, 그림으로, 귀로 배워야 하지 않을까요? 체육 교과뿐 아니라 학생들이 교과서를 다양하게 활용해 흥미, 의미, 재미를 경험할 수 있도록 수업을 구성해야 합니다. '모두의 배구 마블' 수업을 통해 배구를 좀 더 재미있게 만나볼 수 있었으면 합니다.

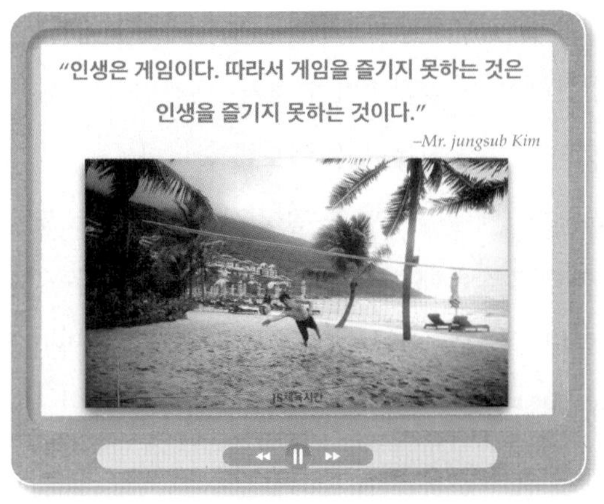

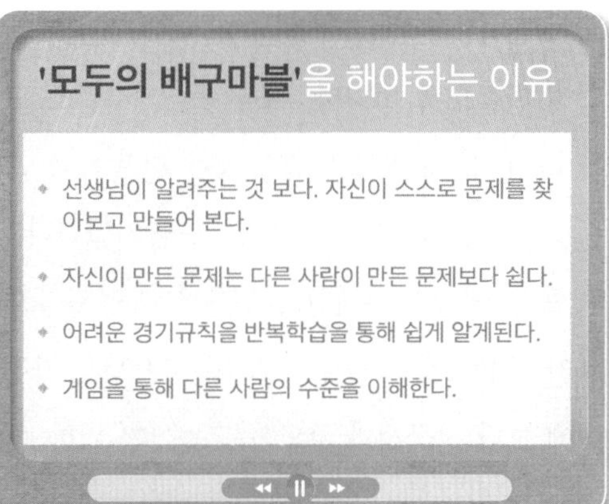

'모두의 배구마블'을 해야하는 이유
선생님이 알려주는 것 보다. 자신이 스스로 문제를 찾아보고 만들어 본다.
자신이 만든 문제는 다른 사람이 만든 문제보다 쉽다.
어려운 경기규칙을 반복학습을 통해 쉽게 알게된다.
게임을 통해 다른 사람의 수준을 이해한다.

준비는 Simple

(1) 규칙이 간단하고 쉽게 다가갈 수 있도록 준비

(2) 학교에서 특별한 준비물 없이도 가능한 수업

(3) 모두의 마블 수업 준비물

① 행정실에 비치된 메모지 ② 체육 교과서

③ 주사위, 공기, 제기 등 ④ 두꺼운 판(하드보드지)

'모두의 배구 마블' 게임 방법은 세가지만 학생들이 준비하도록 하면 됩니다.

첫째, 문제 만들기입니다. 교과서에서 배구와 관련된 내용으로 한정 지어 페이지의 제한을 두고 3개의 문제를 만들도록 합니다. 3개의 문제는 세 가지의 난이도로 1난이도는 누구나 쉽게 풀 수 있는 문제를 만들고, 2난이도는 1시간 정도 공부를 해야 풀 수 있는 문제, 3난이도는 배구에 대해 깊이 알아야 풀 수 있는 문제를 만들도록 합니다. 문제의 형식은 ○×,단답식, 객관식(5지 선다형) 등으로 예시를 들어 설명해줍니다. 추가로 선생님이 학생들에게 꼭 필요한 문제를 만들어 모둠별 1~3개 정도 제시하는 것이 좋습니다.

둘째, 10초 페널티 만들기입니다. 벌칙으로 10초 안에 수행할 수 있는 긍정적인 페널티를 생각해 만들도록 합니다. 예를 들어, 사랑스럽게 윙크하기, 사랑해 3번 외치기, 대한민국 만세삼창 하기, 10초간 댄스 타임 등을 만들어 수업의 흥미와 재미를 높일 수 있도록 합니다.

셋째, 자신의 오브제인 '말' 만들기입니다. 오브제란, 예술작품에 쓴 일상 생활용품이나 자연물 또는 예술과 무관한 물건을 본래의 용도에서 분리해 작품에 사용함으로써 새로운 느낌을 일으키는 상징적인 물체를 말하는 것으로, 자신을 알릴 수 있는 의미 있는 물건을 사용해 게임 참여에 보다 적극성과 주도성을 높이기 위한 방법 중 하나입니다.

문제를 만들기 예시는 다음과 같습니다.

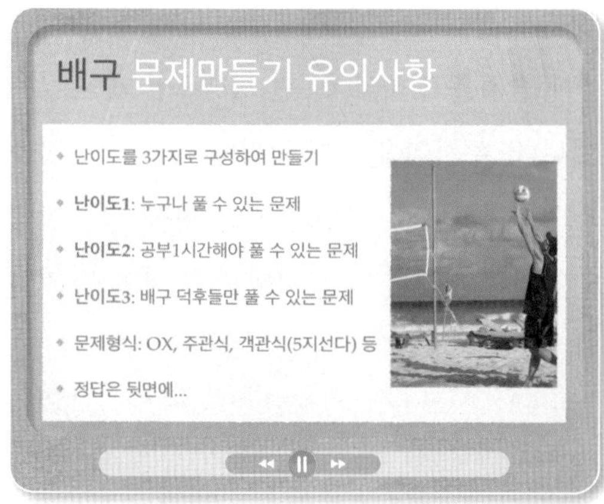

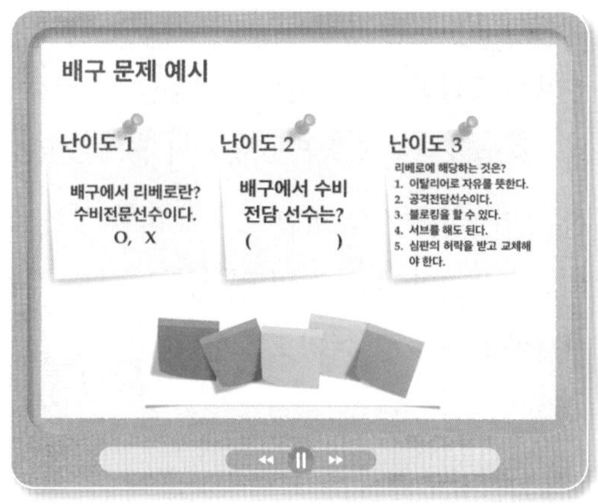

한 학생이 개인당 문제용 붙임딱지 3장과 P(10초 페널티)용 1장을 받아 총 네 가지를 수행해야 합니다. 문제의 정답은 붙임딱지의 뒷장에 답을 작성합니다. 답에 대한 해설이 필요하다면 해설까지 작성하도록 합니다. 10초 페널티는 앞장에 'P'라고 작성하고, 뒷장에 페널티에 대한 설명을 작성합니다. 네 가지를 수행하는 시간은 약 10분에서 15분 정도 소요됩니다. 모두 작성했다면 4~5명을 한 모둠으로 편성해 자리의 위치를 모두 마주보고 앉도록 합니다. 모둠의 장을 선정해 모둠 장은 선생님이 나눠주는 게임판을 받고 붙임딱지 한 장을 추가로 받아 점수판의 용도로 문제를 푼 학생을 체크합니다. 한자의 바를 정(正)으로 기록해 게임이 종료되면 자신의 수행 수준을 판단하도록 합니다.

선생님이 나눠준 게임판에 문제와 P(페널티)를 붙여 게임판을 만들도록 합니다.

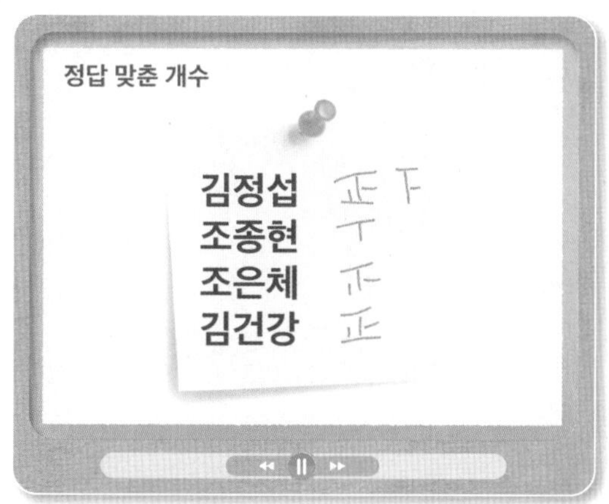

▲ 점수판: 모둠원의 문제 푼 횟수를 체크함.

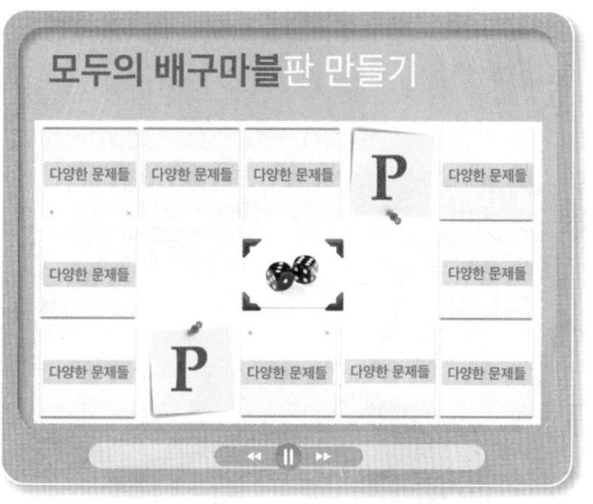

▲ 게임판 예시: 2명이 만들었을 경우, 5문제를 만들고 5개의 문제와 자신의 P(페널티)를 붙임.

게임의 시작은 가위바위보 또는 모둠 장이 시작하도록 합니다. 자신의 P(페널티)에 본인의 오브제를 올려놓고 오른쪽으로 이동할지, 왼쪽으로 이동할지를 정하고 한 번 정했으면 계속 같은 방향으로 오브제의 말을 이동시켜 문제를 풀도록 합니다. 주사위를 던져 숫자에 나온 만큼 이동하고 이동한 문제를 풀어 맞추면 모둠 장은 점수판에 기록합니다. 해당 문제는 직접 만든 학생이 모둠원들이 들을 수 있도록 읽고, 다른 학생들도 경청해 자신이 그 문제를 풀게 되면 잘 기억했다가 문제를 풀 수 있도록 합니다.

좋았던 Point

미세먼지 심한 날, 갑작스런 교실 체육 수업, 비오는 날, 급히 수업 교환 된 날에 최적의 수업입니다. 하지만 준비돼 있지 않으면 망합니다. 체육 수업에서 실기 위주의 수업을 하다 보면 체육 교과서를 1년 동안 한 번도 들춰보지 않게 됩니다. 특히 지필 평가를 실시하지 않고 수행평가의 비율이 늘어나고 있어 교과서의 활용 빈도는 더욱 줄어들고 있습니다. 여러 매스컴을 통해 체육 교과서의 존폐 위기를 다룬 내용에 대해 들어본 경험이 있습니다. '모두의 배구 마블' 수업은 교과서 활용의 가장 우수한 방법이라 생각됩니다. '모두의 농구 마블', '모두의 축구 마블', '모두의 배드민턴 마블'로 변형될 수 있습니다. 체육 교과뿐 아니라 모든 교과에 활용된다면 학생 주도의 더욱 재미있는 수업이 진행될 것입니다. 원격 수업으로 학생들이 등교하지 못할 경우에는 주사위 대신 '온라인 돌림판'을 활용하고, 실시간 쌍방향 수업 방식으로 소그룹방을 활용해 다양한 마블 수업을 진행했습니다. 재미만 있다면 직접 대면하지 않아도 다양한 놀이에 즐겁게 열중하는 학생들을 비대면으로 만나볼 수 있습니다.

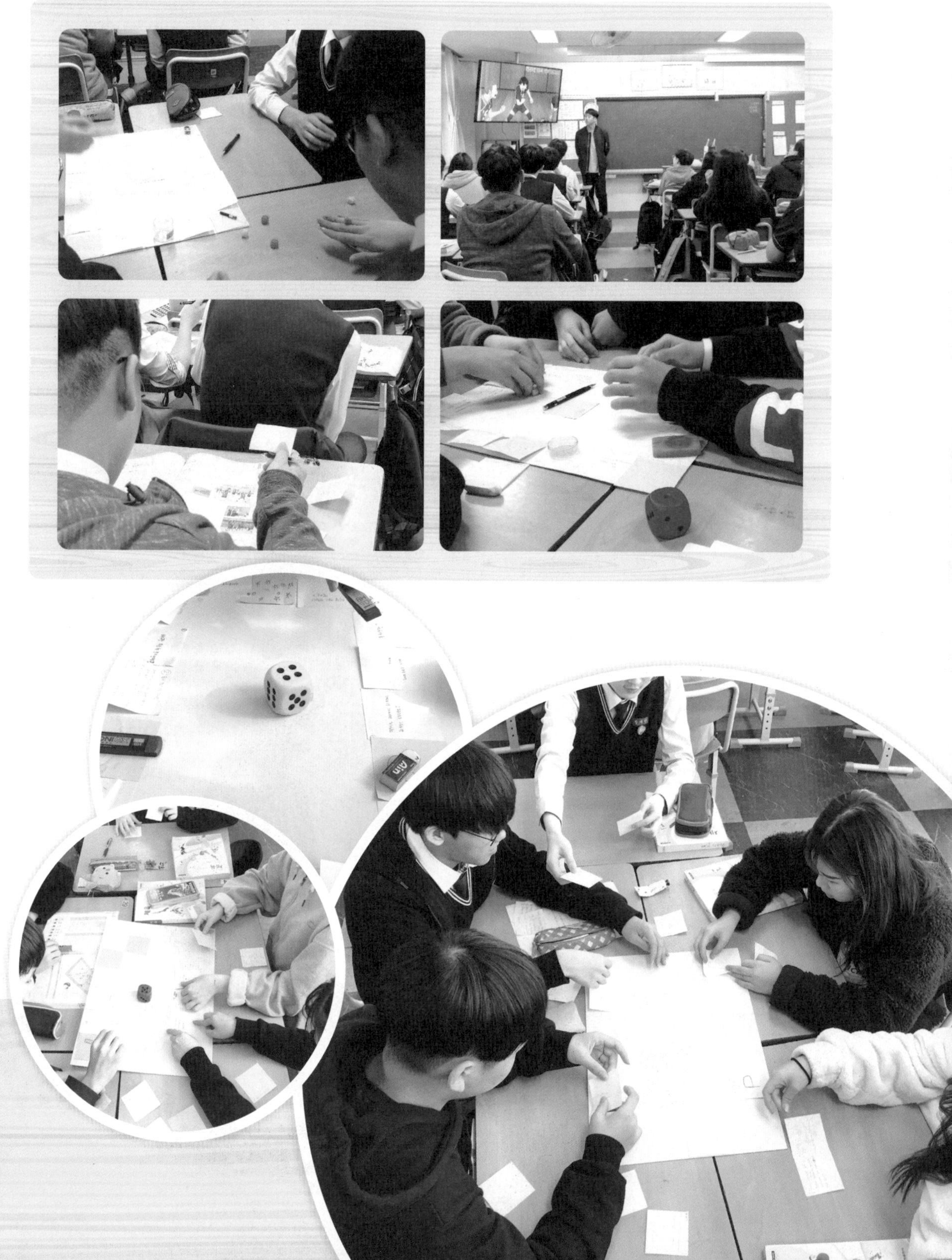

마을과 마을을 스포츠로 연결한 상고초려 4호선 배우구리그

우리 동네 구석구석을 잘 살펴 학생들의 멋진 스포츠 터 만들어주기

안산시청 산하 안산도시공사에서 안산 시민이 사용할 수 있는 체육시설을 대관하고 있습니다. 매월 초 오픈되는 홈페이지 예약창에 선착순으로 시간을 선점하면 사용할 수 있죠(어떤 사람들이/어떤 종목으로/어느 체육관을/어느 시간대에 사용하는지도 클릭 한 번으로 확인해볼 수 있습니다). 06:00~10:00, 10:00~14:00, 14:00~18:00, 18:00~22:00 4개의 타임블럭으로 신청할 수 있고, 4시간에 42,000원입니다. 10%의 세금을 포함하는 경우, 46,200원이면 4시간 동안 사용할 수 있습니다(4시간 동안은 어느 누구도 그 공간에 간섭할 수 없어요). 대략 30명 정도의 학생들이 함께 사용한다고 보면 학생 한 명당 1,500원 내고 4시간 동안(시간당으로 계산하면 개인당 400원 정도) 누구의 눈치도 보지 않고 자유롭게 사용할 수 있습니다. 학생들은 십시일반을 선택합니다. 학교를 사용하지 돈까지 내고 외부 시설을 이용하냐고요? 만약 당신이 학생이라면 학교와 이곳 중 어느 곳을 선택하겠습니까?

자, 우리 다같이 학교로 한번 들어가보죠. 학교에서 방과 후 학교라는 틀 없이 4시간 동안 운동을 한다고 가정해볼게요. 체육 교사, 행정실장, 교감, 교장 또는 학교를 사용하는 생활 체육 동호회, 학교 운동부 등 이런저런 이유로 체육관의 사용을 기피하는 어두운 그림자(학생들의 표현) 라인업을 거침없이 이겨내기가 쉽지 않습니다. 또한 그곳에 '배구를 좋아하는 지도교사가 함께 있어야 한다(임장지도)'라는 아주 큰 장애물을 넘어야 합니다. 학생들은 이러한 과정을 거치면서 다양한 상처를 받습니다. 어쩌면 체육 교사들은 "학교의 주인이 너희들만이 아니잖니?", "어쩔 수 없으니 포기해라.", "선생님들 배드민턴 치신다는데?"와 같은 말로 학생들에게 실망감을 안겨주진 않았는지 돌아봐야 합니다. 핑계를 만들면 한도 끝도 없고, 해보려고 한다면 어떻게든 하게 됩니다. 배구 4시간 하기가 실로 하늘의 별따기와도 같죠. '배구'라는 자리에 여느 운동을 대치한다고 해도 결과는 마찬가지일 것이다. 학교 체육을 활성화하거나 학교 체육을 생활 체육과 연결시키기 위해서는 학교를 과감히 벗어날 필요성이 있습니다. 학교에 너무 얽매이지 말고 주위를 둘러보세요. 학교라는 작은 울타리에 머물러 있지 말고 움직여보세요. 지역 사회의 인프라를 직접 찾아보세요. 노크해보세요. '우는 아이에게 젖을 준다.'는 옛말처럼 둘러보고, 찾아보고, 알아보면 발견할 수 있습니다. 지역 사회에 노다지가 있습니다. 두려워하지 말고 학교 주변을 스캔해보세요. 누군가 숨겨놓은 보물을 찾기 위해 힘찬 발걸음을 떼보세요. 내가 걸은 만큼만 학생들에게 나눠줄 수 있습니다. 이제는 마을과 함께하는 마을 교육이 돼야 합니다. 한 아이를 키우기 위해서는 마을이 함께 움직여야 합니다.

준비는 Simple

(1) 2개 또는 3개 학교를 스포츠로 연결하고 싶다는 마인드

(2) 학교가 아닌 지역(마을, 동네) 시설을 찾아보고 둘러볼 수 있는 시간

(3) 인근 학교 선생님들과 커피 한잔하며 협의할 때 계산할 수 있는 카드

무엇을 How

(1) 모든 것의 기본, 시작점, 출발점은 학교 체육 수업이었습니다. 그것이 잘 되면 스포츠에 관심을 갖게 되는 학생들을 자연스럽게 만날 수 있습니다.

(2) 멀지 않고 가까운 학교의 학생들을 연결하기 위해 학생들의 이야기를 들었습니다. 어느 학교에 어떤 종목을 좋아하는 학생들이 많은지, 어느 학교가 우리와 같이하기가 편한지, 어떤 체육관을 대관하는 것이 좋은지….

(3) 경기에만 참여하는 것이 아니라 모든 것을 학생들이 할 수 있도록 재구성했습니다. 경기장 대관, 주심과 선심들의 심판 운영, 점수판, 밴드를 통한 리그전 공지, 대관한 체육관 사용 후 뒷정리, 경기 결과 공지 등 모든 것을 학생들이 합니다. 학생들에게 맡겨주면 잘합니다.

(4) 학생들의 이동이 먼 학교보다는 가까운 학교가 좋습니다. 안전사고 예방도 신경을 써야 할 부분입니다. 운영진 학생들을 선발해 그 학생들이 중심에 설 수 있도록 했습니다. 4호선으로 연결된 학교를 선택했습니다. 상록고, 고잔고, 초지고…. 이름을 어떻게 지을까 고민하다가 상고초려로 했습니다(상록고, 고잔고, 초지고 배구 좋아하는 학생들 모두 모여라!). 배구리

그로 하지 않고 '배우구리그'로 정해 '배구를 가르치지 않고 배구로 가르치자.'라는 철학을 계속 유지하고 학생들과 공감대를 형성하기 위해 노력했습니다.

좋았던 Point

'이현령비현령'이라는 말이 있습니다. '코에 걸면 코걸이, 귀에 걸면 귀걸이'라는 표현이 더욱 쉬울 듯하네요. 학생들이 원하는 곳에 잘 걸어주니 뿌듯했습니다. 학생들이 원하는 것은 대회 상장이 아닙니다(이제 외부 상은 필요 없습니다). 경기를 편하게 할 수 있는 공간, 같은 조건에서 정정당당하게 경기를 할 수 있는 상대, 함께 모여 좋아하는 경기를 즐길 수 있는 시간을 기다리고 있습니다. 그런 설렘들은 훗날 생활 체육으로 연결시킬 수 있는 큰 모티브가 됩니다. 그렇다면 체육 교사는 무엇을 준비해야 할까요?

멋진 스포츠 페스티벌이 개최될 것이라는 교육청의 공문을 기다릴 필요 없습니다. 그런 날은 찾아오지 않습니다. '잘 차려진 밥상이 우리 앞에 주어질 때까지 학생들에게 스탠바이하라.'고 표현하고 싶지 않았습니다. 지역에서 우리들이 원하는 멋진 인프라가 구축되기를 나무 아래에서 입을 벌린 채 기다리고 싶지도 않았습니다. 이러한 이유 때문에 좋은 여건이 갖춰지길 바라며 조금만 더 기다려 달라고 학생들을 설득하고 싶지 않았습니다.

열쇠는 누가 쥐고 있을까요? 분명한 것은 체육 교사의 책상 위에 다양한 열쇠가 있다는 것입니다. 누구든 그 열쇠를 가져갈 수 있지만 체육 교사가 쥐고 움직일 때가 가장 쉽고 간단해집니다. 누구의 탓으로, 누군가의 몫으로, 어떠한 이유로 그 책임을 회피하지 않고 움직이니 유사 답안이 살짝 보였던 것 같습니다. 대한민국 각지에서 다양한 종목이 서로 연결되길 소망합니다.

실제로 見견물생심

마을을 연결
마음을 연결
친구를 연결
배구로 연결

'상고초려 배우구리그'
학교스포츠클럽 리그가 생활 체육 리그로 업그레이드될 수 있다!

지하철 4호선 상록수역, 고잔역, 초지역 근처 3개 고교 남학생 및 여학생들이 치르는 배구리그다. '배우구리그'는 '배구하면서 배운다, 배구로 가르친다'는 의미다. 고잔고, 상록고, 초지고 등 참가교 이름의 초성을 본떠 '상고초려 리그'로도 불린다. 고잔고 조종현 체육 교사는 "학교에서 배구를 배운 학생들이 토너먼트제 스포츠클럽대회에서 한 번 지면 모든 게 끝나는 걸 너무 아쉬워했다."라고 말했다. 배우구리그는 1년간 진행하는 것을 원칙으로 세웠다.

체육관 대관비는 경기도체육회로부터 지원받았다. 한 달에 두 번~세 번 정도 토요일이나 일요일에 모여 2017 한 해 팀당 20경기 정도를 소화했다. 지난해에는 재학생만 출전했는데, 올해는 졸업생들이 팀을 꾸려 총 4개 팀으로 늘었다. 조 교사는 "부모들로부터 동의서를 받았고 생활체육동호회 및 가족들을 초청하는 행사도 개최했다."며 "시험 기간은 물론 피했다."고 말했다. 배광열 상록고 특수 체육 교사, 주장연 국어 교사, 안산지역 생활체육지도자들도 함께 뜻을 모았다. 학교별 배구를 좋아하는 장애우도 함께 경기를 뛰었다. 코리아 앰뷸런스 최인순 구조대원은 "매번 체육관에 파견돼 대기하고 있다."며 "부상 걱정 없이 운동하는 학생들을 볼 때 보람을 느낀다."라고 말했다.

안산은 배구 도시다. 여자배구국가대표 공격수 '김연경'도 안산 원곡중학교 출신이다. 생활체육 어머니배구단도 24개가 활동 중이다(모든 동마다 한 팀씩 운영 중). 배우구리그가 확대될 경우, 자연스레 학생들이 성인리그로 옮아갈 환경이 조성되는 셈이다. 조 교사는 "내년에 몇몇 학교가 참여 의사를 밝혀왔다."라고 말했다.

상록고 2학년 김다희 양은 "지난 4월 3명이 모여 리그 참여를 논의했고, 학생들을 설득한 끝에 리그에 참여했다."며 "처음에는 지는 게 스트레스였는데, 지금은 할수록 재밌고 더 잘할 수 있다는 희망에 즐겁다."라고 말했다. 고잔고를 졸업한 ○○대학교 스포츠건강관리학과 1학년인 김서희 씨는 "고 1때 배구를 시작해 벌써 4년째다. 고 3때는 축구도 했다."라며 "여학생들도 운동하고 싶은 욕구가 강하다. 여학생이 체육 시간에 그늘에 있으려고 하는 건 그전에 체육 수업을 제대로 받지 못한 탓"이라고 말했다. 역시 고잔고를 졸업한 ○○대학교 응급구조학과 1학년 최한나 씨는 "고교 때 배구를 하면서 활동적인 학과로 진학하기로 결심했다."며 "처음에 막연히 싫었던 배구가 너무 재밌어졌다. 어머니 배구단에도 들어가고 할머니가 돼도 배구를 하고 싶다."라고 말했다. 안산 지역 학교에서 조종현 체육 교사와 함께 배구를 지도하는 황석주 한국배구연맹(KOVO) 지도자는 "즐거움이 학생들이 운동하는 가장 큰 동기"라며 "지금 배구를 즐기면 무조건 팬이 되게 마련"이라고 말했다.

(스포츠경향, 2017. 12.)

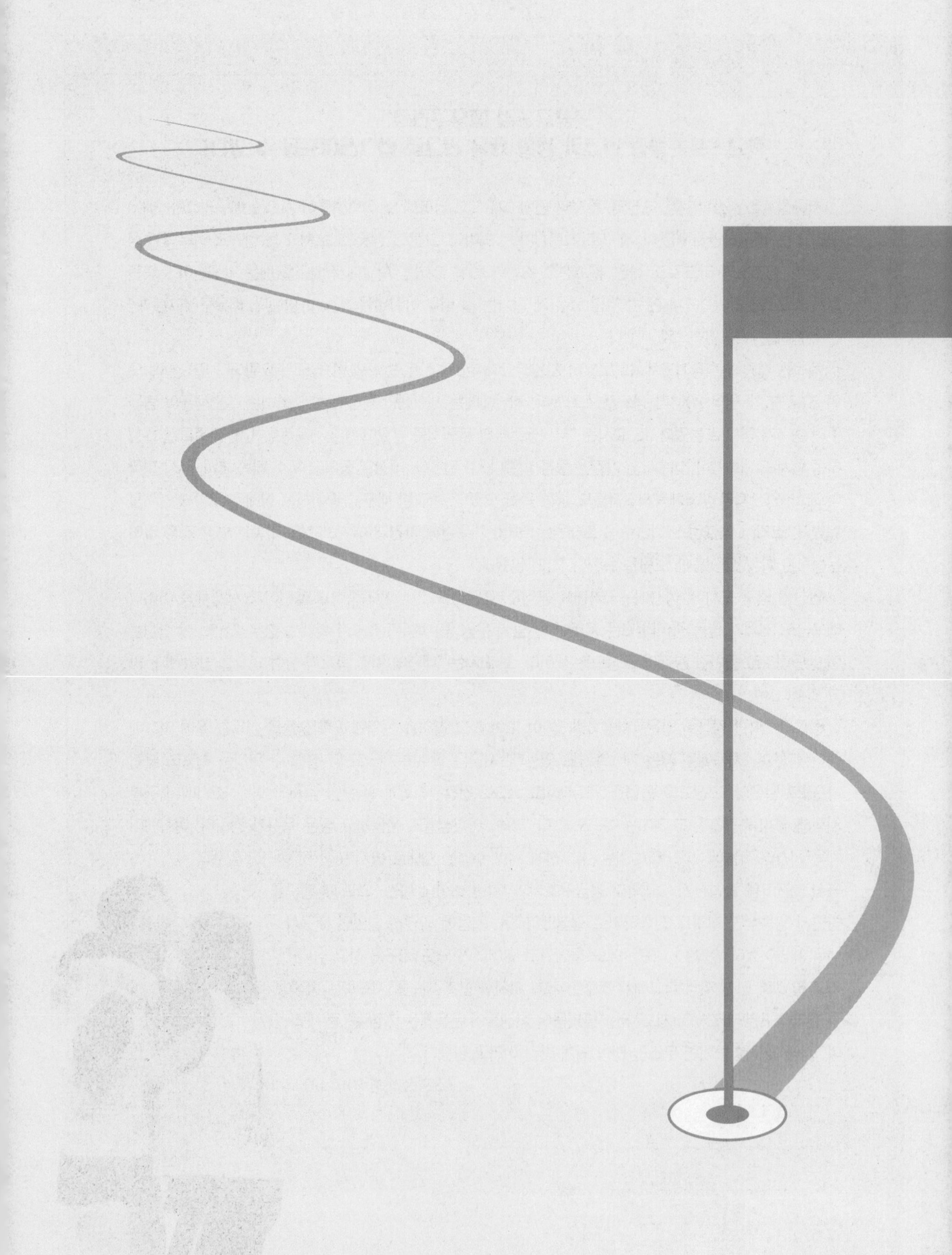

PART 3 수업은 실천이다

Chapter 4

표현

학교에 부는 춤바람

저는 평소 학생들에게 "마이클 잭슨이 문워크를 하는 순간부터 세상은 춤으로 소통하기 시작했다."라고 말합니다. 춤은 '다른 사람과 소통할 수 있는 전 세계 공통 언어'라고 생각합니다. 댄스(dance)는 그리스어로 '몸을 펴다.'라는 뜻을 갖고 있습니다. 언어가 없었던 과거에는 손짓과 몸짓의 동작이었으며, 죽음에 대한 두려움, 종교 그리고 음식의 기원을 바라는 동작으로 변화하면서 더욱 발전하기 시작했습니다. 춤은 어느 나라에나 존재하며 세상을 하나로 묶는 힘을 갖고 있습니다.

싸이, BTS 등 케이팝(K-POP)의 춤이 전 세계의 주목을 받고 있습니다. 춤은 언어이자, 누구나 공감할 수 있는 표현 방법입니다. 따라서 춤은 공감과 의사소통 능력을 키울 수 있습니다. 이러한 활동을 통해 다양한 시각·공간적 역량을 발달시켜 결국 세상을 달리 바라보는 안목을 높일 수도 있습니다. 또한 학생들의 감수성을 향상시킬 수도 있습니다.

축구와 농구 등의 단체 스포츠는 포지션에 따른 역할이 정해져 있습니다. 그렇게 구분된 역할로 인해 팀을 이끌어가는 소수에 의해 팀의 결과가 달라지기도 합니다. 따라서 주 공격수나 주 득점을 하는 스타가 나타나기도 합니다. 이러한 팀 스포츠는 교체선수가 있습니다. 어느 누군가의 실수가 많거나 몸 상태가 좋지 못할 경우, 다른 사람과 교체돼 대신 그 역할을 수행하기도 합니다. 하지만 춤은 어느 특정 소수에 의해 팀 결과가 달라지지 않습니다. 그리고 교체 선수도 없습니다. 같은 리듬과 박자에 모두가 한마음이 돼 한 호흡을 해야 합니다. 따라서 아파서도 안 됩니다. 자신을 대체할 교체 맴버가 없습니다. 춤은 다른 스포츠에 비해 팀워크를 더욱 강조하는 독특한 특성을 갖고 있습니다. 이러한 특성을 갖고 있는 춤을 학교현장에서 반드시 배워야 할 필요성이 있습니다. 즉, 춤은 선택이 아닌 필수로 배워야 합니다.

춤은 다른 스포츠 종목에 비해 편견이 심한 편입니다. 따라서 수업을 들어가기 전 다양한 동기유발이 필요하고, 춤에 대한 편견과 배워야 하는 이유에 대해 수업을 진행해야 합니다. 따라서 춤을 춰야 하는 이유를 설명합니다. 춤을 배워야 하는 일곱 가지 이유는 다음과 같습니다.

춤 왜 춰야 하나요?

- 인간 형성을 위한 가장 중요한 조건 중 하나인 **신체**적 목표이다.
- **리듬**감을 발달시킨다.
- **공간 감각**을 발달시켜 공간 형성 능력을 기른다.
- **즉흥** 능력을 발달시켜준다.
- **정서**를 순화시킨다.
- **표현력**을 높여준다.
- 창작 활동을 통해 **창의력**을 향상시킨다.

첫째, 우선 가장 중요한 신체적 목표에 대해 이야기합니다. 대부분의 스포츠는 편향된 운동을 합니다. 쉽게 설명해 신체의 한쪽만 쓰는 운동을 합니다. 축구나 농구도 양발과 양손을 사용하고 있지만, 주된 손과 발을 사용해야 하고 배드민턴, 탁구, 배구 등도 자신이 잘 사용하는 쪽의 몸을 사용합니다. 이렇게 편향된 운동은 신체의 균형이 무너질 수 있습니다. 물론 선수들은 이러한 문제점을 극복하기 위해 충분한 준비 및 보강 운동으로 신체 균형을 위한 훈련을 따로 하고 있습니다. 하지만 학교의 학생들은 이러한 편향된 스포츠를 준비운동과 보강 운동 없이 시합 위주로 한다면 몸의 문제가 발생할 수 있습니다. 춤은 신체의 바른 균형과 올바른 자세, 근력, 지구력, 유연성 등의 다양한 체력 요소를 골고루 발달시키는 가장 효과적인 교육 방법이라 소개합니다.

둘째, 리듬 또는 음악이 발달한 나라들의 공통된 특징을 설명합니다. 음악이 발달한 나라를 나열합니다. 독일, 스페인, 미국, 영국, 브라질, 중국, 아프리카 등이 있습니다. 이 나라들은 음악과 리듬이 유독 발달한 나라이고, 스포츠 강국이기도 합니다. 또한 행복지수가 높은 나라입니다. 몇 나라를 제외하고 대부분 선진국 또는 강대국입니다. 우리나라는 리듬이 발달된 나라인지 물어봅니다. 맞습니다. 우리나라도 리듬이 엄청나게 발달한 나라입니다. 역사적으로 전통 음악에 따르면 진양조, 중모리, 중중모리, 자진모리, 엇모리, 단모리, 휘모리, 굿거리, 세마치 등 지역에 따라 장단과 리듬이 다양하고 그 종류도 매우 많이 있습니다. 현재 우리나라 K-POP만 보더라도 전 세계적으로 앞서고 있음을 증명할 수 있습니다. 춤은 이러한 리듬과 박자 그리고 장단에 맞춰 수행합니다. 춤을 통해 리듬을 배울 수 있어 보다 행복하고 인간다움을 배울 수 있다고 강조합니다.

셋째, 공간 감각을 발달시킬 수 있다고 설명합니다. 축구의 손흥민 선수가 보지도 않고 뒤에 있는 선수에게 백패스를 하는 것은 일반 사람들은 보이지 않지만, 손흥민 선수만 보이는 시야를 갖고 있기 때문에 가능합니다. 그만큼 훈련을 통해 공간 지각 능력이 발달하게 된 것입니다. 춤은 다양한 공간에 대해 고민하고 허공에 마치 그림을 그리듯이 여러 가지 구성을 넣어가며 창작합니다. 따라서 춤을 통해 공간 지각 능력이 향상될 수 있습니다.

넷째, 즉흥 능력을 발달시켜준다고 설명합니다. 매 순간이 즉흥이고 순간의 선택이 중요하다고 합니다. 기존의 것을 단순히 따라 하는 것이 아니라 창의적인 과제를 수행하는 과정에서 매 순간 상황에 따라 선택하는 능력이 향상됩니다. 이러한 과정을 반복 연습하는 과정에서 즉흥 능력을 향상시킬 수 있습니다.

다섯째, 정서를 순화시켜준다고 설명합니다. 학생들의 감정에 공감해보고 그들의 입장에서 욕구를 해소시켜주는 것이 첫 번째 방법이었습니다. 즉, 학생들이 무엇을 원하는지를 파악하고, 그에 따른 욕구를 해소시켜준다면 감정이 순화될 수 있습니다. 인간은 누구나가 기본적인 욕구를 갖고 있습니다. 배고픔, 졸림의 1차원적인 욕구, 놀고 싶은 욕구, 공격성의 욕구 등 그 종류도 매우 다양합니다. 이러한 욕구를 충분히 해소된다면 정서적으로 안정감을 갖게 되지만 충족되지 않는다면 감정이 격해질 것이고 이것이 오랫동안 지속된다면 감정에 상처를 얻게 됩니다. 결국 성격과 행동에 문제를 일으키게 됩니다. 따라서 학생들에게 필요한 욕구를 충분히 해소시켜주는 역할을 해야 하겠습니다. 춤은 다양한 감정을 표현하는 활동입니다. 학생들의 현재의 감정을 표현하거나 다른 사람의 입장에서 감정을 발산해보는 활동은 학생들에게 정서를 순화시키는 최고의 방법이라 생각합니다.

여섯째, 표현력을 높여준다고 설명합니다. 4~5살의 어린 학생들이 마트를 지나가면 갑자기 가던 길을 멈추고 과자를 사달라고 합니다. 하지만 사주지 않으면 울거나 화를 내기도 합니다. 아직 자신의 의사 표현이 서툰 것이 당연합니다. 만약 어른이 지나가다 과자 하나 때문에 울거나 화를 낸다면 아마도 이상하게 생각할 것입니다. 올바른 표현은 자연스럽게 발달되는 것이 아닙니다. 교육과 경험을 통해 가능합니다. 자신의 감정을 표현해보거나 어떠한 주제를 표현해보는 시간은 춤을 통해 가능합니다.

일곱째, 창작 활동을 통해 이 시대에 필요한 창의력을 향상시켜준다고 설명합니다. 시대가 변화해 예전에 많은 지식을 갖고 있는 사람이 성공하던 시대는 끝이 났습니다. 융합을 하거나 연계를 하는 능력, 새롭게 생각할 수 있는 주제, 기존에 없었던 신선한 것 등의 고민은 매우 필요한 활동입니다. 춤을 통해 다양한 창작활동을 경험하고 새로운 아이디어와 창의력을 높이도록 합니다.

춤을 출 수 있는 것은 또 하나의 역량이며 능력입니다. 춤을 추는 것이 처음에는 두렵고 어색할 것입니다. 생각을 바꿔보면 유년 시절 기분이 좋으면 춤을 췄습니다. 하지만 점점 나이를 먹으면서 기분이 좋아도 춤을 추는 것이 부끄럽고 누군가를 의식하며 움직임에 제약이 따르게 됩니다. 춤은 언어이기 전에 자신감입니다. 다른 사람을 생각하지 않고 자신 있게 자신의 감정을 표현할 수 있으며, 다른 사람의 감정을 이해할 수 있는 안목을 가지게 됩니다. 모든 학교에서 춤을 가르치게 되는 그날을 기대해봅니다.

83

창작 과제 제시 댄스로 배우는 '창작 댄스'

JS 과제 제시 댄스를 통해 누구나
안무가가 될 수 있다!

이것을 Why

대부분의 체육 선생님이 표현 활동 수업에 대해 두려움을 갖고 있습니다. 시범을 보여주기 어렵고, 수업을 진행하기 위해 동료 교사의 설득도 필요하지만, 이것도 쉽지 않습니다. 또한 전공 분야가 아니라서 전문성과 평가에 고민이 많아 두려움만 갖고 결국 구기 운동으로 수업을 하는 경우가 많습니다. 대부분의 선생님이 표현 활동 수업을 위해 동기 유발을 높이는 방법에 큰 어려움이 있다고 합니다. 해보지 않고 두려움만 갖고 있다가 결국에는 시도조차 하지 못할 수 있습니다.

어떤 선생님이 창작 댄스 수업에 관한 강의를 들은 적이 있는데, 한참을 듣고 있던 중 학생들의 작품에서 이상한 점을 발견했습니다. 분명 학생들이 창작을 했다는 작품을 보여줬는데, 제가 예전에 연습을 했던 안무 동작과 동일했습니다. 그 작품은 춤을 좋아하는 사람들 사이에 유명한 작품이어서 노래만 들어도 대부분 따라 할 수 있는 안무의 작품이었습니다. 발표하신 선생님의 열정은 높게 평가했지만, 속으로는 너무나 창피하고 부끄러웠습니다. 어떻게 창작하도록 지도했는지 질문했더니, "학생들에게 노래를 선정해 창작하라고 했더니 너무나 열심히 창작했습니다."라고 대답했습니다. 요즘의 학생들은 "창작해라!"라고 해도 작품을 구상하고 완성합니다. 축구를 한 번도 해보지 않은 학생도 공을 주고 "축구해라!"라고 하면 축구를 할 수 있는 것과 마찬가지입니다.

이러한 수업은 하고 싶지 않았습니다. 축구를 하더라도 다양한 패스와 드리블 방법을 알려주고 여러 가지 전술과 전략을 익혀 경기에 적용해보는 수업을 하는 것처럼 댄스 수업도 다양한 과제를 부여해 개인 또는 팀별로 과제를 고민하도록 했습니다. 또한 작품을 구상하고 작품의 주제와 이야기를 넣어 멋진 작품을 완성하는 과정을 가르쳐주고 싶었습니다. 즉, 수업 시간에 학생들에게 제공할 과제를 고민한 결과 다양한 창작 과제를 생각하게 됐고, 학생들도 선생님이 부여한 과제에 대해 명확히 이해하며 작품을 완성하게 됐습니다.

준비는 Simple

(1) 창작의 고통을 견딜 수 있는 인내

(2) 세상을 달리 바라볼 수 있는 안목

무엇을 How

작품 안무의 동작을 구성하기 위해서는 다양한 대칭, 대조, 통일 등 춤을 추는 사람의 위치나 동작을 공간적으로 변화시켜주는 공간적 구성 방식과 여러 가지 움직임을 어떠한 순서로 어떻게 연결해 표현할 것인지 생각해 구성하는 시간적 구성 방식이 있습니다. 공간적 구성 방식과 시간적 구성 방식을 고려해 학생들에게 알기 쉬운 네이밍의 창작과제를 부여하고 이를 작품에 연결시켜 작품을 완성하도록 했습니다. 작품을 완성하기 위해서는 몇 가지 배워야 할 순서가 있습니다.

(1) 창작 과정

춤은 자신의 감정이나 생각을 독창적인 신체의 움직임으로 표현합니다. 춤을 만들어가는 과정을 통해 표현력과 창의력을 높일 수 있고, 문제해결을 통한 만족감과 자신감도 맛볼 수 있습니다. 춤의 창작 과정을 다음과 같이 안내합니다.

주제 설정 ▶ 중심 내용 결정 ▶ 무용 동작 구성 ▶ 음악, 의상, 소도구 선정 ▶ 연습 및 발표

- **주제 설정**: 자신의 관심사 또는 무작위로 선정된 단어를 통해 주제를 설정합니다.
- **중심 내용 결정**: 그림이나 글처럼 이야기를 만들어 표현하기는 어려운 과정입니다. 따라서 표현하기 알맞은 단어의 연결처럼 중심 내용을 정하고 토론과 협력의 과정을 통해 어떤 것을 표현할지를 정하도록 합니다.
- **무용 동작 구성**: 공간적 구성 방식과 시간적 구성 방식을 고려해 동작을 구성합니다(무용 동작 구성의 과정에서 JS 과제 제시 댄스를 적용합니다).
- **음악, 의상, 소도구를 선정**: 주제에 필요한 음악, 의상, 소도구를 선정해 작품 주제를 효과적으로 표현할 수 있는 것을 고민하도록 합니다.
- **연습 및 발표**: 개인 및 모둠별로 발표하도록 하고 중간 평가, 최종 평가의 과정을 통해 다양한 형태로 연습과 발표를 하도록 합니다. 특히, 영상 촬영 방법과 간단한 편집 기술을 안내한다면 뮤직 비디오와 같이 영상으로 작품을 완성할 수 있습니다.

(2) JS 과제 제시 댄스

① 네임댄스

자신의 이름 또는 팀명을 활용해 움직임을 만드는 춤이다. 신체의 어느 부위를 사용해도 상관없으며, 자신 있게 글을 몸으로 표현해야 한다. 중요한 점은 리듬과 박자 그리고 자신이 할 수 있는 수준을 정해 움직임을 완성한다.

- 자신의 이름을 손가락, 손바닥, 팔꿈치, 몸 전체의 단계로 리듬과 박자를 맞춰 표현하도록 한다.
- 의미 있고 특색 있는 팀명을 만들고, 팀 모두가 박자에 맞춰 네임 댄스로 표현해본다.

② 지시댄스

리더의 지시에 따라 움직이는 춤이다. 팀의 리더는 자유롭게 그림을 그리는 것처럼 모양을 만들어 지시한다. 나머지 팀원들은 리더를 주시하고, 몸의 체중 이동을 통해 모두 같은 방향으로 움직임을 따라 하게 된다.

- 2인 1조로 팀을 구성하고 한 사람은 지시하고 파트너는 지시에 따라 움직이도록 한다. 지시하는 방향에 따라 움직임을 하도록 한다.
- 리더와 팔로우에 대한 이야기를 보충 자료로 제시해 리더의 역할과 팔로우의 역할에 대해 설명하고, 리더십에 대한 이야기를 설명해주면서 리더의 중요성을 깨닫게 지도한다.

③ 포토댄스

사진을 찍을 때처럼 포즈를 취하는 춤이다. 여러 박자로 나눠 다양한 포즈를 연출해본다.

- 다양한 각도, 방향, 모양, 자세, 움직임, 높이 등을 통해 동작을 멈추도록 한다. 주제에 맞는 움직임 리서치를 통해 자신의 포토댄스를 세 가지 정하고, 8박자 안에서 언제 3번을 멈춰 포토댄스를 할 것인지를 정하도록 한다.

④ 꾸미기댄스

꾸미기 체조를 응용해 만든 춤이다. 팀워크가 중요하며 협동심을 발휘해 다양한 꾸미기 댄스가 완성되도록 한다.

- 8박자 또는 4박자에 주제에 맞는 동작의 꾸미기 모양을 만들고 다시 처음의 위치로 돌아간다.
- 꾸미기 동작을 구성할 때에는 모든 팀 구성원이 모양의 일원이 돼야 하며, 좌우, 높낮이를 다양하게 하고, 미적 구성을 통해 만들어야 한다.
- 탑, 피라미드 쌓기 등 2단 또는 3단의 높이로 구성해 난이도를 높일 수 있다. 위험할 수 있기 때문에 안전 교육은 반드시 실시해야 한다.

⑤ 무빙댄스

여러 가지 대형을 만드는 춤이다. V, ○, ◻, ▽, △, ◇, ㅁ, ‖, — 등 여러 가지 대형을 완성하도록 한다. 대형을 이동할 때는 걷기, 뛰기, 슬라이드, 돌기 등의 다양한 움직임을 응용한다.

- 다양한 대형을 만드는 과정이 중요하며, 대형과 대형 사이를 이동할 때의 움직임을 어떻게 할 것인지를 정하는 것이 우선이다.
- 걷거나, 뛰거나, 돌면서 이동하는 것은 낮은 난이도로 이동하는 것이며, 슬라이드 및 아크로바틱 동작을 하거나 손과 발의 율동 동작을 구성해 무빙댄스를 한다.

⑥ 캐논댄스

돌림노래처럼 앞의 사람이 동작을 하면 뒤에 사람은 한 박자 늦은 시간적 간격을 두고 같은 동작을 따라하는 형식의 춤이다.

- 돌림노래처럼 앞의 사람을 한 박자 늦춰 움직이도록 한다. 2인 1조로 연습을 한 후 모둠을 구성해 리더를 정하고 리더가 처음 움직이며, 차례대로 같은 동작을 한 박자씩 늦추고 리듬에 맞게 움직이도록 한다.
- 춤 동작에서 캐논 동작이 가장 화려하고 관객으로 하여금 보는 즐거움을 얻을 수 있는 요소들이 많기 때문에 캐논댄스를 많이 구성하도록 한다.
- 캐논댄스를 어느 정도 이해했다면, 캐논댄스와 지시댄스를 융합해 동작을 만들도록 하거나 꾸미기댄스와 캐논댄스를 융합하도록 한다. 또한 포토 댄스 및 네임댄스 등 모든 과제 제시 댄스에 적용해 캐논댄스를 융합해 구성할 수 있다.

⑦ 미러댄스

거울처럼 움직임을 따라하는 춤이다. 파트너가 따라 할 수 있는 수준을 정해 움직임을 만든다.

- 상대의 움직임을 거울처럼 따라 움직이도록 한다. 2인 1조로 구성해 기초 연습이 된다면 팀의 조장이 움직이고 모든 팀원이 따라 하도록 지도한다.
- 파트너가 따라 하지 못하도록 움직이거나 자신을 때려 상대도 때리도록 하는 등 장난의 여지가 있기 때문에 사전 안전 교육이 중요하다.

(3) 창작 스토리보드 구성

네임댄스, 지시댄스, 포토댄스, 꾸미기댄스, 무빙댄스, 캐논댄스, 미러댄스의 총 일곱 가지 JS 과제 제시 댄스를 차시별로 지도합니다. 특히 과제 제시 댄스별 창작해야 할 개수를 정해 창작 스토리보드의 구성 안에 넣을 수 있도록 합니다. 예를 들어 네임댄스 1개, 지시댄스 2개, 포토댄스 4개, 꾸미기댄스 2개, 무빙댄스 6개, 캐논댄스 4개, 미러댄스 2개 등의 개수를 포함한 과제를 부여합니다. 총 21개의 과제를 부여했다면 스토리보드의 과제 제시 댄스를 순서를 정하고 연결합니다.

좋았던 Point

학교의 체육 수업을 통해 창작의 고통을 경험하고 학생들이 정한 주제에 이야기를 입혀 동작을 안무해 최종 작품을 만들어갔습니다. 학생들은 세상에 없는 유일한 창조적인 작품을 완성한 것입니다. 창작 활동은 예술가들의 특정인만 할 수 있는 것이 아닌, 학교 체육 시간에도 경험하게 됩니다. 이것들의 경험은 어떤 수업보다도 말로 표현할 수 없는 강점을 갖고 있고, 좋았던 점을 글로 표현하기 어려울 정도로 가치가 높은 활동이라 생각됩니다. 춤은 음악에 맞춰 춤추는 'show'가 아닙니다. 문화이고, 언어이고, 움직임의 시작입니다. 이것을 보는 안목을 키우는 것도 중요하지만, 자신의 생각을 몸으로 표현하는 것 자체가 가장 최상위의 예술적 경험을 한다고 생각합니다. 춤이 하나의 도구가 아닌 문화로 가르치기를 기대합니다. 전 세계의 모든 학생이 춤을 추고 창작할 수 있는 날이 올 때까지 해보고 싶은 마음입니다.

실제로 見견물생심

춤추라! 아무도 바라보고 있지 않은 것처럼!
춤추라! 오늘이 마지막인 것처럼!
춤추라! 세상이 하나 되는 것처럼!

창작 댄스 안무 스토리보드

학년, 반	2학년 6반	팀명	어쭈구리
제목	폭력 제로		
주제	학교 폭력을 추방하자		
내용	따돌림을 당하고 있는 우리 반 한 학생의 이야기 체육 대회를 계기로 그 학생의 재능을 발견하고, 우리 반에서 스타가 돼 학생들과 어울려 잘 지낸다는 이야기		
팀원 구성	**역할**	**학번**	**이름**
	리더	123	왕춤짱
	안무	456	비보이
	촬영 / 편집	567	왕초보
	보조 1	678	날라리
	보조 2	789	나댄스
촬영 계획	촬영 장소: ① 아파트 지하 주차장 ② 중앙공원 복장: 검정 후드티 음악: 'Fame' OST 삽입곡		
과제	무빙댄스(5개 이상) / 꾸미기댄스(2개 이상) / 지시댄스(1개 이상) / 케논댄스(1개 이상) / 마임댄스(1개 이상) / 네임댄스(1개 이상) / 칼군무댄스(2개 이상)		

안무 구성

start	마임댄스	꾸미기댄스	무빙댄스	칼군무댄스	지시댄스	
	왕따의 모습	별 모양	————	3×8 카운트	2×8 카운트	
↘	칼군무댄스	무빙댄스	캐논댄스	지시댄스	무빙댄스	↙
	3×8 카운트	◇	앞의 3명 뒤의 3명	3×8 카운트	▽	
	무빙댄스	칼군무댄스	무빙댄스	네임댄스	지시댄스	
	∧	3×8 카운트	∨	"2학년 6반"	2×8카운트	
↘	무빙댄스	지시댄스	무빙댄스	꾸미기댄스	칼군무댄스	↙
	⌒	2×8 카운트	⊥	피라미드 모양	3×8 카운트	
	칼군무댄스	칼군무댄스	캐논댄스	칼군무댄스	무빙댄스	
	3×8 카운트	2×8 카운트	사선에서 차 례로	2×8 카운트	∩	↙
↘	캐논댄스	네임댄스	무빙댄스	캐논댄스	무빙댄스	
	일렬로, 차례대로	"어쭈구리"	□	횡대에서 차례로	×	
	무빙댄스	칼군무댄스	칼군무댄스	무빙댄스	마임댄스	
	∧	3×8 카운트	2×8 카운트	＼	행복해하는 모습	ENDING

자존감 향상을 위한 네임댄스

나와 너의 이름으로 자존감 높이기

이것을 Why

자신의 이름을 직접 불러 보면 약간 어색한 느낌이 듭니다. 이름에 사랑의 표현을 넣으려고 하면 더욱 부끄러운 감정이 생길 것입니다. "정섭아! 사랑해!" 사실 저도 이렇게 부르면, 어색하면서도 부끄럽고 평소에 하기 힘든 말입니다. 자신의 이름을 춤의 소재로 다양한 움직임 수업을 시도해야겠다고 생각했습니다. 자신의 이름뿐 아니라 가족의 이름과 친구의 이름, 모둠의 이름 그리고 사랑하는 사람의 이름 등을 소재로 긍정적인 메시지를 전달해보고, 이름을 널리 알려보는 창작 수업을 통해 자존감을 높일 수 있다고 생각합니다.

자존감이란, 자신에 대한 존엄성이 타인의 외적인 칭찬이나 인정에서 오는 것이 아닌 자기 자신의 내부에서 얻어지는 것이라 이야기합니다. 이러한 자존감을 높이기 위해서는 말 그대로 자신을 사랑하는 마음이 필요합니다. 스스로 가치 있는 존재라는 것을 인식하고, 살아가면서 힘든 일이 생기거나 고난이 생겨도 이에 맞서 이겨낼 수 있다는 능력을 믿고, 자신의 노력에 따라 목표에 도달할 수 있다는 확신이 필요합니다. 따라서 이름을 활용한 '네임댄스'로 자존감을 높일 수 있다는 믿음을 갖고 수업을 진행했습니다.

준비는 Simple

(1) 네임댄스에 대한 이해
(2) 센스를 갖춘 삼행시

무엇을 How

'네임댄스'라는 제목으로 수업을 진행했습니다. 자기 이름, 모둠명, 가족의 이름, 사랑하는 사람의 이름 등을 움직임으로 표현하는 수업을 진행했습니다.

(1) 네임댄스

자신의 이름을 갖고 손가락, 손바닥, 팔꿈치, 몸 전체의 순으로 리듬과 박자에 맞춰 표현하도록 합니다. 모둠별 활동 시 모둠원은 네임댄스를 하는 학생의 동작을 따라 하면서 동작을 익혀보도록 합니다.

2인 1조 또는 모둠별로 마주보고 선 상태에서 서로의 동작을 보고 이름을 맞춰보거나 자신의 가족 이름 또는 사랑하는 사람의 이름을 만들어보도록 합니다. 파트너는 동작을 수행하고 있는 모습을 관찰해 이름이 무엇인지 맞춰보도록 합니다.

(2) 네임댄스 3행시

자신의 이름 앞글자를 이용해 긍정적인 내용의 3행시를 만들어봅니다 그리고 자신의 이름이 아닌 친구의 이름을 이용해 같은 방법으로 3행시를 만들도록 합니다.

김 정섭이라는 분은

정 말 창의적인 사람입니다.

섭 섭하게 생각할 수 있겠지만, 우리 학교에서 가장 존경할 만한 사람입니다.

(3) 팀명 만들기

모둠별로 의미와 특색 있는 팀명을 만들고, 팀원 모두가 같은 박자에 맞춰 네임댄스를 실시합니다.

8박자에 팀명을 만든 것을 몸으로 표현합니다. 동작과 동작 사이에 절도 있는 동작으로 표현하도록 하며, 같은 박자에 같은 동작으로 움직입니다. 각자 정한 알파벳 또는 한글을 표현하거나 한 사람이 한 글자씩 표현할 수도 있습니다.

(4) 훈민정음 네임댄스

애국가 또는 훈민정음, 그 외의 자신이 좋아하는 노래의 가사, 자신을 사랑하는 내용 등을 적은 글 등을 몸으로 표현합니다.

'나랏말싸미 듕귁에 달아 문자와로 서르 사맛디 아니할세…'를 네임댄스로 팔꿈치만 사용해 몸으로 표현하도록 합니다. 또는 자신이 좋아하는 가사의 내용이나 자존감을 향상시키는 글귀를 네임댄스로 표현하도록 합니다.

(5) 아이언맨 네임댄스

서로 손바닥 또는 손가락을 마주 대고 한 사람은 이름을 쓰고 다른 한 사람은 이름을 쓰고 있는 사람의 동작을 따라 움직입니다.

동작을 따라 하는 사람은 파트너가 누구의 이름을 쓰고 있는지 집중해 맞춰보도록 합니다. 이름을 쓰는 사람은 상대가 잘 맞출 수 있도록 상대방의 입장에서 천천히 움직이고, 파트너는 상대의 움직임에 집중해 이름을 맞춰봅니다.

좋았던 Point

자신의 이름을 주제로 한 수업은 좋은 점이 많습니다. 학생들은 자신의 이름에 소중함을 잘 알지 못합니다. '호랑이는 죽어서 가죽을 남기고 사람은 자신의 이름으로 춤을 춰야 한다.'라고 이야기합니다. 자신의 이름에 자긍심을 갖는 것이 무엇보다 중요합니다. 자주 자신의 이름을 부르고 이름에 긍정적인 메시지를 추가해 다양한 움직임을 통해 창작 수업을 진행했습니다. 네임댄스로 자존감이 높아졌으면 하는 기대를 해봅니다.

실제로 見견물생심

표현군 '대나무춤'과 체력양 '만보기'의 만남

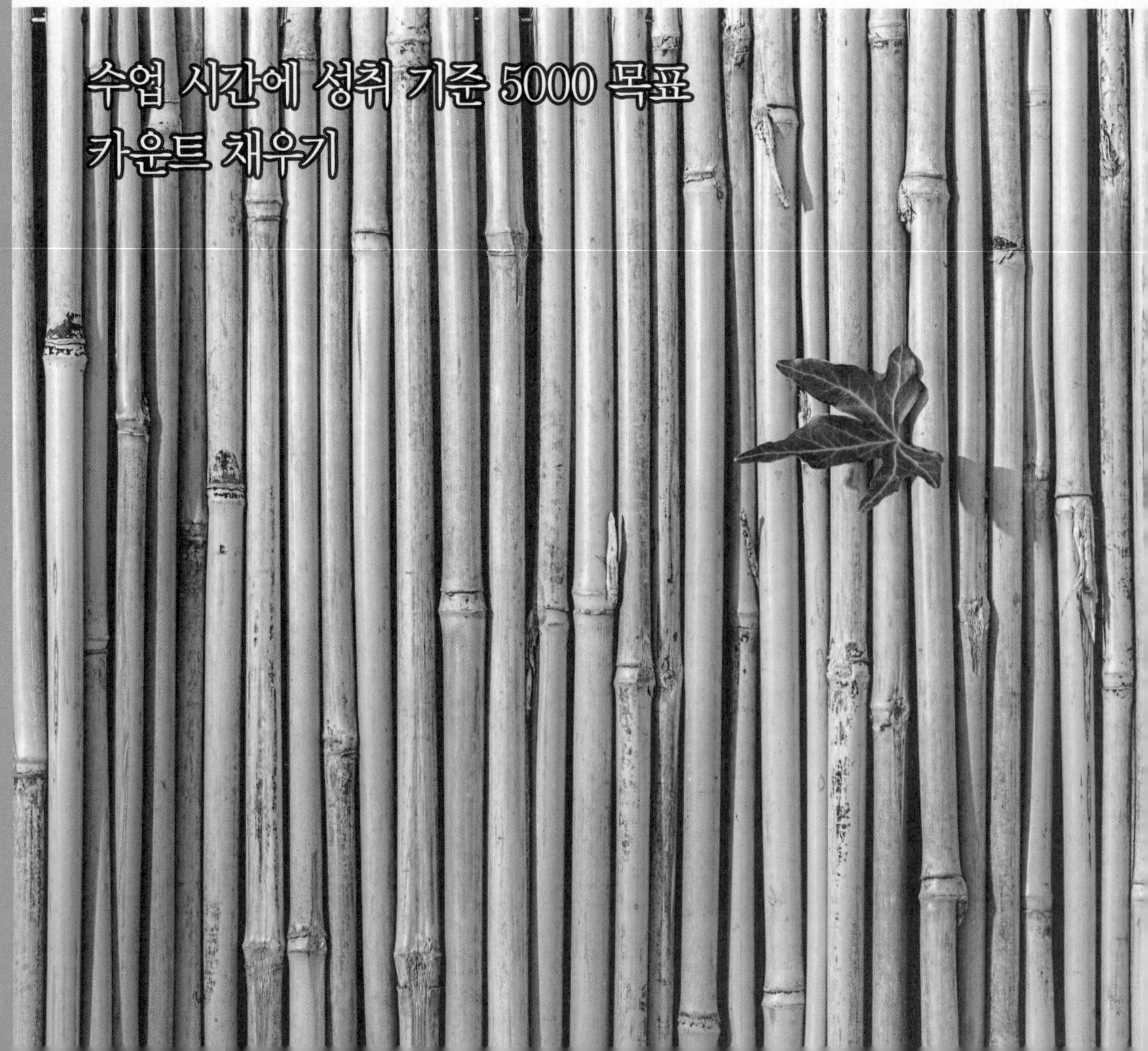
수업 시간에 성취 기준 5000 목표
카운트 채우기

이것을 Why

남학생들의 표현 활동에 대한 편견을 타파하기 위한 프로젝트를 준비했습니다. 생각보다 움직임에 둔한 학생들이 많았습니다. 춤을 추는 것도 아니었습니다. 체력 운동으로 접근하기 위해 반드시 점프를 시키고 싶었습니다. 동작을 카운트해 학생들의 움직임 여부가 성취 기준을 넘도록 하는 과정 중심 평가로 수치화하고 싶었습니다. 요즘은 점프 밴드라고 해서 밴드가 나오는데 2007년에는 그런 것이 없었습니다. 그래서 담양 대나무 회사에 직접 전화를 해서 잘라진 대나무를 화물차로 받았습니다. 진짜 담양 대나무로 대나무춤을 운영했던 역사적 사건이었습니다(그땐 용감했죠). 동작을 실패하면 바로 굵은 대나무에 발목을 찍힙니다. 그래서 학생들이 더 집중해서 동작을 외운 듯합니다. 손동작을 그냥 하기가 뭐해서 롯데자이언츠 팬들이 제작하는 신문지 꽃술 제작 방법을 알려주고, 신문지를 활용해 도구도 만들도록 했습니다. 야구의 문화도 알려주었습니다. 음악, 야구, 대나무, 꽃술, 만보기의 컬래버레이션이었습니다. 지정곡으로 하되 기본 동작이 들어가도록 해 추가 동작은 창작하도록 하도록 했습니다.

준비는 Simple

(1) 점프 밴드 또는 대나무

(2) 신나는 음악을 틀어줄 블루투스 스피커

(3) 꽃술 제작용 신문지 및 청테이프

(4) 만보기 또는 스마트폰 애플리케이션

무엇을 How

(1) 대나무를 담양에서 사실 필요는 없습니다. 요즘은 점프 밴드가 나오는데, 색깔별로 예쁘게 판매합니다. 처음부터 밴드로 하기엔 무리죠. 청테이프로 두 줄을 붙여두고 그것을 갖고 사전에 연습하도록 하면 좋습니다.

(2) 표현 활동이라고 우습게 보시면 안 됩니다. 점프 밴드는 체력 운동입니다. 엄청 힘듭니다. 한 곡을 완성하게 하면 됩니다. 신나는 지정곡을 하나 선정해주세요. 기본 동작이 반드시 들

어 가고, 나머지는 자유롭게 창의적으로 구성할 수 있도록 해주세요.

(3) 영상 평가로 제출하라고 해주세요. 학생들이 아주 열심히 최선을 다해 연습해 최고의 작품을 제출합니다. 선생님 또는 학생들 앞에서 할 필요 없습니다. 기록도 남고 좋습니다. 원격 수업 상황이라면 더욱 좋습니다. 제자리에서 실시하면 됩니다. 층간 소음을 위해 이불 위에서 실시하거나 소리가 나지 않게 착지하도록 하면 됩니다.

(4) 만보기 부장에게 수업이 종료되면 반드시 5,000이 넘었는지 확인받고 들어가야 합니다. '만부장'이 체육협력부장보다 급이 높습니다. 왜냐하면 체육협력부장도 만부장의 통제하에 있기 때문입니다.

좋았던 Point

만보기를 사용해 학생들을 움직이게 했습니다. 무엇보다 학부모님들이 좋아하셨습니다. 수업시간에 5,000보를 넘기고 나머지는 생활 속에서 채우도록 격려했습니다. 학생들의 건강 체력은 하루아침에 만들 수 있는 것이 아니기 때문에 가랑비에 옷 젖도록 꾸준히 지속했습니다. 저도 학교에 도착하면 만보기부터 차고 움직였습니다. 표현 활동을 즐기면서 건강도 챙길 수 있는 '일석이조'의 방법입니다.

실제로 見견물생심

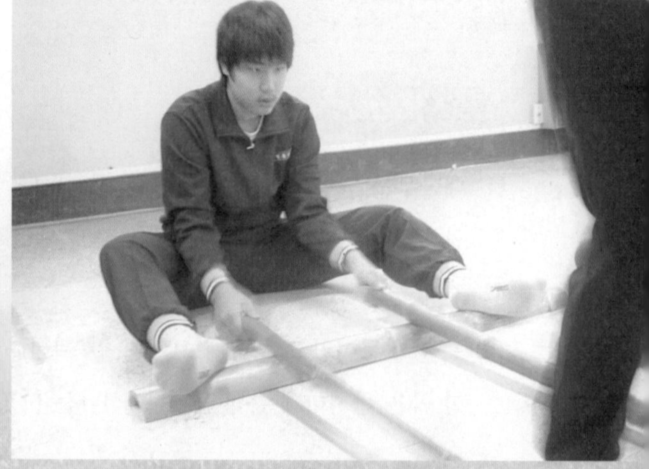

겨울잠을 자는 곰을 깨운 대나무 두쪽.

20712 서성현

차가운 11월의 공기, 그리고 내려오는 나의 눈꺼풀. 그렇다. 나는 곰이다. 곰 중에서도 그 둔하다는 미련 곰탱이. 이 곰탱이 앞에 갑자기 대나무 두쪽이 떨어진다. '대나무춤이라..' 이런.. 겨울잠의 계절에 겨울춤을 추라는 말인가. 땀 흘릴 일 없어 좋아하는 겨울에 발바닥에 땀나게 춤추는 대나무사이를 오가야 한단말인가...

어쩔 수 없이 대한 딱딱한 나무조각. 나는 우선 두려웠다. 이놈의 대나무는 지겹게도 딱딱했고, 저거에 발목한번 찌이면 죽음이다 싶었다. 그럴 때 선생님이 하신 말씀.. '일단 대나무 한쪽으로 치워라..' 투명 대나무춤이었다. DJ DOC의 노래에 맞춰 시작해본 동작들. 내 뇌와 팔다리는 따로 놀았다. 분명히 오른쪽이다, 오른쪽이다, 오른쪽이다 되뇌여도 내 다리는 왼쪽을 향한다. 반복학습의 효과였을까, 어느정도 할 수 있게 되자 나는 곰탱이라는 내 본분을 잊었다. 세포가 열을 배출해내고 지방이 지글지글 끓는 소리가 들리는 듯 했다. 체육 수업 외로 운동을 안 한지 벌써 한 1년은 되었나보다. 체육활동에 즐거움을 느끼는 정도도 점점 줄어만 갔다. 그래도 체육수업은 재미있었고 1학년 때 했던 츄크볼이나 음악줄넘기 같은 것은 잠자는 운동신경을 깨워 주었고 그나마 깨어있던 신경들로 대나무춤을 할 수 있었던 것이다. 한층 재미가 붙는 대나무춤. 하지만 벌써 내일이 중간평가.. 모레가 수행평가!! 2007년 11월 이전의 곰탱이 였다면 이미 좌절했을 것이다. 그러나 이제는 알 수 있다. 자신감만 있으면 뭐든지 해낼 수 있다는 걸. 이 당연하고도 평범한 진리를 난 너무 늦게 깨달은 것 같다. 하지만 뒤늦게라도 깨달은 걸 기쁨으로 느끼고 앞으로는 곰탱이의 탈을 벗어버리고 싶다.

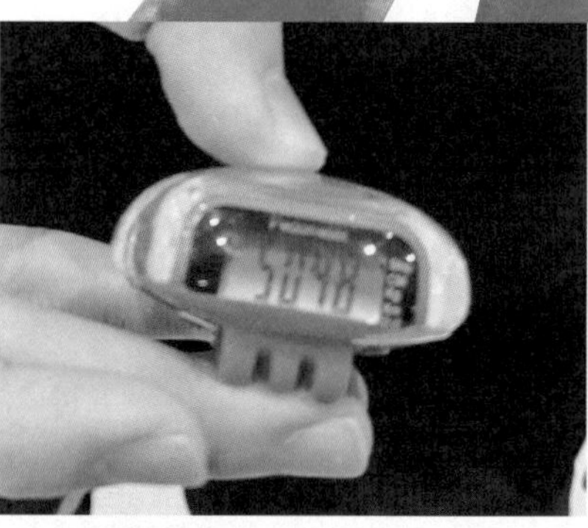

일상생활을 춤으로 만드는 **사진의 춤**

세상을 달리 바라보는 안목 높이기

이것을 Why

인간은 다양한 방법으로 표현할 수 있습니다. 목소리의 음성, 악기의 도구, 그림, 조각, 영상 등 다양한 방법으로 자신의 감정이나 생각을 표현합니다. 하지만 춤은 어떠한 도구 없이 자신의 몸으로만 표현합니다. 아마도 가장 상위의 예술적 표현이지 않을까 생각해봅니다. 춤으로는 어떤 것도 표현할 수 있고 춤을 통해 학생들과 소통하려고 노력했습니다. 춤은 언어이기 때문에 뭔가를 이야기하도록 했습니다. 주제나 이야기가 있는 춤을 사진으로 표현하고자 했습니다.

준비는 Simple

(1) 아무도 바라보고 있지 않다는 자신감

(2) 스마트폰 또는 카메라

무엇을 How

수업의 주제는 "일상생활이 춤이라면? 세상은 어떻게 변할까?"라는 의문에서 시작됐습니다. 일상생활을 춤으로 표현하고 그러한 장면을 사진으로 남기도록 했습니다. 춤은 말로 설명하지 않기 때문에 보다 과장된 동작으로 표현합니다.

일상생활이 춤으로 표현되기 위해서는 두 가지 방법을 제시했습니다. 춤을 일상생활의 공간에서 춤을 추는 방법과 동작으로 일상생활을 표현하는 방법입니다. 수업 내용의 순서는 사진 찍기, 제목 정하기, 스토리 만들기 등으로 진행했습니다.

'일상생활이 춤이 되다!' 뮤직비디오

https://youtu.be/8OtbTSiB-T4

(1) 사진 찍기

(2) 제목 정하기 & 스토리 만들기

사 진	제목 정하기	스토리 만들기
	세상을 거꾸로 보기	거꾸로 돌아가는 세상, 세상을 달리 바라보자. 기존의 있는 것을 반대로 만들어보고, 뒤집어지지 않을 경우 우리가 거꾸로 돌아보자.
	고래의 학생	우리 주위에는 많은 동물 학생들이 있다. 우리에게는 학생이고 세상에는 같이 살아가는 동료이다. 벽화나 동상 그리고 그림에 동물이 있다면 과한 멋진 동작으로 사진을 남겨보자.
	숨기고 싶은 비밀	모두가 숨기고 싶은 비밀은 있다. 나만의 것이고 보여주고 싶지 않는 것이 있다. 많은 경험을 통해 나만이 갖고 있는 좋은 추억들을 만들어보자. 그리고 그러한 좋은 추억들을 숨겨 나만의 비밀로 만들어 보자.
	아침 기지개	유연성이란, 관절의 가동 범위를 말한다. 스트레칭을 통해 몸을 곧게 쭉 펴서 근육이 늘어나는 느낌을 느껴보자! 부상 방지와 체력 단련 그리고 피로 회복의 효과를 얻을 수 있을 것이며, 아름다운 몸의 변화를 눈으로 확인할 수 있을 것이다.
	사랑한다면 표현하세요!	사랑이란, 어떤 사람이나 존재를 몹시 아끼고 귀중히 여기는 마음이라고 한다. 하지만 그러한 마음을 표현하지 않는다면 그 대상을 알 수 없다. 이젠 사랑한다면 표현해보자!
	미세먼지	눈에 보이지 않을 만큼 매우 작은 입자나 먼지는 호흡기를 통해 몸속으로 들어오고 있다. 깨끗한 환경 그리고 청정한 나라에서 살고 싶다.

좋았던 Point

세상을 달리 바라보는 안목은 살아가면서 매우 중요한 요소라고 생각합니다. 일상생활이 춤이라면 어떻게 표현될 수 있는지 다양한 동작을 수업 시간 연습을 하고 동작을 사진을 찍어 제목과 내용을 만들어가는 과정은 매우 의미 있고 즐거운 수업입니다. 또한 사회적 문제나 자신의 생각 또는 메시지를 작품 제목에 넣어 이야기하는 것도 좋습니다.

실제로 見(견)물생심

↑ 담벼락에 진짜 꽃

↑ 일상생활 속 발레

↓ 내 손 안에 너 있다.

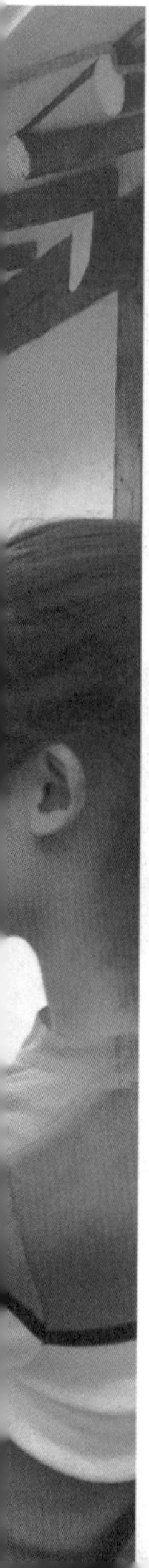

신호를 위한 신호

우체통에 춤을 더하다.

캐논: 돌림노래 형식

춤추라! CREATIVE

매트릭스

영화관 속 영화

리듬감 표출 '스포츠난타'

사람과 도구에 의한 천상의 하모니

이것을 Why

학생들에게 리듬에 대한 생각을 다음과 같이 말하곤 합니다.

> "인간은 엄마 뱃속의 심장 소리로부터 리듬을 배우고 타고난다. 움직이고 있다는 것은 춤을 추고 있는 것이고, 열정은 하나의 리듬에서 시작하는 것이다. 따라서 나의 긴장으로 뛰는 심장조차 춤이다." -MR. Jung-Sub

인간에게 리듬은 매우 중요한 요소이고, 살아있는 것 자체가 리듬에 속해 있다고 해도 과언이 아닐 것입니다. 세상의 많은 박자와 흐름 그리고 리듬을 이해하고, 자신만의 리듬을 만들어보고 그것을 몸과 도구를 통해 표현되도록 해보는 것은 매우 의미 있는 활동이라고 생각합니다. 학교현장에 많은 수업 교구들이 있습니다. 체육 창고, 도서관, 다목적실, 교무실, 교실 등 일상생활에 있는 것들을 활용해 리듬을 만들어보고 다른 사람 앞에서 발표해보는 시간이 필요하다고 느껴져 수업을 구성했습니다.

준비는 Simple

(1) 우리 주위에 있는 모든 물건

(2) 체육 창고에 있는 스포츠 용품

(3) 스포츠 스택스 컵

(4) 블루투스 스피커

무엇을 How

수업의 목표는 크게 네 가지로 정했습니다. 잘 알기, 잘 하기, 잘 보기, 잘 듣기 등입니다.

첫 번째 '잘 알기'는 간단한 음악의 박자 원리를 알려주고, 동작의 공간적 구성과 시간적 구성 원리를 정확하게 이해시키는 것입니다. 스포츠 난타에서 리듬을 활용해 움직임을 구성할 때에는 기본적인 원리를 이해해야 하고, 그러한 원리를 활용해 다양한 동작을 구성할 수 있습니다.

음악의 박자는 8박자로 구분해 8박자 안에 리듬을 넣을 수 있도록 했습니다. 8박자 중 자신이 원하는 박자에 소리를 넣도록 동작을 구성하도록 하는 것입니다.

동작을 구성하는 원리에는 크게 두 가지로 구분합니다. 시간적 구성 원리와 공간적 구성 원리로 구분합니다.

가. 시간적 구성: 동작을 구성할 때는 여러 가지 움직임을 어떠한 순서로, 어떻게 연결해 표현할 것인지를 구성

① 4단위 형식: 중심이 되는 움직임 A를 정하고, A를 기준으로 각기 다른 네 가지를 차례로 진행시키는 형식

4단위 형식의 예)

A 동작	B 동작	C 동작	D 동작
가장 중심이 되는 동작	A 동작에 발전시킨 동작	A 동작에 상반되는 동작	C 동작에 발전시킨 동작
A~D를 한 세트로 구성			

② 론도 형식: 주된 동작 A와 A 사이에 다른 움직임 B를 끼워 넣어 계속되는 움직임을 진행시키는 형식

론도 형식의 예)

A 동작	B 동작	A 동작
A~C를 한 세트로 구성		

③ 캐논 형식: 돌림 노래처럼 시간차를 두고 뒤따라 하는 형식

캐논 형식의 예)

A 동작 ①	B 동작 ②	C 동작 ③	D 동작 ④
A 동작 ①을 실시	A 동작 ①의 같은 동작을 다음 박자에 실시	A 동작 ②의 같은 동작을 다음 박자에 실시	A 동작 ③의 같은 동작을 다음 박자에 실시
A ①, A ②, A ③, A ④를 순차적으로 연결해 구성			

나. 공간적 구성 형식: 동작을 하는 사람의 위치나 동작을 공간적으로 변화시켜 주제를 표현하는 형식

① 대칭: 좌우가 같게 해 안정감을 표현

② 비대칭: 좌우가 다르게 해 박진감과 변화를 표현

③ 대조: 두 요소를 서로 상반되게 해 두 가지 모두 돋보이거나 한 가지를 강조하는 표현

④ 통일: 모두가 같은 동작을 해 하나의 느낌으로 웅장함과 안정감을 표현

둘째, '잘하기'는 공간적 · 시간적 구성 원리에 따라 만든 동작을 실제로 만들어보고 연습하는 것입니다. 가장 기본적으로 스피드컵, 쌓기용컵(스피드 스택스컵)을 사용하면 좋습니다. 소리도 명쾌하고 컵을 바닥에 치는 소리가 머리를 맑게 해줄 수 있습니다. 8박자 안에 자신이 원하는 박자에 소리를 넣도록 하는 것을 기본으로 알려줍니다.

8박자 안에 자신이 원하는 박자 넣는 예)

8박자	1	2	3	4	5	6	7	8
원하는 곳에 박자를 넣음	●	●	●				●	●

위의 예를 보면 8박자 중 1, 2, 3, 7, 8박자에만 소리를 넣었습니다. 몇 개의 소리를 넣는 규칙은 없지만, 반드시 8박자 중 어느 곳이든 원하는 박자에 소리가 나도록 했습니다. 다양한 대형 전환으로 여러 파트너를 만나고, 동작 구성의 미를 높여 창의적인 과제를 풀어가는 의미 있는 활동이 전개될 수 있습니다.

▲ 모두 같은 방향을 바라보고 실시

▲ 원으로 서로 같은 곳을 바라보며 실시

▲ 2열의 대형으로 서로 마주보고 실시

탁구 라켓, 배드민턴 라켓, 야구 배트, 농구공, 축구공 등의 스포츠 용품을 사용해 각각의 도구들이 바닥이나 서로를 부딪칠 때 나는 소리를 활용해 더욱 창의적인 작품들을 구성할 수 있습니다.

셋째는 '잘 보기'입니다. 자신만 잘하는 것이 중요하지 않고 다른 사람이 하는 것을 잘 보는 안목도 중요합니다.

8박자를 4개의 한 세트로 구성한 것을 4×8 카운트라고 설명했습니다. 개인당 4×8카운트의 리듬 동작을 만드는 것을 목표로 해 각각 개인이 만든 4×8 카운트 리듬 동작을 같은 모둠원에게 알려주어야 합니다. 한 모둠은 8~10명으로 총 리듬 동작은 4×8 카운트×8~10개가 완성됩니다. 보통의 음악 한 곡을 할 수 있는 분량이고 부족하다면 1회 반복을 해 강조하면 더욱 효과적입니다.

가장 큰 문제는 개개인이 만든 4×8 카운트의 리듬 동작을 같은 모둠의 학생들에게 알기 쉽게 가르쳐야 한다는 것입니다. 모둠원들은 모두 잘 보고 따라 해야 합니다. 소리에 경청하고 리듬 동작을 만든 학생의 움직임을 주의 깊게 관찰해야 할 것입니다.

넷째는 '잘 듣기'입니다. 같은 모둠 활동에서 학생들이 만든 리듬 동작을 잘 듣고 따라 해야 하며, 다른 모둠의 연습과 작품발표에 긍정적인 분위기로 경청하는 자세가 중요할 것입니다.

좋았던 Point

동아리, 자유 학기, 스포츠, 체육 시간 등 어느 시간에도 활용할 수 있고 다른 스포츠 용품이 없다면 컵만을 사용해 작품을 만들 수 있습니다. 짧게는 1차시 수업용으로도 가능하지만, 작품성과 작품의 길이를 고려해 8~10차시로 구성하면 3분짜리의 음악에 맞춰 충분히 발표까지 가능합니다. 축제에 발표를 하거나 인터넷에 올려 서로 작품을 공유해보는 것도 좋은 방법이 되겠습니다.

실제로 見(견)물생심

놀이와 관찰을 통한 관계 감수성 향상 '손비트 & 보디 퍼커션'

서먹서먹한 순간을 브레이킹하고 스포츠 리듬감 높이기

이것을 Why

갑작스러운 이동 수업 또는 어쩔 수 없는 실내 수업, 미세먼지로 인해 준비된 수업을 하지 못하게 되는 경우가 종종 있습니다. 아니 자주 발생합니다. 그래서 수업을 미리미리 잘 준비하는 교사가 우수한 교사로 각광받는 날이 찾아왔습니다. 준비에 실패하면 실패를 준비하는 것이라고 하죠. 넓지 않은 공간에서 수업을 해야 하는 갑작스런 서프라이즈 스포츠 클럽 시간 또는 체육 교사에게 황사, 우천, 미세먼지의 역습이 때와 장소를 가리지 않고 수시로 우리 수업 시간 영역에 들이 닥치고 있습니다. 체육관이 있는 학교라고 자만하고 있을 상황만이 아닙니다. 미세한 먼지들이 우리를 가로막을 지라도 슬퍼하거나 노여워할 필요가 없도록 준비에 만전을 기하면 됩니다. 물론 코로나19의 감염 예방도 철저하게 준비하고 대처하면 충분히 가능하다고 믿습니다.

손비트(손바닥비트) 또는 보디퍼커션은 유튜브를 검색하면 다양한 형태의 영상을 찾아볼 수 있습니다. 거의 예술의 경지입니다. 단순한 리듬과 박자를 맞추는 수준을 뛰어넘어, 교양곡을 만들어내는 신의 경지에 도달해 있음을 알게 될 것입니다. 수업 시간 중 휴대폰으로 모둠원들의 손만을 촬영하도록 한 후 발표를 하면 참 좋은 작품이 나옵니다. 수행평가로도 충분히 가능합니다. 학생들의 작품뿐 아니라 교직원 단합을 위한 체육 대회의 한 꼭지로 활용되면 더욱 좋겠죠! '리듬과 박자는 매우 중요하고 인생과도 비슷합니다. 낄 때 끼고, 빠질 때 빠지는 우리 내 인생살이와 참 많이 닮아 있습니다.

준비는 Simple

(1) 신체

(2) 손비트 또는 보디커퍼션 동영상

(3) 스마트폰

무엇을 How

(1) 모둠을 구성한 후 손비트, 보디퍼커션과 관련된 유튜브 영상을 함께 시청합니다. 손비트와 보디커퍼션을 학생들 앞에서 발표하는 것에 소극적인 학생들이라면 3~4분 정도의 영상을

휴대폰으로 촬영한 후 교사에게 제출하도록 해 함께 시청하는 방법도 좋습니다. 저는 오히려 이 방법이 더 좋았습니다.

(2) 인성 교육의 테마를 잡아서 진행하는 것도 추천합니다. 약속, 통일감, 강약 등과 같이 우리 생활에서 반드시 지켜야 할 주제에 대한 생각들을 공유해보는 것도 좋습니다.

(3) 하나의 공연을 준비한다는 느낌으로 학생들은 참여하게 됩니다. 모두가 함께 같은 움직임을 해본다는 것은 집단의 협동 마인드를 향상시키는 데 아주 효과적입니다. 자투리 시간을 활용하시면 참으로 좋습니다.

(4) 내 몸의 소중함에 대한 자존감을 향상시키는 수업으로도 추천합니다. 손바닥을 치고, 몸을 두드리고, 발을 구르고, 점프를 하고, 방향을 전환하는 다양한 인간의 기본적 움직임이 건강에도 좋다고 전달하면 학생들은 적극적으로 수업에 참여합니다(박수가 건강에 좋다고 하잖아요). 또한 어떠한 사전 교육(선행학습)이 특별히 필요 없으며, 선행학습 없이 동시에 같은 출발선에서 시작하기 때문에 조금만 집중하면 멋진 작품들이 나오게 됩니다.

좋았던 Point

수업을 준비하는 데 예산이 전혀 들지 않는다는 것과 특별한 준비물이 필요하지 않았던 것이 좋았습니다. 우리 몸이 악기가 되고, 내가 있는 곳이 바로 멋진 공연장이 되는 것이죠. 몸으로 만들어진 리듬을 통해 더욱 극적으로 움직임을 표현할 수 있기 때문에 색다른 재미를 학생들에게 경험시켜 줄 수 있었습니다. 또한 모둠별로 함께 리듬과 박자를 만들어가는 과정에서 협동과 인내, 그리고 약속에 대한 중요성도 시나브로 체험할 수 있다는 점이 좋았습니다. 이야기의 전달을 색다르게 할 수 있는 방법을 체득하며 새로운 전달 방법과 공감 능력도 향상시킬 수 있습니다. 표현하는 것 자체를 즐기면서 짧은 시간에 모두가 함께 참여하는 작품과 공연을 만들어낼 수 있습니다. 쉽고 간단하며 어렵지 않아서 참 좋습니다. 할 수 있습니다. 도전해보세요!

마음을 움직이는 '마움? 마임!'

마임으로 행복한 놀이터 만들기

이것을 Why

마임이란, 그리스어로 '미모스(mimos: 흉내 내는 사람)'에서 유래한 말입니다. 언어와 소도구, 무대 장치를 사용하지 않고 오직 연기자의 몸짓과 표정만으로 표현하는 연기를 말합니다. 지금은 연기의 한 장르나 예술 활동의 한 부분으로 인정받고 있지만, 언어가 체계화되지 않았던 시절 서로가 소통을 할 수 있는 유일한 방법이 바로 마임이었을 것입니다. 마임의 기원은 인류의 역사와 같을 것입니다. 언어가 생기기 이전에 소통의 도구가 있지 않았을 것이고, 얼굴 표정과 손짓, 발짓, 몸짓이 모두 동원돼야만 소통이 가능했을 것입니다. 현대의 무용과 연극도 마임을 기원으로 발달했을 것입니다. 이처럼 모든 장르를 아우르는 마임은 융합된 모습을 보이고 있습니다. 미술, 무용, 연극, 음악 등 모든 장르를 구분하지 않고 사용되고 있습니다. 요즘의 강연을 보면 마치 연기나 마임을 활용해 강의가 하나의 공연처럼 느껴지기도 합니다.

마임은 과거의 마임과 현대의 마임으로 구분할 수 있습니다. 과거의 마임은 희극적인 요소로 이야기를 전달하는 목적이 주를 이루었다면, 현대의 마임은 몸의 각 부분을 분절하고 다시 조합해 몸의 언어로 말하는 손짓과 몸짓이라 할 수 있겠습니다. 우리에게 익숙한 판토마임은 마임의 한 분류입니다. 정확한 표기는 '팬터마임(pantomime)'이 올바른 표현입니다. '마르셀 마르소'라는 사람이 흰 얼굴의 캐릭터에 희극적 스토리를 주어 공연했는데, 관객에게 강한 인상을 주면서 마임을 통칭하기도 했고, 얼핏 마임이라는 것을 떠올리면 흰색 분장을 한 사람이 흰 장갑을 끼고 가상의 벽을 만드는 것으로만 상상을 하게 됩니다.

마임의 발달은 16세기 이탈리아에서 다양한 극의 형태로 마임이 이뤄졌고, 특히 극의 인물 중 '피에로'는 무언극으로 전 유럽에 널리 퍼지며 발전하게 됐습니다. 20세기에 팬터마임으로 가장 유명한 사람은 최고의 마임리스트 '찰리 채플린'입니다.

마임의 기원과 역사를 살펴봤을 때 소통과 관련된 교육적 가치가 너무나 다양한 것이 사실입니다. 마임을 학교 현장에서 가르쳐야 하는 이유는 다음과 같습니다.

(1) 통합 학습이 가능하다.

(2) 올바른 표현법을 배울 수 있다.

(3) 실제 경험과 학습을 연계시킬 수 있다.

(4) 학습 활동에 능동적으로 참여할 수 있다.

(5) 학생의 능력과 역량에 맞는 학습이 가능하다.

(6) 창작 과정을 통해 풍부한 상상력과 창의력을 발휘할 수 있다.

마임을 가르쳐야 하는 이유는 충분합니다. 학생들에게 상상의 나라에 갈 수 있는 이미지 트레이닝과 역할극을 통한 인성 실천을 주제로 수업이 가능하고 과거의 모습을 재현해보거나 현재의 상황을 표현하면서 과거와 현재 그리고 미래를 연결시킬 수 있기 때문에 마임은 꼭 필요한 활동이라 생각합니다. 즉, 마임은 '마음의 움직임'입니다.

준비는 Simple

(1) 풍부한 상상력

(2) 마음껏 움직일 수 있는 자신감

무엇을 How

표현 활동에서 마임 수업을 진행하기 위해 3단계를 적용합니다. step 1은 리드업 게임[1]입니다. 다양한 몸풀기 게임과 움직임을 통해 본 수업에 들어갈 수 있도록 준비가 돼야 합니다. step 2는 실질적인 과제를 부여해 상상을 즉흥적으로 움직이는 수업을 진행합니다. 마지막 step 3은 마임릴레이, 캐릭터 맞추기, 동화 이야기, 도화지 속 이야기, 창작 드라마 만들기 등의 수업을 진행합니다.

(1) step 1: 리드업 게임을 통한 마음의 움직임

가. 생명의 웜 업: 눈을 감고 마음을 고요하게 하면서 천천히 숨을 쉬도록 합니다. 아랫배(단전)로 숨을 쉬는 복식 호흡(단전 호흡)을 하도록 합니다. 눈을 감고 상상을 유도하며 아침에 잠에서 깨어난 후부터 지금까지 걸어온 자신의 모습을 상상하도록 합니다. 현재 자신이 있는 곳까지 도착했다면 천천히 눈을 떠 자리에서 일어나도록 합니다. 그리고

1) 주된 과제를 수행하기 전에 배울 수 있는 내용을 개량해 흥미를 불러일으키고 기초 기능, 팀워크 등을 높이고자 하는 게임

들숨과 날숨을 박자에 맞춰 쉬도록 해 교사는 사전에 준비한 음악 또는 소리로 박자를 내어 줍니다. 점차 단계를 높여 들숨에 걷고, 날숨에 멈추는 게임을 실시합니다.

나. 마음 깨우기: 제자리에서 서서 머리부터 발끝까지 몸을 손바닥으로 두드리도록 합니다. 손바닥 전체로 두드리거나, 주먹을 쥐고 아프지 않는 범위 내에서 두드리도록 합니다. 또한 손가락 끝으로 두드린 다음 위에서 아래로 쓸어내리기를 해 두려움을 살아지도록 하는 방법이라고 안내합니다. 모든 두려움을 두드려 없애거나 쓸어버리도록 합니다.

다. 포커페이스 만들기: 얼굴 근육을 최대한 크게 폈다가 작게 오므리도록 합니다. 2인 1조로 서로의 표정을 따라 해보고 다양한 감정을 표정으로 맞춰보는 게임을 합니다.

라. 합장 스트레칭: 손을 합장한 자세에서 최대한 가운데로 힘을 줍니다. 단계를 높여서 왼쪽, 오른쪽 그리고 다양한 방향을 바꿔 힘을 주어 밀어봅니다. 2인 1조로 같은 방법을 실시합니다. 그리고 모둠별로 진짜 힘을 준 팀과 가짜로 힘을 준 동작을 맞춰보는 게임을 합니다.

(2) step 2: 상상의 마음을 실제로 움직임

가. 날아가는 풍선: 마임을 통해 날아가는 풍선을 표현합니다. 실제로 날아가지 않는 풍선이지만 손을 놓으면 마치 날아가는 풍선처럼 표현하도록 합니다.

나. 보이지 않는 벽: 두 손을 사용해 벽이 있는 것처럼 표현하도록 합니다. 단계를 높여 2인 1조로 큰 벽을 옮기는 모양으로 움직이도록 합니다.

다. 허공의 치카치카: 입안의 혀를 사용해 양치질을 하는 것처럼 표현합니다. 단계를 높여서 면도, 세수, 샤워, 렌즈 착용 등 욕실에서 이뤄지는 다양한 움직임을 몸으로 표현하도록 합니다.

라. 파리 잡기: 파리가 주위에 날아가는 것처럼 상상해 표현하도록 합니다. '윙'이라는 소리를 내어 효과를 더해 다양한 파리가 날아가는 동작을 하고 손으로 파리 잡는 모습을 합니다.

마. 공포의 사다리 타기: 사다리를 타고 올라가는 것처럼 상상해 표현하도록 합니다. 양손은 사다리를 잡고 있는 동작을 하고 한 다리씩 사다리에 다리를 올려놓아 올라갈 때의 속도에 맞춰 손을 밑으로 내리도록 합니다. 제자리에서의 동작이지만 사다리에 올라가

는 것처럼 움직이도록 연습해봅니다.

바. 상상의 에스컬레이터: 에스컬레이터로 올라가거나 내려가는 것처럼 표현합니다. 허리 높이의 검정 천을 준비해 양쪽으로 사람이 잡고 있고 에스컬레이터를 연기할 사람은 검정 천 뒤에 왼쪽에 서 있다가 오른쪽으로 이동하면서 점점 낮아지는 모습으로 움직이게 합니다. 이와 반대로 천의 머리만 나오도록 앉아 있다가 오른쪽에서 왼쪽으로 이동하면 점점 상체가 나오도록 움직이게 해 마치 에스컬레이터를 타고 있는 것처럼 표현하도록 합니다. 같은 방법으로 계단을 표현해도 됩니다.

(3) step 3: 다양한 상황을 몸으로 움직임

가. 한 줄 마임 릴레이

5명의 한 모둠이 한 줄로 서서 최초의 사람을 제외한 나머지는 뒤로 돌아 서 있도록 합니다. 처음의 사람은 바로 뒤에 있는 사람에게 '주제어'를 10초 이내에 몸으로 표현하도록 합니다. 다음 사람은 말을 하지 않고 보기만 하다가 자신의 뒤에 있는 사람에게 '주제어'라고 판단되는 단어를 같은 방법으로 몸으로 표현합니다. 이렇게 마지막까지 몸으로 표현한 주제어가 모둠의 마지막 사람에게 전달해 평가해봅니다.

나. 캐릭터 맞히기: 영화의 히어로 주인공을 몸으로 표현해봅니다. 2인 1조로 어떠한 캐릭터를 연기하고 있는지 맞춰보도록 합니다. 또한 모둠을 5명으로 구성해 영화의 속 캐릭터를 5명이 동시에 5초간 보여줍니다. 다른 모둠은 주의 깊게 관찰해 순간적으로 어떠한 캐릭터였는지 맞혀봅니다.

다. 도화지 속 이야기: 체육관 또는 다목적실 등의 빈 공간을 백색의 도화지라고 생각하고 원하는 곳에 자신의 물건이나 정지된 동작을 취하도록 합니다. 물건을 다른 곳으로 옮겨보도록 하고 원하는 위치로 이동해 정지된 동작을 하거나 그림을 그리듯이 계속 움직여도 됩니다. 또 다른 움직임으로 동작을 해도 됩니다. 과제수행이 종료되면 서로 움직임에 대해 이야기 합니다. 왜 물건을 거기에 옮겨 놓았는지 이유를 말해보도록 합니다. 또한 다른 사람이 자신의 물건을 다른 곳으로 옮겼다면 왜 그렇게 했는지 이유를 묻도록 합니다. 마찬가지로 동작에 대해도 빈 도화지에 어떠한 것을 그리기 위해 동작을 취했는지 설명하도록 합니다.

라. 창작 드라마 만들기: 교사는 수업 전 여러 가지의 장소와 관련한 단어장을 만들어 준비합니다. 한 반을 A, B조의 2개 모둠으로 구분하고 각각의 모둠의 대표는 사전에 준비한 단어장을 제비뽑기해 제시어를 선택합니다. 예를 들어 A는 박물관, B조는 커피숍이 나왔을 경우 각 조는 제시어를 보고 서로 말하지 않고 1분간 어떤 마임의 동작을 할 것인지 상상해봅니다. A조의 경우는 박물관이기 때문에 박물관을 상상하면서 자신은 어떠한 동작의 마임을 할 것인지 고민해봅니다. B조도 마찬가지 커피숍에서 이뤄지는 다양한 동작 중 어떠한 마임을 할 것인지 상상합니다. 그렇게 상상의 시간이 끝나고 교사는 각각의 조에 1분씩 마임을 할 수 있는 시간을 줍니다. A조는 B조의 마임을 보고 어떠한 장소였을 것인지 상상합니다. 그리고 말로 장소를 이야기하지 않고 다시 마임으로 움직여 봅니다.

마. 침묵 맘(마임)으로 퀴즈: 스피드 게임을 말없이 손짓과 몸짓으로만 설명해 풀도록 합니다. 교사가 스피드 게임의 단어장을 만들어도 되고 각 조별로 만든 것을 상대의 조에게 주어 맞춰보도록 합니다.

바. 무궁화 꽃이 맘(마임)으로 합니다: '무궁화 꽃이 맘으로(제시어)합니다.'라고 외치면 제시어에 해당하는 동작을 순간적으로 자세를 취해 멈춰 게임을 합니다. 예를 들어 '무궁화 꽃이 배구 합니다.'라고 외쳤을 때 누가 보아도 배구의 동작을 하는 모습의 마임 동작을 취해야 합니다.

좋았던 Point

언어를 사용하지 않고 자신의 신체를 활용해 의사소통을 해보는 것은 매우 의미 있는 활동이며 창의적인 아이디어와 참신한 생각의 수업이라 믿습니다.

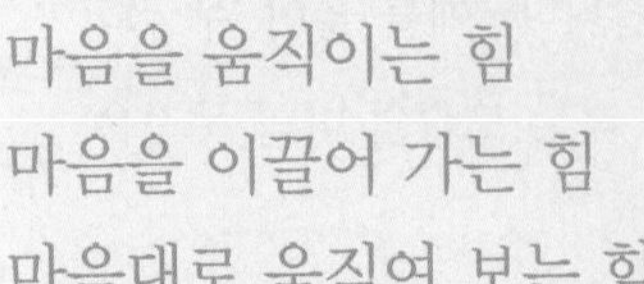
마음을 움직이는 힘
마음을 이끌어 가는 힘
마음대로 움직여 보는 힘

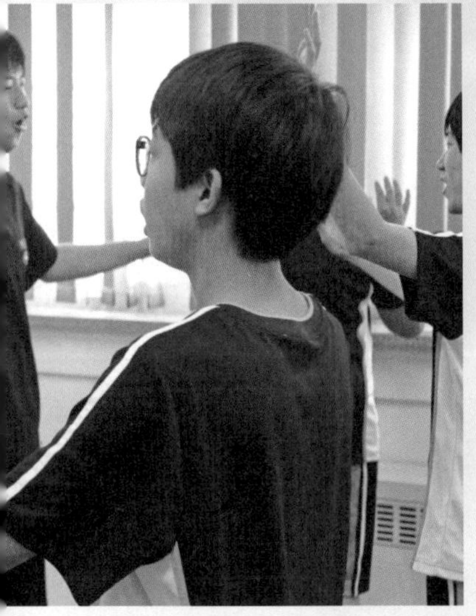

세상에 없는 것을
있는 것처럼 움직이면
우리들의 상상이 곧 현실

당신을 응원합니다!
창작 치어리딩

이것을 Why

수업 시간 창작에 대해 다음과 같이 이야기합니다.

> "창작이란, 기존의 없는 것을 창조해 내는 것이 아닌, 기존의 있는 것을 새롭게 조합하는 것이다."
>
> –Mr. Jung–sub Kim

창작 수업은 학생들에게 매우 중요하고 의미 있는 수업일 것입니다. 치어리딩 수업을 통해 다양한 창작과제를 경험하고, 과제 수행을 통해 생각을 몸으로 표현하고 발표하는 시간을 경험하도록 합니다.

준비는 Simple

(1) 도전정신

(2) 블루투스 스피커

(3) 음악 선곡 및 음악분석

무엇을 How

치어리딩 수업을 위해서는 몇 가지 순서가 필요합니다. 수업 전 준비 사항으로는 사전에 음악을 선곡해 분석해 놓아야 합니다. 치어리딩 수업에 사용될 음악은 대부분 신나는 댄스 음악을 사용하거나 기존의 응원가 등을 활용하면 좋습니다. 음악의 박자를 세어 총 몇 카운트가 되는지 확인합니다.

박자는 8박자로 구분하고 총 4개의 8박자를 한 세트를 구성하면 됩니다. 그것을 4×8 카운트라고 지칭하겠습니다. 8박자가 4개로 구성된 총 32박자가 한 세트라고 생각하면 됩니다. 다음은 음악을 분석한 예시입니다.

유튜브에 있는 '2017 힘내라, 청춘! 힘내라, 대한민국!'– 걸그룹 트위티(tweety)의 음악을 분석한 후 4×8 카운트에 과제를 넣어보겠습니다.

(출처: https://www.youtube.com/watch?v=iXzP1nocibg)

음악 분석 한 박자	가사	과제의 예시
4×8 카운트	자~ 올라 잇! 올라 잇! 레츠 고! 대한민국 크랩! 크랩! 그랩! 그랩! 모두 손 머리 위로!	한 줄 서서 캐논
4×8 카운트	고 코리아! 고 코리아! 다시시작이야! 뒤 돌아 보지 마! 고 코리아! 고 코리아! 저 옷을 잡아 봐! 함께 가는 거야!	치어리딩 기본 동작 1
4×8 카운트	힘내라, 대한민국! 힘내라, 청춘! 힘내라, 대한민국! 힘내라, 청춘!	치어리딩 기본 동작 2
4 카운트	쉬는 간주	대형 전환
4×8 카운트	긴장이 빠진 듯 무거운 공기뿐, 기지개 펴 봐도 개운치 않을 뿐, 누구도 웃지를 못해 누구도 말조차 없어, 자! 모두다 볼륨업! 자! 모두 다 손 업!	꾸미기 동작 2개
4×8 카운트	서로 잘 알자나 위로해줄 수 있다는 걸 함께해 나갈 걸 예~ 예~ 몸을 일으켜 우린 준비돼 있어! 우리의 본능을 깨워 손을 하늘 위로!	꾸미기 동작 2개
4×8 카운트	고! 코리아! 고! 코리아! 다시시작이야! 뒤 돌아 보지 마! 고! 코리아! 고! 코리아! 저 옷을 잡아 봐! 함께 가는 거야!	치어리딩 기본 동작 1 (1~4번)
4×8 카운트	힘내라, 대한민국! 힘내라, 청춘! 힘내라, 대한민국! 힘내라, 청춘!	치어리딩 기본 동작 2 (5~8번)
4×8 카운트	힘내라, 대한민국! 힘내라, 청춘! 힘내라, 대한민국! 힘내라, 청춘!	자유 동작
4×8 카운트	반주~(아리랑)	한 줄 서서 캐논(반복)

과제의 예시에서 보는 것처럼 한 줄로 서서 실시하는 캐논댄스, 치어리딩 기본 동작 1과 2, 대형을 전환하는 무빙댄스, 꾸미기 동작을 넣은 꾸미기댄스 총 4개, 자유 동작 등의 과제가 있습니다.

과제에 대한 내용은 다음과 같습니다.

(1) 한 줄로 서서 캐논댄스

한 모둠이 한 줄로 서서 돌림노래 형식처럼 앞의 사람이 동작을 하면 뒤에 사람은 한 박자 늦은 시간적 간격을 두고 같은 동작을 따라 마지막 맨 뒤에 있는 사람까지 동작을 연결합니다.

(2) 치어리딩 기본 동작

치어리딩의 기본 동작 여덟 가지를 번호를 붙여 1번부터 4번까지를 기본 동작 1, 5번부터 8번까지를 기본 동작 2로 구분합니다.

- 1번: 기본 스텝
- 2번: 기본 스텝+박수치기
- 3번: 기본 스텝+팔 동작(한팔)
- 4번: 기본 스텝+팔 동작(양팔)
- 5번: 기본 스텝+V스텝
- 6번: 기본 스텝+V스텝+팔 동작
- 7번: V스텝+팔 동작 응용
- 8번: 팔 돌리기

(3) 꾸미기 동작(꾸미기 댄스)

2×8 카운트에 1개의 꾸미기 동작을 만들어 4×8 카운트에 2개의 꾸미기 동작을 만들도록 구성합니다. 꾸미기 체조를 응용한 과제로, 팀워크가 중요하며 협동심을 발휘해 다양한 주제의 꾸미기 동작이 완성되도록 합니다. 안전사고가 발생할 수 있기 때문에 사전 안전 교육 및 주의 사항을 잘 안내해야 합니다.

(4) 대형 전환(무빙댄스)

네 박자의 쉬는 간주 부분이 있습니다. 네 박자에 맞춰 기존의 대형을 다르게 변형하도록 합니다.

(5) 자유 동작

자유 동작의 4×8 카운트는 자신이 가장 잘하는 동작을 하거나 원하는 동작을 하도록 합니다. 기존의 방송 댄스를 따라 해도 무방하며 치어리딩의 고난이도 동작을 도전하는 것도 가능합니다.

방송 댄스, 치어리딩의 고난이도 동작, 자신 있는 치어리딩 기본 동작의 반복 등 자유롭게 자신이 원하는 동작을 4×8 카운트에 맞춰 넣도록 합니다.

좋았던 Point

음악에 맞춰 몸을 움직인다는 것은 매우 흥미로운 활동이며 흥겨운 음악에 다른 상대의 마음을 응원하기 위한 창작! 치어리딩 수업은 매우 즐겁고 의미 있는 수업이라 생각합니다. 특히 캐논 동작을 만들기 위해 새로운 생각과 창의적인 아이디어를 구상해야 하며, 꾸미기 동작을 완성하기 위해 모둠원들의 팀워크가 발휘돼야 가능합니다. 이러한 과정을 통해 창의력과 협동심이 길러질 수 있을 것입니다.

세상의 모든 이야기를 연결한
창작 스토리텔링 수업

단어와 단어가 만나
이야기가 완성된다.

이것을 Why

유명 선수의 이야기를 드라마형식으로 이야기해주거나 영화의 소재를 설명하는 내용의 수업은 매우 흥미롭고 재미있는 수업 방법 중 하나입니다. 특히 가장 좋은 수업 내용은 종목, 단원 등과 관련해 선생님만이 경험한 사연, 계기, 추억 등을 학생들에게 이야기 형식으로 설명해주는 것입니다. 학생들은 선생님의 이야기를 듣고 자란다고 해도 과언이 아닙니다. 선생님이 직접 느낀 경험담이나 생각을 이야기형식으로 말해주는 것은 가장 효과적인 수업 방법일 것입니다. '선생님에게 농구란?', '선생님에게 춤이란?', '선생님에게 달리기란?' 등의 주제로 학생들에게 말해주세요. 단, 기승전결을 고민해봐야 합니다. 가슴 아팠던 사연, 즐거웠던 경험, 행복한 순간 등 다양한 감정을 잘 전달하기 위해서는 빈 노트에 정리를 해보는 것도 큰 도움이 됩니다.

선생님의 이야기뿐 아니라 학생들이 직접 이야기를 말 하거나 새로운 이야기를 만들어가는 것도 매우 중요한 경험일 것입니다. 특히, 표현 활동 수업을 진행할 때 작품의 주제를 정했다면 주제에 맞는 이야기를 만들도록 합니다. 창작 활동을 하는 것은 가장 창의적인 수업의 시작입니다.

준비는 Simple

(1) 빈 노트

(2) 메모지

무엇을 How

학생들에게 다양한 이야기를 만들어보는 스토리텔링 수업은 너무나 의미 있는 시간입니다. 스토리텔링이란, 사실에 감정을 입힌 것이라고 합니다. 우리가 일상생활 속에서 누구나 하고 있는 것을 공감할 수 있는 내용으로 구성해 전달할 수 있는 역량은 상당히 중요하고 의미 있는 경험입니다.

다양한 스토리텔링 수업은 다음과 같습니다.

(1) 캐릭터 만들기

캐릭터는 어느 특정인을 잘 묘사할 수 있는 인물을 만들어야 합니다. 한 사람의 심리적, 신체적, 사회적 특징을 구분해 캐릭터를 구성할 수 있습니다. 어느 한 사람만의 특징적 모습을 구체적으로 찾거나 만드는 것은 캐릭터 만들기 수업에서 중요한 포인트입니다. 캐릭터는 크게 세 가지로 세분화해 구성해야 합니다.

첫 번째는 심리적 특징입니다. 심리적 특징은 그 사람이 현재 갖고 있는 감정 상태나 평소의 특징 지어지는 심리상태를 말합니다. 예를 들어 다혈질, 까칠, 소심, 기쁨, 화남, 슬픔 등이 이에 해당합니다.

둘째는 신체적 특징입니다. 겉으로 보이는 가장 기본적인 특징에 해당합니다. 예를 들어 키, 몸무게, 체형, 여성 또는 남성, 머리 스타일, 나이, 피부색 등을 말합니다.

셋째는 사회적 특징입니다. 사회적 특징이란, 그 사람의 사회성 및 사회적 위치 등을 뜻합니다. 예를 들어 직업, 하는 일, 사회적 위치, 역할 등의 직업 관련된 대인 관계 능력, 의사 소통 능력, 배려심, 공감 능력 등의 사회적 성격 등이 이에 해당합니다. 이러한 캐릭터를 구성하는 세 가지 요소를 잘 생각해서 캐릭터를 만들어보도록 합니다.

캐릭터 만들기 수업의 예)

① 한 모둠에 5명으로 구성합니다.

② 빈 의자와 책상을 준비하고 사람이 있는 것처럼 상상하도록 합니다.

③ 모둠에서 한 사람씩 캐릭터의 특징(심리, 신체, 사회)에 대해 상상을 하나씩 각각 이야기합니다.

- 홍길동: 심리적 특징 → 매우 밝고 긍정적인 성격입니다.
- 김정섭: 신체적 특징 → 16살의 흰 드레스를 입고 있는 날씬한 여성입니다.
- 조종현: 사회적 특징 → 중학교의 댄스 동아리 대표로 리더십이 뛰어납니다.

위의 3명의 학생들이 상상을 통해 심리, 신체, 사회적인 특징에 대한 이야기를 조합하면 다음과 같습니다.

→ 캐릭터 생성: 긍정적이고 밝은 성격의 희색 드레스를 입은 중학교 16살의 여학생이며, 댄스팀의 리더로 리더십이 뛰어난 학생임

이렇게 나온 캐릭터는 모둠 중 한 명이 갖도록 합니다. 5명의 학생들은 상상으로 나온 캐릭터를 만들고 하나씩 각자의 캐릭터를 갖도록 합니다. 자신의 캐릭터에 따라 여러 가지 행동을 해보도록 합니다. 캐릭터의 걸음걸이, 행동의 제스처, 평상시 대화를 나눌 때의 행동 등을 통해 움직여보고 캐릭터를 바꿔가며 동작들을 경험해보는 시간을 갖도록 합니다. 이러한 캐릭터를 연습해 창작 댄스에 적용하거나 상황극 및 여러 가지 표현 활동 시간에 활용합니다.

(2) 비밀 노트 보여주기(스무고개)

선생님은 학생들에게 비밀 노트를 설명합니다. 엄청난 이야기를 비밀 노트에 만들어 왔는데, 선생님이 만든 이 이야기를 학생들이 맞춰보는 게임입니다. 또는 20가지의 질문을 통해 이야기를 만들어진다는 내용으로 스무고개 게임을 실시해도 좋습니다. 비밀 노트 보여주기란, 선생님이 질문을 하고 학생들은 단답식으로 답을 하며 비밀 노트의 이야기가 맞으면 다음 질문으로 넘어가고 틀리면 선생님이 이야기를 해줘도 되는 방식입니다. 하지만 실제로 비밀 노트의 이야기는 전혀 구성이 안 돼 있는 빈 노트이고, 선생님의 질문과 학생의 대답으로 이야기를 만들어갈 수 있는 스토리텔링 수업입니다. 선생님과 학생과의 묻고 답하는 예는 다음과 같습니다.

쌤 남자일까요? 여자일까요?

학생 남자입니다.

쌤 네 맞아요. 그러면 10대일까요? 20대일까요?

학생 20대입니다.

쌤 아닙니다. 10대입니다. 다음 질문입니다. 바다일까요? 강일까요?

학생 강입니다.

쌤 네 맞아요. 10대인 남자는 강을 수영으로 건널까요? 배를 타고 건너갈까요?

학생 배를 타고 건너갑니다.

쌤 아니에요! 수영으로 건너갑니다. 수영으로 건너가서 섬에 도착했습니다. 동굴에 들어갈까요? 오두막에 들어갈까요?

학생 동굴에 들어갑니다.

쌤 아니에요! 오두막에 들어갑니다. 오두막에 들어가기 위해 문 앞에선 10대의 남자 학생은 노크를 했습니다. 오두막 안에서 어느 사람이 다가와 문을 열어줍니다. 10대의 여자 학생일까요? 20대의 남자 학생일까요?

학생 20대의 남자 학생입니다.

쌤 아니에요! 10대의 여자 학생입니다. 여자 학생은 무엇을 들고 있었습니다. 그것은 연필일까요? 꽃일까요?

학생 꽃입니다.

쌤 네 맞습니다.

위의 이야기는 '쌤'의 질문에 학생이 답을 해 이어가는 대화입니다. 쌤은 계속 두 가지 상황을 이야기하고 학생에게 선택하라고 하지만, 결국 쌤은 두 가지 상황에서 '맞다'고 하면 학생의 선택에 이야기를 전개하고, '아니다'라고 한다면 반대되는 상황으로 이야기를 계속해서 전개해 나가게 됩니다. 쌤은 남자, 10대, 수영, 오두막, 10대의 여자 학생, 꽃을 선택했습니다. 그렇다면 위의 대화를 스토리로 정리하면 다음과 같습니다.

10대의 남학생이 수영으로 강을 건너 어떤 오두막에 들어가 노크를 했습니다. 그러자 오두막에 어느 사람이 다가오자 문을 열었고 10대의 여학생이 꽃을 들고 나왔습니다.

이와 같이 스토리가 만들어졌습니다. 이러한 이야기에 추가적으로 보충을 할 수 있도록 시간을 주어 내용을 다듬어 보면 다음과 같습니다.

> 10대의 용기 있는 남학생은 외딴섬에 홀로 있는 사랑스런 여자 친구에게 가기 위해 수영으로 강을 건넜습니다. 우여곡절 끝에 여자 친구가 있는 오두막에 다가가 노크를 했고 그러자 사랑스런 여자 친구는 오랫동안 만나지 못했던 남자 친구가 힘들게 수영으로 헤엄쳐 자신이 있는 곳으로 왔다는 것에 감격하고 너무 반가워 꽃을 들고 마중을 나왔습니다.

최종적으로 이야기를 다듬고 나면 마지막의 스토리가 만들어집니다. 즉, 선생님과 학생들의 질문과 대답을 통해 하나의 스토리가 만들어 졌습니다. 이러한 과정은 학생과 학생, 모둠 대 모둠 등 다양한 형태로 이뤄질 수 있고 그러한 이야기가 만들어진 내용을 수정해 매끄럽게 보완한다면 멋진 이야기가 창작될 것입니다.

(3) 한 줄 이어가기

5명(다양한 인원으로 구성된 팀이라도 상관없음)의 모둠으로 구성해 각자 노트에 자신이 원하는 캐릭터를 만들어 글로 설명합니다. 각자 개개인의 노트에 캐릭터가 설명돼 있고, 자신의 노트를 옆의 사람에게 주어 1분의 시간 동안 추가적인 내용을 작성하도록 합니다. 추가적인 내용은 1분 안에 캐릭터의 설명을 읽고 추가하고 싶은 내용으로 전개하는 방식입니다. 중요한 점은 1분의 제한시간이 주어지고, 시간이 되면 다음 사람에게 자신의 노트를 건네주어야 합니다. 건네받은 노트를 읽는 시간을 주고 다시 1분의 시간을 주면 그 캐릭터를 중심으로 한 줄의 이야기를 만들게 됩니다. 다시 옆의 사람에게 자신이 쓴 노트를 주고 이러한 상황을 반복해 한 사람당 1분 동안 노트에 적혀있는 글에 한 줄씩 이야기를 추가해 글을 완성하면 끝이 납니다. '한 줄 이어가기'의 예는 다음과 같습니다.

학생 이름	한줄 이어가기
김정섭	학교에서 가장 키가 크고 잘생겼으며, 농구를 좋아하는 15살의 남자 학생
조종현	→ 하지만 그에게도 단점이 있었다. 그것은 폭력적인 성격을 갖고 있다.
홍길동	→ 폭력적인 성격으로 농구대표에서 탈락됐고 결국,
진정체	→ 치어리딩팀에 오디션을 보려고 했다.
육사랑	→ 그 이유는 자신이 가장 좋아하는 여학생이 치어리딩 팀에 있었기 때문이다.

(4) '단단' 이가 만나!(단어와 단어가 만나 이야기) 만들기

5명의(상황에 따라 다양한 인원의 팀 편성 가능) 모둠을 편성해 원으로 앉아 돌아가며 즉흥적으로 생각나는 2개의 단어를 말하도록 합니다. 총 2바퀴를 돌면 20개의 단어가 생깁니다. 다시 한 사람씩 20개의 단어 중 2개의 단어를 선택해 문장으로 만들면 됩니다. 그러면 10의 문장이 만들어지고 다시 한 사람씩 돌아가며 문장과 문장을 연결해 새로운 문장을 만들어가는 방식입니다. 5개의 문장이 만들어지면 전체적으로 이야기가 될 수 있도록 재구성해 팀의 스토리를 만들면 끝이 납니다. '단단이가 만나'의 예는 다음과 같습니다.

단단이가 만나	단어와 문장
6명의 2개씩 정한 12개의 단어들	말썽꾸러기, 사탕, 커피, 남자, 미국, 결혼, 전 세계, 사랑, 자동차, 대한민국, 커피숍, 학생들
2개의 단어를 1개의 문장으로 연결한 6개의 문장	• 매일 사탕과 커피를 좋아해 먹습니다. • 그 남자는 결혼을 했습니다. • 대한민국에서 태어나 커피숍을 운영하고 있습니다. • 자동차를 타고 전 세계를 돌아다닌 것이 꿈입니다. • 사랑하는 부인과 미국으로 떠났습니다. • 말썽꾸러기의 학생들을 낳았습니다.
문장과 문장을 이어 하나의 문장으로 완성한 3개의 문장	• 매일 사탕과 커피를 좋아하는 남자는 결혼을 했습니다. • 자동차를 타고 전 세계를 돌아다닌다는 꿈을 갖고 있었지만, 대한민국에서 태어나 지금까지 커피숍을 운영하고 있습니다. • 사랑하는 부인과 미국을 떠나 말썽꾸러기의 학생들을 낳았습니다.
다듬기	• 매일 커피를 마시는 남자는 사탕을 좋아하는 사람과 결혼을 했습니다. 그 남자는 자동차를 타고 전 세계를 돌아다니는 꿈을 갖고 있었지만, 대한민국에서 태어나 지금까지 커피숍을 운영하고 있었습니다. 사랑하는 부인과 결심해 결국 전 세계를 돌아다니기 위해 떠났고 결국 미국에 정착해 말썽꾸러기인 2명의 학생들을 낳아 행복하게 살고 있습니다.

좋았던 Point

캐릭터를 만들어보기 위해 여러 가지를 상상해보고, 단어와 단어를 연결해보며 글을 만들어 이야기를 창작해보는 과정은 학생들에게 매우 중요한 경험일 것입니다. 이러한 스토리텔링 수업을 전개해 창의적인 생각을 만들고 자신만의 이야기를 만들 수 있어 좋았습니다. 이야기를 만들었으므로 이를 움직임으로 표현해 창작 댄스를 만들면 됩니다.

_
piece
body
music
told
color
sun
stand
questions
birds
"아무도 바라보고 있지 않은것 처럼!"

세계 유일! 모두가 참여하는
무지갯빛 '깃발 그림 작품'

융합 예술로 학생들의 행복을 디자인하다
(쉼과 공감이 있는 문화 예술 환경 조성).

이것을 Why

체육 대회에서 사용되는 '학급응원깃발'을 '기성작품 구입이 아닌' 우리 학생들의 번뜩이는 아이디어가 쏙쏙 녹아 있는 멋진 작품으로 만들어내기 위한 주도성 프로젝트를 진행하고 싶었습니다. 남의 작품이 아닌 우리 학생들의 작품으로 운동장이 가득 채워지도록 학생들이 주인이 되고 도전해 성장하는 과정을 함께 나누기 위해 의미 있는 학생 주도성 프로젝트를 진행해 봤습니다. 하는 것은 스포츠를 이해하는 단지 한 가지 방식에 불과합니다. 그림을 잘 그리는 학생도, 좋은 아이디어가 있는 학생도 체육 대회에 직접 또는 간접적으로 참여할 수 있는 기회를 주고 싶었습니다. 자유 학기의 수업 내용으로 시간과 공간 그리고 모든 교과를 연결할 수도 있으며 미세먼지 또는 비가오는 등 날씨가 좋지 않을 경우에 대비해 교육과정을 재구성할 수 있습니다.

준비는 Simple

(1) 깃발 천(한 마에 3,000원 정도, 교실 칠판의 절반 정도 크기)

(2) 유성 물감, 매직, 깃대, 청테이프

(3) 미술 교과와의 연계 아이디어

무엇을 How

(1) 운동에 소질은 없지만 그림을 잘 그리는 학생도 체육 대회에 참가할 수 있는 기회를 주고 독려할 수 있습니다. 달리기 좀 못하면 어떻습니까? 줄다리기할 힘이 부족하면 어떻습니까? 체육 대회에서 학년 종합 우승에 기여할 수 있는 기회를 제공해주면 그만입니다. 게다가 학급 깃발은 별도로 시상합니다.

(2) 선배들의 작품 또는 어떤 방식으로 깃발이 그려져야 하는지 샘플을 보여주면 좋습니다. 상 이름을 심사위원상, 굿 아이디어상, 대박상, 획기상 등과 같이 조금 더 세분화하면 재미있습니다.

(3) 처음에는 조금 막막해 합니다. 하지만 그려보면 별거 아닙니다. 제작할 수 있도록 격려하고 응원해주면 우리 학생들은 멋진 작품으로 선생님들의 기다림에 보답합니다.

(4) 체육 대회가 끝나면 학생들은 깃발을 갖고 단체 사진을 많이 찍습니다. 단체 사진촬영이 끝나면 모든 깃발을 체육 대회 학생 도우미들을 통해 수거해 깃대와 천을 분리한 후, 체육관이나 외부 지정된 장소(로비 또는 입구)에 잘 정리해 게시하면 아주 멋진 스포츠 전시회(Gallery)를 꾸밀 수 있습니다. 학생들은 체육 대회 당일 다른 학년이나 타 학급의 깃발을 꼼꼼하게 볼 수 없습니다. 스토리가 가득 담긴 한 장의 작품들을 통해 학급의 문화를 엿볼 수 있습니다. 추가로 학교생활기록부를 알차게 채워주면 일석삼조로 깔끔하게 마무리!

> (1) 다른 학급의 깃발 작품을 좀 더 디테일하게 관찰할 수 있는 기회 제공하기
> (2) 체육관 또는 유휴 공간을 수업 갤러리로! 학생들의 작품을 돌려주기
> (3) 학생들의 몸과 마음속에 자긍심을 가득 채울 수 있도록 시상하고 힘차게 격려해주기

좋았던 Point

'쉼과 공감 있는 문화 예술의 환경'을 조성하기 위해 예산을 투입해 학교 환경을 깔끔하게 정리되는 것도 의미가 있겠지만, 학교의 다양한 유휴 공간을 활용해보는 것도 참으로 중요하다는 생각이 급니다. 학교에서의 '블루오션'을 찾아 그 '틈새'를 새롭고 의미 있는 공간으로 만들어볼 수 있었습니다. 학생들의 소소한 작품들이 지속적으로 공유돼 학생들 간 흥미롭고 재미있게 회자될 수 있도록, 스토리가 있는 갤러리를 만들어내는 프로젝트를 학생들과 함께 진행해보세요. 학생들의 행복한 표정과 웃음을 금방 만나게 되실 겁니다. '강추'입니다.

실제로 見견물생심

원격 수업의 끝판왕 '리듬 종목 트레이닝'

이것을 Why

학생들이 학교를 오지 않는 상황에서도 실연할 수 있는 수업이 필요했습니다. 집에서 혼자할 수 있는 방법이어야만 했습니다. 좁은 공간에서도 움직일 수 있어야 했고, 영상 촬영을 위한 활동지도 필요했습니다. 농구를 배우려면 림을 향해 꼭 슛을 해야 할까요? 배구를 배우려면 네트를 설치하고 반드시 코트 위에 서야 할까요? 운동을 배울 때 가장 많이 듣게 되는 말이 '리듬을 활용해!' '박자를 느껴!'입니다. 운동 기능이 뛰어난 학생들만 좋은 점수를 받는 것이 아니라 실시간 쌍방향으로 진행되는 수업을 통해 제시된 성취 기준에 도달하기 위해 부단히 노력하는 학생들에게도 '한 곡 완성'이라는 새로운 기쁨을 안겨주고 싶었습니다. 모든 종목을 리듬과 박자를 활용한 표현 활동으로도 수업이 가능합니다.

준비는 Simple

1) 리듬 종목 트레이닝 활동지
2) 원격 수업에서도 가능한 탱탱볼
3) 애간장 타지 말고 리듬을 타볼 용기
4) 리듬 종목 트레이닝 음원 및 블루투스 스피커
5) 선생님이 직접 등장하는 리듬 종목 트레이닝 완성 동영상

무엇을 How

원격으로 진행되는 수업이기 때문에 몸과 마음의 준비운동이 선행돼야 했습니다. 몸의 준비운동을 위해 안전사고 예방을 위한 주변 환경 정리와 수업 참여 복장을 체크했고, 마음의 준비운동을 위해 실시간 쌍방향 수업 중 반드시 지켜야 할 매너에 대한 교육을 진행했습니다. 90초의 'JS 뮤직'을 미리 들려주고 4×8 카운트(포에잇 카운트)로 리듬과 박자를 분석하는 활동을 한 후, 수업의 주제에 맞게 파트별 활동으로 섹션에 포함돼 있는 동작을 가르쳐줍니다.

탱탱볼을 활용한 수업이기 때문에 층간 소음이나 공으로 인한 안전사고는 전혀 발생하지 않습니다. 미리 계획된 수업을 진행하실 경우에는 '스포츠 꾸러미'와 같은 형식으로 학생들에게 사

전에 전달해주셔도 되고, 갑작스러운 상황이라면 1,000원 정도 하는 탱탱볼을 직접 문구점, 대형마트 또는 인터넷으로 구입하도록 전달하면 됩니다. 부담스럽지 않은 준비물이기 때문에 큰 걱정 안 하셔도 됩니다. 개인적으로 진행하기도 하고, 소회의실로 묶어 모둠별 활동을 하기도 하며, 모두 함께 '떼 리듬 트레이닝'을 하기도 합니다.

90초의 JS 음악에 맞춰 눈을 감고 이미지 트레이닝을 통해 동작 숙지 여부를 확인하기도 했으며, 투명 탱탱볼 활동으로 공이 있다고 가정하고, 동작을 확인하는 여러 단계를 통해 학생들이 수업에 조금이라도 집중할 수 있도록 했습니다. 영상 평가로 진행되는 과제이기 때문에 학생에게 무한대의 기회가 제공됩니다. 어느 장소이든, 언제든 상관없이 자신이 풀샷으로 편집 없이 본인이 직접 등장하는 영상을 촬영해 제출용 구글폼에 탑재하도록 안내하면 됩니다. 저의 수업에 집중시키기 위해 반별로 순서에 변화를 주거나 동작에 미세한 차이를 두면 수업에 열심히 참여했는지 여부를 쉽게 체크할 수 있습니다.

좋았던 Point

리듬 종목 트레이닝은 원격 수업용으로 제격이지만, 원격 수업용으로 제작된 프로그램은 아닙니다. 어떤 종목이든 그 스포츠의 문화를 체험하는 방법 중 하나입니다. 평가로 진행하지 않을 경우에는 준비운동 또는 정리 운동으로도 아주 좋습니다. 저는 수업에 열심히 참여하지 않는 학생들 중 운동만 잘하는 학생들이 높은 점수를 받는 평가 시스템을 개선하고 싶었습니다. 또한 운동 실력이 좋지는 않지만 노력하면 본인이 한 번도 경험해보지 못한 'A'라는 점수도 받게 해주고 싶었습니다. 리듬 종목 트레이닝은 열심히 한 학생에게 그 보답을 줄 수 있었습니다. 농구를 잘해야 좋은 점수를 받는 것이 아니라 농구 수업에 열심히 참여하면 좋은 점수를 받는 그런 수업입니다.

JS music
음악과 함께하는 즐거운 체육 시간

실제로 見[견]물생심

리듬 바스켓 트레이닝 레벨 I

리듬 바스켓 트레이닝 순서

관련 영상: https://youtu.be/YY6glioNGpU(12:25)

순서	8 카운트	8 카운트	8 카운트	8 카운트
공다루기	 허리 주위 공돌리기(우/좌)	 무릎 붙이고 공 돌리기	 무릎 사이 공 돌리기(우/좌)	 다리 사이 8자 공 돌리기
드리블	 높은 드리블(우/좌)	 낮은 드리블(우/좌)	 V자 드리블	 M자 드리블
패스	 체스트 패스(우/좌)	 바운드 패스(우/좌)	 언더핸드 패스(우/좌)	 베이스볼 패스(우/좌)
풋워크	 피벗(오른발 축)	 피벗(왼발 축)	 스트라이드 스톱	 점프 스톱
슈팅	 드리블 후 레이업(우)	 드리블 후 레이업(좌)	 드리블후 스텝백 슛(앞/뒤)	 세트슛

리듬 바스켓 트레이닝 평가 방법

채점 기준		등급	점수
① 농구 기본 동작을 올바르게 수행한다. ② 씩씩하고 활력 있게 동작을 수행한다. ③ 리듬 바스켓 순서를 정확히 숙지한다. ④ 박자에 따른 동작을 정확히 수행한다.	채점 기준 네 가지 만족	A	30
	채점 기준 세 가지 만족	B	26
	채점 기준 두 가지 만족	C	22
	채점 기준 한 가지 만족	D	18
	미실시(기본 점수)	E	14
	장기 미인정 결석	F	12

리듬 발리볼 트레이닝 레벨 I

배구와 리듬의 어깨동무(우좌우좌→웃자웃자)

리듬 발리볼 트레이닝 순서

순서	동작 설명	동작 사진
(1) 볼 만나기 (Ball Meeting)	★ 2×8 카운트 'Intro' ① 볼 미팅 후 잡기: 두 손으로 바운드한 후 한 손으로 치고 두 손으로 캐치하기(우좌우좌) * 오른쪽은 오른손으로 미팅 ② 볼 바운드하기: 두 손으로 바닥에 볼 3회 바운드하기(우좌우좌) * 공기압 체크	
(2) 볼 연결하기 (Ball Connecting)	③ 볼 던진 후 잡기: 한 손으로 던진 후 두 손으로 잡기(우좌우좌) * 볼 회전시키기 ④ 볼 컨트롤하기: 한 손으로 볼 2회 컨텍트(우좌우좌) * 팔 펴기	
(3) 포암 패스 (Forearm Pass)	⑤ 포암 패스하기: 2회(우좌) * 팔 펴기 ⑥ 바운드 후 포암 패스하기: 2회(우좌) * 팔 펴기 ⑦ 포암 패스하기: 2회(우좌) ⑧ 바운드 후 포암 패스하기: 2회(우좌)	
(4) 오버헤드 패스 (Overhead Pass)	⑨ 한 손 오버헤드 패스: 주먹으로 2회(우좌우좌) ⑩ 두 손 오버헤드 패스하기: 두 손으로 오버헤드 2회(우좌우좌)	
(5) 블로킹 & 스파이크 (Blocking & Spike)	⑪ 원거리 블로킹하기: (우좌) ⑫ 근거리 블로킹하기: (우좌) ⑬ 스파이크하기: (우좌우좌) * 멋진 엔딩 포즈	

(출처: https://youtu.be/G3b0rstniqA)

All about 리듬 트레이닝

(음악과 종목별 움직임을 하나로)

번호	종목	번호	종목
1	농구	9	플로어볼
2	배구	10	탁구
3	배드민턴	11	홈트레이닝
4	발레	12	준비운동
5	저글링	13	고무밴드
6	축구	14	태권도
7	음악 줄넘기	15	치어리딩
8	건강 점핑	16	계단 운동

거침없이 꿈꾸고 당차게 도전하는 꿈의 학교

춤추라! CREATIVE

경기도는 '경기 꿈의 학교' 사업이 진행 중입니다. 경기도교육청 마을교육공동체기획단이 주관하는 '경기 꿈의 학교 사업'은 학생 스스로 꿈을 향해 기획하고 도전과 성찰을 통해 자아 탐색 및 꿈 실현을 목적으로 '학생이 찾아가는 꿈의 학교', '학생이 만들어가는 꿈의 학교', '마중물 꿈의 학교'의 세 가지 종류로 구분할 수 있습니다. 학생이 찾아가는 꿈의 학교는 비영리 단체나 법인 또는 개인이 만들어 선택한 학생이 찾아가 배우는 학교, 마중물 꿈의 학교는 마을 교육 공동체 활동 및 꿈의 학교 실천 의지가 있는 사람들이 모여 만든 학교를 말합니다. 그중 학생이 만들어가는 꿈의 학교는 경기도 관내 학생 및 학령기의 학교 밖 청소년 등이 스스로 기획해 교육 과정을 만들어보는 학교를 말합니다. 자신의 꿈과 실천을 위해 스스로 교육 내용과 교육 과정을 만들어보고 직접 강사와 프로그램을 구성해 원하는 학교를 만들어보는 과정을 경험하게 됩니다.

경기도의 의왕 갈뫼중학교 창작 댄스 동아리 CREATIVE 학생들은 직접 꿈의 학교를 만들어 학교명을 '춤추라! CREATIVE 꿈의 학교'라고 하고 춤에 관심 있는 학생들을 모집해 의미 넘치는 꿈을 실현했습니다.

경기 꿈의 학교 중 '학생이 만들어가는 꿈의 학교'는 꿈짱 학생과 꿈지기 교사가 필요합니다. 꿈지기 교사는 꿈의 학교 전반에 예산 집행과 수업 안내 및 지도 등을 운영하고 학생들의 꿈 실현의 적극 보조해주며 같이 학교를 만들어가는 역할을 합니다.

춤추라! CREATIVE 꿈의 학교는 춤을 좋아하는 사람들끼리 소통하고 단순히 아이돌의 춤을 따라 하는 것이 아닌, 창작과정을 통해 서로 성장하고자 교육과정을 구성했고 춤을 통해 기능 향상 및 연관된 다양한 진로를 탐색해 미래 꿈에 대한 기회를 갖고자 했습니다.

춤 관련 기술 습득뿐 아니라 학생들과 몸으로 움직이고 마음으로 소통하는 장을 만들기 위해 노력했습니다. 또한 사회 문제를 주제로 창작 댄스를 만들어 발표하는 것에 목표를 두어 활동을 했습니다. 길거리 댄스 버스킹, 1박2일 댄스여행, 댄스 CF 만들기, 댄스 뮤직비디오 만들기 등의 활동이 그 주를 이뤘습니다. 춤추라! CREATIVE 활동을 통해 '춤추라! 아무도 바라보고 있지 않은 것처럼!'이라는 말처럼 남들 앞에서 자신감 있는 자신을 발견하기 위한 다양한 활동을 경험했습니다.

춤추라! CREATIVE의 운영 시간별 주요 활동은 다음과 같습니다.

연번	일시	주요 활동 내용	운영 시간		장소
			시간	누계	
1	7.30 09:00~12:00	• 개교식 및 나의 미래 구상하기 – 자신의 이름 3행시: 네임댄스 배우기 – 리듬 & 박자의 이해: 4×8 카운트 따라 하기 – 자존감 프로젝트 – 자기 소개 몸으로 표현하기 – 자신의 이름 네임댄스로 만들기 – 자신의 몸 자각하기 – 필라테스 몸 관리 배우기 • 문화 예술 체험: 갈뫼중 5층 체조실 • 일상생활이 춤이라면: 댄스 포토 – 사진 촬영 및 편집 방법 • 창작 UCC 만들기: 영상 편집 방법 • 댄스: 커버댄스 4×8 카운트 따라하기, 창작해보기 • 댄스 버스킹 연습	3	3/3	갈뫼중
2	7.31 09:00~12:00	• 과제 제시 댄스 배우기 – 꾸미기댄스, 탑댄스, 미러댄스 • creative 로고 만들기 • 원리 이해하기 – 무대 & 조명 이해하기 – 움직임 원리 이해하기(폼롤러, 튜닝 밴드) – 조명 제작 체험 • 댄스: 커버 댄스 4×8 카운트 따라 하기, 창작해보기	3	3/6	
3	8.1 09:00~12:00	• 스트리트댄스 배우기 – 팝핀, 락킹, 비보이 기본 스텝	3	3/9	
4	8.2 09:00~12:00	• 현대 무용수의 스토리텔링 '춤'이야기 – 춤추는 궁구리채(김정섭 선생님의 춤을 춘 이야기, 한예종에 도전한 계기, 과제 제시의 탄생)	3	3/12	

5	8.3 09:00~13:00	• 4×8 카운트 작품 연습 및 버스킹 연습 • 컨템포러리댄스 관람 체험	4	4/16	갈뫼중
6	8.6 09:00~12:00	• 과제 제시 댄스 연습: 캐논, 지시, 잔상, 마임, 슬로우, 포토댄스 • 창작 댄스 작품 연습: 더스트 • 작품 감상 및 비평 방법	3	3/19	
7	8.7 09:00~12:00	• 4×8 카운트 작품 연습 및 버스킹 연습	3	3/22	
8	8.8 09:00~17:00	• 마음의 움직임: 마임 – 댄스버스킹 • 홍대 댄스 버스킹	8	8/30	홍대 버스킹 거리
9	8.9 09:00~17:00	• 꿈지기 선생님과 함께하는 1박2일 댄스캠프 – 사진 및 영상 촬영 기법 – 일상생활이 춤이라면? – 댄스버스킹	8	8/38	서울역, 광화문, 시청
10	8.10 09:00~17:00	• 꿈지기 선생님과 함께하는 1박2일 댄스 캠프 – 댄스 뮤직비디오제작(CPR 뮤비 만들기)	8	8/46	
11	8.18 09:00~13:00	• 창작 작품 주제 만들기 위한 영화 관람(사회적 이슈를 주제로 한 영화를 통한 이야기 만들기) • 꿈의 학교 졸업식 • 일상생활이 춤이라면? – 일상생활이 춤으로 표현되다. 사진 및 영상 촬영, 뮤비 만들기 • 창작 안무법 및 스토리보드 만들기	4	4/50	갈뫼중, 평촌 영화관
계			50시간		

프로그램은 총 50시간으로 구성했고 창작 댄스, 공연 관람, CF 만들기, 뮤비 만들기, 댄스 캠프, 댄스 버스킹 등 다양한 내용으로 구성했습니다. 좀 더 구체적인 춤추라! CREATIVE를 소개하겠습니다.

- 소개: '춤추라! 아무도 바라보고 있지 않은 것처럼!'이라는 말처럼 남들 앞에서 자신감 있는 나를 발견할 것이다. 춤을 좋아하는 사람들끼리 배려, 나눔, 소통을 위해 사회성과 공동체 의식 함양을 통해 서로 성장하고자 만든 학교입니다.
- 목적: 춤을 통해 배려, 나눔, 소통을 위한 꿈과 끼의 발현
- 의미: 춤 관련(댄스, 무용, 공연, 예술, 창작, 무대 디자인, 조명, 음악 편집, 영상 편집 등) 운영의 학생 주도성

- 과정: 춤과 관련된 역량 강화를 위해 다양한 프로그램을 구성
- 주체: 꿈의 학교 운영 주체 및 참여 학생
- 효과: 춤을 통해 도전과 열정을 배우고, 배려와 나눔 그리고 소통의 방법을 구현, 춤과 관련된 진로 및 직업을 탐색하고 꿈에 대한 비전을 찾는다.

프로그램명	활동 사진	활동 내용 설명
홍대 댄스 버스킹 • 마음의 움직임 • 춤추라! 아무도 바라보고 있지 않은 것처럼!	스트리트 댄스 배우기: 리듬과 박자를 몸으로 표현하기 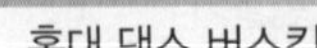 홍대 댄스 버스킹	• 특징: 남들의 의식 없이! 춤추라! 아무도 바라보고 있지 않은 것처럼! • 홍대 댄스 버스킹 – 대상: 초 6~고 2 – 인원: 학생 16명, 교사 1명 – 내용: 스트리트 댄스 배우기, 댄스 버스킹 – 단계 : 작품 연습하기 → 버스킹 사전 준비 작업 → 길거리 댄스 버스킹 도전하기 – 효과 : 몸으로 자기 표현 능력을 높이고, 자존감을 향상시킨다. 남들의 시선에 위축되지 않고 자신감으로 공연의 문화를 즐겨본다.
꿈지기 선생님과 함께하는 1박2일 댄스 캠프 • 춤의 역사 및 안무법 배우기 • 사진 및 영상 촬영 기법 • 일상 생활이 춤이라면? • 서울 댄스 버스킹	 서울 1박2일 댄스 버스킹  일상생활이 춤이라면? 뮤비 제작	• 사업 목적 – 댄스 버스킹을 통한 자신감, 표현 능력 향상 – 아는 것과 실천하는 것의 연계 – 일상생활이 춤으로 표현되는 뮤비 제작 • 꿈지기 선생님과 함께하는 1박2일 댄스 캠프 – 대상: 초4~고2 – 인원: 학생 11명, 1교사 – 내용: 댄스 버스킹, 일상생활이 춤이라면 뮤비 제작 – 효과: 춤을 통해 자신감을 높이고, 의미 있는 작품을 창작해 제작 과정을 통해 조명, 의상, 무대 등을 고민하고 아름다움을 이해하며 작품을 구상하는 능력을 높인다.

학생들이 직접 홍보 브로셔, 현수막, 단체티를 만들고 꿈의 학교를 홍보하는 과정은 매우 의미 있는 활동이었습니다. 또한 프로그램을 꿈지기 교사와 상의해 현실 가능하도록 수많은 협의와 이야기가 오갔으며, 불가능을 가능하게 하기 위해 도전과 열정을 쏟아 활동했습니다.

몇 번의 실패가 결국 성공의 지름길을 만들게 됐습니다. 많은 실수가 더욱 성장하게 된 계기라는 것을 깨닫는 순간, 도전에 두려움이 없어지기 시작했습니다. 2017년 처음 꿈의 학교를 구성했을 때에는 너무 무모한 도전 과제를 선정해 힘든 과정을 경험하게 됐습니다. 특히 댄스 여행은 경기도에서 '부산댄스여행'을 계획했습니다. 무더운 여름날 안전을 위해 보험에 가입하고, 성수기에 여행지인 부산에 어렵게 숙소를 잡았지만, 알지 못하는 지리적 상황에 버스를 잘못 타서 목적지와 정반대로 1시간을 달리고서야 다시 환승을 했던 기억은 웃지 못할 추억이자, 가슴 아픈 사연들입니다. 그 중 가장 두려웠던 것은 홍대에 가서 댄스 버스킹을 하자는 과제였습니다. 전문가들도 어려워하는 버스킹을 중학교 학생들이 아무도 모르는 곳에서 전혀 모르는 일반 관객 앞에서 춤을 출 수 있을지가 가장 큰 걱정이었습니다. 그러한 걱정과 고민은 엄청난 연습의 결과를 가져오게 됐지만, 진짜로 두려운 것은 공연을 했을 때 어떤 관객이 우리의 작품을 관심 갖고 볼 것인가 였습니다. 우리는 처음이기 때문에 도전에 실패를 할 것이라 생각했습니다. 관객을 위해 춤을추지 말고 지금까지 우리가 연습한 것을 실전에서 도전하는 과정 자체를 즐기고 노력하자고 다짐하며 홍대로 출발했습니다. '춤추라! 아무도 바라 보고 있지 않은 것처럼!'이란 말처럼 두려움 없이 춤을 출 수 있게 됐습니다. 학생들은 이러한 도전으로 한걸음 성장하고 성숙해졌습니다.

🡅 춤추라 꿈의 학교 홍보지

🡅 부산 댄스 여행 중 부산역 앞에서 댄스 버스킹

춤추라! CREATIVE
춤을 통한 도전!
춤을 위한 소통!
춤을 향한 열정!

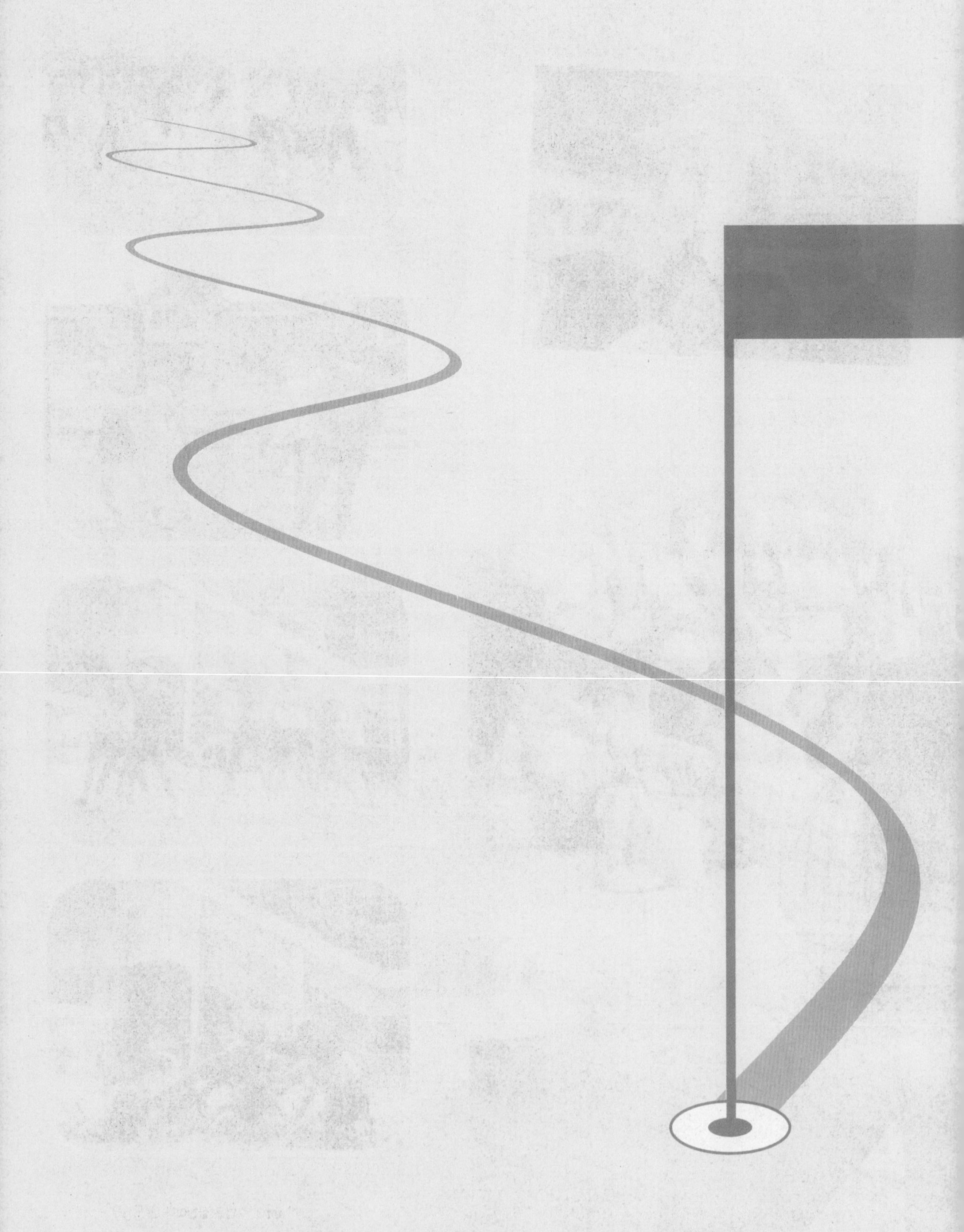

PART 3 수업은 실천이다

Chapter 5

안전

직접 보고, 듣고, 만질 수 있는 리얼 안전 체험 교실

실전과 같이
리얼한 체험이 진정한 경험이다.

안전보다 중요한 것은 없습니다. 이는 우리 모두가 공감하고 있는 사실입니다. 아무리 멋지고 의미 있는 활동이라도 안전하지 못하면 하지 않은 것보다 못하게 됩니다. 그동안 안전보다 우위에 있었던 것들이 많았습니다. 안전의 중요성을 인식하고 철저히 대비해야 합니다. 제도적으로 안전 교육이 보다 의무화돼야 하고 수업시간과 더불어 교육과정에 적극적인 형태로 안전 교육이 포함돼야 합니다. 체육과 교육과정 속에 '안전'이라는 단원이 생긴 안전 교육과 안전 행사를 추진하고 실천해야 합니다. 학교에서의 안전 교육은 매일 실시하는 안전 교육, 수업 시간에 실시하는 안전 교육 그리고 창의적 체험 활동으로 하는 안전 교육으로 나눌 수 있습니다. 또한 국가적인 행사인 전국 단위의 재난 훈련과 민방위 훈련 등이 있습니다. 학교는 매년 2회의 소방훈련을 실시해야 하고, 1회 이상 소방서와 연계한 합동 훈련을 진행해야 합니다.

1. 언제나 실천 가능한 안전 체험존

♠ 상설 안전 체험 존 설치

♠ 교통 안전 체험 교구

♠ 흡연 예방 관련 교구

♠ 수상 안전 및 안전 깃발 체험

학교의 유휴 공간(여유 교실)을 활용해 안전 체험존을 설치했습니다. 안전 관련 체험 기구들을 구비해 놓고 누구나 사용하도록 했으며, 교과 선생님들이 언제나 교구를 활용하실 수 있도록 안내 했습니다. 이 체험존에서는 흡연, 음주, 성교육, 심폐 소생술, 교통 안전, 수상 안전, 응급 처치 등과 같은 체험을 진행할 수 있습니다.

2. 진짜 같은 리얼 대피 훈련

▲ 실제 환자 발생 시 대처 방법 실천

▲ 환자 운반 대비책 연습

▲ 실제 상황을 가정한 훈련

▲ 연막탄을 활용한 실제 상황 구현

매년 민방위 훈련이나 전국 단위의 재난 대피 훈련, 학교 자체의 화재 대피 훈련 등을 실시합니다. 조금만 구성을 변경하면 실제와 같은 대피 훈련이 가능해질 것입니다. 학생 자치회에서의 회의를 통해 학교에서 발생할 수 있는 화재에 대해 토의하도록 합니다. 시간과 화재 발화 지점을 정하고 환자가 발생할 수 있는 상황을 시나리오로 구성합니다. 시나리오의 대본을 만든 후 각자의 역할을 정해 훈련을 실시합니다. 우선 크게 수업 시간에 발생할 수 있는 상황과 수업 시간이 아닌 상황으로 구분합니다. 또한 환자 발생 상황도 시나리오에 포함시켜 실전에 대비해야 합니다. 화재의 상황을 구현하기 위해 소방 훈련용 연막탄도 준비합니다.

3. 언제나 한결같은 안전 캠페인

▲ 늘 한결같은 캠페인 활동

학생 자치회의 부서 중 하나로 '학생 안전 지킴이'를 구성해 각종 행사나 등 · 하교에 안전 지킴이 활동을 하도록 합니다. 학기말 다음 연도의 학생 안전 지킴이를 구성할 때 1차 추천 및 자기소개서를 작성하고 2차 구술 및 면접 시험을 통해 30명의 학생 안전 지킴이를 선발합니다. 30명은 5명씩 매일 요일을 정해 아침 시간, 점심시간, 방과 후에 학생들의 안전을 위한 활동을 실시합니다. 아침 시간에는 교통 안전과 안전 캠페인 활동을 실시합니다.

4. 매년 2주간의 안전 주간 운영

매년 안전 주간을 운영해야 합니다. 월~금요일까지 알찬 5일이 되도록 구성합니다. 5월에 한 번, 10월에 한 번 총 2번을 실시합니다.

구분	월	화	수	목	금
활동주제	안전 10계명 만들기	찾아가는 안전 퀴즈 대회	안전 캠페인	수업을 통한 체험형 안전 교육	자전거 및 안전 팔찌 체험 존 운영

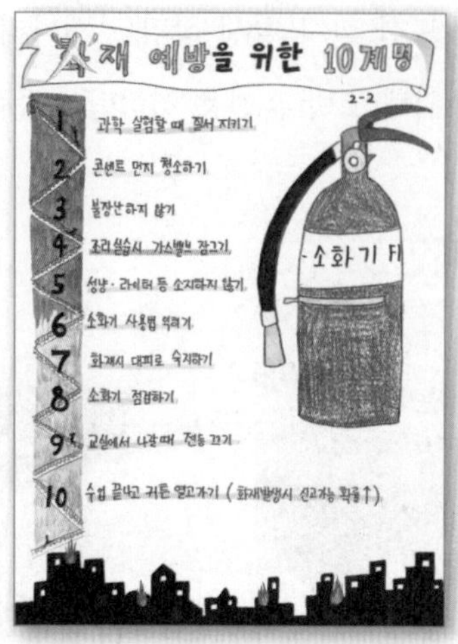

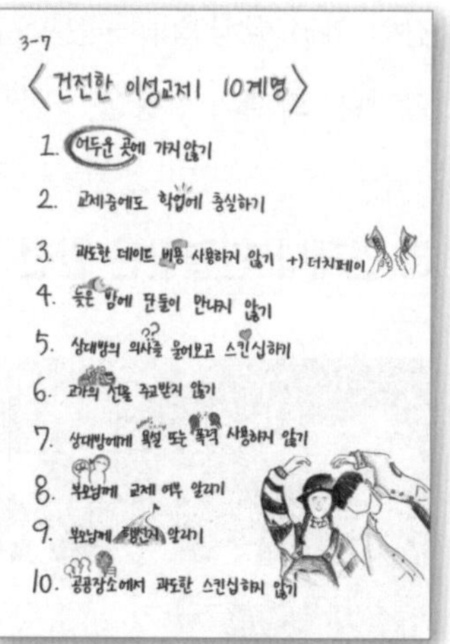

월: 학생이 만든 안전 행동 매뉴얼 공모 사례

- 안전 행동 요령 주제 토론을 통해 안전 10계명을 만듦.
- 각 학년 우수작을 선정한 후 포스터로 제작하고 각 반 모든 교실과 복도에 게시해 우리가 만든 안전 사례를 보여줌으로써 많은 공감을 얻음.

화: 찾아가는 안전 ○× 퀴즈 - 학생 안전 지킴이와 자전거 자율 동아리 부원

- 사전 준비: 학생 안전 지킴이 학생들이 직접 퀴즈 문제 만들기
- 사전 홍보: 각 반 교실의 게시판을 통해 교실로 직접 찾아가는 ○× 퀴즈가 있음을 홍보
- 퀴즈 대회: 조례 시간에 찾아가 3단계 ○× 퀴즈를 냄.
- 효과: 안전에 대한 퀴즈를 풀면서 안전사고에 대한 경각심을 가짐.

수: 스스로 여는 안전 캠페인

- 캠페인: 20○○년 ○월 ○일(월) ~ ○월 ○일(금)
- 효과: 한국 안전 주간임을 널리 홍보하고 안전 의식을 고취시킴.
- 체험 일시: 20○○년 ○월 ○일 점심시간 1층 중앙 현관
- 효과: 비상시 행동 요령을 습득함으로써 안전에 대한 의식을 고취시키고 비상 행동 요령에 대한 매뉴얼을 익히는 유익한 시간을 가짐.

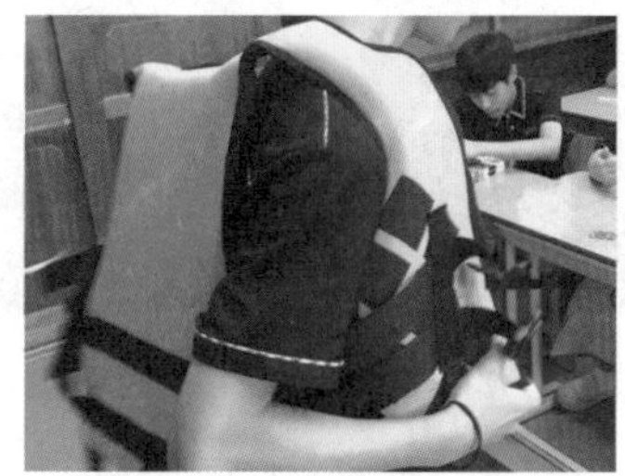
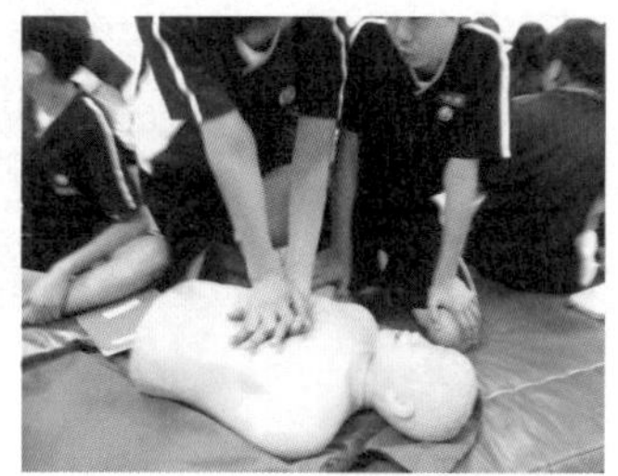

목: 수업을 통한 체험형 안전 교육

- 교과 시간을 통해 안전 교육을 실시하고 있으며, 안전 용품을 직접 착용하고 상황극 및 영상물을 제작해 안전과 관련된 통합 수업을 진행함.

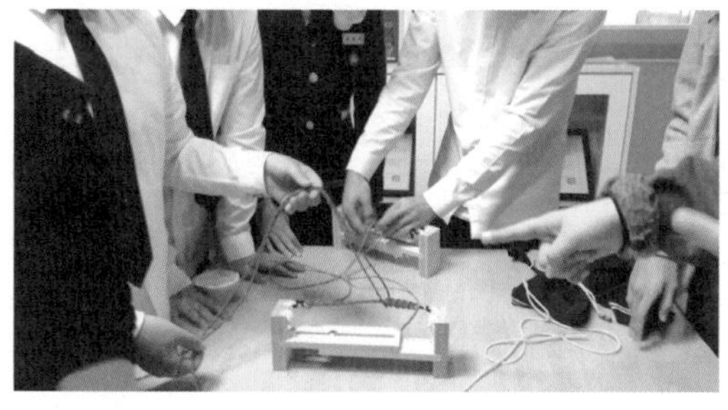

금: 학생이 만들어가는 안전 문화 정착 및 체험을 통한 안전 의식 고취

- 사전 홍보: 각 반 교실 게시판을 통해 안전 팔찌 사전 홍보와 참가자 모집
- 체험장 개설: 점심시간과 방과 후 시간을 이용해 1층 체험장 개설, 학생회 학생들 주관으

로 안전 팔찌 체험 후 행동 요령 익힘.

- 체험 일시: 20○○년 ○월 ○일 점심시간 1층 중앙 현관
- 효과: 비상시 행동 요령을 습득함으로써 안전에 대한 의식을 고취시키고 비상 행동 요령에 대한 매뉴얼을 익히는 유익한 시간을 가짐.

5. 눈으로 직접 확인할 수 있는 전시

'백문이 불여일견'입니다. 학생들이 직접 눈으로 볼 수 있도록 상설 전시관과 체험 존을 활용해 느낄 수 있도록 했습니다.

↑ 눈으로 직접 확인할 수 있는 실험 및 상설 전시관 운영

안전과 관련된 수업과 행사는 의무입니다. 즉, 반드시 해야 하는 활동입니다. 좋고 나쁨을 이야기하기 전에 꼭 해야 하는 것들입니다. 안전 교육은 설명이 아닌 체험이 더 효과적입니다. 또한 학생회, 학생 안전 지킴이, 자율 동아리 부원을 중심으로 교육 활동을 전개함으로써 '안전의 주인은 바로 나'라는 인식을 가질 수 있도록 갖게 했습니다. 안전 불감증에 대한 시선으로 자신을 돌아보는 계기를 마련해줬고, 준비 기간과 체험 기간을 통해 안전에 대한 교육을 직접 몸으로 체험할 수 있도록 했습니다. 특히 다양한 안전 행사, 교과와 연계한 안전 교육은 안전에 대한 의식을 높이는 데 매우 효과적이었습니다.

삐뽀 삐뽀
충분히 먹어요!
적당히 먹어요!
조금만 먹어요!
먹어요!
키가 쑥쑥 자라고 얼굴도 이뻐져요!!
몸이 튼튼해져요!!
먹으면 뚱뚱해져요!!
뚱뚱해지고 이가 썩어요!!

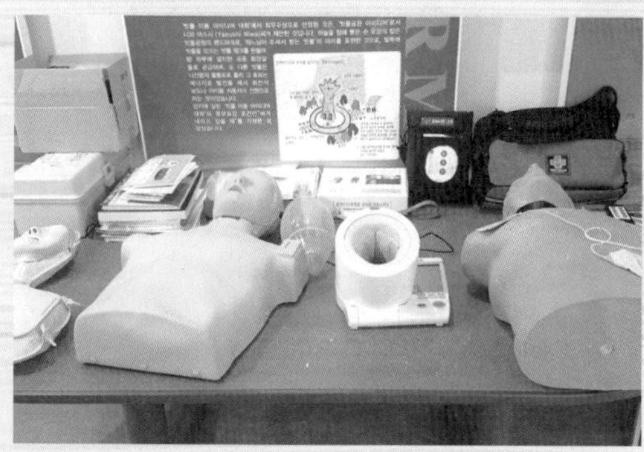

CAUTION
CAUTION

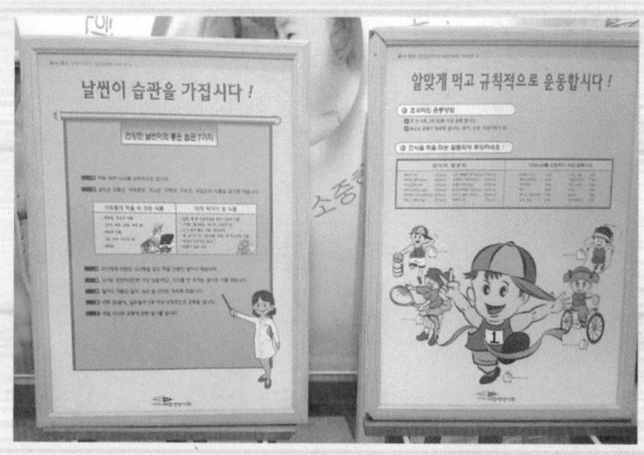
날씬이 습관을 가집시다 !
알맞게 먹고 규칙적으로 운동합시다 !

식품구성 자전거
Check check!
자전거바퀴면적에 비례하여 섭취량을 다르게!
물도 중요한 영양소로, 충분히 섭취!
자전거 타기 등 적당한 운동하기!

학생들의 이야기로 채워가는 TALK TALK '안전 주사위판 활용 원격 및 등교 병행 수업'

함께 말하고,
서로 들으며 모두의 안전 챙기기

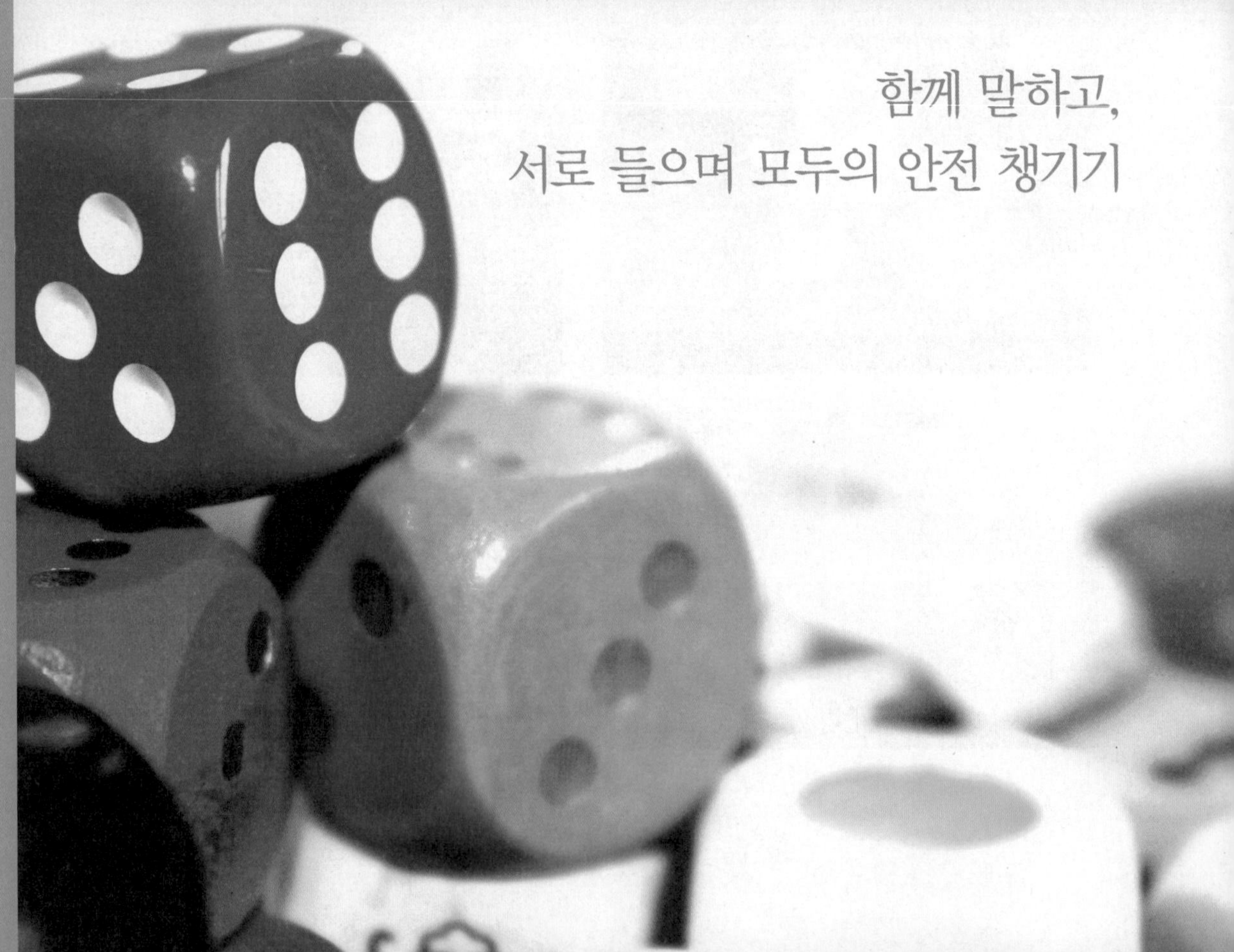

이것을 Why

선생님들도 안전 교육 받아보셔서 잘 아실 겁니다. 재미가 없습니다. 하지만 중요하다고 강조하니 어쩔 수 없이 참고 듣습니다. 속으로 이런 생각 많이 하셨죠? '좀 색다른 방법 없나?', '이렇게밖에 못하나?' 피교육자의 입장에서 늘 듣기만 하는 지루한 안전 수업은 가장 중요한 장기기억에 영향을 미치지 못합니다. 즉, 필요할 때 효과적이고 신속하게 떠올려 대응할 수 없습니다. 학생들은 다양한 안전사고 관련 영상에 여러 형태로 노출돼 있기 때문에 시간이 지난 영상이라면 시청했을 확률이 매우 높습니다. 그렇기 때문에 영상 하나를 선택할 때도 많은 신경을 써야 합니다. 재방송을 보는 느낌이 들면 학습 효과는 바닥을 치게 되죠. 안전 교육 자료의 제공을 최소화하고 학생들의 경험담을 서로 나눌 수 있는 '이야기터'를 만들어주고 싶었습니다. 학생들만의 안전 스토리가 궁금했습니다. 학생들이 보거나 들어본 직·간접적인 경험담을 통해 우리 주변을 돌아보고, 다양한 사례들을 나누는 것만으로도 의미가 있다고 생각했습니다.

준비는 Simple

(1) 안전 주사위 출력(오래 사용하고 싶다면 코팅) * 하나의 모둠에 4명 정도

(2) 주사위: 스마트폰 활용 수업(주사위 애플리케이션을 사용하면 편리)

(3) 스마트폰 사용이 어려우면 주사위를 사용

(4) 붙임딱지(16개 칸을 미리 가려두면 학생들이 더욱 집중함, 크기에 맞춰 구입)

(5) 모둠에서 나온 이야기를 발표하게 한 후 교실 뒷편의 안전 영역에 공유

(6) 이야기 나누는 시간을 적절하게 조절할 수 있는 타이머

(7) 잼보드나 패들렛처럼 학생들의 의견을 게시할 수 있는 원격 툴 활용법

(8) 파워포인트로 제작한 원격 수업용 안전 주사위판

무엇을 How

32명이라고 가정해보겠습니다. 4명씩 8개의 모둠으로 편성해 책상을 마주보게 배치한 후 모둠(패, 조)별로 앉게 합니다. 4명 모두가 역할이 있어야 좀 더 집중할 수 있겠죠? 역할은 꼼기록

이(의견을 정리하는 학생), 딱붙임이(작성된 내용을 붙임딱지로 붙이는 학생), 훅던짐이(주사위를 던지는 학생), 잘말함이(패장의 역할이면서 말을 잘하고 진행에 도움이 되는 학생)으로 나눕니다. 안전 주사위판을 가운데에 두고 주사위를 2회 던져 첫 번째 나온 것을 '세로', 두 번째 나온 것을 '가로' 숫자라고 생각해 지정된 이야기를 모둠원들과 함께 나누도록 합니다. 한 칸당 4명이 2~3분간 이야기 나누게 하는 것이 적당합니다[50분 수업을 기준으로 수업 준비 및 수업 진행 방법 안내 5분, 모둠별 안전사고 관련 이야기 나눔 40분(주사위를 던지는 시간 포함), 모둠별 중요한 의견 발표 4분(30초×8개 모둠), 선생님 마무리(1분)]

안전사고를 경험해보지 않은 학생은 거의 없습니다. 염좌, 자전거 사고, 입원, 깁스, 교통사고, 재난(코로나 등)과 관련된 내용이 다양한 방식으로 펼쳐지는 것을 보게 되실 겁니다. 이제 선생님의 역할은 어떻게 발표시킬 것인지, 이야기를 어떻게 공유하고 전시할 것인지를 고민하는 것입니다. 교사 한 명의 안전사고 사례보다 학생들의 안전사고 사례가 훨씬 많아 무척 놀랐습니다. 저는 학생들이 좋아하는 음악을 선곡해 2차시 동안 틀어줬습니다. 한 시간으로는 조금 부족한 듯했습니다. 16개의 칸에 맞게 음악을 준비해 하나의 이야기를 충분히 할 수 있도록 타이머가 아닌 '음악'으로 시간을 조절했습니다. 저와 같이 2차시로 운영하실 생각이라면 학급별로 학생들의 안전 주사위판이 섞이지 않도록 잘 보관하셔야 하는 것을 잊지마세요. 어렵지 않으시겠죠?

좋았던 Point

선생님의 안전사고 사례도 쉽게 고갈되기 마련입니다. 선생님들이 직접 겪은 것보다는 주변에서 듣는 사례들이 더 많겠죠? 선생님 개인의 이야기에서 벗어나 학급 학생들 모두가 말하고 들으며 함께 이야기를 나누는 학생 주도형 & 학생 참여형 안전 수업 방법으로는 단연 최고였습니다. 1차시로 진행하셔도 되고, 2차시 또는 3차시 분량으로 학교급에 맞게 재구성해 사용해보시면 좋을 듯합니다. 한 번이라도 안 다쳐본 학생은 드물기 때문에 모두가 쉽게 참여할 수 있다는 장점이 있습니다. 심정지 환자를 위한 심폐 소생술(CPR), 기도 폐쇄 환자를 위한 하임리히법 등 안전과 관련된 체험형 수업을 본격적으로 진행하기에 앞서 '이야기 안전 수업 = 안전 주사위판 수업'이 정말 큰 도움이 됐습니다. 방법을 배우기에 앞서 왜 우리가 안전에 대해 고민해야 하는지에 대한 '안전감수성'을 공감하고 나누는 데 제격입니다. 제일 좋았던 점은 졸거나 자는 학생들이 전혀 없다는 것입니다. 교실뿐 아니라 교실 이외의 장소에서 수업을 진행할 수 있다는 장점도 있습니다.

학생주도 안전주사위판(원격안전수업)

1	2	3
4	5	6
7	8	9

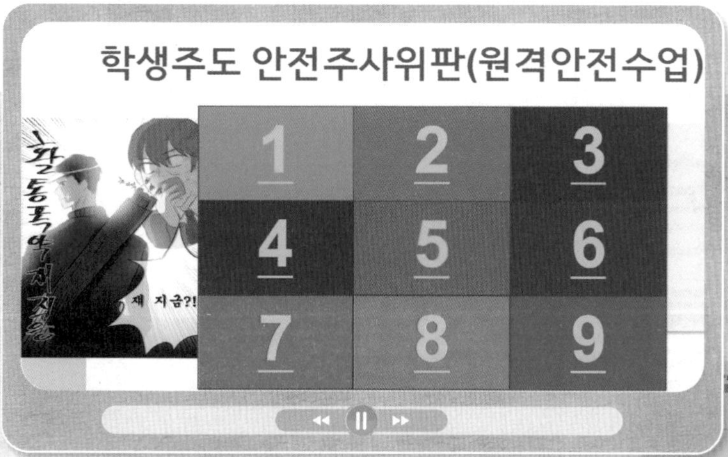

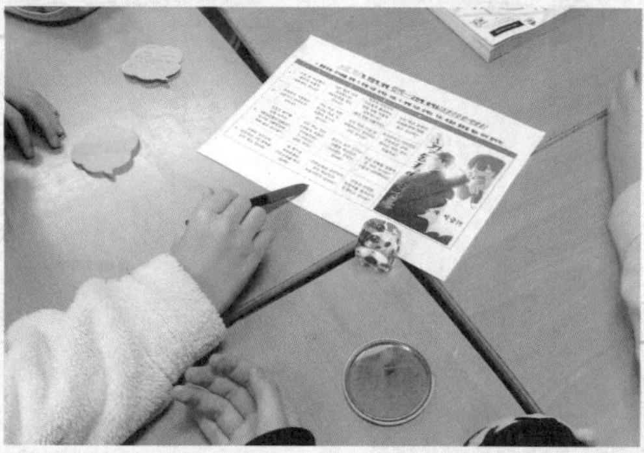

체육과 예술 그리고 안전을 하나로!
연극 활용 안전 상황극 수업

학생 참여형 안전 교육 준비하기

이것을 Why

(1) 안전 교육은 아무리 강조해도 지나치지 않습니다. 학교에서의 안전 교육은 재미와 흥미를 한쪽 구석으로 미뤄둔 채 반복적인 교육이 제일인 듯 지속되고 있습니다. 맞습니다. 반복적인 것이 중요합니다. 하지만 이것이 전부는 아닙니다. 재미없는 것에 집중하라고 하거나, 쳐다보라고 하거나, 기억하라고 하는 것은 갑질입니다. 맛없는 음식을 차려놓고 맛있게 먹으라니 정말 억지지요.

(2) 안전 교육이 점점 중요해지고 있습니다. 해도 그만, 안 해도 그만 식이 아니라 반드시 해야 하는 모든 교사의 의무 사항이 됐습니다. 교육을 받아야 하고, 교육을 해야 합니다. 하지만 교육 방식은 예전과 크게 다르지 않습니다. 다른 옷을 입고 왔을 뿐, 알맹이는 똑같습니다. 외부 강사가 일방적으로 쏟아내는 PPT와 동영상 속의 내용은 물론, 전달 방식, 교육 스타일도 예전 그대로입니다. 학생들은 금방 한숨을 내쉬며 책상 위에 엎드립니다. 새로운 자루에 안전 교육을 담아보고 싶었습니다. 교육적인 효과를 극대화하기 위해 융합적 사고로 교과와 연극을 하나로 묶어보고, 안전 연극 상황을 안전 영상으로 제작해보는 한편, 이와 연결된 교내 학교 스포츠 클럽 CPR 상황극 대회를 개최해 창의적인 아이디어로 다양한 상황에 대비할 수 있도록 했습니다.

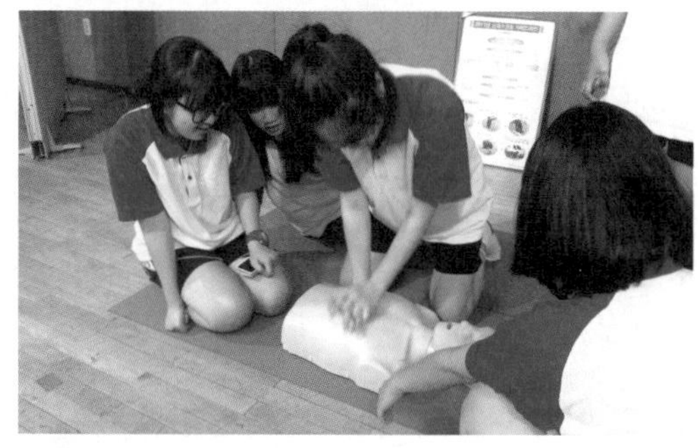

준비는 Simple

(1) 스마트폰을 활용한 유튜브 속 안전사고 사례 검색

(2) 모둠별 안전 상황 주제 선정 및 모둠원 간 역할 분담

(3) 스마트폰 애플리케이션을 활용한 심플 연극 포스터 제작하기

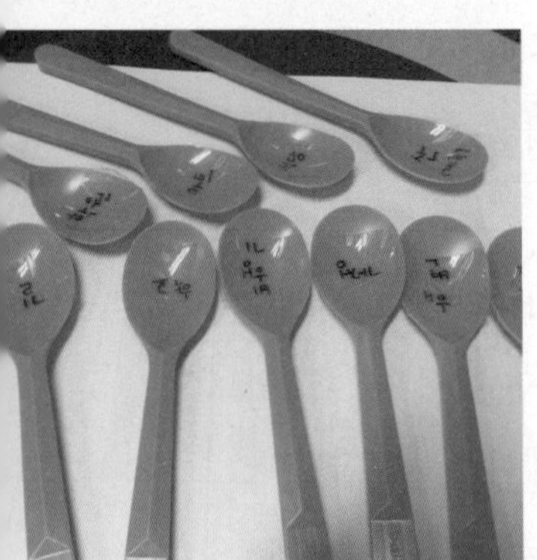

무엇을 How

(1) 심폐소생술을 반복적으로 가르치는 것이 안전 교육의 전부가 아닙니다. 기도 폐쇄 환자 발생 상황에 대비한 하임리히법도 중요합니다. 안전 교육은 무거운 주제이지만 수업까지 무겁게 진행할 필요는 없습니다. 흥미 없는 수업에서는 배움이 일어나지 않습니다.

(2) 학생들 모두가 참여하는 상황극(연극) 수업은 모든 학생이 안전 교육에 적극적으로 참여하게 합니다. 응급 처치에 대한 교육도 병행해야 합니다.

(3) 연극은 융합 덩어리입니다. 연극을 활용한 수업은 그리기, 말하기, 표현하기 등 각양각색의 큰 틀이 하나로 어우러지게 됩니다. 이것을 상황극으로 만들어보거나 상황극을 뉴스 형식으로 만들어보세요.

(4) 모든 연극은 포스터를 갖고 있습니다. 연극 수업도 이와 다르지 않겠죠? 모둠별로 주제에 맞는 포스터를 만든 후 학생들의 연극 수업이 시작하기 전 빔 프로젝트로 소개하거나 플로터로 크게 뽑아 연극 발표가 진행되는 시청각실 앞에 게시하면 수업 분위기가 한층 고조됩니다. 학급별 단체방이나 원격 플랫폼에 게시해 안전 교육이 진행되고 있다는 것을 알리는 것도 나름대로 의미가 있습니다.

좋았던 Point

○ **통합적 수업 모형을 통한 인문적 안전 교육 강화**

- 효과적인 안전 교육을 위해 장기 기억을 위한 수업 운영 아이디어 필요
- 다양하고 통합적인 수업 방법을 현장에 적용할 수 있도록 수업 사례를 재구성

○ **인문적인 학습 내용을 통한 상황별 안전 의식의 폭넓은 이해**

- 읽기, 쓰기, 보기, 그리기 등의 다양한 간접 체험 활동으로 안전 교육 영역의 확대
- 새롭고 신선한 시각으로 안전 교육을 진행할 수 있는 수업 스펙트럼의 확장

○ **학교 실정과 교사의 철학이 녹아든 현장 중심적 교육과정 재구성과 성취 기준 개발의 밑거름 제공**

- 통합적 교육 모형을 통한 교육과정의 인문적 재구성 마련
- 과정 중심 평가 및 안전 교육 관련 성취 기준 개발에 기여
- 이론적 & 교과서 중심에서 실천적 & 교육과정 중심의 수업 계획의 기반 마련

실제로 튼건물생심

연극 활용 안전 뉴스 제작용 학급별 포스터 모음

언제 어디서나 환자 발생!
수업에서도,
교내 안전 순회에서도

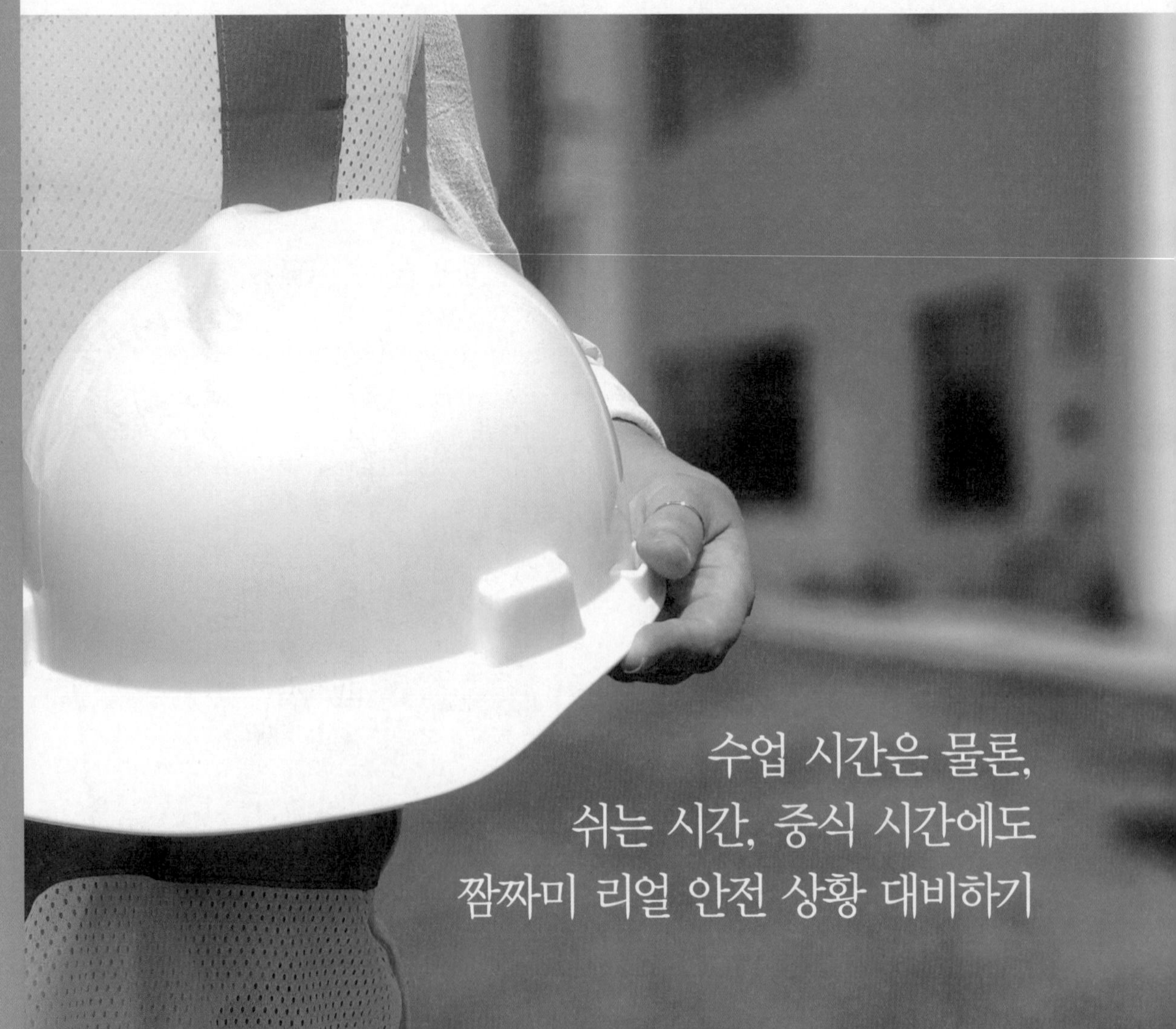

수업 시간은 물론,
쉬는 시간, 중식 시간에도
짬짜미 리얼 안전 상황 대비하기

이것을 Why

선생님들은 학교 출근 이후부터 매우 많은 거리를 교내에서 이동합니다(얼마 전 핸드폰 애플리케이션로 측정해봤더니 2만 보 정도가 기록된 것을 보고 깜짝 놀란 적이 있습니다). 해당 교무실과 수업 장소까지의 거리에 따라, 수업 중 학생들과의 활동에 참여하는 수업 방식과 과정에 따라 이동 거리가 달라집니다. 또한 중식 시간이나 쉬는 시간 중에도 교내의 이곳저곳을 순회하게 됩니다. 담임 또는 생활 안전(학생)과 관련된 업무를 담당하고 있다면 더욱 이동할 기회가 많아집니다(제가 생활 인권 부장이라 그랬던 것 같습니다).

최근 학교 현장에서는 교과 연계 안전 교육을 중요시하고 있고, 교사들의 안전 관련 연수 이수 여부의 체크를 강화하고 있으며, 모든 교직원에게 안전 책임관 수준의 역할을 기대하고 있습니다. 당연합니다. 사고는 안전 교육을 많이 받은 교직원 앞에서, 안전에 대한 대처가 잘된 곳에서만 발생하지 않기 때문입니다. 수업 시간 또는 자투리 시간을 활용해 안전에 대한 대처 능력을 '알고 있는지 & 할 수 있는지' 확인하고 싶었습니다. 모르면 가르쳐주면 됩니다. 알고 있는지와 할 수 있는지를 함께 체크하는 것이 진짜 교육이고 가르침입니다.

준비는 Simple

(1) 미니 초코바(잘하는 학생들을 격려하기 위한 자유 시간)

(2) 바람을 불어넣는 포터블 애니(Annie)

무엇을 How

(1) 쉬는 시간 또는 점심시간에 순회를 하다가 학생들이 모여 있는 복도, 교실, 화장실, 계단, 특별실, 체육관, 운동장 등에서 갑작스럽게 휴대용 애니를 손에서 놓습니다. 그런 다음 "심정지 환자 발생"이라고 외칩니다.

(2) 심정지 환자가 발생했다는 것을 학생들에게 전달한 후 학교에서 받은 안전 교육을 기억하며 '실제로 할 수 있는지'를 간단히 체크해봅니다. 그 순간 주변에 있는 여러 학생들도 한 팀이 돼 움직입니다. 신고를 해주는 역할, 자동 심장 충격기(AED)를 가지러 가는 동작을 취하는

학생, 심장 압박을 번갈아가며 하는 학생 등 배운 것을 실천해볼 수 있는 기회를 갖게 됩니다.

(3) 수업 시간도 예외는 아닙니다. 수업 시간 중(야구 수업 중, 농구 수업 중, 배구 수업 중) 사전 예고 없이 쉬는 학생 또는 모둠별 활동을 하고 있는 학생이 이와 같은 상황을 경험할 수 있도록 애니를 손에서 놓습니다. 시간도 체크해 잘한 점과 그렇지 못한 점을 스스로 평가할 수 있도록 하는 것이 좋습니다. 안전 교육이 수업의 전부가 되는 것이 아니라 일부가 되는 것이지요.

좋았던 Point

체육 교과에는 이미 안전 영역이 들어와 있고, 기술·가정 & 과학 교과에서도 안전사고 예방에 대한 사전 교육을 중요하게 다루고 있습니다. 들고 다니기 편한 풍선 형태(바람 주입식)의 애니를 휴대한 채 순회를 하다가 교사 나름의 응급 상황이 필요한 설정을 학생들에게 제시했더니 학생들도 차츰 멋진 작품을 만들어내기 시작했습니다. 초반에는 서먹했지만, 안전 교육의 중요성을 인지하고 실천하고자 하는 모습을 찾아볼 수 있었습니다. 많은 학생이 모여 있는 곳도 좋고, 그렇지 않을 곳도 괜찮습니다(특히, 화장실). 이론 교육만이 아닌 실제와 유사한 상황을 경험하게 해줬습니다. 실제로 이런 일이 발생할 수 있으니까요. 교사가 다양한 형태의 애니가 있다는 것을 알고 있는 것만으로도 학생들에게 여러 경험을 하게 해줄 수 있었습니다. 수업 시간에도 들고 다녔습니다. 언제 어떤 상황이 발생할지 모른다는 것을 학생들에게 각인시켜주고 싶었습니다.

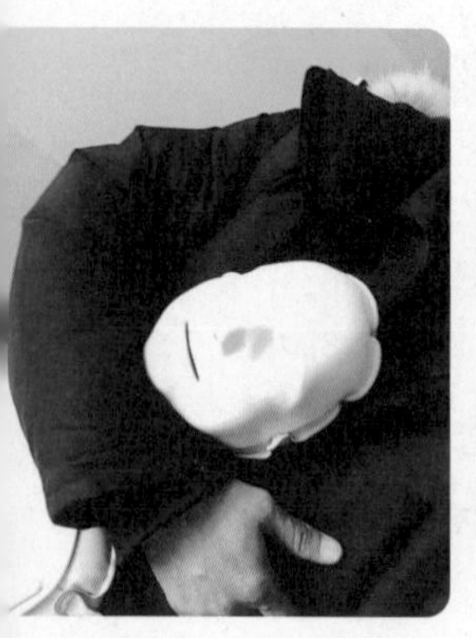
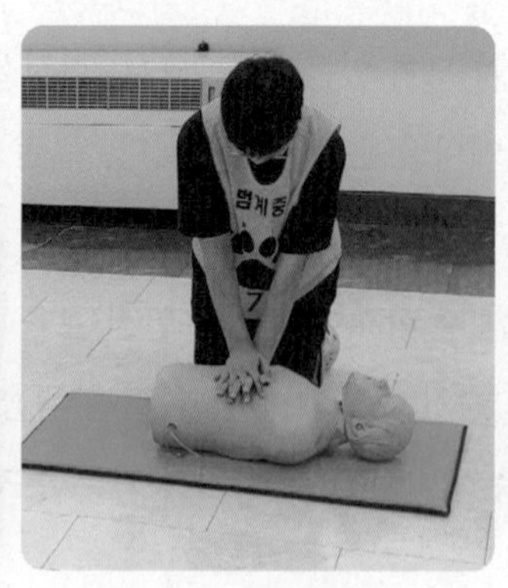

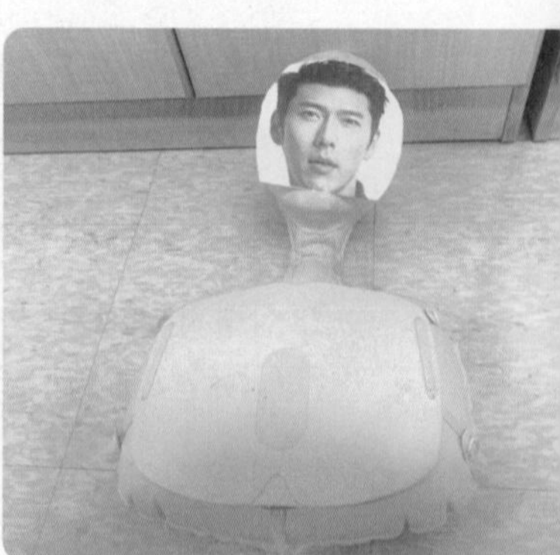

Act+Fast
Anti Choking Trainer
www.actfastmed.com

le coq sportif

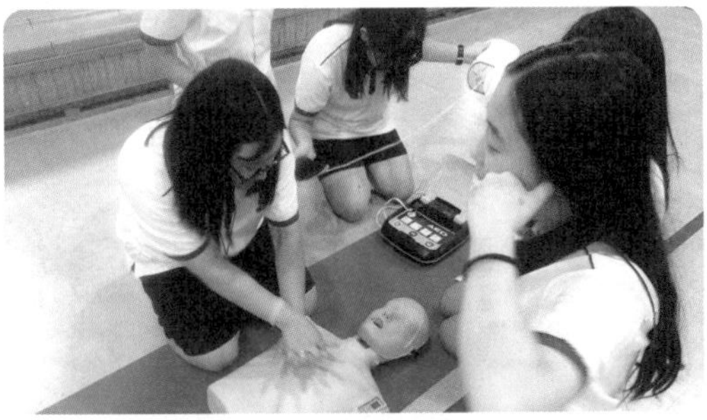

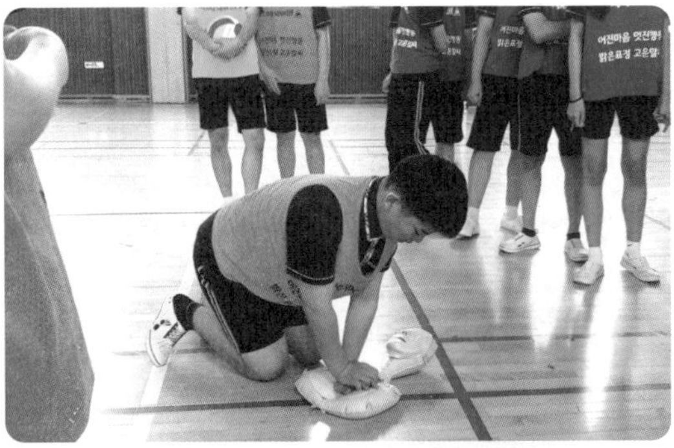

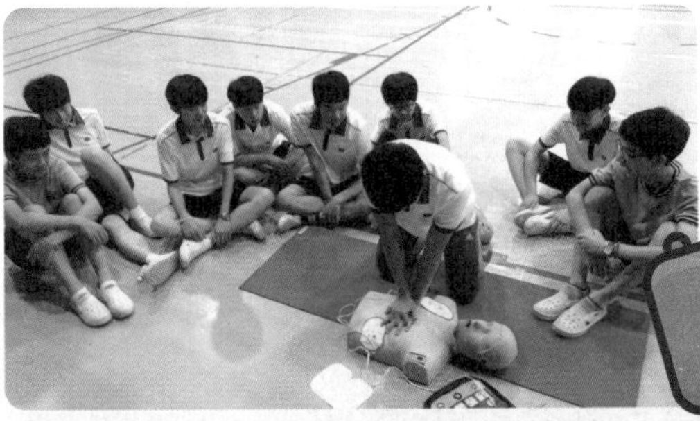

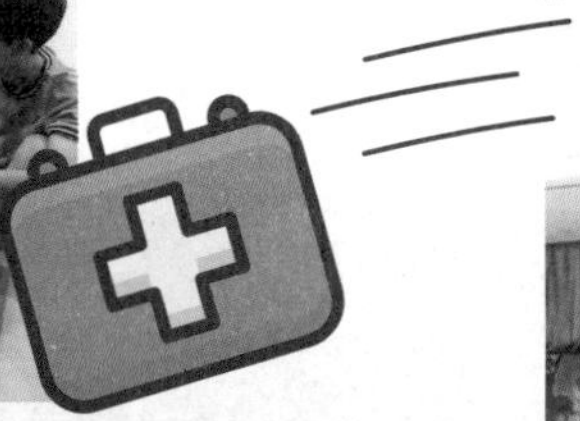

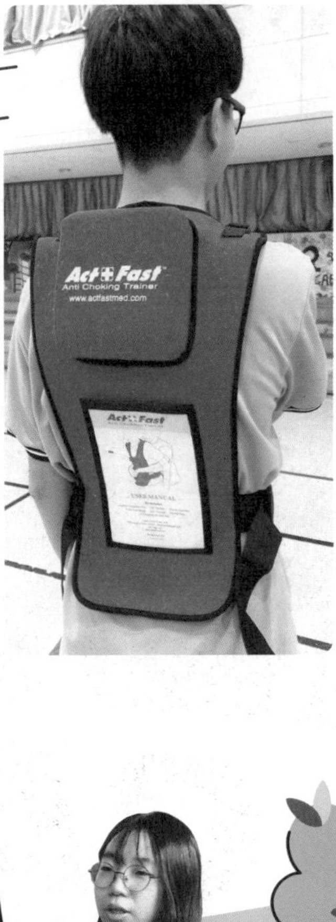

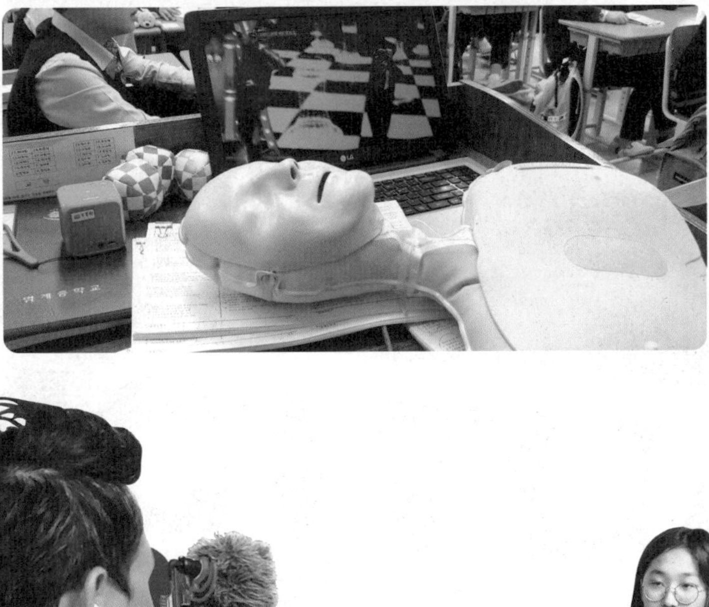

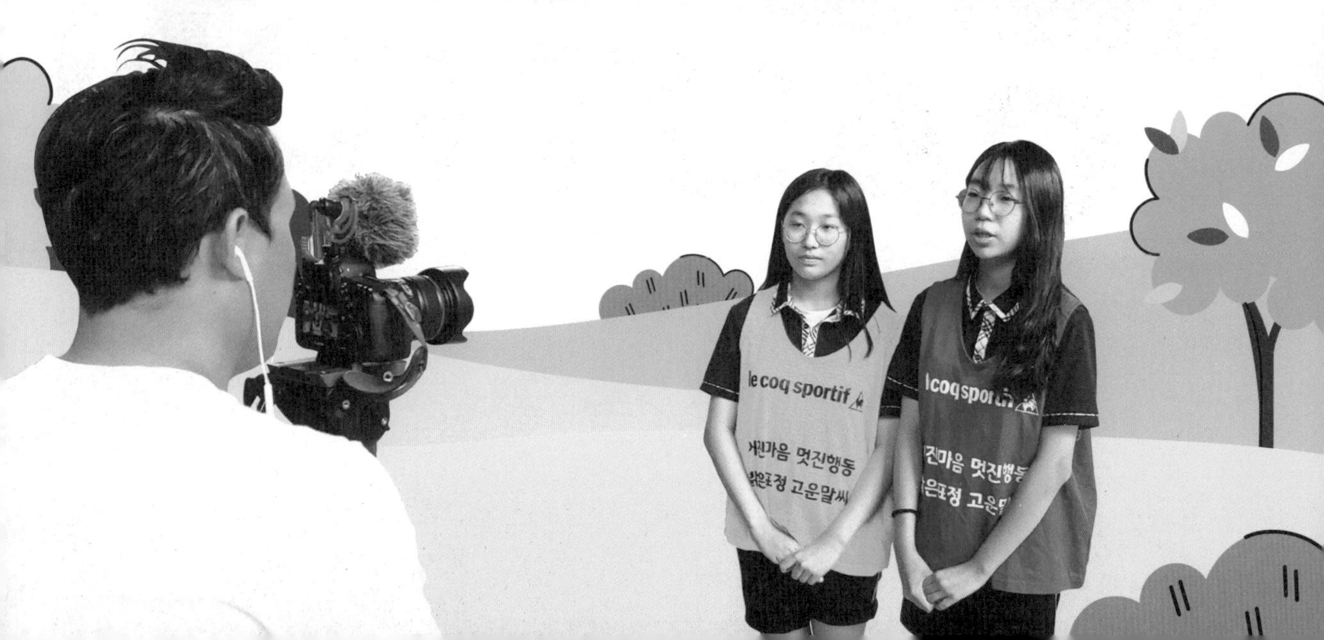

강렬한 주제를 담은 포스터 활용 '안전 교육 7대 영역' 수업

7대 안전 교육 영역을
쉽고 간편하게 기억하기

CAUTION

이것을 Why

학생 7대 안전 교육은 교육부에서 2015년 2월 표준안을 처음 제시했으며, 2016년 교육부 고시(2016-90호)에 따라 현재 모든 학교에서 실시 중입니다. 안전 교육 7대 영역은 생활 안전, 교통 안전, 폭력 예방 및 신변 보호, 약물 및 사이버 중독 예방, 재난 안전, 직업 안전, 응급 처치입니다. 하지만 일곱 가지를 모두 기억하기는 쉽지 않죠. 기억하고 있어야 연결시킬 수 있습니다. 간편하게 기억하실 수 있는 방법을 알려드리겠습니다. 학생들도 기억할 수 있도록 안내해 주세요.

준비는 Simple

(1) 조종현 선생님표 '활통폭약재직응' 그림판

(2) 7대 안전 영역과 관련된 유튜브 안전사고 영상

무엇을 How

(1) 학생들이 7대 안전 교육 영역을 알고 있는지 퀴즈를 통해 확인합니다. 원격 수업으로 진행될 경우, 퀴즈 활용 툴을 적절하게 활용하시면 됩니다.

(2) 7대 영역에 대해 설명한 후 구체적으로 어떤 안전사고 내용들이 포함되는지 다양한 안전사고 사례들을 통해 확인합니다.

(3) 사진을 제시한 후 활통/폭약/재직응(활통을 뒤로 하고 있는 사람에게… 활통에 폭약이 있네! 재지금(재직응)…뭐하니?)에 대해 설명합니다.

* 활통을 뒤고 하고 있으니 뒷자를 땄고(생활, 교통), 나머지는 앞자를 땄습니다(폭력, 약물, 재난, 직업, 응급처치), 학생이 만든 작품이라는 설명도 해줍니다.

좋았던 Point

학생 7대 안전 교육을 알고 있어야 안전사고 사례들을 봤을 때 어느 영역에 해당하는지 정리해볼 수 있습니다. 자주 사용하지 않아 귀에 익지 않은 7대 안전 영역에 대해 쉽고 간단하게 암기할 수 있어서 참 좋았습니다. 안전이라는 주제는 무겁지만 수업 분위기는 무거우면 안 됩니다. 수업은 학습자 위주로 진행해야 합니다. 안전 수업은 장기 기억이 필수입니다. 학생들이 기억하고 있는지 3개 차시 정도의 수업 앞부분에 확인과 점검을 간단하게 해보시면 모두가 함께 잊지 않도록 만들 수 있습니다.

실제로 見견물생심

CPR을 믿을게..
KJK 14TV 웹드라마
학교
2017
chapter.1
1-14
탈옥수의 기억법
우리들의 생존법
조종현 선생님
이제 우린 그것으로 생명을 살린다

1/125 9.12
100-3256
9CPR NEWS
박가현,서윤희,이미소,장예지,이수영
김하늘,조현진,장혜원,홍지수,(윤다빈)
사랑과 전쟁
여러분의 행복한 가정,
CPR 클리닉 위원회가 함께합니다.

CHOICE
무엇인가 잘못 되었다
어디서부터 잘못된 것일까

고잔고에서
살아남기
: 대처법을 익혀 살아남아라!

방귀대장 뿡뿡이
2017년 9월 14일
1학년 7반
coming soon

담배에만 호기심 많은
중2병 탈출

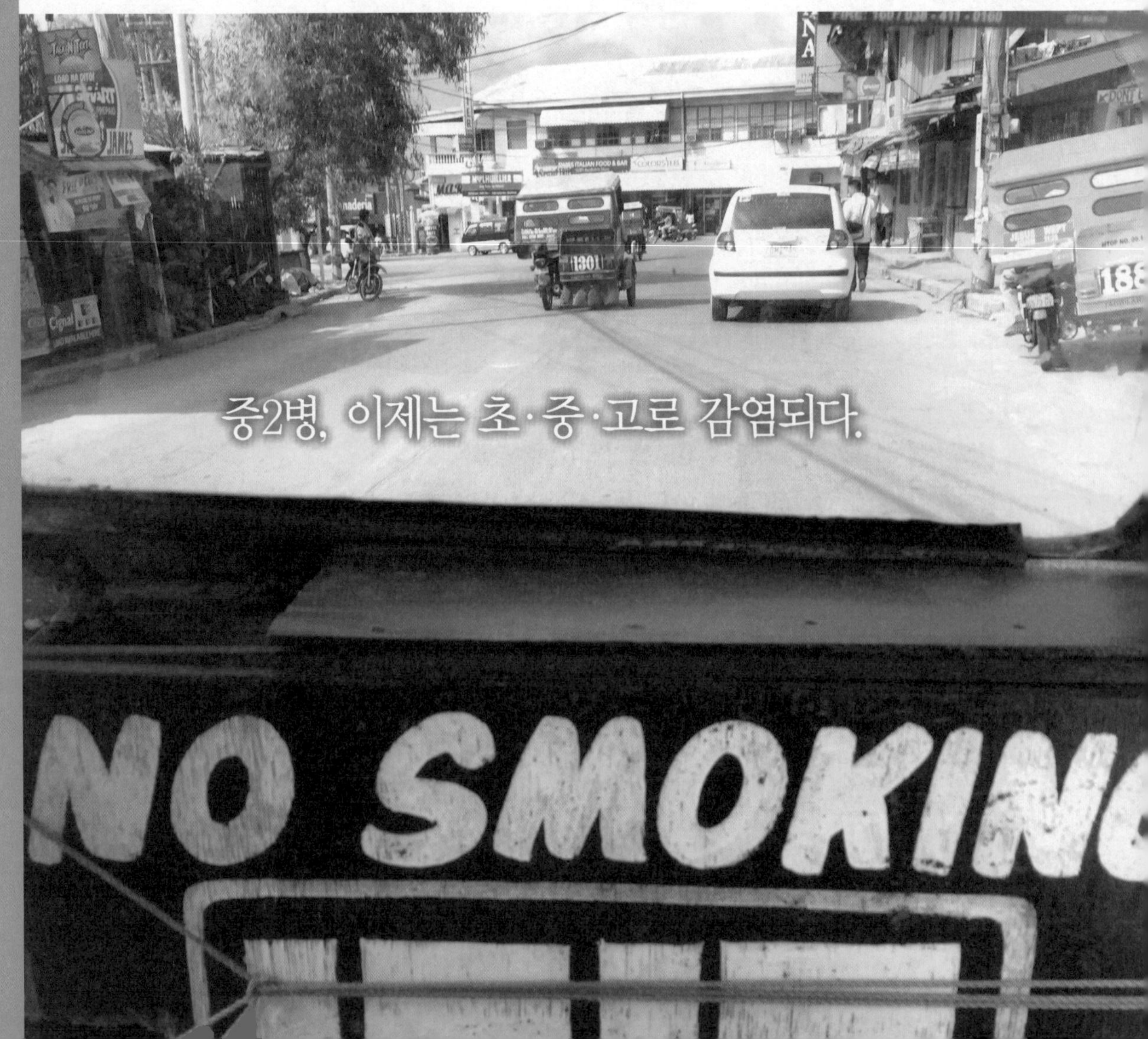
중2병, 이제는 초·중·고로 감염되다.
NO SMOKING

흡연과 관련된 학생생활교육위원회(구 선도위원회)를 개최해 학생들에게 "담배는 몸에 해롭다고 배웠는데 왜 피게 됐나요?"라고 질문하면 모두 "호기심 때문에 피우게 됐습니다."라고 대답합니다. 왜 다른 것에는 호기심이 없고, 담배에만 호기심이 있는지 이해가 되지 않았습니다. 모두가 그런 것은 아니지만, 학교에서 문제 행동을 보이는 대부분의 학생들에게는 폭력적인 성향이 나타납니다. 일탈 행동을 자주 하고, 술과 담배에 노출돼 있으며, 가출 경험 또한 많습니다. 처음에는 모든 책임이 문제 행동을 보이는 학생에게 있다고 생각했습니다. 하지만 시간이 흐르면서 학교, 학생들, 부모, 사회 환경, 마을 분위기, 매스컴, 우리나라 전체가 책임을 져야 한다는 것을 깨달았습니다. "한 아이를 키우기 위해서는 온 마을이 움직여야 한다."라는 아프리카 속담처럼, 한 학생이 제대로 성장하기 위해서는 온 마을뿐 아니라 나라 전체 그리고 전 세계가 올바른 가치관 및 인식을 갖고 있어야 합니다.

흡연 자체는 별 문제가 되지 않습니다. 담배를 피우는 학생들은 사람들이 없는 음지에서 몰래 피웁니다. 담배를 피우면 냄새가 몸에 배기 때문에 향수를 뿌리거나 젓가락을 사용해 피우기도 합니다. 담배를 계속 피우기 위해서는 누군가 담배를 제공해주는 일명 '담배 뚫어주는 사람'이 필요합니다. 전문적 용어로 '뚫값'(담배를 대신 구입해 전달해주는 명목으로 일반 담배 가격보다 높게 책정한 값)은 학교 폭력으로 이어지고 피해를 받은 학생들은 자신의 잘못도 있기 때문에 신고를 하지 못하고 계속 좋지 않은 경험을 하게 됩니다.

흡연은 질병입니다. 제 얘기가 아니라 공익 광고의 문구입니다. 질병에 걸린 사람은 환자입니다. 즉, 질병에 걸린 학생은 교육을 받아도 소용없습니다. 병원에 가야 합니다. 병원에 가서 치료를 받아야 그나마 해결이 가능합니다. 단순히 학교에서 교육을 받거나 봉사 활동으로 학교 청소를 한다고 해서 해결되는 것이 아닙니다. 담배 하나가 커다란 사고로 이어지기도 합니다. 예전에는 청소년기를 '질풍노도의 시기'라고 표현했지만, 지금은 일탈의 수준을 넘어선 경우가 너무나 많습니다.

과거에는 버스에서, 식당에서, 건물 안에서 담배를 피우기도 했습니다. 학교의 교무실에도 담배 연기가 자욱했고 학생들이 선생님의 재떨이를 치우기도 했습니다. 하지만 사회 인식이 바뀌면서 많은 것들이 변했습니다. 영화나 드라마 등 매스컴에도 담배를 피우는 장면이 많이 없어지기도 했습니다.

학생들의 화장에 대한 인식도 변했습니다. 화장 자체가 문제가 되지는 않습니다. 무조건 화장을 금지하면 안 됩니다. 그렇다고 모든 여학생이 화장을 하는 것도 아닙니다(물론 대부분의 여학생이 화장을 하고 있지만). 화장을 무조건 금지하는 것은 시대에 뒤떨어진 발상이라고 생각합니다. 차라리 올바른 화장법을 가르쳐주는 것이 적절하겠지요.

단순히 화장을 하거나 담배를 피우다 걸린 학생들은 큰 걱정이 되지 않습니다. 문제 행동이 표면적으로 드러나기 때문에 해결 방안에 대해 함께 고민하면 되기 때문입니다. 하지만 문제를 드러내지 않고 있는 학생이 문제입니다. 이 학생들이 상담과 교육 그리고 치료를 받을 수 있도록 도와줘야 합니다.

우리아이들이 위험하다! 우리아이들이 위대하다!

- 과한 행동의 아이들
- 무기력한 아이들
- 공부만 생각하는 아이들
- 운동만 생각하는 아이들

학교에는 지나치게 과한 행동을 보이거나 무기력한 학생들이 점차 늘어나고 있습니다. 이러한 학생들은 대체로 불안 요소가 많기 때문에 학교나 가정에서 문제를 해결해줘야 합니다. 심각할 경우, 지역 사회(아동보호전문기관, 청소년상담복지센터)의 도움을 받아야 합니다.

학교에서 문제 행동을 보이는 학생을 자주 볼 수 있는 곳은 인권부(구 학생부)입니다. 인권부에 자주 오는 학생들은 문제 행동이 겉으로 드러나는 학생들입니다. 다른학 생의 물건을 훔쳐 인권부에 오는 학생들도 있습니다. 이러한 학생들을 지도하다 보면 어느 순간 철이 들기도 하고 어느 순간 급변해 모범 학생이 되는 경우도 있습니다.

보건실을 자주 찾는 학생들도 있습니다. 실제로 몸이 아파서 보건실을 찾는 경우도 있지만 마음의 위로를 받기 위한 학생들도 있습니다. 이 학생들은 거의 매일 두통을 호소합니다. 막상 병원에 가서 진찰을 해보면 별 이상이 없습니다. 머리에 이상이 없다고 하면 소화가 안 된다고 하고, 머리와 소화 기관에도 이상이 없다고 하면 파스를 붙여달라고 합니다. 아마도 보건 선생님의 사소한 관심이 학생들에게는 위로가 되는 것 같습니다. 보건실에 자주 오는 학생들에게는 특히 많은 관심이 필요합니다.

보건실과 비슷한 장소는 또 있습니다. 도서실을 자주 찾는 학생들입니다. 이 학생들은 보건실을 자주 찾는 학생들과는 조금 차원이 다릅니다. 책을 읽기 위해 오는 학생들을 말하는 것이 아닙니다. 일반 학생들은 쉬는 시간 및 점심시간에 교실에서 친구들과 떠들거나, 장난을 치거나, 운동장에 나가 축구나 농구 등을 합니다. 하지만 친구도 없고 운동도 싫어하는 학생들은 도서관에 자주 옵니다. 도서관에서는 다른 사람과 이야기할 필요가 없기 때문입니다.

학생들이 쉬는 시간과 점심시간의 자주 가는 장소가 어디인지 확인할 필요가 있습니다. 교과를 막론하고 화장, 담배, 술, 청소년 범죄, 일탈 행동 및 문제 행동, 중2병 등을 주제로 수업을 해야 합니다.

준비는 Simple

(1) 유 선생님의 최신 버전 자료

(2) 모두가 공감할 수 있는 프레젠테이션

무엇을 How

중2병은 중학교 2학년 나이 또래의 사춘기 청소년들이 흔히 겪는 심리 상태를 빗댄 용어입니다. 사춘기 특유의 감수성과 상상력, 반항심과 허세가 최고조에 이르면서 현실을 기피하고 우울증과 과대 망상 증상을 보입니다. 하지만 지금은 연령대를 불문하고 중2병의 행동을 보이는 사람들을 비하하는 명칭으로 사용되고 있습니다. 병이라고 해서 실제 치료를 받아야 하는 것은 아닙니다. 중2병은 중학교뿐 아니라 초등학교와 고등학교에서도 발생하며 일반 성인에게도 나타납니다. 하지만 일반적으로 초등학교 4학년에서부터 고등학교 2학년에 이르기까지 두드러지게 많이 나타나며, 때론 사회 문제가 되기도 합니다. 인터넷을 검색해보면 중2병 진단 테스트를 쉽게 찾아볼 수 있습니다.

중2병 테스트

- ☐ 충동적이다.
- ☐ 군중심리가 높다.
- ☐ 이유 없이 우울하다.
- ☐ 감정 기복이 심하다.
- ☐ 부모와 점점 멀어진다.
- ☐ 진로에 대한 고민이 많다.
- ☐ 자신이 최고라고 생각한다.
- ☐ 미래에 대한 막연한 희망을 갖고 있다.
- ☐ 어른에게 반항한다.
- ☐ 감정조절이 안 된다.
- ☐ 이성에 대해 관심이 높다.
- ☐ 외모에 대한 관심이 높다.
- ☐ 친구관계에 유지가 어렵다.
- ☐ 무엇보다 친구가 중요하다.
- ☐ 자기 외모에 만족스럽지 못하다.
- ☐ 갑자기 화가 나거나 눈물이 나온다.

위의 항목에서 3개 이상 해당하면 '중2병'일 확률이 99%입니다.

위의 항목에서 3개 이상 해당하면 '중2병'이라고 하지만 대부분 3개 이상에 해당합니다.

우선 중2병에 대한 특징을 알려줍니다.

중2병을 아시나요?

- 나는 남들과 다르다고 생각한다(튀고 싶다).
- 내가 마음만 먹으면 뭐든지 할 수 있다고 생각한다(하지만 실천 의지가 없다).
- 뭐든지 부정적으로 보는 경향이 있다.
- 나는 남들보다 불행한 사람이라고 생각한다.
- 나는 큰 상처를 갖고 있다(트라우마).
- 센 척, 영웅 심리, 소속감과 인정의 욕구가 강함!

중2병의 일반적인 특징은 위와 같지만, 우리가 잘못 알고 있는 중2병에 대해 알아보겠습니다. 만약 제대로 조치하지 않으면 사춘기가 오랫동안 지속될 수도 있다는 사실을 알려줘야 합니다. 적절한 시기에 조치를 받지 못하면 할아버지, 할머니가 돼서도 중2병을 앓게 된다고 알려줍니다. 중요한 사실은 중2병이 '우울증'일 수도 있다는 것입니다. 요즘의 학생들은 긍정적일 수 없습니다. 세상이 급변하고 있기 때문입니다. 미래가 두렵기만 합니다. 교실의 책상에 6~7시간 동안 앉아 공부한 후 종례 마치고 바로 학원가 근처로 가서 저녁을 간단히 먹고 3~4시간 학원 공부를 한 후에 집으로 돌아갑니다. 집에 들어가서는 몇 시간 동안 숙제를 해야 합니다. 오죽하면 우리나라 학생들이 OECD 가입 국가 중 방과 후 운동을 가장 안 하는 학생 1위를 차지했겠습니까? 방학은 이제 지옥이 돼버렸습니다. 방학이 되면 기존의 두 배에 해당하는 학원에 다녀야 하고 숙제 또한 어마어마합니다. 우울증에 걸리지 않는 것이 오히려 이상할 정도입니다.

정서적 불안감이 지속되면 뇌 기능의 장애가 초래될 수 있습니다. 전두엽에 문제가 발생하면 자신의 감정과 행동을 제어하지 못해 다른 사람을 공격하거나 극단적인 행동을 하기도 합니다. 사춘기의 우울증은 '불안'에서 시작됩니다. 불안이 적절하게 해소되지 않으면 결국 장애가 발생합니다. 불안 증세의 유형은 다음과 같습니다.

- 외모에 지나치게 많은 관심을 갖습니다. 지각을 하는 한이 있더라도 화장은 꼭 해야 합니다.
- 무기력해집니다. 기존의 것만을 고집하고 새로운 시도를 하지 않거나 변화를 두려워 합니다.
- 손톱을 물어뜯거나 머리카락을 뜯는 등 이상 행동을 보입니다.
- 식욕이 급격히 떨어지거나 폭식을 하는 경우가 있습니다.
- 세상에서 자신이 가장 불행한 사람이라 생각하고 잘 웁니다.
- 선생님 또는 부모와의 대화를 피합니다. 심할 경우, 선택적 함구 증세(상황에 따라 말을 하거나 하지 않고 다른 사람의 말에 언어적 반응을 하지 않아 의사소통이 이뤄지지 않는 경우)를 보이기도 합니다.
- 친구가 전혀 없거나 특정 친구만 만납니다.

중2병을 주제로 수업을 진행하면 많은 학생이 관심을 갖고 수업에 집중합니다. 중2병을 주제로 한 뉴스, 예능 프로그램, 다큐멘터리 등을 편집해 보여주면 더욱 효과적입니다. 담배 또는 화장과 직접적으로 연관돼 있는 주제로 수업을 진행하는 것보다는 감정을 회복할 만한 긍정의 주제로 주제로 수업을 진행하는 것이 좋습니다. 자신의 힘든 감정과 다른 사람의 극복 사례 등을 통해 다양한 이야기가 나올 수 있도록 유도합니다. 다음은 '나는 중2병인가요?'라는 주제로 수업을 진행한 사례입니다.

나는 중2병인가요?

(1) 모둠 편성 및 역할

무작위 제비뽑기로 5명의 모둠을 구성합니다. 모둠에는 구체적인 역할을 부여합니다.

- 모둠장: 모둠의 장(모둠의 중심을 잡고 발표를 하는 역할)
- 동기유발이: 모둠 활동이 중단됐을 때 동기를 유발하는 역할
- 솔직이: 거짓 의견이라고 판단되는 경우 사실인지를 추궁하고 좀 더 사실적으로 이야기하도록 유도하는 역할
- 조용이: 떠드는 학생이 있다면 조용히 하자고 말해주는 역할
- 기록이: 다양한 의견을 종이에 기록하는 역할

(2) 모둠 토의

중2병 진단 테스트를 확인하고 붙임딱지에 몇 점인지 기록합니다. 중2병에 해당하는지 확인한 후 한 사람씩 자신의 감정과 체크한 이유에 대해 이야기합니다. 같은 사례가 있는 경우, 개인의 극복 사례를 공유합니다. 또한 '현재 가장 견디기 힘든 감정 베스트 3'를 작성하도록 합니다. 5명이 3개씩 작성해 15개의 힘든 감정이 나온 것 중 비슷하거나 공통적인 것을 삭제해 모둠에서 최종 베스트 10이 나오도록 합니다.

(3) 모둠 결과

모둠 토의에서 나온 '힘든 감정'에 대한 대처 방법과 더이상 힘든 감정을 갖지 않기 위한 5계명을 작성하도록 합니다. 힘든 감정의 대처 방법과 힘들지 않기 위한 5계명을 모둠별로 종이에 기록해 발표합니다.

좋았던 Point

학생들의 현재 감정을 이해할 수 있는 수업이 좋습니다. 수업을 운영하면서 학생들을 좀 더 이해할 수 있게 됩니다. 생각보다 많은 학생이 불안감을 느끼고 있고 자신이 다른 친구들보다 유독 더 힘든 생활을 하고 있다고 생각하고 있다는 것을 알게 됩니다. 현재의 불안한 감정을 극복할 수 있는 다양한 사례에 대해 안내해줄 수도 있으며, 이와 같은 감정의 상처를 크게 받지 않기 위해서는 무엇을 조심해야 하는지도 차근차근 설명해줄 수 있습니다. 운동을 하다 보면 자연스럽게 스포츠맨십이 길러진다는 것은 거짓말입니다. 시간이 흐르면 곧 괜찮아진다는 것도 말이 안 됩니다. 적극적이고 유의미한 수업이 진행될 때 진짜 교육이 드러나게 됩니다. 이렇게 해도 될까 말까입니다.

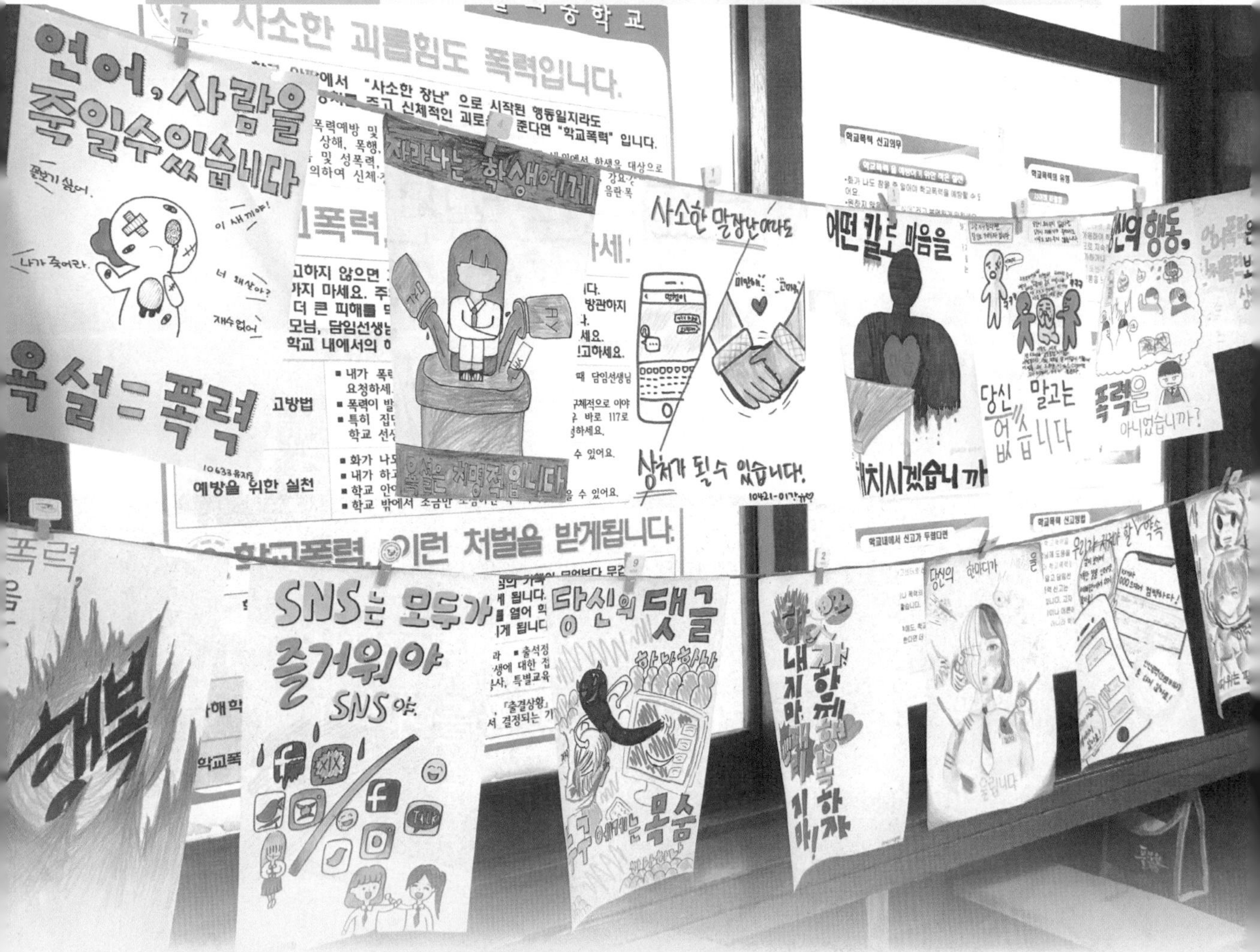

1학년 기술가정
LED 픽토그램 만들기
1학년 8반 한 지 윤
안전제일
안 전
1학년 기술가정
LED 픽토그램 만들기
1학년 8반 신 원 철
폭력NO

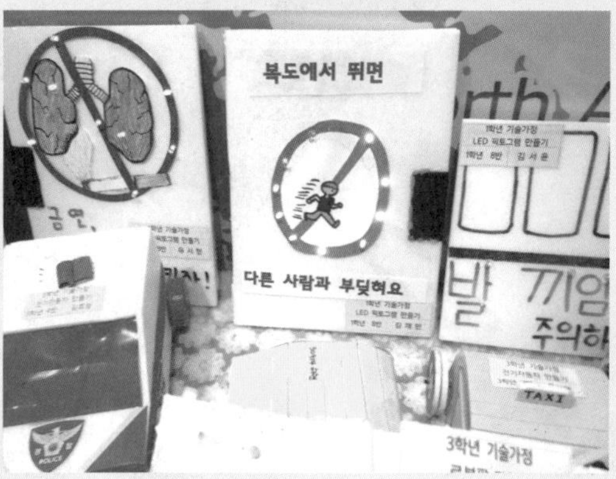
복도에서 뛰면
다른 사람과 부딪혀요
금연,
1학년 기술가정
LED 픽토그램 만들기
발 끼임
주의하
TAXI
3학년 기술가정

교과서를 활용해 학생들이 직접 가로세로퍼즐로 꾸민 '안전 수업'

직접 만들고 실행해본 경험을
장기 기억으로 만들어주기

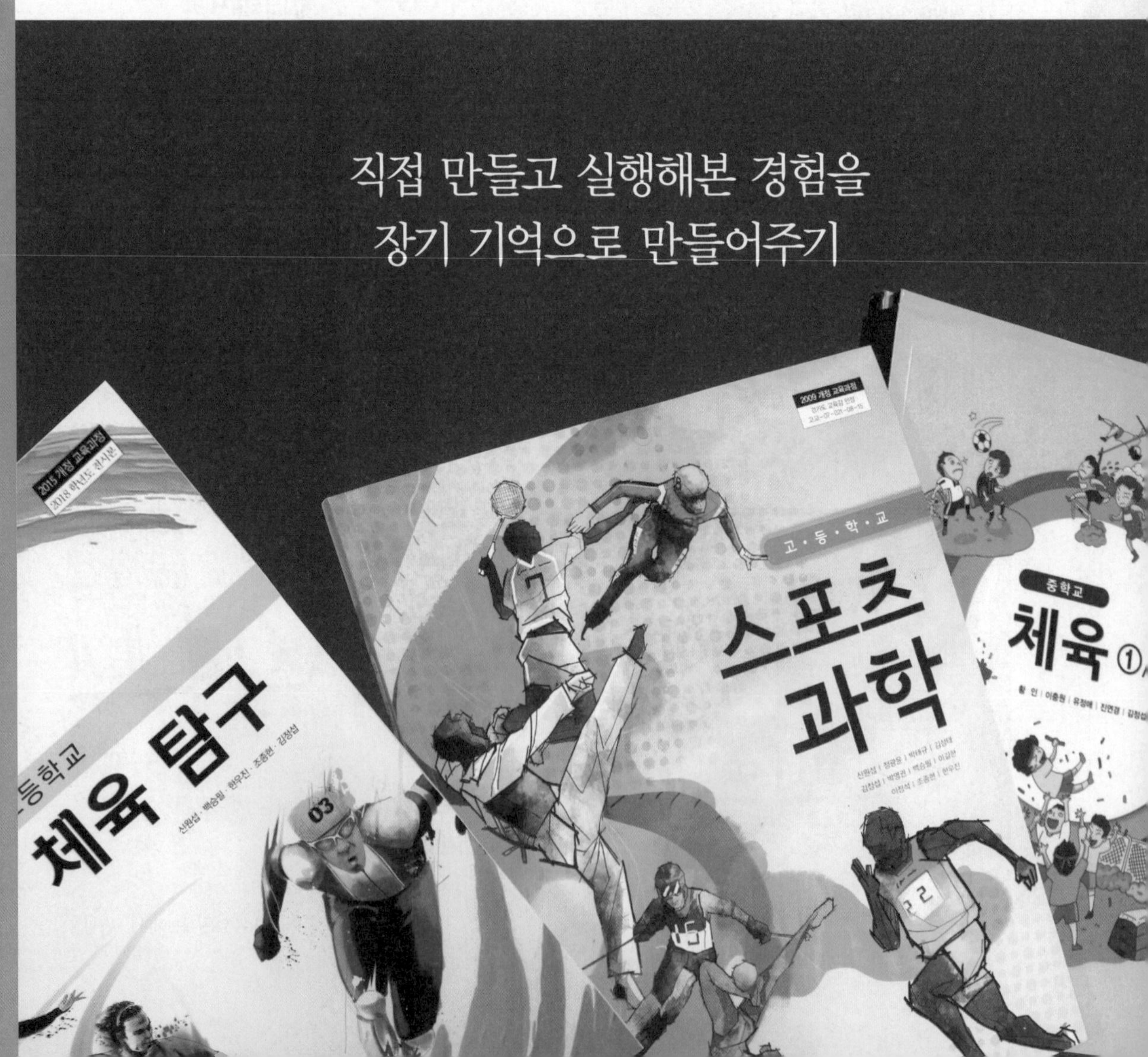

이것을 Why

교과서가 사물함 안에 조용히 잠들어 있습니다. 이제는 깨워야 합니다. 학생들이 교과서 속 학습 내용이나 핸드폰을 이용한 정보 검색을 이용해 세상에 단 하나뿐인 자신만의 '가로세로 퍼즐'을 만들 수 있는 기회를 제공하고 싶었습니다. 재미있는 교과서 활용 퍼즐 놀이를 통해 교과에 대한 만족도를 향상시킬 수 있습니다. 스스로 만들어보면 오래 기억되고 학습 효율도 높아집니다. 다양한 문항의 조합을 완성하기 위해 안전사고와 관련된 기사를 찾아보고 안전사고에 관련된 이야기를 나눠보려고 노력했습니다. 이 과정 속에서 배움이 일어나길 바랐습니다.

준비는 Simple

(1) 기존의 가로세로 퍼즐 사용

(2) 상품으로 사용할 미니 초코바

(3) 선생님이 직접 만든 샘플용 가로세로 퍼즐

(4) 퍼즐 활동지와 퍼즐 문항 제작 시간을 흥겹게 만들어줄 블루투스 스피커

무엇을 How

(1) 모든 교과에서 가능합니다. 안전뿐 아니라 모든 종목에서 가능합니다. 교과서를 준비한 후 가로세로 퍼즐로 자신만의 작품 또는 모둠의 작품을 완성하도록 합니다.

(2) 개인 또는 각 모둠의 가로세로 퍼즐이 완성되면 뒷면에 정답을 기록하도록 합니다. 정답을 제공할 때는 뒷면을 활용하는 것이 좋습니다.

(3) 다른 모둠의 퍼즐을 풀어볼 수 있도록 하면 자기들이 생각하지 못했던 문항에 감탄하곤 합니다. 친구들을 통해 또 하나를 배우게 됩니다.

(4) 수업 종료 10분 전에 추가로 설명을 해주거나 기발한 아이디어로 만들어진 작품이나 모둠을 칭찬해줍니다.

(5) 원격 수업으로 학생들이 등교하지 못할 경우에는 구글폼을 활용해 '온라인 안전 가로세로퍼즐'을 제작하게 하면 동일한 수업 효과를 거둘 수 있습니다.

좋았던 Point

선생님이 만든 문제를 풀어보기보다는 자신들이 직접 만든 가로세로퍼즐을 이용해 용어를 지연스럽게 익히고, 그 설명을 듣는 과정이 바로 '배움 중심 수업'입니다. 자신이 직접 해보는 것이 학습 효과와 참여율이 가장 높습니다. 문제를 만들기 위해 지식을 찾는 과정, 다른 학생이 창작한 퍼즐 문제를 통해 새롭게 알아가는 지식의 습득 과정들이 신선하고 즐거웠습니다. 학생들이 만든 퍼즐 작품들을 제본해 하나의 책으로 만들어 보여주면 무척 좋아합니다. 학생들의 퍼즐 작품들은 버리지 마시고 모아두면 다른 수업에도 활용할 수 있습니다.

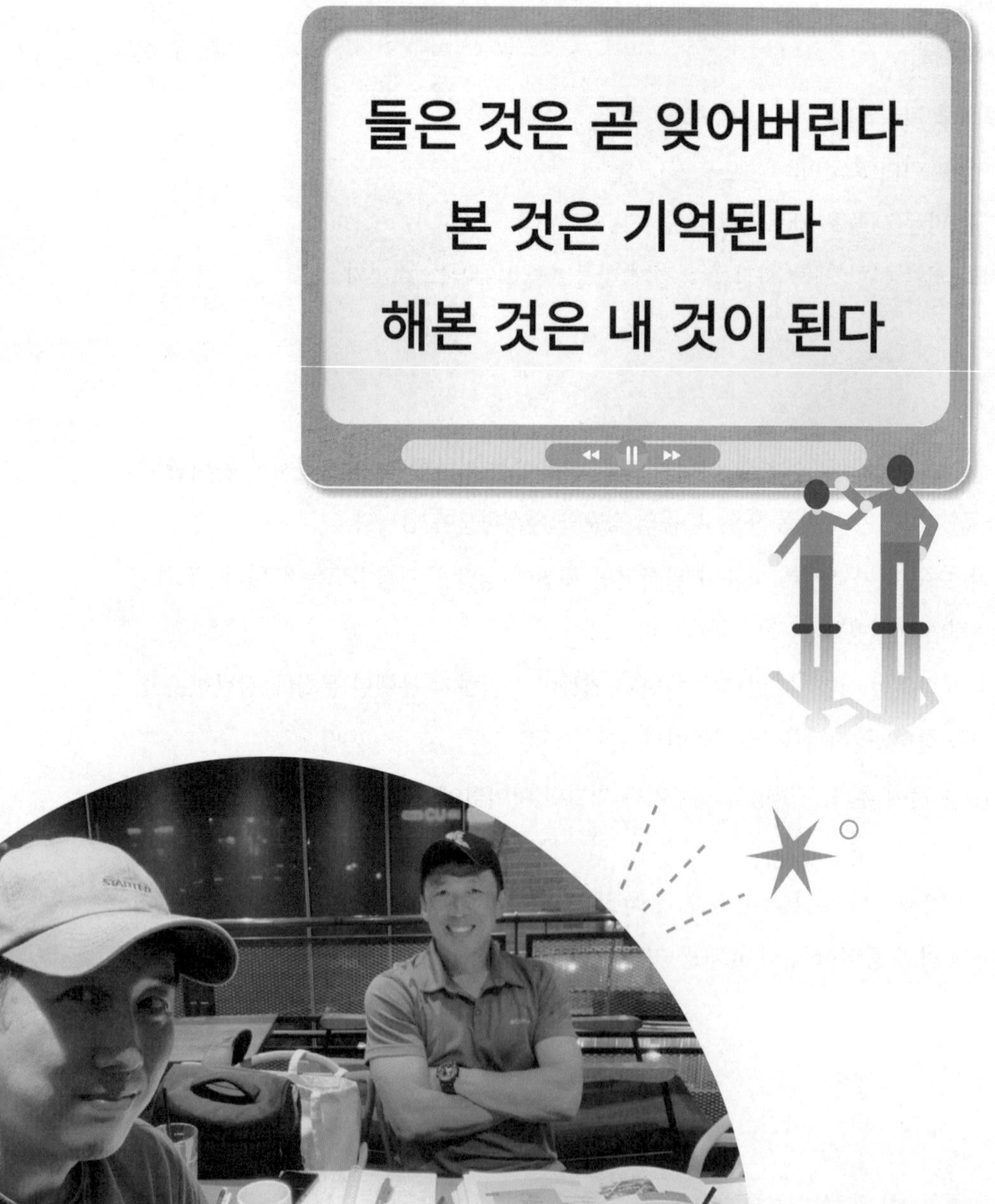
들은 것은 곧 잊어버린다
본 것은 기억된다
해본 것은 내 것이 된다

실제로 見견물생심

생명 존중 & 인성 교육, 하나로 CPR 가로세로퍼즐

– 잘 알아야 잘할 수 있습니다 –

①		ⓐ				② ⓑ		ⓒ
				ⓓ				
				④				
⑤		ⓔ						
				③				

가로 풀이

① 심폐소생술, 이른바 CPR(cardiopulmonary resuscitation)은 심장 정지 발생 시 4분(골든타임) 안에 응급구조를 해야 생존 가능성이 높다. 그래서 ○○○○○이라고도 한다.

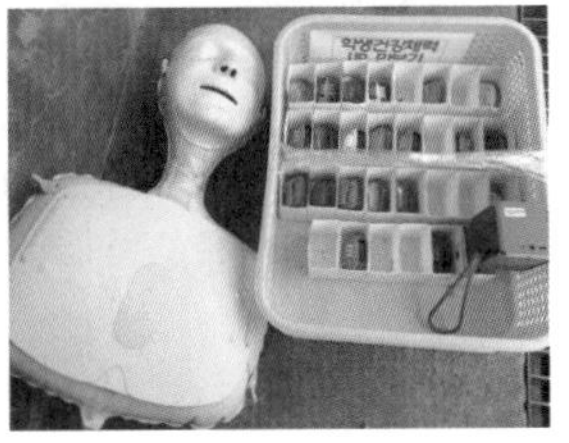

세로 풀이

ⓐ 응급 환자가 발생했을 경우 가볍게 양쪽의 어깨를 두드리며 ○○○○을(를) 해야 한다.

② 심폐소생술의 흐름도 중 가장 우선시돼야 하는 것은 ○○○ 및 무호흡 확인이다.

③ 개정된 심폐 소생술 지침에서는 기존 심폐 소생술의 순서인 ○○개방(Airway: A) – 인공 호흡(Breathing: B) – 가슴 압박(Compression: C)을 상황에 따라 가슴 압박만을 실시할 수도 있음을 안내하고 있다.

④ AED를 사용해 환자의 가슴에 패드를 부착해야 할 경우에는 신체의 물기를 신속하게 ○○해야 좀 더 정확한 응급 처치를 할 수 있다.

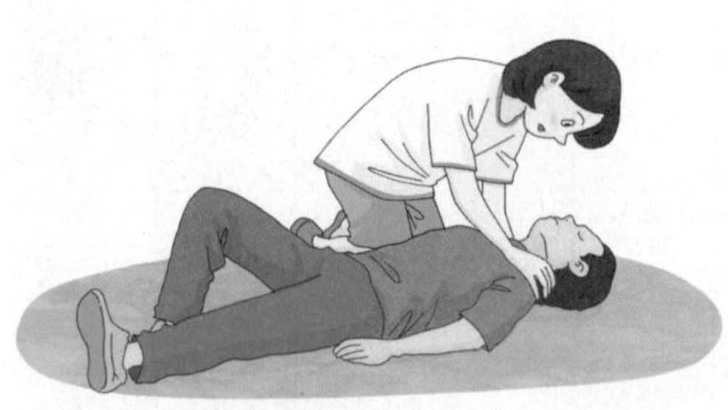

⑤ “여보세요~ 괜찮으세요?”
주위 사람에게 신고를 요청해
“○○○에 신고해주세요!”
머리 젓히며 턱을 들어 숨길 연 후 호흡 확인
가슴 보고 숨소리 듣고 뺨으로 느껴봐~
숨 없으면 코를 막고 인공 호흡 실시해~
후~~ 가슴이 올라올 정도로~
후~~ 가슴 압박을 시작해~ 하나! 둘! 셋~넷!
팔꿈치를 곧게 펴고 체중을 이용해~
이 템포를 유지해~
사오센치 깊이로~ 삼십회 압박해~ 계속해~
스물일곱! 스물여덟! 스물아홉! 서른! 다시 입으로~
– CPR 송(Song) 가사 중 –

ⓑ 심폐 소생술에서 ○○○○은 분당 100회 속도로 실시해야 한다.

ⓒ 응급 환자가 발생했을 경우, 주변 사람들에게 막연하게 119에 신고해 달라고 말하기보다는 특정인을 ○○해 신고를 요청해야 정확하게 사고를 접수할 수 있다.

ⓓ ○○○○○○○은(는) 심실세동이나 심실빈맥으로 심정지가 돼 있는 환자에게 전기 충격을 주어 심장의 리듬을 가져오는 도구로, 의학 지식이 부족한 일반인도 쉽게 사용할 수 있도록 만들어져 있다(2015년에 자동심장 충격기로 변경됨)

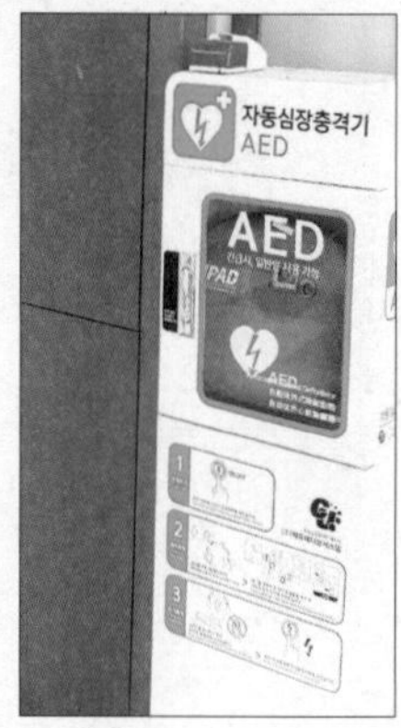

ⓔ ○○○ 길 터주기 운동. 병원으로 이송해야 하는 시간은 제한돼 있기 때문에 환자 이송을 하는 ○○○에 대한 양보는 무제한이어야 한다. 환자가 나 또는 내 가족일 수도 있기 때문이다.

정답

사	분	의	기	적		심	정	지
		식				장		목
		확		자		압		
		인		동		박		
				제	거			
일	일	구		세				
		급		동				
		차		기	도			

made by 조종현